JN451919

전남대학교 철학연구교육센터 근대호남유학연구 저·역서 4

# 노사학파 문집해제 2

전남대학교 철학연구교육센터 근대호남유학연구 저·역서 4

노사학파 문집해제 2

인 쇄 2022년 6월 20일
발 행 2022년 6월 24일

편저자 서영이·이향준·이형성·조우진
발행인 정성택
발행처 전남대학교출판문화원

등 록 1981. 5. 21. 제53호
주 소 61186 광주광역시 북구 용봉로 77
전 화 (062) 530-0571～2
마케팅 (062) 530-0573
팩 스 (062) 530-0579
홈페이지 http://www.cnup.co.kr
이메일 cnup0571@hanmail.net

값 26,000 원

ISBN 978-89-6849-893-0 (93800)

이 저서는 2019년 대한민국 교육부와 한국연구재단의 지원을 받아 수행된 연구임
(NRF-2019S1A5C2A02082534)

* 잘못된 책은 바꿔드립니다.
* 이 책의 전부 또는 일부 내용을 재사용하려면 사전에 반드시 저작권자와
전남대학교출판문화원의 동의를 받아야 합니다.

전남대학교 철학연구교육센터
근대호남유학연구 저·역서 ❹

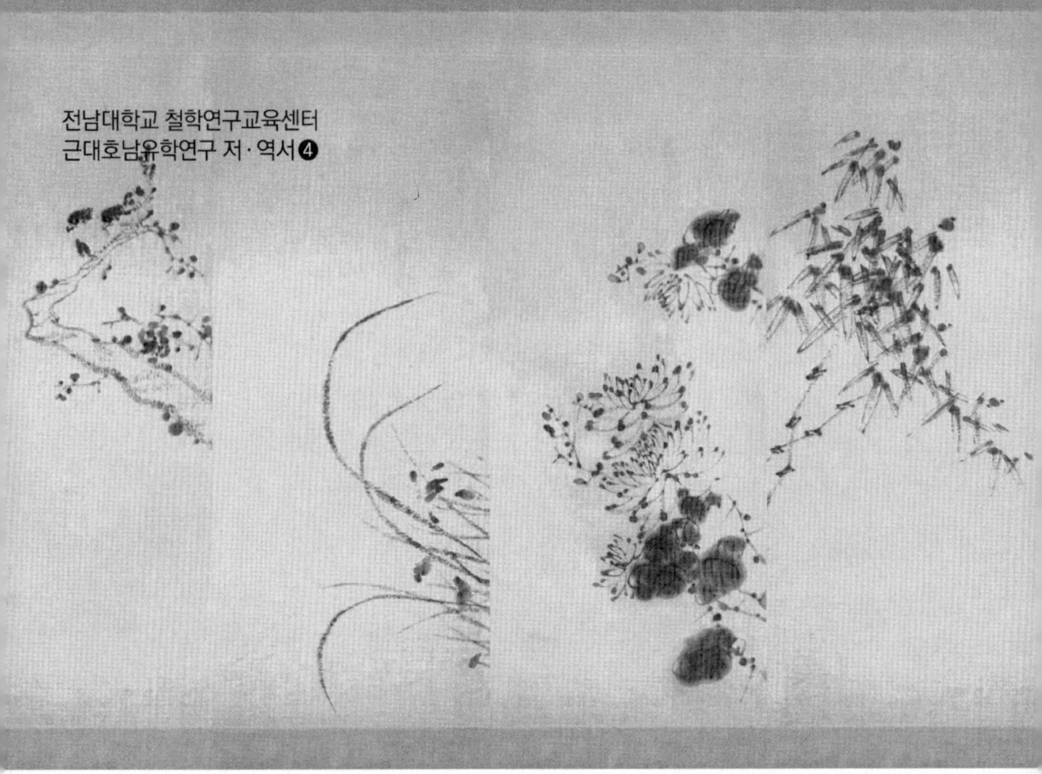

# 노사학파 문집해제 2

蘆沙學派

근대호남유학 연구단 – 서영이·이향준·이형성·조우진

전남대학교출판문화원

# 서문

이 책은 전남대학교 철학연구교육센터 근대호남유학연구단에서 발간하는 근대호남유학 저·역서 시리즈의 네 번째 권이다. 연구단은 2019년 하반기부터 한국연구재단의 지원을 받아 근대호남유학을 대표하는 19세기 성리학자인 노사(蘆沙) 기정진(奇正鎭, 1798~1879)과 그 제자들로 구성된 노사학파에 관한 체계적 탐구를 수행하고 있다. 이 탐구의 결과물로서 이미 2021년에 총서 2권과 저·역서 2권이 각각 간행되었다.

전남대학교출판문화원에서 간행한 총서 1은 『노사 기정진의 철학사상』이고, 총서 2는 『노사학파 문인들의 삶과 사유』이다. 제목에서 알 수 있듯이 기정진과 그의 문인들을 탐구한 선행연구들을 단행본으로 묶어 출간한 것이다. 저·역서 1은 『외필논쟁 자료집』 1이고, 저·역서 2는 『노사학파 문집해제』 1이다. 전자는 기정진의 「외필(猥筆)」에서 파생된 외필논쟁(猥筆論爭)의 원전자료들을 모아서 역주 번역한 것이고, 후자는 기정진의 직전문인 50명의 개인 문집을 해제한 것이다.

연구단은 기존의 성과를 이어받아 올해 총서 3과 저·역서 3·4를 간행할 예정이다. 총서 3은 총서 2에서 이어지는 노사학파 문인들에 관한 연구 논문을 모은 단행본이 될 것이다. 저·역서 3은 『외필논쟁 자료집』 2가 될 것이다. 그리고 이 책은 저·역서 4에 해당하는 것으로 『노사학파 문집해제』 1에 뒤이어 노사학파의 주요 문집 50종을 저자 소개, 문집의 구성과 내용, 문집 목차의 순서에 따라 정리한 것이다. 여기에는 직전제자 22명과 재전제자 25명, 그리고 삼전제자 3명의 문집 50종을 다루고 있다. 비로소 노사학파 문집 100종에 대한 해제 작업이 이루어진 것이다.

1961년을 기준으로 대략 8,000명으로 추산되는 노사학파의 규모를 감안할 때, 이 작업의 불충분성은 재론할 여지가 없을 것이다. 여기에 아직까지 연구자들의 시야에 포착되지 않는 근·현대의 인물들과 그들이 남긴 문집들의 존재를 가정해보면 연구단의 지금까지의 작업 또한 종합적인 노사학파의 연구를 위한 시작 단계에 불과하다는 것을 알 수 있다. 논문류의 연구와 이를 종합한 총서, 노사학파와 관련된 저·역서의 생산뿐만 아니라 유물·유적을 비롯한 노사학파가 남긴 유·무형의 문화유산들에 대한 실태조사 등은 아직도 요원한 탐구의 목표를 암시하고 있다. '책임은 무겁고 갈 길은 멀다[任重而道遠]'라는 격언을 상기하면서 그만두지 않는다면, 언젠가 먼 곳에 도달하는 날도 기대할 수 있을 것이다.

2022. 06.

저자 일동

## 차례

# 『거산유고(巨山遺稿)』

## 1. 저자 소개

강천수(姜天秀, 1863~1951)의 자는 중민(仲民)이고 호는 거산(巨山)이며 본관은 진주(晉州)이다. 사숙재(私淑齋) 강희맹(姜希孟, 1424~1483)의 후손으로, 1863년 12월 18일 전남 장성군 황룡면 장산리(莊山里)에서 통덕랑(通德郞) 강지영(姜芝永)의 아들로 태어났다. 어머니는 하동정씨(河東鄭氏) 정재진(鄭在珍)의 딸이다. 조부는 춘파(春坡) 강인회(姜寅會, 1807~1880)로, 노사(蘆沙) 기정진(奇正鎭, 1798~1879)의 문인이다.

어려서 조부에게 『천자문』을 배우다가 15세 때 조부의 권유에 따라 송사(松沙) 기우만(奇宇萬, 1846~1916)의 문하에서 수학하였다. 경전을 정밀하게 연구하고 백가서(百家書)까지 널리 배우니 문리가 마치 천리마가 광야를 달리는 듯하였다. 스승의 가르침을 돈독히 믿고 자신의 체험을 통해 연구하므로 스승이 나무랄 데가 없다고 권면하며 "나를 흥기시킬 제자다."라고 감탄하였다. 동학들도 공경하고 추종하지 않는 사람이 없었다. 그는 재기가 넘치는 호걸로, 학처럼 우뚝한 선비로 붓을 한번 들면 물이 흐르듯 하여 다시 다듬어 시문을 꾸미는 법이 없었을 정도로 학문과 문장에 일가를 이루었다.

21세 때 기정진의 문집을 간행할 때 육봉(六峯) 이종택(李鍾宅, 1865~1842)과 함께 감인(監印)을 맡았는데 스승이 누차 칭송하여 말하기를 "그대는 문리가 크게 통하였으니 아주 기뻐할 일이다."라고 하였다. 25세 때 모친상을 당하고 33세 때 부친상을 당하자, 『주자가례(朱子家禮)』

에 따라 집상(執喪)을 한결같이 하였다. 1897년 35세 때 족숙 강해영(姜海永)이 집안 자손들을 가르치기 위해 고창군 성송면 암치(巖峙)로 초빙하자, 장성에서 이사한 뒤 서당을 열고 후진을 교육하였다. 1905년 을사늑약이 체결했다는 소식을 접하고 울분을 이기지 못해 침식을 잊고 통분하였고, 1908년 스승 기우만이 의병을 일으키자 달려가서 위태로운 일을 마다하지 않고 도와주었다. 1910년 국권침탈이 되자 향리에 은거하며 두문불출하면서 가까운 지인들과 시사를 논하며 도학을 지키고자 하였다.

1930년 68세 때 스승의 문집을 간행하게 되자, 여러 동학과 담대헌(澹對軒)에서 여러 가지 일을 주선하였다. 인근 향리에 거주하고 있는 참봉 정영원(鄭榮源, 1853~1940)은 기정진의 문인이었는데, 태호정(台湖亭)을 짓고 후배인 강천수를 초빙하여 집안 자제들을 가르치도록 하였다. 잠시 그곳에서 강학하자 사방에서 배우러 오는 사람이 많아 수용할 수 없을 정도였다. 이러한 강학 활동으로 향리의 풍속이 개선되었다. 만년에는 제자들이 뜻을 모아 스승이 사는 성송면 암치리 서쪽 계곡 위에 거산정사(巨山精舍)를 지어 학문과 후학 강학에 힘쓰도록 하였다. 그는 정사에서 강학하면서 동학 및 지인들과 역사를 논하고 시문을 평하며 유유자적하였다. 특히 그는 제자들에게 "노사 선생의 「외필(猥筆)」과 「납량사의(納凉私議)」 두 편은 실로 유학의 도술(道術)을 말한 큰 글이다."라고 하면서 정독하기를 권장하였다. 1951년 2월 15일 세상을 떠나니 향년 89세였다. 대산면 장자산(莊子山) 선영 아래에 안장되었다.

## 2. 문집 구성과 내용

『거산유고(巨山遺稿)』는 4권 1책 필사본으로 강천수(姜天秀)의 시문집이다. 권두에는 변시연(邊時淵)이 1991년에 쓴 서문, 권말에는 배성수(裵聖洙)가 1991년에 쓴 발문이 있다. 이 문집은 1992년 학민문화사에서 단행본으로 간행되었으며, 2008년에 국역되었다. 이 필사본 문집은 후손이 소장하고 있다.

권1은 235제 247수가 수록되어 있다. 시는 스승이 강학하던 삼산재(三山齋)에서 학문을 닦으며 그 주변의 화훼(花卉)를 읊은 시, 노사학파 학인들과 교류하며 지은 시가 적지 않은데, 그 가운데 후석(後石) 오준선(吳駿善, 1851~1931)과 식재(植齋) 기재(奇宰, 1854~1921)가 방문하자 서로 창화(唱和)한 시, 육봉(六峰) 이종택(李鍾宅, 1865~1942)을 방문하여 온천정사(溫泉精舍)의 십승을 읊은 시, 춘담(春潭) 기동준(奇東準, 1869~1918)에게 올린 시 등이 있고, 자연과 계절을 읊거나 누정을 찾아 지은 차운시, 부안 변산반도를 여행하며 명승지에 대해 읊은 9수가 있다. 더욱이 기재를 비롯한 여러 학인을 애도한 만시도 있다.

권2는 서(書) 68편, 서(序) 29편이 수록되어 있다. 서간문은 송규헌(宋奎憲, 1870~?)을 비롯하여 노사학파의 기동준과 오준선 등, 면암학파의 지은(智隱) 최전구(崔銓九, 1850~1938) 등의 다양한 학인들과 나눈 시사 및 안부, 예학 등의 다양한 주제를 담론한 것이다. 특히 문인들에게 학문을 독려하는 글도 있다. 서문은 진주강씨(晉州姜氏) 선조와 외손계, 가승, 파보 등에 관한 글, 진주정씨 및 문집, 시축(詩軸), 계안(契案)에 대해 지은 것이다.

권3은 기(記) 38편, 발(跋) 11편, 상량문(上梁文) 11편, 제문(祭文) 8편, 고축(告祝) 2편이 수록되어 있다. 기문은 남하한 선조를 모신 사당의 중수기를 비롯하여 여러 당호 및 그 중수기, 누정, 그리고 학인들의 호에 관한 내용이다. 발문은 집안 선조 강시경(姜時儆, 1612~1682)의 문집 『은휴집(恩休集)』을 비롯한 여러 문인의 유집(遺集), 정시해(鄭時海, 1872~1906)가 시묘 생활을 하며 기록한 것에 관한 내용, 효행에 대한 천장(薦狀), 그리고 계안(契案)에 관해 쓴 것이다. 상량문은 재실과 누정에 대한 것이다. 제문은 스승 기우만을 비롯한 신호(莘湖) 김녹휴(金祿休,

1827~1899), 오준선(吳駿善), 최전구(崔銓九) 등을 애도한 것이다. 고축은 야은(冶隱) 길재(吉再, 1353~1419)의 제자이며 사위인 청정공(淸靖公) 배을서(裵乙瑞)를 청천사(淸川祠)에 봉안하고 봄과 가을에 제사지낼 때 쓰인 축문이다.

권4는 비(碑) 4편, 묘갈명(墓碣銘) 23편, 묘표(墓表) 16편, 행장(行狀) 10편, 전(傳) 3편, 추록(追錄) 2편이 수록되어 있다. 비문은 효자를 기리는 글이고, 족질이자 제자인 강대식(姜大湜, 1878~1944)이 성송초등학교를 사립에서 공립으로 전환하여 개교하자 그에 관한 내용을 기록한 것이다. 묘갈명과 묘표는 고창의 선배와 동학을 비롯한 인근 지역 학인들의 활동, 그리고 효부와 열부의 행적을 기록한 것이다. 행장은 집안 선조 인천처사(仁川處士) 강지영(姜智永)을 비롯한 인근 향리의 여러 학인과 제자 강대식의 일대기를 기록한 것이다. 전은 오장환(吳壯煥, 1863~1909)의 의병 활동, 밀양박씨(密陽朴氏)인 박공길(朴公吉) 외 4인의 효행, 그리고 율봉(栗峯) 신현중(申鉉中, 1877~1942)의 항일의지를 열전형식으로 기록한 내용이다. 추록은 편집 간행에서 누락된 기문과 묘갈명 두 편을 추가한 것이다.

부록은 1990년 배성수(裵聖洙)와 윤정복(尹丁馥)이 강천수의 일대기를 기록한 행장과 묘갈명이다.

## 3. 문집 목차

### 巨山遺稿序(邊時淵)

卷一

詩: 余遊三山齋也松沙先生吟嘉卉十絶詩以示余余迺忘奉和(松 梧 梅 柳 薇 芝 菊 蘭 蓮 芭) 次李六峰(鍾宅)溫泉精舍十勝韻(溫泉精舍 方塘觀魚 盤松聽琴 菊峰賞秋 砥柱臨流 沙羅振衣 雙溪濯足 草峰爲

筆 盤石醉月 飛龍看雲) 寄李六峰(五首) 次勿欺齋重修韻 題族姪參奉(大直)悅雲亭韻 吳後石(駿善)奇植齋(宰)訪余于雲亭留連數日詩以相和(二首) 老圃堂成步韻以寄 與有村鄭丈(休明)逐日追從于道東齋(三首) 次朴翰林(海昌)侍山齋韻 族姪(奭)尹婿(炳祜)留學東京贈別(二首) 南棠(奭)再赴東京時適初秋不無遠離之悵詠一十韻以贈別 金承旨(然泰)所同羅碧史吟(二首) 同崔參奉智隱(銓九)會鶴天齋 呈奇上舍春譚(東準○五首) 賀族兄晩圃堂(淵秀)壽宴 有感題悅雲亭 次呈金上舍(榮喆)晩睡堂韻 春晩與閔斗南(一鎬)登悅雲亭相和 同閔斗南夜話 次呈朴雲樵(源昇)晩翠亭韻 福洞齋與李友六峰夜話(二首) 呈崔京祚梅巢三絶 次五惇齋韻(二首) 次鄭上舍(官源)回甲韻 次黃參奉(鍾允)回甲韻 賀伯賢(奭)得男(二首) 與鄭南岡(民源)訪鄭松河(晩源)時餘熱猶熾 次高光斗大人回甲韻 次金氏世松亭韻 呈崔智隱 上元日與尹友石諸伴唱酬玉洞新亭 般春日同族弟溪隱(璣秀)宿族弟白隱(成千)所 偶吟 客至相和 謹次族兄晩圃堂板上韻 次靈光鷹岩望華亭韻 次成寢郎(永悳)松溪亭韻 次松溪亭十勝韻(老松鶴觀 平川漁磯 榜峴樵篴 吉城靑嵐 安市野燈 兜率曉鍾 鷳山明月 鷄郊嘉禾 竹林初雪 蓬萊歸運) 次後松堂韻 次康珠溪龍岡亭韻 訪鄭友南史宿山齋 次金友(在聲)蘆川亭韻 次徐參奉(源玉)何人亭韻 賀金溪樵(箕行)晬日兼慶宴韻 次洪友(鍾洙)香社韻 追李復齋(鍾澤)回甲韻 和羅惺菴致龜回甲韻 贈別吳省菴(誠根○四首) 次金小松(台信)壽辰韻 贈鄭仁夫(休麟) 贈別閔斗南 庭梅新開爲賦長絶八首亦發憫之一事也 和族兄雲菴韻 同金石心(邦喜)諸友秋遊蓬來(九首: 月明庵 天皇峰 中溪 海倉 宿知止浦 采石江 格浦 水落洞 來蘇寺) 歸路入壺巖 禪雲寺 路中與諸益口號以別 逢奇友松南 七月旣望會橋洞靖慕閣(金氏齋○二首) 同鄭友南岡吟 次南岡亭韻 勿欺齋和諸君軒上韻(十一首) 謝金斯文(鍾熙○三首) 春晩到玉洞與諸益溯流陟岡 年邁衰甚久矣無詩癸酉冬以毒感數旬伏枕得數韻呼筆疲恭氣力半雜呻吟聲病有不暇擇矣(二十五韻) 寄雲

亭攻苦諸君子(三首) 追和懷古韻呈湖誌重刊所 田歌詞(七首) 鋤婦問答詞(二十五首) 結夏雲亭同來諸秀逐日有韻輒復和之 謹次沈斯文大聖院刱建韻 漢江鐵橋 登浮碧樓 入滿月臺 過開城 過海州 芙蓉堂次北窓韻 到石潭 開岩寺同松南雲谷和 自開岩寺抵實相寺 到月明庵 自直沼轉到萊蘇 登光州西川橋 贈金斗寅 登悅雲亭(五首) 逸鳩詩(二十一韻) 咏雲 雪妬花(二首) 落絮(二首) 庭上稗竹 庭松 夜坐聞雁燭 冬雨 初雪 冬夜偶吟 冬至夜吟 次卞斯文(鍾爀)尼山齋韻 次權友(漢植)松隱亭韻 申栗峰(鉉中)來訪 次箕東祠韻 次成斯文(卿修)晩翠堂韻 玉山小會 紅桃 聞杜宇 見讀兒折花而來 雲亭偶吟(三首) 餞春 清和雅集(三首) 煎伏 伏日小會(三首) 伏日再吟(二首) 夏日書懷(四首) 七月旣望夜月色正好時携友在玉山山房(三首) 結夏雲亭火流將還爲賦八首 下山口呼 次林監役(在煥)春谷亭韻 和金翠南(鳳基)回巹韻(參奉) 和族姪石溪(大湜)回甲韻(承旨) 次鄭休德聾窩亭板上韻 次梅軒板上韻(韓一錫) 次崔斯文(潤馨)蠢菴韻 次晩青亭韻 次醉香亭韻 次聽澗堂韻 次浩然亭韻(二首) 次李安齋韻兼賀六十壽 黃斯文養石端雅士也觸寒作行不無嗟勞之色於其歸也二絶以贈以寓異日相思之資(二首) 奉簡雲亭讀案 贈文春坡(鎭昌○二首) 次同研軒上韻(三首) 積雨無聊(四首) 雲亭夜坐 雲亭酬唱 押韻得堪字 次牧隱集中韻 次茶山集中韻 簡宋後菴(曾憲) 亭上口號 次隱松亭韻 次完在亭韻 次朴漢容山亭韻 和吳梅軒(喜洙)回甲韻 和清潭子回甲韻 遊群山(五首) 到永新齋 登聳珍精舍 與金小山(坤)同吟(二首) 和雲華堂晬宴韻 次雲華堂韻 次寒碧亭韻 次樂賢亭韻 次月湖亭韻 次笠亭韻(朴淵碩) 賀奇耕雲(宇采)回巹韻 次耕雲亭韻 次吳致璋止圃堂韻 次成寅修鶴山齋韻 次金容賢月潭亭韻 次孫秘郎月湖亭韻 次自警齋韻 次三友亭韻 次雙清臺韻(朴珉鎬) 次朴處士(鍾休)陽齋韻 松南齋小會 雲亭同友書懷 亭右新塘竹筩引水 逢友夜吟(二首) 贈朴奉圭 贈金達根 贈朴裕完 贈李啓甲 贈金觀洙 和李康勉夜會吟 春上玉山 更登玉山 逢友人吟

(二首) 偶吟(二首) 雨中發憫 客來敍會 贈別李康勉 雨後 喜雨 客至有韻求和 待友不來 夜話 夏日苦霖(三首) 雲亭秋色(三首) 冬夜長吟(五首) 冬至夜吟 次裵參奉(仁基)野隱堂韻 次敬節堂板上韻 呈吳後石(駿善○三首) 謹次曺欽齋追慕其先祖三吾堂韻 和呈金斯文鍾熙 次高在益寄詩三首 次金君達根韻(二首) 挽奇進士春潭(三首) 挽朴翰林(三首) 哭雲樵朴公 挽族兄參奉(淵秀○七首) 挽金參奉(圭益○六首) 挽族兄松南(熙秀○三首) 挽莊山朴丈(三首) 挽石田李公(炳壽○二首) 挽松河鄭公(晩源○五首) 挽鄭上舍(官源○三首) 挽南岡鄭公(三首) 鄭長水(休鐸)改葬挽(三首) 挽金石心(十首) 挽閔斗南(四首) 挽鄭營將(明源) 追挽安烈士(重根○三首) 挽金小松(二首) 挽秘郎金公(箕行○三首) 挽鄭主事(休璿○四首) 追挽李友晩石 挽吳梅軒(二首) 挽珠溪康公(二首) 挽李警巖(元燮○二首) 挽金濯新子(漢穆) 挽成晩翠(卿修) 挽鄭恩卿(休德) 挽卞尼山(鍾爀○二首) 次觀善齋韻(在報恩南軒宣政薰養士之所) 寄題後柏軒

卷二

書: 呈宋直閣(奎憲) 呈宋直閣 答宋直閣 呈奇上舍(東準) 答奇上舍 呈吳後石(駿善) 呈吳後石 呈崔參奉(銓九) 上朴丈雲樵(源昇) 與奇白隱(東亮) 與奇白隱 慰鄭松下(晩源) 答奇判事(東衍) 答閔承旨(泳直) 與朴翰林(海昌) 與朴翰林 答朴翰林 與朴翰林 呈李教授(商甯) 與李復齋(鍾澤) 慰宋進士(廷憲) 慰宋後菴(曾憲) 慰尹(夏重) 答曺欽齋(悳承) 答曺欽齋 與吳道湖(東洙) 答吳道湖 答吳道湖 與吳道湖 與奇喪制(老善) 答朴(漢容) 答奇耕雲(宇采) 上譜所族丈 與族姪承旨(大湜) 與族姪承旨 奇伯賢(奭)攻苦所 慰尹友石 答吳壽山(秉壽) 謝千郡守(章郁) 與徐石齋(丙五) 答金忍菴(勳錫) 答曺松坡(喜南) 答褒忠祠僉君子 與朴政植 與梁在衡 與金彭鉉 答金鍾熙 答金鍾熙 答金鍾熙 答李啓甲 與成夏鼎 與成夏鼎 答成夏鼎 答朴奉圭 與朴奉圭 與朴奉

圭 答裵錦澤(聖洙) 答高在益 答朴裕完 答金達根 與尹婿(炳祜) 與吳紋洙 與朴淵碩 與朴淵碩 與朴淵碩 答朴淵碩 答成夏聲 與成夏聲 答韓丙鎬 答邊秀才(時淵 ○ 己卯正月卄二日)

序: 晉州姜氏十世外系序 麗山先蹟實錄序 靈光鄕案序 晉州鄭氏世稿序 夏城世稿序 松沙懿蹟序 姜氏派譜序 晉州姜氏家乘序 光山金氏家乘譜(附世稿)序 洛史遺稿序 四禮節略序 三樂處士遺稿序 湛樂樓詩錄序 石愚亭詩軸序 敦誼契序 追錄契序 簡悅雲亭讀案 竹溪號敍式穀契序 鄭友松川翁六十一歲壽序 尼山遺稿序 郎州崔氏五世文稿序 風詠契案序 石溪壽甲詩軸序 松石軒序 相信契序 送金箕朝序 台湖亭書贈仁夫兼勗同案諸君序 贈吳晉根序

卷三

記: 驪山墳菴重修記 西峰墳菴記 茂松齋重修後花樹記實 誠慕齋記 敬節堂記 勿欺齋重修記 松坡堂記 蓮慕齋記 自怡堂記 三友堂記 醉石亭記 竹山齋室記 棲碧樓記 後柏記 白隱記 茂南齋記 觀桑樓記 竹圃記 月潭亭記 慕遠齋重建記 南睡記 雲谷精舍記 孝子梁公旌閭記 龍岡亭記 書林齋記 忍堂記 野隱堂記 德林精舍記 蠢菴記 愼谷精舍記 浦上亭記 餘力軒記 後松堂記 安藏齋重修記 野隱亭記 晩悔亭記 夜歸齋記 石齋記.

跋: 恩休集跋 茅山集跋 癡齋集跋 題勿欺集後(七言) 題檜興君昌原黃公(瀗)教書後 題晩休集後(七言) 裵氏兩世孝烈錄跋 鄭君一狂居士廬墓日錄跋 題三愧堂金公行薦狀後 題朴在春孝行薦狀後(七言) 題大阜學契案(五言)

上梁文: 驪興齋上梁文 巨門山齋舍重建上梁文 茂松齋重建上梁文 松湖成公惠恤碑閣移建上梁文 歲寒亭上梁文 台湖亭上梁文 晩翠成公影堂上梁文 月湖亭上梁文 松下堂上梁文 風詠亭上梁文 香山齋上梁文

祭文: 祭奇松沙先生文 祭將作郎莘湖金公文 祭吳後石先生文 祭參

奉崔公(銓九)文 祭鄭松河(晩源)文 祭族姪秘書丞(大湜)文 祭春潭奇公文 祭族姪大直文

告祝: 清川祠奉安清清公裵先生文 清川祠春秋享祝文

卷四

碑: 孝子廉公碑 都事吳公碑陰記 孝子金公紀蹟碑 星松國校主姜大湜記念碑

墓碣銘: 嘉善大夫判中樞台泉金公(暘元)墓碣銘(幷序) 道峰梁公(世達)墓碣銘(幷序) 族先祖江界公墓碣銘(幷序) 進勇校尉奇公(大益)墓碣銘(幷序) 菊齋吳公(英煥)墓碣銘(幷序) 贈通政大夫工曹參議金公(履謙)墓碣銘(幷序) 小溪韓公(珠)墓碣銘(幷序) 五衛將鄭公(稀奎)墓碣銘(幷序) 學生金公(道翊)墓碣銘 晩覺堂梁公(相敎)墓碣銘(幷序) 嘉善大夫農軒李公(啓八)墓碣銘(幷序) 同敦寧吳公(奎憲)墓碣銘 通政大夫中樞院議官崔公(昌三)墓碣銘(幷序) 學生鄭(鍾淑)墓碣銘(幷序) 靜養齋崔公(時益)墓碣銘(幷序) 東德軒奇公墓碣銘 嘉善大夫行秘書丞平岡李公(重基)墓碣銘(幷序) 處士朴公(喜斆)墓碣銘(幷序) 星湖吳公(秉運)墓碣銘 菊圃梁公(敬黙)墓碣銘(幷序) 通政大夫祕書監丞石溪姜公(大湜)墓碣銘(幷序) 通德郎鄭君(休德)墓碣銘(幷序) 沙南金公(基衡)墓碣銘(幷序)

墓表: 弄巖處士金公(命吉)墓表 晉州鄭公(卿燦)墓表陰記 成均進士金公(正澤)墓表 族叔柏川公(海永)墓表 學生鄭公(鍾基)墓表 將作郎莘湖金公(祿休)墓表 養菴處士沈公(宜洪)墓表 通政大夫祕書監丞金公(箕行)墓表 慶基殿參奉崔君(炳奎)墓表 夢山韓公(圭連)墓表 承訓郎鄭君(休璿)墓表 月溪吳公(致煥)墓表 三淵鄭君(東煥)墓表 孺人驪興閔氏墓表 孝烈婦具氏墓表 淑夫人全義李氏墓表

行狀: 仁川處士姜公(智永) 溪南張公(南學)行狀 孤松堂康公(侯錫)行狀 後溪韓公(聖基)行狀 族兄巖窩公(民秀)行狀 族叔成均進士公(俊

永)行狀 竹岡處士金公(箕豊)行狀 浪菴金公(有一)行狀 松下處士成公(永壽)行狀 族姪通政大夫祕書監丞(大湜)行狀

傳: 義士吳公壯煥傳 朴氏五孝孝行列傳 栗峰處士申公(鉉中)傳

追錄: 永思齋記 十三世祖承訓郎尙衣院別提公墓碣銘

附錄: 行狀(裵聖洙) 墓碣銘(幷序○尹丁鍑)

跋(裵聖洙)

# 『고당집(顧堂集)』

## 1. 저자 소개

김규태(金奎泰, 1902~1966)의 자는 경노(景魯)이고 호는 고당(顧堂)이며 본관은 서흥(瑞興)이다. 그는 조선 후기의 학자이자 서예가이다. 시조는 고려 시대 중랑장 김보(金寶)이며, 한훤당(寒暄堂) 김굉필(金宏弼, 1454~1504)의 13대손이다. 고조는 김수전(金壽傳)이고, 증조는 김한국(金翰國)이며, 할아버지는 김철제(金哲濟)이다. 그는 아버지 김봉운(金琫運)과 어머니 광산노씨(光山盧氏) 딸 사이에 4남 1녀 중 장남으로 1902년 3월 30일 경남 현풍(玄風) 지동(池洞)에서 태어났다.

김규태는 어려서부터 총명하여 『소학』을 읽고 뜻을 세웠다. 겨우 성동(成童)에 이미 경전을 두루 읽었으며, 글을 짓고 글씨를 익히는 것이 노성(老成)과 같았다. 17세(1918)에 외삼촌 소눌(小訥) 노상직(盧相稷, 1855~1931)에게 수학하였다. 깊이 생각하고 상세히 탐구하여 한 자(字) 한 구(句)도 함부로 지나치지 않았으며, 한밤중이 되어도 피곤함을 무릅쓰는 의지에 감탄하여 소눌이 총애하였다. 18세(1919)에 합천(陜川) 이사(伊泗)로 이사했을 때 율계(栗溪) 정기(鄭琦, 1897~1950)가 무산정사(武山精舍)에서 도(道)를 강학한다는 소문을 듣고 아버지의 명을 따라 찾아뵙고 배우기를 청하였다. 정기는 그의 재주와 뜻을 사랑하여 특별히 받아들이고 학문 과정을 뛰어넘지 않도록 가르쳤으며, 매일 『주자대전차의(朱子大全箚疑)』로써 답하도록 명하였다. 함께 공부했던 동학들은 오당(吾堂) 심진택(沈鎭宅), 매봉(梅峰) 오정표(吳政杓), 효당(曉堂) 김문옥(金文玉), 하당(荷堂) 김하종(鄭河鍾) 등이 있는데 특히 김문옥과 친분이 깊었다.

26세(1927)에 스승 율계 정기를 따라 전남 구례로 이사할 때, 5가구 30여 명이 따라와 '합천촌(陜川村)'이라는 마을을 형성하고 그 문하에서 수학하였다. 27세(1928)에 여러 벗과 함께 사거재(師居齋)와 회독재(會讀齋)를 지으니, 이때부터 빈객의 편지가 날마다 많았다. 이로부터 김규태는 명을 받들어 응수하고 스승의 뜻을 등사(謄寫)하였다. 30세(1931)에는 갑자기 동생이 죽고 아내마저 잃게 되어 생업(生業) 또한 빠르게 몰락하였다. 그러나 집안의 생계를 아버지에게 맡기고 더욱 정진해 학문의 뜻과 의지를 굽히지 않았다. 35세(1936)에 최석수(崔錫洙)가 용암재(龍巖齋)를 짓고 김태규를 초청하여 함께 강학하였다. 36세(1937)에 아버지에게 병환이 있어서 차라리 자신이 병상의 고통을 대신하기를 기도하였으나 결국 돌아가셨다. 김태규는 이러한 고통스러운 상황 속에서도 상례와 장례를 예법의 절차에 맞게 시행하였다.

43세(1944)에 고암산장(鼓巖山庄)에 자취를 감추고 두문불출하여 세상의 어지러움을 잊고 살고자 하였으나, 그 명성을 듣고 찾아오는 학자들이 있으면 차마 거절하지 못하고 허락하였다. 46세(1947)에 어머니 노씨(盧氏)가 돌아가셨고 47세(1948)에 변란으로 산과 가까운 마을은 모두 잿더미로 변하여 어려움과 험난함이 계속되었다. 조금 진정되자 용정(龍井)으로 이사하여 여러 친구와 문생들의 도움을 받아 세 칸의 장천재(莊泉齋)를 짓고 많은 후학을 양성하였다.

49세(1950)에 스승 율계 정기가 죽게 되고 세상이 더욱더 어지러웠지만, 장례를 절차에 따라 거행하였다. 51세(1952)에 백련동(白蓮洞)으로 옮기고, 박해우(朴海佑)가 여러 동지와 집 한 채를 사주어 거처하였는데 '육영재(育英齋)'라고 하였다. 몇 년을 보내다가 장천재(莊泉齋)로 돌아옴을 알고 향리의 선비들이 김태규를 명륜당(明倫堂)으로 불러들이자 많은 사람이 모였으며, 학규(學規)를 만들어 독려하였다. 58세(1959)에 봉성(鳳城)의 선비들이 김규태를 위해 강수당(講修堂)을 지어주자, 이곳에서 제생(諸生)을 강학하였다. 59세(1960)에 효당 김문옥이 죽자 형제를 잃는 것처럼 아파하며 장례를 치르고, 『효당집』을 모두 주관하여 문집을 간행하였다. 혼란한 세태 속에서 학문에 대한 굳건한 열의와 실행을 보여주다가 1966년 9월 17일에 65세로 생을 마감하였다.

## 2. 문집 내용과 구성

『고당집(顧堂集)』은 본집 16권 6책, 별집 3권 1책 신연활자본(新鉛活字本)으로 아들 김부동(金富東)이 1967년에 편집·간행한 김규태(金奎泰)의 시문집이다. 문집 형태는 4주쌍변(四周雙邊) 반곽(半郭) 21.3×14.1cm, 유계(有界), 11행 28자, 하향2엽화문어미(下向二葉花紋魚尾) 28.1×18.5cm이다. 본집의 권두에는 김준식(金駿植)이 1967년에 쓴 서문, 권말에는 여창현(呂昌鉉)과 김정회(金正會)가 1967년에 쓴 발문이 수록되어 있다. 발문 앞에 유묵(遺墨) 4점이 있으며, 끝에 간기(刊記)가 있다. 별집의 권두에는 기노장(奇老章)의 서문, 권말에는 홍석희(洪錫熹)의 발문이 있다. 이 문집은 국립중앙도서관, 전남대학교, 전주대학교, 호남대학교에 소장되어 있다.

권1~3은 시(詩) 830여 수가 수록되어 있다. 구례를 비롯한 영호남 지식인들과 교류한 시가 400여 편이 되고, 시(詩)에 등장하는 인물도 320여 명이나 된다. 여기에서 저자의 당시 인적 관계망이 얼마나 방대한지를 확인할 수 있다. 그의 대표적인 시(詩) 「술회(述懷)」는 여순 사건 때 서당을 폐쇄하려고 찾아온 구례 경찰서장에게 써준 것으로 토벌대장에게 전달되어 군민의 피해가 없게 되었다는 일화로 유명하다. 특히 효당(曉堂) 김문옥(金文玉, 1901~1960)과 관련된 시 54수가 수록되어 있다는 것을 통해서 볼 때, 두 사람의 친분을 확인할 수 있다.

저자는 농산정(籠山亭), 해인사(海印寺), 촉석루(矗石樓), 의낭사(義娘祠), 옥천서원(玉川書院), 임청대(臨淸臺), 서천정(瑞川亭), 수암정(修巖亭), 오원재(五爰齋), 석동정사(石洞精舍), 쌍계사(雙溪寺), 세이암(洗耳巖), 칠불암(七佛庵), 봉양재(鳳陽齋), 장안사(長安寺), 만폭동(萬瀑洞), 비로봉(毗盧峯), 구룡연(九龍淵), 상팔담(上八潭), 고성봉수대(高城烽燧臺), 해금강(海金剛), 총석정(叢石亭), 석왕사(釋王寺), 두문동서원(杜門洞書院), 박연폭포(朴淵瀑布), 관음사(觀音寺), 만월대(滿月臺), 선죽교(善竹橋), 연광정(練光亭), 석전재(石田齋), 송강정(松江亭), 용진정사(聳珍精舍), 불환정(不換亭), 필암서원(筆巖書院), 담대헌(澹對軒), 서석산(瑞石山), 봉산재(鳳山齋), 포충사(褒忠祠), 염수당(念修堂), 죽림헌(竹林軒), 송정서루(松汀書樓), 월천재(月川齋), 천태암(天台菴), 오봉산(五鳳山), 구암대(龜巖臺), 장천재(莊泉齋), 거연정(居然亭), 소촌서루(小村書樓), 방호정(方壺亭), 호산정(壺山亭), 임대정(臨對亭), 영모재(永慕齋), 충민사(忠愍祠), 정노재(丁魯齋), 무산정사(武山精舍), 벽한정(碧寒亭), 노휴정(老休亭), 동계정사(東溪精舍), 사위재(思危齋), 남강정사(南岡精舍), 도산서원(陶山書院), 호은정(湖隱亭), 초연정(超然亭), 대봉정(大峰亭), 금호정(錦湖亭), 경은정(耕隱亭) 등의 정자와 서원 등에 시를 남겼다.

권4~6까지는 서(書) 230여 편이 수록되었다. 스승 율계 정기에 보낸 5통의 편지를 비롯하여 가장 친했던 효당 김문옥에게 보낸 11통의 편지가 있다. 특히 김중온(金仲溫)에게 답하는 주역문목(周易問目)에는 역서(易序)와 역전서(易傳序)가 어떻게 지어졌는지, 복희가 상을 그린 이후 괘효사(卦爻辭)와 「단전(彖傳)」·「상전(象傳)」이 어떻게 정해졌는지, 「계사전(繫辭傳)」의 '천존지비건곤정의(天尊地卑乾坤定矣)'에 대해 문답하는 내용이 수록되었다. 박석봉(朴錫俸)에게 답하는 중용문목(中庸問目)에는 "형이상이 있다는 것은 무형(無形)의 리(理)이니 성(性)이 곧 리(理)이다. 형이하가 있다는 것은 유형(有形)의 기(器)이니 기는 형체이다."라고 하였다.

권7에는 23편의 잡저(雜著)가 수록되어 있다. 「산거해(山居解)」에서는 속세의 영욕에서 벗어나 산속에 살아가는 즐거움을 말하고 있으며, 「교경설(矯警說)」에서는 몸가짐의 중후함과 마음 씀의 근면함을 논하여 스스로 경계하는 내용을 담고 있다. 「원효(原曉)」에서는 세상의 도가 날로 변화고 사람의 법도가 날로 추락하는 당시의 상황을 비판하면서 "부자(父子)의 법도는 하늘의 벼리이고 땅의 이치이며 인류의 큰 것"이라고 하였다. 「독주자산능의장(讀朱子山陵議狀)」에서는 풍수지리설(風水地理說)은 사람들에게 해를 끼치는 것이기 때문에 술사의 말에 현혹되지 말고 스스로 살피라고 하였으며, 「독한창려상재상서(讀韓昌黎上宰相書)」에서는 "스스로 그 몸을 가볍게 여기면 스스로 도를 낮추는 것이니 어찌 학(學)과 행(行)을 서로 도모하지 않겠는가?"라고 하면서 도를 급하게 행하지 말고 신중하게 행해야 함을 기술하였다. 「가훈(家訓)」에는 사친(事親)·봉제(奉祭)·융사(隆師)·독륜(讀倫)·강례(講禮)·절용(節用)·제욕(制慾)·신언(愼言)·택교(擇交)를 말하였고, 「가훈(家訓)」 팔조(八條)와 「일성십조(日省十條)」가 있다. 「일성십조」에는 겸공(謙恭)·근언(謹言)·양량(養量)·제욕(制慾)·명실(名實)·안분(安分)·지족(知足)·검신(檢身)·교접(交接)·처관(處官)이 수록되어 있다. 「동유록(東遊錄)」에는 금강산 유람에 관한 내용으로 경관과 탐방로를 상세히 기록하였다.

권8에는 1927년 1월 1일부터 11월 24일까지 기록한 「일기(日記)」가 수록되어 있다. 특히 4월 13일과 14일에 썼던 노사(蘆沙) 기정진(奇正鎭, 1798~1879) 선생의 글에 대해서 전우(田愚) 간재(艮齋, 1841~1922)의 비판에 대한 그의 견해를 피력하여 "전우 간재는 노사 선생의 「납량사의(納凉私義)」와 「외필(猥筆)」을 변론하여 사방에 퍼뜨리는 파란을 부추겼다."라고 평가했다.

권9에는 서(序) 「무양원속지서(武陽院續誌序)」를 비롯한 28편이 실려 있고, 권10에는 기(記) 「육영재중건기(育英齋重建記)」를 포함한 48편이 수록되어 있다. 권11에는 제발(題跋) 「노당선생실기발(露堂先生實記跋)」을 비롯한 12편, 잠(箴) 「불기잠(不欺箴)」과 「입지잠(立志箴)」 2편, 명(銘) 「만송정명(晩松亭銘)」과 「원침명(圓枕銘)」 2편, 상량문(上樑文) 덕천정상량문(德川亭上樑文)을 포함한 23편, 축문(祝文) 「봉안율계선생석채영정고유문(奉安栗溪先生釋菜影幀告由文)」을 비롯한 12편, 제문(祭文) 「제율계선생문(祭栗溪先生文)」을 포함한 7편이 실려 있다. 권12~16까지는 비명(碑銘) 「다산묘정비명(茶山廟廷碑銘)」을 비롯한 40편, 묘지명(墓誌銘) 「율계선생묘지명(栗溪先生墓誌銘)」을 포함한 4편, 묘갈명(墓碣銘) 「청심재정공묘갈명(淸心齋鄭公墓碣銘)」을 비롯한 94편, 묘표(墓表) 「가선대부호조참의겸오위장도총부총관박공묘표(嘉善大夫戶曹參議兼五衛將都總副總官朴公墓表)」를 포함한 53편, 서사(書事) 「서열부장씨사(書烈婦張氏事)」와 「서문처백씨사(書文妻白氏事)」 2편, 행장(行狀) 「선고지당부군행장(先考止堂府君行狀)」을 비롯한 7편, 전(傳) 「박의사전(朴義士傳)」을 포함한 7편이 수록되었다.

별집에는 권1~3까지 경학의 요점을 간추려 편집한 「경학제요(經學提要)」가 있다. 권1의 「도통편(道統篇)」은 요순으로부터 주자에 이르기까지 언행을 모아서 자신의 견해를 서술한 것이고, 「통론(通論)」은 유학의 핵심적인 가르침을 정리한 것이다. 「벽이단편(闢異端篇)」은 경전에 나오는 여러 이단의 학설을 모은 것으로, 특히 서학을 배척하고 있다. 「척사설편(斥邪說篇)」은 바르지 못한 학설을 배척하여 모은 글이다.

권2의 「복의발편(復衣髮篇)」은 단발(斷髮)과 양복(洋服)의 문제를 경전이나 선왕의 말을 모아서 자신의 견해를 덧붙인 것이고, 「사례편(四禮篇)」은 관혼상제(冠婚喪祭)의 의례를 정리한 것이며, 「육예편(六藝篇)」은 예(禮)·악(樂)·사(射)·어(御)·서(書)·수(數)를 기록한 것이다.

권3의 「삼강편(三剛篇)」은 중국과 우리나라에 등장하는 충신(忠臣)·효자(孝子)·열녀(烈女)의 기록을 시간 순서로 정리한 것이며, 「이륜편(二倫篇)」은 중국과 우리나라의 형제(兄弟)와 붕우(朋友)에 관한 내용을 기록한 것이고, 「대동악부(大同樂府)」는 단군으로부터 고려가 멸망할 때까지의 일화를 자세히 소개한 것이다.

### 3. 문집 목차

**顧堂文集序(金駿植)**

卷一

詩: 述懷 題萬國全圖四首 晩圃(朴海佑)堂夜話 黃溪瀑沛用申紫霞朴淵韻 聾山亭次板上韻 海印寺 曉堂(金文鈺)臨除賦雜感余不容無和 普陽途中 矗石樓 義娘祠 朴孝先(恒模)來訪 暮春散話四首 寄曉堂二首 洛江舟中 達城 錦江 方丈山行 五鳳石壁歌 舊宮懷古三絶 思歸 玉川書院有感 臨淸臺 江社寓稿二首 留贈希堂子(金銖) 宿瑞川亭 雜咏八絶 齋後看月 新寓鳳城夜飮與諸友共賦 宿修巖亭 光菴齋與諸益共賦 奉和栗溪先生重陽韻兼寄吾堂(沈鎭宅)梅峯(吳政杓) 柳絮 挽春岡柳丈 同寓鳳城之明春曉堂(鄭河鐘)荷堂周亨洛俱作江陽行余以家憂未偕悵然賦六絶寄懷 五爰齋即事 遊鰲山 寄吳梅峰 秋峰(南勝愚)丈人前以五絶詩見寄意甚殷重諷誦之餘久欲 拚和而韻高難繼別賦短律四首以謝厚貺 四月望日將向天王峰留宿崔學平(錫洙)石洞精舍 雙溪寺 佛日瀑 宿細石坪草幕 露宿天王峰 峽中記見 洗耳巖 神興店 七佛庵 出山次一蠹先生韻 二月日會葬內舅小訥先生于金陵之鰲山余執紼以從越三日將歸家悵然作一絶 馬山觀海亭敬次寒岡先生韻 夜泊洞營鎭 鳳陽齋次原韻 金星于(永杓)下榮祖(和聲)自高敞來訪 暮春書懷 別曉堂 初夏 五月五日水田口號 六月上旬雨下遣悶 孟秋即事 初夏觀圃 麥秋 奉和薛松石(炳斗) 和寄梅峯 得曉堂二十六日書有感 和朴秋岡

(永模) 和鄭錫哉 有懷寄曉堂二絶 挽瑞川金丈(琪錘) 奉寄誠泉金丈(銓)二絶 丙子元月十五日曉堂至共賦 叙別 和曉堂 仲秋文壽途中 九月寄曉堂 挽東沙(炳植) 金君(致善)爲其大人周甲隔在青馬之南至後幾日也將設酌 飾喜而歷訪鄉隣知舊請有以一言相賀余嘉其意爲賦近體一律寄呈其大人翁壽軒 斗洞夜話 臨別口號 十柿歌 德川九曲次武夷棹歌韻 憫旱 丙子四月二十七日賞紫荊花有感 即事 長安寺 萬瀑洞 毗盧峰 九龍淵 上八潭 向海金剛謝學平貿贈鞻韄 高城烽燧臺觀日出 海金剛 叢石亭 安邊釋王寺 開城杜門洞書院 朴淵瀑沛 宿觀音寺 滿月臺 善竹橋 平壤練光亭次鄭知常韻 由永明登浮碧 箕子陵 自擊漏歌 述懷 次曉堂儒達山詩 朴小村(炳現)千丹溪(井湜)來訪 金謹齋(永鐸)來訪 挽柳烈士 挽尹西堂(鍾杓) 出門 渡滹子津 谷城驛 獐洞訪柳眉巖古宅 石田齋 長山驛 松江亭 松汀驛 博山老菴山房 留聳珍精舍 南洞登沈南擧(翰求)晩翠亭 幕抵林氏(炳一)庄 不換亭 午憩林谷市 題長城大海金玉圃丈玉井 筆巖書院敬次清陰先生韻 過麥洞卯山次松江韻 長城驛滯雨 宿澹對軒 望瑞石山 鳳山齋 褒忠祠 暮抵梨陽驛 五柳村念修堂有感 五月初十日有感 竹林軒 過筏橋 滯雨順天 暮抵邊山 謝沈南擧贈扇 龍頭會吟 遊德川第四曲 次曉堂遊松廣三絶韻 鸞塚 萬蒲歌 春日書懷寄朴松村(魯鴻) 秋竹灘(鏞禧)來訪 奉和朴守靜翁壽軒 酬秋岡共宿悵翌朝旋別 祝金石村(東振)翁壽席 與曉堂滯雪積基 德川雜咏 松汀書室共曉堂小酌 松汀問舍于河陽歸示其所感韻二首不容無和 挽李丹霞(南儀)丈四絶 挽柳五石(瑩業)丈 挽黃石田(瑗)丈三絶 挽王藍山(在沼)丈 挽李春圃(相儆)丈 挽李白村(炳浩)丈 挽金石年(在夏)丈 祝朴愚川壽席 西岡柳公(遠重)挽四絶 挽希堂二首 和呈李竹窩(洛鉉)仁兄 雜吟十二首(甲申冬與李竹窩洛鉉李石居漢斗及裵相和朴重根諸友結社) 雪竹 紡登 征婦怨 梅花 立春日小集 除夕 乙酉元朝 人日書懷 竹樓夕望 上元 春雪 喜雨 慰移民 會飮松汀兄寓舍 謝松汀惠肉粟 石谷待曉堂不來回路有感 穀雨日與孫敬菴(在燮)登方丈老姑壇 松汀兄

以其第三子準晬朝邀親友共酌乃三月十三日也 十五日共松汀至岳陽錪岩棹舟賞鸛鳥峯 平沙逢一青(金亨在) 賀盧竹史翁壽席 宿辛藕汀(凍)清庄 踰老隱洞 青岩訪姜遇亭(在憲)次其大人翁晩田號韻 發青岩向横川 鶴里訪鄭小山(在鎔) 南山李龍洙藥軒小酌 踰公月峙 題鄭學山(在玖)精舍 暮抵河陽邑 與裵晦岡(釆奎)宿松汀書樓 餞春日德川亭小集二首 四月初吉與荷堂宿松汀書室一青適至而曉堂竟不來 十四日與曉堂訪松汀翌日川獵于良汀 翌朝又限韻 共曉堂遊麗水熊川題丁氏月川齋 光陽鳳岡途中 宿石峴文星齋 曉堂賦示別章要和 山嫗哭 六月初九日與曉堂晩圃敬菴友金絅堂(昌鉉)宿峩嵋山天台菴 與曉堂宿廣清申稼軒宅將觀超然水石適被李游亭(相赫)挽引踰金釵嶺 宿莘田游亭清庄 二十七日與松汀酌酒因訪金鰲山(鍾弼)于清川菓園途中口號 題鰲山清庄 八月十三日蓑菴(金容儹)自商山來同訪松汀限韻 挽金菊圃(澤均) 乙酉八月二十六日金仁性六十一生朝也親友爲設盃勺以娛余亦久感其絶人之聰憤時之語玆賦近體以賀 九月九日曉堂赴約于松汀所設夜酌書懷二首 別蓑菴 家憂數旬支離竟遭二女兒慘化沈唫四絶遣懷 呈柳松年丈壽席 端午松汀邀荷堂與余設酌于馬山之清川 翌午訪玉山草廬二首 和諸生歲暮話別 挽柳石田(健永) 六月初吉與荷堂訪小松 與次兒宇東將向清川歷訪松汀 壽栗溪先生六十一生朝 題朴鶴汀(東鎬)壽軒 治沼 川社與曉堂學平周亨洛金孔欽(永鐸)荷堂唱酬 美岡齋題詠龍巖齋韻 與裵一樵(鎭祚)唱和 四月十八日打魚晩飮于沙灘之上復向龍湖亭 與蓑菴荷堂金舜夫吳錦沙李春圃李竹蝸(洛鉉)登五鳳山 秋日與金玉峯(宇純)小酌 磻川契會唱酬 次鳳棲齋原韻 山居 樵夫二首 許君厚卿歲暮將歸社中諸友飮酒賦詩以爲別二首 謹次蓑庵龜岩臺韻 竹灘莊夜話 松巖(孫碩煥)莊小話 曺愚溪(喜洙)與曺白潭來訪 遊朴田隱(錫來)清庄

卷二

詩: 莊泉齋原韻 流頭日書懷 初伏翌月小村置酒招朋于壺山亭 與小村携酒向溪 題筤園張丈(基松)幽居 小松席上與黃雲岡拈和釹南韻 中伏翌日松汀置酒于華嚴之艾川與石村紹窩(李起亮)荷堂小村蟾居赴約途中口號 艾川洞二首 筤園宅共次杜工部韻 與曉堂登壺山亭 柳南江(鍾茂)來訪 與荷堂赴小松約 丙戌七月余留冷泉松汀邀曉堂共處二首 挽任荷堂拈韻輒呼二首 七夕書懷 即事二首 遊德隱川釜沼 曉堂留土旨坊未歸 述懷呈曺桐雲(圭復)二首 憶弟 風雨嘆 遊華嚴寺 夜賦近軆遣懷 賦別 呈李菊田丈 祝金晦卿大人翁六十一生朝 金基斗生朝赴飲松汀將向湖西爲余道鹿門携手之誼感賦一律 酬松汀 八月四日國恥有感 村童書罷有感 和松汀贈別韻 與小霞小村一樵鰲山途中口號 待老人星 仙臺晩眺 徐慕岩居然亭覽瀑次韻 任實知義洞見義師塚有感二首 過靜齋李公竹田故里 宿李忘汕(元泳)淸庄 小村書樓話別 與蓑菴同吟小村宅二首 隨錦沙安丈芝菴梁丈暮抵山洞梨坪 李東田金小山諸丈要余遊內山方壺亭會吟 滯雨盤谷村晦堂宅 題洪秋潭淸庄 李壺隱(承祐)邀衆賓會飮其書樓 拜祖考寢郎府君墓 挽徐翁 壺山亭唱酬六首 己丑夏訪曉堂於長興之虎溪 次臨對亭韻 贈安義山(洪天) 兎洞夜話 與安兼山訪李希堂(仲寧)于完山之璞城洞二絶 龍井塾會吟示諸生 九龍吟社 十月初吉書懷 筤園松泉玄史竹窩石居紹窩玉峰會吟二首 送紹窩之龍城 會友連賦四首 冬至逢小村 歲暮二首 潺子津車中口呼 永慕齋小話 贈李紫山(聖淑) 斗洞永慕齋會吟 庚寅仲春紹窩來訪 石居携酒來飮共賦二律 與曉堂南遊麗水港 拜忠愍祠二絶 雙峯驛別丁魯齋(基魯)三月晦生朝有感 追賀壺西吳丈(致會)六十一生朝 二山樓與諸友同醉曉堂問我書室成否欲以一拳碎之盖不願我苟且安於此也戱賦長句以答其語 寄金柳軒(兌國)四絶 五月五日馬(馬+展)川小會 遊文殊洞 晩圃六十生朝會飮 六月二十日送曉堂祈雨龍沼用李益齋龍湫韻 初夏 趙明彦(東旭)許厚卿(永栽)來訪 無題 待友人 綠陰 紫荊花 有懷贈荷堂七

絶 聽荷樓小話 七月初吉 允肅(南驌熙)來訪同宿小村書室 祝金誠泉晬辰 宿大谷山庄 觀稼軒拈韻 岳陽途中 踰回嶺 上巳武山精舍會吟 碧寒亭次板上韻 馬山浦訪柳濟玉 忠烈祠次杜工部武侯祠韻 栗溪先生挽 讀洪伯源居廬日記 梁留軒(會侯)莊晤宋石癡(基承) 曉堂鄭青下(迥澤)鄭丹村(炳憲)朴秋岡四首 石癡庄限韻二首 五林亭 次徐氏老休亭韻 月峯晚眺 望尖山 翠松亭逢李南溪 題黃石齋(鎬一)芙蓉山房 嘉俳後一日與鄭松汀(在基)唱酬 宿古邑朴禹錫庄 和直軒朴丈(魯畯)韻 呈雪舟宋丈(運會) 與松村曉堂遊龍華寺 留軒庄逢曉堂二首 尹帽菴(再甲)莊晤金小汀(容局) 次朴湖山(晟朱)生朝韻 呈小坡宋丈(明會) 題天馬山房 挽尹芝圃(榮奎) 追挽省齋趙公(聖則) 追挽潛軒李公 辛卯除夕酬晚圃 憫厨妻 大浦訪裵自笑(世煥) 石居紹窩小村來訪 曺愚溪(喜洙)來訪 題七絶軒 題白蓮山房 李愚堂憫我久病持藥物數問且賦詩慰此涔寂余不容無和 布衾行 訪曉堂 追挽東沙李公四絶 潦暑憒憒中偶閱弊篋得松汀前寄述懷一篇此適來竄伏疾苦未遑仰酬者想松兄疑我濶於人情矣遂援筆次其十三韻以呈 晚圃要余避暑城南洽二旬乃歸戲賦一律以謝 朴一松(在天)金南坡(夏局)來訪 次東溪精舍韻 莊泉齋楹聯和竹灘 重陽後五日共楊德岡(柱赫)曉堂宿古邑松村莊 次金南隱(洪錫)韻 贈閔秀才龍得 張鳳菴(仲錫)莊晤壺石(柳泳)丈 晚圃莊贈別文近菴(在璣) 雪夜和諸生 謹和石荷權丈(鴻洙)見憶之作十絶 除夕酬晚圃 游亭莊與南江曉堂同宿 宿小村龍江精舍 贈李白堂(顯求) 挽閔晚松(駿植) 永壽杖引贈吳絅菴(柱錫) 賀呈高亞山(圭泰)壽軒 育英齋原韻 暮春莊泉齋書懷 李小源(泳奎)莊與曉堂學平荷堂金小荷(炯嶠)諸兄同醉敬慕齋小話 江南吟社 玄川 熊川途中 月川齋酬丁魯齋 陽坡亭 次曺德軒(甲煥)吟社韻 白堂茶軒小酌 四月二十日設先師遺集刊所于鳳城之白蓮里書懷寄曉堂 送曉堂至昇平邑會飲宋氏庄 訪鄭鵝山(漢丞) 冬至小村養晦堂(朴悅可)來訪 莊泉齋唱酬五首 挽宋裕齋(基晃) 挽趙槿窩(仲基) 挽憒菴安丈 竹窩紹窩佩一壺酒乘月至塾 仲秋夜別竹灘 次思

危齋原韻 題楊德岡六一壽帖 次曺白潭(翼煥)清莊韻 學平田舍觀畜産 題金儂石新庄 靑馬元朝書懷 三月三日次文廟重修落成韻 三月晦日德川亭有感 挽權松山先生(載奎)三絶 挽寒溪金公(基洙) 挽金玉峰(宇純) 寄贈王聖大 有懷呈車素南(世英) 次李橘泉(榮會)生朝壽母韻 題一松屛 具竹軒(貞佑)新庄會飮 七夕鳳德亭會酌 贈小村 次晩圃幽居韻 次荷堂見懷之作 孟冬石癡莊與晩圃靑下曉堂夜話 月下訪金普亭(珵會) 別高敞諸友 翠松亭楹聯 光州驛別魏毅齋(錫漢) 題曉堂古邑新庄二首 次南岡精舍韻 挽晦岡裵丈 寄朴文哉(炳彪) 歲杪書懷 雨中戲題 賀老圃吳丈(致洪)回巹 東川赴約 築一鑑塘與諸友共賦 育英齋八景 立春 初雪 題櫟齋(高光泰)清莊 謝松溪(朴海榮)贈扇 澗翠晬朝韻 除夕晩圃送酒感賦長句以謝 乙未元旦 元月初五日壺西吳丈六十八生朝也氣筋益康孝思彌篤方 省山洞玉女峰先阡半日往還少無倦色 挽崔松石(景模) 挽金剛齋(景煥) 贈松雲 居然堂書懷 挽晴沙李公(龍奎) 贈盧秀才滎 握管示朴炳彪朴秀東盧滎金在温金魯天鄭宇植王聖大裵龍宣朴沂鍾姜龍遠朴善圭李均佶金仲溫第七兒七東 林後松回甲 挽孫南江(洪明) 次湖隱(金相秀)原韻 石柱關丁酉十月追感 積雨乍晴喜劇共賦 吳絅菴清莊小酌 李書江(永熙)邢鶴山(埈湜)來訪 喜金秋雲(容根)來訪 修輔仁契于山陽湖山庄 新春玉山齋會飮 贈朴善圭鄭亮根 遊磻川詩會 贈朴沂鍾宋南基秋鏞玉秋鏞賢文長鎬諸君 學平寄以一絶不容無和 千丹溪寄詩不容無和 飮一鑑塘蓮葉酒作 訪朴楊川(炯文)清莊示秀才金翰燮朴道朴炅來 訪白寬中(裕寅)庄 戊戌夏同權丈石荷李書江(永熙)高亞山(奎泰)邢鶴山(埈湜)鄭景菴(相洙)唱酬于明倫堂 話別李玉山(明基)盧湖雲(俊源) 清夜與鶴山唱酬 壽晩圃六一生朝 贈裕軒書江仁兄壽席 遊山歸示朴相文 有懷示趙呂一(鼎勳)曺子相(圭台)許子烏(泰鏞) 和柳仲煥閔在龍金鍾根郭東均諸生 次松圃亭韻 呈李兄(鐘福)六一壽軒

卷三

詩: 謁陶山書院 乙未閏五月五日發嶺行車中口號 大田哭盧松汀靈几 暮入尚州 善山玉冠洞拜松堂先生墓 善山途中望金烏山 愛日堂次板上韻 玉山行 道東書院謹次金慕齋先生板上韻 懷古四絶 苞山池洞昌山金熙善莊夜話 伊泗碧寒亭 李我泉(準千)莊話別 武山共南秋峯(勝愚)周澹軒(時玉)沈吾堂(鎭宅)諸公夜話 德山途中 題具明甫(喆壽)流觴石 峽中訪金蓑菴 遊道岩 和呈權心齋(昌鉉) 和呈李丈月汀 大山亭會話 花溪草堂次板上韻 陽川途中口號 率禮村前別金台岡 次碧溪亭板上韻 次張氏八孝閣韻 暫遊寒山寺 題金柏民(宇聲)淸莊 賀金撫汕六一生朝 南海舟中作 入龍門寺 宿錦山菩提菴 四友里訪李月川 修輔仁契于平湖湖亭(曺錫柱)莊 宿月南李松下庄 登月出山 宿鳩林芝村(崔鉉)庄 曺氏叢翠亭 朴氏間竹亭次板上韻 崔氏三樂齋 鳩林講修堂會話 自朗州舟向木浦 與諸友泛舟遊蟾湖 橘泉淸莊會吟 林後松(瓚鎬)寄烏竹二枝兼詩一絶故拚和三絶以博一粲 賀洪慕菴(伯源)六十一生朝 宿帽岩莊 賀耕谷鄭丈七四回昏 李君榮泰手雕書畫印一組以惠我感賦一律謝之 謹次李休齋公花木八咏遺詩 祝姜松窩(大一)回甲 次檜山齋韻 次李淸菴六一生朝韻 次曉堂冬夜無寐之作 赴約草洞松儂(李東範)淸莊曉堂不至戱次其唱酬韻 題松儂書室 潺水別曉堂二絶 敬慕齋楹聯 與張筤園安兼山小酌 舟峙別崔德隱崔敬堂(允煥) 次敬堂韻贈秋鏞賢 乙未秋與湖山晩圃松村曉堂松儂作瀛洲之遊路出咸平洗心亭登儒達山 碧波津感李忠武公故事 瀛洲舟中作 宿瀛洲舘 九日祝曉堂生朝 酬高仰山老人 自木浦乘舟向珍島 宿韓氏莊 次遜菴崔先生謫居韻 竹淵祠百源堂楹聯 鳳岡齋楹聯 次曉堂信筆見懷之作 挽月川李丈丙申初夏發湖西行途中口號 全州梧木臺晩眺 次金省菴幽居十景韻 穀雨日與晩圃曉堂朴強齋(堪鉉)普亭金澹齋(鳳文)權求堂(正煥)松儂松窩學平小源李香山(東煥) 明甫遊華嚴寺 黌堂唱酬五首 風詠玉只橋示明倫堂諸生 龍巖修契唱酬韻 過南山祠舊墟 林雲岡(鍾喆)六一生朝

李月山(根厚)及諸友來訪 觀德齋與朴晩松(炯宇)共話 鄭丹村來訪 挽西坡宋丈 挽全南坡 呈石荷翁七七壽軒 端午書懷 五月田家 修磻川契于鰲山寺二首 突山舟中作 宿靈龜庵 呈篔園翁七十二晬朝 謹次崔烟村先生立碑韻 丁氏永思齋楹聯 追挽採山金公(致中) 晩松村 挽荷堂四首 戊戌秋八月同四郡諸友遊赤壁江上 挽朴允肅(敬來) 贈曺斗煥和韓老石(重錫)見寄韻 喜柳石初(重性)來訪 和李玉山 呈徐石蓮翁(聖濬)七十一壽筵 和曉堂懷人韻 次金蓑菴六一生朝韻 祝學平六一生朝二絶 次草洞書舍原韻 宿小源淸莊 宿愚堂淸莊 挽安晦峯 己亥仲秋會數郡諸友于筏橋之古邑向邊山及光府一宿獨毅齋以事徑歸 長城途中口呼 晩睡堂小酌 裡里訪金一靑 和金玉泉饋酒顆兼寄以詩 與曉堂宿玉山齋 愚堂書室會話 挽柳壺石 次春園亭原韻 次龍坡亭原韻 己亥除夕 庚子人日橘泉莊小集 上元講修齋雅會 三月三日講修契唱酬 白堂甲日要余及晩圃蓑庵遊泉隱寺爲賦近體以賀 金月岩(宗浩)來訪 明倫堂和徐祥甫(祺鍾)李均佶魏煥金錫宇鄭榮釆金仲溫韻 姜氏永慕齋楹聯 挽尹松下(炳鶴) 趙雲岡七十生朝 辛丑立春日示諸生 贈祥來(秋鏞轍) 酬李老山(昌熙) 次李紹窩六一生朝韻 次湖隱亭韻 次毅齋壽母九十一晬辰韻 題金普亭墨竹障子 權晩耘(明洙)回甲 權庸齋(道洙)回甲 人日同艮園松窩後松橘泉趙南溪與姜龍遠李均佶唱酬時 朴沂鍾秋鏞鉉自長興携壺適至 李小翠(泰奎)回甲 寄題景和堂(朴炯允)寢屛 承裕齋楹聯 挽曉堂六首 贈鄭景菴(相洙) 明倫堂示朴性珪孫範男黃義昌李康洙崔鍾範邢鐵宇 辛丑首夏至節山之永思齋曉堂遺集刊役已竣且結册矣悲喜交集感賦五絶 宋竹軒(桂汶)徐默初(漢周)來訪 午發鳳城宿松儂庄 宿春園庄 白羊寺途中聯句 白羊寺 挽習齋崔公(濟學) 次吳氏淸洗亭原韻 次李香山六一生朝韻 小源六一生朝二首 賀毅齋六一晬讌 辛丑除夕感吟 履露齋楹聯 題崔一南(成哲)六一壽席 次觀瀾亭韻 鹿渴嶺次李白飯果山贈杜甫韻四絶 宿申東樵(福萬)草堂二絶 南蓮史(廷珍)回甲 送宗人濡園(喆洙)歸京 廉誠齋來訪 次雲陽齋源韻 次翠

松亭韻 筆巖書院謹次河西先生韻 文苑社與鄭厲菴(道鉉)宋述菴(在晟)邊三笑(琦淵)金碧農(相 晋)金棲山(堯元)柳三省(師重)洪城南(錫熹)李玉峯(福來)李愚堂(鍾榮)南子益(來植)邊敬中(時淵)相酬 登亦樂亭與竹灘朴強齋(堪鉉)金南下(河植)魏寒泉(啓幸)魏楊 坡(啓春)朴晩松(炯宇)朴楊川(炯文)唱和 宿覽德齋 訪毅齋庄 訪魏壺谷(日煥)庄 登天冠山與尹子重(丁鍑)羅立夫(鉀柱)魏敬培(啓道)共吟 陽春齋夜話 隱齋清庄夜話 典校鄭景菴要余避暑于明倫堂因講經談藝諸生坌集余感賦一絶以示 酬宋石癡李春圃(炯哲) 訪許月川(炘) 龍巖齋閒居 次金東谷(駿植)呂雲沙(昌鉉)洪城南(錫熹)奇莊軒(老章)朴石泉(永鳳)澹對軒唱酬韻 次龍山亭韻 講修齋原韻 喜姜龍遠自軍歸省 次養泉(姜洙爀)寄贈韻 次邀月亭板上韻 次超然亭韻 次桐江釣臺韻 次大峰亭韻 挽崔小山(炳稷) 挽高櫟齋(光泰) 挽李老山(昌熙) 次李梧亭(鍾顯)六一生朝其弟愚堂奉祝韻 挽金百草堂(奉文) 挽白雲翁 祝朴毅堂(俊東)六一壽座 祝金春園回甲 和朴石川留贈三絶韻 挽林後松 挽金三溪(炳佐) 挽金晩川(珍圭) 次玉坪祠韻 挽壺西吳公 懷人體八絶寄諸友 賀小村六一生朝(并小序) 壬寅冬至日修契于講修齋 寄賀朴松岡(在文)回甲 次橘泉六一生朝書懷 挽李景寧 觀瀾亭楹聯 追挽趙公 賀李壺山(東浩)回甲 次農隱堂韻 次韓鳳惺(炳善)回甲韻 賀鄭日澹(勳)回甲 和韓老石見憶之作 聞崔從好(光範)愛讀曉堂集賦近體一首以呈 謹次白晦山(鎰寅)祝雙親八旬回昏韻 次錦湖亭韻 贈金子秀(鍾秀)三絶 賀申東樵甲讌 講修齋八景 嘉俳前二日夜與金希夫(聖鎭)安子成(泰洙)安子明(泰明)柳尚 文(在殷)月下口號 高山三奇坪與李南坡(容器)崔友松金一青具龍岡(然忠)崔小庵(炳燮)韓鳳霄(敦愚)吳鳳林(衡善)具月汕(珍書)會話 海沙書室共友松一青夜話 次松塢精舍韻 次孫敬菴遊漢北道峰韻 宿魏寒泉清莊 發龍山亭黄湖堂(炳晞)徐默初(漢周)李春圃李雲川(康鈺)偕焉學士臺 宿上白雲菴 登天上臺 曺桐雲晬辰 次丁松浦(魯壽)翁米壽韻 次魏小桂翁(平良)堂韻 次曺松湖(永鉉)翁堂韻 挽

魏厚菴(錫逸) 與李愚堂宿朱小溪(正洙)庄二絶 同河志汕(燦浩)夜話送別雲沙城南莊軒兼山途中口號 挽許景文(昌道) 與兼山松儂宿道川洪又南(復熹)庄二絶 虎溪壇享後有感 乾止山重陽會吟 示家兒七東振東 登金氏富春亭 冬柏亭 魏氏鏡湖亭 車中望吉氏滄浪亭 竹灘庄修舖仁契有感 滯雨信宿 賀奇莊軒甲韻 梁溪隱(大源)堂韻 次金秉夏壽親甲韻 風詠契韻 寄朴楊川 贈申奉吾 曺冶圃(容煥)回甲 講修齋與尹子重羅立夫魏敬培曺德卿(敦承)唱酬 賀兼山回甲 寄題龍江精舍(朴炯旭庄) 內弟盧季敬(察容)回甲 示姪兒禮東華東 示長兒守東次兒驥東炅東 同晦岡曉堂荷堂蓑菴裵士強(炳錬)遊新城浦 贈秋淸汝(淵容) 贈金哲中(濬) 羅州文岩柳方山(昌烈)庄同晩圃小湖(林鍾弼)重山(金寅洙)松儂 贈柳玉汝(永相) 贈強齋 虎谷追遠齋楹聯 訪黃農菴(龍顯)淸庄別吳井愚(秉鎔)丈吳井隱(瀁默) 次耕隱亭韻 桐柏山行贈邢鶴山 餞春日與朴晩醒朴紹菴會飮于翠松亭 題魏鴻奎庄 梧月亭 與金小峯(中植)唱酬 宿強齋庄 秋日送李康炫柳在寬 次遯菴月林亭韻 望皷巖山庄丙戌三月三日與荷堂訪松汀 與李石泉(濟寬)金久菴(在華)李相武遊他不川 祝崔石南(圭滿)甲讌 謹次三綱旌閭移建韻

卷四

書: 上栗溪鄭先生(○五) 上伯舅盧大訥 上仲舅盧小訥(○七) 上柳西岡(遠重) 上南立巖(廷瑀) 上權松山(載奎) 上夏靈峯(震武) 上琴湖三從叔(○二) 答金希堂(銖○四) 與桂山宗丈 答宋裕齋(基冕) 答裵海隱(淇玉) 答李我泉(英兆) 答金東谷(駿植) 答權石荷(鴻洙) 與崔芝村(炫) 與南秋峯(勝愚) 答朴丈尚玉(啓鉉○二) 與尹又源(正學) 答周成三(時玉) 答閔敬軒 與李又石 答崔鶴軒 與宋竹軒(桂汶) 與金小觀(駿永) 與金西潭(建永) 答金述齋(基禹) 答盧東樵(秉仁) 答全子修 與金尼晦(棿) 答權晦卿(昌鉉○五) 答朴仲豪(興圭) 答閔伯賢(泳世) 與成一汝(淳永) 與夏貞立 答柳聲振(遠瑢) 答吳和宣(政杓ㅊ三)

答朴濟勝(海佑) 與金從洙 答邢埈湜

卷五

書: 與沈正玉(鎭宅○二) 答呂文強(昌鉉) 答族人擎天 與魏汝翊(錫漢○二) 答鄭伊仲(之和) 答閔源夫(泳來○二) 與閔善才(駿植○二) 上內兄(盧漢容) 與金孔欽(永鐸) 答周亨洛(禹錫) 與金景春(泰榮) 與盧奇玉(泰鉉) 與朴在大(淑鉉) 答孫在燮(二) 答鄭尚珪(喆煥○二) 答崔公彧(海鍾) 與金致善(容儹○二) 與郭成煥 答鄭聖圖(河鍾○二) 與文洪喆 答韓威卿(重錫○二) 答李贊永(明基) 與金兌國(二) 答金熙球 與丁相奭(基魯) 答權起周 答文聖元 答林成寅(鍾敦) 答安聲洪(鍾宣) 與李時英(超亮) 答金景先(容局) 答芮 答徐相源 答姜洙爀(文祚) 答金貴鉉 答梁炳國(承炫) 答鄭致德(淳完○二) 答金鳴瑞(鳳錫) 答李華國(丞雨) 答金景潭(載石) 答崔季源(錫洙) 與裵相華(鎭祚) 答金鳴孚(鶴洙) 答金鳳文 答金昌鉉 與朴漢奉 答宋奉彥(孝燮) 答金濟烈 與徐福仁(喆宇) 答李壽源 與奇公彬(老章○二) 答許性禹(基洪) 答李東煥 答李禹卿(昌煥) 答金海成(源益) 答曺誠哉(喜洙) 答李良俊(永熙) 答曺公三(圭復○三) 與朴成韶(永鳳) 答金文卿(武彬) 與梁法鍾(晶河) 與黃秉瓙 與秋致敬(鏞禧) 與魏璇長(啓幸) 與朴炯富(炯宇) 與李光直(鍾榮) 答朴瑞日(炯文) 與金晦卿(在華) 答金舜夫(容九○四) 答金源得 答秋淸汝(淵容) 申善長(元植) 與南廷珍

卷六

書: 答金聖玉(文鈺○十一) 答徐秉洛(漢周○三) 答崔德卿(光範) 答金中立(正會○二) 與金子受(慶搢)○二) 答洪汝玉(錫熹○二) 與李道貞(東範○二) 答柳景輔(根弼) 與金鉦烈 答姜甲永 與崔文善(圭才) 與朴來善(永模) 答鄭奇雲(勳) 答李龍淵 答朴道燮 答金裕新 答曺承鉉 答楊乃德(秉輝) 與鄭乃綏(鉉福○二) 答金斗鍾(益載) 答李

明汝(炯晳) 與崔和烈 答吳基性(炯基) 答金錫烈 答金汝栽(永培) 答具明甫(喆壽) 答尹子重(丁鍑) 答羅立夫(鉀柱) 答崔成五 答吳玉汝(衡善) 答具然建 答韓敦愚 答邊敬中(時淵) 答崔成鶴(炳燮) 答魏敬培(啓道) 答金喆洙 答朴文哉(炳彪) 答王聖大(二) 答內弟(盧季敬) 答宋樂俊(南基) 與孫景韓(坪琦) 答閔龍得 答閔升如(丙日 ○二) 答朴汝重(沂鍾) 與徐祥甫(祺鍾) 答趙昌武(庸規) 答姜龍遠 答趙垂鎬 與李均佶 答金仲溫周易問目 答朴錫俸中庸問目 答金鍾大 答第五兒富東(四) 規友人學稼書 請結夏山房書

卷七

雜著: 山居解 矯警說 報本說 原孝 讀朱子山陵議狀 讀韓昌黎上宰相書 讀離騷經 讀明淸烈婦傳 讀或人因文入道書 孟子不尊周論 徐庶論 傳賢論 博奕猶賢乎己論 伊尹五就湯論 息謗 讀書似遊山說 則以說贈崔鍾大 漢元皇后守璽論 求禮鄕校學規

家訓: 事親 奉祭 隆師 篤倫 讀書 講禮 節用 制慾 愼言 擇交

家訓(八條)

日省十條: 謙恭 謹言 養量 制慾 名實 安分 知足 檢身 交接 處官

東遊錄: 自求禮由漢陽至長安寺 自長安寺至萬瀑八潭 自萬瀑登毗盧至龍馬石 自龍馬石至朝陽瀑 自朝陽瀑踰上登峰觀萬物相至神溪寺 白神溪寺觀九龍淵出高城 自高城觀海金剛由叢石至安邊釋王寺 自釋王寺至開城杜門洞 自杜門洞至朴淵瀑沛 自朴淵由松都至平壤 自平壤還湖南

卷八

雜著: 日記

卷九

序: 武陽院續誌序 桐陽遺稿序 誠齋文集序 遯窩遺稿序 忠孝錄重刊序 晩松遺稿序 農窩遺稿序 竹下遺稿序 晩川詩稿序 松齋實記序 完山世稿序 酒隱世稿序 邵城世稿序 黃氏世稿序 金海金氏派譜序 密陽朴氏家乘序 松巖翁八十一壽序 景菴秋公壽卷序 海沙號序 送金聲振序 送友人入間島序 仁社吟草序 壺山亭唱酬錄序 輔仁契序 磻川案序 花樹契序 相好契序

卷十

記: 育英齋重建記 講修堂事實記 錦湖齋重修記 尚義堂記 桐江釣臺記 橫巖齋記 松泉齋記 慕隱齋重建記 追慕齋記 文廟重建記(代作) 六忠祠講堂重建記 水寒亭重建記 追慕亭記 中峯齋記 松川祠記 徐氏玉坪祠記 海望祠記 七賢祠記 魏氏盤松記 永慕齋記 追慕齋記 承裕齋重建記 履露齋重建記 永思齋重建記 呼山齋重建記 鳳棲齋重建記 永思齋重建記 瑞泉齋記 誠慕齋記 鳳陽齋重建記 錦湖亭記 著存齋記 鳳西齋重建記 三山齋記 感慕齋重修記 鮑石亭記 松林齋記 鳳陽齋記 永慕齋記 寶山庄記 松圃亭記 月溪亭記 詠歸壇記 耕齋記 谷口亭記 勝金亭記 龍井齋記 遊佛日瀑記

卷十一

題跋: 露堂先生實記跋 竹林祠遺誌跋 梅谷集新刊跋 心圃集跋 題中國輿圖 正齋集跋 忍齋遺稿跋 心菴遺稿續編跋 錦湖遺稿跋 書芝村遺稿後 書河孝子行實後 題隆中圖

箴: 不欺箴 立志箴

銘: 晩松亭銘(幷小序) 圓枕銘

上梁文: 德川亭上梁文 竹亭書院復建上梁文 竹淵祠重建上梁文 聽溪堂重修上梁文 玉泉齊上梁文 鳳泉齋上梁文 追遠齋上梁文 三綱旌

閭移建上梁文 松溪齋上梁文 蘆山齋上梁文 四隱祠上梁文 朴氏忠孝祠上梁文 鳳岡齋重建上梁文 草洞書舍上梁文 月山祠上梁文 鳩林大同契講舍上梁文 雙龜亭上梁文 惇修齋上梁文 四碧亭重建上樑文 廉氏四忠旌閭上樑文 芝山齋上樑文 土旨郵遞局上樑頌 三山田舍上樑頌

祝文: 奉安栗溪先生釋菜影幀告由文 常享祝文 環峰祠思菴千公奉安文 常享祝文 聱軒千公奉安文 常享祝文 曉堂文集刊成時告由文 金氏三綱閭移建落成時告由文 月山祠奉安梅泉黃公告由文 常享祝文 栗坡先生金公楊江祠奉安時告由文 常享祝文

祭文: 祭栗溪先生文 祭內舅小訥先生文 祭曉堂金公文 祭曉堂金公文(代輔仁契作) 祭曉堂金公文(代育英契作) 祭枯梅文 瀋陽江上祭三學士文

卷十二

碑銘: 茶山廟庭碑銘 烟村崔先生遺墟碑 贈通政大夫逸谷李公碑銘 社洞書院重建紀績碑 忠臣贈司憲府持平黃公旌閭碑 翰林學士河東鄭公遺墟碑銘 十賢倡義祠遺墟碑 淸心堂李先生遺墟碑 孝子省窩金公實蹟碑 成均進士海州吳公祭壇碑 孺人珍原朴氏紀行碑 義士源庵金公紀績碑 孝子柏庵金公實蹟碑 義士駱雲朴公紀績碑 孝婦宋孺人紀行碑 孝烈婦坡平尹氏紀行碑 孝子朴公紀行碑 栗坡先生金公遺庄碑 烈婦車氏紀行碑 玉川趙氏歲一祭壇碑 心齋鄭公孝行碑銘 烈婦南平文氏紀行碑 孝子持敬堂鄭公紀蹟碑 烈婦慶州崔氏紀行碑 鶴山千寶培紀績碑 孝烈婦礪山宋氏紀行碑 雲樵丁公紀蹟碑 孝烈婦孺人許氏紀行碑 慶州鄭氏祭壇碑 通政大夫行兵曹叅議秋公祭壇碑 濟軒李星來紀績碑 朴孺人孝烈碑 嘉善大夫同知中樞府使兼五衛將金公致桓紀績重建碑 熊山處士鄭公遺墟碑 元陵叅奉小軒金公實蹟碑 烈婦朔寧崔氏紀行碑 孝子海州吳公實蹟碑 鳳城山忠魂碑銘 丁酉戰亡義兵追念碑 孝子朴公諱載貞實蹟碑

墓誌銘: 栗溪先生墓誌銘 松鶴齋朴公墓誌銘 成均館博士申公墓誌銘 小雲黃公墓誌銘

卷十三

墓碣銘: 清心齋鄭公墓碣銘 穩城都護府使任公墓碣銘 縣監金公墓碣銘 翰林淑齊孫公墓碣銘 奉正大夫司宰監正尹公墓碣銘 贈吏曹叅議申公墓碣銘 石亭朴公墓碣銘 葵庵全公墓碣銘 奉列大夫行世子侍講院說書鄭公墓碣銘 德川閔公墓碣銘 贈兵曹叅議吳公墓碣銘 通訓大夫行訓練院副正李公墓碣銘 贈大司諫姜公墓碣銘 宣務郎金公墓碣銘 宣務郎金公墓碣銘 聾齋李公墓碣銘 童蒙教官南隱李公墓碣銘 贈嘉善大夫金公墓碣銘 柏軒李公墓碣銘 農隱李公墓碣銘 贈通政大夫左丞旨裵公墓碣銘 愼切濟金公墓碣銘 通政大夫敦寧府都正金公墓碣銘 遯齋吳公墓碣銘 老圃李公墓碣銘 清菴處士朴公墓碣銘 蓮齋居士朴公墓碣銘 通政大夫僉知中樞府事朴公墓碣銘 贈工曹參判金公墓碣銘 玄洲許公墓碣銘 海隱金公墓碣銘 灣湖處士李公墓碣銘 贈通政大夫掌樂院正晦松安公墓碣銘 嘉善大夫龍驤衛副護軍林公墓碣銘 松川居士林公墓碣銘 古山居士鄭公墓碣銘 小隱金公墓碣銘 通政大夫行承政院同副承旨兵吏曹參議兼經筵參贊官春秋舘修撰官月溪曹公墓碣銘 孝子李公墓碣銘 松窩李公墓碣銘 南坡尹公墓碣銘 敬軒閔公墓碣銘 贈嘉善松窩金公墓碣銘 石軒許公墓碣銘 遯齋金公墓碣銘 聽溪崔公墓碣銘 養心軒申公墓碣銘 進士許公墓碣銘 丹霞李公墓碣銘 海史梁公墓碣銘 孝子筠菴文公墓碣銘 毅齋姜公墓碣銘 樵叟吳公墓碣銘 芝園李公墓碣銘 敬菴金公墓碣銘 嘉善大夫淨菴鄭公墓碣銘 樵坡金公墓碣銘 參奉述庵金公墓碣銘 謹齋處士李公墓碣銘 梅谷秋公墓碣銘 學生宋公墓褐銘 慕堂鄭公墓碣銘 農圃徐公墓碣銘

卷十四

墓碣銘: 壺石柳公墓碣銘 東華鄭公墓碣銘 恕菴李公墓碣銘 藍山王公墓碣銘 默軒姜公墓碣銘 漁隱金公墓碣銘 春史金公墓碣銘 錦圃李公墓碣銘 止亭金公墓碣銘 雲山金公墓碣銘 曺母高孺人墓碣銘 禮隱鄭公墓碣銘 湖山柳公墓碣銘 學生權公墓碣銘 慶州鄭公墓碣銘 農山鄭公墓碣銘 宋孺人墓碣銘 鳳村金公墓碣銘 晴溪李公墓碣銘 玄溪朴公墓碣銘 晩溪洪公墓碣錦 農窩宋公墓碣銘 竹下鄭公墓碣銘 松齋趙公墓碣銘 田隱朴公墓碣銘 松圃鄭公墓碣銘 竹軒邢公墓碣銘 權母張孺人墓碣銘 學生金公墓碣銘 江石吳公墓碣銘 學生洪公墓碣銘 農軒宋公墓碣銘

卷十五

墓表: 嘉善大夫戶曹叅議兼五衛將都總府副總官朴公墓表 贈左承旨金公墓表 澹圃李公墓表 通政大夫兵曹叅議林公墓表 嘉善大夫 贈戶曹叅議張公墓表 通政大夫朴公墓表 宣務郎黃公墓表 進士房公墓表 玉亭李公墓表 梅史閔公墓表 孺人金海金氏墓表 進士金公墓表 贈刑曹叅議蔡公墓表 菊圃金公墓表 愼默齋金公墓表 五峯黃公墓表 月隱崔公墓表 蓮坡金公墓表 通訓大夫禦侮將軍訓鍊院主簿孫公墓表 學生金公墓表 淑人晋陽姜氏墓表 孺人文氏墓表 農軒許公墓表 竹耘鄭公墓表 竹溪鄭公墓表 農川朴公墓表 奉事李公墓表 宋孺人墓表 生員權公墓表 叅奉李公墓表 贈通政大夫申公墓表 叅奉韓公墓表 德菴李公墓表 寢郎韓公墓表 芝堂李公墓表 石圃李公墓表 叅奉李公墓表 孺人崔氏墓表 梅下姜公墓表 隱菴秋公墓表 學生鄭公墓表 淸灘金公墓表 孝子金公墓表 學生孫公墓表 司正申公墓表 芝山申公墓表 叅奉文公墓表 樵隱梁公墓表 學生韓公墓表 雙岩黃公墓表 雲谷秋公墓表 老山李君墓表 南堂牟公墓表

書事: 書烈婦張氏事 書文妻白氏事

卷十六

行狀: 先考止堂府君家狀 池軒朴公行狀 義士金公行狀 太虛堂鄭公行狀 梧軒金公行狀 曉堂居士金公行狀 蘭室金公行狀

傳: 朴義士傳 恭人吳氏傳 百源亭尹公家傳 習齋崔公傳 述齋李公傳 金海金孺人傳 高松孝婦傳

跋(呂昌鉉 金正會)

## 顧堂文集別集序(奇老章)

卷一

經學提要

道統篇: 堯欽 舜恭 禹祗 湯慄 文翼翼 武極 周乾惕 孔憤樂 曾省戰兢 顏克復 思戒懼愼獨 孟操存集義 周主靜 程吟弄 伊川主一 朱博約

通論

闢異端篇

斥邪說篇

卷二

復衣髮篇

四禮篇: 冠禮 昏禮 喪禮 祭禮

六藝篇: 禮 樂 射 御 書 數

卷三

三綱篇: 忠臣 孝子 烈女

二倫篇: 兄弟(附宗族) 朋友(附師生)

大東樂府: 大白檀 黃河歌 林中鷄 聖母祠 憂息曲 鵄述嶺 黃昌舞

斬馬衖 毋去 陽山歌 破鏡合 朝蜀槎 玄鶴琴 萬波息笛 月明衖 上書庄 鮑石亭 釣龍臺 落花巖 朝天巖 絶影馬 昌瑾鏡 聖帝帶 文星曲 女戴笠

跋(洪錫熹)

# 『균헌유고(筠軒遺稿)』

## 1. 저자 소개

홍우진(洪祐珍, 1858~1939)의 자는 성규(聖奎)이고 호는 균헌(筠軒)이며 본관은 풍산(豊山)이다. 풍산홍씨(豊山洪氏)의 시조는 고려 시대 국학직학(國學直學)을 지낸 홍지경(洪之慶)이다. 홍우진의 집안은 5대조인 홍수(洪樹)가 경기도 고양(高陽)에서 전남 나주 금안동(金鞍洞)으로 이주하면서 나주에 세거하게 되었다. 그 사이에 화순 남평(南平)으로 이사한 적도 있었지만, 홍우진에 의해 다시 나주 여황면(餘艎面) 산음리(山陰里)로 옮긴 것으로 추정된다. 할아버지는 홍의모(洪懿謨)이고 생부(生父)는 홍기현(洪基賢)이지만 출계(出系)해서 홍기열(洪基悅)의 후사가 되었다. 생모도 경주김씨(慶州金氏) 김태규(金兌奎)의 따님이지만 출계했기 때문에 나주나씨(羅州羅氏) 나형지(羅馨之)의 따님을 어머니로 모셨다.

홍우진은 1858년 6월 15일 나주 용진산(聳珍山) 아래 석계리(石溪里) 집에서 태어났다. 6세 때 아버지에게 글을 배우기 시작했지만 1867년 아버지가 세상을 떠났기에 상복을 벗은 1869년 용석(龍石) 이진구(李珍九)에게 수학했다. 이윽고 1875년 기정진(奇正鎭)에게 나아가 문인이 되었다. 이후 그는 백하(柏下) 양상형(梁相衡)·난와(難窩) 오계수(吳繼洙)·죽사(竹史) 오재수(吳在洙)·소초(小草) 임노원(林魯源)·송석(松石) 이규채(李圭采)·후석(後石) 오준선(吳駿善)·석전(石田) 이병수(李炳壽)·금우(錦愚) 이상희(李相禧)·매호(梅湖) 송종희(宋鍾熙)·운양(雲陽) 기동관(奇東觀)·춘담(春潭) 기동준(奇東準) 등과 함께 학문을 갈고닦았다.

1885년 그는 석계리에서 산음리로 이사했다. 1888년 가뭄이 들었을 때 곡식을 훔친 이를 집안사람이 발각했음에도 '흉년에 인정이 어찌 굶어 죽은 것을 두고 보겠느냐. 이 일은 덮어두고 따지지 말라'고 타이르며 주변을 구휼했다. 1894년 동학농민혁명이 일어났을 때는 "평소 나는 양맥(陽脈)을 부지하였는데, 사설이 어찌 바른 사람을 더럽히랴!"라는 시를 지어 자신을 다잡았다. 1895년 명성황후가 시해를 당했고, 홍우진은 1896년 기우만(奇宇萬)을 따라 의병을 일으켰다. 그러나 선유사(宣諭使) 신기선(申箕善)이 교지를 받들어 의병의 해산을 청했고, 기우만과 홍우진은 명을 따랐다. 1905년 민영환(閔泳渙)이 자결하자 「민보국(閔輔國)이 순절했다는 소식을 듣고[聞閔輔國殉節]」라는 시를 지어 그의 죽음을 애도했다.

1910년에는 홍우진은 한양에 들러 대구의 조부 항렬에 해당하는 홍필주(洪弼周)와 함께 집안의 대동보(大同譜)를 정리했다. 그러나 이해 7월 경술국치를 당하자, 대동보의 편찬 역시 중단되었고, 홍우진은 세상사를 끊어버리고, 후원의 대나무 숲 가운데 몇 칸짜리 초당(草堂)을 짓고 '균헌(筠軒)'이라고 편액을 했다. 이곳에서 지내면서 그는 비분강개한 시를 읊으면서 날을 보내거나, 책을 가지고 찾아오는 이들이 있으면 이들을 가르치는 것으로 시간을 보냈다.

홍우진은 1937년 10월 4일 향년 56세로 세상을 떠났다. 부인은 함평이씨(咸平李氏) 이창헌(李彰憲)의 따님이다. 자녀는 3남 1녀인데 아들은 각각 홍승호(洪承皓)·홍승채(洪承采, 1888~1954)·홍승만(洪承晩)이다. 둘째인 홍승채는 『산은유고(山隱遺稿)』의 저자로서 홍우진의 동문인 오계수의 문인이었기 때문에 노사학파에서는 재전제자군에 속한다.

## 2. 문집 구성과 내용

『균헌유고(筠軒遺稿)』는 아들 홍승채(洪承采)의 『산은유고』와 함께 편집되어 1979년에 『균헌산은양세유고(筠軒山隱兩世遺稿)』 석판본 2권 1책의 일부분으로 간행된 홍우진(洪祐珍)의 시문집이다. 문집 형태는 4주쌍변(四周雙邊) 반곽(半郭) 20.4×14.4cm, 유계(有界), 10행 24자, 상하향2엽화문어미(上下向二葉花紋魚尾) 26.4×19.1cm이다. 권두에는 이근우(李瑾雨)가 1976년에 쓴 서문, 권말에는 오성근(吳成根)과 손자 홍천식(洪千植)이 1976년에 쓴 발문이 있다. 이 문집은 고려대학교에 소장되어 있다.

내용은 『균헌산은양세유고』의 권1에 수록된 시(詩)와 부록으로 이루어져 있다. 시는 「노사 기선생을 배알하고[謁蘆沙奇先生]」를 비롯한 38제가 실려 있다. 이 가운데 홍우진의 「산음정 원운(山陰亭原韻)」에는 기주현(奇周鉉)을 비롯한 15인의 차운시(次韻詩)가 실려 있고, 「균헌 원운(筠軒原韻)」에는 오계수(吳繼洙)를 비롯한 15인의 차운시가 각각 덧붙여져 있다. 부록은 홍우진(洪祐珍)의 주변 자료 및 전기 자료인데 각각 이병도(李炳壽)의 「균헌기(筠軒記)」, 홍승채(洪承采)의 「가장」, 홍석희(洪錫憙)의 「행장」, 그리고 김재석(金載石)의 「묘갈명」이다.

### 3. 문집 목차

卷一

詩: 謁蘆沙奇先生 呈柏下梁先生(二首) 謹次洪崖先生府君詠雪韻(二首) 追感壺隱先生府君壬辰擧義事蹟(五首) 追和花隱梁相泰清庄韻(二首) 南平墓享時吟 聳珍山下山陰里筠軒老人方閒居謹以朱晦庵武夷九曲韻語十首敢題聳形九曲十首與同遊一笑(十首) 訪族叔大邱倅氏叙懷 上本倅金候 謹和族兄氏咸平赴任吟(二首) 羅州鄉校卽題(二首) 京舘思鄉 成川公府君墓享日志感 登不換亭 宿多寶寺(二首) 挽蘆沙先生 挽龍石李先生(三首) 挽雲陽奇東觀 聞閔輔國殉節 駕鶴峙拜生員公府君墓宿東幕敬慕齋 訪西湖林先生錦愚林相熙 挽金叅奉戰亡(二首) 南平松村卽事 謹題澗松臺 古巖詩會 元夕與吳郎吟 冬至 春日

與客吟 秋日偶成 偶吟(三首) 恠石 卽景(五首) 逢友人 偶成(八首) 山陰卽景(二首) 山陰亭原韻(附次韻 奇周鉉 李啟皓 李彩圭 宋鍾熙 奇東觀 林魯龜 奇台鉉 林焱鎬 奇東善 林魯聲 林基鶴 洪祐濮 鄭万錫 柳益三 金聖行) 筠軒原韻(附次韻 吳繼洙 洪敏周 洪祐敦 李啟皓 林基洪 洪賢澤 吳權洙 柳厚烈 李彩圭 奇忠鉉 鄭源錫 鄭万錫 李起巽 曹穩承 吳亨洙)

附錄

詩: 筠軒記(李炳壽) 家狀(洪承釆) 行狀(洪錫憙) 墓碣銘(金載石)

# 『금서유고(錦西遺稿)』

## 1. 저자 소개

유준철(柳浚喆, 1857~1918)의 자는 선명(善明)이고 호는 금서(錦西)이며 본관은 고흥(高興)이다. 석탄(石灘) 유운(柳澐, 1547~1611)의 후손으로, 1857년 12월 27일 고창읍(高敞邑) 주곡리(蛛谷里)에서 유지익(柳志瀷)의 아들로 태어났다. 어머니는 함평이씨(咸平李氏) 이윤욱(李允燠)의 딸이다.

어려서 글을 배웠지만, 부친의 남다른 교육열도 크게 작용하였다. 8세 때 이웃 마을 서당에 가서 수학하였는데 경전과 역사서를 비롯한 여러 서책이 한 번 눈에 지나치면 잊어버리지 않았다. 1869년 13세 때 감시(監試)에 응시하여 어른들을 놀라게 하였다. 부모 섬김에 조석으로 정성을 다하여 효도하고 형제자매와의 우애도 독실하였다. 특히 부모가 병들었을 때는 의복을 벗지 않고 밤을 새워가며 간호에 힘썼다. 밤에 책을 볼 적에 졸음이 오면 글을 암송하며 부모를 기쁘게 하였다.

부친의 명에 따라 기정진(奇正鎭, 1798~1879)의 문인인 연상(蓮上) 안중섭(安重燮, 1812~1883)의 문하에 나아가 수학하며 학문이 크게 발전하였다. 20세 때 당고숙 백석(柏石) 기양연(奇陽衍, 1827~1895)에게 나아가 뵙자 그의 삼종질 송사(松沙) 기우만(奇宇萬, 1846~1916)을 불러 함께 글을 외우도록 하였고, 시 짓기 경합까지 하여 인근에 널리 알려졌다. 뒤에 경당(敬堂) 유상준(柳相浚, 1853~1895)이 전재(全齋) 임헌회(任憲晦, 1811~1876)의 문하에 나아가 수학하도록 하였으나 임헌회가 세상을 떠나

배우지 못하였다.

이후 서울에 올라가 영재(寧齋) 이건창(李建昌, 1852~1898) 등과 교유하여 학문의 큰 성취를 얻었다. 재능이 뛰어나 두 차례 과거에 응시하였으나 당시 과거제의 폐단과 모순으로 그 뜻을 이루지 못하였다. 성품이 본래 순박하고 독실하여 생활이 어려워도 남에게 구원을 청하지 않았고 벗이 찾아오면 탁주와 소채로 극진히 대접하고 술잔을 들며 시를 읊기도 하였다. 만년에 진사 만수(晩睡) 김영철(金榮喆, 1842~1911)과 오천(梧川) 정인철(鄭仁哲), 문중의 사촌(沙村) 유영규(柳泳圭)와 주산(蛛山) 유장규(柳章圭), 그리고 시어(侍御) 유창우(柳暢雨) 등과 교유하며 시사를 논하였다.

만년에 과거 공부가 성리학 공부에 방해가 됨을 깨달은 이후로는 벼슬길에 나아가려는 뜻을 접고 향리에 있는 서재에 묻혀 평생 경학(經學) 연구에 침식을 잊을 정도로 힘써 학문과 덕행이 높았다. 새로 부임해 오는 군수마다 모두 그를 찾아 배알하고 존숭하였다. 1905년 을사늑약, 1910년 경술국치를 당하자 울분을 참지 못하고 술로 지내며 시를 읊으며 마음을 달랬다. 선비로서 '선을 즐기고 의로움을 좋아한다'는 낙선호의(樂善好義)가 항상 미치지 못한 듯이 여겼다. 특히 후학들이 학문에 뜻을 두고 찾아오면 정성으로 권면하고 예의의 도와 윤리의 떳떳함으로 알려주니, 회산(晦山) 유면규(柳冕圭, 1878~1948)를 비롯한 많은 문인이 존숭하며 배웠다. 그는 종유하는 후학들에게 유학의 도와 화이인수(華夷人獸)의 구별을 일깨워주다가, 1918년 4월 29일 세상을 떠나니 향년 62세였다. 고창군 아산면 우미(牛尾)에 안장되었다.

## 2. 문집 구성과 내용

『금서유고(錦西遺稿)』는 6권 3책 석판본으로 1950년에 간행된 유준철(柳浚喆)의 시문집이다. 문집 형태는 4주쌍변(四周雙邊) 반곽(半郭) 22.1×

15.3cm, 12행 26자 주쌍행(註雙行), 상하향2엽화문어미(上下向二葉花紋魚尾)에 크기는 29.5×18.8cm이다. 권두에는 유영선(柳永善)이 1949년에 쓴 서문, 권말에는 유윤선(柳潤善)이 1950년에 쓴 발문이 있다. 이 문집은 국립중앙도서관, 전남대학교, 영남대학교, 원광대학교에 소장되어 있다.

권1은 부(賦) 1편, 시 189제 231수이고, 권2는 시 219제 273수이다. 시는 총 408제 504수이다. 부의 작품 「군자왈덕(君子曰德)」은 군자가 지녀야 할 덕을 기술한 것이다. 시는 자연 및 계절, 그리고 거울, 담뱃대, 화로, 바둑, 붓 등의 사물을 읊은 영물시가 있고, 또한 안빈낙도의 삶을 지향한 서경덕(徐敬德, 1489~1546)의 『화담집(花潭集)』을 읽고 지은 시도 있다. 고창 출신 낙사(洛史) 유구현(庾九鉉, 1852~1922), 부안 출신 청전(靑田) 백학래(白鶴來, 1821~1889) 등 다양한 학인들과 서로 교류하며 시사를 논한 시, 내방한 군수와 함께 회포를 나눈 시, 회갑 및 일상생활을 소재로 읊은 시, 누정 및 사찰을 여행하다가 지은 차운시 등이 적지 않다. 특히 1905년 면암(勉菴) 최익현(崔益鉉, 1833~1906)이 일본 감옥에 구금되었을 때 시로 읊어 그 울분을 달래기도 하였다. 지인 민진석(閔眞奭)이 평양 감사가 되었을 때 평양의 17경(景) 곧 대동강(大同江), 십리장림(十里長林), 영제교(永濟橋), 연광정(練光亭), 대동문(大同門), 부벽루(浮碧樓), 단군전(檀君殿), 기자묘(箕子廟), 을밀대(乙密臺), 선미동(嬋媚洞), 능라도(綾羅島), 칠암(七庵), 조천석(朝天石), 청류벽(淸流壁), 모란봉(牡丹峯), 청류벽(淸流壁)에 새긴 붉은 글자 등에 따라 시를 짓기도 하였다. 만수(晩睡) 김영철(金榮喆, 1842~1911)이 세상을 떠나자 애도하는 만시를 비롯하여 타지역의 학인들을 애도한 시도 적지 않다.

권3은 서(書) 35편, 잡저 17편이 수록되어 있다. 서간문은 영광의 조충희(趙忠熙), 그리고 관찰사 및 현감, 기정진의 문인 기우승(奇宇承, 1858~1907), 그리고 기우만과 김도현(金道鉉, 1872~?)에게 수학한 김두현(金斗鉉, 1906~?) 등과 교류하며 담론한 시사 내용이 많다. 문장이 뛰어나 고을 유림과 종중을 대신하여 지은 서간문도 있다. 잡저는 호(號)에 관한 내용 서술을 비롯하여 『논어』에 수록된 내용을 주제로 지은 「군자질몰세이명불칭언(君子疾沒世而名不稱焉)」, 「유교무류(有教無類)」, 「불견양화(不見陽貨)」, 「위정언용살(爲政焉用殺)」, 「군자우도불우빈(君子憂道不憂貧)」 등이 있다. 『논어』 자료는 경학을 이해하는 데 도움이 된다. 왕등도(旺嶝島)에 잠시 머물 때 산의 영험한 것을 기록하기도 하였다. 36세 때 별시에서 지은 「의주군신하오동생의우피조양(擬周羣臣賀梧桐生矣于彼朝陽)」도 수록되어 있다.

권4는 잡저 12편, 서(序) 14편이 수록되어 있다. 권4의 잡저는 대필작이 많은데 그 가운데 호남에서 의병 활동을 전개하다가 최초로 순국한 일광(一狂) 정시해(鄭時海, 1874~1906)를 무성서원 내 태산사(泰山祠)에 배향할 것을 향리의 학인을 대표하여 짓기도 하였다. 서문은 황해도 만경정(萬景亭)에 대해 지은 것을 비롯하여 문중과 향교, 동문계(同門契), 문집에 관계된 글이다.

권5는 서 9편, 기(記) 14편, 발(跋) 6편, 명(銘) 3편, 혼서(昏書) 1편이 수록되어 있다. 권5의 서문은 전송하는 내용, 회갑을 맞이하여 보낸 내용이다. 기문은 명륜당, 선산김씨(善山金氏)의 서원과 운곡서원(雲谷書院), 고부 군수의 행적, 그리고 당호 및 누정에 대한 내용이다. 발문은 삼강록(三剛錄)과 상산김씨(商山金氏)와 광산김씨(光山金氏)의 파보, 그리고 문집에 대한 것인데, 「연상집발(蓮上集跋)」은 스승 안중섭의 문집, 「만회재유고발(晩悔齋遺稿跋)」은 김영태(金榮泰)의 문집에 대한 글이다. 「극기복례명(克己復禮銘)」은 자신의 욕심을 버리고 사람이 본래 지녀야 할 예의와 법도로 되돌아간다는 것을 마음에 새겨 실천하고자 하는 내용이고, 비명은 군수와 관찰사가 학문을 일으킨 행적을 기록한 것이다. 혼서는 아들 혼인에 관계된 글이다.

권6은 고축(告祝) 12편, 제문 9편, 상량문 5편, 행장 8편, 천장(薦狀)은 3편이 수록되어 있다. 고축문은 외조부를 비롯하여 여러 편의 글이 있다. 구황산에서 기우제를 지낼 때 지은 축문은 수곡면의 선비와 주민들이 간청한 것에 따른 것이고, 향리에 있는 반등산(半登山), 취령산(鷲嶺山), 화시산(火矢山) 축문도 있다. 또한, 유준철이 거주한 주곡면 우물을 수리하고 축성할 때 지은 축문, 그리고 읍성의 성첩(城堞)을 수리할 때 성황단에 고한 축문도 있다. 제문은 최익현과 스승 안중섭, 그리고 지인들을 추도한 것이다. 상량문은 향리에 있는 야은재(野隱齋), 용강재(龍岡齋) 기타 건축물에 대한 것이다. 행장은 부친과 스승을 비롯하여 족형과 지인들의 행의를 기술한 것이다. 천장(薦狀)은 효자 및 열부의 행적에 대한 것이다. 부록은 행장 1편으로, 유영선이 유준철의 일대기 삶과 행적을 기록한 것이다.

### 3. 문집 목차

#### 錦西遺稿序(柳永善)

被挽 過茂松遺縣三台途中作 登山賞花口呼 杜鵑花 同權鶴南(錫圭) 安豊山(鳳淵)夜酌 七月青松驛書齋罷硯贈懷 客中逢詩友南坡(尹明權) 翌日滯雨 夜話 强引 夜坐 寓吟 陶下宗人根泰搬移于芙井後相宿道山贈懷 歲初過星斗留宿曺斗峰(益坤)家 過松沙蒲洞書齋逢高竹史(玉汝) 篁林對雨 因李鶴緖尹宗夏遊五峰山堂(今泉石洞殷大靜壽龍所建) 追和李鶴緖餞春詩一絶 過香山洪在郁家 登望北亭(黃山安氏亭名) 轉宿禮村書室 翌日聯安錫禹仍宿黃山 輓李完西鶴緖五絶(鶴西其心也德其行也淸其志也高似非胥吏家人物爲文常尙淨處世多疎曠眞好箇男兒也與余有知十餘年所心契有孚不幸早世可勝歎哉) 聯洛史庚兄宿三兒鄭君(福卿)家 悼尹宗夏四絶(宗夏平生愛書人也爲人簡黙眞率平昔相交不以名色有殊年齒不適有分間故輓詩中多寓意) 臘月念八登石灘亭書室撥硯適其日也 至夜獨坐書室値輔三姪暢雨來强仍吟 十二月十七日卽家君回甲(丙戌) 丙戌除夜有感 三月赴京皇橋曉發 過遲遲峴有感 登公州雙樹山城月波樓和原韻(時衙伯閔泳商) 下第歸嫁見康兒文贊讀書 入養士齋和金相烈安鼎壽兩兄詩帖 謹次河南奇校理丈(陽衍)晬辰韻 七月道山中逢月谷春莊老人(景善) 過任實鶴山留宿吳臨陂家和其胤進士兄弟(在斗在升) 寒山寺五月贈京磚洞金主事炳奎(判書尙彦之孫) 留京南松峴贈儼台永(學官錫周子) 追和公州李進士喬膺八月十五夜城樓題懷 用前韻擬次錦樵(李喬膺)坐思十八絶 十月之初同錦樵登擁城吟 仍與錦樵夜酌記室 同李錦樵張松亭(佑植)登石灘亭 達曙聯酌 留京磚洞趙待敎東晃家夜酌 嚴學官錫周家夜題 次錦樵所拈詩(三首) 聯桂洞崔監察愚石李錦樵于東樓 戊子至月留蒲洞書齋 同松河鄭兄宿香山 和國卿笠子韻(南啓夏) 仲春留金剛窟和金晩悟芙泰韻話 金剛窟逢興城高湖隱濟龜 贈國卿 幽居 慰蓮洞安承彦(錫烈)委訪 寫懷 贈國卿(時國卿姜二三子欲登火矢山因循未果故贈詩而慰之) 贈汝眞(金孝黙) 拜舍伯偶成 三月三日聯汝眞夜帖 和汝眞拈韻 三月望日偶題 春日卽事 贈別道山金兄明三 夜和國卿汝眞兩君詩帖

九月望聯李錦圃燮宇詩話于南坡家 過鄭兄松河庄贈讀書諸益 登內院庵感寺樣非前 留京南松峴贈嚴中齋台永(己丑夏) 滯雨松峴館同奇宇晃鄭鎰容金在煥聯吟三首呈金參判升圭 次慰鄭注書蕉山兄(奎三)傷弟述懷途中詩二首 廣西李參奉(泰復)家同崔松史李壺山吟 東谷金參判宗漢詩閣同吳進士道源 呈經香李判書章錫二首 寺洞館寓懷呈尹輔國(滋德) 同松史壺山題趙直閣同熙園亭 戲題李參奉復榮詩帖呈李甯齋建昌三首 李參奉家中伏飮同金長湍淙源 李參奉壽母宴謹次 次尹監役滋鼎 雨夜聯鄭小湖李哨官景熙(時爲親營哨官方下直出館) 次疎江鄭進士呈金參判升圭 雨中侍鄉人述懷撥悶呈退梧李尙書裕承七絶 雨中卽事二絶 七夕吟于壺山詩閣 同閔翰林泳喆鄭上舍鎰溶詩會于東城泮橋蓮塘 東小門 留春軒三首 四山亭 樓洞金判書荷池韻二絶(原仕吏判金壽鉉氏) 入茂長丑洞贈崔夢殷下落 宿蓮洞安承彦家詠懷古蹟 次南國卿秋雨詩 寄李上舍錦樵 乘寒月訪南坡 送南國卿之故鄉 臘月二十五日送金秀才錫奎之故鄉 除夕(己丑) 發洛行宿茁浦 宿金堤邑 逢雨宿春浦 過皇華亭 滯雨留水越店 叅李都事晬辰次賀其胤壺山 同申都事(漢齋)李上舍(錦樵)登擁城吟 翌日東軒聯酌(李侯載哲) 過鰲山中平里贈金秀才鶴柱 校宮聯金兄芝谷 題黃秋所琴記篇尾 水南齋七月掇研別帖(庚寅)四首 寒山寺同金兄明三南友國卿送朴鶴亭(朴正林) 夜和國卿 乘暮入蓮洞諸彦己分適見豊山夢巖 影堂杜契夕想樵山 過雲谷留宿紫庵家 蘆洞昏席飮題 偶題 贈讀書諸君慰攻苦 贈南國卿 贈靈光南山內從李英烈 冬至夜贈讀書諸君 幽興 儒洞秋別 送茂長縣監李重益赴山淸四絶(辛卯八月) 次洪進士盆池養覆鮒韻(主倅洪佑奭子舍) 悼尹明權 辛卯除夜有感 謹次三從叔靑舍原韻 晩秋述懷 初雪 古風聯答尹明權病中書(庚寅十一月) 歲除前一日聯龍城邢雅石岡吟南坡詩巢(二首) 元月人日同舍弟途中吟(辛卯) 月夜路由城東口占 雲谷歸路宿陶下宗人山庄 十一月九日講會于道山 中夜有感和諸君浮字(時東學異說初熾) 喜贈南君國卿負笈來對 雪夜懷故人兄弟因有吟 暮雨送別

道山金兄明三 喜權兄鶴南來訪(權錫圭○時東學漸熾) 宿道山戲答金秀才在龍來强 送李楝人八宗秀才歸杜陵 入篤谷書室暮歸錦齋 仍和諸君還字 正月五日喜對陶下宗人來宿二首(癸巳) 臨別口占 喜小渭委訪(姜泳重) 訪小渭入龍山四首 轉向盤峴訪李友文卿(璘寧○二首) 松巖崔慶三聯陶下農窩來强 三月三日龍岡契夜同鄭蕉山鄭松河權鶴南諸兄

卷二

詩: 和平壤十七景(閔公眞爽爲箕伯時○大同江 十里長林 永濟橋 練光亭 大同門 浮碧樓 檀君殿 箕子廟 乙密臺 嬋娟洞 綾羅島 七庵 朝天石 清流壁 牡丹峯 清流壁紅字刻) 擬作繼春軒原韻(爲朴丈宗九氏作繼春軒朴丈之先丈自號) 和諸君春雨詩 陪東軒芸軒丈遊般大靜壽龍山庄(芸軒金侯思濬號) 三月十三日陪芸軒聯鄉多士遊寒山寺(一云文殊寺) 十七日復遊東岡亭用板上韻(參判鄭公誠一休息之所也) 南君國卿過約不來題鬱 都春洞朴丈山庄偶成(甲午七月二十九日是日朴丈晬日而朴丈是年六十六) 甲午十月五日浮海入旺嶝主南啓夏(是時東學之猖獗極矣而勒脅士夫無所不至於是辭親入旺嶝島) 有感 述懷贈國卿 傷時 撥悶用前韻贈國卿 書懷自傷 見國卿造竹弓戲吟 觀國卿出射用前韻喜贈 夜見國卿孟述讀論語中庸 至日有感 見潮贈諸益 雪夜述懷 讀陸宣公集有感偶題一律一絕 夜起偶題 二兒初度日有感(甲午十二月七日) 又和東坡洗兒時一絕 十二月十七日未歸有感敢書遠懷(是日卽家君晬辰) 又成兩絕 言懷 除夜述懷 立春用除夜韻(乙未正月) 和李聖友二首 烘蝨 仲春初旬登山望海 曉起 聞官軍收東賊 聞錦城守義次興城侯尹錫禎韻五首(乙未春) 宿道山逢姜渭下鄭簾山(在萬)兩兄戲和 雨中空齋自遣 和柳梧西(信熙)金陶溪(純黙)兩君詩話 四月入蒲洞弔金都事贈其胤錫奎 四月八日叅石灘亭詩會次諸益有感 次雨村鄭兄(仁哲) 雨不絕二首 齋中晚晴 公範金君委訪酬贈(錫奎) 閱於于集效回

文體 香樹爲風雨所顚歎 和金甥鉦默 錦城高(錦城羅州也甲午東學之猖獗也州⊠守宰皆棄城⊠⊠而獨羅州牧閔公種烈倡集義旅嚴守城池賊黨喪魄不入) 陶溪兄見訪夜酬 簾山兄强病登道山亭 入道山齋簾山環溪同出客陶溪病臥悵然夜吟 聯梧西言志 七月初宿陶溪庄 書樓卽事和諸君瀟湘八景中遠浦歸帆 風雪送金君學炳兄弟(乙未十二月) 聯族孫大甫(正錫)訪鄭梧川(仁哲)金芝容(相烈)不見 輓興德倅尹錫禛(乙未七月卒于官士夫咸嗟惜哭輓致奠) 題池氏學文庵記後(庵在靈光愚覺山中其事實詳見庵記○乙未)二首 秋夜書懷贈簾山 聯國卿仁川江舍小憇 寒山寺別簾山歸故鄕 九月晦夜述懷和諸君 十月宿蕉山鄭正言書室戱題甁菊 宿道山書室和金君伯應(在鍾) 夜話自遣 宿蓮洞龍岡齋感古 讀於于集有感和諸君疎字 聞北奇夜不寐 入道山齋慰竹史喫苦(鄭學源居茂長儒洞時以□□于道山) 和諸君叢竹吟 初秋宿雨 蘭花 追和呈道山館主人 宿道山館和竹史 贈竹史 和讀書諸君 述懷 過仁川江上口占 雨中聯金甥濟默訪陶溪不遇滯雨而宿 和陶溪兄秋字 聞陶溪兄鍊九煎丹用伊川先生寄王王佺期韻戱贈 永慕亭重修原韻(代卞壺巖嗣孫文華作) 謹次原韻 贈別國卿(巫術) 雙溪樓詩(並小序○代本倅鄭崙永作) 本倅張禾山(烈)餞春于擁城爲邀合吟(卿子) 禾山之子舍加冠翌日爲書邀因酬唱 白戰翌日被和山書招遊于平近堂 禾山歸覲還衙往慰之因被挽酬唱 聯鄭正言蕉山兄入牧愛堂禾山方欲理行相尋因留吟 牧愛堂春日聯鄭蕉山張也軒(黙)題詩酬禾山 五六雨夏月彌旱撥悶(辛丑)七月初四月日有無前大雨山陵懷襄田野變易禾山詠以送之卽和呈二首 七月二十五日萬壽聖節而禾山書招同鄭蕉山兪芼隱(兪判書耿煥姪也)諸兄遊拱北樓 禾山檢水敗荒田次稅駕委訪閱行川入道山訪金上舍(榮喆)觀魚于道山後川(辛丑八月十七日) 聯芼般蕉山及一鄕士友陪禾山遊蘆洞追慕亭主人家 善山金氏四先生書院遺址守善堂原韻(在本縣雲谷○並記) 次禾山赴洪原伊川途中見寄 謹次青舍三從叔晬宴韻 謹次金進士丈(榮喆)晬宴詩(壬寅二月) 酬陶溪 贈伯應(金在鍾)

道山述懷 聞梧西宗得孫喜贈 感新蘭花 謹次月谷盤溪族兄壽爵賀詩見寄(壬寅十月十九日慶宴) 南君國卿來開硯感舊贈懷(壬寅十月) 南至夜述懷贈諸益 行鄕約禮歸路吟一律贈讀書諸益(壬寅十一月) 宿誠敬堂奉酬伯應宣仲諸益 謹次棠山族兄睟宴詩(壬寅十二月) 除夜述懷次陶溪金兄見寄(壬寅) 閱花潭詩集得年字謹次二絶(同除夕) 仲秋望喜國卿至(癸卯) 四月二日見二三子風浴而歸戲贈 和南君國卿白桐花落吟 餞春吟 錦齋七月贈別諸硯益三首 入蒲洞故金都事書室贈其胤君錫奎 入蓮洞舊書齋贈讀書諸益 清溪山雲林堂吟(蓮上丈遺集刊所) 讀忠義錄有感 蓮上集刊所設于寒山寺鄭蕉山權鶴南鄭松河安夢巖(錫禹)共賢勞 寒山晩晴(時刊事適告功) 入水村黃主事(壽淵)新庄書室感舊懷 過鶴天洞和題權君茂弘(寧玉)詩軸(十二代宗幹以血孫相承位土家垈至今傳來眞稀罕事也) 抵秋山入鄭友公一書室贈主人 持敬齋有感(兒時讀書地齋▦復建○乙巳九月日) 述懷示諸君子(在持敬齋時) 乙巳除夕乖景(自三更風雪乖▦到天昭不休) 次梧川鄭兄立春有感見贈(乙巳) 謹次勉庵崔台(益鉉氏)日獄被拘時口占(附勉庵丈詩) 戲次徐茂長(相璟)詠枕 四月六日詩會于養士齋本倅張侯(命相)示鄭谷鷓鴣詩仍用其韻感時事以和諸君子 翌夜張侯餽酒物繼而步來更足一韻 張侯約一鄕多士將漁獵于仁川以書邀請余謝未去乃以詩示之因追和 溫陽南君(廷德)以其譜事南下再見訪因相酬 謹和勉庵丈被拘日獄再疊 新塘種蓮 蓮池放數尾魚 謹哭勉庵先生(代崔參奉榮涉作幷祭文) 奉酬花樹齋諸君子所會見請(戊申) 追輓勉庵先生 謹次河西金先生永慕堂原韻(代金進士榮喆氏作) 謹次永慕堂重建原韻 三月三日聯鄭正言安承彦李君明(炳學)訪松河鄭兄于桂山書室 四月初旬聯權鶴南再訪 李兄君明與靈光姜丈鳳巖適來會 冒雨八紙所書室戲和書曺詠蜘蛛 自樂軒歸中路黃昏逢倭十三人各荷銃强止我脅喝以書問之曰渠等之保護大韓是乎否乎云故倉卒畫地而答 七月侯道山進士丈病榻被挽仍宿于書巢與梧西宗相酬 至月十五日趙侯甲植與鄕士友共遊于寒山寺致書邀請余

以有故未能叅書答後寄其所酬唱韻字索和故因酬之(己酉) 追和梧川鄭兄除夕韻 敬次曺君琢汝甫以其春堂晬宴席見寄原韻(庚戌並序) 輓道山金進士丈(榮喆)五絶 輓戚兄趙文伯(炳洙)氏一律一絶 謹次商山金氏玉硯詩集原韻(並序) 謹次文參奉晬宴韻(並小序○乙卯八月) 次康津義城金氏澗松齋原韻 謹次龍庄信川康氏永慕齋原韻(乙卯七月) 謹次長興文氏上谷祠原韻 花樹齋夜話 用本韻敬次沙川晬辰 錦齋前種一行柳偶成一絶 用本韻贈瀛陽族弟趙洪(晟)春汀號序後 明史金兄(相大)委旋別甚悵 松河(鄭晩源)蕉山(鄭奎三)醒齋(李炳學)同委訪因無聊相別甚悵有吟 靈光弘農眞田洞族孫命錫來宿因聞其春堂近尤老病 次示書趙深字 敬次晩睡堂原韻 聞花樹齋直家夜舂 濯足 涉川見樵童夜學 留羅州譜廳謹次原韻(竹浦面紅花洞○癸丑十一月) 和贈四勿齋三少年來吟 花樹齋撥硯別帖 晩睡堂原韻(代金兄學黙作) 其二(代金兄翰黙作) 其三(代人作) 屛畵帖十絶(玉笥採藥梅福 遼陽穿榻管寧 江東蓴鱸張翰 晋末陶元亮 唐末王官墮笏司空圖 荊渚騎牛梁震 宋末河間教授家鉉翁 西臺痛哭謝翺叅軍 明末亭林載書顧炎武 魏禧字叔子) 題呈按廉使李尙書(道宰) 蠶谷徐士兼(良喆)錦溪亭原韻 鄭松河兄晬宴原韻(甲寅七月十四日) 擬賀姜參奉淵秀晬宴原韻(乙卯三月三日) 賀松湖成參書(永鎰)晬宴原韻(乙卯三月一日) 初秋小晴聯梧西宗梧川兄遊晩睡堂 十三日訪碧下族(衍翼)于華井齋因値所雨而宿 十七日聯止軒金君(用悳)入晩睡堂逢大雨留五日撥悶 明將發行復値曉雨前川成撥悶酬恒齋 八月初七日又入晩睡堂値大雨被挽五日 九月宿晩睡堂追和梧西恒齋秋夜述懷 歷京方村丁叟翼端(玹琩)出示自號志庵原韻請次甚勤故追後敬和 次錦溪亭原韻(徐良喆亭號) 次勿閒亭原韻(林魯泰亭號) 聯族從德夫(衍翼)沈君久甫(宜恒)被挽宿錦溪亭見大明梅有感題贈恒齋 敬次繼春軒原韻 輓薇齋居士(金學黙)六絶 和寒梅原韻(爲箕山丁居士▦魯作○並序) 丙辰除夕 奉和禧卿(永喜)族姪二十四歲除夕吟三絶 何人亭原韻(代主人徐參源五作) 次原韻 雪中

述懷(丙辰十一月大雪連朔不開乃至丈餘) 見雪中捕雉(窮雪不開野雉之啄飛入村落村童爭相捕獲歎憐而有吟)

卷三

書: 與趙靈光(忠熙○癸未) 答金翰林(炳穆) 與尹兵使(錫禎○代人作) 答李觀察使 答鄭知縣(崙永○三) 答鄭知縣 答鄭知縣 答金知縣(星圭○二) 答金知縣 答金樂安(斗鉉○戊子) 與奇孝述(宇承) 答鄭俊汝(仁哲○二) 答鄭俊汝 答金丈鍾黃 與崔參奉(永祚) 與崔進士(永禹) 答黃參奉(鍾允○庚戌八月) 與金同福(琪中) 與族孫德夫(衍翼○留譜廳時) 與魯主事(炳熹) 與金輔卿(癸未) 答金(昌鉉) 與安承彦(錫烈) 與朴學卿(均庠○甲申) 慰高斯文 答金秘丞(永坤○乙酉十一月○二) 答金秘丞 答南啓夏(壬寅○五) 答南啓夏(丙午九月) 答南啓夏(丁未二月) 答南啓夏(戊申九月) 答南啓夏(乙酉三月) 答武城泰山祠儒(代鄉中) 答高興宗中(代門中) 答天安宗中(代門中) 答譜廳僉安中(代族兄章圭氏)

雜著: 夢聖說呈族兄青坡居士(昶基○癸未) 贈金秀才七煥說 贈戚生朴以貫說(辛卯) 野隱說(壬午) 愛竹說(乙未) 勿剪栢說(乙未) 除庭草說(乙未) 石泉說送鄭君現攸歸鐵城 病中見曺君琢汝(珽煥)再讀小學書偶記 君子疾沒世而名不稱焉 有教無類 不見陽貨 爲政焉用殺 君子憂道不憂貧 旺嶝山靈異錄(甲午) 擬靈臺重創文(壬午) 擬周羣臣賀梧桐生矣于彼朝陽(壬辰八月六日別試)

卷四

雜著: 檄告南北道列郡校宮及守城所(代知顯鄭崙永) 通告筆巖書院(代鄉中) 高敞守城時上告文(代鄉中) 上告東宮承候所(代本郡守鄭崙永) 書牟陽郡拱北樓壁上(代本郡守鄭崙永) 鄭侯崙永賦歸時願留狀 書養士齋別庫契重修案 立後告官文(代作) 代宗中通告各道郡僉宗中 新

貨納稅事通告列郡(鄉會所請) 呈京部請合郡幷置稅務所於本郡(代鄉中) 鄭義士(時海)配享泰山祠通文(代鄉中)

序: 萬景亭序(壬午) 商山金氏王硯詩集序(代李炳瀚作) 延安李氏派譜序 朴氏家乘序(代朴奎和作) 南平文氏家乘序(己酉) 密陽孫氏宗契序 文廟重修儒金案序(丁巳) 三綱錄序(代安東金氏作) 追述錄序(代尹興德錫棋作) 漁隱狀錄序(代尹兵使錫棋作) 興學契序 本面松溪序 同門契序(丙戌) 鳳巖詩集序 興陽縣學尊契序

卷五

序: 送李上舍(喬膺)歸公州序 送姨兄金丈永表氏入關東序(丁亥) 送金德文(純黙)往抱川序 寒梅說贈丁居士(學魯)歸箕山序 擬南川序(代作) 南川後序 春汀序 文參奉晬辰原韻序 曺琢汝(珽煥)春堂晬辰原韻序

記: 明倫堂記 興德縣學重修記 善山金氏書院遺址壇碑陰記(庚子) 雲谷書院遺址壇享事實記 通訓大夫行古阜郡守金公事實記 永慕堂重建實記(代金甥正黙作) 金海金氏御賜閣重修記 五槐亭重修事實記(代安錫禹作) 澄心亭重修記(代李炳瀚作) 檀樹亭記 月軒記 學文庵記(居庵者成璜徵文省吕璜) 藏書實記 錦溪亭記

跋: 三綱錄跋(代安東金氏作) 蓮上集跋 商山金氏派譜後題 慶州崔氏世孝錄跋 光山金氏派譜跋 晩悔齋遺稿跋

銘: 克己復禮銘 郡守李侯(基奭)興學碑銘 觀察使李公興學碑銘

昏書: 長兒南善昏書

卷六

告祝: 告先外祖尹公文 九皇山祈雨祝(庚寅五月 ○ 水谷面士民請) 社稷壇祈雨祝(壬辰閏六月) 半登山祝 鷲嶺山祝 火矢山祝 籠巖白巖江湖佔畢齋四金先生神位壇改封告由祝(代善山金氏作) 蛛谷食井修築

告祝(甲寅六月) 本郡城堞堞修築時城隍壇告祝

祭文: 祭勉庵先生文 祭蓮上先生安公墓文 祭竹史尹公(錫禛)文 祭中舍四從兄(瑨基)文 祭沙村族兄(泳圭)文 哭同契故人金俊淑文(壬辰四月○代契中作) 祭金護軍(英泰)文 祭朴致範(胤和)文 祭金大一(喆洙)文

上梁文: 野隱齋上梁文 龍岡齋重修上梁文 咸陽朴氏三綱文門上梁文 蛛谷正寢重建上梁文 錦齋移建上梁文

行狀: 先考府君家狀 梅竹軒權公行狀 蓮上上舍安公家狀(爲安錫烈作) 慕庵李公(徵圭)行狀 族兄沙村柳公行錄 石下秀士安公行狀 漁隱朴公行狀 淑人金氏行狀

薦狀: 孝子金工(英泰)薦狀 孝子李公(一榮)薦狀 烈婦李氏薦狀 烈婦姜氏薦狀

附錄: 行狀(柳永善)

跋(柳潤善)

# 『낙사유고(洛史遺稿)』

## 1. 저자 소개

유구현(庾九鉉, 1852~1922)의 자는 우보(禹甫)이고 호는 낙사(洛史)이며 본관은 평산(平山)이다. 1852년(철종 3) 5월 6일 전북 고창군 성송면 낙양리(洛陽里)에서 유희초(庾喜初)의 아들로 태어났다. 어머니는 철성정씨(鐵城鄭氏) 정충신(鄭忠信)의 딸이다. 조선 초기 첨지중추원사(僉知中樞院事)를 지낸 유순도(庾順道)의 후손이다.

일찍이 아버지를 잃은 유구현은 7세 때 종조 유복렬(庾馥烈)에게 학문을 닦기 시작하였다. 15세 때 종숙인 수졸재(守拙齋) 유희정(庾喜禎)의 문하에서 수학하였는데, 널리 배우고 독실하게 행하면서도 날로 사서(四書)와 오경(五經)을 읽으며 그 경전의 오묘한 뜻과 성리학의 은미한 이치를 분석하며 강구하였다. 일찍이 부모에게 자랑스럽게 여겨지기 위해 몇 차례 향시에 응하여 합격하였으나 대과에는 뜻을 이루지 못하였다. 낙수(洛水)의 옛터에 자그마한 집을 짓고 '낙사(洛史)'라고 편액을 걸고 친구 및 문인들과 예학을 강론하였다. 1873년(고종 10) 22세 때 모친상을 당하자 성경(誠敬)의 예로 장사지내고 3년의 시묘 생활을 정성으로 거행하였다. 마을 주민이나 종족(宗族)에게 어려움이 있어 구휼에도 진력하니 미담이 적지 않았다.

뒷날 노사(蘆沙) 기정진(奇正鎭, 1852~1922)이 무장에서 강학할 무렵 잠시 학문을 닦았다.[1] 그는 향리에서 자제들과 문하생들에게 이르기를 "사람이 되는 도는 충(忠)과 효(孝)일 따름이다."라고 하여 덕행과 충효의 정신을 배양시켰다. 시문(時文)의 폐단을 말하기를 "무릇 글공부를 하는 것은 중국 송나라 염계(濂溪) 주돈이(周敦頤, 1017~1073)를 비롯한 학자들의 바르고 아담한 운을 본받아야 하지, 그저 화미(華美)한 것을 숭상하여 사람의 이목만 즐겁게 해서는 안 되며 올바르지 못한 학문과 사특한 학설로 우리의 도를 어지럽게 해서는 안 된다."라고 하였다. 항상 『논어』와 『맹자』, 『상서』 등을 즐겨 읽었다. 그 학문하는 모습이 바람처럼 맑고 달처럼 밝았으며 즐거운 마음으로 단정히 앉아 낭랑하게 소리 내서 글을 외우는데 밤이 깊어가는 줄을 몰랐으니 꼭 주돈이의 음풍농월(吟風弄月)과 같은 기상이 있었다. 그의 학식이 통달하고 덕업이 높고 넓은 것은 사람들이 칭찬하지 않은 이가 없었으나 항상 겸퇴(謙退)하여 사람에 미치지 못함이 있듯이 하였다. 1922년 6월 14일 세상을 떠나니 향년 71세였다. 아산면 선운산에 안장되었다.

## 2. 문집 구성과 내용

『낙사유고(洛史遺稿)』는 4권 2책 목활자본으로 1939년 고창군 경모재(敬慕齋)에서 간행된 유구현(庾九鉉)의 시문집이다. 문집 형태는 4주쌍변(四周雙邊) 반곽(半廓) 22.0×14.5cm, 10행 20자 주쌍행(註雙行), 내향3엽화문어미(內向三葉花紋魚尾) 31.0×20.0cm이다. 권두에는 강천수(姜天秀)가 1939년에 쓴 서문이 있고, 권말에는 이범석(李範錫)의 「낙사유고후서(洛史遺稿後敍)」를 비롯하여 1939년에 지은 일곱 편의 발문과 세 편의 「추발(追跋)」이 있다. 이 문집은 국립중앙도서관, 한국학중앙연구원, 원광대학교, 연세대학교에 소장되어 있다.

권1은 부(賦) 4편, 시(詩) 167제에 173수, 만(挽) 26제 27수가 수록되어 있다. 부 작품은 가을과 봄, 전원에 대한 것을 읊은 것이다. 시는 수양,

1 茂長鄉校 편, 『松沙儒林淵源錄』 「蘆沙奇正鎭文人」(15전면) 참조.

자연과 계절, 사물을 읊은 시, 강학하며 지은 시, 선배와 동학의 회갑연에 지은 시, 생일을 맞이하여 지은 시 등으로 다양하다. 만시는 당시 항일운동을 하던 면암(勉菴) 최익현(崔益鉉, 1833~1906)과 송사(松沙) 기우만(奇宇萬, 1846~1916)을 비롯한 당시 선배 그리고 동학들에 관한 것이 주를 이룬다.

권2는 서(書) 48편이 수록되어 있다. 서한문은 동학 송하(松河) 정만원(鄭晩源, 1854~?)을 비롯한 노사학파의 재전문인 금서(錦西) 유준철(柳浚喆, 1859~1918)과 복재(復齋) 이종택(李鍾澤, 1868~1938), 그리고 최익현이 태인에서 의병을 일으키자 이에 가담하였던 고창 출신 지은(智隱) 최전구(崔銓九, 1850~1938) 등과 주고받은 것으로, 주로 학문적 면려, 간간히 경학(經學)을 담론한 내용, 일상생활에서의 소식과 안부 등에 관한 것이다. 특히 집안의 종형, 종제 등과 서한을 통해 집안의 안녕을 도모하기도 하였다.

권3은 서(序) 3편, 기(記) 5편, 가장(家狀) 2편, 상량문(上梁文) 2편, 제문(祭文) 4편, 축문(祝文) 3편, 잠(箴) 3편, 명(銘) 3편, 자설(字說) 2편, 잡저 7편이 수록되어 있다. 서문은 집안의 파보(派譜)와 호(號)에 대한 기록이다. 기문은 무송유씨(茂松庾氏) 재각, 용강정사(龍岡精舍) 중수기, 그리고 15세 때부터 가르침을 주었던 스승 유희정의 서재와 자신의 서재에 대한 것이다. 조부와 부친에 관한 가장이 있고, 무송유씨 재각과 용강정사에 관한 상량문도 있으며, 스승 유희정을 비롯한 종친 등에 관한 제문도 있다. 축문은 고창 선운산 도솔산과 서해 죽도(竹島)에서 기우제를 지내는 내용과 1914년 여름 낙양마을 우물을 깨끗이 씻어내고 수리하는 내용에 관한 것이다. 잠언은 스스로 경계하여 조심하는 내용의 「자경잠(自警箴)」을 비롯한 경(敬)과 의(義), 학문을 밝힘에 있어서 경계하는 내용도 있다. 명은 책상과 병풍, 벼루 등의 내력을 기록한 것이다. 자설은 두 아들의 자에 대한 글이다. 잡저 「백석설(白石說)」은 청산에 거주한 이공(李公)의 호에 대한 내용을 기록한 것, 「서성만공유고후(書醒晩公遺稿後)」는 종친 유일현(庾一鉉, 1842~1919)의 문집에 대한 발문이다. 기타 글은 집안 자제들에게 경계하는 내용이다.

권4 부록은 유구현의 삶과 행의를 기록한 손자 유동근(庾東瑾)의 「가장(家狀)」, 정대수(丁大秀)가 지은 「행장(行狀)」, 민병한(閔丙漢)이 지은 묘갈명(墓碣銘), 김상녕(金相寧) 외 22명이 지은 「만장(挽章)」, 정경원(鄭警源)·유동식(庾東植)·유병철(庾炳哲)의 제문 등이다. 마지막으로 발문과 추록의 글도 있다.

### 3. 문집 목차

#### 洛史遺稿序(姜天秀)

卷一

賦: 悔秋賦 田園賦 感舊賦 宜春賦

詩: 修己 幽居 漫吟 贈別金仲洪 偶題 奉和李白石梅花詩 和贈洪三憂(在郁)寄詩 擣衣 梅花 白鷺 婚花 冬至 至後翌夜 續題 示諸益 雪月夜有感 坐寂寄懷 喜故人來訪 至後餞客 漫吟 賀鄭進士(官源)得男 送友人 落照 詠蓮 午齋講會奉和申後(慶坋) 謹次姜水使(膺煥)勿欺齋雲 謹次從叔(喜禎)守拙齋韻 謹次鄭茂南(冕奎)老圃堂韻 謹次八烈閣韻(在咸平) 謹次德陽祠遺墟碑韻(忠節公諱默弼德谷公諱軾同配祠宇遺址) 次朴氏都春亭韻 次鄭進士(官源)龍塢齋韻 次朴氏繼春園韻 次雙壺亭韻 題寒碧堂韻 次高敬倅許(駉)回甲韻 謹次李侯(喜翊)回甲韻 次崔斯文(斗弼)大人回甲韻 謹次洪侯(鳳杓)睟辰韻 謹次韓侯(敬烈)睟辰韻 次姜叅奉(淵秀)回甲韻 次成叅書(永鎰)周甲韻 次鄭進士(官源)周甲韻 次曺主事(明承)周甲韻 次姜慶彦(熙秀)周甲韻 次鄭翠松(休明)周甲韻 午齋與鄉多士續題講會韻 午齋叙懷 與洪蘭齋(在耕)唱

和 見孫柿木 丁亥春與族叔洛坡到牟陽講會續吟(二首) 和房友(守一)見訪 漫吟 春日叙幽懷 野行見早秧有感 酒餘貼得肴字 閒餘敍懷 暮春卽事 春日寓吟 聽兒讀書 閒居 書齋謾興 暮春敍懷 清和晴景 別趙斯文(漢穆) 逢權友叙懷 贈別權友 與趙權二友唱和(四首) 偶占罔字賡吟 草堂待官盖 與趙友賞雪東閣 與趙友對酒唱和 冬至夜有感 仲春夜與趙友唱和 臨別有感 仲春滯雨午齋與姜良彦(日永)唱和 與李友重弼留松衙酬唱一韻 與金友(明叔)叙懷 冬至旅館贈友人 留松衙 與金李二友對酒暢和 雪夜唱和 臘月與諸益暢和 與李友留東閣 送金箕昔赴婚姻 與鄭松河(晩源)訪金永五(基命) 與李友唱和(二首) 松金友歸湖西 次咸友(善郁)竹韻 次隸遷亭原韻 次洪斯文(鍾洙)香社韻 次徐侯(相璟)木枕韻 次潘進士(永龜)溪隱韻 次姜条奉大直悅雲亭韻 逢曺斯文(秉直)唱和 和示金君(在德) 送金元孝(箕行)歸龍溪 逢姜鳳巖(馨秀)昌和(二首) 送金友(碩洪)歸南昌 次燭臺峯詩會韻 登臨有感 垂楊贈故人 暮春詩會 詠燈火 清和節和贈鄭松河(晩源) 賀族孫炳鑚加冠禮 清和節偶懷 幽居漫興 冬至 聞鄕校講會有感 謾題 立夏開硯 閒居逸興 賡吟 見鄕約案有感 勸兒課 雪夜宿鄭松河草堂 雪中見梅竹 暮春謾題 端陽偶吟 送鄭營將(明源)歸淸溪 苦霖雨 待人不至 和贈諸益傷時 自警 冬至後卽事 示諸益 和贈故人來訪 題洛陽書室 和贈鄭敬裕來訪 示族任東濬 病後示兒輩 戒孫兒文鳳入學 宿東閣 雪夜步龍岡與族叔止愚唱和 梅窓留客 自悶 月夕登樓 漫題 題香山書室 登樓對月 洛齋開硯 淸秋寓懷 竹筍 示硯下諸益 示族孫壽鳳 秋興 送朴允善赴京 送權友歸同福 次茂衙草堂詩會韻 梅閣送故人 與諸詞伯作龍岡會 漂麥 鳳凰 示三從孫允鳳 翫月 端陽日有客見訪 野麥 初秋 題育英齋 晬日有感 坐寂寄懷

挽: 謹輓崔勉菴先生(益鉉) 謹輓進士從祖松崖公(馥烈) 謹輓族祖進士松南公(聖烈) 謹輓奇松沙(宇萬) 謹輓從叔父洛隱公(喜雨) 輓柳丈(志驥) 輓金進士(榮喆) 挽金進士(商煥) 輓愼監役(宗寬) 輓李丈

(喜白) 輓朴姻兄(萬坧) 輓吳進士(道源) 輓朴斯文(順求) 輓金草堂(箕豐) 輓姜叅奉(淵秀) 輓柳錦西(浚喆) 輓族從德文(玎錫). 輓鄭松河(晩源○二首) 輓內從鄭敬武 輓族從義伯(敬求) 輓金晩悟(永泰) 挽洪贊明(在炳) 挽鄭世彦 挽鄭長水(休鐸) 挽金折衝(在澤) 挽鄭義士(時海) 輓金進士(芳鉉)

卷二

書: 與吳進士(道源) 與潘進士(永龜) 答洪三憂(在郁) 與徐侯(相璟) 與鄭營將(明源) 與鄭桂南(龍源) 與柳錦西(浚喆) 與鄭松河(晩源) 與李屛石(錫九) 答金愧窩(商一) 與金進士(商煥) 與鄭叅奉(榮源) 與金主事(相甯) 與丁成五(裕錫) 與崔寢郞(銓九) 與鄭光淑(達源) 與姜叅奉(淵秀) 與鄭叅奉(鍾河) 答成叅書(永鎰) 與李斯文(重基) 答族從道彦(成鍾) 與族叔止愚(喜冕) 答再從兄醒晩(一鉉) 與鄭進士(官源) 答權鶴南(錫奎) 與金元孝(箕行) 與李禮泉(英煥) 與朴魯彦 與李復齋(鍾澤) 與宋國彦(漢畿) 與柳俊淑(熙俊) 與金子和(志燁) 與金仲洪(箕昔) 與鄭啓明(警源) 與金子和(在憲) 與權季興(寧燮) 與金治明(基燮) 與權武興(寧玉) 與金文兼(尙鎬) 與鄭叅奉(柱源) 與趙(漢穆) 與李(重弼) 與外從兄高(時孝) 與內從弟鄭敬武(在燮) 與族從義伯(敬求) 與族從叅書(琨鳳) 與洪允和(鍾泰) 與金直員(東洙)

卷三

序: 派譜序 晦堂序 壽松序

記: 茂松君齋閣重修記 花石亭遺墟記 龍岡精舍重修記 守拙齋記 洛史齋記

家狀: 祖考龍岡公家狀 先考府君家狀

上梁文: 茂松君齋閣重修上梁文 龍岡精舍重修上梁文

祭文: 祭從叔守拙齋公文 祭從叔洛隱公文 祭從兄醒晩公文 祭金晩

悔(英泰)

祝文: 兜率山祈雨祝文 竹島龍湫祈雨祝文 甲寅夏漑滌洛陽里食井祝文

箴: 自警箴 敬義箴 明學箴

銘: 書刀銘 書屛銘 書硯銘

字說: [家兒]東瑾字說 [家兒]東明字說

雜著: 白石說 書醒晩公遺稿後 戒家兒東瑾東明 戒再從弟(世鉉) 戒從侄(東植) 示曾孫(炳澤) 示羅秀才(義煥)

卷四

附錄: 家狀(不肖孫庾東瑾) 行狀(丁大秀) 墓碣銘(閔丙漢) 挽章(二十三) 祭文(鄭警源 庾東植 庾炳哲)

後敍: 洛史遺稿後序(李範錫) 書洛史先生文集後(洪鍾泰 庾東植 李亨白 庾允鳳 宋景植 庾世鉉 庾東勳)

追跋(不肖子庾東明)

# 『대봉실기(大峯實記)』

## 1. 저자 소개

최경환(崔京煥, 1851~1931)의 자는 평국(平國)이고 호는 대봉(大峯)이며 본관은 경주(慶州)이다. 경주최씨(慶州崔氏)는 최치원(崔致遠)을 선조로 한다. 영귀정(詠歸亭) 최중제(崔仲濟)는 정몽주(鄭夢周)의 문인으로 태종 시대에 문과에 급제해서 옥과 현감 및 집현전과 의정부의 사인(舍人)을 지냈는데, 그의 시대에 비로소 광주에 정착했고, 난계(蘭溪) 최응기(崔應期)가 광주에서 담양군 대전면 중옥(中玉) 마을로 이주해서, 최경환의 집안은 담양에 세거하게 되었다. 할아버지는 최항순(崔恒淳)이고 아버지는 옥은(玉隱) 최익첨(崔益瞻)이며 어머니는 김해김씨(金海金氏)로서 김교문(金教文)의 따님이다. 1851년 8월 2일 담주(潭州: 담양)의 중옥리(中玉里: 담양군 대전면 중옥마을)에서 태어났다.

어려서부터 아버지의 독촉이 없어도, 홀로 과정을 엄격하게 지키면서 학업을 닦았고, 자라서 기정진을 찾아뵈었다. 기정진과 함께 지내던 도중 "연로한 부모가 집에 계시는 데 부모님을 모시는 날은 적었고, 스승을 모시는 날이 많았으니 돌아가 늘그막을 모셨으면 합니다."라고 아뢰고는 집으로 돌아가 부모님을 봉양했다. 27세인 1877년 6월 초부터 아버지와 어머니가 한 달 사이에 세상을 떠났고 상을 마친 후, 최경환은 다시 기정진에게 돌아와 학문에 진력했고, 김석구·기우만 등이 가까운 향리에 살았기에 함께 교유했다.

성품이 산수를 좋아해서 주변의 뛰어난 명승지를 다녀오지 않은 곳이 없었다. 경술국치를 당한 뒤로는 돌아갈 곳이 없는 것처럼 '쳐다보는 산천에 내가 갈 곳이라고는 없구나'라고 하고는 문을 걸어 잠그고 시서(詩書)로 노년을 보냈다. 그 와중에 찾아오는 이들이 있으면 가르침을 멈추지 않아 성취한 이들이 많았다.

1931년 4월 16일 향년 81세로 세상을 떠났다. 부인은 모두 셋이었는데, 도강김씨(道康金氏)에게서 1녀를, 낙안오씨(樂安吳氏)에게서 1남을, 은진송씨(恩津宋氏)에게서 5남을 두었다.

## 2. 문집 구성과 내용

『대봉실기(大峯實記)』는 4권 1책 석판본으로 1963년 문인계(門人契)에 의해 간행된 최경환(崔京煥)의 시문집이다. 문집 형태는 4주쌍변(四周雙邊) 반곽(半郭) 21.4×15.3cm, 12행 24자, 상하향2엽화문어미(上下向二葉花紋魚尾) 28.8×19.5cm이다. 권두에는 김기상(金基尙)이 1933년에 쓴 서문, 양회갑(梁會甲)이 1961년에 쓴 서문, 윤영기(尹永淇)가 1961년에 쓴 서문, 여창현(呂昌鉉)이 1966년에 쓴 서문이 있고, 권말에는 홍석희(洪錫憙)와 족질 최기남(崔基南)이 1963년에 쓴 발문이 있다. 이 문집은 전남대학교, 고려대학교, 연세대학교에 소장되어 있다.

권1은 시(詩)·잡저(雜著)이다. 시는 같은 집안의 최기룡(崔基龍)과의 대화를 나눈 후에 읊은 「집안의 죽파와 함께 얘기를 나누고[與族宗竹坡共話」를 비롯한 20수가 실려 있다. 잡저는 「영장실록(營葬實錄)」으로서, 내용은 27세인 1877년 6월 한 달 사이에 부모님의 상을 잇달아 당해서, 상을 치른 과정과 소회를 서술한 것이다.

권2는 부록 1로서 「차대봉운(次大峯韻)」이 36수, 「차대봉정운(次大峯亭韻)」인 124수, 만사(挽詞)가 13수 실려 있다. 김교진(金敎珍), 기노장(奇老章)의 「대봉정 상량문(大峯亭上梁文)」, 고광선(高光善)의 「대봉기(大峯記)」, 김문옥(金文鈺)·공병계(孔炳桂)·김수택(金壽澤)의 「대봉정기(大峯亭記)」 3

편, 지민수(池旼洙)의 「대봉정 건축 전말(大峯亭建築顚末)」, 김기상(金基尙)이 최경환 문인들의 모임에 붙인 서문인 「근람계서(近藍契序)」, 기노장의 「행장」, 김준식(金駿植)의 「묘갈명」, 변시연의 「묘갈명」, 송재직(宋在直)의 「유허비문(遺墟碑文)」이 실려 있다.

권3은 부록 2로서 찬술제공편(撰述諸公編)이라는 제목으로 『대봉실기』에 글을 올린 사람들의 명단을 이름, 호, 본관, 거주지의 순서로 기록하고 있다. 권4는 부록 3으로서 문인편(門人編)이라는 제목으로 노사학파의 재전문인에 속하는 69명의 명단을 수록하고 있다.

### 3. 문집 목차

卷一

詩(二十首): 與族宗竹坡(基龍)共話 與鄭江山(在舜)共話 次池三山永奎韻 和李松隱(熙普)回甲韻 次曹愚山(仕賢)韻 與池山共吟燕巢 與高松亭(文永)共吟百日紅 與鄭梧岡(舜默)共吟火爐 紙 筆 七夕 扇 綠陰 蟬 夏日雨中 白鷺 次朴耕山(昇柱)韻 大峯幽居(二首) 雜著 營葬實錄

卷二

附錄: 次大峯韻(三十六首) 次大峯亭韻(百二十四首) 挽詞(十三首) 祭文(門生金敎珍等) 大峯亭上樑文(莊軒 奇老章) 大峯記(弦窩高光善) 大峯亭記(曉堂金文玉 休齋孔炳柱 明谷金壽澤) 大峯亭建築顚末(門生蓮坡池旼洙) 近藍契序(夢聖山人老傖金基尙) 行狀(莊軒奇老章) 墓碣銘幷序(東谷金駿植) 墓誌銘幷序(汕巖邊時淵) 遺墟碑文幷序(誠之齋宋在直) 大峯實紀序(西坪金基尙 正齋梁會甲 貞齋尹永淇 雲沙呂昌鉉) 大峯實紀跋(城南洪錫憙 蘭谷崔基南)

卷三

附錄二: 撰述諸公編

卷四

附錄三: 門人編

# 『도남집(道南集)』

## 1. 저자 소개

기노선(奇老善, 1895~1937)의 자는 공길(公吉)이고 호는 도남(道南)이며 본관은 행주(幸州)이다. 기노선은 정무공(貞武公) 기건(奇虔), 금강(錦江) 기효간(奇孝諫)의 후손이다. 송암(松巖) 기정익(奇挺翼)은 당대의 학자 우암 송시열의 문하에서 학문을 익혔다. 기정익은 경학과 경세학에 높은 업적이 있어, '호남제일인물(湖南第一人物)'이라고 칭송하는 사람들이 많았다. 기정익의 현손(玄孫)이 바로 노사(蘆沙) 기정진(奇正鎭)이다. 기노선은 노사 기정진의 현손이며, 송사 기우만의 종손(從孫)이다. 기노선의 아버지는 성석(惺石) 기춘도(奇春度)이고, 어머니는 제주양씨(濟州梁氏) 상태(相泰)의 따님으로 호남 의병의 선각자 송천(松川) 양응정(梁應鼎)의 후손이다. 기노선은 1895년(고종 32) 장성(長城) 고산리(高山里)에서 태어났다. 조부인 송사 선생에게 오서육경(五書六經)을 배웠고, 백가(百家) 구류(九流)의 학문에 이르러서는 동방의 여러 책과 비교해가면서 섭렵했다. 스무 살이 못 되어 성명(性命)·이기(理氣)·사물(事物)·체용(體用)의 일과 역대 치란(治亂)의 일, 인물의 현부(賢否), 예·악·형·정에 이르기까지 탁월한 견해를 가졌다.

1911년 일본이 주는 은사금(恩賜金)을 받지 않기 위해 이사하는 조부 기우만을 따라 남원(南原)으로 이사했다. 1919년 1월 21일 고종황제가 승하하자, 방상(方喪) 3년을 의심하는 사람들이 있으니, 온당한 도리를 들어 분별했다.

1924년 노사가 강론해왔던 담대헌(澹對軒)을 중건했다. 1927년 고산서원이라는 편액을 걸고, 기정진을 주향으로 문하의 여섯 분의 신위를 모셨다. 1934년, 1935년 일제가 단발령을 강제로 시행할 때 두 아들이 화를 입었다. 1937년 10월 11일 향년 43세로 세상을 떠났다. 부인인 문화유씨(文化柳氏)와의 사이에 3남 1녀를 두었다.

## 2. 문집 구성과 내용

『도남집(道南集)』은 4권 2책 석판본으로 기호중(奇浩仲)에 의해 1979년 광주에서 간행된 기노선(奇老善)의 시문집이다. 문집 형태는 4주쌍변(四周雙邊) 반곽(半郭) 20.8×14.2cm, 유계(有界), 10행 22자, 화구(花口), 상하향1엽화문어미(上下向一葉花紋魚尾) 28.2×19.3cm이다. 권두에는 홍석희(洪錫憙)와 변시연(邊時淵)이 1978년에 쓴 서문, 권말에는 기호중(奇浩仲)이 1979년에 쓴 발문이 실려 있다. 이 문집은 국립중앙도서관, 한국중앙연구원, 서울대학교, 연세대학교, 전남대학교, 고려대학교에 소장되어 있다.

권1에는 시(詩)·서(書)·잡저(雜著)가 있다. 시는 「동지를 읊어서 제생에게 주다(冬至口呼以贈諸生)」 2수를 비롯한 33수, 서는 지응현(池應鉉)에게 보내는 「여지참봉(與池參奉)」 2통을 비롯한 34통, 잡저는 「장릉사보와 육신집 중간을 통고하는 글(莊陵史譜六臣集重刊 補所通文)」을 비롯한 14편이 실려 있다.

권2에는 서(序)·기(記)·발(跋)·찬(贊)·명(銘)·상량문(上梁文)이 있다. 서는 「정재유고서(靜齋遺稿序)」를 비롯한 17편, 기는 「밀양손씨묘재창건기(密陽孫氏墓齋刱建記)」를 비롯한 29편, 발은 「진주정씨가승발(晉州鄭氏家乘跋)」을 비롯한 4편, 찬은 「충선공삼우당문선생화상찬(忠宣公三憂堂文先生畵像贊)」 1편, 명은 「혜은화상부도탑명(慧恩和尙浮圖塔銘)」을 비롯한 2편, 상량문은 「몽양재상량문(蒙養齋上梁文)」을 비롯한 8편이 실려 있다.

권3에는 제문(祭文)·축문(祝文)·비(碑)·묘갈명(墓碣銘)·묘표(墓表)가 수록되어 있다. 제문은 「제석송거사유공문(祭石松居士柳公文)」을 비롯한 8편, 축문은 「대곡선생봉안문(大谷先生奉安文)」을 비롯한 9편, 비는 「석봉김공유허비(石峯金公遺墟碑)」를 비롯한 8편, 묘갈명은 「통덕랑남호 이공묘갈명(通德郎南湖李公墓碣銘)」을 포함한 19편, 묘표는 「송암선생 비음소지(松巖先生碑陰小識)」가 실려 있다.

권4에는 묘지명(墓誌銘)·행장(行狀)·전(傳)이 수록되어 있다. 묘지명은 「금우거사임공묘지명(錦愚居士林公墓誌銘)」을 비롯한 7편, 행장은 「수졸재박공행장(守拙齋朴公行狀)」을 비롯한 9편, 전은 「유인강씨전(孺人姜氏傳)」을 포함한 2편이 실려 있다. 부록으로 기노선의 전기 자료가 실려 있다. 유겸중(柳謙重)이 지은 「행장」, 홍석희(洪錫憙)가 지은 「묘갈명」, 변시연(邊時淵)이 지은 「묘지명」이 있다.

### 3. 문집 목차

卷一

詩: 冬至口呼以贈諸生(二首) 謹次尼山齋韻 謹次春谷亭韻 追次樵隱亭詩會韻 奉別翠雲丈人(曺源承) 登上見菴 道岬寺 追次松隱鄭老人原韻 柳君承元讀書之暇登女妓岩來以禮器改名而爲之記余嘉其名亦賦之一律 古查梅 追次蒙齋大人生朝韻 次梧山亭韻 次寒碧堂韻 白羊寺雙溪樓次板上韻 靈泉窟 藥師菴 雲門菴 清流洞 來蘇寺次板上韻 直沼 實相寺 月明菴 挽近菴朴公寅燮 次樵隱亭韻 謹次晩圃堂韻 次晩翠亭韻 追次宣大雅(晟奎)雙親壽席韻 贈李基芳 山齋夜話 瑞石省行取道山陰洞追和雙梅堂壽韻 壽泗東孔公(二首)

書: 上柳翠柏(炳陽) 答柳正齋(炳台) 答弦窩高先生文集刊所 答羅裕堂(炳觀) 答劉貞熙 答李鶴宰 答鄭龍澤 答梁老菴(孝默) 與趙虎濟

答趙鳳柱 答梁正齋 答吳北坡 與池參奉(應鉉〇二) 與白南奎 答車鍾轍 答車熙轍 答車鍾轍熙轍 與再從弟(公栗) 答盧蘇海(鍾龍) 答奇宣鎬 答高允錫 答李子仁(會春) 答李六峰(鍾宅) 與趙石汀 與金子國(鳳鉉) 與金寅晦(載石) 與安子精(壎) 答李元雨 答孔直剛(仲烈) 答金致萬(永一〇三) 舜兒小析

雜著: 文乎字辭(奉弼煥) 希重字說(邊舜燮) 莊陵史譜六臣集重刊所通文 書贈林君(老術) 稼說贈柳成秀 贈族弟宣鎬 贈崔圭聶 書贈朴童(重爀) 書贈趙君(光勳) 書贈李禎燮君歸故山 書贈崔君圭學 奉呈朴大雅(魯烈魯)三歸冠山 贈柳生濟川歸故山 書贈新安二君

卷二

序: 靜齋遺稿序 日省齋文翁生朝詩軸序 贈柳君(承元)序 九華羅公實記序 觀善契序 敬菴文公實紀序 松坡遺稿序 石松老人壽席序 金海金氏族譜序 黃州邊氏三世遺稿序 羅州鄭氏家乘序 景慕錄序 海望祠儒契案序 平澤林氏派譜序 長城徐氏家乘序 翠柏柳翁六十一壽序 東溪文稿序

記: 密陽孫氏墓齋剏建記 農菴記(卞榮濩) 鶴亭小記 梅村亭記 後愛亭記 後軒記 松山小記 感慕齋記 慕龍臺記 撫松記 洗心亭記 松塢亭記 直軒記 凌霜齋後記 謹巖記 蒙養齋續記 隱林小記 永慕齋記 澹隱亭記 永和齋重建記 蒙齋記 月淵齋記 農隱亭記 愚山小記 五老亭記 後溪堂續記 著存齋記 百忍齋記 追慕亭記

跋: 晋州鄭氏家乘跋 書白巖孫公遺稿後 豐川任氏家乘跋 長淵祠誌跋

贊: 忠宣公三憂堂文先生畵像贊

銘: 慧恩和尚浮圖塔銘 筠山亭銘

上梁文: 蒙養齋上梁文 致慤齋上梁文 竹湖齋重建上梁文 南平文氏文巖門上梁文 鳳岡祠上梁文(弦窩) 野隱堂上梁文 金谷祠上梁文 五

老亭上梁文

卷三

祭文: 祭石松居士柳公文 祭是菴先生李公文 祭復齋居士趙公文 祭從叔蓮亭處士文 祭石陰先生朴公文 祭柳瑞章(永禧)文 祭青皐逸士李公文 祭弦窩高先生文

祝文: 徐節孝先生龍田壇享奉安文 節孝公徐先生龍田壇常享祝文 金谷壇享告由文 大谷先生奉安文 金谷壇日新先生奉安文 竹東精舍開基祝文 龜巖祠禮成祝文 龜巖祠祝文 四忠影堂奉安告由文

碑: 石峰金公遺墟碑 孝子金公(興炫)鄉里碑 孝婦黃氏旌閭碑 光山金氏孝烈事蹟碑 都正姜公遺墟碑 孝子高興柳公碑 孝子琴湖柳公碑 朴孺人孝烈紀行碑

墓碣銘: 通德郎南湖李公墓碣銘 副護軍鄭公墓碣銘 童蒙教官奇公墓碣銘 松塢處士林公墓碣銘 泰陵叅奉醉碧亭李公墓碣銘 南湖洪公墓碣銘 訓鍊院奉事贈叅判秀巖高公墓碣銘 靜齋處士曺公墓碣銘 翠山堂崔公墓碣銘 孺人宋氏墓碣銘 敬隱郭公墓碣銘 贈通訓大夫司僕寺主簿金公墓碣銘 龜隱金公墓碣銘 瑞巖裵公墓碣銘 中訓大夫議政府舍人竹軒李公墓碣銘 孺人李氏墓碣銘 日三齋李公墓碣銘 沙隱徐公墓碣銘 養竹軒金公墓碣銘 向陽齋全公墓碣銘

墓表: 松巖先生碑陰小識

卷四

墓誌銘: 錦愚居士林公墓誌銘 贈叅判奇公墓誌銘 潁陽齋尹公墓誌銘 後石吳先生墓誌銘 訥軒任公墓誌銘 山巖處士裵公墓誌銘 默窩李公墓誌銘

行狀: 守拙齋朴公行狀 贈通政大夫林公遺事略 姜樂軒貴永行畧叙 錦川鄭公行狀 松湖李公行狀 孝子月圃李公行狀 蓮坡朴公行狀 竹沙

朴公行狀 學生金公行狀

傳: 孺人姜氏傳 書林三圭事

附錄: 行狀(柳謙重), 墓碣銘(洪錫憙), 墓誌銘(邊時淵), 跋(奇浩仲)

# 『백곡시고(柏谷詩稿)』

## 1. 저자 소개

구익모(具益謨, 1875~1945)의 자는 순거(舜擧)이고 호는 백곡(柏谷)이며 본관은 능성(綾城)이다. 시조는 고려 시대 검교상장군(檢校上將軍)을 지낸 구존유(具存裕)이다. 그는 송나라가 멸망하자 신안주씨(新安朱氏)의 시조인 주자(朱子)의 증손자 청계(淸溪) 주잠(朱潛, 1194~1260)과 함께 망명해왔다가 주잠의 딸과 결혼하여 능주(綾州)에 세거하였으며, 이때부터 능주구씨(綾州具氏)의 본관이 되었다. 고조는 복사정(僕寺正) 구명현(具命鉉)이고, 증조는 좌승지겸경연참찬관(左承旨兼經筵參贊官)에 추증된 구찬원(具贊源)이며, 조부는 구상표(具相表)이다. 은덕이 있었던 아버지 구본봉(具本鳳)과 어머니 밀양박씨(密陽朴氏) 사이에 1875년 3월 13일 한천(寒泉) 정승동(正承洞)에서 태어났다.

구익모는 어려서부터 남다른 의표가 있었으며, 9세에 처음으로 족장(族丈) 구달모(具達謨)의 문하에서 책을 읽었다. 날이 갈수록 더욱 학문의 길을 재촉하여 부지런히 힘써 나아갔으며, 외물로 치달리는 마음이 없었고, 잡된 놀이를 하지 않았다. 번거롭게 감독하지 않아도 스스로 알아서 공부하였다. 부모의 옆에 있을 때는 "예! 예!"라고 하면서 말하고, 일할 때는 항상 의혹이나 어긋남이 없었다. 동계(東溪) 박장현(朴璋炫, 1861~1907)[2]과 극재(克齋) 민관호(閔寬鎬, 1864~1925)[3]는 모두 그의

2 박장현의 자는 건서(建瑞)이고 호는 동계(東溪)이며 본관은 함양(咸陽)이다. 아

어렸을 때 글방 스승이다. 당시 같은 군(郡)에 있던 일신재(日新齋) 정의림(鄭義林, 1845~1910)은 노사(蘆沙) 기정진(奇正鎭, 1798~1879) 선생의 적전(嫡傳)으로 경학을 가르쳤는데, 원근의 많은 선비가 가서 귀의하였다. 구익모는 공부하고자 하는 뜻이 있었으나 집안의 결혼으로 번거롭고 상사(喪事)가 이어져 생업이 완전히 몰락하게 되었다. 위로는 두 부모가 늙으셨고, 아래로는 아이들이 어려서 많은 식구의 생계를 책임져야 했기 때문에 떠날 수 없었다. 이러한 까닭으로 수시로 일신재 정의림이 강학하던 가천(佳川)에 나아가 알현하고, 영귀정의 향음주례 행사에 나아가 물었다.

26세(1900)에 부친상(父親喪)을 당하여 감정이 문식(文飾)을 넘어서고, 슬픔이 평이함을 뛰어넘는 당시의 멋대로 실행하는 상례를 바로잡았다. 일찍이 종숙 구본순(具本淳)은 승정원(承政院)에 재직하였고 또 찬정(贊政)에 올랐는데 사람을 보내 구익모를 불렀다. 그는 사양하기 어려워 종숙의 명에 따라 한양으로 가서 뵈었는데 구본순은 "나는 시험 삼아 미관말직(微官末職)에 천거하려고 했으나 다른 일이 있다. 갖추어지지 않았으니 고향 집으로 돌아가 잠시 기다려라."라고 하였다. 그 후 구본순은 곧바로 의주(義州)로 나아가 다른데 미칠 겨를이 없었다. 구익모 또한 평소 벼슬에 나갈 뜻이 없었으며, 당시 사람들이 권세에 붙어 벼

---

버지는 박상태(朴相台)이고, 어머니는 남평문씨(南平文氏)이다. 어려서는 『소학(小學)』을 배워 예법을 따랐으며, 육경(六經)과 제자백가(諸子百家)의 서적을 읽었다. 한천면 동계(東溪)에 집을 짓고 따르는 사람들과 수창하고 담론하면서 많은 제자를 양성하였다. 「문생록(門生錄)」에는 150여 명의 문인이 실려 있다. 저서로 『동계 유고(東溪遺稿)』 2권 1책을 남겼는데, 서문은 1955년에 배석면이 쓰고, 최기현이 발문을 썼다.

3 민관호의 자는 자경(子京)이고 호는 극재(極齋)이며 본관은 여흥(驪興)이다. 아버지는 민치담(閔致談)이고 어머니는 장수황씨(長水黃氏)이다. 고산(鼓山) 임헌회(任憲晦, 1811~1876)의 문인으로 효행이 널리 알려졌다.

슬하려는 것을 보고서 나아가지 않았다. 마침내 두문불출하고 백곡정사(柏谷精舍)를 지어 후학들을 가르치면서 날마다 시를 읊고 노래하며 지냈다. 36세(1910)에 일본이 주는 은사금을 받지 않았다. 44세(1918)에 모친이 돌아가시자 유감없이 슬퍼하였다. 만년에 백암리로 이사하고 그곳에서 1945년 9월 22일 향년 71세로 세상을 마감하였다.

## 2. 문집 구성과 내용

『백곡시고(柏谷詩稿)』는 2권 1책 석인본으로 1959년에 간행된 구익모(具益謨)의 시문집이다. 문집 형태는 4주쌍변(四周雙邊) 반곽(半郭) 21.6×16.6cm, 유계(有界), 10행 21자, 하향2엽화문어미(下向二葉花紋魚尾) 26.7×17.5cm이다. 권두에는 양회갑(梁會甲)이 1958년에 쓴 서문, 이승복(李承福)이 1957년에 쓴 서문, 권말에는 배종구(裵鍾球)가 1958년에 쓴 발문, 족질(族姪) 구교완(具敎完)이 1958년에 쓴 발문, 아들 구교방(具敎邦)이 1959년에 쓴 발문이 실려 있다. 이 문집은 국립중앙도서관, 고려대학교에 소장되어 있다.

권1에는 시(詩) 235제 291수가 수록되어 있다. 시는 자연 경치를 배경으로 읊은 것이 대부분이며, 원운(原韻)에 차운한 시와 만시(挽詩) 등도 있다. 특히 세상의 이치에 관한 「천도(天道)」, 「지리(地理)」, 「인도(人道)」의 시와 윤리 강령인 오륜(五倫)에 관한 「부자(父子)」, 「군신(君臣)」, 「장유(長幼)」, 「부부(夫婦)」, 「붕우(朋友)」의 시와 춘하추동 사계의 일에 관한 「춘사(春事)」, 「하사(夏事)」, 「추사(秋事)」, 「동사(冬事)」의 시가 실려 있다. 「영귀정회고(詠歸亭懷古)」는 스승 정의림이 죽은 후에 영귀정에서 옛일을 회고하는 시이고, 「면아독서(勉兒讀書)」와 「권면제생(勸勉諸生)」은 독서를 위해서 그 마음을 바르게 하는 것이 중요하다고 읊고 있다. 저자는 영락정(永樂亭), 신암정사(愼菴精舍), 낙오정(樂五亭), 애우정(哀友亭), 영귀정(詠歸亭), 서림정사(西林精舍), 벽류정(碧流亭), 백인당(百忍堂),

백파정(白波亭), 개천사(開天寺), 봉서루(鳳棲樓), 송암정(松岩亭), 충신강(忠臣江), 영모재(永慕齋), 운주사(雲住寺), 무등산(無等山), 영벽정(映碧亭), 물염정(勿染亭), 용호정(龍湖亭), 쌍벽정(雙碧亭), 열락재(悅樂齋), 호은정(湖隱亭), 백운암(白雲菴), 매은정(梅隱亭), 담락정(湛樂亭), 중산재(重山齋), 양로당(養老堂), 금강재(琴岡齋) 등의 정자를 비롯한 사찰에 시를 남겼다.

잡저(雜著)에는 「백곡기(柏谷記)」와 「백곡산방소서(柏谷山房小敍)」가 수록되어 있다. 「백곡기」는 "대저 백곡이라고 이름한 것은 왜 그런가? 내가 본래 송백의 아래에서 살았기 때문에 그렇게 지은 것이다."라고 하여 백곡(柏谷)이라는 호를 사용한 이유를 밝히고 있다.

권2 부록에는 「백곡기(柏谷記)」를 정인채(鄭仁采), 정순진(鄭淳辰), 문제덕(文濟悳), 류상철(柳相喆), 족질(族姪) 구교현(具敎賢) 5명이 기술하였다. 그리고 「백곡원운(柏谷原韻)」에 대해 차운한 시 14수가 수록되어 있다.

> 국사(國士)의 한 언덕이 마을의 터를 이루고
> 송백의 그늘에 작은 오두막 이루었네
> 반쯤 열린 창의 명월은 깊은 잠을 깨우고
> 골짜기 가득한 청풍은 옷깃을 펄럭이네
> 해 질 무렵엔 황국 따다가 술 담그길 꾀하고
> 새벽엔 서책 가슴에 품고 고서를 읽네
> 하찮은 저의 소원 응당 이와 같으니
> 장차 후손들에게 여기에 살게 하려네

이 시를 차운한 사람은 하동(河東) 정인채(鄭仁采), 용강(龍江) 정순진(鄭淳辰), 송파(松坡) 구용모(具瑢謨), 춘산(春山) 문재성(文載聲), 고암(顧

菴) 홍우용(洪祐鏞), 송오(松塢) 김영식(金永植), 오산(午山) 김기현(金璣炫), 죽산(竹山) 최남표(崔南杓), 계은(溪隱) 서상룡(徐相龍), 송우(松宇) 서정채(徐廷彩), 월은(月隱) 한병수(韓炳洙), 광산(光山) 노재빈(盧在彬), 남평(南平) 문제덕(文濟悳), 밀양(密陽) 손영린(孫永璘) 14명이다. 그리고 노암(魯菴) 배석면(裵錫冕)이 1957년 7월 상순에 쓴 행장이 수록되어 있다.

### 3. 문집 목차

**柏谷詩稿序(梁會甲 李承福)**

卷一

詩: 閒居吟二首 山房偶題五首 春日排懷四首 覽物有感 追步永樂亭原韻 次族兄慎菴精舍原韻 獨坐謾題二首 田家 牧童 牧丹花 耕牛夜景 即事 路入牛山書屋 鬪蝶 鬪鷄 約日逢裵友純文二首 春日打話二首 謹次清溪公設壇韻 次樂五亭 雪夜偶題 清意二首 幽居賦懷 共友人敍話 次海隣詩社白鷗詩 題山村主人壁 山房付壁詩 次哀友亭 過靜菴趙先生重修遺墟碑閣 東山壇日新齋鄭先生釋菜日有感 海望壇復設日共多士相酬 向燈看心 雨中友來二首 安分吟 白岩 夏日即事二首 秋夜獨坐 雪夜有客 天道 地理 人道 父子 君臣 長幼 夫婦 朋友 問家山消息 高友聲余來訪于政洞幽居二首 為戚兄蘭溪李公設隆師契 詠歸亭懷古 次西林精舍 次碧流亭 松琴 參講筵 清夜有感 訪牛山齋共主人相和 逢故人 勸兒讀書二首 秋夜 悶貧二首 歎少年商 田婦歎三首 擣衣 罷接 除夕二首 正朝 與鄭友士玉唱酬二首 田父携酒來 東床佳郎 謙齋朴準基周辰 甲申除夕 牧牛 麥浪 憎蒼蠅 期翌日餞別 登山口呼 次百忍堂 山堂有客二首 次白波亭原韻 遊開天寺 登鳳棲樓次板上韻 次松岩亭 詠爐 對鏡二首 唐棣花 押三紅字詠雪吐花 山窓曉月 山村 路入月谷 過碧山洞口 過忠臣江 石門舟岩 春日晴光 麥登 蝴蝶 母

鷄 戒獵者 春愁 天桃 映山紅 養蠶 寓興二首 月夜打話 譏賣酒人 輓鄭志岩 誄孫竹東 哭再從姪教胄 悼族姪教丙 輓孫進士二首 輓盧華成 岐路歎 行路難 與友人同吟二首 看書有感 奉次茂長重光齋 白岩寓居 敬次政洞永慕齋 柏谷原韻二首 興學講會二首 雲峰族姪自嶺來訪 春日偶吟 登聯珠山餞春 餞春翌日更登山 山堂有客 敍懷 雨晴 詠鶯 詠鷰 蹇驢 遊江邊 書屋述懷 與高友聲余共吟四首 政山書塾雜詠五首 和晩悟南進士三首 幽居賦懷 與客論懷二首 山村即事三首 春日無題 山居述懷 雲峰族姪阻餘來至有感而題 與客抽葉二首 山齋覽物四首 詠老松 癸彥除夕訪故人于五柳村 感懷四首 謹次追遠齋韻 有友有隣村乘夜來訪于旅所 午景 鋤禾 漫吟七首 晩条詩筵寓懷二首 與野老同吟二首 排懷 贈別尹友士垣 綠陰 川獵 勸勉諸生 治丹田 為客他鄕 甘雨 秋雨 臘月晦夕 觀魚 山遊春興 書室題懷 歎頑愚 幽懷 蚊兵 遊雲住寺 登無等山 登映碧亭 過勿染亭次板上原韻 次湖南誌懷古詩 次松菴原韻 李周鎬晩槐亭 次志堂韻 和咸平箕潁詩社韻 追次沈宜鉉大人覽德齋晬辰韻 呈沈宜鉉 龍湖亭 雙碧亭 次竹軒原韻 次李大振晬讌韻 謹次洪氏枕漱亭 次悅樂齋 鳩林崔氏湖隱亭 次春山原韻 次羅州郡守朴潤東周辰 次白雲菴 梅隱亭 次竹山 次默菴原韻 次新菴 湛樂亭 次松塢 次竹溪 次重山齋 次農圃 次養老堂 以松聲吟和呈大邱詩社 漁父二首 久未敍積懷仲春日以詩呈友人 歎世 歎老 押八時字歎鰥 靜夜獨處 次誠菴 次蘿隱 和德山原韻 次壽山 次琴岡齋 春事 夏事 秋事 冬事 待麥秋 春日酒思 雨後景 樵叟 白岩新居 新設茅屋 驅鳥隊 大路行人 病中有感 歎賞曹圭晢妻魯氏節行二首 歎民生塗炭 自力更生 婦女移秧 歎供出 配給 共和泰平

雜著: 柏谷記 柏谷山房小敍

卷二

附錄: 柏谷記(鄭仁采), 柏谷記(鄭淳辰), 柏谷記(文濟悳), 柏谷記

(柳相喆), 柏谷記(具敎賢) 次柏谷原韻(鄭仁采) 次柏谷原韻(鄭淳辰) 次柏谷原韻(具瑢謨) 次柏谷原韻(文載聲) 次柏谷原韻(洪祐鏞) 次柏谷原韻(金永植) 次柏谷原韻(金璣炫) 次柏谷原韻(崔南杓) 次柏谷原韻(徐相龍) 次柏谷原韻(徐廷彩) 次柏谷原韻(韓炳洙) 次柏谷原韻(盧在彬) 次柏谷原韻(文濟悳) 次柏谷原韻(孫永璘)

行狀(裵錫冕)

跋(裵鍾球 具敎完 具敎邦)

# 『복재유고(復齋遺稿)』

## 1. 저자 소개

이종택(李鍾澤, 1868~1938)의 자는 성진(聲震)이고 호는 복재(復齋)·성암(醒巖)이며 본관은 경주(慶州)이다. 멀리 익재(益齋) 이제현(李齊賢, 1287~1367)과 가까이 김종직(金宗直, 1431~1492)의 문인 재사당(再思堂) 이원(李黿, ?~1504)의 후손으로, 1868년 3월 24일 고창현(高敞縣) 고수면(古水面) 예동(禮洞)에서 이규연(李圭然)의 아들로 태어났다. 어머니는 문화유씨(文化柳氏) 유한굉(柳漢宏)의 딸이다.

어려서 배우기를 좋아하여 글자를 배우면 글자의 뜻을 익혔고 구절을 배우면 구절의 뜻을 익히면서 선비의 도를 걸었다. 1880년(고종 17) 13세 때 부친상을 당하자, 너무 슬퍼하여 몸이 수척하였으나 상례에 따라 상을 거행하고 삭망과 시묘의 예는 어른처럼 거행하였다. 집안이 부유하였으나 사치를 멀리하고 진미를 탐하지 않았다. 효성도 지극하고 우애가 두터웠다.

일찍이 장성에서 강학하던 송사(松沙) 기우만(奇宇萬, 1846~1916)에게 나아가 학문을 닦았다. 1897년 30세 때에는 포천의 면암(勉菴) 최익현(崔益鉉, 1833~1906)의 정학(正學), 충직(忠直), 기절(氣節)에 감명을 받아 직접 배알하고 가르침을 받았다. 1906년 12월 스승 최익현이 순절하자, 만시와 제문을 애도하고 지극히 추모하였다. 당시 국운이 쇠퇴하고 외세의 침략이 만연하자 과거 공부를 통해 출세에 뜻을 두지 않고 오로지 자기 자신의 인격을 위하는 위기지학(爲己之學)에 전념하였다. 특히 집안 안팎의 크고 작은 일에도 심혈을 쏟으면서 벗들의 친소를 따지지 않고 항상 조수근칙(操守謹勅)의 선비로 활동하니 고을 사람들의 칭찬이 자자하였다. 그뿐만 아니라 도사(道司)로 천거하려는 사람들이 생겨나자 명성을 얻고자 한 일이 아니라고 하며 응하지 않았다.

1914년 5월 1일부터 1918년 3월 29일까지의 일기를 썼다. 그는 암울한 시기에 호를 『주역』의 복괘(復卦) 초구의 '불원복(不遠復)'을 원용하여 '복재(復齋)'로 바꾼 다음 실질을 숭상하였다. 역학적 원리에 따른 우주와 인간의 원리를 생각하며 인의예지에 따른 전통사상을 수호에 힘쓰면서 문인과 자제들에게 『소학』의 실천정신을 강조하였다. 1922년 55세 가을 상경한 다음, 곧 금강산에 들어가 18일 동안 가을 금강산을 여행하고 돌아와 「풍악록(楓嶽錄)」을 지었다.

공이 말년에 몸이 좋지 않았지만, 변치 않을 도학의 뜻을 굳건히 지켰다. 해가 뜨면 반드시 관대를 바르게 하고 작은 방에 고요히 처하며 유유자적하다가 1938년 3월 12일에 세상을 떠나니 향년 71세였다. 고수면 청계동(淸溪洞)에 안장되었다.

## 2. 문집 구성과 내용

『복재유고(復齋遺稿)』는 4권 2책 석판본으로 1951년에 간행된 이종택(李鍾澤)의 시문집이다. 문집 형태는 4주쌍변(四周雙邊) 반곽(半郭) 21.5×14.8cm, 11행 22자로, 상이엽화문어미(上二葉花紋魚尾) 28.5×19.5cm이다. 권두에는 강천수(姜天秀)가 1941년에 쓴 서문, 권말에는 호산(壺山) 송기면(宋基冕)이 1951년에 쓴 발문이 있다. 이 문집은 국립중앙도서관, 전남대학교, 명지대학교에 소장되어 있다.

권1은 시(詩) 226제 263수이다. 시는 자연과 계절을 읊은 서정시, 사물을 읊은 영물시(詠物詩), 강학하며 지은 시, 여행하며 흥취로 차운한 시, 스승 최익현을 비롯한 노사학파의 연상(蓮上) 안중섭(安重燮, 1843~

1909), 송하(松河) 정만원(鄭晩源, 1854~?), 거산(巨山) 강천수(姜天秀, 1863~1951), 그리고 고창과 인근 지역의 지인들과 주고받은 다양한 시들이 많다. 「추흥연구(秋興聯句)」는 벗 만촌(晩村) 심의항(沈宜恒), 동학 성암(醒菴) 나상일(羅相一, 1871~1940)과 함께 돌아가면서 한 구씩 지어 가을의 흥취를 술회한 것이다.

권2는 서(書) 22편, 잡저 1편이 수록되어 있다. 서간문은 스승 최익현을 비롯한 노사학파의 정만원, 재전문인 강천수, 춘담(春潭) 기동준(奇東準, 1860~1918), 항일 투쟁을 하다가 옥에 갇혔던 송주헌(宋柱憲, 1872~1950) 등 지인들과 주로 시사, 일상생활에서의 소식과 안부 등을 나눈 것이다. 잡저로 수록된 「일기(日記)」는 1914년 5월 1일부터 1918년 3월 29일까지 5년간의 내외 활동을 기록한 것이다.

권3은 잡저 2편, 서(序) 1편, 기(記) 4편, 제문 6편, 행록(行錄) 5편이 수록되어 있다. 잡저로 「돈의계설(敦義契說)」은 1917년 족숙 이규춘(李圭春)이 하나의 책을 보이면서 계(契)가 1912년부터 진행하였음을 언급하며 그 성격을 말하자 이에 관해 기술한 것이다. 「풍악록(楓嶽錄)」은 18일 동안 가을 금강산 여행기를 기록한 것이다. 「복재자서(復齋自序)」 서문은 『주역』의 복괘(復卦)를 원용한 자신의 호를 성리학적으로 설명하고 그것을 토대로 마음가짐을 기록한 것이다. 네 편의 기문 가운데 「복재기(復齋記)」와 「성암정기(醒巖亭記)」는 자신의 호에 관한 내용이다. 「삼성정기(三醒亭記)」는 자신을 비롯하여 성재(醒齋) 이병학(李炳學), 매성(梅醒) 이문관(李文觀)이 오랫동안 지내면서 누정을 마련하고 호(號) 가운데 세 개의 '성(醒)'을 따서 이름한 것을 기록한 것이다. 「사물재중수기(四勿齋重修記)」는 7세조인 죽정(竹亭) 이봉령(李鳳齡)이 지은 누정에 대한 것이다. 제문은 스승 최익현과 기우만, 의병장으로 활동한 고창의 의병장 수남(秀南) 고석진(高石鎭, 1856~1924)과 지은(智隱) 최전구(崔銓九, 1850~1938) 등을 추모한 것이다. 행록은 오대조, 증조부, 조부, 모친,

그리고 종친 청헌(靑軒) 이집호(李集顥)의 일대기를 기록한 것이다.

권4는 부록의 글이다. 먼저 이종택이 지은 「복재기(復齋記)」에 오준선(吳駿善, 1851~1931), 최전구(崔銓九), 조덕승(曺悳承, 1873~1960), 신현중(申鉉中, 1877~1942)의 글, 『풍악록(楓嶽錄)』에 고석진(高石鎭)의 서문과 조우식(趙愚植)의 발문이 있다. 이종택이 지은 시 「태인산중과회갑일(泰仁山中過回甲日)」에 차운한 유춘석(柳春錫, 1879~1955) 외 15인의 시가 있고, 그 뒤로 유경중(柳慶重)과 이면우(李冕雨)가 다시 차운하여 「봉화복재태인산중과회갑음(奉和復齋泰仁山中過回甲吟)」을 지었다. 조덕승 외 68인의 죽음을 애도하는 만사(輓詞)가 있고, 유민봉(庾珉鳳) 외 11인이 제문을 지어 추모하였다. 가장, 묘지명, 묘갈명, 묘표는 이종택 집안 조상의 행적과 그의 일대기를 기록한 것이다. 정인보(鄭寅普, 1893~1950)는 이종택이 지은 「성암정기(醒巖亭記)」에 견주어 글을 짓고 또 「성암정원운(醒巖亭原韻)」에 차운하여 시를 지었다. 그 후 민병승(閔丙承, 1866~1947) 외 2인도 차운하여 시를 짓기도 하였다.

### 3. 문집 목차

#### 復齋遺稿序(姜天秀)

卷一

詩: 書懷 重陽翌日會崔智德(銓九)姜巨山(天秀)於淸溪楸齋課日唱酬(五首) 漆巖僑居 春日偶題 定山歸路轉入辛都宿李友庄 初秋夜失睡轉輾呼燭信筆 春晚自題 對月夜坐 同崔雲齋(永祚)崔畏軒(永卨)遊仁川江 巨山見訪時適開正開樽拈韻得日字 守歲 元朝 上元 勉菴崔先生宅彦會 抱川歸路見禾被雹慘然記之 裡里驛 秋日懷鄕 宿浴州安上舍(重燮)家 宿松廣寺 權鶴南(錫圭)鄭松河(晩源)二丈見顧別後有吟 秋夜獨坐 李友禮仲(起模)來訪 金鳳弼來訪憶昔年旅遊漢陽 送舍弟鍾

悳長姪孔雨讀書于虎洞金氏齋 謹次外叔小石翁韻呈于几下 十月望夜見月謹次小石翁昔別韻 謹次小石翁病中吟 謹次小石翁送賜棉花韻 謹次舍伯春軒公遺稿中韻 謹次石愚翁愚字韻 十月夜憶玉山下石愚翁 臘月初吉石愚翁歷訪 與石愚翁嘆題 族弟鍾學來訪與之相酬(號蓮齋) 述懷 仲春之念滯留清溪齋偶得寒崇數日痛臥翌夜精神少可和鄭元明(休哲)韻 暮春者於漆巖山舍拈韻 暮春晦日聞舍弟痛委漆巖翌日來見症雖輪感不覺悶煎而吟 頹臥盤石 登甑山 四勿齋移建韻 上盤石咏懷 菊秋晦往四勿齋 鄭元明姜公執(斗永)二友來訪共遊書堂(四勿齋) 覽明齋集至自訟韻用韻自歎 釣 松濤 睡起呼筆 獨坐有吟 雪月夜和安豐山(景承) 越二夜往書堂和鄭元明 贈別鄭元明 除夜 戊戌正月九日會酌漆巖 上元夜諸君子委訪山舍 贈別安青松(期仙) 西行路八完城 早發完山 過皇華亭 渡錦江 宿天安 過葛山店望見堂上松有感 贈別咸平金君明金長國二友(時留抱川勉菴宅) 夢見朴友(庸采)有感 至月小至夜歸路入漢城留數日 己亥六月十三日慈主晬宴會客拈韻 孝洞僑居 醒巖亭原韻 偶題 與張侯(烈)醉醉石亭 甲辰九月渡穀城南麓津 有感 登黃山敬次沙溪金先生臨履亭韻 次宗丈默臥(圭彩)晬宴韻 梅花 春草 海棠花 苔 紅白荷花 搗衣 輓勉菴崔先生(丙午十二月) 暮牛下山 用明律何景明漢陽韻憶漢陽 友至索吟 大明梅 閒居 鶯舞 落花 往書室和軸中韻 白鷺 芭蕉花 秋蟬 風竹 梧秋雨後風日甚佳適親明滿座開樽暢叙秋八月小望夜用古人韻 沼蓮 庭松 渭城柳 山屋結夏 贈金月松(容善)借明律 客來共吟 葉詩 青塚 次徐士謙(良喆)錦溪亭韻 次沈通政(宜學)慶宴韻 次鄭松河晬宴韻 金竹泉與其從遊三四人來訪占韻 金月松次金相公(貴榮)新雁韻示余要和 次柳沙川(致善)晬宴韻 次徐錦溪晬宴韻 次金月松晬宴韻 次寒梅韻(幷小序) 菊影(幷小序) 竹 松 次羅惺菴(相一)晬宴韻 美人雨中來 隣友踏暝而至(幷小序) 苦熱浴于荷柳池上月 老竹 老松 老柳 老梧 老將 老相 老妓 老僧 述懷 是夕晚村不來翌日復用前韻 扇 卽景 七夕和唐人猶勝人間去不回 鷺 雪吐花 玉簪

花 牧笛 田翁 役蜂 暮烟 促織 征婦怨 蚕婦 和堂兒軒上韻 返照 螢火 秋興 夜 曉牕月 秋籬孤花 白髮 隴兒逐鳥 奉審高宗皇帝珠淵集 秋雨 芭蕉 孤村夜燈 烟竹 課日往書室 敬次金蘆川亭韻 敬次金進士(榮喆) 晩睡堂韻 壬戌七月旣望 追次高晩翠(舞鎭)晬宴韻 追次金梧溪(應黙) 晬宴韻 紙繩 幽居 挽朴友庸采 懷古 感秋 贈別 敬次商山金氏世守寶硯韻 過東鶴寺 謁肅慕殿用端廟御製韻志感 三醒亭原韻 次晩悔亭韻 次柳月坡亭韻 次青蘭齋韻 次崔智隱獨鮮齋韻 次金恒齋(純黙)滄浪臺韻 次庚叅書(珉鳳)松塢亭韻 漁父 餞春 沈晩村與宋友蘭昌文來訪 次月松二十八宿韻(足內外句不用疊字) 次林文奎杏園韻 追挽權鶴南 泰仁山中過回甲日 四月三日還家四日宗姪孔雨請設小酌余觀其情勢似固然乃强許之自翌連日與數十鄕老團話因用前日韻 用余回甲韻賀庚松塢回甲 次宋三乎(柱憲)晬宴韻 次宋念齋(泰會)晬宴韻 次晬宴韻 挽柳瀛山(基春) 挽金梧溪 悶旱(幷小序) 雛鶯 榴花 聞農歌 感金月松舊遊 霖雨 聞兒讀書 午睡 滯雨相思 聽琴 畫鷺 聞杜鵑 山水屛 和江南曲 閒興 晩望 聞蟬 愁 溪上觀魚 葉笛 無酒 老馬 古意 松月 遣懷 賞蓮 送友人 秋意 是歲冬至夜奄洞會話因雨而宿 課日會奄洞 挽金恒齋 司馬齋重修韻(幷小序) 悼室人邊氏 悼子婦金氏 木綿花(六言) 咏雪(十六字令見體草堂詩) 籠鳥(搗鍊字) 冬景(憶王孫) 咏梅(江南春) 四勿齋六景(鵩峯松風 龍沼落霞 方丈新月 寒山歸雲 東里暮烟 西峽夕暉) 秋興聯句(沈晩村宜恒羅醒菴相一)

卷二

書: 上勉菴崔先生(己亥) 上勉菴崔先生(庚子) 上退梧李尙書(裕承)書(辛卯) 答崔進士(永卨) 答崔緯堂(永學) 與奇春潭(東準) 與曺迂堂(在學) 答姜巨山(天秀) 答姜巨山 與庚乃玉(珉鳳) 答庚乃玉 答庚乃玉 與庚乃玉 與宋允章(柱憲) 與宋允章 答金相禹 答金相禹 答奇東禹 與鄭松河(晩源) 答金炳昊 與梁孝一(辛酉十一月二十三日) 答奇致燮

雜著: 日記

卷三

雜著: 敦義契說 楓嶽錄

序: 復齋自序

記: 復齋記 三醒亭記 四勿齋重修記 醒巖亭記

祭文: 祭勉菴崔先生文(丁未) 祭松沙奇先生文 祭秀南高公(石鎭)文 祭雲齋崔公(永祚)文 祭智隱崔公(銓九)文 祭鄭東庄(炳源)文

行錄: 五代祖考通政大夫僉知中樞副事臨履齋府君行錄(附墓碣追記) 曾祖考成均生員府君家狀 祖考贈司憲府監察府君家狀 先妣孺人文化柳氏行錄(附補遺) 嘉善大夫青軒李公行狀

卷四

附錄: 復齋記(吳駿善 崔銓九 曺悳承 申鉉中) 楓嶽錄序(高石鎭) 題楓嶽錄後(趙愚植: 謹題李復齋庚松塢楓嶽錄序) 回甲韻(十六) 奉和復齋泰仁山中過回甲吟(柳慶重 李冕雨) 挽詞(六十九) 祭文(十二) 家狀(李冕雨) 行狀(李宗文) 墓誌銘(幷小序○徐相春) 墓碣銘(幷小序○閔丙承) 墓表(安鍾宣) 醒巖亭記(鄭寅普) 次醒巖亭原韻(閔丙承 金昶根 丁永斗)

題復齋遺稿後(壺山宋基冕)

# 『부해만고(浮海漫稿)』

## 1. 저자 소개

안병택(安秉宅, 1861~1936)의 자는 처인(處仁)이고 호는 부해(浮海)이며 본관은 죽산(竹山)이다. 그는 제주목 좌면 조천리에서 태어났는데, 그의 집안이 제주도에 정착하게 된 것은 7세조인 안예천(安禮千)이 글방 선생으로 제주도에 들어오면서부터였다. 할아버지는 안종수(安鍾秀, 1801~1870)이고 아버지는 안달삼(安達三, 1837~1886)이며, 어머니는 파평윤씨(坡平尹氏)이다. 그의 아버지인 안달삼은 매계(梅溪) 이한우(李漢雨, 1823~1881)의 문인이었는데, 1867년 이계징(李啓徵, 1840~1914)과 함께 기정진의 문인이 되었다. 아버지는 이미 기정진의 직전문인이었다. 안달삼은 1873년 12월에서 1875년 3월까지 제주도에 유배된 최익현(崔益鉉, 1833~1906)과 교유를 했으며, 이를 계기로 기정진의 성리학설을 화서학파의 고제인 최익현에게 전달함으로써, 노사학파와 화서학파 사이에 학술적 교류의 물꼬를 트는 역할을 수행하기도 했다.

안달삼은 1886년 세상을 떠나기 전까지 모두 세 차례에 걸쳐 바다를 건너 전남 장성의 기정진을 방문했는데, 각각 1867년, 1868년 그리고 1879년이었다. 1879년은 기정진이 세상을 떠나는 해였는데, 이 마지막 방문에서 그는 안병택을 동반시킴으로써 부자가 함께 기정진의 직전문인이 되는 계기를 마련해주었다. 또한, 안달삼은 1886년 세상을 떠나면서 안병택에게 기정진이 활동했던 장성으로 가서 학문을 익히라는 유훈을 남겼고, 안병택은 아버지의 상을 마친 다음 가산을 정리해서

1892년 장성군 고산으로 거처를 옮겼다. 이때는 이미 기정진이 세상을 떠난 뒤였기 때문에 그는 기정진의 손자인 기우만(奇宇萬, 1846~1916)의 가르침을 받으면서 노사학파 문인들과의 학문 토론과 교유 생활을 이어갔다. 그러나 1894년 동학농민혁명 때에 가산을 모두 약탈당하는 바람에 생활에 어려움을 겪게 되었고, 결국 1898년 광주 장덕리로 거처를 옮겼다. 이렇게 해서 제주도 조천 출신의 안병택은 전남 광주에 머물면서 25여 년 동안 많은 제자를 가르치는 강학 활동에 종사하게 되었다.

1925년 안병택은 목포로 이사를 해서 '유해약방'을 운영하기 시작했다. 기우만의 의병 활동으로 인한 일제의 감시와 신학문의 도입 및 학제의 근대화로 인해 서당을 통한 전통적인 한학 교육의 쇠퇴 등이 목포로 옮긴 이유였다. 그러나 그는 목포에서 강학 활동을 이어갔고, 목포 지역 유림의 문학결사 거점이었던 '목포시사'에 참여해서 활동했다. 그리고 1936년 광주에서 세상을 떠났다.

광주에서 강학할 때 그의 문인들은 전라도와 경상도 나아가 제주도 출신들까지를 망라했다. 그러나 현재 『노사선생연원록(蘆沙先生淵源錄)』에는 안병택의 문인으로 겨우 41명의 이름이 올라 있을 뿐이다. 제주도 출신으로 광주에 있는 그의 학당에서 강학한 두 사람 즉 김균배(金勻培, 1888~1982)와 박봉술(朴奉述)이 각각 그 시기의 학습 과정을 기록한 『근재북학일기(謹齋北學日記)』[4]와 『한재북학일기(漢齋北學日記)』[5]는 안병택의 강학 활동이 구체적으로 어떻게 이루어졌는지를 보여주는 자료들이다. 그의 「행장」은 문인인 박동주(朴東柱)가, 「묘갈명」[6]은 윤정복(尹丁馥)이 지었다.

4 김균배, 『근재북학일기』, 오문복 역(북제주문화원, 2005).

5 박봉술, 『한재북학일기』, 백규상 역(제주교육박물관, 2016).

6 尹丁馥, 『重軒遺稿』 坤(광주광역시, 精微文化社 2008), 「浮海先生安公墓碣銘(幷序)」, 476~477쪽 참조.

## 2. 문집 구성과 내용

『부해만고(浮海漫稿)』는 필사본으로 안병택(安秉宅)의 시문집인데 현재 정식으로 간행되지 않았다. 몇몇 종류가 정리되지 않은 채로 전해지고 있어서 약간 혼란스러운 상태이다. 이 해제의 저본으로 사용하는 판본은 필사본을 정리한 제주대학교 탐라문화연구소에서 상·하 두 책으로 간행한 영인본이다. 애초의 필사본은 원래 『부해만고』라는 제목으로 12책이 존재했다고 알려졌고, 현재는 3책이 누락된 9책만이 그의 집안에 전하고 있다. 그조차도 한 사람의 손에 이루어지지 않아서 필체가 서로 다르고, 문집의 체제를 갖추지 못한 채로 면과 행이 일정치 않다. 손자인 안인훈(安寅勳)의 증언에 의하면 안병택이 세상을 떠난 뒤 문인들이 그의 유고를 수집해 분담해서 필사했기 때문이라고 한다.

한학자 오문복(吳文福)은 2000년 안인훈이 소장하고 있던 이 필사본을 발굴해서 학계에 보고했고, 2002년 탐라문화연구소에서 상·하 2권으로 합본 영인했다. 영인하는 과정에서 무작위적으로 흩어져 있던 글들을 종류별로 나누어 정비했는데, 이 때문에 영인본과 필사본의 체제가 달라졌다. 그리고 오문복은 이 필사본 및 영인본을 저본으로 하고 여기에 누락되거나, 발굴된 다른 필사본의 내용을 덧붙여서 2008년부터 2015년까지 순차적으로 국역본 『부해문집』 Ⅰ~Ⅳ를 제주문화원을 통해 출간했다.

따라서 안병택의 문집은 최소한 네 가지 종류의 기초 자료들이 있다. 첫째 실질적으로 내용은 동일한 『부해만고』 필사본 9책 및 이를 토대로 정리한 영인본 『부해만고』 상·하가 있다. 둘째 『부해만고』에서 실전된 것으로 알려진 3책이 있다. 셋째 아예 이 필사본에 포함되지 않은 채로 이곳저곳에 흩어져 있는 초고들이 있다. 국역본 『부해문집』 4책은 이 세 가지 자료 전체를 온전히 담고 있다고 보기 힘들다. 즉 안병택의 문집은 애초부터 필사본 자체가 일반적인 문집의 체제를 따라 편집되지 않았을 뿐만 아니라, 상당수 자료가 누락되었다는 약점을 가지고 있고, 오문복의 번역본 또한 문집의 기초 자료 전체를 다 포괄하지 못한다는 이중적인 약점을 가지고 있다. 이러한 상황은 연관 자료의 충분한 발굴과 정리 및 문헌비평을 거쳐 안병택의 문집 정본을 확정하고, 이를 간행 출판해야 할 필요성을 제기한다.

아래는 탐라문화연구소에서 정리한 영인본을 기준으로 필사본으로 남아있는 『부해만고』 9책의 구성과 내용을 요약한 것이다. 영인본 상권은 부(賦)와 시(詩), 제문(祭文), 상량문(上樑文), 기(記), 설(說), 서(序), 행장(行狀)으로 이루어져 있다.

제일 먼저 부(賦)와 시(詩)가 실려 있다. 부는 자신의 삶을 노래한 「유거부(幽居賦)」와 연꽃에 대한 기호를 노래한 「연당부(蓮塘賦)」 2편이다. 시는 최진우(崔振宇)가 보낸 16구절의 시를 차운한 「삼가 진우석사가 보낸 16구절을 차운하다[謹次振子碩士見贈十六韻]」를 비롯한 132편이 실려 있는데, 종류별로 나누자면 오언절구가 9편, 오언율시가 3편, 오언고시가 15편, 육언율시가 1편, 칠언절구 96편, 칠언고시 4편, 쌍행시 4편으로 이루어져 있다.

둘째 제문은 김희선(金熙璿)을 추모하는 「제김순형문(祭金舜衡文)」을 포함해 모두 15편이 실려 있다. 그 가운데는 노사학파의 인물들인 송사 기우만, 석음(石陰) 박로술(朴魯述, 1851~1917), 쌍석(雙石) 이희용(李熙容, 1853~1931) 등을 추모하는 제문이 포함되어 있다.

그 다음에는 상량문(上樑文) 1편, 축문 4편, 다시 상량문 3편이 실려 있다. 이 때문에 상량문은 신씨 성을 가진 효자의 정려를 지으면서 지은 「신효자 정려 상량문(辛孝子旌閭上樑文)」을 비롯한 모두 4편이 실려 있고, 축문은 기우제 축문 3편에 신완사(新莞社)의 토지신에게 제사를 지낸 「신완사신 축문(新莞社神祝文)」 1편을 더한 4편이 실려 있다.

기(記)는 「모정기(茅亭記)」를 비롯한 66편이 실려 있다. 현와(弦窩) 고광선(高光善, 1855~1934)의 정자를 기념하는 「수량정기(嗽凉亭記)」, 후해(後海) 송정묵(宋廷默, 1855~1927)의 호를 기념하는 「후해기(後海記)」, 정의림(鄭義林)의 제자인 박준동(朴俊東)의 호를 기념하는 「만회기(晩悔記)」, 전우(田愚)의 제자인 김병래(金秉來)의 서재를 기념하는 「성재기(省齋記)」 등이 포함된다.

설(說)은 김형식(金瀅植)의 자에 붙인 「연수자설(淵叟字說)」을 비롯한 12편이다. 자설(字說)이 8편으로 가장 많고, 집으로 돌아가는 천성흥(千聖興)과 자신을 찾아온 김하진(金夏震), 동문인 임태휴(林泰休)에게 써준 글, 그리고 허선범(許先帆)에게 써준 심설(心說)로 이루어져 있다.

서(序)는 「송호실기서[松湖實記序]」, 「지충성군유사(池忠城君遺事)」, 「함평삼강록(咸平三綱錄)」 등 다양한 책에 대한 서문이 대부분이고, 「양원숙을 전송하는 소서[送梁元淑小序]」처럼 헤어지면서 써준 서문, 그리고 「숙부인 송씨 수연회 서문[淑父宋氏壽宴序]」처럼 기념일을 맞이해서 쓴 서문 등도 있다.

행장(行狀)은 제주향교의 교수를 지낸 부지택(夫智澤)을 위한 「향학교수 부군 행장(鄕學敎授 夫君 行狀)」을 비롯한 11편이 실려 있는데, 김이행(金履行)을 위해 지은 「죽오 김공 행장(竹塢金公行狀)」이 서로 다른 사람에 의해 필사된 탓인지 같은 내용의 글이 필체만 다르게 두 번 실려 있어서, 실제로는 10편이다.

영인본 하권은 전(傳), 비(碑), 발(跋), 묘갈명(墓碣銘), 서(書)로 이루어져 있다. 전(傳)은 「숙암 안공 전기[淑菴安公傳]」을 비롯한 6편이다. 「열부전」이 2편이고 「효자전」이 2편이며, 나머지 하나는 임한구(林漢九)의 전기인 「석련 임거사 전기[石蓮林居士傳]」이다.

비(碑)는 모두 4편인데, 남해 현령을 지낸 문기방(文紀房)을 기념하는 「선무원종공신 증자헌대부 형조판서 행남해현령 농재 문공 추향비(宣武原從功臣贈資憲大夫刑曹判書行南海縣令聾齋文公追享碑)」를 비롯해서, 열부

송씨(宋氏)의 유허비 및 유적비, 그리고 효자 오정학(吳廷學)의 유적비 등이 있다.

발(跋)은 이영호(李永昊)의 부탁을 받고 그의 아버지의 유묵 첩에 붙인 「육서 이공 유묵첩의 뒤에 쓰다[六書李公遺墨帖後]」를 비롯한 5편이다. 정백규(鄭伯奎)의 부인인 열부 윤씨와 그의 아들인 효자 정종삼(鄭鍾三)의 유적에 붙인 「열부 윤씨 효자 정공의 유적 뒤에 쓰다[題烈婦尹氏孝子鄭公遺蹟後]」, 공봉원(孔奉源)의 문집에 붙인 「공인술의 『가은실기』 뒤에 쓰다[題孔仁述可隱自記後]」, 곽기영(郭基永)의 책에 붙인 「곽기영의 의문을 적은 책의 뒤에 쓰다[書郭基永疑問卷後]」, 최영섭(崔榮涉)의 집에 있는 책에 붙인 「『세효록』 뒤에 쓰다[題世孝錄後]」로 이루어져 있다.

묘갈명(墓碣銘)에는 묘갈명·묘표·묘지명·유허비각명·유적비명 등이 포함되는데 모두 65편이다. 이 가운데 묘갈명이 고연우(高淵宇)를 위해 지은 「연우 수사 고군 묘갈명(淵宇秀士高君墓碣銘)」을 비롯한 46편으로 가장 많다. 묘표는 김양택(金良澤)을 위해 지은 「월호 김공 묘표(月湖金公墓表)」를 비롯한 14편이다. 묘지명 임규(林珪)를 위해 지은 「충 증통정대부 승정원좌승지 충암 임공 묘지명(忠贈通政大夫承政院左承旨忠菴林公墓誌銘)」을 비롯한 3편이다. 나머지 2편은 지국원(池國原)을 기념하는 「효자 인재 지공 유허비각명(孝子忍齋池公遺墟碑閣銘)」과 광주 평장리의 열부 전주이씨(全州李氏)를 기리는 「열부 이씨 유적비명(烈婦李氏遺蹟碑銘)」이다.

서(書)는 1930년대에 목포에서 유해약방을 운영하던 시절에 보내는 편지로 짐작되는 「김경중에게 답함[答金暻仲]」 3편을 비롯해서 모두 231편이 실려 있다. 그 가운데 기우만에게 보내는 편지가 5통으로 제일 많고, 나머지는 다양한 교유 인물, 집안사람들 및 함덕·김녕 등 지역의 유림에게 보내는 것이다.

## 3. 문집 목차

影印本 上卷

賦: 幽居賦 蓮塘賦

詩: 謹次振子碩士見贈十六韻 用諸益韻 雨後眺望 聯句 贈別成君夏聲夏原 戱贈韓玉泉 次古今島金正桂大人孝碑落成韻 贈別朴斯文栗然彙(榮) 寄呈韋史老八六十一壽席 寄呈金憲基大人壽席 挽春潭奇上舍 謹賡山谷詞兄見贈韻(崔振宇) 奉和芝隱原韻 謹次溫錦洞書堂韻 謹惟朴師長氣度平安否俯托堂韻因便付恐不合人眼而詳味之則其意思有可取者笑覽如何茅亭韻 全童迺玉以拙搆聞驚答二絶訟于其大人其大人以四首瓊琚投來聲格之宿有工程畧嘗入耳而托意之高妙不草草今始驚心三復感歎之餘輒以近體一頁相執笑賡否亦破寂一事也 同齊諸益各賦近體一首勝事也烏得無和倉率搆成又不過自敍己情無別語生平空疎可愧覽者恕之 耳風咏亭之勝盖久而每恨足目未到榴夏二日齋中設小酌花巖李丈門徒之遊暢亦不謀同日因朝飮齊酒午醉花門酒事偶而會盛也因同雙石應七諸仁兄倍本村聖村柿村諸大老轉登風味亭兩齊冠童畢從花丈用亭上原韻出示一首座上諸丈老皆要看余詩余辭謝不獲命昨自風咏亭犯暮醉歸朝起頗有困憊因小酌野行有懷謾吟 無題(十八首) 輓吳後石 遥和濟州梁京憲大人壽席韻 次海南松汀李老人奭鎭壽席韻 輓濟州朝天夫秉益大人 寄多洲山六十一壽席韻 石下朴翁憲東三十年舊識也壽席有韻忘拙拚和 題池忠城君遺蹟舊刊後 寄題望美亭用原韻 次金草亭七十庄朝韻 輓海南松汀李喜琇 和濟州朝天金伕汶株見贈韻 儒山亭落飮韻 儒山詩社重九會 聞重修松溪亭用原韻寄題 謹次松泉齊柳翁壽席原韻 生但願勤脩業忍使斯文墜不傳 山中 江上 書所見 夜雨快霔 絶句 聯句 追次朴氏菊史老人壽席韻 謹次春雨亭韻 謹次龜譚韻 寄呈韋史老人六十十一壽席 春寒甚峭深居無事偶得近體八句謹寄呈崔竹下二碩士以替寒暄問訊 與韓玉泉共登木浦臺 亡友農隱金舜衡墓

立碣日口呼 歸家偶題 追次履臨亭韻 謹追次晩睡堂韻 恭次滄浪臺韻 寄韓玉泉崔竹下二君 和順鼎谷里曺斯文思文沽酒賦詩要和 輓高弦窩 次金萬鼎觀湖亭韻 和順鼎谷里曺斯文思文沽酒賦詩要和 輓高弦窩 次金萬鼎觀湖亭韻 次徐翁相基材隱韻 追次松隱堂韻 和寄同福張基洪澹觀臺韻 遙和小山亭韻 囊造仙館也仰見以曉嘯二字特書揭壁每以未詳其趣指在何為未爬癢久矣昨風雨夕偶成二十八字不取掩醜奉穢淸拂今發一高笑(與湖銀支配人朴準主) 鳩材崔君炫以其大人壽席韻見示求和 次靈巖鳩材崔子久湖隱亭韻 永豐亭在綾之槐嶝承旨高公(壽安)所新築之其館甥曺輔鉉誦原韻求和 自戱 又 送家兒自公州锦山轉向龍潭夜坐有感 韻以和奉勗焉 謹次臨對亭重修韻 謹次三湖亭韻 李公(圭白)號曰箕隱旣沒後其隣居金生秉九誦原韻求和 挽尹錫東 次鄭氏觀沿亭韻 復月夜吟(己未) 戱贈諸君 贈諸友 寅孫晬日 次徐台煥撫松亭韻 綾淨川朴君潤秀所居之軒扁以竹云其子仁和誦原韻求和甚力不可以不識君終辞逐信口亂呼 長水之溪曲楡田韓君暻洙過余于河南寓舍含誦其祖考 諱申基字元汝松窩韻要追和余曰不詳其平生一不可也 不閑於詩法二不可也取辭君猶來責不已 追挽金聲彦(振鎬) 滯雨宵羊巖亭偶作 次竹亭原韻 錦湖崔参奉六十一壽席其胤錫休馳書見速邀天寒 讓滑衰脚豈易行進謹步其韻以謝 書事 謹次梧山亭韻 追次朴氏(名準珏字仁汝)靜齊韻

祭文: 祭金舜衡文(己亥) 祭李敬三文 再祭李敬三文 祭李雙石文 祭金膺憲文 祭姨兄金□□文 祭華亭朴宗鉉文 祭海隱金公文 祭石陰朴公文 祭大田邊君文 祭松沙先生文 祭夫學永文 祭韓□□文 祭金旌義膺平文 元堂山祈雨祭文

上樑文: 辛孝子旌閭上樑文

祝文: 厲壇祈雨祝文 元堂山祈雨祝文 新莞社神祝文 禱雨元堂山祝文

上樑文: 懷齊朴先生影堂上樑文 烈婦吳氏孝子張公遺墟碑閣上樑

文 奉先齊上梁文

記: 茅亭記 漱凉亭記 東溪草堂重修記 金剛記 土菴記 陽蓑記 睡軒記 農隱記 怡雲堂記 農圃記 蓮巖記 松巖記 處士朴公良煥啓煥遺墟碑記 松隱記 竹坡記 慕松齊記 晩水記 薇山記 沙山祠後記 湖隱記 靖山齊記 湖隱亭記 恕齊韓公遺墟碑記 湖隱記 靖山齊記 湖隱亭記 夢軒記 五美齊後記 槐堂記 三聯亭記 靖汕記 石軒記 逸老堂記 農隱記 南齊記 華亭後記 桂南書室記 敦學齊記 恒泉齊記 月峯後記 樵溪後記 東溟記 陽菴記 素軒記 墓松齋記 仁山記 敬庵記 菊軒記 孝烈婦淑夫人 梁氏碑記 德菴記 後海記 野菴追記 仰山室記 晩悔記 曺氏三綱旌閭記 省齊記 月松軒記 奉先齊記 田隱記(壬戌九月三日) 五十井精舍重修記 月溪後記 聾窩記 黙齊記 歲寒精舍記 墓軒記 筠山亭記

說: 淵叟字說 苑仁居字說 贈千生聖興歸家說 書贈金君夏震說 閔源夫字說 閔君式字說 字夫垂若說 贈林君奉休說 心說贈許先帆 金君大寅字說 仁玉字說 字任生景直說

序: 松湖實記序 池忠城君遺事重刋書 咸平三綱錄序 送梁元淑小序 淑父宋氏壽宴序 延州玄氏延來阡祭錄序 月州遺稿序 海隱遺稿序 慶州金氏族譜序 希庵老人壽席詩序 訥軒遺稿序 元洞金侯(汶株)壽席序 沙里學契序(丙辰) 贈別白君旰寅小序 贈朴童泰義小序 烈婦梁氏遺蹟序 平康蔡氏族譜序 羅州金氏族譜序 萃亭遺稿序

行狀: 鄕學教授夫君行狀 惠民參書松湖成公行狀 橘巖處士李公行狀(戊申) 嘉善大夫同知中樞府事兼景福宮衛將金公行狀 竹塢金公行狀 竹塢金公行狀 大田邊君行狀 孝子聾軒林公行狀 孝 贈童蒙教官敬愼齊林公行狀 竹塢逍公行狀(壬戌九月十三日) 折衝將軍僉知中樞府事龍岡宋公行狀

影印本 下卷

傳: 淑菴安公傳 烈婦宋氏傳 石蓮林居士傳 烈婦奇氏傳 孝子金英

甫傳 吴公相奎及其從子承煥孝行傳

碑: 宣武原從功臣 贈資憲大夫刑曹判書行南海縣令聾齋文公追享碑 烈婦宋氏遺墟碑 烈婦宋氏遺蹟碑 故孝子吳公廷學遺蹟碑

跋: 書六書李公遺墨帖後 題烈婦尹氏孝子鄭公遺蹟後 題孔仁述可隱自記後 書郭基永疑問卷後

題世孝錄後(辛酉除前一日)

墓碣銘: 淵宇秀士高君墓碣銘 甫木居士韓公墓碣銘 郊隱玄公墓碣銘 堂村金公墓碣銘 月湖金公墓表 學生朴公墓表 成均進士謙堂朴公墓表 學生安公墓表 嘉義大夫戶曹參判高公墓碣銘 通政大夫折衝將軍行龍驤衛副護軍金公墓表(戊申) 悔隱金公墓碣銘 壽通政大夫高公墓碣銘 瑞軒居士安公墓碣銘 通政大夫僉樞兼五衛徐公淑夫人趙氏墓碣銘 清深堂安公墓碣銘 泉谷處士安公墓碣銘 陶隱金公墓碣銘 司果安公墓碣銘 學生梁公烈婦宋氏墓碣銘 孝子忍齋池公遺墟碑閣銘 學生李公墓表 二樂堂李公先生墓碣銘 湖隱申公墓碣銘 柏軒洪公墓碣銘 月巖居士金公墓碣銘 大田邊君墓碣銘 成均生員農谷李公墓碣銘 通德郎宋君墓表 通政大夫僉樞兼五衛宋公墓碣銘 烈婦李氏遺蹟碑銘 梅菴李公墓碣銘 耕養子朴公墓碣銘 贈通訓大夫司憲府監察直齊呂公墓碣銘 湖隱安公墓碣銘 恥齊鄭公墓碣銘 武科及第韓公墓碣銘 野菴辛公墓碣銘 慕菴呂公墓碣銘 松岳居士崔公墓碣銘 龍溪崔公墓碣銘 浦隱崔公墓碣銘(庚申) 壽通政大夫野隱丁公墓碣銘 寧國原從功臣訓鍊判官姜公墓碣銘 慕義齋尹公墓碣銘 忠 贈通政大夫承政院左承旨忠菴林公墓誌銘 壽嘉善大夫同知中樞府事誠菴申公墓誌銘 贈通訓大夫軍資監正金公墓碣銘 小石宋君墓碣銘 成均生員新菴金公墓誌銘 濟州鄉丞韓君墓表(壬戌八月二十八日) 通政大夫韓公墓碣銘(壬戌八月二十九日) 宜人李氏墓表(壬戌九月初一日) 孺人夫氏墓碣銘(壬戌九月二日) 孺人高氏墓表 成均生員金公墓碣銘(壬戌十月十二日) 贈通政大夫工曹參議林公墓碣銘 壽通政大夫鄭公墓表 學生鄭公墓表 農隱朴公墓碣銘

沙川李公墓表 石泉朴公墓碣銘 學生林公墓碣銘 宣傳官林公墓碣銘 聾溪李公墓表 贈戶曹佐郎湖陰李公墓碣銘

書: 答金暻仲(三) 答梁會乙 答鄭尚釆 答趙廷琯 答千冀鎬 答柳庠根 答宋栜 上外兄 上三從兄(秉)書 上再從兄(秉)書 上金氏姑書 與再從侄伯謙(益煥) 與邊玉汝李胤永 族戚知舊僉座下 上宋沙先生書(五) 上二樂先生書 上金參奉書(二) 上戚兄宋公利(祥友) 與金旌義 與金平昌 與金順平 與金強汝(時勉) 與高(榮銓) 答文士能(斗恒) 與金判官(達五) 與金訓長用準(振鎬) 與曹主事(台煥) 與洪主事(中立) 與李先達(宛介) 咸德僉君子座下 金寧僉君子座下 與姜子範 答洪士執(在榮) 與韓子衡(二) 與金孝直 與高景由 與金泰鎬 與金士彦 與高聖謨 與夫道現 與金南鶴 與李一恪 與姜武謙 與金基休 與金喪人 與尹次庸 與高景志金呂章 答高景志 答金呂章 與三從侄 答愼栽奎 答金公序 與李元命 與高成夫 答高成夫 答夫士健 與夫士健 答金韓裕 答愼聖麟 與韓平叔 與康始卿 與鄭子裕 答張景實(鳳儀) 與李舜弼 答李舜弼 與安公三 答安景雲 與安公三 答安公三 學安子用 答崔振宇(二) 與朴純汝 與朴聖存(心源) 與金量仲 與金景儒(二) 答辛道休 與辛道休(二) 與辛道休 與丁權中(二) 答李玉汝 與崔燦明(二) 答金熙喆 答崔順基 與崔敬煌 答邊見如 答李士運(弘宰) 答柳迺範 答李景賢 答池參奉 答安子行 答朴漢瑞 與金明五 與李應七 答朴章玉(二) 答安學魯 與徐漢南 答金景拜 答李應老(苟老) 答李應老(二) 答奇仁伯(春度) 答奇仁伯 答金鎭洙(二) 答玄景賓(國英) 答玄景賓 答安鳴叟 答夫根晦 答金衡叔 答文奉廈 答孫文燦(名秉聲) 答鄭泰憲 答趙龍衡 答金旌義(汶株) 答朴俊東(子彦) 答梁會乙 答李中立(元禮) 與高志奎 答夫應海(二) 答奇希文(世稷 舊名世昌 丙辰三月十一日) 答玄尚後 答高思奎 答宋煥相(輔卿) 答趙廷琯 答安鳴叟 答金子爲 與金子爲 與金瀅植 答金厚植 答高錫九 答金時宇(丁巳二月) 與奇元用 答夫根晦 與夫順彦 與閔克後(昌鎬) 與閔仁必(泳壽) 答曹世卿 答金鎬翼 答金斗厚

答鄭龍澤 答李汝民 答韓禹賛 答金瀅植 答金厚植 答高允擧 答李舜弼 答朴榮洙 答安應進(戊午) 答閭源夫 答閔敬搆(肯鎬) 答金演 答郭基永 與金振鎬 與金允煥 答呂英燮 答寄光衍 答朴榮壽 答朴俊東 答韓均度 答閔君式 答金敬贊 答曹世卿 答徐鶴煐 仁山省案回納(李敬純) 答李承煥 答李莊勳 答韓秉度 答呂圭悅 與夫士健 答李中立 答尹泰文 答朴奉述 答宋淙琪 答宋才秀 答柳基三書 答高鶴柱 答金鎬翼 答梁俊賢(成黙) 答安承必 答高成夫 答鄭仕旭 答夫膺休(賢者以何意見遽旣捨新趨舊) 答金鎬珉 答李中立 答金準奎 答梁成黙 問答 答曹世卿 答林炳述 答韓昌錫 答鄭泰憲(汝章) 答朴振基(子賢) 答鄭禹鉉 答高成夫 答徐南秀 答韓晳琮 答堯善 答李孝元 答鄭鳳熄 答李孝元 答金在翰 答宋宰秀 答閔丙烋 答朴奎鎭 答朴濟相 答吳洪根(壬戌三月三日) 答吳誠烈 答林哲周(壬戌閏五月日) 答梁燦鍾 答李中立 (壬戌六月十一日) 答奇士一 (壬戌八月十二日) 答高鶴柱書(壬戌九月十四日) 與夫正奎書 答丁奎祥 答尹喜祥書 答金秦交書

# 『서강문집(西岡文集)』

## 1. 저자 소개

유원중(柳遠重, 1861~1943)의 자는 희여(希輿)이고 호는 우헌(愚軒)·서강(西岡)이며 본관은 진주(晉州)이다. 출생지는 경상도 삼가(三嘉) 창동(滄洞)이다. 아버지 만회(晩悔) 유화식(柳華植)은 진강군(晉康君)에 봉해진 유정(柳挺)의 후손으로 선비다운 행실이 있었다. 어머니는 선산김씨(善山金氏) 치한(致漢)의 따님이다.

10세(1870)에 어머니가 세상을 떠났다. 부친이 학문에 전념케 한 덕에 유원중은 15세가 되기 전 경서와 제자서(諸子書)에 통달했다. 20세(1880)에 합천 삼가(三嘉) 물계리(勿溪里)의 노백헌(老柏軒) 정재규(鄭載圭)를 배알하고 사제의 예를 올리고 그의 문인이 되었다. 이후 그는 농산(農山) 정면규(鄭冕奎), 명호(明湖) 권운환(權雲煥)과 함께 정재규의 뛰어난 제자로 칭송받았다.

36세(1896) 때 단발령이 내려지자 스승 정재규가 의병을 일으켜 저항하려고 모의했으나, 아관파천 후 단발령이 철회되어 무산되었다. 37세(1897) 때 경기도 포천 채리(茝里)에 가서 면암(勉庵) 최익현(崔益鉉)을 배알하고 수십 일 머무르며 강학하고 질정했다. 그 내용이 「면암선생어록(勉菴先生語錄)」으로 정리되었다. 또 전라북도 무주 원계(遠溪)에 있는 연재(淵齋) 송병선(宋秉璿) 선생을 찾아뵙고 송시열의 학문을 강학하였다. 노사학맥을 잇고 있었던 유원중은 화서학파, 연재학파와도 학문적 인연을 맺었다.

45세(1905) 10월 일본의 강압으로 을사늑약이 체결되려고 할 때, 스승 정재규·최익현과 함께 논산 노성(魯城) 궐리사(闕里祠)에서 전국 선비들과 거의(擧義)를 도모했으나 조약이 체결되는 바람에 뜻을 이루지 못하고 돌아왔다. 이후 경상남도 합천 용주면 가호리(佳湖里)로 이거했다. 그곳에 사는 족당 돈재(敦齋) 유상대(柳相大)와 서로 의지했다.

55세(1915)에 묘적 관리법이 시행되었으나, 저항하며 따르지 않았다. 59세(1919) 1월 22일 고종이 승하하자 예제에 따라 상복을 입었고, 혹 상복 입는 것의 부당함을 주장하는 사람이 있으면, 시비(是非)를 분변(分辨)했다. 아들 근수(瑾秀)를 서울에 보내어 고종의 장례식에 참여하도록 했다. 근수가 고종의 장례식에 갔다가 만세운동에 참여한 일로 대구 감옥에 3년 동안 구금되었다. 그에 연루되어 유원중은 합천 경찰서에 구속되었고, 그로 인해 가업이 위태로운 지경에 이르렀으나 끝까지 항거했다.

1943년 1월 27일 향년 83세로 운명하였다. 창동의 백등산(柏嶝山) 자좌 오향(子坐 午向) 언덕에 장사지냈다. 부인은 정선김씨(旌善金氏) 김규대의 딸이며, 슬하에 1남 1녀를 두었다. 유원중이 평생 가장 존중하고 사모한 분은 퇴계 이황이었다. 유원중은 아침저녁으로 이황의 유집을 완미하며 퇴계 선생의 기상과 심법을 체득하고자 했다.

## 2. 문집 구성과 내용

『서강문집(西岡文集)』은 22권 12책 목활자본으로 간행된 유원중(柳遠重)의 시문집이다. 문집 형태는 삽도(揷圖), 4주단변(四周單邊) 반곽(半郭) 19.9×16.0cm, 유계(有界), 10행 20자 주쌍행(註雙行), 내향2엽화문어미(內向二葉花紋魚尾) 29.1×19.7cm이다. 서문과 발문이 없어서 편자와 간행연도를 알 수 없다. 유원중의 묘갈명(墓碣銘)은 권재규(權載奎)가 작성했고, 『이당집(而堂集)』 권42에 「서강처사유공묘갈명(西岡處士柳公墓碣銘)」으로 수록되어 있다. 「서강처사유공묘갈명」에 따르면, 유원중의 행장(行狀)은 유원수(柳遠洙)가 썼을 것으로 추정되지만 확인되지 않는다. 이 문집은 국립중앙도서관, 고려대학교에 소장되어 있다.

권1~2에는 시(詩) 546수, 권3~11에는 서(書) 454통, 권12~14에는 잡저(雜著) 36편, 권15에는 서(序) 34편, 권16에는 기(記) 50편, 권17에는 발(跋) 15편, 잠(箴) 1편, 명(銘) 20편, 찬(贊) 1편, 사(辭) 7편, 혼서(昏書) 1편, 상량문(上樑文) 10편, 축문(祝文) 11편, 권18에는 제문(祭文) 48편, 권19에는 묘지명(墓誌銘) 17편, 권20에는 묘표(墓表) 40편, 권21에는 묘갈명(墓碣銘) 40편, 권22에는 행장(行狀) 19편, 유사(遺事) 1편이 실려 있다.

권1~2에 실린 시 중에는 「청추우회(淸秋偶懷)」, 「자경(自警)」, 「산거만음(山居謾吟)」 7수, 「만송연재선생(挽宋淵齋先生)」 2수, 「면암선생만(勉菴先生挽)」 2수 등이 있다.

권3~11에 실린 편지 454통 중에는 남계서원(濫溪書院), 뇌룡정(雷龍亭), 녹동서원(鹿洞書院)의 유생들에게 보낸 편지 「여남계서원첨유(與濫溪書院僉儒)」, 「여뇌룡정첨유(與雷龍亭僉儒)」, 「답녹동서원첨유(答鹿洞書院僉儒)」가 있다. 또 면암 최익현에게 올린 편지 「상면암최선생(上勉菴崔先生)」 2통, 노백헌 정재규에게 올린 편지 「상노백헌정선생(上老柏軒鄭先生)」 8통, 후산(后山) 허유(許愈)에게 올린 편지 「상허후산선생(上許后山先生)」 3통을 비롯하여 공립(公立) 권명희(權命熙)에게 답한 편지 「답권공립(答權公立)」 15통, 송산(松山) 권재규(權載奎)에게 보낸 편지 「여권군오(與權君五)」 15통으로 다수를 차지한다.

권12~14의 잡저 중에는 「면암선생어록(勉菴先生語錄)」, 「인심도심기질본연성변(人心道心氣質本然性辨)」, 「문자평의(文字評義)」 등이 있다. 「유성흠자설(柳聖欽字說)」 등 자설(字說)이 여러 편 실려 있다. 권15의 서문에는 「노백헌선생연보서(老柏軒先生年譜序)」를 비롯한 「수옹실기서(睡翁實紀序)」, 「양촌실기서(陽村實紀序)」, 「사촌문집서(莎村文集序)」 등이 수록되어 있다. 권16의 기문에는 「오강사강당중건기(梧岡祠講堂重建記)」, 「노백서사이건사실기(老柏書舍移建事實記)」, 「도동강당기(道東講堂記)」 등이 실려 있다.

### 3. 문집 목차

卷一

詩: 庚戌夏花柏師門同門下若干人纂輯語類節略于書舍余亦往參焉 忽聞僞勅頒行痛哭罷歸賦此見懷 香玉齋與諸友約會 清秋偶懷 言志 撥悶 自警 送權公立往湖上 黌堂講會宋子敬賦詩四首因次其末韻 雙明軒陪梨山使君揭退陶詩二首有感謹次 負冠嶺途中 登安陰光風樓 旱餘得雨 校溪清湍 讀三學士傳有感 中元夜懷權公立 秋日 壽親回甲韻四絕 庚寅冬東蓮李公按節嶠藩政行清儉翌年端陽節廣延州之賢士行鄉飲禮于觀德堂此實頹俗盛擧賦一律以呈 陪老柏軒先生過求真浦避雨樹下 夜遊管清巖先生用諸生韻見贈因此敬呈 雷龍亭呈溪南崔丈 次曹兢夫見贈韻 初夏 柳英彦見訪 挽崔丈 故人山庄 宿黌堂有感 遊玉溪 山居謾吟七首 誄朴烈婦 過黃石山下 龍山亭次崔溪南留詩二首呈閔成夫 空山酌酒 賦鷓鴣 閒中偶題 述懷 新月 聞奇報 偶吟 奇茅亭石臺 宿柳文述家 望吾道山 坪林滯雨 石加山下 遠村即事 宿河元吉家 墨村 更覓源 武陵橋 紅流洞 海印寺 外篋雨中有感 宿時習齋 小學堂謹次寒暄先生韻 墨村 魯泰山 魯岡齋與柳夏建夜話 別夏建口呼 泮浦 楡坪店 還家 次曹元教三十六歲生朝詩 宿雷龍亭 龍湖亭感古 觀雅言 滄溪書室步諸友韻送程述歸家 早春 仲春 暮春 春晝 春夜 初夏 仲夏 季夏 夏晝 夏夜 早秋 仲秋 季秋 秋晝 秋夜 孟冬 仲冬 季冬 冬晝 冬夜 過小學堂 拜寒岡鄭先生廟 金陵鳳凰臺 秋風嶺 俗離山 鳳凰里聞讀書聲 重陽日竹山途中二首 楊州望新造山陵 拜文谷金先生真影 拜三淵金先生真彩 大學館 水原途中 過遲遲臺 所沙有懷 讀重峯先生

碑 曉行 渡陽山江 同友人訪花岳 與權舜卿宋德中酌酒新安江上 方丈山中呈宋心石 挽權子緝 壽崔舜明大人六一生朝 挽宋丈 用梅字韻寄崔弟孟車兼簡敬晦 東山齋夜集 紫谷訪韓希甯臨別次其江亭韻示懷 先祖尚書公遺墟有感 冬至後九日與宋德中文士憲過溪上見柳條綻眼共賦近體 東山齋有感 鄭景晦獻壽北堂用朱夫子壽母韻要和 舟渡赤壁訪權君五偕至雷龍亭信宿至樂飢亭下以分手易前期分韻得手字 挽許后山先生 挽宋蘭谷 挽趙月皐 挽李春灘 挽朴戒懼 挽宋常岡 次權慶瑞雙石亭韻 挽崔致中 慕遠齋用朱夫子筼簹鋪韻 同社生賦義巖歌有感用朱夫子蕃騎圖韻以示之 次郭景伯醉睡詩 秋夜同德中士憲直夫賦懷 七月既望遊莫隱洞盤石用晦菴秋懷韻 贈曹永範 次宋重遠壽親韻 次宋周見生朝韻 沒雲臺 次李上舍晬韻 高梯石橋聯句 從容堂用杜工部武候祠堂韻 暮過恩津 灌燭寺石佛聯句 論山途中 孔巖書院舊址志感 呈宋約齋 過蘇堤雙清堂謹次板上韻 茅店見架上蔥芽滿盆潔如玉抽 挽宋淵齋先生二首 龍山僑居四首 碧寒亭次板上韻 訪蓮桂亭 挽朴伊皐 呈柳德中二首 與柳孟茂共賦 種梅牕前用退溪先生十梅韻(種梅) 種梅牕前用退溪先生十梅韻(養梅) 種梅牕前用退溪先生十梅韻(觀梅) 種梅牕前用退溪先生十梅韻(夢梅) 種梅牕前用退溪先生十梅韻(雪梅) 種梅牕前用退溪先生十梅韻(月梅) 種梅牕前用退溪先生十梅韻(早梅) 種梅牕前用退溪先生十梅韻(晩梅) 種梅牕前用退溪先生十梅韻(發梅) 種梅牕前用退溪先生十梅韻(落梅) 龍門 柳晦敷賦餐雪韻寄來屬意深厚令人可誦但韻高難和近復一讀意到輒次 與鄭伯溫暮訪東山齋 挽權聖弼 東皐亭唱酬 丙午四月聞勉菴崔先生被拘還山痛哭 送鄭雲躍歸方壺 丁未七月往溪上先生賦摧蘭問答命余賡和 李剛齋過訪仍遊龍門 挽崔溪南 勉菴先生挽二首 訪新元寺 挽李敬三 挽宋子三 挽宋子敬 次全景賢僑居五詠(小塘) 次全景賢僑居五詠(山茱花) 次全景賢僑居五詠(芳草) 次全景賢僑居五詠(明沙夜月) 次全景賢僑居五詠(桃花) 和贈宋德中小金華韻 鄭司果自智島生還寄此以慰 過矗石樓傷懷 與德中過

龍洲 春日懷古岱山中玉梅花寄簡君五二首 挽文丈 龜洞精舍編次勉菴先生遺集宋君道伯遠來相役歲暮將歸請以一言贐行 奉呈高清汝 和呈梁順集 奉呈林熙瑞 次尹公三四梅堂韻 贈尹希文 次金聖文溫溪詩 謝聖文新年見訪 別後寫懷寄崔舜明 德中訪余東山齋共讀宋子詩 喜崔孟車見訪 登豐湖亭 登寬雲亭 已酉四月與宋直夫崔敬晦遊龍門八石室中襟懷凄冷超然有感請直夫記其實余則作詩以道懷 薇扇行 東山齋講歇呼韻暢叙 七夕山外諸公見過用朱夫子感興詩第三首韻 同直夫訪臥龍巖 登浩然亭 涵碧樓 次柳愚堂六一生朝韻四首 東山齋夜集 讀后山集續出師表賦贈高湖羣彥 登魯泰山 與崔忠彥共賦 東山齋與諸友共酬五六七言 次景湖齋原韻 挽崔敬晦 步諸友韻呈鄭稺貞 挽崔農皋 送崔仁必八紺山二首 次權慶瑞六一生朝韻 送崔震夫八山 送安仲陽渡鴨綠江二首 鄭思叔奉親八吉林省深歎其色擧之知而寒程遠役不堪勞忉聊以短什奉慰 高清汝千里來訪 酒後贈鄭司果 東山齋賦懷呈清汝 次宋處中生朝有感韻 和宋敬直壽親韻 老柏軒先生挽 與權舜卿宋直夫諸友自勿溪而歸夜集東山齋 因與諸友龍門暢叙 鄭伯溫晬席歌 金士文見訪贈此以勉 玉溪書院傳鉢吟 同權舜卿鄭毅仲及諸友自智谷暮抵新安精舍晦夫君五子德安甫亦來會臨別以上宿寮山水為留行無勞具雞黍分韻得水字 次悠然亭韻 次愼益賢壽母生朝韻 遊白鶴洞用老柏先生韻 次金鎮五正齋幽居韻 次三山齋韻 次李斗山蘭不花四絕 寄題李德夫公軒挽宋聲遠 次韓丈芝山韻 挽鄭海山 次栗里齋韻 挽全景賢 次鳳陽齋韻聞沈君景晦挈家山陰心常戀想適得來詩可無奉和 挽宋聖淑 悼宋愼夫

卷二

詩: 曹公習拘逮于山國賦一絕寄懷 挽權石愚 次鄭稺貞壽母生朝韻和寄宋兌爰二首 和贈金性玉 贈鄭聖謨 柳乃亨惠寄一律韻高難和別賦三絕以謝 東華齋與諸友暢叙 挽鄭應善 次宋峻若竹灘扁韻 次峻若回甲韻 次韻寄題卞氏誠久齋 挽權舜瑞二首 酬宋羽若 權子正壽母生朝

作近體詩八首示之遂次其一首以呈 龜石聯句 窮山獨臥病軀難支適見兒書自達狴來其中有看書二字昏眼輒醒因成一絶以寄 星泉亭夏夜與柳乃亨處安善一酌酒賦懷 泉上與鄭伯溫宋羽若夜話 贈勉讀書諸君 喜鄭竹醒金滄醒見訪 雨中書事 泉亭與德中直夫用程明道和邵堯夫打乖詩韻 月夜共酬 同沈可一限韻暢叙 又得篁字 可一臨別索紙地潑墨寫梅甚淸絶為之賦此 同鄭伯溫黃溪觀瀑 正陽湖酬周益初吳致守 大雪滿山金聖居遠來見訪夜深酌酒 月夜同宋汝卿 鄭孔直來喜賦 山舍秋夜與申殷仲聽雨 挽宋羽若 挽李達中 挽權承旨善裕 崔進士汝晦家拈韻 斜川訪德中不遇 齋居深靜鄰舍權丈時年八十四間日臨訪為誦所作中夜感傷吟一絶遂次以呈 與柳泰明渡德星津 星山途中 過巢鶴山 碧松亭懷古 宿悅樂齋 斗南齋示諸生 文松路中德中作一絶誦之要和 挽逍陽彦 丁丁峴 聞權公立有脚病寄一絶慰之 靖山齋重陽賞菊 永則齋有感同德中兄及權力直南敬真雪中訪海山亭見盆梅初開共賦 毅仲兄來留泉亭一旬款洽臨別難分送至金山而還翌日大雪滿山為吟一絶以寄 挽李丈三首 挽崔舜明二首 挽朴章彦 挽趙泰文 愼明七見訪花下酌酒 訪宋士範共宿新川書堂 挽尹丈 宋君鳳在示其壽親詩只次首尾韻以呈 挽金一山二首 挽權南変 秋日偶題 次朴應重壽親韻 挽柳道南齋 挽權樞卿 壬戌七月既望夜同諸友泛舟登梧潭亭飮月 過山家 溪程口呼 甲子三月與德中君五景晦致元同發山北踰長嶝日暮酌酒川上店乘月下長溪 挽朴士希 李君順遇過余山房曉起吟示一絶遂次以呈 次諸友韻呈鄭伯溫 次後潯亭原韻 和河洙源 挽權箕允 挽李遯菴 挽文子輝 謹次溫川續老會韻 謹次臥老堂原韻 次李汝直耕雲亭韻 挽柳郁瑞 迎勝路中 搜勝臺謹次退溪先生韻 花葉樓謹次板上韻二首 月城草堂 德源亭 四仙臺 靈覺寺 龍游潭 居然亭 挽柳愚堂 挽鄭伯溫 挽鄭副卿二絶 挽李鵬擧 挽權稱彦 鄭孔直來宿山廬臨別留贈一絶求和 挽韓參領 和李英振生朝韻 挽李是菴 南敬真稼山亭新成余與同志往遊用農巖集中韻 次朴孔玉勿谷書堂韻 挽柳致絅 同德中浴香江藥泉 李景夫新年抱曾孫作詩

寄來為次以賀 次鄭致一漱香亭韻 權乃直大人六一晬席以一絕奉賀 沈相玉正玉為其長姪宗洙速賓友行冠禮于德亭之三樂堂禮歇相與提携追到伊樂齋以晦翁止宿寮詩分韻得故字 見裵氏三兄弟孝行實蹟有感而作 挽許和宣 次文殷甫生朝詩三首 挽柳文汝二首 挽文璣玉 薏花新發清絕可賞恨不與善一共之輒成二十字以呈 西湖亭秋夜飮菊 挽金玄樵挽金啓魯 次二友亭原韻 挽柳敬文 寄題李汝若柏樵堂 挽權君一 登學士樓 廣寒樓懷古 淳昌志感 梁元叔以竹林齋詩求和 步呈沈南擧 次贈梁伯慶 賡勉奇虞卿 白羊寺雙溪樓次板上韻 靈泉菴聯句 藥師菴 雲門菴參禪室 清流洞 筆巖書院 來蘇寺蓬萊樓次鄭知常板上韻 直湫 實相寺 月明菴 李致先示落照臺詩寓意深切別賦短什奉酬 采石江 采石江得一石梅格甚清奇不宜置野人家奉呈君五行軆歸為昭泉亭庭實二首格浦滯雨 期以明日乘舟泛海滯雨未果鄭景晦奇孔吉先發景晦賦五言長篇以示遂次其韻 孔吉贈詩輒次示懷 格浦臨發望海上風濤 早發雲浦茁浦午過 楚山讀尤菴先生受命遺墟碑二首 楚山途 別君五應韶致先先歸 俛仰亭次原韻 到梧岡祠趙君而慶欣然握款過節日於此再宿而發為賦短什以道鄙懷 馬川途中 題崔文叔山房 芳谷南十數武地有臥瀑一曲兩傍蒼壁對峙上下盤陀石青滑可坐因成一絕以示同遊 與申致玖閔邦瑞李穉和梁景賢閔象賢宿大浦崇義齋因會于眠湖雙梅軒以隱侯詩及此同衰暮非復別離時分韻得侯字 鄭著卿同遊湖南往還一月有奇分手於梅山下悵甚著卿有贈詩不可無和二首 挽宋峻若四首 次金聲見學孔亭韻 文殷甫家居梅山下自命以梅樵余晚謝溪莊而卜鄰白首得親朋亦一奇緣其所賦梅樵自題及嘐嘐臺言志皆可誦也為之續和 大老祠諸公作已已志感韻遠寄求和二首 挽崔丈 宋應三秋中惠寄一扇并有詩自嘲為次其韻以解嘲 挽閔正言稽樵 次六友亭韻寄沈正玉 挽權慶瑞 挽宋子剛二首 挽宋汝元三首 修巖亭聽古琴曲吟二絕贈沈建七孟雷 挽鄭尚若二首 挽金聲見 訪尹直哉調所戱吟二句聊發坐中一笑 柳道若恭溫端詳能養親讀書以其父生朝獻壽賦詩余為之續和兼致勉勵 挽金君弼 挽吳

後石 哭奇仁伯二首 次李希魯回甲韻 安樂齋感吟 次趙明五洗心臺韻 柳孟茂讀諸儒心理氣說賦寄一絕發明心字名義覺分曉因綴其餘意和呈 挽趙參奉暎五 孫晦珍來訪相歡別後吟一絕以寄 挽趙明五 心體天 守歲山房老懷尤切輒賦所感寄宋郎仁夫 權輝遠惠詩三絕莊誦有味為和以謝 滯雨平鶴洞留一旬吟贈宋乃直子直兄弟 次李景夫生朝詩 和宋應三山行韻 挽金奉元 次鄭公直回甲生朝獻壽慈闈韻 挽李啓叔 挽尹直哉 挽柳聖行 飯牛二首 次慕遠齋韻 挽韓侍御箕則 挽黃景涵 挽金平仲 挽宋周賢 柳下精舍晦叔示其飲落韻次之 挽許致謙 挽柳周應 次李成七回甲韻 約諸友會飲于栗林坊 次宋敬善山壽洞八詠(斗田蒼松) 次宋敬善山壽洞八詠(古寺老木) 次宋敬善山壽洞八詠(欒瀨晴瀑) 次宋敬善山壽洞八詠(傳巖暮煙) 次宋敬善山壽洞八詠(正谷樵笛) 次宋敬善山壽洞八詠(香江漁歌) 次宋敬善山壽洞八詠(竹嶺明月) 次宋敬善山壽洞八詠(錦城閒雲) 贈別崔善長 鄭君升卿來訪通宵叙懷喜吟一絕以贈 齋居諸君徹夜讀書聽來喜甚晨題短篇一則贈宋德彥兼示諸君 酬朴汝楫 贈曹明善 書示從姪公純 一實吟勉金致章 吟示文汝極 三洞紀行 挽宋一敬 挽周魯瞻 次沈鶴燮壽親詩 挽權景憲 深寂菴結夏唱酬三首 李君周汝病未共結夏以詩寄懷輒次 鳴玉亭次原韻寓感 挽孫晦珍 次白通政榮壽讌韻 挽李周汝 挽柳尙直 挽李英振 次鄭上舍晩歸菴韻二首 同鄭聖九宿李致先後山書室 挽權敬五二絕 君五以天王峯上懷我之作二絕詩寄之讀之超然若同登遂次以謝 次朴俊五回甲韻 挽李德仲二首 挽李 次金應琪回甲韻 子婦鄭氏回甲日拈韻以志 權子正以回甲志懷詩三首寄示令人可誦而韻高難和只和年字以呈 祭儀吟四篇(忌祭儀) 祭儀吟四篇(參禮儀) 祭儀吟四篇(陳器儀) 祭儀吟四篇(設饌儀)

卷三

書: 上勉菴崔先生(二篇) 上老柏軒鄭先生(二篇) 上老柏軒鄭先生別紙 上老柏軒鄭先生 別紙 上老柏軒鄭先生(四篇) 上許后山先生別

紙(二篇) 上許后山先生 與崔溪南 與奇松沙 答李臥老堂 與申梨山 答柳敬勝齋 與柳敬勝齋 答柳敬勝齋 與柳敬勝齋 答郭俛宇 與宋約齋 與韓梅西 與李觀察 與徐都事 答徐都事 答白星七 與鄭農山(三篇) 與李是菴 答李是菴 與李是菴 答鄭竹醒 與曹復菴 答李斗山 答柳愚堂 與全都事 與鄭伯溫 答鄭伯溫(二篇) 與尹章汝 與夏靈峯 與鄭雲弼 與鄭應善 與崔錫胤(三篇) 答崔錫胤 與崔錫胤

卷四

書: 答權舜卿 與權舜卿別紙 答權舜卿 答權舜卿別紙 與權舜卿 與權聖弼 答鄭毅仲 與李啓叔 答宋德中(二篇) 與宋德中 答曹應元 答全景賢 與高清汝(二篇) 答高清汝 答崔仁必 與權重彥 與閔雲擧 與許和宣 與朴幾玉 答柳乃亨 與文士憲 與曹公習(二篇) 與許敬哉 答鄭汝賢 與金啓魯 與崔舜明 答崔舜明 與林希瑞 與柳子中 答柳處安(二篇) 與宋士範(二篇) 答南章憲 答宋羽若(二篇)與宋羽若 答宋羽若(三篇) 與宋羽若 答宋羽若 與宋羽若 答柳善一 與柳善一 答柳善一 與柳善一(三篇) 答柳善一別紙 與柳善一 答柳善一 與柳善一(二篇) 答宋兌爰 與宋兌爰 與韓希甯 答韓希甯 與宋子敬 答曹性直 與柳夏建 與周致珍 答李禹憲 與柳國弼 答金士吉 與曹養元 答文子務

卷五

書: 答權公立 答權公立別紙 答權公立 答權公立別紙 答權公立(三篇) 答權公立別紙(四篇) 答權公立(二篇) 答權公立別紙 答權公立 答宋直夫 與宋直夫(二篇) 別紙 與宋直夫 答宋直夫 答宋直夫別紙 答宋直夫 與金舜孚 答金舜孚 與南士珩 答南士珩 與南士珩(二篇) 答南士珩 答宋應三(三篇) 與宋應三 答崔孟車(三篇) 答崔孟車別紙 與金聖武(二篇) 答崔敬晦(四篇) 答宋大見 與 章玉 答金尚五 與朴孔玉 答金敬可 與金執中 與鄭致一 答柳道玄

卷六

書: 與權君五 別紙 答權君五(二篇) 與權君五(二篇) 答權君五(三篇) 與權君五 答權君五(三篇) 與權君五別紙 答權君五 與權君五別紙 答南明重(二篇) 答南明重別紙(三篇) 答南明重(二篇) 與柳孟茂 答柳孟茂(二篇) 與李 與權應韶 答李永洪 與朴極七 答田道亨 與許致可 與鄭聖九 答鄭聖九 答柳周應 與鄭道卿 與朴俊五 答崔忠彥 與崔忠彥 答柳文述 與尹克中 與魏雲汝 答柳子善 與李景錫景夫 答李景夫(四篇) 答李敬八 答權仁卿 答宋敬直(四篇) 答尹鳳來 答曹而世 答權浩中 答李順遇 答李順遇別紙

卷七

書: 答鄭景晦(四篇) 答鄭景晦別紙 答鄭景晦 答鄭景晦別紙(二篇) 與鄭景晦 答鄭景晦 答鄭景晦別紙(二篇) 答鄭景晦 答權益三(二篇) 答宋瑞中別紙 與愼敬之 與鄭元卿 與權景孝 答柳晦敷與柳晦敷 答鄭平彥 答鄭平彥別紙 與田說卿 與田元淑 答宋重遠 答柳汝敏 答姜道郁 答姜尚善 答金啓源 答柳尚直 答宋晦叔 與金致行 答金致行別紙(二篇) 答河洙源(二篇) 答河中範 答崔臨夫 答柳周逸 答權子正 答權子正別紙(二篇) 答權子正 與權子正 與權子正別紙 與曹來見 答宋可庸 與郭允道

卷八

書: 答李致先(八篇) 答黃景涵 答許可叔 答趙而慶 與尹善卿 答鄭晦夫(三篇) 與李允直 答宋乃直(二篇) 答薛明極 與田舜衡 答權亨直 與李敬仲 答鄭文仲(二篇) 與沈相玉正玉 答李昌煥 答權子庸(三篇) 答權子庸別紙 答權子庸(二篇) 答柳 答柳忠五 答朴在弼 答黃雲可 答姜鳳汝 答金士文(二篇) 答柳善兼 答周成三 答權子常 答金聖瑞 與尹性中 答李德夫 答南敬真(二篇) 答崔君實 答崔聖章 答崔聖章中庸問

目 答崔聖章 答李大遠 答柳泰希 答崔應順

卷九

書: 答柳聖欽 答柳聖欽論語問目 答柳聖欽 答柳聖欽李聖和 答柳聖欽李聖和大學劄疑 答柳聖欽(二篇) 答柳聖欽問目 與柳聖欽別紙 答柳聖欽 答李聖和 答李聖和孟子問目 答李聖和 答權乃直 與權乃直(二篇) 與金孔欽 答金孔欽近思錄劄疑 答金孔欽中庸問目 答金孔欽 與宋周汝 答金學夫 答金學夫別紙 答金子緝(二篇) 答權克章(二篇)

卷十

書: 答金而晦 別紙 與金而晦 答許文叔 答權文見(二篇) 答權聖希 與鄭聲叔 答權益瞻 答吳和 (二篇) 答宋聲彥 答柳乃瑜(二篇) 答李昌實 答朴仁吉 答文明五 答李文叔 答林 答李汝貞 與李汝貞 答李汝貞(三篇) 與李汝貞 答柳孔直 答柳孔直太極圖說問目 與柳孔直 答柳孔直 答權晦鄉 與尹汝楫 答鄭聖謨 答柳泰明孟子問目 答柳泰明 答柳泰明禮疑問目 答柳泰明別紙 答柳泰明 答金聖玉 答權達遠 答朴舜謙 答朴舜朝 答宋致範 答方宇洪 答李景瞻

卷十一

書: 與宋德彥 答宋德彥禮疑問目 與宋德彥 答權允德 與權允德 答權允德別紙 答權允德 答鄭聖圖(二篇) 答鄭聖圖西銘問目 答鄭聖圖 答金汝剛 答朴汝楫(二篇) 與陳昌伯 答柳德哉 答金景魯 答柳正彬 答秋清汝 答鄭乃綏 答鄭子聖 答鄭孔與 答權輝遠(二篇) 答權士仁 與金源浩 答柳聲振 答柳聲振孟子問目 答文汝極 答柳應直 答柳應直禮疑問目 答吳敬立 答張仲三 答田聖述 答崔 答金乃晦(二篇) 答夏貞立 答或人 寄家兒瑾秀(三篇) 答玉山刊所諸公 與濫溪書院僉儒 與雷龍亭僉儒 答鹿洞書院僉儒

卷十二

雜著: 湖行日錄 勉菴先生語錄 書栗谷先生與尹甥書示同學諸君 齋居警學 公字說 人心道心氣質本然性辨 論香玉齋諸生 喻義喻利說 文字評義 麗澤契講儀 節目 敬帶氣說辨 浩然章講義 讀西銘說 三九圖圖後叙 智字說贈李汝貞 國服說

卷十三

雜著: 齋居隨錄 記問 深寂菴講說 書贈朴汝楫 書示諸生 厚終契節目 柳聖欽字說 書贈李聖和 升卿字說 宋而貞字說 權輝遠字說 柳陽來字說 尹郎聖習字說 擬告各國公館文 近儒說辨 學而時習說 示孫兒昌汶奎

卷十四

雜著: 讀綱目

卷十五

序: 鳳城聖廟條制亭 老柏軒先生年譜序 李教導公壽瑞詩重刊序 睡翁實紀序 御覽世孝堂實紀序 陽村實紀序 慕陶契序 莎村文集序 喜靜堂儒案序 麗澤契序 顯忠祠實錄序 潘南朴氏派譜序 安岳李氏派譜序 梅陽齋契帖序 飲芳契序 景淵亭遺稿序 忽山遺稿序 金寧金氏派譜序 砧山亭契帖序 晩雲遺稿序 溪菴集序 耕谷壽瑞詩軸序 厚終契序 尚義契序 全氏花樹契序 莊山遺稿序 莫隱契序

三難錄序 二權君壽親帖亭 權達遠字序 慕隱契序 河洛齋契帖序 東韓寶墨帖序 尚德契序

卷十六

記: 梧岡祠講堂重建記 老柏書舍移建事實記 道東講堂記 崇毅堂記

柳下精舍重建記 麗澤室記 東里精舍記 紫煙亭記 四友齋記 永慕齋記 龍湖亭記 永思亭記 香玉齋記 道峯亭記 可山齋記 德岡齋記 雙樹亭記 天山記 菊泉記 石亭記 三友亭記 東陽齋記 晦翠亭記 天山臺記 性窩記 梅樵記 心溪記 三乎堂記 是軒記 學稼臺記 洗玉亭記 流芳齋記 吾泉記 雙石亭記 勤齋記 東塢記 栗 刻字記 止齋記 潛軒記 淳菴記 柳圃記 小齋記 古音亭記 修山堂記 獨寤臺記 百悔堂記 栗溪記 晩山堂記 玉山亭記 友于堂記

卷十七

跋: 十五世祖考平海郡守府君碣文後識 從先祖龍岡公碣文後識 書退溪李先生手書帖後 書孤山孔公謫中所題詩帖後 書孤查文公行錄後 尙菴遺稿跋 端川遺稿跋 書朴氏雙孝子傳後 書宋孝子遺事後 書李氏烈行錄後 書李孝子遺稿後 華南居士集跋 書鄭景晦答客說後 書朴公回巹宴詩軸後 書石田柳君行狀後

箴: 寡言愼行箴

銘: 三緘銘 杖銘 柱銘 尺銘 艮菴銘 止窩銘 存養軒銘 養正齋銘 勿谷書堂銘 考槃臺銘 直軒銘 聖學屛銘 對樂軒銘 亨棲室銘 後山書堂銘 艮菴銘 謹厚室銘 省菴銘 綿谷書堂銘 求放心室銘

賛: 柳處安親山圖賛

辭: 南敬真字辭 盧子弘字辭 金子道字辭 宋子翼字辭 沈子得字辭 吳和益哀辭 金秀才哀辭

昏書: 回宋氏啓

上梁文: 枕湖亭移建上梁文 武陵影堂上梁文 修道齋上梁文 念修齋上梁文 永慕齋重修上梁文

引風亭上梁文 聿修齋上梁文 靖山書室上梁文 岐陽齋上梁文 竹林齋上梁文

祝文: 迎勝書院奉安退溪先生位版告由文 迎勝書院奉安四樂亭全

公位版告由文 先祖妣貞夫人文氏設壇告由文 家廟移安告由文 龍門亭開基祝文 玉溪祠奉安茅廬先生崔公位版告由文 玉溪祠追配存齋魏公告由文 梅陽齋夢關崔公釋菜告由文 常享文 鑿井祝文 梅山祈雨文

卷十八

祭文: 祭勉菴崔先生文 再祭文 祭老柏軒鄭先生文 再祭文 祭許后山先生文 祭柳敬勝齋文 祭 松沙文 祭權潛窩文 祭郭俛宇文 祭權石愚文 祭柳公文 祭鄭農山文 祭李是菴文 祭崔艮窩文 祭鄭柏溫文 祭全都事文 祭尹章汝文 祭從母金孺人文 祭內兄金公文 祭權舜卿文 祭鄭毅仲文 祭朴章彦文 祭宋德中文 祭閔邦瑞文 祭許敬哉文 祭文殷甫文 祭柳善一文 祭宋兌爰文 祭權聖道文 祭崔錫胤文 祭高清汝文 祭李原禮文 祭權公立文 祭宋羽若文 祭南章憲文 祭權重彦文 祭宋直夫文

祭韓希甯文 祭崔敬晦文 祭金舜孚文 祭鄭可誠文 祭權應韶文 祭崔汝晦文 祭金仲衍文 祭趙而慶文 祭宋聖直文 祭三從叔文 祭再從弟明淑文

卷十九

墓誌銘: 鳳谷曹先生墓誌銘 槐軒柳公墓誌銘 樂友堂吳公墓誌銘 孝烈婦河氏墓誌銘 處士柳公墓誌銘 孺人柳氏墓誌銘 小塘金公墓誌銘 荷竹權公墓誌銘 錦里權公墓誌銘 謙山文公墓誌銘 晦岡柳君墓誌銘 果齋宋君墓誌銘 魯下尹君墓誌銘 靖山宋公墓誌銘 樵隱宋君墓誌銘 雙山吳君墓誌銘

經菴宋君墓誌銘

卷二十

墓表: 通訓大夫司諫院左獻納知製教晉州柳公墓表 先祖司正公墓碣陰記 通政大夫金海都護府使柳公墓碣文 奉事朴公墓碣陰記 府使鄭

公墓表 愚溪李公墓表 竇林權公墓表 學生柳公墓表 通德郎郭公墓表 于汕河公墓表 竹友堂郭公墓表 贈通訓大夫司僕寺正金公墓表 學生柳公墓碣文 通德郎鄭公墓表 栗里齋宋公墓表 族曾祖澹脩窩公墓表 學生朴公墓表 淑夫人崔氏墓表 窩田公墓表 竹窩金公墓表 晩悟陳公墓表 學生郭公墓表 錦厓權公墓表 磐皐處士南公墓表 孺人尹氏墓表 監役金公墓表 李孝子墓表 梅陰申公墓表 晩山李公墓表 晦谷梁君墓表 直菴崔君墓表 梅下尹公墓表 主事盧君墓表 孺人姜士墓表 學生權君墓表 學生李公墓碣文 學生曹君墓碣文 通政金公墓表 學生宋君墓表 孺人吳氏墓表

卷二十一

墓碣銘: 仲先祖監正公墓碣銘 通政金公墓碣銘 德友齋宋公墓碣銘 睡翁卞公墓碣銘 學生河公墓碣銘 通德郎李公墓碣銘 耕雲李公墓碣銘 慎獨軒李公墓碣銘 成均生員鄭公墓碣銘 學生鄭公墓碣銘 梅樵李公墓碣銘 竹圃宋公墓碣銘 石亭李公墓碣銘 處士柳公墓碣銘 山齋河公墓碣銘 里隱李公墓碣銘 默山文公墓碣銘 明湖先生權君墓碣銘 孝子李公墓碣銘 贈童蒙教官敬慎齋林公墓碣銘 喜善柳公墓碣銘 孝子贈通政大夫寧菴孔公墓碣銘 三葵堂朴公墓碣銘 學生李公墓碣銘 嘉善宋公墓碣銘 孺人李氏墓碣銘 愚川金公墓碣銘 愚堂柳公墓碣銘 杏山李公墓碣銘 竹灘宋君墓碣銘 孺人金氏墓碣銘 晦山盧公墓碣銘 鹿東尹君墓碣銘 三友堂洪君墓碣銘 學生金君墓碣銘 學生慎君墓碣銘 東窩柳公墓碣銘 玉澗崔君墓碣銘 香泉權君墓碣銘 崔敬三墓碣銘

卷二十二

行狀: 先祖參奉公行錄 從先祖龍岡公行狀 貞夫人朴氏行狀 竹堂柳公行狀 心齋柳公行狀 三洲申公行狀 蘭圃李公行狀 先考晩悔齋府君家狀 進士柳公行狀 艮窩崔公行狀 竹坡權公行狀 道南齋柳公行狀 屏

巖居士崔公行狀 晩松鄭君行狀 愚妄愼公行狀 學生鄭君行狀 南岡李君行狀 愚隱金君行狀 强齋崔君行狀

遺事: 茅廬崔先生遺事

# 『성계집(惺溪集)』

## 1. 저자 소개

조용(曺鎔, 1837~1903)의 초명은 석진(錫晉)이고 자는 중소(仲昭)이며 본관은 창녕(昌寧)이다. 남명(南冥) 조식(曺植)의 9세손이다. 할아버지는 한성부 좌윤에 증직된 조윤록(曺允祿)이다. 아버지는 조욱진(曺旭振, 1501~1572)이고 어머니는 수원김씨(水原金氏)로서 김홍달(金弘達)의 따님이다. 조용은 헌종 3년(1837) 5월 3일 북천리(北川里) 집에서 태어났다.

최숙민(崔琡民)과 같은 지역의 가까운 벗이었고, 인근의 노성한 학자들이었던 성재(性齋) 허전(許傳, 1797~1886)·계당(溪堂) 유주목(柳疇睦, 1813~1872)의 인정을 받았다. 장성의 하사리(下沙里)로 기정진을 방문해서 직전 문인이 되었다. 『논어』의 의심난 조목을 차의(箚疑)로 만들어 기정진과 문답을 주고받았는데, 그 편지가 『성계집』 권2에 「노사 기선생에게 올린 『논어』의 문목[上蘆沙奇先生論語問目]」이라는 제목으로 실려 있다.

부친의 명으로 과거 공부를 하기도 했지만, 기정진을 만나고서 과거에 뜻을 버리고 두루 어진 선비들과 도의(道義)로 사귀는 삶을 택했다. 1879년 아버지와 어머니의 상을 당했고, 삼년상을 마친 뒤 공계(恭溪)로 집을 옮기고 성계거사(惺溪居士)로 자호(自號)하고서 가난 속에서도 낙도(樂道)의 삶을 살았다. 벽에는 옛사람의 잠(箴) 명(銘)을 적어두고서 자신을 다잡았고, 산수를 좋아해서 지팡이를 잡고 산책을 즐겼다. 술을 즐겨서 취하면 소리 높여 운율에 맞춰 노래를 불렀고, 도중에 자기도 모르게 눈물을 흘리면서 비분강개에 잠기기도 했다.

무이산 아래에 집을 하나 사서 만년에 살 곳으로 삼고 '우연정사(偶然精舍)'라고 이름을 붙였다. 시렁에 경서와 역사서 몇 권을 비치해 두고서 혼자서 읽거나 후학들을 인도했다. 1903년 9월 여러 벗과 동쪽으로 유람을 떠났다가 병을 얻어 이 달 7일에 아호(鵝湖)에 있는 딸의 집에서 향년 67세로 세상을 떠났다. 첫째 부인은 강성문씨(江城文氏)로서 문재질(文在質)의 따님으로 1남 1녀를 두었고, 두 번째 부인은 성산이씨(聲山李氏)로서 이도일(李道馹)의 따님인데 1남을 두었다.

## 2. 문집 구성과 내용

『성계집(惺溪集)』은 4권 1책 목활자본으로 조연(曺淵)에 의해 1906년에 간행된 조용(曺鎔)의 시문집이다. 문집 형태는 4주쌍변(四周雙邊) 반곽(半郭) 21.2×16.4cm, 유계(有界), 10행 21자, 상하이엽화문어미(上下2葉花紋魚尾) 29.7×20.5cm이다. 권두에는 곽종석(郭鍾錫)이 1906년에 쓴 서문, 권말에는 조긍섭(曺兢燮)이 1906년에 쓴 발문이 있다. 이 문집은 연세대학교, 경상국립대학교에 소장되어 있다.

권1은 시이다. 시는 조식이 세운 산천재(山天齋)에서 강학 모임을 가지면서 지은 「산천재강회운(山天齋講會韻)」을 비롯한 54편이다.

권2는 서(書)로서 모두 18통이다. '올림[상]'이라고 표기한 것은 허전에게 보내는 「성재 허선생에게 올림[上性齋許先生]」과 기정진에게 보내는 「노사 기선생에게 올린 『논어』의 문목[上蘆沙奇先生論語問目]」 2통이다. 최숙민과 곽종석에게 보내는 편지가 각 3통이 실려 있고 사위인 김규림(金奎林)에게 보내는 편지가 2통이며, 나머지는 박치복(朴致馥)·조성가(趙性家)·허유(許愈)와 정재규·이치유(李致維)·정면규·조호래(趙鎬來) 및 족손(族孫)인 조병희(趙秉熹)에게 보내는 각 1통이다.

권3은 잡저·서(序)·기(記)·발(跋)·제문이다. 잡저는 모두 6편인데 장인인 문재질의 행적을 기록한 「눌와 문공 유사(訥窩文公遺事)」, 1884년 허전(許傳)을 방문했을 때의 일을 기록한 「만기(謾記)」가 있다. 또한 신익(愼益)에게 염부(謙夫), 족손(族孫)인 고경(固卿), 서병문(徐丙文)에게 여욱(汝勖), 최용주(崔鎔柱)에게 형중(亨仲)이라고 자(字)를 지어준 의의를 서술한 「자설(字說)」이 4편 실려 있다. 서문은 모두 4편으로 「강약서(講約序)」, 「원촌동약서(院村洞約序)」, 「백운동수계서(白雲洞修契序)」이다. 기문은 3편으로 각각 「읍궁대기(泣弓臺記)」, 「송객정기(送客亭記)」, 「악연정이건기(岳淵亭移建記)」이다. 발문은 「죽파집 후서[書竹坡集後]」, 미암 허공 실기 후서[書眉庵許公實紀後] 2편이다. 제문은 모두 4편이 실려 있는데, 족숙(族叔)인 조붕진(曺鵬振)·이정모(李正模)·하재성(河在聖), 그리고 며느리 허씨(許氏)를 위한 「제문」이다.

권4는 부록으로 만(輓)·제문·행장·가장·발로 이루어졌다. 「만사」는 곽종석(郭鍾錫)·정재규(鄭載圭)·이도묵(李道默)·강병주(姜柄周)·하성원(河聖源)·이도추(李道樞)·최한기(崔翰機)·권규집(權奎集)·정면규(鄭冕圭)·하헌진(河憲鎭)·조항순(曺恒淳)·정제용(鄭濟鎔)·조동진(曺東鎭)·하봉수(河鳳壽) 등의 15인이 쓴 것이다. 「제문」은 이도추가, 「행장」은 정재규가, 「가장」은 손자인 조연(曺淵)이 각각 지었다.

### 3. 문집 목차

### 序(郭鍾錫)

卷一

詩: 山天齋講會韻 學崔元則唱酬 偶吟 晩樂亭 偶題四首 有感四首 感時二首 草塘 映波臺 次晩圃韻 夏日林亭會話 銀河篇 次鄭衡魯舒嘯亭韻 冬至後三日到天齋仲謹以分韵見示因至口感 梅而賦 次族侄衡

七病後吟四首 次新亭韻 蓮花洞飮高理木水 悼立庵故址 次小松落照韻 次華山亭八詠 余自壬午以來無外舍以居者十有二年夫婦混處已違先祖之訓而賓朋之來又不能修之以禮於心常不能安也甲午春家兒始買一屋子以爲居外之所家室之制於是乎略備矣聊吟數詩以自遣 冠洞墓祭以十月十五日定行是夕宿于齋室雪 月初晴有感而作 二首 青谷寺青箱子十月不凋 俗言教兒史通得文理易於小學有感而作三首 李明賚祥朞 都事惠山詩韻 抱達孫閑坐有感 憶韓鳴于 壬寅五月初八日夜夢見竹坡先生拜禮畢先生小有不安節就枕而歌詩一篇忘而不記一如平生時且命余曰不聞汝之歌聲久矣爲我歌一詩也余以未能記誦辭焉先生曰周南首篇尚不記得乎余跪誦數篇到葛覃未半而醒隣鷄已報晨矣感而賦一絕 贈成士先二首 書贈族孫文卿 次李致維自壽韻 輓成悔山 輓河雙岡二首 輓權致和丈三首 輓鄭德五丈 輓崔舜皡民 輓河希允二首 輓李方見二首 輓權文秀 輓李乃瑞丈二首 輓河聖瑞丈四首 輓權海閶三首輓鄭德夫二首 輓鄭敬老三首 輓朴應九二首 輓鄭叅奉洛見 輓全周胥三首 輓權洛見 輓成洛應三首 輓趙叅奉舜弼三首 輓族兄應天五首 輓族侄衡七十八首 輓族孫希善二首

卷二

書: 上性齋許先生 上蘆沙奇先生論語問目 與朴晩醒 與趙月皐 與許退而鄭厚允 與崔元則 與崔元則 答崔元則 答郭鳴遠 與郭鳴遠 與郭鳴遠 答奇會一 答李致維 答鄭周允 答趙叅克 答金埍粲梁五 答金粲五 答族孫晦仲

卷三[7]

雜著: 說 訥窩文公遺事 謾記 愼謙夫字說 族孫固卿字說 徐汝勛字

[7] 권3의 목차는 서~잡저의 순서로 목록이 제시되고 있지만, 실제 『성계집』 본문

說 崔亨仲旼字

序: 講約序 院村洞約序 白雲洞修契序

記: 泣弓臺記 式似室記 送客亭記 岳淵亭移建記

跋: 書竹坡集後 書眉菴許公實記後

祭文: 祭族叔致兼氏文 祭李聖養文 祭河元可文 祭子婦許孺人文

卷四

附錄[8]: 輓(郭鍾錫 鄭載圭 李道黙 姜柄周 河聖源 李道樞 崔翰機 權奎集 鄭晃圭 河憲鎭 曹恒淳 鄭濟鎔 曺東鎭 河鳳壽) 祭文(李道樞) 行狀(鄭載圭) 家狀(曺淵)

跋(曺兢燮)

---

의 배치는 잡저·서·기·발·제문의 순서로 되어 있다. 또한, 잡저의 배치 순서 역시 목차와 조금 다르다. 여기에서는 본문의 배치 순서를 중심으로 목차의 순서를 재구성했다.

8 『성계집』의 목차에는 부록의 목록이 누락되었다. 실제 본문의 배치를 따라 서술했다.

# 『성암유고(惺菴遺稿)』

## 1. 저자 소개

나상일(羅相一, 1871~1940)의 초명은 영구(榮龜)이고 자는 치구(致九)이며 호는 성암(惺菴)이고 본관은 안정(安定)이다. 조선 중기 을사사화 때 화를 입었던 장음정(長吟亭) 나식(羅湜, 1498~1546)의 후손으로, 1871년 아산면 남촌에서 나길순(羅吉順)의 아들로 태어났다. 어머니는 제주 양씨(濟州梁氏)로 학포(學圃) 양팽손(梁彭孫, 1480~1545)의 후손 양즙(梁楫)의 딸이다. 어머니에 의하면 푸른 옷을 입은 동자가 방 안으로 들어오는 꿈을 꾸고 다음 날 출산하였다고 한다.

어려서 용모가 준수하고 영민하여 서당에서 공부하였다. 7세 때 상학(上學)의 재주가 있어 배우는 것마다 암송하니 집안 참판공 나감(羅鑑)이 "우리 집안의 명성을 떨칠 수 있는 자는 반드시 이 아이다."라고 하였다. 뒷날 나상일은 심석재(心石齋) 송병순(宋秉珣, 1839~1512)과 송사(松沙) 기우만(奇宇萬, 1846~1516)에게 나아가 학문을 익히며 의리 정신과 민족의식을 배양하였다. 스승 기우만은 "포부와 경륜은 세속 선비에 비할 수 없고, 뜻과 기상은 바르고 확고하여 식견이 모든 것을 꿰뚫고 장차 큰 사업을 볼 수 있다."라고 하였다.

그는 평소 부모를 극진히 모셨는데, 1888년부터 큰 기근이 들어 집안 가세가 점점 기울자 주경야독에 힘쓰면서 직분을 지켰다. 또한, 선조를 기리고 위하는 뜻을 염두에 두고 지리서 관련 책들도 두루 읽었다. 1894년 동학도가 하나의 형세로 일어났으나, 나는 "정의(正義)로 대처할 뿐 굽히지 않는다."라고 하였다. 어머니가 병으로 1899년 돌아가시고 아버지마저 2년 뒤 1901년에 돌아가시자, 곡읍(哭泣)과 애제(哀祭)가 한결같이 예제(禮制)에 알맞게 거행하니 향리에서 지극한 효라 일컬었다.

하당(荷塘) 조종필(趙鍾弼, 1840~1515)이 전라감사로 호남을 두루 순시할 적에 나상일 집안과 세의가 있어 찾아오자 여러 날 학문적 문답을 나누며 "영특하고 기상이 뛰어나 고명한 것이 현세에 보기 드물다."라고 하였다. 집안의 뿌리 의식을 고취하기 위해 족보를 수보(修補)하고 선세(先世)의 사적들도 발굴하여 문헌록을 만들기도 하였다. 특히 선조 나식의 문집 『장음정집(長吟亭集)』을 중간하여 세상에 알리니 종중에서 시조 안천군(安川君) 이후 한 사람이라고 칭송하였다. 만년에는 향리에 남강정사(南岡精舍)를 지어 후생을 교도하며 유교를 고취하고 전통문화를 수호하고자 하였다. 나라 잃은 큰 설움을 달래기 위해 동학 문인들과 자연을 벗 삼아 시를 수창하거나 또는 화초를 가꾸며 세상을 잊고 지내다가, 1940년 12월 12일 세상을 떠나니 향년 70세였다.

## 2. 문집 구성과 내용

『성암유고(惺菴遺稿)』는 6권 1책 석판본으로 간행된 나상일(羅相一)의 시문집이다. 남강정사에서 편집되어 1980년 전주 삼성인쇄사에서 출판되었으며, 『성암실록(惺菴實錄)』이 첨부되었다. 문집 형태는 4주쌍변(四周雙邊) 반곽(半郭) 20.5×14.2cm, 12행 22자, 상2엽화문어미(上二葉花紋魚尾) 26.5×18.7cm이다. 권두에는 안종선(安鍾宣)이 1980년에 쓴 서문, 권말에는 김정회(金正會)와 나기학(羅基鶴)이 쓴 발문이 있다. 이 문집은 전북대학교에 소장되어 있다.

권1은 시(詩) 69제 72수가 수록되어 있다. 첫 번째 시 「유거사사(幽居寫事)」를 보면 "아침나절에는 구름 흰 산에서 밭 갈고 저녁 무렵에는 달 밝은 여울에서 낚시질하네. 밭 갈고 낚시질하는 두 가지 일로 백년토록이 사이에서 늙으리라."라고 하였으니, 이를 보면 진솔하고 담담함을 엿볼 수 있다. 특히 가을의 흥취를 읊은 「추흥연구(秋興聯句)」는 벗들과 함께 한 구씩 짓는 멋을 보이기도 하였다.

권2는 서(書) 17편이 수록되어 있다. 서간문은 스승 송병순과 기우만을 비롯하여 노사(蘆沙) 기정진(奇正鎭, 1798~1879)의 문인 후석(後石) 오준선(吳駿善, 1851~1931)과 춘담(春潭) 기동준(奇東準, 1869~1918), 함께 수학한 율봉(栗峯) 신현중(申鉉中, 1877~1942), 집안 숙부와 동생, 또는 고창 출신 의병장 수남(秀南) 고석진(高石鎭, 1856~1924) 등과 안부를 묻고 시사 등을 담론한 것이다.

권3은 서(序) 2편, 기(記) 1편, 발(跋) 2편이 수록되어 있다. 서문 가운데 「흥학계서(興學契序)」는 고을의 가난한 자제들이 배울 기회를 잃어버리자 흥학계(興學契)를 만들어 교육을 부흥시키고자 하는 글이다. 발문 가운데 「안정나씨지장록발(安定羅氏誌狀錄跋)」은 문중에서 편찬한 『안정나씨지장록』의 간행 과정을 기록한 것이다.

권4는 제문 11편, 권5는 유사(遺事) 1편, 행장 4편이 수록되어 있다. 제문은 스승 또는 향촌에서 활약한 학자들을 애도한 것이고, 유사와 행장은 집안 선조에 관한 것이며, 권6 부록은 행장, 묘갈명은 나상일의 삶과 행적을 기록한 것이다. 마지막으로 이 책의 내용을 간략하게 기록한 발문이 수록되어 있다.

끝에 첨부된 『성암실록』은 나상일과 교류한 학인 또는 문인들이 그의 회갑자서(回甲自叙)에 차운한 시 43수, 「남강정사원운(南岡精舍原韻)」에 차운한 시 48수가 수록되어 있다. 그리고 나상일이 지은 「성암기(惺菴記)」를 비롯한 2편의 기문, 남강정사에 관계된 학인들의 글들이 수록되어 있고, 마지막으로 나상일을 애도하고 추모한 만사와 제문 등이 수록되었다.

### 3. 문집 목차

序(安鍾宣)

卷一

詩: 幽居寫事 奉申叅判(斗善)夜話(木川梧桐村) 先師心石齋宋先生輓 憶族弟黃齋(相協) 洛城雨中 楊州楸下 與李復齋(鍾澤)吟 次高秀南(石鎭)回甲韻 尙州途中 逍遙菴夢中作(甲子正月七日) 次鄭上舍(官源)龍塢齋韻 遣懷 除夕 春日卽事 過俗離山 畵鷺 聞杜鵑 和宋友漢庸 輓妹壻金汝眞(孝默) 雪夜叙懷 松月 木棉花(六言) 秋興聯句 山水屛 和江南曲 與吳晦石(秉式)吟 輓金梧溪(應默) 輓金梧南(淙洙) 閒興 晩望 溪上觀魚 送友人 秋意 奉鄭樵隱(士憲)吟 追次復齋回甲韻 追輓柳瀛山(基春) 聞蟬 葉笛 冠洞書齋逢故人 與復齋吟 霖雨 聞兒讀書 奉柳靑舍(悅卿)吟 客中 春夜與金月松(容善)李復齋同和 偶吟 壬戌七月旣望與月松復齋吟 甲年除夕 與復齋晩村會于南村精舍(三首) 歲暮述懷 偶題 回甲自叙 次宋上舍(泰會)回甲韻 冬至夜與晩村訪復齋寓居 輓白遂當(樂奎) 輓金耕山(相轍) 贈晩村 老馬 古意 雛鶯 感金月松(容善)舊遊 輓金恒齋(純默○二首) 南岡精舍原韻 午睡 廣野夕烟 九皇歸雲 滯雨相思 獨坐有感

卷二

書: 上先師心石齋先生 上奇松沙先生(二) 上石村尹判書 與吳後石(駿善) 與高秀南(石鎭) 與族叔玄谷(經學) 與族叔進士(獻容) 與族弟黃齋(相協○三) 與松沙先生文集刊所 與奇進士春潭(東準) 與宋原孝(曾憲○二) 與申仲烈(鉉中) 與金光彦(魯洙)

卷三

序: 安定羅氏世譜序 興學契序

記: 惺菴記

跋: 長吟亭先生文集跋 安定羅氏誌狀錄跋

卷四

祭文: 祭先師心石齋先生文 祭奇松沙先生 祭晚睡堂金上舍公文 祭聾啞處士朴公文 祭妹壻金公文 祭秀南先生高公文 祭後石先生吳公文 祭月松居士金公文 祭恒齋居士金公文 祭晚村居士沈公文 祭亡弟景化

卷五

遺事: 通政大夫弘文館副提學淨陰先生遺事

行狀: 松窩處士公行狀 曾祖雲菴處士府君家狀 先考通政大夫敦寧府都正野軒府君家狀. 先妣淑夫人濟州梁氏家狀

卷六

附錄: 先考惺菴府君家狀(羅綬燦) 惺菴處士安定羅公行狀(金容承) 惺菴處士安定羅公墓碣銘幷序(金甯漢) 惺菴處士安定羅公相一隱德碑(鄭泓釆) 惺菴公遺稿跋(金正會)

跋(羅基鶴)

附惺菴實錄

詩: 回甲自叙(羅相一) 附次韻(四十三) 南岡精舍原韻(羅相一) 附次韻(四十八)

記: 惺菴記(羅相一 鄭休明 羅相協) 南岡精舍上梁文(金正會) 南岡精舍記(金魯洙 羅相協 曺悳承 金甯漢 金文鈺) 南岡精舍重修記(羅基鶴) 輓詞(四十七) 祭文(五 姓名 省略)

# 『성은유고(城隱遺稿)』

## 1. 저자 소개

김재범(金在範, 1868~1948)의 자는 처일(處一)이고 호는 송계(松溪) 또는 성은(城隱)이며 본관은 광산(光山)이다. 고려 후기 전리판서 김광리(金光利)의 후손으로, 1868년 12월 22일 무장현(茂長縣) 대제면(大梯面) 석남리(石南里: 현 대산면 성남리)에서 김기영(金箕映)의 아들로 태어났다. 어머니는 진주정씨(晉州鄭氏) 정만규(鄭萬圭)의 딸이다.

어려서 의용(儀容)이 단정하여 벗들과 희롱하지 않고, 성장하여서는 기개와 도량이 남다르고 재예도 뛰어났다. 글과 배움을 일찍 성취하여 행동이 민첩하고 말을 항상 조심하며 부모를 섬기는데 몸과 뜻을 모두 봉양하였다. 부모의 상을 당해서 그 예를 곡진하게 하고 아침저녁으로 곡하면서 예를 올렸고 제사 지낼 적에는 정성과 공경을 다하였다. 향리의 사람들이 하늘이 내린 효자라 일컬었다. 집안을 법도로 다스리면서 친척에게는 이간질한 말을 전혀 하지 않았다.

중년에는 익산(益山)의 금마(金馬)로 거처를 옮긴 후 학문을 연마하면서 후학양성에도 심혈을 기울였다. 특히 마음을 수양함에 있어서 인욕(人欲)을 막고 천리(天理)를 보존하는 도리를 『논어』와 『맹자』에서 얻고, 수신제가와 치국은 『대학』에서 근본하고 정일집중(精一執中)의 심법을 『중용』에 근본하였다. 그의 학행과 문명이 널리 알려지자 학문에 뜻을 둔 학인들이 찾아와 수학하였다. 동학들과의 교류는 간결하면서도 온화하고 오래 할수록 더욱 공경하니 동지들의 칭송이 자자하였다.

춘풍추우(春風秋雨)에는 우국상시(憂國傷時)의 마음이 사표(辭表)에 넘쳐 시를 읊었다. 특히 후진을 교도하는 것을 자기의 책임으로 삼아 조금도 게으르거나 싫어하지 않았다. 그의 덕행과 문학이 조정에 알려져서 특별히 승훈랑통훈대부사헌부감찰(承訓郎通訓大夫司憲府監察)에 특명하고 또 품계가 통정대부(通政大夫)에 올랐으니, 거업(擧業)을 구하지 않아도 영달이 스스로 이른 것은 그의 적행(積行)에서 연유한 것이다.

1910년 나라를 잃은 이후 향리에서 동지들과 시문으로 교류하면서 찾아드는 학인들을 각자의 재주에 따라 훈도하니 근학(勤學)의 학풍이 온 고을에 풍미하였다. 「문생록(門生錄)」에는 그에게 학문을 닦은 175명의 문인이 기록되어 있는바, 전북지역 익산과 그 주변의 노사학파 삼전제자를 살펴볼 수 있는 좋은 자료이다. 1948년 6월 24일에 세상을 떠나니 향년 81세였다. 익산시 왕궁면(王宮面) 동용리(東龍里) 통동(桶洞)에 안장되었다. 그의 많은 시문은 6·25전쟁으로 대부분 일실(逸失)되고 겨우 약간 전한다.

## 2. 문집 구성과 내용

『성은유고(城隱遺稿)』는 2권 1책 석판본으로 1972년 고창 무장면 영취정(永翠亭)에서 간행된 김재범(金在範)의 시문집이다. 문집 형태는 4주쌍변(四周雙邊) 반곽(半郭) 19.8×4.3cm, 11행 24로, 상하향2엽화문어미(上下向二葉花紋魚尾) 27.6×18.7cm이다. 권두에는 민병승(閔丙承)이 1889년에 쓴 서문, 권말에는 김영표(金永杓)가 1912년에 쓴 발문, 김영송(金永松)이 1951년에 쓴 발문, 김경현(金景鉉)이 1972년에 쓴 발문, 김재호(金在浩)가 1890년에 쓴 발문이 수록되어 있다. 이 문집은 국립중앙도서관, 서울대학교, 고려대학교, 연세대학교에 소장되어 있다.

상권은 시(詩) 102제 112수, 기(記) 2편, 발(跋) 1편, 명(銘) 5편이 수록되어 있다. 시는 계절과 자연, 자신이 거주한 주변의 정취를 술회하거나, 학문적 권면과 누정에 대해 읊은 시, 회갑, 생일, 송별, 여행 등을 읊은 시, 그리고 동지들과 교류한 시가 대부분이다. 「송계기(松溪記)」와 「성은기(城隱記)」는 자신의 호사에 대한 기문이다. 발문은 오대조 김덕명(金德明)의 『인피재유고(忍避齋遺稿)』에 대한 내용이다. 명은 어버이를 섬기는 도리, 자손들을 경계하는 글이 있고, 잘못이나 실수가 없도록 행동에 조심하도록 하는 글, 말을 함부로 하지 않도록 경계하는 글, 술 마시는 것을 삼가 경계하는 내용이다.

권하는 부록으로 가장(家狀) 1편, 행장(行狀) 1편, 묘갈명(墓碣銘) 1편, 기(記) 2편, 찬(贊) 1편, 제문(祭文) 2편, 만장(挽章) 9수, 차운시(次韻詩) 101수, 찬사(贊辭) 1편, 문생록(門生錄)이 수록되어 있다. 가장, 행장 묘갈명은 김재범 집안 조상의 행적과 그의 일대기를 기록한 것이다. 두 편의 기문은 김재범이 지은 호사 「성은기(城隱記)」를 기초하여 지은 것이다. 고창 출신 담재(澹齋) 김봉문(金鳳文, 1906~1978)이 김재범의 덕행을 찬양한 찬문이 있고, 문인들의 화수계(花樹契)와 제자 김봉기(金奉錤), 동지 및 문인들이 애도한 제문과 만장도 있다. 김재범이 지은 「성은원운(城隱原韻)」을 차운하여 지은 101수가 있고, 한글로 지은 찬사가 있으며, 그의 문인 175명을 기록한 「문생록(門生錄)」이 있다.

### 3. 문집 목차

**城隱遺稿序(閔丙承)**

卷上

詩: 感吟(五言絶句) 次松溪韻 自歎 秋夜孤吟(五言四律) 雨中過黃登 羣山港晩望 訪朴友(潤容)不遇 先妣忌日有感(七言絶句) 先考忌日有感 示孫兒(永煥○二首) 次李老人晬宴韻 曉起 次方湖堂韻 謹次靖慕閣韻(七言四律) 謹次省紹齋韻 永翠亭述懷(二首) 次松坡韻 重

陽憶族孫菊史(永浩) 春暮 早起 夜坐 苟安堂 居金馬 午睡 感秋 再過月潭亭 新醮婦 偶吟(三首) 望故鄉 登高望遠 幽居 堂成 述懷 友至 七夕送友 偶吟(二首) 夏日山亭 題逝斯亭 登盃山小亭憶故人 過裡里驛(三首) 對酒喜友至(二首) 雨中權友(汝仲)至 聞新建墓閣有感 謹讀忍避齋遺稿有感 送申(鉉萬)赴東京 次族姪(璟鉉)晬宴韻 訪金友(聖俊)幽居 挽族弟子和(在憲) 秋雨不止 過萬石里喜年豐 夢與族弟(子和)論懷 城隱原韻 夢条土城山丁享(二首) 修契 次李君(相圭)餞春韻 次月潭亭餞春韻(二首) 有思 挽奇葛隱 初雪 過古縣永慕閣 沙嶝滯雪 挽族姪(應道) 待友不至 秋夜聽雨 和朴友(潤容) 夢故園 雪晴 過芙蓉驛 雪夜喜友至 醉吟 月潭亭懷古 四時 大雪 過萬頃江 旅館別故人 秋夜獨坐 待月 過山村 江亭 送尹友(泰炳)之滿洲 冬至 寄族弟道洪(在珪) 病吟 冬夜聽雨 次松窩亭韻 贈崔友(燦植) 月夜寄從弟士一(在八) 恨別 晝夢西湖 權友(汝仲)方友(德昌)來訪 江樓晚眺 睡起謾題 乙酉解放後感而作 謹次永翠亭韻 喜姜鶴山自完山至 和金後松(學純)次原韻 丙戌秋憶故舍弟 酬張坎齋(衡相) 自歎 待友 與尹松隱(相賢)夜吟 宿旅舍

記: 松溪記 城隱記

跋: 五代祖考忍避齋遺稿跋

銘: 事親 戒兒孫 操心 戒言 戒酒

卷下

付祿: 家狀(金淑鉉) 行狀(金在珪) 墓碣銘(幷序○全性旭) 城隱記(李漢英 裵聖洙) 贊(幷小序○金鳳文) 祭文(花樹契 金奉錤) 挽章(九) 城隱次韻(百一) 贊辭(金宇根) 門生錄.

跋(金在浩 金永杓 金永松 金景鉉)

# 『소백처사유고(小栢處士遺稿)』

## 1. 저자 소개

안달삼(安達三, 1837~1886)의 자는 행오(行五)이고 호는 소백(小栢)이며 본관은 죽산(竹山)이다. 그는 제주도 조천읍 조천리에서 태어났는데, 그의 집안이 제주도에 정착하게 된 것은 6세조인 안예천(安禮千)이 글방 선생으로 제주도에 들어오면서부터였다. 할아버지는 안필련(安弼連, 1765~1830)이고 아버지는 안종수(安鍾秀, 1801~1870)이며 어머니는 김해김씨(金海金氏)로서 김성필(金晟弼)의 따님이다. 안종수는 한양을 가려다가 바다에서 풍랑을 만나 표류해서 일본으로 들어갔다 나온 적이 있었는데, 이때 이후로 배를 타는 것을 싫어하게 되었다고 한다. 기정진은 안종수의 「묘표」를 지었는데, 그에 따르면 안종수의 "아들 달삼(達三)이 군의 가르침을 따라 자못 경사와 제사를 섭렵하고 1년에 한 번씩 바다를 건너와서 나를 종유한 지가 5, 6년이다. 이 때문에 군을 알게 되었고, 일찍이 서로 편지로 서로 안부를 물었다. 군은 나보다 3년 뒤에 태어나서 불행히도 나보다 먼저 세상을 떠났다."라고 기록하고 있다.

기정진의 문인이 되기 이전에 이미 안달삼은 제주에서 매계(梅溪) 이한우(李漢雨, 1823~1881)의 문인이었다. 이한우는 제주에 유배를 왔던 김정희(金正喜, 1786~1856)에게 배운 적이 있었고, 최익현(崔益鉉, 1833~1906)의 유배 시절에는 그와 교유를 나누기도 했던 인물이었다. 그는 제주도에서 다수의 영향력 있는 문인들을 배출했는데, 그 가운데 이계징(李啓徵, 1840~1914)·안달삼은 기정진의 문인이 되어 노사학파로 이어졌고, 김희정(金羲正, 1844~1925)은 유배를 온 최익현의 문인이 되어 화서학파(華西學派)로 이어졌으며, 강우진(康祐鎭, 1829~1871)·신재지(愼哉芝, 1827~1869) 등은 관원으로 활동했다.

안달삼은 30세인 1867년 70세의 기정진을 처음 만났다. 그리고 1873년 11월 최익현을 제주에 위리안치(圍籬安置)하라는 명이 내렸고, 12월에 최익현은 조천에 도착했다. 1875년 3월에 해배(解配)의 명을 받고 4월에 제주도를 떠나 전남 장성을 지나면서 하사리에서 기정진과 만났다. 최익현의 「연보」는 이 때의 만남을 이렇게 서술하고 있다.

> "선생은 젊어서부터 기공(奇公)의 덕의(德義)를 우러르고 있었는데, 제주에 유배 생활을 할 때 기공의 문인인 안달삼을 통해 학문을 논한 글을 몇 10편 얻어 볼 수 있었다. 그리하여 '이것은 우리 화서선생의 가르침과 큰 얼개가 비슷하다'라고 생각했고, 드디어 그 내용을 초록해서 2책으로 만들어 돌아오다가 장성에 이르러 처음으로 찾아뵈었다. 이 때 기공의 나이는 78세였다."

즉 안달삼이 기정진을 만나 학문적 가르침을 받은 뒤에 최익현이 제주로 유배를 왔고, 이한우가 최익현을 만나는 과정에서 안달삼 또한 최익현과 교유할 수 있었으며, 이 교유를 통해 기정진의 학술이 최익현에게 전달되었다는 것을 알 수 있다. 그리고 최익현은 이를 통해 알게 된 기정진의 성리학설이 화서학파의 성리학설과 기약하지 않고도 일치하는 것에 감명을 받아, 해배되어 돌아가는 과정에서 일부러 장성을 들러 기정진을 만났다. 안달삼은 이렇게 제주도를 배경으로 화서학파와 노사학파의 사상적 가교 역할을 하는데 기여했다.

안달삼은 1867년 기정진과 만남에서 사제의 연을 맺은 뒤, 1868년 두 번째 방문에서는 노사학파의 주변 인물들과 교유했고, 1879년 세 번째 방문에서는 아들인 부해(浮海) 안병택(安秉宅, 1861~1936)을 동반해서 대를 이어 부자가 기정진의 문인이 되도록 했을 뿐만 아니라, 죽음을 앞두고 안병택에게 기정진이 머무는 장성으로 가서 학문을 익힐 것을 유언해서, 결과적으로 안병택이 제주 출신으로서 광주에 정착해 강학과 후학 양성을 할 수 있는 계기를 제공하기도 했다.

늦은 나이에 안달삼은 과거에 응시했지만 급제하는 데는 실패했다. 남아있는 기록은 1883년 제주판관 고경준(高景晙, 1839~1897)이 승보초시(陞補初試)의 시험관이 되었을 때, 안달삼은 시로, 홍종익은 부로, 김용성은 강으로 합격하였다는 것뿐이다.

안달삼의 부인은 파평윤씨(坡平尹氏)로서 윤린효(尹麟孝)의 따님이다. 슬하에 1남 3녀를 두었는데, 아들은 안병택으로 아버지의 유훈을 따라 전라도로 이주해서 살았지만, 누이들은 모두 제주도에 머물렀기 때문에 안병택은 살아생전 전라도와 제주도를 연결하는 중요한 학문적 고리로서 활동할 수 있었다.

## 2. 문집 구성과 내용

『소백처사유고(小栢處士遺稿)』는 필사본 50면으로 이루어진 안달삼(安達三)의 개인 문집이다. 이 문집은 권의 구별이 없는 단책으로 그의 집안에 전하고 있다. 책의 표제는 '소백유사(小柏遺事)'라고 되어있고, 실제 내용은 안달삼의 저술을 모은 것이라기보다는 그와 교유했던 사람들이 그에게 보낸 시문들로 구성되어 있다. 즉, 이 책은 안달삼의 개인 문집이라기보다는 교유한 사람들의 글을 모은 편집서라고 볼 수 있다. 이 책을 편집해서 필사한 이가 누구인지는 알려져 있지 않지만, 전체적으로 필체가 처음부터 끝까지 한 가지 형태로 일관된 해서체로 이루어져 있어서 한 사람의 손에 의해서 이루어졌을 것으로 추정할 수 있다. 그

렇다면 아들인 안병택이나 손자인 안동술 정도를 편집자로 추정할 수 있겠지만, 정확한 증거가 없어서 보다 섬세한 고찰이 필요해 보인다.

따로 목차가 없이 「사우왕복(師友往復)」과 「사우(師友)」라는 두 제목으로 분류되어 있다. 「사우왕복」은 27편의 편지로 이루어져 있는데, 모두 다른 사람들이 안달삼에게 보낸 것이다. 그 가운데 「노사 기선생(蘆沙奇先生)」은 기정진이 보낸 편지 11편으로 제일 많다. 「기옥구(奇沃溝)」는 기량연(奇亮衍)이 보낸 5편이고, 「기우번(奇宇蕃)」은 기우번이 보낸 3편과 부록으로 실린 1편으로 이루어져 있다. 「면암 최참판(勉菴崔參判)」은 최익현이 3편이고, 나머지는 기양연(奇陽衍), 조의곤(曺毅坤), 기홍연(奇弘衍), 안중섭(安重燮)이 각 1편씩을 보냈다.

「사우」는 서(序)·기(記)·문답(問答)·설(說)·시(詩)로 이루어져 있지만, 편집은 글의 종류별로 되어 있지 않고 저자를 중심으로 배열했다. 이 때문에 제일 먼저 기정진의 글들이 나온다. 먼저 「안군 행오에게 주는 소서[贈安君行五小序]」는 1867년 기정진이 처음 만난 안달삼을 전송하는 글이고, 「안군 달삼이 탐라로 돌아가는 것을 전송하는 서문[安君達三歸耽羅序]」은 1868년 안달삼을 전송하는 것이다. 그 뒤에는 「원사이백기(爰斯二柏記)」가 실려 있는데 이 글은 1877년 기정진이 안달삼이 가지고 가서 제주에 심은 잣나무가 10여 그루로 자랐다는 소식을 듣고 애초의 잣나무를 '원백(爰柏)'으로, 여기에서 자란 잣나무들을 '사백(斯柏)'으로 이름 붙인 것들을 기념하는 글이다. 이 글의 뒤에 아무런 제목이 없이 안달삼과 기정진의 문답 10조목이 배치되어 있다. 안달삼이 자신의 고질적 병폐를 알리자 기정진이 '존덕성(尊德性)'과 '도문학(道問學)'을 통해 자신을 다잡는다면 병폐가 사라질 것이라고 대답하는 내용을 포함해서 사단칠정, 심, 음양, 정전제(井田制), 득인(得人), 상벌 등의 주제에 관한 질문과 대답들로 이루어져 있다. 기정진의 글은 여기에서 끝난다.

다음으로, 같은 집안사람인 안중섭(安重燮)의 「탐라의 집안사람 달삼을 전송하는 소서[送耽羅宗人達三小敍]」가 1편 실려 있고, 기우만(奇宇萬)이 안달삼에게 주는 글인 「소백설」을 사문 안행오씨에게 받들어 올리다[小柏說奉呈安斯文行五氏]」가 실려 있으며, 김석구의 「탐라로 돌아가는 사문 안행오를 전송하는 서문[送安斯文行五歸耽羅序]」이 실려 있다.

나머지는 모두 시인데 모두 27편이 실려 있다. 양규환(梁圭煥)의 작품이 4편으로 제일 많고, 이희석(李僖錫)과 강인회(姜寅會)가 각 3편, 기우만(奇宇萬)이 2편이며, 나머지는 조성가(趙性家)를 비롯한 15인이 각 1편씩을 지은 15편이다. 마지막 시인 「한라산(漢拏山)」은 다른 필체와 다르게 큰 글씨로 구별되도록 썼는데, 지은이가 표기되지 않아서 누구의 작품인지를 알 수 없다.

### 3. 문집 목차

師友往復: 蘆沙奇先生(11편) 奇校理(名陽衍 字子敏) 奇沃溝(名亮衍 字 5편) 勉菴崔參判(名益鉉 3편) 曺東塢(名毅坤 字士弘) 奇弘衍(字景道) 宗人進士重燮 奇宇蕃(字晋錫)

師友: 贈安君行五小序 送安君達三歸耽羅序 爰斯二柏記 送耽羅宗人達三小敍 小柏說奉呈安斯文行五氏 送安斯文行五歸耽羅序 下沙座上再逢安秀士行五 作數日款 臨別贈韻(庚午四月下浣 冠山老人李僖錫) 贈別安斯文行五歸耽羅(南坡李僖錫) 奉和行五(癸未清和 八十翁李僖錫) 宋安大雅行五歸瀛州(春坡散人姜寅會) 贈別安斯文行五(戊辰中秋梁圭煥益瑞) 奉贈小柏竹友(竹友梁圭煥) 奉寄小柏(竹友) 留別小柏(竹友) 贐別安斯文行五軒(己酉菊晦趙性家) 送別安斯文行伍(東塢曺毅坤) 余耳行五氏…因忘拙呈韻(柏西奇麒鎭) 去年冬…聊爲後日想思之資(戊辰中秋奇寓蕃書) 贈別耽羅宗士行五(黃山錫厸) 奉

別小柏(北崖捐契奇宰立夫) 不期而遇…敢不和(己卯閏月日 金敬閏德興謹稿) 謹呈小柏(芙山金漢驥樂三) 行五詞柏將發拙搆一律謹呈(許煦) 贈別行五斯文(豊山宗人鳳淵) 奉別安斯文行五(福南歸人朱陽鴻) 行五將行謹呈一律(戊辰六月初五日奇宇萬會一) 敍懷贈別安小柏(學靜山樵夫奇宇萬) 贈別安斯文行五(奇昚衍德初) 行五文友將發謹贈拙律(錦城散人許樫謹稿) 黃峙下送安斯文行五落第歸耽羅(松坡李喜豊) 漢拏山

# 『소해유고(蘇海遺稿)』

## 1. 저자 소개

노종룡(盧種龍, 1856~1940)의 자는 치운(致雲)이고 호는 소해(蘇海)·면수(勉修)·농아(聾啞)이며 본관은 광산(光山)이다. 시조는 중국 당나라 한림학사(翰林學士)를 지낸 노수(盧穗)가 859년에 아들 9명을 데리고 신라로 이주했는데, 맏아들 노해(盧垓)가 광산백(光山伯)에 봉해지면서 본관을 광산으로 하게 되었다. 그런데 후대의 계보가 실전(失傳)되어 노해의 후손으로 고려 때 정승(政丞)을 역임하고 광주군에 봉해진 노만(盧蔓)을 1세조로 하는 계통과 대호군(大護軍)을 역임한 노서(盧恕)를 1세조로 하는 계통으로 세계를 계승하였다. 후손들은 고려와 조선조에 많은 중요 관직을 역임했다. 저명한 학자로는 조선 중기의 문인 소재(蘇齋) 노수신(盧守愼, 1515~1590)[9]이 있다. 고조 노유광(盧有光)은 사복사정(司僕寺正)을 역임하였고, 증조 노원필(盧元弼)은 좌승지(左承旨)를 지냈으며, 조부 노진권(盧鎭權)은 호조참판(戶曹參判)을 역임하였다.

노종룡은 아버지 농암(聾巖) 노재규(盧在奎, 1836~1920)[10]와 어머니 진

9 노수신(盧守愼)의 자는 과회(寡悔)이고 호는 소재(蘇齋)·이재(伊齋)이다. 그는 성리학자로 망명한 이연경(李延慶)의 딸과 결혼하고, 당대의 유학자 이언적(李彦迪)에게 수학하였다. 유배 갔을 때 이황(李滉)·김인후(金麟厚) 등과 편지로 학문을 토론하였다. 저서로는 『소재집(蘇齋集)』이 있다.

10 노재규(盧在奎, 1836~1920)는 자는 화서(和瑞)이고 호는 농암(聾巖)이며 본관은 광산(光山)으로 노사 기정진의 직전 제자이다. 대학자들인 면암(勉菴) 최익현(崔

주정씨(晉州鄭氏) 정석원(鄭錫源)의 딸 사이에서 1856년 11월 3일 광주군(光州郡) 일곡리(日谷里)에서 태어났다. 아버지는 순독(純篤)과 실행(實行)으로 천거를 받았지만 나아가지 않고 농암정(聾巖亭)을 지어놓고 말년을 유유자적한 삶을 살았으며, 어머니는 충장공(忠莊公) 정분(鄭苯)의 후손이다. 어머니가 꿈에 백룡(白龍)을 보고 낳았는데 어려서부터 총명하고 비범하였다. 성품이 지극히 효성스러웠으며, 7~8세 이후부터는 부모 받들기를 성인(成人)처럼 하였다. 집안이 너무 가난하여 뜻대로 하지 못하고 낮에는 밭을 갈고 밤에는 글을 읽으면서 부모를 봉양하였다.

집안이 조금 윤택해지자 35세(1890)에 연재(淵齋) 송병선(宋秉璿, 1836~1905) 선생의 문하에 나아가 위기지학(爲己之學)을 배워 뜻을 굳게 하였다. 38세(1893)에 면암(勉庵) 최익현(崔益鉉, 1833~1906) 선생의 문하에 들어가 경의(經義)를 익히고 질정하여 자주 칭찬을 받았다. 더 나아가 심석 송병선과 같은 현덕들과 교유하였을 뿐만 아니라, 송사(松沙) 기우만(奇宇萬), 난와(難窩) 오계수(吳繼洙), 소산(蘇山) 안성환(安成煥), 후석(後石) 오준선(吳駿善), 황매헌(皇梅軒) 박노준(朴魯準), 현와(弦窩) 고광선(高光善) 선생과 도의로써 사귀었다. 또한, 서울로 가서는 상서(尙書) 신기선(申箕善), 이도재(李道宰), 윤용구(尹用求) 등과 종유하였는데, 모두 그를 사모하였다. 39세(1894)에 사악한 무리가 창궐하자, "정도(正道)를 붙잡고 사특(邪慝)을 물리쳐야 한다."라는 말로 분명하게 분석하여 온 고을에 알리니 수령(守令) 이희성(李羲性)이 듣고 탄복하였다.

40세(1895) 을미사변(乙未事變) 때에 송사 기우만과 함께 왜구를 토벌하여 국권을 회복하기로 은밀히 모의하였으나, 사전에 발각되어 끝내 실행하지 못하였다. 50세(1905)에 연재 송병선 선생이 서거하자 상복 1

---

益鉉, 1833~1907)·연재(淵齋) 송병선(宋秉璿, 1836~1905)·심석(心石) 송명순(宋秉珣, 1839~1912)·송사(松沙) 기우만(奇宇萬, 1846~1916) 등과 도의로써 교유하였으며, 편지와 시(詩)로써 서로 수답하였다.

년 복을 입고, 52세(1907)에 면암 최익현 선생이 상을 당하자 상복 3월 복을 입었는데, 애통한 심정을 가눌 수 없어 뇌문(誄文)을 지어 올렸다. 일본군이 본교 명륜당에 병원을 세우고자 와서 지세(地勢)를 살피면서 공갈 협박하자 친구 서헌(瑞軒) 안규용(安圭容, 1860~1910)과 함께 의리(義理)로써 항거하자 적들이 마침내 중지하였다.

55세(1910)에 경술국치(庚戌國恥)의 변고에 비분강개(悲憤慷慨)를 참지 못하고서 봉사(封事)를 지어 가슴에 품고 궐문으로 달려갔으나, 저지당하여 아뢰지 못하고 부득이하게 우체통에 투입하였다. 귀향한 지 얼마 되지 않아 광주경무소(光州警務所)에 끌려갔는데도 당당히 "너희들과 하늘의 태양을 함께 일 수 없다. 차라리 죽어 복수할 것이다."라고 꾸짖어 말하자, 적들이 함부로 하지 못하였다. 이때부터 두문불출하여 농아(聾啞)라고 자처하자, 송사 기우만이 「농아설(聾啞說)」을 지었다. 64세(1919)에 고종이 승하하자 북면하고 통곡하면서 죽고자 하였으나 80세의 노친(老親)이 병석에 있어 실행에 옮기지 못했다. 자제에게 명하여 농암정(聾巖亭) 아래에 정사(精舍)를 짓고, 소해정(蘇海亭)이라 편액을 걸었다. 그곳에서 경전을 공부하여 학문이 더욱 진작되고 덕이 더욱 우뚝하여 원근에서 찾아오는 학자가 많았으며, 후학양성에 힘썼다. 1940년 5월 23일 향년 85세로 생을 마감하였다. 유림은 사후 1944년 일곡동에 만주사(晩州祠)를 세워 제향하였다.

## 2. 문집 구성과 내용

『소해유고(蘇海遺稿)』 4권 2책, 『소해유고부록(蘇海遺稿附錄)』 4권 1책, 『소해유고부록속집(蘇海遺稿附錄續集)』 1책 석판본으로 1959년에 간행된 노종룡(盧種龍)의 시문집이다. 문집 형태는 4주쌍변(四周雙邊) 반곽(半郭) 20.8×15.0cm, 유계(有界), 11행 24자 주쌍행(註雙行), 하향1엽화문어미(下向一葉花紋魚尾) 27.7×19.6cm이다. 권두에는 고광렬(高光烈)이 1941년에 쓴 서문, 고윤주(高允柱)가 1959년에 쓴 후서(後序), 권말에는 종생(宗生) 노철수(盧澈秀)가 1948년에 쓴 발문, 아들 노진영(盧軫永)이 1959년에 쓴 발문이 있다. 이 문집은 전남대학교, 연세대학교, 국회도서관, 조선대학교, 국립중앙도서관, 계명대학교에 소장되어 있다.

권1에는 부(賦) 「성선부(性善賦)」를 비롯한 3편, 시(詩) 습정(習靜)을 포함한 134제가 수록되어 있다. 시는 주로 만시(挽詩)와 차운시(次韻詩)와 수연시(壽宴詩)가 많으며, 특히 당대의 지식인 연재 송병선, 면암 최익현, 송사 기우만, 일신재 정의림 등에게 쓴 것이 있다. 저자는 원풍정(願豊亭), 봉산정사(鳳山精舍), 면수재(勉修齋), 강림재(講林齋), 담대헌(澹對軒), 월송헌(月松軒), 백양사(白羊寺), 송광사(松廣寺), 이수정(二水亭), 증심사(澄心寺), 원모재(遠慕齋), 천산재(天山齋), 모용대(慕龍臺), 무성서원(武城書院), 영모재(永慕齋), 풍천대(風泉臺), 오산정(梧山亭), 죽천당(竹泉堂), 만옹정(晩翁亭), 정계당(靜溪堂), 운림당(雲林堂), 연파정(蓮坡亭) 등의 누각과 정자를 비롯한 사찰 등에 시를 남겼다.

권2에는 97명에게 보낸 서(書) 132통이 실려 있다. 당대 최고의 지식인들인 연재(淵齋) 송병선(宋秉璿) 면암(勉庵) 최익현(崔益鉉), 송사(松沙) 기우만(奇宇萬), 심석(心石) 송병순(宋秉珣, 1839~1912), 간재(艮齋) 전우(田愚)와 교유하였으며, 특히 평생 영달을 버리고 나라를 위했던 대눌(大訥) 노상익(盧相益, 1849~1941)[11]에게 올린 8통과 소눌(小訥) 노상직(盧相稷, 1855~1931)에 올린 2통의 편지가 있다.

권3에는 소(疏) 「경술봉사(庚戌封事)」, 잡저(雜著) 「가훈십이조(家訓十二條)」를 비롯한 8편, 서(序) 「노씨족보서(盧氏族譜序)」를 포함한 7편, 기(記) 「남강기(南岡記)」를 비롯한 6편, 발(跋) 「봉산재사복록발(鳳山齋思

11 대눌 노상익은 성재(性齋) 허전(許傳, 1797~1886)의 제자로 동생 소눌 노상직과 함께 영남학파의 핵심축이 되었으며, 을사늑약 후에는 만주에서 독립군과 소통했던 선비이다.

服錄跋)」을 포함한 3편, 잠(箴) 「계자잠(戒子箴)」 1편, 사(辭) 「추선사(秋蟬辭)」와 「난화사(蘭花辭)」 2편, 혼서(昏書) 「손병두혼서(孫柄斗昏書)」 1편, 「삼산방제축(三山雱祭祝)」 1편, 상량문(上樑文) 「성암상량문(省庵上樑文)」 1편이 기록되어 있다.

「경술봉사(庚戌封事)」는 나라가 멸망하자 비분강개하여 봉사를 올리려고 궁궐로 달려갔으나 저지당하여 아뢰지 못한 내용을 담고 있다. 그 소에는 "신(臣)은 벼슬하지 않고 초야에 묻혀 사는 한 사람으로서 궁벽한 시골에 엎드려 구중궁궐 하늘보다 높고 아득한 곳에 아룁니다. 가볍기 초개(草芥)와 같고, 또한 근본이 둔하고 학문이 얕아 문사(文辭)가 졸렬한 까닭에 지난 태평 시절에 과거 공부를 못하고, 단지 농사일을 하면서 이 목숨을 끝내려고 했습니다. 그러나 보잘것없는 제가 그만둘 수 없었던 것은 하늘이 저에게 '사람으로서 사람이 되는 도를 다하지 않을 수 없다'고 명했기 때문입니다."라고 하였다.

잡저(雜著)에서 「경의(經義)」는 1939년 3월 강록(講錄)으로 사서삼경(四書三經)을 비롯한 주자의 학설에 대한 제자들의 문답으로 이루어져 있다. 예를 들어 노문영(盧文永)이 "일음일양지위도(一陰一陽之謂道)에서 음양(陰陽)은 기(氣)이고, 도(道)는 리(理)이다. 그런데 공자가 '일음일양지위도'라고 말한 것은 어째서인가?"라고 묻자, "일음일양하는 것은 기(氣)이지만, 음(陰)하게 하고 양(陽)하게 하는 것은 리(理)이다. 그러나 천지의 도는 둘이 아니면 설 수 없다. 그러므로 양이 동(動)에서 생기지만 양 스스로 생기는 것이 아니고, 생기게 하는 것이 도(道)이다. 음이 정(靜)에서 생기지만 음 스스로 생기는 것이 아니고, 생기게 하는 것이 도이다."라고 대답하였다. 「정풍설(正風說)」에서는 죽음으로 을사년 겨울 연재(淵齋) 송병선(宋秉璿) 선생이 충청도에서 의(義)를 행한 것과 다음 해에 병오년 가을 면암 최익현 선생이 대마도에서 인(仁)을 이룬 것을 정풍(正風)으로 보고서, 하늘이 남겨주지 않았지만 그들의 책이 있으니 그 책을 읽고 그 의의를 찾는다면 퇴풍(頹風)을 일으킬 수 있다고 여겼다.

「권학설(勸學說)」에서는 "사람이 배우지 않으면 사람이 아니다. 사람이 사람 꼴이 아니면 사람과 함께하지 못할 것이다. 사람이 아니고자 한다면 그만이지만, 사람이고자 한다면 반드시 배워야 한다. 배움은 따로 있는 것이 아니다. 행하기 어려운 일을 할 때 자신이 본래 가지고 있는 본성을 찾는 것일 뿐만 아니라, 자신이 마땅히 행해야 할 직분을 다하는 것이다."라고 하여 배움의 중요성을 강조하였다. 「동경계서(同庚契序)」에서는 "세(勢)로써 사귀는 자는 세(勢)가 기울면 절교하고, 이(利)로써 사귀는 자는 이(利)가 다하면 흩어진다. 오직 우리는 이(利)와 세(勢)로써 사귀는 것이 아니라, 나이[치(齒)]로써 사귄다. 나이가 같다고 해서 반드시 뜻이 같다는 것은 아니며, 뜻이 같다고 해서 반드시 덕이 같다는 것이 아니다. 뜻이 같지 않은 자는 책선(責善)하여 같게 하고, 덕이 같지 않은 자는 보인(輔仁)하여 같게 한다."라고 하여 동갑내기 모임의 의의를 말하였다. 「경암기(敬庵記)」에서는 "천하의 일은 작거나 크거나 간에 '경(敬)' 한 글자로 살펴야 한다. 경이라는 것은 주일무적(主一無適)을 말한다. 마음이 부모를 섬김에 한결같이 하면 효(孝)가 되고, 군주를 섬김에 한결같이 하면 충(忠)이 된다. 나머지도 모두 이와 같다. 경하지 않고서 길(吉)한 자는 지금까지 없었다."라고 하여 경(敬)의 중요성을 말하였다. 「숙흥야매잠주해발(夙興夜寐箴註解跋)」과 「숙흥야매잠원서주해(夙興夜寐箴原書註解)」는 송나라 남당(南塘) 진백(陳栢)이 지은 「숙흥야매잠(夙興夜寐箴)」을 주석하여 풀이한 것으로 저자의 공부론을 이해할 수 있다.

권4에는 제문(祭文) 19편이 있는데, 연재 송병선, 면암 최익현, 심석 송병순, 난와 오계수, 신암 노응규, 현와 고광선 등의 제문이 실려 있다. 그리고 갈명(碣銘) 「곡은노공묘갈명(谷隱盧公墓碣銘)」 1편, 행장(行狀)

「난곡이공행장(蘭谷李公行狀)」과 「곡은노공행장(谷隱盧公行狀)」 2편, 전(傳) 「녹천고공전(鹿川高公傳)」과 「증병조참판송암조공전(贈兵曹參判松巖曺公傳)」 2편이 수록되어 있다.

『소해유고부록(蘇海遺稿附錄)』 권1에는 「소해정상량문(蘇海亭上樑文)」과 「소해정기(蘇海亭記)」와 「소해정찬(蘇海亭贊)」를 비롯하여 12편, 권2에는 「묘전고유문(墓前告由文)」을 포함한 3편, 권3에는 노석풍(盧錫灃)의 「가장(家狀)」과 송재성(宋在晟)의 「행장(行狀)」을 비롯한 8편, 권4에는 「건사통문(建祠通文)」을 포함한 8편이 수록되어 있다. 『소해유고부록속집(蘇海遺稿附錄續集)』에는 「수연운(壽筵韻)」 45수, 「소해정운(蘇海亭韻)」 72수, 「만장(挽章)」 76편이 실려 있다.

### 3. 문집 내용

**蘇海遺稿序(高光烈)**

**蘇海遺稿後序(高允柱)**

卷一

賦: 性善賦 瑞石山賦 枳棥賦

詩: 習靜 高枕 願豐亭獨坐 上無等山 赤裳山秋雨 思師 愛蓮 書齋餞春 石松老人以苦雨吟一絕示之謹步其韻 次鳳山精舍韻 次鳳山十詠 證次谷隱翁慕龍嶝偶題(二絕) 勉修齋 嶺南途中以宗事有感 亭居(二絕) 昌寧講林齋與諸宗敘話 挽奇碧棲(景燮) 挽鄭梧溪(圭鉉) 挽金參奉(容珣) 挽鄭江山(在舜) 挽宋後海(廷默) 挽金野隱(在恒) 挽盧大卿(祥九)

詩(七言): 上淵齋先生 上勉庵先生 謹次奇松沙先生三山齋九回歌 謹次三山嘉卉十詠 封疏赴京 澹對軒講會 澹對軒暮春講會 結交 誠兒除夕 足孔斯文(基殷)月松軒韻 題白羊寺 願豐亭偶成 贈別曺君(成珍)

題申(萬湜)草堂 聾啞行 與朴(浩俊)遊赤裳山 勉修齋燕居 山亭春日 嶠南二水亭契會 題昇平松廣寺 山亭書事(二絶) 謝絶何不髡(三絶) 山亭答諸友(二絶) 山亭十詠 憫旱(己卯) 謝三一契員擧杯爲壽(四絶) 奉拜孤雲崔先生影堂 謹題日新齋 家君陞資嘉善設宴感恩 上心齋李伯(道宰)時公按全南入澄心寺有詠步其韻 步陽園申尙書(箕善)什兼呈心齋李尙書(道宰) 敬題先考顧豐亭 謹次晉州鄭氏遠慕齋韻 謹賀表叔竹下鄭公(漢奎)還曆壽辰 謹頌再從叔松海公還曆壽辰 賀外從兄酉溪鄭(箕植)還曆壽辰 賀辛君(在述)壽朝 送李侯耕山(義性) 丙辰十一月三日余周甲也家嚴在堂兒曾設宴不能止而有感 謹次天山齋韻 謹次慕龍臺韻 謹次松海堂韻 遊尙州次慕賢契韻 奉審武城書院 謹次眞泉祠遺墟碑韻 謹題陵案洞永慕齋 題鳳山精舍 次風泉臺韻 次梧山亭韻 次竹泉堂韻 與鄭江山郊行 次晩翁亭韻 鄭梧溪來訪少酌 與高春曄(濟栻)黄(日燮) 高致一(在烈)高君深(在淵)論 懷 翌日獨唱 昌寧二水亭與僉宗講話 日新齋少會 和李晩愧(延相) 送鄭君士益 次諸葛澹寧釣臺韻 日新齋夏課開研 題文聾齋壁 登八角亭步前韻 題朴斗南(宗柱)幽居 賀金野隱(在恒)壽朝 和李樵隱亭韻 讀豹谷池公遺事感吟 宋竹坡(仁默)鄭江山(在舜)聯笻來訪拈韻得閏字 有三數遠朋來顧講話 寄枕泉(高光璉)幽居 題族孫(柄玄)靜溪堂幽居 寄三從弟錫宇 勸子弟讀書 寄貞齋(尹永淇)幽居 題省庵(李載春)書室 寄鏡山(盧鍾弼)山房 題竹下(尹宗林)幽居 題柳南(高光永)草廬 和宋君(在讚)守山韻 贈淸浩禪師 賀高允伯(光述)壽朝 九老會 題族孫(洪燮)石涯幽居 次范參奉(演燮)回甲韻 樵隱亭詩會 山亭有客少話 卜夜續吟 登楊波亭步原韻 題鄭珉錫壁上以敬字勉之 題野隱(金容燻)幽居 次李(錫)安齋韻 題崔(錫休)雲林堂 蘇海亭原韻(二首) 八十一歲嘆金剛山終不可見(二首) 次金(永德)蓮坡亭韻 挽鹿川高公(光洵) 挽奇松沙先生 挽石陰朴公(魯述) 哭弦窩高公(光善) 挽鄭上舍(公源) 挽春潭奇上舍(東準) 挽鄭雲藍(鳳鉉) 挽東籬盧公(在馨) 挽樵隱盧公(啓洪) 挽奇純一(夏燮) 挽奇美仲(世休)

挽表兄鄭寢郎(箕植) 挽朴吉彦(基柱) 挽鄭雷淵(淳默) 哭內弟宋仁化(謹默) 哭鄭甥(海均)

卷二

書: 上淵齋先生 上勉庵崔先生(益鉉)奇松沙先生(宇萬) 上奇松沙先生 上宋心石先生(秉珣) 上艮齋田掌令(愚) 上大訥盧丈(相益○八) 上小訥盧丈(相稷○二) 與海觀尹尚書(用求○二) 上盧參判(泳敬○三) 答觀察閔公(泳喆) 上表叔鄭竹下丈 上松海再從叔(汶奎○二) 答鄭綠室丈(海晩) 與霍雲齋(永祚○二) 與宋後庵(曾憲○二) 答奇上舍(東準○二) 與盧大卿(祥九) 與高弦窩(光善○五) 答朴石陰(魯述○二) 與朴述夫(魯準) 與奇敬齋(琮燮○三) 答高鹿樵(光喆) 與盧(載瓊) 與鄭主事(相吉) 與尹議官(奭榮) 答李小坡(承友) 與柯松族叔(銓璣) 與吳後石(駿善) 與高允擧(在鵬) 答盧(鶴容) 答奇國魯(東奭○二) 與曺國彬(光鎬) 答宋華石(祖憲○三) 答金敎官(成基○二) 與族弟(璟煥)族孫(東星) 答李三山(啓琮) 答鄭乃潤(希商○二) 答吳子春(秉洙) 與奇公吉(老善) 與盧瑩一(瀓秀) 答柳懶齋(晉根) 答金(琦煥) 與金主事(肯鉉○三) 答權(命相) 答宋(度憲) 與尹敬安(永淇) 答高瑚器(光璉) 答李彦卿(載春○三) 與盧(性昊) 與盧允宗(載鼎)盧極仲(建鎬) 與李參奉(啓翼) 答盧(載瓚)盧(炳喆) 與盧德祚(載敎)盧周伯(冕鎬) 答宋聲五(在晟) 答盧昌俊(潛植) 與崔漢南(基郁) 與盧周伯(冕鎬) 與盧(濬悳) 答朴斗南(宗柱) 與吳晦溪(根厚) 與盧(炳喆○二) 答曺景行(秉夏) 答李(東奭) 答鄭衛卿(淳默○二) 答高允伯(光述) 與盧(近漢) 與盧(相軫) 與鄭甫衡(商鉉) 與盧竹溪(萬植) 與盧(哲鎬) 與族弟(鍾成) 與盧聖瑞(仁海) 與曺(喜南) 答盧(元容) 答盧道基(柄道) 答盧(在馨) 答劉(貞熙) 與李丈七(周英) 答盧(混鉉) 答盧誠夫(正錫) 與盧松玉(秉準○二) 與盧(亨基)盧(蒼顔) 與鄭德仁 答安子用(圭冕) 與林君弼(錫應○二) 與宋文敬(在後) 答盧(晩容) 答盧(鍾漢) 與族姪文永 與鄭選采

與高鹿川義所 答道林祠儒林 答聳珍精舍儒林 答大聖院儒林 答本州鄉校儒林 與澹對軒儒林 答三綱錄刊所儒林

卷三

疏: 庚戌封事

雜著: 家訓十二條 經義 翰林公及九伯設壇通文 答小訥集刊所通文 擬答京鄉儒林聲討通文 正風說 勸學說 春岡說

序: 盧氏族譜序 蘇海聾啞勉修序 同庚契趣旨序 九老會序 同庚契序 盧氏大同宗案序 補外契序

記: 南岡記 松玉堂記 聲啞記 天山齋記 三止堂記 敬庵記

跋: 鳳山齋思服錄跋 武城院誌跋 夙興夜寐箴註解跋 夙興夜寐箴原書註解

箴: 戒子箴

辭: 秋蟬辭 蘭花辭

昏書: 孫柄斗昏書

祝: 三山雩祭祝

上樑文: 省庵上樑文

卷四

祭文: 祭淵齋先生文 祭勉庵先生文 祭鹿川高公文 祭宋心石先生文 祭奇松沙先生文 祭海觀尹公文 祭難窩吳公文 祭愼庵盧公文(應奎) 祭春潭奇公文 祭弦窩高公文 祭舅氏竹下鄭公文 祭鄭雷淵(淳默)文 祭表兄寢郎鄭公文 祭亾室金氏文 祭朴君(泳柱)文 祭奇君(世泳)文 察長女朴氏婦文 祭亾孫柄斗文 祭三女奇氏婦文

碣銘: 谷隱盧公墓碣銘

行狀: 蘭谷李公行狀 谷隱盧公行狀

傳: 鹿川高公傳 贈兵曹參判松巖曺公傳

### 蘇海遺稿附錄

卷一

蘇海亭上樑文(高光善) 蘇海亭記(李鍾宅) 蘇海亭記(鄭鳳鉉) 蘇海亭記(盧載敎) 蘇海亭記(鄭亨源) 蘇海亭記(奇宣鎬) 蘇海實記(鄭在舜) 蘇海亭贊(盧澈秀) 勉修齋記(盧相益) 聾啞說(奇宇萬) 聾啞說(鄭亨源) 聾啞記(奇東準) 聾啞記(高玟鎭) 聾啞記(高在鵬) 聾啞記(宋祖憲) 聾啞記(奇東奭) 聾啞記(鄭淳黙) 謹題聾啞精舍(高漢柱) 蘇海聾啞弁記(林鎬應) 蘇海亭契案記(盧錫澧) 蘇海亭三一契序(李炳觀) 蘇海亭三一契序(李鍾宅) 拜上函筵(盧鍾弼) 拜上函筵(尹永淇) 拜上函筵(尹宗林) 拜上函筵(金義中) 往復書類(奇宇萬) 往復書類(尹奭榮) 往復書類(宋祖憲) 往復書類(鄭希商) 往復書類(鄭希商) 往復書類(奇東準) 往復書類(朴珍東) 往復書類(鄭淳黙) 往復書類(奇琮燮) 往復書類(李啓琮) 往復書類(高光薰) 往復書類(鄭榮奎·呂象鉉)

卷二

祭文: 墓前告由文(盧文永·盧斗永) 武城院任致奠後與士友等蘇海亭感吟(十七) 先生小祥翌日滯雨遇留連因以感吟(十四)

卷三

家狀(盧錫澧) 行狀(宋在晟) 遺事(盧文永) 見聞隨錄(盧欽永) 傳(金種嘉) 墓碣銘(閔丙承) 墓誌銘(盧相益) 墓表(崔秉心)

卷四

建祠通文 晩洲祠忠公淵齋宋先生奉安祝文(宋在晟) 蘇海盧先生位安祝文(宋在晟) 文忠公淵齋宋先生常享祝文(宋在晟) 蘇海盧先生常享祝文(宋在晟) 晩洲祠江漢契序(李錫鍾) 晩洲祠江漢契序(宋在鶴) 晩

洲祠上樑文(魯玟杓) 晩洲祠記(宋在晟)
跋(盧澈秀) 跋(盧軫永)

蘇海遺稿附錄續集
壽筵韻(四十五) 蘇海亭韻(七十二) 輓章(七十六)

# 『송계유고(松溪遺稿)』

## 1. 저자 소개

박영호(朴泳鎬, 1858~1931)의 자는 명숙(明淑)이고 호는 송계(松溪)이며 본관은 함양(咸陽)이다. 시조는 신라 경명왕(景明王)의 셋째 아들 박언신(朴彦信)으로, 속함대군(速咸大君)에 봉해지면서 후손들이 시조로 삼았다. 하지만 그 뒤로 선조의 계보를 고증할 수 없어서 신라 시대 예부상서(禮部尙書)를 지내고 함양군에 봉해진 박선(朴善)을 중시조로 삼았다. 고조는 박몽신(朴夢臣)이고 증조는 박치원(朴致元)이며, 조부는 박종렴(朴宗濂)이고, 아버지는 박정규(朴廷奎, 1829~1898)로 대대로 학행(學行)이 있는 가문이다. 어머니는 나주오씨(羅州吳氏) 첨지(僉知) 오성원(吳成源)의 딸로 현모양처의 덕이 있었다.

박영호는 1858(철종 8)년 10월 23일 광산군(光山君) 삼도면(三道面) 신정리(新亭里)에서 태어났다. 어려서부터 총명하고 재주가 민첩하였으며, 성품 또한 강직하여 뜻을 굽히지 않았다. 그리고 아이들과 어울려 장난질하지 않았으며, 항상 어른을 모시고 고금의 가언(嘉言)과 선행(善行)을 듣고서 스스로 가슴속에 새겼다. 집안의 학문을 계승하여 힘쓰고 힘써 나태하지 않았다. 10세(1868)에는 『효경』「사친(事親)」의 절을 통달하여 하나하나 책에 적고 실천에 옮겼다. 15세(1873)에는 경사의 문의를 넓게 섭렵하여 심신의 성정이 발현하는 것을 체득하여 일상생활에서 징험하였다.

20세(1878)에는 아버지의 뜻에 따라 송사(松沙) 기우만(奇宇萬, 1846~

1916) 선생의 문하가 되어 뜻을 가다듬고 학문을 독실히 하였으며, 이치를 궁구하는데 오로지 마음을 두어 의리(義理)의 온축을 깊이 터득하자 당시의 선비들과 사우들이 흠모하였다. 그리고 효(孝)로써 부모를 섬김에 정성과 공경을 극진히 했으며, 형제간에 우애가 깊었다. 37세(1895)에는 모친상을 당하고 40세(1898)에는 부친상을 당했는데, 오로지 『주자가례(朱子家禮)』에 따른 예를 행하였다. 항상 솔바람 달 밝은 밤[松風溪月]에는 2~3명의 동지와 손을 맞잡고 송계재(松溪齋)에 올라 노닐며 노래하면서 세상의 염려를 잊었다.

43세(1901)에 형제들과 함께 도모하여 아버지 야은공(野隱公) 『유집(遺集)』을 간행하여 후세에 전하고자 했다. 박영호는 집안을 다스리는데 법도가 있어서 경전을 공부하고 농사짓는 것을 제일로 삼았다. 당시에 난와(難窩) 오계수(吳繼洙, 1843~1915), 백하(栢下) 양상형(梁相衡, 1833~1907), 후석(後石) 오준선(吳駿善, 1851~1931), 현와(弦窩) 고광선(高光善, 1855~1934) 등의 문인들이 어렵고 의심난 부분을 그에게 질의하였으며, 제현들이 '외우(畏友)'라고 일컬었다. 만년에 학행(學行)으로 천거되어 감찰(監察)에 제수되었지만 나가지 않았다. 임종할 때에는 형제들과 문도들을 불러서 말하길 "나는 죽을 때까지 증자의 '계수족(啓手足)'의 가르침을 잊지 않고 살았는데, 지금을 두고 하는 말이다."라고 하고서 1931년 4월 24일 향년 74세로 생을 마쳤다.

## 2. 문집 구성 및 내용

『송계유고(松溪遺稿)』는 3권 1책 석인본으로 1966년에 간행된 박영호(朴泳鎬)의 시문집이다. 문집 형태는 4주쌍변(四周雙邊) 반곽(半郭) 20.0×16.2cm, 유계(有界), 10행 22자, 하향2엽화문어미(下向二葉花紋魚尾) 32.2×21.1cm이다. 권두에는 정영필(鄭英珌)이 1958년에 쓴 서문, 아들 박제순(朴濟淳)이 1966년에 쓴 발문이 수록되어 있다. 이 문집은 전남대학교,

연세대학교에 소장되어 있다.

권1에는 시(詩) 180수가 수록되어 있다. 박영호는 시문에 능해 송계원운(松溪原韻)을 비롯해 영추재(永追齋), 척서정(陟西亭), 독조대(獨釣臺), 쌍계당(雙溪堂), 연동재(淵洞齋), 임오정(林梧亭), 온서재(穩棲齋), 용조정(龍鳥亭), 모선당(慕先堂), 청천당(聽天堂), 저존재(著存齋), 세한재(歲寒齋), 정양재(靜養齋), 경암(敬菴), 만취재(晩翠齋), 녹암(鹿菴) 등에 차운하였다. 그리고 난와 오계수와 후석 오준선 등에 대한 수연시(壽宴詩)가 있고, 송사 기우만과 죽와(竹窩) 오정규(吳貞圭) 등에 대한 만시(挽詩)가 있다.

권2에는 서(書) 11편, 기(記) 11편, 서(序) 3편, 행장(行狀) 3편, 문(文) 2편, 잡저(雜著) 3편, 설(說) 1편이 수록되어 있다. 서(書)에는 양상형(梁相衡), 오재수(吳在洙), 고광선(高光善) 등에게 쓴 것이 있다. 「서운기(瑞雲記)」는 서석산 구름의 모습에 대해 『역(易)』을 통해서 쓴 기문인데, "『역』의 8괘는 감괘(坎卦)로써 구름으로 삼고, 준괘(屯卦)의 괘상(卦象)에 '구름과 우레가 준(屯)이니, 군자가 이것을 본받아 경륜한다.'라고 서석산 구름 또한 이러한 구름이 아니겠는가?"라고 하였다. 이것은 『역』의 「계사전(繫辭傳)」에 나오는 "음과 양의 변화를 헤아릴 수 없는 것을 신묘함[神]이라 한다."라는 의미로 서석산 구름의 변화무상함을 표현한 것이다. 「용오정기(龍烏亭記)」에서는 "각자 집안의 자손들이 서로 학문을 갈고닦아 시서육례(詩書六禮)에 노닐고 충신예의(忠信禮義)의 방도(方道)를 홍기 시킨다면 세상을 교화하는 데 도움이 되지 않겠는가?"라고 하여 당시의 무너져가는 사회풍토를 바로 세우는 방법론을 제시하였다. 또한, 학문할 때에는 "반드시 『소학(小學)』 명륜(明倫)의 글과 『대학(大學)』의 혈구(絜矩)의 도(道)를 제일로 삼아야 한다."라고 주장하였다. 「정양재기(靜養齋記)」에서는 "정(靜)이라는 것은 동(動)의 어머니이고, 동(動)이라는 것은 정(靜)의 자식이다. 정(靜)이 극에 도달하면 반드시

동(動)이 있고, 동(動)이 극에 도달하면 반드시 정이 있다. 기틀에 따라 서로 꼬리를 무니 동(動)에 정(靜)이 있고, 정(靜)에 동(動)이 있는 것이 리(理)의 필연이다. 양동(陽動)은 하늘의 도(道)이고, 음정(陰靜)은 땅의 도(道)이다. 인도(人道)의 동정(動靜)으로서 말하면 성(性)은 정(靜)하고 정(情)은 동(動)하는 것이다. 그러므로 『역』「설괘전(說卦傳)」에 '하늘의 도를 세우는 것을 음과 양이라고 하고, 사람의 도를 세우는 것을 인(仁)과 의(義)라고 한다.'"라고 하여 동정과 성정의 관계를 거론하였다. 「경암기(敬菴記)」에서는 『역』의 "경으로써 안을 곧게 한다. [敬以直內]"라는 것과 정이천의 "함양은 반드시 경을 써야 한다. [涵養須用敬]"라는 것을 인용하여 경(敬)을 학문하는 요체로 삼았다. 「납폐장의(納幣狀儀)」에서는 "성인은 역을 지을 때 건괘(乾卦)와 곤괘(坤卦)에 기초하였다. 그 이치는 대개 군자에게 취하고 부부(夫婦) 사이에서 시작한다."라고 하여 부부의 관계를 건괘와 곤괘로 설명하였다.

권3은 부록으로 현와(鉉窩) 고광선(高光善)이 1924년에 쓴 「송계기(松溪記)」와 「존도계첩서(尊道契帖序)」가 있으며, 문인 오동근(吳東根), 오태수(吳泰洙), 오윤선(吳潤善), 오원근(吳元根), 오장수(吳長洙), 오왕근(吳旺根), 오갑수(吳甲洙) 등이 올린 제문(祭文)이 수록되어 있다. 그리고 아들 박제순(朴濟淳)이 1956년 1월에 쓴 가장(家狀)과 기노장(奇老章)이 1963년 8월에 찬(撰)한 행장(行狀)·묘갈명(墓碣銘)과 정영필(鄭英珌)이 1958년 8월에 찬(撰)한 묘지명(墓誌銘)이 있으며, 유적비문(遺蹟碑文)과 입비향사축(立碑享祀祝)이 수록되어 있다.

## 3. 문집 목차

### 松溪遺稿序(鄭英珧)

卷一

詩(五絶): 静夜聽溪(二首) 聞鶯 别故人 柳絮 祝聖壽韻(並序二首) 贈故人 春日偶吟 詠桃花 詠鶯 春日偶題 登臨 詩會(六言律) 夜聞漁歌(七絶二首) 懷故人 遣興 曉牕聞啼鳥 仲春卽事(二首) 閒吟 戱題磐石 卽景 雨後謾吟 春日卽事(二首) 竹裏清風 松 溪 清溪泝澼 雪中梅 飮酒 雪月 山僧 黑雲 詠冰 燈花 風雪 寒江釣翁 處士 嫁娶 詠鳳 詠狗 月暈 詠雄稚 星辰(二首) 鷄卵 戒酒 還家 冬暖 冬雨 山頭封雪 感節候 獨坐 詠月梅 冬至吟 叙懷 雪花 謹次永追齋韻 無題(六首) 早春逢故人(五首) 遣惘(二首) 聯節出洞路上口占(六首) 雪夜偶吟(二首) 與友同題(二首) 示諸生(二首) 閒居偶吟(三首) 早春偶題(二首) 路上口呼 謹次五悔文明浩郤金韻 餞春 魚登望月 龍山宿雲 鵲川漁火 新柳 耕田 詠梅花 養鵝 逢客吟 別吳景善 松溪原韻(二首) 謹次吳難窩丈(繼洙)壽宴韻(二首) 謹次吳後石(駿善)壽宴韻 謹次柳松谷(永觀)壽宴韻(并序) 謹次鄭聳錫漁樵菴韻 謹次鄭叅奉(海鎰)陟西亭韻 謹次諸葛澹寧(細凉)獨釣臺韻 謹次梁梧軒(逸永)睟宴韻 謹次金悔齋韻 謹次吳權洙石峯韻(二首) 謹次吳雙溪堂韻 淵洞齋與吳注書(鶴善)相和 謹次林聖交壽宴韻 謹次林梧亭原韻 和同硯契韻 謹次金京煥穩棲齋韻 謹次綾城文明浩松竹亭韻 謹次表從吳碩煥睟晏韻(並序) 謹次羅梅湖(英漢)壽席韻 冬至韻 龍江泛舟 逢客叙懷 初夏過松汀驛 謹次林基鎬龍烏亭韻 謹次李光鎬慕先堂韻 端陽日吟 謹次鄭慶國月潭韻 謹次金仲知聽天堂韻 丁卯除夕 謹次蘆沙先生韻 贈友(二首) 開正望夜 閒坐草堂 與月松友吟(三首) 喜逢故人(二首) 與吳南隱(在遇) 訪友(二首) 省掃慶州五陵有感 春日與友謾吟 與友同題 訪故人幽居 平櫝齋吟(四首) 贈

柳生(二首) 錦陽君影堂落成韻 淵谷齋唱酬(二首) 偶題 先墓著存齋韻 戊午回甲感吟 同庚回甲韻 同志晬晏韻 謹次廣隱吳璋善晬晏韻 謹次歲寒齋韻 白羊寺敘懷 故人晬宴韻 挽松沙奇先生(宇萬) 挽竹窩吳公(貞主) 挽漁樵鄭公(聳錫) 挽柳公(聖輝) 挽湖陰朴公(魯庠) 挽梧軒吳公 挽參奉梁公(德重) 挽吳公難窩先生(繼洙) 挽筠陰吳公(貞善) 挽舍弟

卷二

書: 上梁草史丈(相衡) 與沙村奇洛度 與金明洙 答吳竹史丈(在洙) 答揜耳齋高光善 慰人別紙 答嶠南歸客 答安汝恩 答鄭相烈 與李監役(秉龜) 答族姪

記: 石峯記 瑞雲記 龍烏亭記 憾齋記 歲寒齋記 靜養齋記 敬菴記 石塢記 晩翠齋記 崇德山記 鹿菴記

序: 挾陽村契案序 婚契序 設享契序

行狀: 圓川鄭公行狀 嘉善大夫侍從院副卿 閔公行狀

文: 著存齋上樑文 祭通政大夫族叔文

雜著: 納弊狀儀 定親事狀 回定親事狀

說: 贈柳大洙勸學說

卷三

附錄: 松溪記(高光善) 尊道契帖序 祭文 家狀(朴濟淳) 行狀(奇老章) 墓碣銘(奇老章) 墓誌銘(鄭英珌) 遺蹟碑文(朴濟淳) 立石日享祀祝 跋(朴濟淳)

# 『송산일고(松山逸稿)』

## 1. 저자 소개

변대용(邊大容, 1846~1908)의 자는 내우(乃禹)이고 자호(自號)는 송산(松山)이며 본관은 황주(黃州)이다. 황주는 황해북도 황주군 일대를 가리키는데, 시조인 변려(邊呂)는 중국 농서(隴西) 지방 사람으로 고려에 귀화해서 공을 세워 태천백(泰川伯)에 봉해졌다고 한다. 변대용의 집안은 중군사정(中軍司正)을 지낸 8세조 변정(邊靜) 때에 호남의 장성(長城)으로 세거지를 옮겼다. 할아버지는 기옹(碁翁) 변종락(邊宗洛)이고 아버지는 성암(省菴) 변상홍(邊相鴻)이며, 어머니는 남양홍씨(南陽洪氏)로서 홍익칠(洪益七)의 따님이다. 변대용은 1846년 8월 11일 장성 장안리(長安里)의 집에서 태어났다.

8살 때부터 학문에 뜻을 두고 공부하여 『효경(孝經)』과 『논어(論語)』에 통달하였다. 특히 시(詩)를 잘 짓는 것으로 유명했다. 「행장」에 의하면 여덟 살 변대용을 만난 기정진은 "너는 책을 읽을 줄 아느냐? 한 글자도 틀리지 않고 부(賦)를 지을 수 있겠느냐?"라고 하고서 '명월(明月)'이란 제목을 주었다. 변대용은 「영월(詠月)」이란 시를 지어 응수했는데, 그 내용은 다음과 같다.

> 저 달 본래 사심이 없어
> 모든 집 두루 비치듯
> 내 마음 또한 달과 같으니
> 이처럼 대하면 세속 티끌 하나 없으리

이를 계기로 장성 하사리를 오고 가게 되면서 변대용은 기정진의 직전 문인이 되었다. 그는 평생 기정진에게 배운 학문을 익히고 실천하면서 평생을 보냈다.

1905년 을사늑약이 체결되자 향리의 수령에게 토벌할 것을 청했으나 받아들여지지 않았고, 변대용은 세상과 교유를 끊었다. 이듬해 익릉참봉(翼陵參奉)에 제수되었으나 나아가지 않고, 송명산(訟明山)에 들어가 송국헌(松菊軒)이라 이름을 붙인 당(堂)을 짓고 지내면서 '송산(松山)'이라고 자호를 지었다. 정몽주의 「단심가(丹心歌)」를 읊조리면서 집안사람들에게는 서양에서 들어온 물건들을 쓰지 말도록 경계했을 뿐 다른 것은 언급하지 않았다. 1908년 1월 6일 맑은 아침에 옷을 갈아입고 태연하게 세상을 떠났다.

부인은 청주한씨(淸州韓氏)로서 한만형(韓晩馨)의 따님으로 1남 1녀를 두었다. 아들은 변정기(邊貞基)인데, 그는 다시 3남을 두었고 그 가운데 둘째인 변진수(邊鎭壽)의 2남 가운데 장남이 『노사선생연원록』을 편찬하는 데 기여했던 변시연(邊時然)이다.

## 2. 문집 구성과 내용

『송산일고(松山逸稿)』는 2권 1책 석판본으로 1997년 장성에서 한국고문연구회에 의해 간행된 변대용(邊大容)의 시문집이다. 문집 형태는 4주쌍변(四周雙邊) 반곽(半郭) 18.2×12.3cm, 유계(有界), 9행 18자 주쌍행(註雙行), 상하향2엽화문어미(上下向二葉花紋魚尾) 28.1×19.0cm이다. 권두에는 이종선(李鍾宣)이 1997년에 쓴 서문, 권말에는 증손 변시연(邊時淵)이 1996년에 쓴 발문이 수록되어 있다. 표제는 '송산일고'이지만 실제로는 세 사람의 유문을 한 책으로 편집한 것이다. 각각 변대용의 『송산일고』, 아들인 변정기(邊貞基)의 『학생공유적(學生公遺蹟)』, 그리고 변정기의 3남 가운데 첫째인 변진승(邊鎭昇)의 『명운수록(明雲隨錄)』이다. 사실상 할아버지부터 손자까지 3대의 문집에 해당하지만, 아래의 서술은 기정진의 직전문인에 해당하는 변대용(邊大容)의 『송산일고』 부분만을 소개하는 것이다. 이 문집은 서울대학교, 서강대학교, 덕성여자대학교, 연세대학교, 전북대학교, 호남대학교에 소장되어 있다.

권1은 시(詩)·잡저(雜著)·서(序)·기(記)·찬(贊)으로 이루어졌다. 「목차」에 의하면 시는 8세에 기정진에게 '명월'이라는 제목을 받고 지었다는 「달을 읊다[詠月]」를 포함한 6편이 실려 있다고 하지만, 그 가운데 「종씨인 신묵재공의 회갑운(從氏愼默齋公回甲韻)」은 제목만 있을 뿐 내용이 망실되어서 실제로는 5편이다.

잡저는 「북지왕(北地王) 유심(劉諶)의 입장에서 후제(後帝)에게 전쟁을 청하는 주장[擬北地王劉諶上後帝請戰奏]」을 비롯한 7편이다. 이 글은 유비의 아들인 촉한의 후제(後帝), 유선(劉禪)의 다섯째 아들로 북지왕에 봉해진 유심이 위나라와의 전쟁을 청하는 상주문을 올리는 것에 가탁해서, 일제에 의해 저물어가는 조선을 위해 싸워야 한다는 뜻을 피력하는 글이다. 이와 비슷한 의서(擬書)도 2편이 실려 있는데, 하나는 「평원군의 부인 입장에서 보내는 위나라 공자에게 구해줄 것을 청하는 편지[擬平原君夫人遺魏公子請救書]이고 다른 하나는 북송 이정(二程) 형제의 아버지인 정향(程珦)에 의탁해서 주돈이(周敦頤)에게 보내는 정호(程顥)·정이(程頤) 두 아들을 부탁하는 내용을 담은 「(정향의) 입장에서 주렴계에게 보내는 두 아들을 부탁하는 편지[擬與周濂溪託二子書]」이다. 의서(擬書)라는 표현이 없을 뿐 실제로 의서에 해당하는 또 다른 잡저는 「행와(行窩)가 완성되어 우리 집에 선생을 청하는 편지[行窩成請吾家先生書]」이다. 이 글은 소옹(邵雍)의 안락와(安樂窩)을 모방해서 '행와(行窩)'라고 이름을 붙인 저자가 '선생'이라고 칭하는 소옹의 방문을 요청하는 내용이기 때문이다. 「사유론(四維論)」은 『관자(管子)』에 나오는 국가를 유지하는 네 가지 기둥, 즉 예(禮)·의(義)·염(廉)·치(恥)를 논하는 글이다. 마지막으로 「주설(舟說)」은 『주역』 「계사 하」 2장의 "나무를 쪼개 배를 만들고 나무를 깎아 돛대를 만든다. [刳木爲舟 剡木爲楫]"는 구절을 소재로 배를 만든 사람과 저자와의 대화라는 형식을 빌려 홍수보다 심한 시국의 어려움을 극복해야 한다는 뜻을 드러내고 있다.

서문은 2편인데 모두 일종의 의서(擬序)이다. 「도화촌 기슭에서 어부를 전송하는 서문[桃花崖送漁舟子序]」은 무릉도원을 방문한 어부의 이야기에 착안해서 도화촌에 숨어 사는 사람의 입장에서 무릉도원을 방문한 어부를 전송하는 형식으로 쓴 서문이다. 「정겸재의 금강첩 뒤에 쓴 서문[鄭謙齋金剛帖後序]」 또한 겸재 정선(鄭敾)의 금강전도(金剛全圖)를 보고 난 후의 소감을 쓴 것이 아니라. 실제로 보고 싶다는 소망을 표현한 글이다. 찬(贊)은 「대명홍찬(大明紅贊)」 1편인데, 꽃에 '대명(大明)'이라고 이름을 붙인 의의를 서술한 것이다.

권2는 부록으로서 가장·행장·묘갈명·묘표·묘지명·묘음기(墓陰記)·제문·고묘문(告墓文)·묘갈명추기(墓碣銘追記)·수갈고유(竪碣告由)·모송계서(慕松契序)이다. 「가장」은 손자 변진수(邊鎭壽)가, 「행장」은 이종택(李鍾宅)이, 「묘갈명」은 홍치유(洪致裕)가, 「묘표」는 민병승(閔丙承)이, 「묘지명」은 이규헌(李圭憲)이, 「묘갈명추기」와 「모송계서」와 「제문」 그리고 「고묘문」, 비석을 세울 때의 고유문인 「수갈고유」는 증손자인 변시연이 썼다. 모송계는 변대용을 추모하는 증손자 항렬의 종형제(從兄弟) 8인의 모임이다. 「묘음기」는 변대용과 부인인 청주한씨(淸州韓氏)를 기리는 비석의 음기(陰記)이다.

### 3. 문집 목차

卷一

**詩:** 詠月 秋日有感 次古人四時樂景詞 春日江行 從氏愼黙齋公回甲韻(逸) 是日書示從姪輩

雜著: 擬北地王劉諶上後帝請戰奏 擬平原君夫人遺魏公子請救書 擬與周濂溪託二子書 行窩成請吾家先生書 袁盎引郤愼夫人論 四維論 舟說

序: 桃花崖送漁舟子序 鄭謙齋金剛帖後序

記: 靈臺記

讚: 大明紅贊

卷二

附錄: 家狀(邊鎭壽) 行狀(李鍾宅) 墓碣銘(洪致裕) 墓表(閔丙承) 墓誌銘(李圭憲) 墓陰記(邊時淵) 祭文(仝) 告墓文(邊堯淵) 改莎築臺具床埋誌竪碑表告由(邊時淵) 墓碣銘追記(仝) 竪碑告由(仝) 竪童子石告由(仝) 慕松契序(仝)

# 『송암유고(松菴遺稿)』

## 1. 저자 소개

신재철(愼在哲, 1803~1872)의 자는 명오(明吾)이고 호는 송암(松菴)이며 본관은 거창(居昌)이고 세거지는 영광(靈光)이다. 거창신씨(居昌愼氏)의 시조는 송나라 개봉부 출신의 신수(愼修, ?~1101)로서 고려 문종(文宗) 때에 귀화해서 벼슬이 사도(司徒) 좌복야(左僕射)에 이르렀고 시호는 공헌(恭獻)이다. 신수의 아들 신안지(愼安之)는 예종·인종 2대에 걸쳐 벼슬을 하면서 병부상서(兵部尙書)를 지냈는데, 이때부터 거창을 본관으로 사용했다. 9세조인 신희남(愼喜男 1517~1591)은 이이·김인후 등과 교유했으며 강원도 관찰사를 지냈다. 증조는 신창정(愼昌鼎), 할아버지는 신사전(愼師典)으로 호는 관호(觀湖)이다.[12] 4남 4녀를 두었는데, 그 가운데 막내인 신옥현(愼玉顯)이 신재철의 아버지이고, 어머니는 전의이씨(全義李氏) 이양회(李養晦)의 딸이다.

신재철은 1803년 4월 29일 장흥(長興)에서 3남 가운데 맏아들로 태어났다. 처음에는 홍직필(洪直弼)의 문인이자 종형(從兄)인 묵재공(默齋公)에게 학문을 익혔다. 1837년 아버지가 세상을 떠났고,[13] 1847년 어머니

---

12 洪直弼, 『梅山集』 권43(표점영인 한국문집총간 vol.296), 「觀湖愼公墓誌銘」, 380~382쪽 참조.

13 「행장」에서는 외간(外艱) 즉 아버지의 상을 당한 해가 병진(丙辰, 1856)이고 어머니의 상을 당한 해가 정미(丁未, 1847)라고 표기하고 있다. 그러나 「행장」의 서술 순서와 내용으로 보면 아버지의 상을 당한 다음에 어머니의 상을 당한 것

가 세상을 떠났다. 어머니의 상을 마친 후 그는 과거를 위한 학업을 포기하고 성리학에 몰두했다. 경술년(庚戌, 1850)에 그는 장헌주(張憲周)와 학문적으로 교유했는데, 장헌주는 자신이 편찬한 『초학지남(初學指南)』 1편과 이황(李滉)이 편집한 『주자서절요(朱子書節要)』를 주면서 "『주자대전』은 분량이 너무 많아 형세상 요점을 파악하기 힘들지만, 이 책은 매우 절실하게 학자들에게 핵심을 요약한 것이므로, 숙독해서 음미한다면 반드시 터득하는 것이 있을 것이다"라고 했다. 또한, 이듬해인 신해년(辛亥, 1851)에 그는 49세의 나이로 기정진에게 나아가 학문을 토론하면서 세상을 떠나는 1872년까지 학술적 토론을 그치지 않았다. 을축년(乙丑, 1865)에 송래희(宋來熙, 1791~1867)를 배알하고서 환갑을 지난 나이에도 500리 길을 오가며 스승으로 섬기면서 학문을 익혔다.

신재철의 「행장」은 송기로(宋綺老)의 저술인데, 그는 송래희를 '종숙(從叔)', 즉 집안의 삼촌 항렬에 해당하는 것으로 묘사하고 있다. 송기로는 「행장」에서 신재철과 송래희의 관계를 명확하게 '종사(從師)'라고 함으로써 사제 관계임을 분명히 하고 있다. 반면에 『노사선생연원록』은 신재철을 기정진의 직전 문인으로 기록하고 있다. 이런 인식의 차이는 『송암유고』의 편집 체제에도 반영되어 있다. 『송암유고』 권12의 서(書) 부분을 살펴보면 제일 먼저 송래희에게 보내는 '금곡선생에게 올림[上錦谷先生]'이라는 제목의 7통의 편지가 실려 있고, 그 다음에 「여력재 장장(헌주)—에게 올림[上餘力齋張丈(憲周)」 및 「노사 기장—정진(정진)에게 올림」이 각각 13통과 6통이 실려 있다. 이것은 적어도 『송암문집』의 편찬자들에게 신재철은 송래희를 '선생'이라 칭하고, 장헌주와 기정진을 '어르신[丈]'이라고 칭하는 교유 관계로 비춰졌다는 뜻

---

으로 묘사하고 있는데, 이것은 부모의 사망 연도 표기와 어울리지 않는다. 어쩌면 병진은 병신(丙申, 1837)의 잘못일 것이다.

이다. 따라서 신재철은 느슨한 의미에서 노사학파의 직전문인이라고 할 수 있을 것이다.

그는 영암 향교 명륜당에서 18년 동안 한학을 강론했으며, 열락재(說樂齋)라는 서당을 건립하여 많은 인재를 양성했다. 최익현의 아들인 최영조(崔永祚)는 신재철의 사위였고, 이 때문에 그의 『송암문집』을 발행하려고 했을 때, 사돈인 최익현에게서 받아두었던 서문을 문집의 앞에 수록할 수 있었다.

영암군에는 그의 강학 활동을 기리기 위해 영암군 덕진면 운암리 열락재와 관풍정 주변에 송암정사(松菴精舍)를 건립했으나, 지금은 사우로서의 기능을 상실하고 사적 공간으로 사용되고 있다. 또한, 영암군 덕진면 운암리 선암 마을에는 지역 유림인 최돈석(崔敦錫)을 비롯한 14명이 세운 「'송암 신선생 유허비(松菴愼先生遺墟碑)」가 서 있다. 비문은 기우만이 지었고, 사위인 최영조가 글을 썼다.

## 2. 문집 구성과 내용

『송암유고(松菴遺稿)』는 2권 2책 신연활자본으로 손자인 신종봉(愼宗鳳)이 유고를 모아 편집해 둔 것을 증손인 신문성(愼文晟)이 1963년 4월 전남 영암군 덕진면(德津面) 선암리(船巖里) 열락재(說樂齋)에서 간행한 신재철(愼在哲)의 시문집이다. 문집 형태는 4주쌍변(四周雙邊) 반곽(半郭) 21.4×15.1cm, 유계(有界), 12행 28자 주쌍행(註雙行), 화구(花口), 상하향흑어미(上下向黑魚尾) 29.0×16.4cm이다. 건(乾)·곤(坤) 두 책으로 제책되어 있고 각각 권1과 권2에 해당한다. 문집의 목차도 건책의 앞부분에 종합적으로 정리되어 있지 않고, 제1권의 목차는 제1책의 앞부분에 권2의 목차는 제2책의 앞부분에 따로 실려 있다. 권두에는 최익현(崔益鉉)이 1898년에 쓴 서문, 권말에는 증손 신문성(愼文晟)이 1963년에 쓴 발문이 실려 있다. 이 문집은 전남대학교, 인하대학교 연세대학교에 소장되어 있다.

권1은 부(賦)·시(詩)·서(書)·잡저(雜著)로 구성되었다. 부는 「차감춘부(次感春賦)」와 「술회부(述懷賦)」 두 편인데, 전자는 주희(朱熹)의 「감춘부(感春賦)」를 차운한 것이다. 시는 소나무를 읊은 「영송(詠松)」을 비롯한 167편이 실려 있는데, 이 가운데 만사(挽詞)가 31편이다.

서는 모두 57편인데, 송래희에게 보내는 「금곡선생에게 올림[上錦谷先生]」 7편, 장헌주에게 보내는 「여력재 장장에게 올림[上餘力齋張丈]」 13편, 그리고 기정진에게 보내는 「노사 기장에게 올림[上蘆沙奇丈]」 6편의 순서로 배치되어 『송암문집』의 편집자들이 송래희의 학문적 사승 관계를 어떻게 파악하고 있었는지를 보여준다.

『송암문집』에 실린 잡저는 모두 12편인데, 그 가운데 6편이 권1의 뒷부분에 실려 있고 나머지 6편이 권2의 앞부분에 실려 있다. 먼저 「『주자대전』의 「의맹변(疑孟辨)」과 「역해(易解)」 등의 편을 읽고[讀朱子大全疑孟辨易解等篇]」가 있다. 이 글은 『주자대전(朱子大全)』 권73에 실린 「여은지(余隱之: 余允文)의 「존맹변(尊孟辨)」을 읽고[讀余隱之尊孟辨]」의 일부분인 「온공의맹(溫公疑孟)」 상·하 및 권72에 실린 「잡학변(雜學辨)」의 일부분인 「소씨역해(蘇氏易解)」를 읽은 뒤의 소감을 쓴 것이다. 두 글은 각각 주희가 사마광(司馬光)의 맹자론과 소식(蘇軾)의 역학관을 비판한 것이다. 「탄세설(歎世說)」은 명나라가 망하고 청나라가 중국을 장악한 것을 탄식하면서 송시열의 존주론(尊周論)을 찬탄하는 글이다. 「한거잡록(閑居雜錄)」은 수시로 생각이 날 때마다 학행·태극·명덕·학술 등 다양한 주제들을 단편적으로 서술한 내용을 모은 것이다. 「계아조(戒兒曹)」 선비는 의리를 밝히는 것을 책무로 삼아야 할 것, 화이(華夷)를 구분할 것, 서양(西洋)에 오염되지 말 것 등의 내용을 아들에게 당부하는 글이다. 「예설문답(禮說問答)」은 최종렬(崔鍾烈)의 질문에 대답하는 내용이고, 「제의(祭儀)」는 기제(忌祭)와 묘제(墓祭)의 구체적 절차와 방법을 기록한 것이다.

권2는 잡저 6편, 서(序) 3편, 기(記) 10편, 발(跋) 6편, 명(銘) 5편, 찬(贊) 3편, 혼서 2편, 고축문 5편, 제문 11편, 상량문 2편, 유사 5편, 가장 3편, 유장(儒狀) 1편으로 구성되었다.

잡저 6편의 첫 번째는 1856년에 쓴 「자경설(自警說)」로 위기지학(爲己之學)에 힘쓸 것을 다짐하는 글이다. 「최덕첨 형에게 주는 글[贈崔兄德瞻說]」 또한 '경서를 연구하고 이치를 탐구하며, 실천에 힘쓸 것'을 권유하는 글이다. 「자회설(自悔說)」은 나이가 들었음에도 견문이 과루(寡陋)한 자신을 책망하는 글이고, 집안의 장손 이름을 종구(宗龜)로 지은 의의를 서술한 「장손의 이름을 종구(宗龜)로 지은 설[名長孫宗龜說]」, 「손자를 경계하는 글[戒兒孫]」이 뒤따르고 있다. 마지막으로 「상사답문(上沙答問)」은 기정진이 머물고 있던 장성군 상사리(上沙里)를 방문해서 밤늦게까지 『대학』의 성의장(誠意章)을 비롯한 다양한 학술적 주제들을 토론한 내용을 기록한 것이다.

서(序)는 집안에 보관된 족보의 초록본에 붙인 「가장세보초서(家藏世譜抄序)」, 수락산 선영에 있는 모정의 홀기에 붙인 「수락산선영묘향홀기서(水落山先塋墓享笏記序)」, 자신이 편집한 예서(禮書)인 『예의찬집(禮疑纂輯)』의 서문인 「예의찬집서(禮疑纂輯序)」이다.

기(記)는 「사곡재실기(槎谷齋室記)」를 비롯한 10편이, 발은 「집안에 보관된 『호락원위』의 뒤에 쓰다[書家藏湖洛源委後]」를 비롯한 6편이다. 『호락원위』는 편찬자와 저술 시기가 불분명하기는 하지만, 대략 18세기 후반에서 19세기 초반 사이에 율곡학파의 낙론계 학자에 의해 저술된 것으로 추정되는 호락논쟁(湖洛論爭)의 자료를 편집한 책이다. 명(銘)은 「영대명(靈臺銘)」을 비롯한 5편이, 찬(贊)은 「암송찬(菴松贊)」을 비롯한 3편이, 혼서(昏書)는 장손인 종구(宗龜)와 둘째 손자인 종봉(宗鳳)의 것이 2통 실려 있다. 고축(告祝)은 「기우제축문(祈雨祭祝文)」을 비롯한 5편이,

제문은 송래희를 추모하는 「금곡선생 제문(祭錦谷先生文)」 2편을 포함한 11편이 실려 있다. 상량문은 송원당(松園堂)을 지을 때와 송암(松菴)을 이전하면서 지은 2편이, 유사는 신기(愼幾)의 유사인 「경재공유사(景齋公遺事)」를 비롯한 5편이 실려 있다. 가장(家狀)에는 할아버지인 관호공(觀湖公) 신사전, 아버지인 신옥현, 어머니인 전의이씨의 「가장」 3편이 실려 있다. 유장(儒狀)에는 이유혁(李儒爀)의 부인인 광산이씨(光山李氏)를 열부로 추천하는 「열부 이씨 추천장[薦烈婦李氏狀]이 1편 실려 있다. 한편, 부록(附錄)에는 「송암기(松菴記)」 및 최기일(崔基一)이 신재철에게 보내는 편지 1통, 최기일을 비롯한 48인이 쓴 만사(輓詞) 48편과 제문(祭文) 1편이 실려 있다. 마지막으로 신재철의 전기 자료로서 아들인 신병용(愼炳鏞)이 지은 「가장」, 송기로(宋綺老)가 지은 「행장」, 최익현이 지은 「묘표(墓表)」, 기우만이 지은 「유허비명(遺墟碑銘)」이 1편씩 각각 실려 있다.

### 3. 문집 목차

卷一

賦: 次感春賦 述懷賦

詩: 詠松 題友人山居 次積山富春亭韻 遊珠璃峯 和贈崔友德瞻 次楊州先塋省墓錄韻 喜雨 立春 寒食 冬至 除夜 謹次二友堂韻 悼亡弟感吟 自遣 痛哭先妣墓遇雨感吟 齋居日乎韻 訪族姪大載三鄉寓居 戒酒 仲秋拜先府君墓感吟 祗拜聖廟有感 草堂幽興 誠敬吟 詠易 敬次槎谷精舍韻 偶吟 錦江道中 自歎 槎谷感吟 登屯德峙 槎谷精舍偶吟 精舍敬次族祖懷齋公韻 次白懷齋韻 觀豊亭與諸友酬唱 廣寒樓次佔畢齋韻 題瀛州閣 搜勝臺次退溪先生韻 樂水亭謹次三淵先生韻 又題樂水亭 觀水樓敬次族祖承旨公韻 題滌愁臺 過蓴巖 月城 敬次渼湖先生草堂四章 鹿洞書院敬次文谷板上韻 又次退漁金尚書(鎭商)韻 秋雨小

暗菊花初發摘取仍吟 松陽院酬唱 追憶皇朝有感 聞萬東廟撤享感吟 讀朱子大全感吟 秋朝用渼湖先生韻 夜吟 春雨 題松菴壁上 聞元子誕生不覺喜吟 謹次永保亭韻 次肯軒韻 讀論語 槎谷齋呼韻得菴字卽成 倉津舟中用栗翁大同江韻 槎谷菴用栗翁山中四詠韻 謹次湖隱韻 偶吟 和崔德瞻(基一) 松陽祠入齋日有諸生和韻故仍次 文賢範以所詠韻傳示追步 與文友(載熙)相和 鄕老宴會 寄德瞻 題說樂齋 說樂齋遙望遠峯 復以前韻詠遠峯孤松 自省 雨中春樹 和贈梁友(纘永) 讀河西集敬次霽峯韻 追次華藏寺韻 讀心經 烏竹杖 餘力齋次場丈韻(附原韻) 敬次松江懷河西韻 又次重峯先生詠河西韻 觀豊亭相和 觀豊亭逢崔士一孝元二兄 淸夜更話 閒中追懷 次茅亭韻 詠雲谷齋韻 夏夜吟 謹次羅公(海崙)松島集銘韻 聽溪 追次崔德瞻 過夢灘江 珠璃峯祈雨祭謹用族祖懷齋公韻 渡射江忽思東坡韻有吟 遊智異山 山中見桃花盛開口占次蘇湖亭韻 槎谷菴滯雨作 說樂齋十景韻 復詠十景律 仙掌巖 賣薪翁 永保亭酬唱 說樂齋罷接韻 觀豊亭與諸益相和 說樂齋和吟 文子乘罷接而歸故復以前韻贈別 讀朱子大全感吟 散步前溪次栗谷沿流坐石韻 次黃愼周 比年常看華陽全書己巳午月九日夜夢親陪先生不勝感慕而吟敍懷 淸道院道中 桐谷觀善契會 過玉溪 暫休長橋店卽吟 追憶皇朝有感 上錦谷先生 觀善會講中庸 觀善會講孝經 和呈姜校理(長煥)回甲韻 和贈宋應厚(欽載) 敬次尤菴先生讀朱子大全韻 次尤翁除日韻 謹步栗谷先生箕子廟韻 讀孟子用尤翁韻 自警吟 漫吟 錦谷先生大祥日感懷 謹次梅山先生自警吟 謹次農岩心字韻 門外觀擾牛李玄甫下驢拜敍仍辭歸悵然賦之 歷訪存養樓士一兄不復見矣悵然有感 挽錦谷先生 挽餘力齋張丈(憲周) 挽從兄溪翁公(在殷) 挽崔溪堂(養欽) 挽文公(檝) 挽崔公(萬永) 挽鹿門族兄(在亨) 挽金觀躍齋(恩國) 挽朴進士(贊赫) 挽曺兼一(丙圭) 挽族姪箕叔 挽全守奉官(宗行) 挽族祖湖隱公(泰顯) 挽羅錦里(性裕) 挽從兄黙齋公 挽白棹汝(基漢) 挽金司諫(權) 挽崔翠亭(栢文) 挽族姪敬初(錫欽) 挽崔一士(根厚) 挽崔嵋村(德淺) 端午日

望亡弟墓感吟 挽鄭養汝(允浩) 挽李致膺(圭漢) 挽梁穎溪(濟楫) 挽梁國楫(濟臣) 挽崔敬若(聲欽) 挽柳極老(南逵) 挽崔孝元(瓘永) 挽玄聖益(相稷) 挽曺聖瑞(重圭)

書: 上錦谷先生(七) 上餘力齋張丈(憲周 十三) 上蘆沙奇丈(正鎭 六) 與宋石泉(格老 二) 與宋德三(益老 六) 與李進士玄績 與姜校理(長煥) 與李龍如(義翼 二) 與崔德瞻(基一 四) 與羅憲夫(明集 二) 與李玄秀(烋) 與羅穉文(憲圭) 與宋應厚(欽載) 答吳敬昊(元欽) 與宋(鍾萬 二) 與宋(鍾萬 二) 與李(根文 二) 與或人 與李上舍(龍運) 與張生

雜著: 讀朱子大全疑孟辨易解等篇 歎世說 閑居雜錄 戒兒曹 禮說問答 祭儀

卷二

雜著: 自警說 贈崔兄德瞻說 自悔說 名長孫宗龜說 戒兒孫 沙上答問

序: 家藏世譜抄序 水落山先塋墓享笏記序 禮疑纂輯序

記: 槎谷齋室記 槎谷齋室重修記 松陽祠營建事蹟追記 松陽祠遺墟記 松菴小記 觀豊亭記 一樂齋記 說樂齋記 遊俗離山記 月出山諸勝記

跋: 書家藏湖洛源委後 松陽祠遺蹟後敍 家藏崇禎通寶跋 初學指南跋 書家藏書社輪誦後 書家藏觀善禊帖後

銘: 靈臺銘 烏竹杖銘 冊刀銘 枕銘 書燈銘

贊: 菴松贊 園菊贊 文房四友贊

昏書: 長孫宗龜昏書 二孫宗鳳昏書

告祝: 祈雨祭祝文 蟬虫爲災祭天祝文 修井祭祝文 怪疾祈天祭祝文 松陽祠位牌埋安告由文

祭文: 祭錦谷先生文 再祭文 爲李錫九祭錦谷先生大祥文 祭從兄默齋公文 祭餘力齋張公(憲周)文 祭族侄永安(海鎭)文 祭宋石泉(格老)文 祭崔霞軒(根厚)文 悼亡弟文 祭聘母李氏文 哭亡女羅氏婦文

上梁文: 松園堂上梁文 松菴移建上梁文

遺事: 景齋公遺事 山亭公遺事 瀯溪公遺事 素隱公遺事 湖山公遺事

家狀: 觀湖公家狀 先考學生家狀 先妣李氏家狀

儒狀: 薦烈婦李氏狀

附錄: 松菴記 謹呈松庵 輓詞(四十八) 祭文 家狀(愼炳鏞) 行狀(宋綺老) 墓表(崔益鉉) 遺墟碑(奇宇萬)

# 『송오유고(松塢遺稿)』

## 1. 저자 소개

김기현(金基炫, 1895~1966)의 자는 귀서(龜瑞)이며 자호는 송오(松塢)이고 본관은 광산(光山)이다. 신라 말에 왕자 흥광(興光)이 나라에 난(亂)이 일어날 것을 알고 광주에 은둔하였기 때문에 후손들이 이로 인해서 본적으로 삼았다. 고려조에 크게 현달하여 8대를 연이어 평장사(平章事)를 지내서 사람들이 그 지역을 평장동(平章洞)이라고 불렀다. 조선조에 이르러서 김약채(金若采)가 도관찰(都觀察)을 지냈는데 이때부터 대대로 벼슬한 사람이 많이 나와 명망과 덕행이 이어졌다. 도학의 대유(大儒)로서 문묘(文廟)에 배향된 사계(沙溪) 김장생(金長生, 1548~1631)의 후손이며, 김장생의 손자인 김익겸(金益兼, 1614~1636)[14]은 병자호란 때 강화도에서 순절하여 증직되었는데, 나라에서는 정려문(旌閭門)을 세워 그 위상을 높였다. 고조는 운암(雲菴) 김윤명(金允明)이고, 증조는 통덕랑(通德郎) 김필성(金必聲)이며, 할아버지는 금호(錦湖) 김기연(金琦淵), 아버지는 죽헌(竹軒) 김재문(金在文)이다. 어머니는 전주최씨(全州崔氏) 최진방(崔鎭邦)의 딸이다.

---

14 김익겸(金益兼)의 자는 여남(汝南)이고 시호는 충정(忠正)이며 본관은 광산(光山)이다. 성균관의 유생들과 함께 명나라와의 의리를 지키고 청나라를 반대하는 상소를 올렸으며, 병자호란이 일어나자 강화로 가서 성을 지키다가 함락되기 직전에 분신자살하였다. 뒤에 영의정으로 추증되고 강화 충렬사(忠烈祠)에 배향되었다.

김기현은 고종 32년 1895년 5월 21일 나주(羅州) 인동리(仁洞里)에서 태어났다. 어려서부터 바탕이 출중하고 총명하여 글방에서 스승이 번거롭게 가르치거나 감독하지 않아도 일찍부터 학문과 기예를 성취하였다. 10세(1904)에 아버지를 일찍 여의고, 성인(成人)처럼 어머니를 모시면서 학업에 열중하였다. 조금 자라서는 난와(難窩) 오계수(吳繼洙, 1843~1915)[15]의 문하에 들어가 책을 읽었고, 후암(後菴) 송증헌(宋曾憲, 1878~1947)[16]의 문하에 들어가 경서와 예문을 강론하고 질정하였다.

약관(弱冠) 무렵에 선조(先祖)가 이루지 못한 뜻을 받들어 7세조 묘 아래에 사경재(思敬齋)[17]를 축조하여 제숙(齊宿)의 장소로 삼았다. 그리고 「사경재운(思敬齋韻)」과 「사경재실기(思敬齋實記)」와 「사경재상량문(思敬齋上樑文)」을 남겼다. 33세(1927)에는 어머니가 돌아가셨다. 선세의 제각(祭閣)을 창건하고 실전되었던 선묘를 중수하였다. 공산면장으로 있을 때 송오정(松塢亭)을 공산중학교에 기증하고 충효각(忠孝閣)이라고 이름하여 향리에서 충효 정신을 불러일으켰다. 나주 향교의 전교로 재직 중에는 동서재 및 대성전 중건에 많은 공로를 쌓아 향내 유림이 그를 위한 송덕비를 세웠으며, 집 뒤에 병산정사(屛山精舍)를 지어

---

15 오계수(吳繼洙)의 자는 중함(重涵)이고 호는 난와(難窩)이며 본관은 나주(羅州)이다. 기정진(奇正鎭)의 문인이다. 어려서부터 학문에 뜻을 두었으며, 송사 기우만이 일으킨 의병에 참여하였으며, 은사금 거절로 장성헌병대에 끌려가 고초를 겪었다. 그 뒤에 영사재(永思齋)로 들어가 두문불출하고 글공부를 하다가 생을 마감하였다. 저서로는 『난와유고(難窩遺稿)』가 있다.

16 송증헌(宋曾憲)의 자는 원효(元孝)이고 호는 후암(後菴)이며 본관은 은진(恩津)이다. 우암(尤庵) 송시열(宋時烈)의 후손으로 심석(心石) 송병순(宋秉珣)의 차남이다. 어려서부터 특별한 학문적 조예가 있어서 백부 연재(淵齋) 송병선(宋秉璿)에게 수학하였다. 저서로는 『후암집(後菴集)』이 있다.

17 사경재(思敬齋)는 나주 공산면 백사리 사동(沙洞)마을에 있다. 창애(蒼涯) 김순동(金舜東, 1898~1972)과 김태석(金太錫)의 「사경재기(思敬齋記)」가 있다.

만년에 거처하면서 강론하였다. 1966년 7월 20일 향년 72세로 생을 마쳤다. 사후에 후손과 유림은 선조 산정(山亭) 김자진(金子進), 오봉(鰲峯) 김종해(金宗海), 운암(雲菴) 김윤명(金允明) 등과 함께 공산면 백사리에 있는 도산사를 건립하여 배향하였다.

## 2. 문집 구성과 내용

『송오유고(松塢遺稿)』는 2권 1책 석판본으로 아들 김영섭(金瑛燮)이 김택순(金淳澤) 등의 도움을 받아 편집하고, 1968년 나주(羅州) 공산면 백사리 병산정사(屛山精舍)에서 간행된 김기현(金基炫)의 시문집이다. 문집 형태는 4주쌍변(四周雙邊) 반곽(半郭) 20.8×14.3cm, 유계(有界), 11행 25자, 하향2화문어미(下向二花紋魚尾) 27.8×18.8cm이다. 권두에는 김송오(金松塢) 진영(眞影)과 병산정사(屛山精舍) 및 공적 기념비(功績記念碑) 사진이 삽입되어 있으며, 덕은(德殷) 송재성(宋在晟)이 1968년에 손으로 직접 써서 판각한 서문, 권말에는 그의 아들 김영섭(金瑛燮)이 1968년에 쓴 발문이 있다. 이 문집은 한국학중앙연구원, 국립중앙도서관, 전남대학교, 전북대학교, 고려대학교, 계명대학교에 소장되어 있다.

『송오유고』는 권상(卷上)과 권하(卷下)로 되어있는데, 권상은 시(詩)와 서(書)가 대부분을 차지하고, 권하는 「송오정차운(松塢亭次韻)」과 「만사(挽詞)」로 이루어져 있다. 권상은 시(詩) 「집성사경모시(集成祠景慕詩)」를 포함한 166수, 서(書) 「상난와오선생(上難窩吳先生)」과 「상후암송선생(上後菴宋先生)」을 비롯한 7편, 기(記) 「사경재기(思敬齋記)」와 「영강노인회당재건기(榮江老人會堂再建記)」 2편, 문(文) 「사경재상량문(思敬齋上樑文)」 1편, 발(跋) 「집성사지중간발(集成祠誌重刊跋)」 1편이 있다. 김기현은 시문에 능하여 사경재(思敬齋), 금호정(錦湖亭), 송오정(松塢亭), 단풍정(丹楓亭), 영모재(永慕齋), 대봉정(大峰亭), 초연정(超然亭), 나경재(羅敬齋), 봉의재(鳳儀齋), 송설재(松雪齋), 후송당(後松堂), 관약재(觀躍齋), 망경

대(望京臺), 월천재(月泉齋), 양시사(陽詩社), 금강정(錦江亭), 벽류정(碧流亭), 금련당(金蓮堂), 다보사(多寶寺), 금산사(金山寺), 영호정(瀛皓亭) 등에 많은 시를 남겼다. 서(書)에는 스승인 난와 오계수와 후암 송증헌에게 보낸 편지가 목차에는 있는데, 문집 안에는 누락 되었다.

권하 부록에는 「송오정원운(松塢亭原韻)」에 대해 차운한 시가 수록되어 있다. 이 시를 차운한 사람은 소호(小湖) 정준원(鄭準源), 송남(松南) 최종표(崔宗杓), 송호(松湖) 고재연(高在淵) 등을 비롯하여 255명이며, 이것은 저자의 지역 사회에서 위상과 역할을 짐작할 수 있는 지점이다. 이어서 1961년 2월 18일에 통덕랑(通德郎) 최종표(崔宗杓)가 쓴 「송오정상량문(松塢亭上樑文)」, 김종가(金種嘉)의 「송오정기(松塢亭記)」, 덕은(德殷) 송재성(宋在晟)과 정철환(鄭喆煥)의 「병산정사기(屛山精舍記)」, 이우규(李禹圭)의 「기념비명(記念碑銘)」, 아들 김영환(金瑛煥)의 「가장(家狀)」, 송재성(宋在晟)의 「행장(行狀)」, 김재석(金載石)의 「묘갈명(墓碣銘)」, 나주향교와 집성사(集成祠)를 비롯한 5편의 「제문(祭文)」, 「만사(挽詞)」 57편, 나주 남중학교장 노중철(盧仲哲)이 국한문혼용체로 쓴 「조사(弔辭)」가 실려 있다. 「기념비명」은 면민들이 그 덕(德)을 칭송하고 그 의(義)를 추모하기 위하여 세운 것으로 공산면 중학교 앞 거리에 있다.

### 3. 문집 목차

#### 松塢遺稿序(宋在晟)

卷上

詩: 集成祠景慕詩 讀書有感 思敬齋韻 錦湖亭韻 松塢亭韻 親忌日所感 告北韓同胞 沁山金昌淑先生挽 謹讚陸壽川天民誌 秋聲 圍棋(三首) 歲暮 掃雪 民情 時事所感 雪中松 送冬將軍 春雨 春郊謾步 蒼苔 群蟄驚夢 餞春 我家寶(二首) 憫旱 圍棋 國旗 上天難欺 母情船路

時局所感 賀朴孝子周生 賀孝婦崔氏 儒山吟社(六首) 慕香社韻 錦城吟社(六首) 瑞興金氏丹楓亭遺墟碑韻 安重根義士崇慕碑韻 靈山辛氏永慕齋落成韻(三首) 次崔公京煥大峰亭韻 濟州梁氏錦城君設壇韻 次超然亭韻 次菊堂羅承煜號韻 次鄭東樵喆煥號韻 次金翠軒宗洙號韻 次羅敬齋炳國號韻 次曺菊軒韻 明倫 次鄭淇琫晬宴韻 次羅道彩晬宴韻 次曺主復晬宴韻 次崔秉華回甲韻 次羅龍均回甲韻 次金東燦回甲韻 次洪海石回甲韻 次辛潛鉉回甲韻 白凡金先生挽(二首) 挽鄭韋齋寅瑋 挽高松湖在淵 餞春 秋景 除夜 漁翁 校宮雅會 次朴誠堂客中秋思韻 遊覽大興寺(二首) 宿月湖里朴來谷庄 次姜益秀上京感懷作 榮山浦老人堂詩會韻 餞春 贊柳孝子濟國 鳳儀齋開接韻 次松雪齋原韻 次後松堂原韻 謹次觀躍齋原韻 題淸溪柳先生望京臺遺墟 謹次月泉齋韻 潘陽詩社韻 次錦江亭原韻 解放建國有感(二首) 賀李博士金主席還國 次李教弘晬辰修甲契韻 次金牛峰韻 次金蓮堂韻 次李敬洙回甲韻 鄭善表晬辰修甲契韻 元宵 次錦城吟社韻(五首) 次紅荷洞詩會韻 次金農隱回甲韻 次鄭重齋回甲韻 次曺勤菴韻 海棠花 杜鵑 鶴 鷹 鳳凰 玉溜 洗濯 耘耔 棉花 蓮花 酷暑 怪石 花階 炊煙 鞦韆 移秧 生辰日有感 太上皇 皇太后 皇帝 聖節 挽李友春煥 挽春坡李鍾奭 挽羅荷齋壽才 次朴淸灘情送韻(二首) 羅州鄉校與友叙懷 木浦吟社 次永平吟社韻(二首) 挽柳春圃重皓 題榮江老人會堂 報國之道在各勉其業 暇日讀書 花枝六老會 慰智性軒弟氏喪 節山祠遺墟碑韻 李孝元晬宴韻 次李松石(敏相)韻 次任靑菴晬宴韻(并序) 仁川鄉校重修韻(并序) 挽柳明煥 挽松南崔丈 次羅鍾瑾晬宴韻 金蘭契員遊多寶寺 登錦山寺(二首) 次瀛皓亭韻 延安李氏錦城壇事蹟韻 與友登無等山觀光地 次廉正洙晬宴韻 次鄭松窩韻 光州白日場韻

書: 上難窩吳先生 上後菴宋先生 答碧流亭族中 答碧湖族兄(肯鉉) 答集成祠僉彦 答羅州鄉校僉彦 答鄭熙勉

記: 思敬齋實記 榮江老人會堂再建記

文: 思敬齋上樑文

跋: 集成祠誌重刊跋

卷下

附錄: 松塢亭次韻(二百二十五首) 松塢亭上樑文(崔宗杓) 松塢亭記(金種嘉) 屏山精舍記(宋在晟·鄭喆煥) 記念碑銘(李禹圭) 家狀(金瑛煥) 行狀(宋在晟) 墓碣銘(金載石) 祭文(五) 挽詞(五十七首) 弔辭(并國文 盧仲哲)

跋(金瑛燮)

# 『송파유고(松坡遺稿)』

## 1. 저자 소개

박학동(朴鶴東, 1844~1918)의 자는 경화(敬化)이고 호는 송파(松坡)이며 본관은 순천(順天)이다. 1844년 12월 12일 무장현(茂長縣: 현 고창군 무장면) 송정리(松亭里)에서 박해헌(朴海憲)의 아들로 태어났다. 어머니는 청도김씨(淸道金氏) 김이두(金以斗)의 딸이다.

어려서부터 품성이 순수하고 단정하여 집안 어른들을 경애할 줄 알았다. 서당에서 공부할 적에는 조금도 게으르지 않고 학업에 매진하여 학행(學行)이 드러났다. 30세 때인 1873년 장성 사상(沙上)으로 가서 노사(蘆沙) 기정진(奇正鎭, 1798~1879)의 문하에 들어가 경전을 섭렵하고 성리학을 공부하였다. 그는 성정수제(誠正修齊) 네 글자를 평생의 학문과 생활의 신조로 삼으면서도 부모에게 효도하는 것을 오직 큰 근본으로 여겼다. 부모가 병들어 위급하자 손가락을 베어 피를 내서 병을 구완하였으며, 세상을 뜨자 6년 동안 시묘 생활을 지성으로 행하였다.

1882년(고종 19) 임오군란이 발생하자 탄식하며 「탄군요(嘆軍擾)」를 지었다. 1905년에 일제가 한국의 외교권을 박탈하기 위해 강제로 을사늑약을 체결하자 그 울분을 토로하는 심정으로 「문늑성오조약분한이제(聞勒成五條約憤恨而題)」라는 시를 짓기도 하였다. 경술국치 이후 세상에 뜻을 버리고 산림에 은거하여 후학을 양성하는 데 힘썼다. 평소 글 짓는 것을 좋아하지 않았다. 하지만 벗들과 자연을 완상하거나 경치 좋은 곳에 이르러 시구가 떠오르면 바로 시를 지었으나, 곧바로 "내가 지은 문자를 어찌 후세에 전하겠느냐?"라고 하면서 버리고 또 후손에게 시문을 보관하지 못하도록 하여 그의 많은 시문이 전하지 않는다. 그는 지행합일을 바탕으로 향리의 교화에 힘쓰다가 1918년 10월 25일 세상을 떠나니 향년 75세였다. 영광군 홍농면(弘農面) 가마리(加馬里: 현 계마리)에 안장되었다.

## 2. 문집 구성과 내용

『송파유고(松坡遺稿)』는 3권 1책 석판본으로 1978년 장성에서 간행된 박학동(朴鶴東)의 시문집이다. 문집 형태는 4주쌍변(四周雙邊) 반곽(半廓) 20.6×16.0cm, 10행 23자 주쌍행(註雙行), 내향2엽화문어미(內向二葉花紋魚尾) 26.3×18.3cm이다. 권두에는 족숙 박종용(朴鍾龍)이 1978년에 쓴 서문, 정규종(鄭圭綜)이 1963년에 쓴 서문, 기노선(奇老善)이 1928년에 쓴 서문이 있고, 권말에는 손자 박홍규(朴洪圭)가 1978년에 쓴 발문이 있다. 이 문집은 국립중앙도서관, 국회도서관, 원광대학교, 충남대학교에 소장되어 있다.

권1은 시 오언절구 22편, 오언율시 35편, 칠언절구 23편, 칠언율시 35제 38수 등이 수록되어 있다. 시는 자연을 비롯한 사물을 완상한 시, 그리고 차운한 시도 있지만, 오언절구 첫 번째 시 「지알사문유감(贄謁師門有感)」은 1873년 장성의 사상에 가서 스승 기정진을 배알하고 읊은 것이다. 시사를 다룬 시도 있으니, 1866년 프랑스함대가 강화도 침범을 읊은 「병인양요(丙寅洋擾)」, 1876년 일본의 무력에 불평등 병자수호조약을 탄식한 「여왜수호탄(與倭修好嘆)」 등이 있다. 오언율시는 과거제도 폐지를 읊은 「폐거(廢擧)」, 1882년 정부의 급격한 개화 추진으로 차별 대우를 받던 구식 군대가 일으킨 임오군란을 읊은 「탄군요(歎軍擾)」, 1894년 동학교도와 농민들이 일으킨 사회개혁 운동을 읊은 「동요탄음(東擾歎吟)」이 있는가 하면, 누정에 올라 자연을 감상하고 야밤에 앉아서 무료함을 달랜 시들도 있다. 칠언절구는 동문과 함께 지내면서 읊은 시도 있지만, 1871년 미국이 1866년 제너럴셔먼호 사건을 빌미로 조선의 개항을 요구한 것을 주제로 읊은 「신미양요(辛未洋亂)」, 급진개화파가 개화사상을 바탕으로 근대화를 추진한 것을 읊은 「갑신정변(甲申政變)」, 명성황후를 살해한 것을 통탄하며 지은 시, 아관파천(俄館播遷)을 주제로 지은 시, 동문 기우만(奇宇萬, 1846~1916)이 의병을 일으킨 시 등도 있다. 칠언율시는 계절과 사물을 읊은 시, 세상을 한탄한 시, 선운사를 올라 읊은 시, 역사책을 읽은 후 느낌을 읊은 시, 자신의 호(號)에 대한 시 등이 있다.

권2는 서(書) 7편, 서(序) 2편, 기(記) 2편, 제문(祭文) 2편, 사(辭) 1편, 고풍장편(古風長篇) 4편이 수록되어 있다. 서간문은 스승 기정진을 비롯한 동문 월고(月皐) 조성가(趙性家, 1824~1904), 대곡(大谷) 김석구(金錫龜, 1835~1885), 애산(艾山) 정재규(鄭載圭, 1843~1911), 일신재(日新齋) 정의림(鄭義林, 1845~1910), 송사(松沙) 기우만(奇宇萬, 1846~1916) 등과 학문과 시사를 논한 것이다. 두 편의 서문은 문중에서 전답을 운영하는 계와 벗들이 도의로 맺은 계에 대한 것이다. 기문 가운데 「송곡재기(松谷齋記)」는 주부(主簿)를 지낸 선조가 송림산 아래로 은거하여 송곡재를 짓고 학문을 탐구하며 유유자적하게 지낸 기문이고, 「송파기(松坡記)」는 선조와 같이 서재를 지었는데 중국 진나라 때 도연명(陶淵明, 365~427)이 국화를 사랑하고 송나라의 학자 주돈이(周敦頤, 1017~1073)가 연꽃을 사랑하듯이 자신은 소나무를 사랑하며 학문을 탐구하겠다는 기문이다. 고풍장편의 「역수지가비초이초(易水之歌非楚而楚)」는 역수(易水)에서 부른 노래에 대한 것을 읊은 것이 있고, 「양원제선왕(羊怨齊宣王)」은 『맹자』에서 제선왕이 죄 없이 도축장으로 가는 소를 불쌍히 여겨 양과 바꾼 내용을 가지고 성군의 지극한 정치를 실행할 수 있다는 것을 기술한 것이 있다. 「귀운옹수산촌실(歸雲擁樹山村失)」은 돌아가는 구름이

나무를 둘러싼 산촌을 잃어버렸다는 풍경을 읊은 것이다.

권3은 부록으로, 박학동이 지은 「자호송파운(自號松坡韻)」을 차운하여 지은 43인의 시가 수록되었고, 「송파기(松坡記)」에 견주어 지은 3명의 글도 있다. 그를 애도하는 글과 행장, 묘갈명, 추모하기 위해 통문을 타지역으로 보내고, 95명이 참여한 계안(契案)이 있으며, 순천박씨(順天朴氏)의 가계를 알 수 있는 「세계도(世系圖)」가 수록되었다.

## 3. 문집 목차

### 序(朴鍾龍 鄭圭綜 奇老善)

卷一

詩

五言絶句: 贅謁沙上有感 丙寅洋擾 與倭修好嘆 沙上題懷 科弊 松沙繼述先業有感而題 登長沙山望西海 聞勒成五條憤恨而題(乙巳) 偶題 修道吟 傷戕嘆 聞與倭修好憤嘆而題其二 饑歲題懷(丙子) 月下贈影 松坡書室偶題 到沙上思先師 侍側有感而題 感懷 完山客館夜題 傷時書懷 在家卽事 春晝獨坐

五言律詩: 廢擧 謹挽蘆沙先生 嘆軍擾 東擾歎吟 屋杜後感吟 次智隱崔義士獨存窩韻 書懷 暮春與童冠有松林山 閑居 贈鄭日新(義林) 鄭松潭(鍾澤)來訪共話 閒居雜詠 其二 嘆老 山居卽事 登霽月亭 宿兜率菴 山居書懷 夜坐無聊 越蟹峙 自嘲

七言絶句: 贅謁師門有感 師門與諸益共話 別金大谷 哭蘆沙先生 辛未洋亂 登邊山 甲申政變 淸倭戰爭 聞坤殿被弑痛恨而題 聞大駕播遷俄館而吟 奇松沙擧義有感而題 俄倭戰爭 勒約 罵五逆 吊六忠 屋杜後憤寃而題 傷時 書懷 讀先師丙寅疏有感 憫俗 偶題 喜金愧窩(商一)來訪 與金沙南(基衡)共話

七言律詩: 暢懷 秋雨 晩春卽景 冬柏 山村題懷 詠菊 老松 松亭閒居 送友 登禪雲山 書懷 丹楓 自嘲 霽月亭逢金斯文共話 讀東史有感像時 歎世 題松坡屋壁 閒居卽事 老姑岩 訪金小石(近容)不遇 題家後石抬 自號松坡韻 三老會吟 又 其一 其二 題懷

卷二

書: 上蘆沙先生書 上蘆沙先生書 上月皐趙文丈(性家) 與金大谷(錫龜) 與鄭艾山(載圭) 與鄭日新(義林) 與奇松沙(宇萬)

序: 門契序 三老契序

記: 松谷齋記 松坡記

祭文: 祭沙南金公文 又

辭: 悼蘭塢金公(始一)辭

古風長篇: 易水之歌非楚而楚 命藥東南風 羊怨齊宣王 歸雲擁樹山村失

卷三

付祿: 次松坡韻(朴魯郁 金近容 金秀謙 李性範 金基奐 金尙一 曺穩承 韓奭履 金秀益 金淮容 金秀巖 金秉容 李士憲 金正鎬 金魯淑 曺光鎬 李東寧 金性旭 金在範 尹相賢 金在五 金在憲 又 金在珪 金在駿 房極南 孔□烈 朴錫圭 薛煥潤 朴□祜 金在源 朴眞東 朴魯弼 康楠鎭 南宮棐 李順燮 鄭溥仁 洪鍾律 沈宜韶 黃學性 韓汶履 柳柄錫 朴魯正) 松坡記(柳興善 金近容 魯成芸) 祭文 挽狀(金商一 金俊容) 行狀(韓奭履) 墓碣銘幷序(金秀謙 朴鍾龍) 通文 慕松契案 世系圖

跋(朴魯鎰 朴鎔奭 朴洪圭)

# 『야암유고(野菴遺稿)』

## 1. 저자 소개

신연규(辛延珪, 1842~1912)의 자는 가회(可晦)이고 호는 야암(野菴)이며 본관은 영월(靈越)이다. 1842년 4월 23일 무송(茂松: 현 무장면) 남장동(南墻洞)에서 풍로(豊蘆) 신도철(辛道哲)의 아들로 태어났다. 어머니는 김해김씨(金海金氏) 김일(金鎰)의 딸이다.

4세 때 아버지를 여의고 어머니와 할머니 이씨의 슬하에서 자랐는데 효성이 지극하였다. 서당에서 수학할 적에 훈장이 번거롭게 감독하지 않아도 독송(讀誦)에 힘썼다. 어머니가 병들자 백방으로 약을 구하여 약시중을 들고, 위독하자 손가락을 베어 피를 내서 여러 날을 연명하도록 하였다. 상을 당하자, 성경(誠敬)의 예로 장사지내고 눈이 오나 비가 오나 하루도 빠지지 않고 3년의 시묘 생활을 하였다.

학문에 매진하여 경전과 역사서를 두루 익힌 이후, 시문에도 진력하여 남다른 특징을 보였다. 1879년 38세 때 겨울 장성에서 강학하던 노사(蘆沙) 기정진(奇正鎭, 1798~1879)을 처음 뵙고 입문하였으나, 할머니의 환후로 곧 귀가하였다. 얼마 되지 않아 스승이 세상을 떠나자, 학문적 큰 뜻을 이루지 못하여 지극히 한으로 여겼다. 「제노사선생문(祭蘆沙先生文)」을 지어 스승을 애도하면서 평생 기정진을 정신적 지주로 삼아 학문에 진력하였다.

1882년 정부의 급격한 개화 추진으로 차별 대우를 받던 구식 군대가 일으킨 임오군란을 접한 신연규는 「탄군요(歎軍擾)」라는 시를 통해 자신의 비분강개한 마음을 드러냈고, 다음 해에는 「신구양당쟁권알력통한이제(新舊兩黨爭權軋轢痛恨而題)」를 통해 자신의 심적 울분을 토로하였다. 서양문물을 접한 개화파가 1884년 갑신의복개혁령(甲申衣服改革令)을 발표하자, “선왕의 법복을 어떻게 바꿀 수 있겠는가?”라고 하며 맹렬하게 반대하였다. 이듬해에는 무장군수를 역임한 상서(尙書) 윤영신(尹榮信, 1831~?)이 신연규를 조정에 추천하여 금오랑(金吾郎)에 제수되었으나 본분이 농사짓는 사람으로 배움이 부족하다고 하여 나아가지 않았다. 1895년 단발령이 내려졌을 때 신체발부(身體髮膚)는 부모에게서 물려받았기에 머리카락 한 올이라도 함부로 하면 불효가 된다는 유교의 가르침을 소중히 여겨 “이 목을 베어도 머리는 깎을 수 없다.”라고 단호하게 반대하였다. 향리에 행재(杏齋)를 마련하여 인근의 자제들에게 강학하고, 마을 사람들과 계를 조직하여 향리를 교화하고 환난을 구휼하니, 중국 송나라 도학자 여씨(呂氏) 4형제[大忠, 大防, 大鈞, 大臨]가 남전(藍田)에서 실시한 향약과 같았다.

일제가 1905년 국제법도 무시한 상태에서 우리의 외교권을 박탈하기 위해 강제로 을사늑약을 체결하자 두문불출하고 세상을 한탄하면서 화초를 기르거나 시를 지으며 울분을 달랬다. 임종이 임박하자 자손들을 불러 “무릇 선비가 된 자는 나라가 비록 망해도 도는 망할 수 없고 사람은 비록 죽어도 의리는 죽을 수 없다는 것을 굳건하게 세운 뒤에야, 세상이 오랑캐가 되어도 우리는 도덕 국가가 될 수 있고 세상이 금수가 되어도 우리는 사람이 될 수 있다. 너희들은 효도와 우애를 돈독히 하고 농사와 독서에 근면하며 삼가 선대의 업을 지켜야 한다.”라는 마지막 가르침을 남기시고 1912년 6월 25일 석하동(石下洞)에서 삶을 마치니 향년 71세였다.

## 2. 문집 구성과 내용

『야암유고(野菴遺稿)』는 2권 1책 석판본으로 1964년에 간행된 신연규(辛延珪)의 시문집이다. 문집 형태는 4주쌍변(四周雙邊) 반곽(半廓) 20.3×15.7cm, 12행 24자로 주쌍행(註雙行), 내향2엽화문어미(內向二葉花紋魚尾) 27.2×18.3cm이다. 권두에는 기노장(奇老章)이 1964년에 쓴 서문, 권말에는 손자인 신극렬(辛克烈)이 1964년에 쓴 발문이 있다. 이 문집은 국립중앙도서관, 계명대학교, 연세대학교에 소장되어 있다.

권1은 시 오언절구 50수, 오언율시 16수, 칠언절구 62제 63수, 칠언율시 26제 34수가 수록되어 있다. 시는 자연과 계절을 읊은 것도 있지만, 자신이 강학하던 행재를 주제로 읊은 「제행재(題杏齋)」도 있고, 또 속세를 떠나 깊숙하고 고요한 곳에 묻혀 외따로 지내면서 읊은 「유거잡영(幽居雜詠)」 14수가 있다. 시사에 관계된 시들도 있으니, 「양이함강도유감이제(洋夷陷江都有感而題)」는 1866년 프랑스함대가 강화도에 침범한 병인양요에 대한 것이고, 「문도이늑약상감이제(聞島夷勒約傷感而題)」는 1905년 을사늑약이 체결되자 마음의 울분을 읊은 것이다. 1884년 갑신변복령(甲申變服令)이 내려졌을 때, 1894년 청일전쟁이 일어났을 때, 1895년 일본이 명성황후를 시해하였을 때, 1895년 단발령이 내려졌을 때 지은 시들도 있다. 당시 항일운동을 하던 면암(勉菴) 최익현(崔益鉉, 1833~1906), 지은(智隱) 최전구(崔銓九, 1850~1938), 일광(一狂) 정시해(鄭時海, 1874~1906) 등에 관한 시도 있다. 특히 조선에 을사늑약을 강요하고 헤이그특사사건을 빌미로 고종을 강제로 퇴위시킨 이등박문(伊藤博文, 1841~1909)을 저격한 안중근(安重根, 1879~1910) 의사의 의로움을 읊은 시도 있다.

권2는 서(書) 8편, 서(序) 2편, 기(記) 3편, 문(文) 4편, 잡저(雜著) 4편, 가장(家狀) 3편이 수록되어 있다. 서간문은 기정진에 보낸 1편의 서한은 덕성과 의리에 대한 가르침을 직접 받고자 하는 내용과 대인군자의 심인후덕(深仁厚德) 등에 대한 것이고, 선배 학자인 강인회(姜寅會, 1807~1880)를 비롯하여 정종택(鄭鍾澤, 1836~?), 정학원(鄭學源, 1848~?) 등과는 학문 및 시사를 논한 것이다. 서문 「흥학계서(興學契序)」와 「문계서(門契序)」는 마을에서 학문을 일으키고 집안 선조의 업을 계승하고자 하는 내용이다. 기문은 신연규 자신이 강학한 「행재중수기(杏齋重修記)」, 자신의 호에 대한 「야암기(野菴記)」가 있다. 스승 기정진을 애도한 제문, 강학하기 위해 건물을 마련한 행재의 상량문이 있고, 집안 자제들에게 학문을 권하는 글과 자신을 비롯한 집안 자제들이 경계해야 하는 글도 있다. 잡저로 「선롱수비설(先隴竪碑說)」은 선조의 업을 잊지 않기 위해 선산에 비석을 세운 글이고 「선악설(善惡說)」은 고금에 선과 악의 차이 여부를 다룬 것이며, 「농포설(農圃說)」은 장동 마을에서 화초를 기르게 된 내용이다. 가장은 할머니와 부모의 삶을 기록한 것이다.

부록은 신연규가 오언율시로 지은 「야암자영(野菴自詠)」을 차운한 19명의 시가 있고, 또 칠언율시로 지은 「제행재(題杏齋)」를 차운한 8명의 시가 있다. 당시 서로 교류하던 학인들이 그를 애도하는 만시(挽詩)와 뇌사(誄辭)가 있고, 그에 관계된 「야암기(野菴記)」·「야암상량문(野菴上梁文)」·「행재기(杏齋記)」 등도 있다. 신연규의 삶을 엿볼 수 있는 가장, 행장, 묘갈명, 유허비명(遺墟碑銘), 신도비명(神道碑銘) 등이 있다.

### 3. 문집 목차

**野菴遺稿序(奇老章)**

卷一

詩

五言絶句: 樂山 樂水 賞春 初月 書燈 田家 漁翁 秋思 牧童 漁子 戒兒曹 示子姪 杏齋秋夜 戒告隣閈 喪餘追慕 先阡具石儀後感吟 過

箕城 過法聖浦 漫懷 上巳 寒食 端午 伏日 七夕 冬至 重陽 臘梅 除夕 雪山 冬夜擁爐 冬日蠅 秋夜流螢 觀魚 雛鷄 鼠 黃雀 月下贈影 夜菴書懷 喜吳上舍(道源)來訪 聞島夷勒約傷感而題 聞勉翁被因對馬島 聞鄭義士(時海)殉義而吟 聞崔智隱(銓九)被因海島而吟 撫松 書懷 野菴卽事 偶題

五言律詩: 野菴自詠 邀崔蘭谷(國鉉)設塾于杏齋 洋夷陷江都有感而題(丙寅) 朝家與倭締結修好條約痛感而題(丙子) 新舊分黨竟成十月之變歎傷而吟(甲申) 聞衣制變更令而題 初承恩命題懷(丙戌) 大旱歲饑卽事(戊子) 知足吟 坤殿被禍痛恨而題(乙未) 聞剃髮令題懷 猥蒙超資恩典題懷(壬戌) 聞倭俄相戰而吟(甲辰) 讀出師表有感 讀正氣歌有感 題閔忠正血竹圖

七言絶句: 早起 火爐 暮春 立秋 秋懷 洋夷再亂(辛未) 歎軍擾(甲午) 淸倭戰役有感 官制變更有感 偶題 夏日卽事 鋤禾 親日派執政 聞倭勝捷 聞大駕俄館播遷而題 聞獨立有感 偶題 鄭松潭(鍾澤)來訪 鄭竹史(學源)來訪 自嘲 謾吟 大殿卽帝位後有感(丁酉) 野屋敍夜景 丁南岡(龍錫)來訪 野居夏日卽景 吳農隱(壽近)來訪 謾吟 勒約後傷感而吟(乙巳) 聞淵翁殉節而題 傷時 聞勉翁擧義而吟(丙午) 謾吟 聞勉翁返柩(丁未) 聞李烈士(儁)殉于海牙(丁未) 聞安義士(重根)殺博文(己酉) 喪邦後痛恨題懷(庚戌) 書懷 謾吟 七旬生朝感吟 與吳巖隱(德根)夜話 重建杏齋 刱設興學契 杏齋夜坐 聞崔智隱釋放歸鄕 與蘭谷對話 書懷 野菴夜詠 逢竹史叙話 先阡竪石後感吟 嘆老 勸巖隱與生徒登山消暢 蒔花 詠菊 詠梅 秋日夜居 挽吳農隱(二首) 偶題 述懷 冬夜卽事 無題 遺訣韻

七言律詩: 春宮誕降賀詩一律以伸私忱(甲戌) 晩春 懷友 觀海 沙鷗 遊禪雲寺 過白羊寺 安分 莊山春眺 與倭通好有感而題(丙子) 新舊兩黨爭權軋轢痛恨而題(癸未) 聞淸倭天津條約而吟(乙酉) 聞倭逐淸軍入京而吟(甲子) 知足吟 與蘭谷討懷 野菴自叙 逢鄭平昌(南斗)共話 與

竹史夜話 杏齋消夏 題杏齋 幽居雜詠(十四首) 茅村書院重修後感吟 次晩睡堂韻 贈姜鳳菴(馨秀) 與蘭谷逍遙前野 田家晩秋卽事

卷二

書: 上蘆沙奇先生書 上春坡姜文丈(寅會)書 上吳上舍(時永)書 與吳上舍(道源) 與鄭松潭(鍾澤) 與吳農隱(壽根) 與鄭竹史(學源) 與崔蘭谷(國鉉)

序: 興學契序 門契序

記: 杏齋重修記 野菴記 蘭谷記

文: 祭蘆沙先生文 杏齋上梁文 勸學文 自警文

雜著: 先隴竪碑說 善惡說 農圃說 戒孫兒

家狀: 祖妣貞夫人李氏行錄 先考贈嘉善大夫農廬府君家狀 先妣贈貞夫人金海金氏行錄

附錄: 次野菴韻(丁達鉉 丁永煥 李相黙 李相龜 康基泰 吳德根 丁裕錫 李璘寧 尹東夏 鄭熙晃 丁成鉉 李承達 金魯源 李鍾祥 崔鼎鉉 辛徽根 辛克鮮 辛克琯 辛克烈) 次杏齋韻(李相黙 李相龜 丁龍錫 丁弼鉉 李鍾祥 辛克鮮 辛克琯 辛克烈) 挽詩(辛克熙 丁裕錫 辛徽根) 誄辭(柳東錫) 野菴記(安秉宅 鄭學源 崔基模) 野菴上梁文(奇東奭) 杏齋記(奇宇萬 李鍾祥) 家狀(辛克鮮) 行狀(吳駿善) 墓碣銘幷序(安秉宅) 遺墟碑銘幷序(金度中) 神道碑銘幷序(韓鎭昌)

跋(辛克烈)

# 『야은만록(野隱謾錄)』

## 1. 저자 소개

박정규(朴廷奎, 1829~1898)[18]의 자는 도겸(道兼)이고 호는 야은(野隱)이며 본관은 함양(咸陽)이다. 시조는 신라 경명왕(景明王)의 셋째 아들 박언신(朴彦信)으로, 속함대군(速咸大君)에 봉해지면서 후손들이 시조로 삼았다. 하지만 그 뒤로 선조의 계보를 고증할 수 없어서 신라 시대 예부상서(禮部尙書)를 지내고 함양군에 봉해진 박선(朴善)을 중시조로 삼았다. 고조는 박세익(朴世益)이고, 증조는 박몽신(朴夢臣)이며, 조부는 박치원(朴致元)이고, 아버지는 박종렴(朴宗濂)이며 대대로 학행(學行)이 있는 집안이었다. 어머니는 해주오씨(海州吳氏) 오필한(吳弼漢)의 딸로 정숙하고 현모양처의 덕이 있었다.

박정규는 순조(純祖) 기축(己丑) 정월 12일 광산(光山) 이장리(泥場里)에서 태어났으며, 나주오씨(羅州吳氏) 첨지(僉知) 성원(成源)의 딸과 결혼하여 귀호(龜鎬)·문호(文鎬)·영호(泳鎬)·상호(尙鎬) 등 4남을 낳았다. 박정규는 어려서부터 침착하고 섬세하며, 민첩하고 총명하였다. 10세(1838)에는 『소학』을 통달하여 부모를 섬길 때 어김이 없었다. 23세(1851)에는 금성의 북쪽으로 이사하여 성시(城市)와 자취를 끊고 초야에 파묻혀 살면서 효제(孝悌)를 본원으로 삼고 글공부와 농사를 급선무로 여겼다.

18 조우진, 「야은(野隱) 박정규(朴廷珪, 1677~1743)의 삶과 도설(圖說)로 보는 가정교육」, 『호남학』 70집, 2021, 참조.

그는 "오직 산나물을 뜯고 들판에서 밭을 가는 일로써 일생을 보내며, 일하다가 그사이에 여력이 있으면 성현의 책을 보고 오동나무 궤 안에 기대어 한가롭게 살았다.……(『주역(周易)』 건괘(乾卦) 「문언전(文言傳)」에) '세상에 따라 변하지도 않고, 명성을 이루려고 하지도 않는다. 홀로 서지만 두려워하지 않고, 남의 인정을 받지 못해도 고민하지 않는다.'라고 말하지 않았던가?"라고 하면서 평생 세상의 물욕과 인연을 끊고 주경야독(晝耕夜讀)의 삶을 살았다. 또한, 그는 "배움의 요체는 농사와 서로 표리관계이며, 글을 배우는 것은 어리석음을 깨뜨리는 것이다. 밭농사로 배고픔을 구제할 경우 사람들은 그 배고픔을 알아 농사에 힘쓰지만, 그 어리석음은 알지 못하여 학문을 닦지 않으니 이것이 두려울 따름이다.……그 인의예지가 마음을 적셔주는 것은 또한 벼·마·콩·보리로 배고픔을 구제하는 것보다 낫다. 학문하는 방도는 멀리에 있는 것이 아니다. 반드시 가까이 늙은 농부가 밭을 일구는 데에서 구하는 것이 좋을 것이다."라고 하여 농사와 공부를 표리관계로 보았다.

26세(1854) 6월 6일에 모친상을 당하였고, 28세(1856) 5월 9일에 부친상을 당하였는데 슬픔과 예(禮)를 『주자가례(朱子家禮)』에 따라 시행하였다. 박정규는 "곤궁하여 학문을 돈독히 하지 못한 것을 깊은 한으로 여겨 노사 선생에게 나아가 배웠다. 의심나고 어려운 것을 물어보면 선생이 그의 독신(篤信)함을 좋아하였으며, 그것을 칭찬하는 뜻은 다른 사람과 비교가 되지 않았다."라고 하였다. 박정규가 언제 어떻게 노사 선생의 문하에 들어갔는지 정확하게 알 수는 없지만, 「기기선생호상소(寄奇先生護喪所)」에 "정규는 늦게 문하가 되어 오래도록 사랑하고 보호해주시는 은혜를 입었습니다."라고 하였다. 박정규는 매년 따사로운 봄이나 서늘한 가을이 되면 2~3명의 동지(同志)를 이끌고 유명한 산이나 운치 있는 물가에서 노닐다가 흥이 다하면 돌아오는 것을 즐겼다. 유람에서 돌아오는 길에는 반드시 노사 선생을 만나 어느 산과 어느 물가의 경치가 어떠했는지를 아뢰었다. 그때마다 노사 선생이 기쁘게 수답(酬答)하여 "늙은 절름발이가 강산을 누워서 노닐 수 있는 것은 우리 박정규에 의한 것이다."라고 하고, "'나는 증점(曾點)과 함께하겠다'라는 마음을 가지게 되었다."라고 하였다. 여기에서 공자와 증점의 관계처럼 스승 노사와 박정규의 깊은 유대관계를 확인할 수 있다. 또한, 박정규는 책상에 "세상을 살아가는 데는 부드러움을 귀하게 여기고, 굳세고 강하기만 한 것은 재앙의 근원이다."라는 한 구절을 적어놓고 매일 보면서 자신을 살폈다. 그리고 그는 "율곡 선생의 『격몽요결』 10조를 베껴 써서 자제에게 항상 경계하고 외우게 하였다. 상례(喪禮)와 제례(祭禮)는 『주자가례(朱子家禮)』를 참고하여 베껴서 기록하고 집안에 전하여 일정한 규약으로 삼았다."라고 하였다.

또 항상 자식들에게 말하길 "송사(松沙) 기우만(奇宇萬, 1846~1916)의 문하에 귀의하고 그 인도하는 뜻을 좇아서 받들어라."라고 하였다. 박정규는 스승 노사가 돌아가시자 스승의 손자이면서 동문인 기우만을 따라 학문할 것을 자제들에게 주문하였다. 그래서 셋째 아들 박영호(朴泳鎬, 1858~1931)[19]는 어린 나이에 아버지의 뜻에 따라 기우만의 제자가 되었다. 아버지와 아들이 2대에 걸쳐 노사학파의 학맥을 계승하였으며, 아들 박영호 또한 문집 『송계유고(松溪遺稿)』를 남겼다. 박정규는 죽음에 임박하여 자식들에게 "집에 거처할 때 '효우인목(孝友婣睦)' 네 글자를 부절로 삼아야 한다."라는 말을 남기고 1898년 4월 9일에 70세의 나이로 별세하였다.

---

19 박영호(朴泳鎬)의 자는 명숙(明淑)이고, 호는 송계(松溪)이며, 본관은 함양(咸陽)이다. 난와(難窩) 오계수(吳繼洙), 백하(柏下) 양상형(梁相衡), 후석(後石) 오준선(吳駿善), 현와(弦窩) 고광선(高光善) 등과 교유하면서 질정하였다. 또한, 그는 학행(學行)으로써 감찰(監察)에 천거되었으나 나아가지 않았다.

## 2. 문집 구성과 내용

『야은만록(野隱謾錄)』은 3권 1책 목활자본으로 1901년 아들 박상호(朴尙鎬)에 의해 간행된 박정규(朴廷奎)의 시문집이다. 문집 형태는 4주쌍변(四周雙邊) 반곽(半郭) 20.1×15.1cm, 유계(有界), 10행 20자 주쌍행(註雙行), 상하향2엽화문어미(上下向二葉花紋魚尾) 26.3×19.1cm이다. 권두에는 면암(勉庵) 최익현(崔益鉉)이 1901년에 쓴 서문, 권말에는 난와(難窩) 오계수(吳繼洙)가 1901년에 쓴 발문이 있다. 이 문집은 전남대학교, 국립중앙도서관, 고려대학교, 계명대학교, 연세대학교, 모덕사에 소장되어 있다.

권상(卷上)에는 시(詩) 38수가 수록되어 있고, 권중(卷中)에는 서(書) 38편이 기록되어 있다. 권하(卷下)에는 문(文) 5편, 잠(箴) 5편, 잡저(雜著) 20편, 명(銘) 1편이 있으며, 부록 「야은운(野隱韻)」 차운시 21편, 가장(家狀), 묘표(墓表), 발(跋)이 수록되어 있다.

시(詩)는 대부분 차운시(次韻詩), 만시(挽詩), 수연시(壽宴詩) 등이며, 그 중에 「야은당(野隱堂)」 시에서 초야에 농사를 지으면서 속세와 부귀를 잊고 은둔의 삶을 살아가는 자신의 모습을 잘 드러내었다.

산에 사는 것보다 초야 삶이 더 나음을 알아
십 년 동안 몇 칸 집을 지어 경영했네
부귀는 타고나니 바랄 것 아니고
농사일 땅에 있으니 어찌 한가함 구할까
작은 처마에 햇볕 따스해 난간 기대 졸고
묵은 밭에 봄 깊어 물소리 들으며 돌아온다
이곳은 저잣거리와 멀어 거리낄 것 없나니
염량세태에 어찌 일찍이 상관하리오

박정규가 유람을 다니면서 지은 시는 「무등산(無等山)」, 「채석강(采石

江)」, 「법성도중구호(法聖途中口呼)」, 「백양사(白羊寺)」, 「송강사(松江寺)」, 「변산(邊山)」 등이 있다. 서(書)에는 스승 노사(蘆沙) 기정진(奇正鎭)에게 올린 편지 4통과 송사(松沙) 기우만(奇宇萬)에게 보낸 편지 6통이 있는데 아들의 공부와 안부에 관한 것이며, 조의곤(曺毅坤)·기양연(奇亮衍)·고광선(高光善)·오준선(吳駿善) 등 여러 동학과도 편지로 교유하였다. 문(文)에는 노사 선생에게 올리는 제문, 비를 기원하는 「기우문(祈雨文)」, 학문을 권유하는 「권학문(勸學文)」이 있다. 그리고 「약선율옹요결십조면아자(略選栗翁要訣什條勉兒子)」는 『격몽요결』의 내용을 자신이 이해하는 방식대로 변용한 것이 아니라, 자녀들이 일상생활에서 배우고 실천해야 할 핵심적인 내용을 그대로 뽑아서 요약한 것이다. 박정규는 『격몽요결』 10조목을 요약하면서 자신의 견해를 4~10자로 맨 앞에 기술하였는데, 1·2·3·6·10조목은 중대하거나 어려운 것이고, 4·5·7·8·9조목은 초학자가 반드시 알아야 할 것이라고 보았다. 잠(箴)은 시(視)·청(聽)·언(言)·동(動)에 대한 것과 「경잠(鏡箴)」이 있다.

잡저(雜著) 「무민지(无悶誌)」는 "오직 산나물을 뜯고 들판에서 밭을 가는 일로써 일생을 보내며, 일하다가 그사이에 여력이 있으면 성현의 책을 보고 오동나무 궤 안에 기대어 한가롭게 살았다."라고 하여 평생 세상의 물욕과 인연을 끊고 주경야독(晝耕夜讀)의 삶을 그렸다. 「증부거재자(贈赴擧才子)」는 "학문에 성취한 것이 있으면 윗자리에 있는 사람은 그를 등용하여 도를 행할 지위에 나아가게 할 수 있으므로 과거 공부[擧業]와 이치 공부[理學]를 아울러 행하여도 어긋나지 않으며, 학문하는 데 방해되고 뜻을 빼앗기는 걱정이 없을 것이다. 지금 사람은 그렇지 아니하여 단지 과거로써 출세의 뜻으로 삼고, 평상시 득실(得失)에 따라 마음이 흔들려 그 지조를 잃으니 어찌 성현의 책을 읽어 이치 공부를 구할 겨를이 있겠는가?"라고 하여 과거 공부에 치중하는 당시의 세태를 비판하면서 이치 공부의 병행을 강조하였다. 「지리산행(智異山

行)」은 지리산을 유람하면서 기록한 기행문이다. 「귀정의상민후(歸正議上閔候)」는 동학군을 격퇴한 나주 목사 민종렬(閔種烈, 1831~1899)에게 "국가를 바로잡고 백성을 구제하는 본령은 오직 백성의 화합[人和]에 달려있다."라고 하면서 민심을 화합하는 것이 중요한 책무라고 조언하였다. 「지신도(持身圖)」는 『격몽요결』에 없는 중용(中庸)과 중화(中和)의 개념을 더하여 구용(九容)과 구사(九思)를 체용(體用) 관계로 설명하여 "항상 반드시 아침에 일찍 일어나고 밤에 늦게 자면서 성정기질(性情氣質) 사품(四品)을 중화(中和)의 체(體)로 삼았고, 도덕언행(道德言行) 사의(四儀)를 중용(中庸)의 용(用)으로 삼았다. 체와 용이 안팎에서 함께 이루어진 뒤에야 구용(九容)과 구사(九思) 같은 조목이 일마다 법도에 맞아 자연히 마땅하게 될 것이다."라고 하였다. 박정규는 구용을 중화의 체로 보고 구사를 중용의 용으로 보면서 내면에 속하는 중화와 외면에 해당하는 중용의 조화를 주장하였다. 「완심도(玩心圖)」는 『서경』「대우모(大禹謨)」의 "인심은 오직 위태롭고 도심은 오직 은미하다."라는 구절을 바탕으로 그린 것인데, '인심은 오직 위태롭다'라는 것은 마음이 어둡고 어리석어 변하지 않는다[昏愚不移]는 것이고, '도심은 오직 은미하다'라는 것은 마음이 텅 비고 신령하여 어둡지 않다[虛靈不昧]는 것이다. 박정규는 초학자가 인심의 위태로움과 도심의 은미함을 분별하기 쉽지 않기 때문에 반드시 깊이 완미하고 격물치지(格物致知)한 연후에 밝힐 수 있다고 보았다. 그리고 인심과 도심을 오환(五患)과 오선(五善)으로 분명히 구분하여 "대개 인심(人心)이라는 것은 어둡고 어리석어 위태로우니, 위태로우면서 움직이면 오환(五患)의 단서가 있게 된다. 혹 간사하여 인색(吝嗇)하고, 화를 내어 만용으로 싸우는 것[勇鬪]을 좋아하고, 교만하여 권세와 이익[勢利]에 빠지고, 사악하여 참소와 아첨[讒諛]을 숨기고, 욕심내어 재물과 여색[財色]을 탐낸다. 또 도심(道心)이라는 것은 허령하여 은미하니, 은미하면서 고요하면 오선(五善)의 단서가 있게 된다. 인(仁)으로 자효(慈孝)하고, 의(義)로 마땅히 충직(忠直)하고, 예(禮)로 능히 공겸(恭謙)하고, 지(智)로 지극히 명철(明哲)하고, 신(信)으로 반드시 성신(誠愼)한다."라고 하였다.

부록(附錄)에는 「야은당(野隱堂)」 시에 대해 노사를 비롯한 박창수(朴昌壽)·양기영(梁紀永)·나도규(羅燾圭)·오갑선(吳甲善)·기우만(奇宇萬) 등 21명이 차운한 것이 있는데, 그의 교유관계가 넓다는 것을 엿볼 수 있는 지점이다. 1901년에 아들 박귀호(朴龜鎬)가 쓴 가장(家狀)과 1901년 송사 기우만이 쓴 묘표(墓表)가 수록되어 있다.

박정규에 대한 평가를 살펴보면, 면암(勉菴) 최익현(崔益鉉)은 "호남은 동국(東國)의 사수(泗洙)로 뛰어난 선비와 은사(隱士)가 연이어 나왔지만, 야은 박정규의 경우는 더욱 다른 점이 있었다."라고 하고, 송사(松沙) 기우만(奇宇萬)은 "우리 조부[노사]께서는 '일찍이 산수(山水)에 정을 붙이는 것이지 명리(名利)에 머무는 것이 아니며, 외물에 구속받지 않는 것은 불가능하니 이것을 붙잡고서 구해야 한다.'라고 말씀하셨는데, 야은 박정규가 그 적임자에 가깝다."라고 단언하였다. 그리고 난와(難窩) 오계수(吳繼洙)는 "공과 같은 사람은 유독 자기 몸을 선하게 하여 향리의 사람들을 그 덕에 감화시킬 자라고 할 만하다. 한스럽게도 그 재능을 펼칠 길이 없었는데, 만약 세상에 등용되었다면 많은 도움이 있었을 것이다."라고 안타깝게 여겼다. 또한, 큰아들 박귀호(朴龜鎬)는 "오호라! 부군의 성품은 도량이 넓고 행동거지가 조화로우며, 용모가 단정하고 수려하였으며, 효우(孝友)의 정성과 고궁(固窮)의 행실에는 다른 사람이 미치기 어려운 점이 있었다. 늦게 스승의 가르침을 받아 나아가고자 하는 방향이 이미 바르고, 닦고 살피는 것이 더욱 돈독했으며, 충신(忠信)으로 품행이 깨끗해서 온화함·공손함·삼감·경계함이 집에 거처하거나 사물에 접할 때 저절로 드러났다. 이것은 소자(小子)의 사사로운 말이 아니라 향리의 사우들이 공경하고 탄복하며 칭찬한 것이니 아름다운 행동과 훌륭한 덕에 대해 후세에 길이 칭송이 있을 것이다."라고 하였다. 이와 같은 평가를 고려해보면, 박정규는 속세와 물욕에서 벗어나 안빈낙도하는 생활을 추구하면서도 당대 지식인들뿐만 아니라 향리에서 지조와 덕망이 있는 선비로 인정받았다는 것을 짐작할 수 있다.

박정규는 노사학파 문인들 가운데 유일하게 『격몽요결』을 심신수양(心身修養)의 핵심으로 삼아 「지신도설(持身圖說)」과 「완심도설(玩心圖說)」을 완성한 사람이다. 그의 위상은 가난한 삶 속에서도 공맹(孔孟)의 도학(道學)과 정주(程朱)의 이학(理學)을 학문의 축으로 여기고, 율곡(栗谷)과 노사(蘆沙)의 사유체계를 바탕으로 몸과 마음을 수양하는 독창적인 도설(圖說)을 제작하여 실천했다는 점에 있다.

## 3. 문집 목차

### 野隱謾錄實紀序(崔益鉉)

野隱謾錄上

詩: 原韻(並聽流說) 謹次雙壺亭韻(金醉壺·愼醒壺) 次梁學士(相器)壽席韻(幷小序) 顒賀學士之德且壽而謹更步韻 謹次朴承旨丈(昌壽)蘭石堂韵 次柳君寔(是漢)魯窩韻 次李(敏弼)茶山韻 次梁(相衡)壽筵韻 次梁(逸永)梧軒韻 次柳君寔壽筵韻 謹挽蘆沙奇先生 挽止谷吳丈(甲善) 輓梁相鉉 挽吳夏圭 挽朴基柱(三五七言) 讀蘆沙先生文集有感而作 回甲日咏懷 無等山 采石江 法聖途中口呼 白羊寺 松江寺邊山 田家怨 慨世吟(甲午時擾) 省墳時感題二首(親山在扵鳥傳洞故以鳥寓意)

六言 次朴瑞西(源弘)壽筵韻 錦城館感次板上韻(悟陰佔畢齋)二首 桃源洞(距光山東三十里) 餞春 八愚 四端 七情 叅謁崇德展(新羅王

廟) 撥悶 卽事

野隱謾錄中

書: 上蘆沙奇先生書 上蘆沙奇先生書 上蘆沙奇先生書 上蘆沙奇先生書 寄奇先生護喪所 答梁丈(紀永)書 上朴承旨丈(昌壽)書 與奇松沙(宇萬)書 與奇松沙書 與奇松沙書 與奇松沙書 與奇松沙書 與奇松沙書 與尹德潤(滋敬) 與曺士弘(毅坤) 與奇德叟(亮衍)書 與羅致文(燾圭) 與羅致文 與梁校理(相器)書 上朴丈(濟邦)書 與高元汝(光善) 答高元汝 與愼樂堯金性汝 與鄭國彦(在弼)書 答吳德行(駿善) 與林致瑞(元黙)書 與梁子平(相衡)書 與梁子平 與金校理(鎭祜) 與柳君寔(是漢)書 答吳重涵(繼洙) 答安聖賛(時德) 答鄭貫一(道源) 與朴達瑞(基柱)書 答林炳黙 上族兄(泰赫)書 與柳上舍(鳳浩) 答李乃欽(浚九)書

野隱謾錄下

文: 祭蘆沙奇先生文 祈雨文 勸學文 略選栗翁要訣什條勉兒子 祭儀

箴: 視箴 聽箴 言箴 動箴 鏡箴

雜著: 慰窮說 无悶誌 三友誌(松竹石) 花樹會詞 撫笻歎 戒僧 悼古行難 酒戒 化物論 治病降和論 農談 贈赴擧才子 待鳳記 悲秋賦 春夢說 智異山行 歸正議上閔候(種烈) 干歸正之議以獻 持身圖 玩心圖

銘

附錄: 附次野隱韻(並小序)蘆沙先生 次韻(朴昌壽) 次韻(梁紀永) 次韻(羅燾圭) 次韻(吳甲善) 次韻並聽流記(奇宇萬) 次韻(李浚九) 次韻(梁相衡) 次韻(吳政善) 次韻(柳是漢) 次韻(鄭道源) 次韻(吳元圭) 次韻(金綵禎) 次韻(林錫圭) 次韻(吳駿善) 次韻(高光善) 次韻(林魯鑄) 次韻(朴基柱) 次韻(尹滋敬) 次韻(安時鼎) 次韻(金勳) 家狀(朴龜鎬) 墓表(奇宇萬)

跋(吳繼洙)

# 『오산유고(梧山遺稿)』

## 1. 저자 소개

이용헌(李龍憲, 1851~1895)의 자는 운오(雲五)이고 호는 오산(梧山)이며 본관은 함풍(咸豐)이다. 할아버지는 취헌(醉軒) 이만엽(李萬燁)이고, 아버지는 이민형(李敏炯)이며 어머니는 장택 고씨(長澤高氏)로서 고시홍(高時洪)의 따님이다. 이용헌은 1851년 9월 6일 광주 오치면(梧峙面) 방축리(防築里)의 집에서 태어났다.

9세에 학문을 익히기 시작했고, 약관이 되어서 기정진의 문인이 되었다. 기정진이 세상을 떠난 후 손자인 기우만과 가까운 사이가 되었다. 1884년 아버지가 세상을 떠났고, 1886년 상복을 벗은 이용헌은 일가친척들을 모아 친가와 외가 조상의 제전(祭田)에서부터 자매들의 혼수에 이르기까지 고르게 유산을 분배했다. 한양을 유람하게 되었을 때는 권문세가의 집을 드나들지 않고 오직 조강하(趙康夏)·조종필(趙鍾弼)·이만교(李萬敎) 등 몇 사람과 교류했을 뿐이었다.

1888년의 큰 가뭄이 들었을 때는 집안의 곡식을 풀어 인근의 빈민들을 구제했다. 집안에 작은 건물을 하나 지어놓고 스승을 초빙해 자식들을 가르쳤고, 평소에도 주변 사람이 추위를 고하면 옷을 주고, 병을 고하면 약을 주었으며, 결핍을 고하면 구휼해 주었다. 문인과 시인들도 종종 몇 달 동안 그의 집에서 머무르다 가고는 했다. 갑오농민혁명이 일어났을 때 그의 집안은 동학혁명군에게 곡식과 기물을 약탈당했다. 그는 어머니에게 난리를 피할 것을 충해서, 일가를 데리고 무등산과 만연산(萬淵山)의 중간에 있는 동복천(同福川)의 산중으로 들어갔다. 산중의 고난 속에서도 이용헌은 태연하게 모든 수고를 아끼지 않았고, 동학농민혁명이 진정되자 다시 돌아와 탄식하면서 '이런 뜻하지 않은 액운을 만났으니 조그마한 것이나 경영할 뿐 다시 무엇을 구하겠는가?'라고 하고는, 남은 재산과 터를 수습하고, 궁핍한 친척들과 가난한 백성들과 따듯하게 지내는 삶을 즐기려고 했으나, 뜻을 이루지 못하고 병에 걸려 향년 45세로 1895년 3월 11일 세상을 떠났다. 부인은 여흥민씨(驪興閔氏)로서 민삼현(閔三顯)의 따님인데, 2남 1녀를 두었다. 맏이는 이계익(李啓翼)이고, 둘째는 이계령(李啓寧)이다.

## 2. 문집 구성과 내용

『오산유고(梧山遺稿)』는 3권 1책 목활자본으로 1912년 아들 이계익과 이계령에 의해 간행된 이용헌(李龍憲)의 시문집이다. 문집 형태는 4주쌍변(四周雙邊) 반곽(半郭) 20.5×15.1cm, 유계(有界), 10행 18자 30.8×19.4cm이다. 권두에는 송병제(宋秉濟)가 1912년에 쓴 서문, 정운오(鄭雲五)가 같은 해 9월에 쓴 서문이 있고, 권말에는 이석(李碩)이 1912년에 쓴 발문, 날짜를 밝히지 않은 이계환(李啓環)이 쓴 추발(追跋), 추발의 뒤에는 이해 9월 아들인 이계익이 쓴 지문[識]이 덧붙여져 있다. 이 문집은 고려대학교, 전남대학교, 연세대학교에 소장되어 있다.

권1은 시(詩)로서 「외진 곳에 지내며[幽居]」를 비롯한 97제이다.

권2는 서(書)·제문·만(輓)·행장·서(序)·설(說)·잠(箴)이 실려 있다. 편지는 모두 4편으로 도사(都事) 양회연(梁會淵)·기우만·아들 기계익·김진현(金珍鉉)에게 각각 보내는 것이다. 제문은 2편으로 각각 기정진과 동생인 이창헌(李昌憲)을 애도하는 것이다. 만사(輓詞) 또한 2편인데 각각 정해룡(鄭海龍)과 최익철(崔益哲)을 위해 지은 것이다. 행장은 1편으로 아버지 이민형(李敏炯)의 가장인 「선부군 가장(先府君家狀)」이 실려 있다. 서문 또한 1편으로 '학계'라고 이름을 붙인 강학 계모임의 서문인 「학계서(學契序)」이다. 설(說)은 2편으로 기정진의 가르침을 계승하여 위정척사의 관점을 피력하고 있는 「척사설(斥邪說)」에 뒤이어 「아들을 복천으로 보내면서 학문을 권장하는 설[送子福川勸學說]」이 뒤따르고 있다. 잠(箴)은 10가지 후회할 일을 경계하는 「십회잠(十悔箴)」 1편이 실려 있다.

권3은 부록으로서 기(記)·만(輓)·제문·가장·제행장후·묘갈명·묘표가 실려 있다. 기는 기우만이 지은 「오산서실기(梧山書室記)」 1편이 실려 있다. 만사는 기우만을 비롯한 12명의 것이고, 제문은 이장헌(李璋憲)을 비롯한 4명이 쓴 것이다. 그 외 그의 전기 자료에 속하는 그들은 각각 이장헌의 「가장」, 고광선(高光善)의 「행장 뒤에 쓰다[題行狀後]」, 기우만의 「묘갈명」, 박로준(朴魯準)의 「묘표」이다.

### 3. 문집 목차

### 序(宋秉濟 鄭雲五)

卷一

**詩: 幽居 齋居口呼 訪奇松沙不遇 夜過鏡湖 槐圍見屈強吟自慰 述懷 鳳谷講會短律相和 春夜獨作 偶題 過公州八風亭 斷飮 喜晴 除夕感懷 訪奇松沙攄懷 愁 喜 有人寄西果 自警 急雨 送人之京 重陽日有懷 題松石軒 題西園夏清閣 元月二日省龍洞先考墓 暮春澹對軒講會(二) 寄趙上舍 福興省先妣墓有感 梧山八景(八) 鋤田 澹對軒講會 審靜庵集有感 次鄭老石丈人字體 題卯山亭 和梁兄 避東徒入林口呼 戒子詩 挹翠亭重修韻 與朴上舍川獵龍江 宿南固寺 次韓巖原韻 次潭陽**

倅李公瓶梅韻 題松廣寺槐溪棲 勤兒曹進學 呈趙判書 奉呈趙參判 碧梧 奉呈閔侯 示病弟 治圃 贈閔註書 奉呈栢石軒奇丈校理 夢中與洛中諸公吟 花下戲孫 次俛仰亭韻 次赤壁亭板上韻 賡和勿染亭韶 宿豐沛旅舍 壺山道中 留芝巖待京便 謹次奇丈校理農巢韻 次栢石軒原韻 行鄉飲禮有感 過西林訪鄭山人幽居 次三芝齋壁上韻 題褒忠院壁 次竹坡齋韻 次芝谷懷明軒 錦城路上口呼 草堂小集 次申氏西山草堂韻 夕陽過白羊洞口 題松流洞金都事山亭 次慕義齋韻 種芭蕉 避東亂移妻子入同福峽內 元曉庵奉和諸益韻 賀本倅俞晬宴 梧山書室韻 與諸期遊瑞石山 過廣石入洗心庵次李處士茅屋重修韻 次延月亭韻 次盧監察慶宴韻 苦霖 銅雀江舟中 贈閔參判 動洞萍館別高參奉 旱 修身 齊家 見松晚族兄所患退步喜而口占 聞鄭丈新榜得捷 客懷 次樂湖亭韻 斗洞與諸益相和 東擾甚迫歎不遇時 寄贈李丞旨 樂豐 輓金友玉鉉

卷二

書: 與梁都事 與奇松沙 寄家兒啓翼 答金景儒

祭文: 祭蘆沙奇先生 哭亡弟昌憲

輓: 輓鄭丈老石 輓崔丈古愚

行狀: 先府君家狀

序: 學契序

說: 斥邪說 送子福川勸學說

箴: 十悔箴

卷三

附錄: 梧山書室記(奇宇萬) 輓(奇宇萬 朴器德 李熙容 朴珍東 崔基郁 朴魯益 朴魯準 安圭容 崔基洪 金珍鉉 李慶範 李洛範) 祭文(李璋憲 鄭志榮 李啓龍 李啓琮) 家狀(李璋憲) 題行狀後(高光善) 墓碣銘(奇宇萬) 墓表(朴魯準)

跋(李㥠)
追跋(李啓環)
附識(李啓翼)

# 『오암유고(梧巖遺稿)』

## 1. 저자 소개

조석일(曺錫一, 1868~1916)의 자는 학경(學敬)이고 호는 오암(梧巖)이며 본관은 창녕(昌寧)이다. 청간공(淸澗公) 조서(曺庶)의 후손으로, 1868년 윤 4월 24일 고창읍(高敞邑) 검암리(儉巖里)에서 통정대부(通政大夫) 조행곤(曺行坤)의 아들로 태어났다. 어머니는 장택고씨(長澤高氏) 고시영(高時榮)의 딸이다.

어려서 풍모가 단정하며 정숙하였고 항상 효성스럽고 우애한 마음으로 부모형제에게 임하였다. 15세 때 노사(蘆沙) 기정진(奇正鎭, 1798~1879)의 5대 제자이자 사종숙(四從叔)인 동오(東塢) 조의곤(曺毅坤, 1846~1916)에게 나아가 수학하여 경전을 탐구하며 깊이 생각하고 분명하게 변론하니 학문이 날로 발전하였고, 문장에도 탁월한 면이 있었다. 부모 섬기기를 진력하였는데, 겨울이나 여름에 조석으로 정성을 다해 살폈고, 음식 또한 지성으로 봉양하였다.

28세 때 스승의 유명에 따라 족질 흠재(欽齋) 조덕승(曺悳承, 1873~1960)과 함께 삼산재(三山齋)에서 강학하던 송사(松沙) 기우만(奇宇萬, 1846~1916)의 문하에서 학문을 닦았다. 명성황후가 시해되는 '을미사변'이 일어나자, 스승이 각 읍에 격문을 보내어 항거할 때 그도 사문(斯文)의 대의를 천명하고자 선현의 말을 인용하여 민중을 설득시켰다. 1897년 청성(靑城)에서 강학하던 화서학파의 면암(勉菴) 최익현(崔益鉉, 1833~1906)을 배알하니 최익현도 경외하며 중후하게 대하여 그 역시 학문에 힘쓸 것을 다짐하였다. 노사학파와 화서학파의 문인들과 두루 교류하니, 식재(植齋) 기재(奇宰, 1854~1921), 보산(普山) 기우승(奇宇承, 1858~1907), 수남(秀南) 고석진(高石鎭, 1856~1924), 운재(雲齋) 최영조(崔永祚, 1859~1927) 등이 그들이다. 이들은 망년지교(忘年之交)로 교류하며 시사를 논문하며 시문을 짓기도 하였다. 조석일은 산림에 은거하였지만, 나라를 걱정하고 비분강개하는 지사로 활동하면서 노사학의 이기설(理氣說)을 독신하였다. 당시 학인들이 율곡(栗谷) 이이(李珥, 1536~1584)의 학설에 따라 노사학을 리일원론(理一元論)으로 비판하자, 그는 어구 상 미흡했던 점을 발견하여 바로잡았음을 피력하였다. 이 언설을 들은 최익현 역시 기정진의 학설은 이전 현인들이 아직 드러내지 못한 점을 후인이 드러냈으니, 공박한 무리가 오히려 타산지석으로 삼아야 함을 언급하였다.

특히 스승 조의곤이 보여준 『성리대전』 권49 역행편(力行篇)에 수록된 동래여씨(東來呂氏)의 말은 간이하나 뜻이 몹시 지극하고 긴요하니 학문에 가장 절실하다고 하였다. 또 기우만이 가르쳐준 『주자대전』의 '주차(奏箚)', '수공(垂拱)', '연화(延和)' 편 등은 지금의 시대에 크게 일깨워줄 수 있고, 『대학』에서 언급한 격물치지(格物致知)와 성의정심(誠意正心)의 학문 그리고 수신제가(修身齊家)와 치국평천하(治國平天下)의 도는 당시 임금이 거울삼아 경계해야 하고 후학이 종신토록 지니고 있어야 한다고 하였다. 이 내용의 글을 낭랑하게 암송하는 소리는 천지에 가득하였다 한다. 만년에는 이를 꾸준히 낭송하면서 한가롭고 편안한 기상으로 지내다가 1916년 11월 28일 세상을 떠나니 향년 49세였다. 고창읍 검암리(儉巖里) 동산(東山)에 안장하였다.

## 2. 문집 구성과 내용

『오암유고(梧巖遺稿)』는 2권 1책 석판본으로 1962년에 간행된 조석일(曺錫一)의 시문집이다. 문집 형태는 4주무변(四周無邊)에 10행 24자, 크기는 30.0×19.4cm이다. 권두에는 정홍채(鄭泓采와 강호영(姜浩永)이 1955년에 쓴 서문 2편, 권말에는 조석일(曺錫日), 조자승(曺資承), 김정회(金理會)가 1962년에 쓴 3편의 발문이 있다. 이 문집은 국립중앙도서관, 한국학중앙연구원, 전남대학교, 모덕사, 충남대학교에 소장되어 있다.

권1은 시(詩) 89제 103수가 수록되어 있다. 목차에는 「제황성문(題皇城門)」에서 「제대황교(題大皇橋)」까지 11수가 더 있으나 내용에서는 이 부분이 누락되었다. 전체 포함하면 100제 114수가 된다. 시는 자연에서 즉각적으로 읊은 서정시, 사물을 읊은 영물시, 여행하며 흥취로 차운한 시, 서울을 방문하여 지은 시, 스승을 비롯한 고창 인근 지역의 지인들과 주고받은 다양한 시들이 많다. 「동강연구(東岡聯句)」는 스승 기우만에게 수학하면서 자기를 비롯한 네 명의 지인이 서로 돌아가며 한 구씩 지어 학문적 권면을 술회한 것이다.

권2는 서(書) 38편, 행장(行狀) 3편, 가장(家狀) 1편, 발(跋) 1편, 축문(祝文) 1편, 제문(祭文) 4편, 잡저(雜著) 6편 등이 수록되어 있다. 서한문 가운데 스승 기우만과 최익현에 보낸 글은 멸망하는 나라를 수호하고 유학의 도를 지키기 위해 일제에 항거하는 내용을 비롯하여 시사 및 안부에 관한 것이다. 동학 및 지인들과도 서로의 안부 등을 담론하고 집안 종친들에게는 가학을 잇고 효우를 실천할 것을 피력하였다.

부록은 만장(挽章) 1편, 제문 4편, 행장, 묘갈명, 서 39편, 기타 2편이 수록되어 있다. 조석일 사후 애도한 1편의 만장과 추모한 4편의 제문이 있고, 그의 일대기를 기록한 행장과 묘갈명이 있으며, 그다음으로 스승과 지인들로부터 받은 편지들이 정리되어 있다. 비석에 빠진 부분을 보충하면서 묘에 모신 스승에게 고(告)한 글도 있고, 문인들이 선생을 추모하기 위해 만든 계(契)에 문인을 대표한 조석일(曺錫日)의 글 「산수계안서(山水契案序)」가 있다. 발문 다음에는 124명의 문인이 기록된 「문생록(門生錄)」도 있다.

### 3. 문집 목차

**梧巖遺稿序(鄭泓采 姜浩永)**

作 逢鏡城池升雨(潤九)述懷(二絶) 宿議政府 曉發至樓院喜月色漸微東方始白 樓院望三角山用武夷九曲韻因所感而寄意 題水橋芝山齋 過貞洞望慶運宮有感 渡西江別致中 過新壓見天日垂象喟然發歎 奉祭富平司直公墓仁川生員公墓有感 題華城門 過水原上訪花隨柳亭唱誦程先生訪花隨柳過前川之句謹步韻而寄意 渡素沙 過金烏坪題天將馬貴勝戰碑 金烏歸路望大明洞(馬貴戰亡于此其墓在大明洞後山其宗孫方居于此支孫亦多云本出於大明故名其洞曰大明) 宿于八風亭同旅趙舜卿詳說都城甲乙丙年事變以至昨今時事聞之不勝憤慨因以一絶詩答之 滯雨牟論與伯據和五言排律五十八韻其事則罷寂其意則撥憫 早發牟論喜天雨新晴 過孝家題新羅孝子尙德之閭 入高山大峙拜韓參奉(晉錫)暮過利城有戒 過杔巖坪見落照吟 上披香亭有感 發猫領望方丈 宿橋洞 宿于新月魯友世鐸(淵塾)家與南伯卿(常元)高一元(一桂)同賦 自抱川還送伯據歸石汀 臨空石屛 老松 方沼 屛風 織席 農談 宋緖菴秉濟奉尊華錄來與之相和 無題(二絶) 東岡聯句 次勿閒亭韻 贈蘆下李龍瑞

卷二

書: 上松沙先生(乙未) 上松沙先生 上松沙先生(丙申) 上松沙先生 上松沙先生(丁酉) 上松沙先生(戊戌) 上松沙先生 上松沙先生 上松沙先生 上松沙先生(己亥) 上松沙先生(庚子) 上松沙先生(辛丑) 上勉菴先生(丁酉) 上勉菴先生(戊戌) 上勉菴先生 上勉菴先生(庚子) 與崔雲齋(永祚○丁酉) 與崔雲齋(戊戌) 答奇植齋(宰○丙申) 答奇植齋 上高秀南(石鎭) 答奇元直(廣度○乙未) 與奇元直 與奇元直 與韓參奉(晉錫) 與韓參奉 與奇仁伯(春度) 與綾州宗中 與族人洛善(秉) 上族叔斗峯(豐坤○戊戌) 答族姪欽齋(悳承) 與三從弟景類(錫永) 上再從叔山東(象坤) 上再從叔山東 與金明三(學黙○庚寅) 答奇處安(聖老○乙未) 答奇汝平(貞度○丙申) 答奇彦國(丙申)

行狀: 從八世祖晩晦堂行狀 從曾祖(諱益聖)行錄 溪菴曺公行狀

家狀: 先考通政大夫府君家狀

跋: 東塢遺稿發

祝文: 禱皇天上帝文

制門: 祭東塢先生文 祭勉菴先生文 祭鄭乃承文 祭屛石李公錫九文(代本倅鄭崙永作)

雜著: 東岡日記畧 三山日記畧 西行錄畧 甲午事記 單子 朱書奏箚釋疑(垂拱一 垂拱二 延和一 延和二 延和三 延和四 延和五 延和六 延和七)

附錄: 挽章(金峻黙) 祭文(曺悳承 曺錫日 奇貞度 朴鳳求) 行狀(曺錫日) 墓碣銘(幷序○曺悳承) 松沙先生書(二十) 勉菴先生書(八) 崔雲齋書(四) 高秀南(石鎭)書(一) 奇通川(亮衍)書(二) 韓參奉(晉錫)書(二) 族姪欽齋(悳承)書(二) 具石物告辭(此辭當在墓碣銘下而錯序誤印) 山水契案序(曺錫日)

跋(曺錫日 曺資承 金珵會)

門生錄

# 『용오유고(龍塢遺稿)』

## 1. 저자 소개

정관원(鄭官源, 1857~1920)의 자는 명현(明賢)이고 호는 용오(龍塢)이며 본관은 진주(晉州)이다. 1857년(철종 8) 3월 3일 전북 고창군 대산면 매산리(梅山里)에서 정종익(鄭鍾翊)의 둘째 아들로 태어났다. 어머니는 죽산안씨(竹山安氏) 안연주(安延周)의 딸이다. 조선 초기 첨지중추원사(僉知中樞院事)를 지낸 유순도(庾順道)의 후손이다.

일찍이 7세 때 서당에서 글을 배우다가, 노사(蘆沙) 기정진(奇正鎭, 1798~1879)의 제자인 족형 소두(小蠹) 정하원(鄭河源, 1827~1902)의 문하에서 학문을 닦았다. 수학할 당시 스승은 "장차 우리 집안의 기둥"이라고 칭찬하였다. 1885년(고종 22)에 성재(省齋) 기삼연(奇參衍, 1851~1908)과 함께 의병 활동으로 공훈을 세우기도 하였다.

1893년 원주향과(原州鄕科)에 합격하고 그다음 해인 1894년 사마시(司馬試)에 합격하였다. 이때 동학난이 일어나자 향리의 선비들과 향교에 모여 예를 강론하고 독회하면서 척사위정(斥邪衛正)을 도모하는 데 힘썼다. 1896년 송사(松沙) 기우만(奇宇萬, 1846~1916)이 장성에서 국권을 찾고자 의병을 일으켰을 당시 무장 지방의 유사가 되어 의병을 모으고 식량을 조달하는 책임을 맡았다. 하지만 성사되지 못하자, 후학을 양성하기 위해 용오정사(龍塢精舍)를 세웠다.

1899년 43세 때 경기전(慶基殿) 참봉에 임명되었으나 나아가지 않고, 학문에 전념하기 위해 1902년 무렵 「용오재자서(龍塢齋自序)」를 짓기도

하였다. 그해 학문과 마음의 구심점이었던 스승 정하원이 세상을 떠나자 제문을 지어 추모하였다. 1904년 의병 활동을 하던 족제 일광(一狂) 정시해(鄭時海, 1874~1904)가 일제에 항거하다가 호남 최초로 순국하자 심히 애도하였다. 일본이 한국의 외교권을 박탈하기 위해 1905년 11월 강제로 을사늑약을 체결하고, 민영환(閔泳渙, 1861~1905)이 일본의 내정 간섭을 강력히 비판하다가 이미 대세가 기운 것을 보고 자결하자 그 울분을 시로 읊기도 하였다.

1910년 경술국치 이후 국세가 기울어지자 세상과의 뜻을 접고 은둔 생활을 하면서 향리에 세웠던 서재에서 『심경(心經)』과 『근사록(近思錄)』을 비롯한 제자백가를 깊이 탐독하며 후학들에게 사특한 무리를 배척하고 올바름을 붙잡고자 하는 척사부정(斥邪扶正)의 정신을 배양하도록 하였다. 1917년 회갑을 맞이하였으나 국운이 망극한 지경에 이른 백성으로서 차마 잔치를 치를 수 없다고 하여, 그 비용을 가난한 일가 친척과 마을 사람에게 나누어 주었다. 은혜를 입은 많은 사람이 송덕비를 세우려 하자 강력히 거절하였다. 의로운 성품을 지닌 정관원은 고금의 역사 가운데 나라를 좀먹거나 인군(人君)을 배반하는 등 사악한 자들이 나오면 책상을 치며 분격했다.

1918년 고종의 비참한 승하 소식을 접하고 원통한 마음을 금치 못하고 밤마다 분격하며 배회하다가 그 울분과 처절한 마음을 시로 지었으니, 그 시가 바로 "창오낙일모운중(蒼梧落日暮雲中: 창오산으로 떨어진 해 저녁 구름 속에 있으니), 통곡고신심혈홍(慟哭孤臣心血紅: 통곡하는 외로운 신하의 마음 피로 붉었네). 서산동해지하처(西山東海知何處: 서산의 동해는 어느 곳에 있었는고), 창망천추한불궁(悵望千秋恨不窮: 서글피 천년을 바라보니 끝없는 한이로다)."이다. 그의 울분과 처절한 마음은 그만 병으로 이어져 1920년 3월 6일 세상을 떠나니 향년 64세였다. 향리의 사림들은 그의 행의(行義)를 기리기 위하여 덕림사(德林祠)를 세워 배향하고, 봄과 가을에 모여 그의 의로운 성품과 우국 충절의 뜻을 높이 칭송하였다. 저서로 『용오유고(龍塢遺稿)』가 있다.

## 2. 문집 구성과 내용

『용오유고(龍塢遺稿)』는 1999년 『용오집(龍塢集)』과 『용오속집(龍塢續集)』을 합본하여 학민문화사에서 발행한 정관원(鄭官源)의 시문집이다. 『용오집』은 7권 3책, 『용오속집』은 3권 2책으로 구성된 목활자본이다. 문집 형태는 4주쌍변(四周雙邊) 반곽(半郭) 21.2×15.6cm, 10행 20자, 내향이엽화문어미(內向二葉花紋魚尾) 29.4×19.4cm이다. 이 책은 아들 정방규(鄭枋珪, 1883~1947)가 편집·간행하였다. 권두에는 윤영구(尹甯求)가 쓴 서문, 권말에 성경수(成卿修)가 1932년에 쓴 발문이 있다. 『용오속집』은 이병수(李炳壽)가 1935년에 쓴 발문만 있다. 1999년 영인본으로 발행 당시 변시연(邊時淵)이 쓴 서문이 있다. 『용오집』은 국내 국립중앙도서관, 고려대학교, 연세대학교, 서울대학교, 성균관대학교에 소장되어 있다.

권1은 부(賦) 2편, 시(詩) 182수가 수록되어 있다. 부는 봄날의 경치와 유유자적한 자신의 삶을 기술하고 있다. 시는 자신의 마음을 독려하고 경계하는 것으로부터 계절 및 화초 등 다양한 내용이 있고 또한 일상생활의 소재도 있다. 「용오팔영(龍塢八詠)」은 정관원 자신이 거주한 용오재 주변 여덟 방향의 경치를 읊은 것이다. 여행과 수창, 차운 등 다양한 형식의 시들도 있다. 특히 「문국변망곡후제이절(聞國變望哭後題二絶)」은 1918년 고종 승하의 소식을 듣고 그 비분강개한 울분을 읊은 것이고, 「근만민보국(謹輓閔輔國)」은 자결한 민영환을 애도하는 시이다. 시들은 대체로 솔직담백하며 음미해 볼 만한 가치를 지니고 있다.

권2는 서(書) 63편이 수록되어 있다. 서간문은 스승 정하원과 우국지사 민영환을 비롯한 당시 동학들과 시사 및 유가 사상의 도(道)를 보존

할 것을 언급한 것이 있다. 의병장으로 활동하다가 대마도로 유배되고 풀려난 지은(智隱) 최전구(崔銓九, 1850~1938) 및 노사학파 재전 문인 육봉(六峯) 이종택(李鍾宅, 1865~1942)과 무우당(無憂堂) 조석휴(曺錫休, 1852~1922) 등과 교류한 것이다. 또한, 집안 형제들에게 유학 사상과 전통을 지키도록 면려한 내용의 서한도 있다.

권3은 잡저 21편이 수록되어 있다. 잡저 가운데 「효우설유문자질(孝友說喩門子姪)」은 집안 자제들에게 모든 선의 근본이고 천하고금의 달도(達道)인 유가의 효성과 우애를 일깨워주는 내용이고, 「심설계자설(心說戒子說)」은 만물 가운데 가장 신령한 사람에게 내재한 마음의 주체적 작용을 설명하고 수양론에 근거하여 자제들을 경계시킨 것이다. 「계주설시자제질(戒酒說示子弟姪)」은 술의 성(性)은 뜨거워 기(氣)를 길러주므로 조금 마시면 이롭지만 많이 마시면 본성을 잃고 몸을 다쳐도 알지 못하니 술을 경계하여야 한다는 내용이다. 「극기설(克己說)」, 「주경설(主敬說)」, 「명륜설(明倫說)」 등은 유가적 학문의 요체를 피력한 것이다. 「교육변(教育辨)」은 오늘날 학교가 많이 설립되어 요임금과 순임금 시대보다 문치(文治)가 넓어지고 있지만, 국가의 기강은 더욱 어지러워지고 있고 난신적자(亂臣賊子)들이 많아지는 것은 인륜을 밝히지 못한 탓이라는 당시의 폐단을 지적하고 있다. 「초한론(楚漢論)」은 국제정치 질서 속에서의 힘의 역학관계와 올바른 도를 논한 것이고, 「자방공명론(子房孔明論)」은 군주를 보필하는 신하의 올바른 자세와 역사적 평가를 다룬 것이며, 「서관중론후(書管仲論後)」는 신하와 임금과의 조우 등을 논하고 있다. 이러한 글들은 어지러운 시대를 살고 있는 지식인으로 역사의식과 시대 상황에서 오는 의식의 일단이 표현된 내용으로 평가된다. 향해본고(鄉解本稿)는 원주(原州)에서 시행한 시험 내용이고 회시본고(會試本稿)는 1894년 사마시에 합격한 시험 내용으로, 과제문 연구에 참고할 만한 자료이다.

권4는 서(序) 7편, 기(記) 12편, 발(跋) 4편, 제문 13편, 상량문 1편, 행장 1편, 유사(遺事) 1편, 전(傳) 1편, 묘갈명 6편이 수록되어 있다. 서문은 용오재에 대한 것, 회갑을 맞이한 회포, 그리고 계(禊)에 대한 것을 기록한 것이다. 기문은 중수기와 여러 학인의 당호에 관한 내용이고, 발문은 족보 및 가승, 그리고 향교 대성전과 사마안(司馬案)에 관한 것이다. 제문은 스승 정하원, 나라 잃은 울분으로 자결한 우국지사 민영환, 호남에서 일제에 항거하다가 최초 순국한 정시해, 그리고 교류하였던 학인들을 애도한 것이 있고 기우제 제문도 있다. 「죽재나공유사(竹齋羅公遺事)」는 나종태(羅鍾泰)가 벗 김준(金準)이 의병을 일으키려는 뜻을 알고 재산을 털어 자금을 대주었다가 그 일로 인하여 적에게 죽임을 당하였다는 일을 기록한 것이다.

권5는 부록으로 제문 14편, 영정봉안제문 1편, 축문 1편, 행장 1편, 묘갈명 1편, 비문 1편, 비명 1편이 수록되어 있다. 부록에 수록된 글은 정관원에 대한 제문과 축문이고 일대기를 기록한 행장, 묘갈명 등이다.

권6의 부록은 기(記) 3편, 서(序) 2편, 발(跋) 8편, 상량문 2편, 유묵(遺墨) 등이 수록되어 있다. 이 글들은 정관원이 세운 용오정, 그리고 사후 추모하기 위한 계(禊)와 덕림사에 대한 기문이다. 권7은 유묵과 발 1편이 수록되어 있다. 이는 정관원의 유묵과 유희태(庾熙泰)가 1933년 유묵에 대해 지은 것이다.

『용오속집』은 『용오집』에 빠진 정관원의 글을 찾아 보완한 것으로, 서간문은 당시에 독립운동을 펼친 박도경(朴道敬, ?~1918)과 임병찬(林炳瓚, 1851~1916)에게 보낸 것이다. 잡저는 당호(堂號)에 대한 기문, 유가의 마음 수양을 위한 존양설(存養說), 인(仁)과 지(智)에 대한 논설, 그리고 동양 우주론을 언급한 혼상설(渾象說)에 관한 것이다. 고려가 멸망하고 조선이 건국되자 끝까지 출사하지 않고 충절을 지킨 72현 실기(實記)의 발문도 있다.

『용오속집』 부록은 3권이다. 권1은 정관원이 지은 「용오재편제(龍塢齋扁題)」에 차운한 16인의 시, 회갑을 맞이하였을 때 지은 시[미수록]에 차운한 10인의 시, 회갑을 기리는 2인의 「회갑찬(回甲贊)」, 정관원 사후 그를 애도한 만장과 제문이 수록되어 있다. 권2는 정관원이 지은 용오정 시[행장 수록]에 차운한 15인의 시, 김수겸(金秀謙)의 앙모계(仰慕契) 시[행장 수록]에 차운한 70인의 시, 그리고 정관원을 기리기 위해 비석을 세우고 덕림사에 봉안할 때 지은 화운시가 수록되어 있다. 권3은 덕림사에 있는 여러 건축물의 기문, 정관원의 제사 축문, 비문, 그의 덕행을 표창하기 위해 각지에 보낸 통문들이 수록되어 있다.

### 3. 문집 목차

**龍塢遺稿重刊序(邊時淵)**

**龍塢集序(尹甯求)**

卷一

賦: 陽春賦 逍遙賦

詩: 自勵 追感 東幕齋重修有感 寄同硯諸生二首 龍塢齋扁題 龍塢八詠(龍水流雲 鷹峙落照 鼎洞暮烟 燭臺聞鵑 蓮池觀魚 白巖飛瀑 羅浦漁笛 西峯半月) 過族叔叅判公東岡亭 和閔進士 肥遯 會飮二首 歎時 登乾支山 雜詠二首 寫真 贈書遑諸友 霖雨 寒食途中 麥涼 春寒 詠蘭 老松 謹輓曹叅奉 金醒窩以三字疊韻示余強為效嚬(三首) 自述 謹輓族權 過庚君讀書室 偶吟 謹輓族叔 自省 書贈鄉中子弟 謹輓族兄 感秋 偶成 謹輓族兄 秋夜 落照 次丁君寒梅詠 輓庚君二首 次孫叅奉月湖亭韻 次徐七共兼錦溪亭韻 次姜叅奉睟宴韻 次徐叅奉何人亭韻 次權友鶴齋韻 次姜松南睟宴韻 題道洞齋 登東山 幽居 贈故人 過三湖亭二首 鰲城歸路留宿寒山寺 贈高君 謹輓桂南族兄 謹輓松潭族叔 趙主事來訪因留宿和一絕 秋雨 卜居 秋風 讀書有感 述懷 輓姜叅奉

閒居有感 詠菊 亭上對月 詠燈 聞鴈 詠松 瘦竹 贈金君 謝朴友遠訪 送別成友釆五明玉 奉和李友君行二首 與吳晦石 與權友季興 與權友茂興 輓族弟 有所思 題晉州矗石樓 晉州歸路登廣漢樓 過木浦港 西湖歸路贈友人全李權 過羣山港 涵碧亭與諸友會吟 松都懷古 題安義光風樓 登山清換鵝亭 題咸學士樓 苦夏吟 和金月松詩 次崔鶴烈梅村亭韻 趙侯枉訪臨發示一首歌因以奉和 呈洪侯 過順天松廣寺二首 次佛甲山海佛菴板上韻 奉和族兄 謁族兄小蠹先生 六華亭原韻 落花 發悃 感物 謹次松洞族兄回甲韻 次成叅書晬宴韻 次李叅書晬宴韻 謹次勿欺齋重修韻 次姜叅奉悅雲亭韻 奉和諸君三絕 謹次老圃堂韻 謹輓小蠹先生 詠燭臺蝴蝶 得男戲題 述懷 過山居二首 還山吟 贈孫友 餞春三絕 宗人進士洛樵來訪 贈東西齊講習諸生 感柳君見訪 登燭臺峯與諸益唱和 送別柳友 遊禪雲招提 逢閔吳 春懷 祝族兄壽辰 次吳監察回甲韻 次寶硯詩 奉祝舍伯壽辰 謹輓金進士二首 輓羅竹齋 觀魚升屋 詠錢 盆梅 仲春吟 過書齋 述懷 謾吟 訪友 偶吟二首 奉和書齋主人 謹次曹公東塢亭韻 呈南蠹族兄叙懷 春日偶成 謹輓松洞族兄二首 謹次金進士晩睡堂韻 次金咸平壽宴韻 春日閒居 謝求詩客 有約聞國變望哭後題二絕 謹輓閔輔國 血竹 寄從孫(二首) 病卧 調病有感 戒家兒 示同志

卷二

書: 兄主前上答書 兄主前上答書 兄主前上答書 上小蠹先生 答閔輔國(泳煥) 答閔輔國 答李侯(昌翼) 答李昌翼(時移古阜) 答洪侯(鳳杓) 答韓侯(敬烈) 上韓侯 答韓侯 慰韓侯 與南平倅鄭(海魯) 慰姜叅奉(淵秀) 答姜叅奉 與姜叅奉 答閔議政(泳奎) 答李熙川(敎儀) 與李熙川 與成叅書(永鎰) 與金主事(相甯) 與李君行(英煥) 與李叅書(起馥) 與李六峯(鍾宅) 答叅奉族兄(榮源) 慰叅奉族兄 與權季興(寧燮) 與族姪(休明) 答李叅奉(潤綱) 與司馬案中各家 與玄基煥 與曹無憂

堂(錫休) 與崔叅奉(銓九) 答崔叅奉 與崔叅奉 與族姪孝先(成根) 答李侯(熹翼) 與洪進士(憲杓) 與族姪文國(休鳳) 與金文昌(俊培) 與庚興彬(敬求) 與族姪長水伻(休鐸) 與金士奎(容善) 答吳文敏(秉植) 與吳文敏 上桂南族兄(龍源) 上桂南族兄 上桂南族兄 答羅竹齋(鍾泰) 與曹國彬(秉彩) 與崔敬長(斗翰) 答崔敬長 上族兄洛賢(普源) 上松河族兄(晩源) 慰松河族兄 與族弟泰允(季源) 與族弟乃淑(寧源) 與族姪叔敬(休直) 與族姪叔敬 與金仲洪疏(箕昔) 寄家兒枋珪 寄家兒

卷三

雜著: 孝友說喻門子姪 心說戒子弟 戒酒說示弟姪 克己說 主敬說 明倫說 會宗族誡告 以稼人說勉孫鳳煥讀書 幽蘭操 擊蒙訓 感古說 教育辨 楚漢論 子房孔明論 書管仲論後 瑞麥頌呈韓侯 謹告坊內多士 再告坊內多士 司馬印出通告 鄕解本稿(試題 能言距楊墨者聖人之徒) 會試本稿(試題 鳳凰出於東方君子國見則天下安寧)

卷四

序: 龍塢齋自序 周甲生辰自序 新約稧序 輔宗稧序 聚褉案序 正學案序 咸陽朴氏門稧案序

記: 六齋重修記 石隱堂記 松河齋記 龍塢齋記 智隱記 洛下齋記 松南舍伯入山記 君洞齋重修記 晩圃記 六華亭記 愧窩記 德湖亭記

跋: 族譜跋 家乘譜跋 聖廟重修後叙 司馬案跋

祭文: 祭小蠹先生文 祭閔忠正公文 祭族弟時海文 祭曹叅奉日承文 祭宋樵南漢英文 祭庚立身齋敬求文 祭族弟興源文 祭再從叔母高氏夫人文 悼長乃婦羅氏文 兜率山祈雨祭文 高山祈雨祭文 竹島祈雨祭文 社稷壇祈雨祭文

上樑文: 龍塢齋上樑文

行狀: 先考贈叅判府君家狀

遺事: 竹齋羅公遺事

傳: 庚氏夫人烈傳

墓碣銘: 族叔勇齋公墓碣銘 孝子省齋高公墓碣銘 淑夫人宋氏墓碣銘 長興高氏設壇碑銘 孝子戶曹叅判李公碑銘 題忠賢祠碑後銘

卷五

附錄: 祭文(鄭官源 外 15篇) 影幀安祭文○丁裕錫 等) 祝文(龜洞墓所立碑祝文○朴璇采 望哭壇立碑祝文○金相寗 望哭壇改碑祝文○庾熙泰 常享祝文) 龍塢先生鄭公行狀(宋鍾哲) 龍塢處士鄭公墓碣銘(並序○閔泳奎) 龍塢處士鄭公望哭壇改竪碑(李炳壽) 題龍塢先生鄭公望哭壇碑銘(並序○李鍾台)

卷六

附錄: 龍塢亭記(鄭枋珪) 龍塢亭續記(申冕休) 仰慕稧序(尹寗求) 仰慕稧後序(鄭休泰) 仰慕稧後(李絅洙) 仰慕稧後(宋鍾哲) 仰慕稧後(李鍾哲) 仰慕稧跋後(高元柱) 仰慕稧後(庾熙泰) 題仰慕稧案後(姜天秀) 仰慕稧跋(閔京鎬) 龍塢亭上樑文(鄭休豐) 德林祠上樑文(姜天秀) 德林祠記(高光善)

龍塢集跋(成卿修)

卷七

遺墨

龍塢先生遺墨跋(庾熙泰)

## 龍塢續集

書: 答芝谷宗中 與金愧窩(商一)金醒窩(相甯) 答柳秋圃(正錫) 答高元柱 答金掌令(秀馨)金主事(檜甯) 答朴道敬 答金永振 答林樂安

(炳瓚)

雜著: 松湖追記 玉峯記 存養記 仁者樂山知者樂水說 渾象說 題杜門洞實記後

**龍塢續集 附錄**

卷一

詩: 龍塢齋次韻(十五) 回甲次韻(九) 回甲贊(庚一鉉 石谷面多士) 挽章(二十五) 祭文(金商一)

卷二

詩: 龍塢亭次韻(十五) 仰慕契和韻(七十) 望哭壇立碑時和韻(三十六) 德林祠奉安時和韻(五十六)

卷三

記: 龍塢齋記(崔銓九 李鍾宅) 龍塢亭記(高石鎭 鄭瀾 申鉉中) 敬義堂記(李炳觀) 祥雲樓記(金秀謙) 弘毅齋記(宋鍾哲)

上梁文: 德林祠上梁文(閔丙漢 李鍾宅 裵聖洙)

祝文: 德林祠開基祝文 德林祠奉安祝文 德林祠常享祝文(宋榮大)

碑銘: 廟庭碑銘(並序○李範錫) 成均進士龍塢先生鄭公墓碣銘(並序○閔丙承) 龍塢先生鄭公墓誌銘(並序○高禮鎭)

通狀: 茂長通狀 全州通狀 光州通狀 羅州通狀 南原通狀 靈光通狀 興德通狀 武城書院通狀 道內通狀 遯巖書院通狀 大聖文學院通狀

跋(李炳壽)

# 『우고선생유고(又顧先生遺稿)』

## 1. 저자 소개

이태로(李泰魯, 1848~1928)의 자는 도관(道寬)이고 호는 우고(又顧)이며 본관은 전의(全義)이다. 전의이씨(全義李氏)의 시조는 고려의 개국공신이었던 이도(李棹)이고, 이태로는 그의 28세손이다. 그의 집안은 14대조였던 이영상(李永祥)이 무오사화를 피해 나주로 낙향하면서 호남에 세거하게 되었다고 한다. 아버지는 고암(顧菴) 이경근(李擎根, 1824~1889)이고 어머니는 이천서씨(利川徐氏)이다. 헌종 14년(1848) 3월 전남 나주군 지죽면 계양리에서 3남 4녀의 맏아들로 태어났다. 그의 아버지인 이경근은 『고암집(顧菴集)』과 『고암가훈(顧菴家訓)』을 남겼는데, 이태로에 앞서 이미 기정진의 문인이었다.

5세에 어머니를 여의었고, 계모인 광산김씨(光山金氏)의 보살핌 속에 성장했다. 12세에 외삼촌인 서송은(徐松隱)에게 나아가 학문을 익히기 시작했고, 19세가 되던 1866년부터 기정진에게 나아가 문인이 되었다. 기정진의 문하에서 그는 기우만(奇宇萬)·오계수(吳繼洙)·오준선(吳駿善) 등과 교유했다.

1876년 병자수호조약이 체결되자 이를 비판하는 글을 지었고, 1894년 갑오농민혁명운동이 일어나자 그는 장정을 모아 고을을 지키기도 했다. 1898년 포천에 머물고 있던 최익현을 방문했고, 최익현의 제자인 이건초(李建初)·서상봉(徐相鳳)·이문화(李文和)·유기일(柳基一) 등과 교유했을 뿐만 아니라, 함께 「척왜사삼소(斥倭事三疏)」를 올려 7개월 동안

옥살이를 한 뒤 풀려났다.

이태로는 최익현과 관계가 각별했는데, 1906년 최익현이 순창에서 거의하고 대마도로 끌려간 다음 순국하자, 제문을 지어 애도했을 뿐만 아니라, 최익현의 활동을 보여주는 자료를 모아 두 권의 책을 편찬했다. 『면암선생문집초(勉庵先生文集抄)』는 『면암집(勉庵集)』에서 주로 상소문·칙명·주차 등을 초록한 것이고, 『면암집초(부제가서)勉庵集抄(附諸家書)』는 최익현의 글도 일부분 포함되어 있지만 주로 최익현과 관련된 신문 기사와 다양한 사람들이 지은 만사와 가사 작품들이 수록되어 있다.

1905년 을사늑약이 체결되고 민영환이 자결하자, 그를 추모하는 시를 지었고, 1910년 경술국치를 당한 해에 광주에서 개가 일본인을 물어 죽이는 사건이 벌어지자 「의구설(義狗說)」을 지어 예찬하기도 했다. 이해 아버지가 세상을 떠나자 그는 자신의 호를 '우고(又顧)'라고 붙이고, "일월처럼 오래가는 것은 대명(大明)의 정기이고, 의관을 고치지 않는 것은 조선의 유풍이다. [日月長臨 大明正氣 衣冠不改 朝鮮遺風]"라는 16자를 좌우명으로 삼았다. 일제 식민지가 시작되자 이태로는 문을 걸어 잠그고 평생 일본이 있는 방향을 등지고 후학을 가르쳤다고 전해진다. 1928년 정월 24일 나주 계양촌의 자택에서 세상을 떠났다. 첫째 부인은 풍산홍씨(豐山洪氏)로서 홍우성(洪祐成)의 따님인데 2남 2녀를 두었고, 둘째 부인은 광산김씨(光山金氏)로서 김우현(金右鉉)의 따님인데 1남 1녀를 두었다.

## 2. 문집 구성과 내용

『우고선생유고(又顧先生遺稿)』는 7권 3책 석판본으로 1949년에 간행된 이태로(李泰魯)의 시문집이다. 문집 형태는 4주쌍변(四周雙邊) 반곽(半郭) 21.8×14.4cm, 유계(有界), 12행 24자, 상하향2엽화문어미(上下向二葉花

紋魚尾) 28.2×19.0cm이다. 권두에는 오필선(吳弼善)이 1949년에 쓴 서문, 권말에는 임달재(任達宰)가 쓴 발문이 실려 있다. 1949년 이전에 이태로의 문집은 이미 초본이 존재하고 있었다. 애초에 이태로의 큰아들인 이교선(李敎善)은 부친과 가까웠던 오준선 등을 만나 문집의 간행을 논의했고, 이렇게 해서 1931년 윤녕구(尹甯求)에게 「행장」도 받아둔 터였다. 이렇게 편집된 문집은 애초에 9책의 형태였는데, 결국 이런저런 이유로 발간되지 못했고, 1949년 7권 3책의 축소된 형태로 발간되었다. 아래의 문집 구성은 1949년 발간된 7권 3책을 기준으로 서술한 것이다. 『우고선생유고』는 연세대학교, 전남대학교, 호남대학교에 소장되어 있다.

7권 3책은 각각 제1책 권1~3, 제2책 권4~5, 제3책 권6~7의 형태로 제책되었고, 목차는 각 책의 앞부분에 따로따로 편집되어 있다.

권1은 시(詩)이다. 시는 「계양유거(桂陽幽居)」를 비롯한 129편이 실려 있는데, 애초의 초고본 문집에는 383편이 수록되어 있었던 것과 비교하면 많은 부분이 축소되었음을 알 수 있다.

권2는 서(書)이다. 편지는 기정진에게 보내는 「노사 기선생에게 올림[上蘆沙奇先生]」을 비롯한 45통이 실려 있다. 이 가운데 이태로가 '올림[上]'으로 존중의 뜻을 보인 사람들은 기정진·신응조(申應朝)·최익현·민종렬(閔種烈)·이건창(李建昌)·이성렬(李聖烈)·윤용구(尹用求) 등이 있다. 평교에는 기우만(奇宇萬)·정의림(鄭義林)·최영조(崔永祚)·오준선 등 노사학파 동문의 이름이 다수 발견된다.

권3은 서(序)·기(記)·발(跋)·명(銘)·묘표·전(傳)이다. 서문은 「호군공파문안서(護軍公派門案序)」를 비롯한 17편이 실려 있다. 족보가 씨족 전체를 대상으로 한다면, '문안(門案)'은 그 축소판으로서 씨족 가운데 한 지파의 계보를 서술한 것이고 '호군공'은 이태로의 6대조 이위한(李緯漢)을 가리킨다. 기문은 「덕후재기(德厚齋記)」를 비롯한 33편이 실려 있고,

발문은 「최씨추모록 뒤에 쓰다[書崔氏追慕錄後]」를 비롯한 12편이 실려 있다. 명문은 28세에 세상을 떠난 동생인 이승로(李升魯)를 추모하는 「오열산(五悅山) 산정등(山井嶝)의 묘지명[五悅山山井嶝墓誌銘]」을 비롯한 9편이 실려 있다. 묘표는 이태로의 7대조인 이진교(李震嶠), 6대조인 이휘한의 묘비에 새긴 「7대조 참의부군 묘비 음기(七大祖參議府君墓碑陰記)」와 「6대조 호군부군 묘비 음기(六大祖護軍府君墓碑陰記)」」를 비롯한 7편이다. 전은 「나효자전(羅孝子傳)」을 비롯한 5편이 실려 있다.

권4는 장(狀)이란 제목으로 4편의 글이 실려 있다. 먼저 이태로가 쓴 아버지 이경근의 가장인 「선부군 고암처사 가장(先府君顧菴處士家狀)」이 있고, 손자인 이달호(李達鎬)가 쓴 이태로의 「가장」이 있으며, 이어서 윤녕구가 지은 이태로의 「행장」이 실려 있다.

그런데 마지막에 실려 있는 「거가언행(居家言行)」은 체제와 내용이 혼란스럽다. 일단 권4의 목차에는 「거가언행」이라는 제목만이 실려 있는데, 실제 내용을 살펴보면 성격이 다른 네 가지로 구분된다. 첫째 「거가언행」이라는 제목에 걸맞게 집에 머물면서 잡다한 단편을 기록한 것이다. 둘째 다른 사람들의 주장이나 질문에 대해 이태로가 대답하는 내용이다. 셋째 '홍무일월(洪武日月)'처럼 춘추단에서 제사를 지낼 때 휘장에 써서 내걸어야 하는 세 가지 표기 내용을 서술한 것이다. 넷째 「일기(日記)」라는 제목이 달린 일상적인 일에 대한 기록이다.

권5는 「춘추단의절(春秋壇儀節)」과 「서유록(西遊錄)」이다. 춘추단은 춘추대의를 표방하기 위해 1908년 3월 19일 나주 세지면(細枝面) 오봉리(五峰里)에 이태로가 설치한 단(壇)으로 명나라의 세 황제, 즉 태조(太祖)·신종(神宗)·의종(毅宗)을 제사 지내기 위해 마련한 공간이다. 이 글은 이곳에서 제사를 지낼 때의 의례와 절차를 기록한 것이다. 먼저 토지신을 위한 「토지축문(土地祝文)」이 있다. 그리고 춘추단의 구성을 묘사하고 있고, 윤녕구가 쓴 「대명엄명(大明嚴銘)」이란 명문이 서문과 함께 실려 있다. 「춘추단비(春秋壇碑)」라는 제목으로 2편의 명문이 실려 있는데, 각각 윤녕구와 윤용구(尹用求)가 쓴 것이다. 그리고 「제단축문(祭壇祝文)」과 1년에 두 번 제사 지내는 날을 의종이 세상을 떠난 3월 19일과 태조의 생일인 9월 18일로 정했다는 내용을 담은 「단향정일(壇享定日)」이 실려 있다. 「서유록」은 이태로가 1898년 6월 집안의 족보를 손보는 일 때문에 영암과 목포 등 한반도의 서부 지역을 거쳐 한양에 들렀다 돌아올 때까지의 여정을 기록한 것이다.

권6은 명(銘)·잠(箴)·찬(贊)·송(頌)·사(辭)·사·상량문·축문·제문·통문·격(檄)·잡저이다. 명문은 2편인데 선비들이 자신의 느린 기질을 급하게 교정하기 위해 허리에 차고 다녔다는 패현(佩弦)에 붙인 「패현명(佩弦銘)」과 우연히 얻게 된 벼루인 백사연(白沙硯)에 붙인 「백사연명(白沙硯銘)」이다. 잠은 「계명도잠(鷄鳴圖箴)」 1편이고, 찬은 '애민여자(愛民如子)'라는 네 글씨에 붙인 「수필찬(水筆贊)」, 매화에 붙인 「매사찬(梅史贊)」, 기자(箕子)의 초상에 붙인 「기자진상찬(箕子眞像贊)」 등 3편이다. 송은 1913년에 세워진 진주 도통사(道統祠) 동문당(同文堂)을 위해 지은 「진주 연산 도통사 동문당 찬송(晉州硯山道統祠同文堂撰頌)」 1편이고, 사(辭)는 당시 대한제국의 황제 신분이었던 고종의 회갑을 경축하는 「태황제의 임자년 회갑 생일을 경축하는 글[太皇帝六旬初度壬子慶祝辭]」과 자신의 회갑을 노래한 「수도사(晬度辭)」가 있다. 사(詞)는 스승인 노사의 죽음 이후 존화양이(尊華攘夷)의 도가 사라지는 시국을 탄식하는 「통곡사(痛哭詞)」 1편이다. 상량문은 나주 객사의 정청인 금성관을 중수할 때 지은 「금성관 중수 상량문(錦城舘重修上樑文)」을 비롯한 6편이 실려 있고, 축문은 세상을 떠난 부인 홍씨(洪氏)를 추모하는 「제삿날이 돌아와 처 홍씨의 묘에서 제를 지낼 때의 축문[回忌日祭妻洪氏墓祝文]」을 비롯한 5편이 있다. 제문은 기정진과 외삼촌인 서송은, 그리고 최익현 등을 추모하는 12편이 실려 있는데, 그 가운데는 안중근 의사의 하얼빈 의거 소식을 듣고 최익현의 가짜 신위를 모셔두고 제를 올리면서 지은 「안중근이 이토오 히로부미를 폭살했다는 소식을 듣고 면암선생의 허위(虛位)를 모셔두고 제를 올리면서[聞安重根爆殺伊藤博文設勉菴先生虛位祭]」가 포함되어 있다. 통문은 「전라도의 여러 향교에 보내는 통문[通全羅道列邑鄕校文]」을 포함한 3편이 실려 있다. 두 번째 통문이 기유년 즉 1909년인 것으로 1910년 경술국치 직전의 시국을 통탄하면서 발송한 통문으로 추정된다. 격문 역시 1909년 즈음에 거의(擧義)할 것을 촉구하는 「의거격(義擧檄)」과 「격도내(檄道內)」 2편이 실려 있다. 잡저는 모두 13편인데, 주로 정제일(鄭濟逸)·송삼길(宋三吉)·윤동립(尹東立)·손자인 이달호·호희연(胡熙淵)·외손자인 기종(基鍾)·최병두(崔秉斗) 및 이름이 알려지지 않은 충청도의 벗에게 주는 글이 9편이다. 나머지 네 편은 각기 성격이 다른 글인데, 먼저 확실하지는 않지만 성균관의 동재(東齋)를 담당하는 네 명의 집강(執綱)에게 보내는 것으로 추정되는 「동재의 네 집강에게 고하는 글[告東齋四執綱書]」이 있고, 춘추단을 세운 동지들에게 정기적인 모임을 만들 것을 제안하는 「춘추단 동안의 여러 사람에게 보이다[示春秋壇同案諸員]」가 있다. 「해당문답(海棠問答)」은 해당화를 의인화해서 관물찰리(觀物察理)의 도리를 문답하는 내용이다. 마지막으로 「행로난(行路難)」 어지러운 세태의 인생살이의 어려움을 토로하는 글이다.

권7은 설(說)·계(戒)·술(術)·변(辨)·논(論)이다. 설은 아들에게 주는 「의신설(醫身說)」을 비롯한 14편이 실려 있다. 「동정설(動靜說)」과 같은 성리학적 주제를 다루는 글에서 「엽어자설(獵魚者說)」처럼 일상생활에서 관찰한 것을 보고 느낀 점을 서술하는 등 다양한 주제를 다루고 있다. 특히 「의구설(義狗說)」은 1910년 경술국치를 당하던 즈음에 광주시에서 일본인을 물어 숨지게 한 개가 있다는 소식을 듣고 의구(義狗)로 칭송하는 글이다. 계(戒)는 개구리와 뱀의 움직임을 보고 경계할 점을 서술한 「와계(蛙戒)」와 「사계(蛇戒)」 2편이 실려 있다. 술(術)은 「호술(狐

術)」·「치설(鴟說)」·「서설(鼠說)」을 포함한 3편인데, 「호설」은 여우와 나무꾼과의 대화 형식으로 '온 세상이 명예를 좇아도, 오히려 본질을 반성하고, 온 세상이 내면을 저버려도 거꾸로 본분을 생각한다'는 뜻을 서술한 것이다. 「치설」은 올빼미와 나무꾼의 대화를 통해 '선을 행하면 복을 받고 악을 행하면 재앙이 뒤따른다'는 인과응보설(因果應報說)을 주장한 것이다. 「서설」은 늙은 쥐의 일화를 통해 욕심을 절제할 것을 권하는 내용이다. 변(辨)에는 「문제변(問題辨)」을 비롯한 6편이 실려 있는데, 이 글은 1914년 당시 광주부(光州府)에서 백일장을 개최해서 선비들을 불러 모았는데, 여기에 나아가려는 이들이 있었기 때문에 이를 변론한 글이다. 마지막으로 논(論)은 3편인데, 각각 시국을 논한 「시도론(時道論)」, 중화와 오랑캐의 구분을 논하는 「별론(別論), 「후천지론(後天地論)」은 소옹의 원회운세(元會運世)의 계산에 의해 성립된 '후천지(後天地)'에 대한 논의로 시작되지만, 주된 내용은 '접리응물(接理應物)'에서 '참천지(參天地)'에 이르는 성리학적 삶의 이상향을 묘사하고 있다.

### 3. 문집 목차

**序(吳弼善)**

卷一

**詩: 桂陽幽居 自警 自守 月夜獨坐 全文谷遺集中見伏次家親帖上遇先妣忌日韻寓感而步五歲失慈親之句適似自身事故借用 立春後雪 庭梅 聞倭酋入寇元山 上蘆沙奇先生 遏欲 乾坤 天 地 人 太極 雨後登高 春雪 桂陽舊居 雪月夜 渡會津 到上龜訪吳永奎不遇 送伏閤人 歎倭酋入寇 雜詠(三) 野人問與(七) 嘆與倭結和 倭人花房義質入城發憤而作 讀小學 所思 次靈巖對月樓韻 奉家親遷居六安洞 讀易 不欺心 雜詠(三) 觀書有感 偶吟 題真 自得 克己 過李孝子居廬舊墟 藥房見**

知母囊以一絶寓感 謝李南坡丈贈筆(二) 大雨 新居偶吟 過蘆嶺憶蘆沙先生 過遲遲臺 大報壇 謹次勉菴崔先生被囚日獄中口號 附原韻 赴淳昌未及痛哭而吟 感閔忠正公桂庭血竹 勉菴崔先生滯對馬島吟 明烏猗松操 次箕子操 壇享翌日又寄閔重植 道統祠韻 神宗皇帝御筆龍字江南嶺 山金聘君呼韻 次李南坡丈過余詩贈 挽舍弟升魯 問道 祝家君生朝 警吟 偶吟 客中病吟 拈家字 次吳注書還鄕韻 鄕約韻 皇華亭旅館夜中吟 感閔趙二忠正 太宗大王會盟錄守心契 哭乙巳六忠 上奇松沙赴京(三) 三鳳山 聖子山 登月出山 次觀躍齋韻 倭人撤歸 次金斯文雲捲韻 錦城山下送伏閤儒士問京消息 客自廣寒樓末傳元韻續次 閒居安洞言懷(二) 幽居書事 山居暮景 窮居 挽亡室洪氏 七里吟 其一 其二 其三 其四 其五 其六 其七 親山省掃後種松 次宗丈玄好氏宗會詩附原韻 書屋 雪中有懷 民情 嘆人心不同 因何吟 客末見庭前花戲曰主人心地如此笑而不答因吟一絶 晬度 赴義曠日未就 赴京 挽子婦宋氏 挽金道賢 挽文圭簡 萬嘉善金琪祥 自題 喜稲熟免窘題 新居偶吟見家書有感 感題 繭蛾 初月 秋日 武烏 驅牛鳥 秋夕脚戲 弄雛兒戲習射 織席 又見捆屨用前韻 又見圍碁用前韻 常平通寶 不薙山 夷齊魯仲連 陶淵明 張巡 陸秀夫 范景文 自題 行路難

卷二

書: 上蘆沙奇先生 上桂田甲相國 上勉菴崔先生 上本倅招討使閔芝潭 上李寧齋承宣 上李淳昌 與本州義譽所 與松沙奇宇萬 與日新鄭義林 與丹農李建初 與雲齋崔永祚 上宗丈根教 中樞院獻議書 上尹判書海觀 與後石吳俊善 上政府書 答閔重植 答柳與之 答安明植 與李啓性 與參判李東溪 與弗須尹寗求 與崔信煥 遯溪門屛侍右 與奇松沙拘留光府 與儒道彰明會僉員長羅聖則 答徐洛範 春秋壇碑乞銘書 又與弗須尹寗求 與承旨金東江 答宋子大全重刊所總務金熹鎭 答吳永奎與林夏圭 答崔奇彦 與崔信煥 答李南坡 答族弟熙文 與白樂義 與宗

人聖烈 答永樂亭吳浚庠 與洪源植 答鄭得采 與鄭美采 長孫基鎬婚書

卷三

序: 護軍公派門案序 宗約會序 一元禊序 追遠堂遺稿序 李氏家秉亭 護軍公派宗契序 蓮溪處士遺稿序 三思亭序 同志禊序 同義禊案序 李使君回巹序 然然堂遺稿序 送徐學均 老老洞三少年同庚禊序 秉魯弟晬宴序 松澗洞禊後序 族人鳳根家秉序

記: 德原齋記 重修靈臺記 松龍精舍記 如在閣記 分花記 蓮堂記 翠慕堂記 瞻慕記 慕菴記 望月菴重建記 遊月出山追記 羅孝子旌旅閭重修記 松菴記 祠堂記 宗約節 德峯記 龍淵齋記 知止菴記 悔吾堂記 遯溪記 錦溪記 朴氏詩亭記 占斗齋記 觀沼亭記 愼庵記 五常軒記 襲隱後記 暎紅堂記 敬慎齋記 隱菴記 五悔記 清慕堂記 梅史記

跋: 書崔氏追慕錄後 書南浦鄭公遺事 書鄭持平墓碣後 書松適通記後 全義李氏世譜跋 書寶城吳氏三世孝烈實紀後 書宗丈玄好氏宗會詩函後 書晋州姜氏三綱實紀後 書驪興閔氏世狀後 書丹溪文公遺事後 書孝烈婦尹氏贊頌追詩軸 書家抄鄉約儀後

銘: 五悅山山幷嶝墓誌銘 子婦宋氏權厝誌銘 次子婦羅氏權厝誌銘 禮曹正郎李公墓碣銘 孝子追遠堂李公墓碣銘 學生鄭公墓碣銘 存性齋閔公墓碣銘 嘉善大夫同知中樞府事安公墓碣銘 參奉金公墓誌銘

墓表: 七代祖參議府君墓碑陰記 六代祖護軍府君墓碑陰記 先妣遷墓記 子婦宋氏遷窆時續識 贈通政大夫順興安公墓表 崔孝婦實紀 烈女張氏實記

傳: 羅孝子傳 烈婦樂安吳氏傳 鄭氏三孝子傳 烈婦尹氏博 孺人李氏傳

卷四

狀: 先府君顧菴處士家狀 家狀 又顧處士全義李公行狀 居家言行

卷五

春秋壇儀節: 設壇祭土地祝文 春秋壇 大明巖銘 春秋壇碑 春秋壇解 祭壇祝文 壇享定日

西遊錄

卷六

銘: 佩弦銘 寄藏白沙硯銘

箴: 鷄鳴圖箴

贊: 手筆贊 梅史贊 箕子眞像贊

頌: 晋州硯山道統祠同文堂撰頌

辭: 太皇帝六旬初度壬子慶祝辭 晬度辭

詞: 痛哭詞

上樑文: 錦城館重修上樑文 早明洞山房上樑文 蓮溪亭上樑文 閔氏追誠齋上梁文 裴氏遠慕齋重修上樑文 蠶樓上樑文

祝文: 同奁日祭妻洪氏墓祝文 祠堂開基祝文 祠堂上樑祝文 移安祝文 新居開基祝文

祭文: 祭蘆沙奇先生 祭松隱徐先生 祭勉菴崔先生 聞安重根爆殺伊藤博文 設勉菴先生虛位祭 祭奇松沙文 祭聖廟文 祭朱夫子文 祭後凋堂文 祭閔止鶴文 祭李議官文 祭妻洪氏文

通文: 通全羅道列邑鄕校文 通文 再通

檄: 義擧檄 檄道內

雜著: 贈鄭濟逸 贈朱三吉 贈廉君東立 贈達鎬 贈胡萬戶熙淵 附 贈示獅孫基鍾書 眼鏡付送崔秉斗 與湖中知舊人 告東齋四執綱書 示春秋壇同案諸員 海棠問答 行路難

卷七

說: 醫身說 獵魚說 動靜說 如此說 辨泽說 鮮栢復榮說 防川枘反說

川上說 義狗說 笑笑說 八負子說 孝一字說 盲馬聽鈴說 李連昌仲宋小姐寃說

戒: 蛙戒 蛇戒

術: 狐術 鴟術 鼠術

辨: 問題辨 豢倭辨 蛇蜂爲人辨 鷺烏辨 乞魁辨 杏子木麥同異辨

論: 時道論 別論 後天地論

跋(任達宰)

# 『우산유고(牛山遺稿)』

## 1. 저자 소개

홍우용(洪祐鏞, 1872~1941)의 자는 덕소(德韶)이고 호는 우산(牛山)·고암(顧菴)이며 본관은 풍산(豊山)이다. 시조는 고려 고종 때 국학직학(國學直學)을 지낸 홍지경(洪之慶)이다. 세대를 이어 조선조에 저명한 사람으로 후릉참봉(厚陵參奉)을 역임한 일송(一松) 홍치(洪治, 1441~1513)[20], 참의(參議)를 지낸 팔우(八愚) 홍경고(洪景古, 1645~1699)[21] 등이 있다. 고조는 홍영한(洪永漢)이고, 증조는 홍희우(洪羲禹)이며, 조부는 홍수영(洪壽榮)이다. 아버지는 동지중추부사(同知中樞府事)를 지낸 농암(聾巖) 홍규주(洪圭周)이며, 어머니는 김해김씨(金海金氏) 김기백(金基白)의 딸로 숙덕(淑德)이 있었다.

홍우용은 고종 임신년(1872) 7월 9일 능주 부춘방(富春坊, 현재 춘양면) 우봉리(牛峰里)에서 태어났다. 어려서부터 성품이 강직하고 재주가 민첩했지만, 집이 가난하여 서당에 나가 공부하지 못했다. 몸소 농사일

20 저술로는 『심학장구집주대전(心學章句集註大全)』 상·하편이 있다. 『심학장구집주대전』은 심학(心學)을 체계화하고 주석한 저서로써 육왕학(陸王學)으로서의 심학과 구별되는 성리학의 수양론적 심학을 제시하고 있다.

21 침수정은 17세기에 활약했던 미수 허목, 윤선도의 문인이었던 홍경고(1645~1699)가 건립한 정자이다. 침수정은 화순군 춘양면 우봉리 368번지로 주소지를 따라 우봉마을 입구에 있는 정자이다. 1885년에 중건해 현재에 이르렀으며 송사(松沙) 기우만 (1846~1916)의 기문 등 총 37개의 현판이 걸려있어 많은 사람이 찾았던 곳이다.

을 돌보면서 조금이라도 여력이 있으면, 어른들에게 절실하게 묻고 독서를 통해 부지런히 공부하자 몇 년이 되지 않아서 문리(文理)가 통하였다. 16세(1887)에 부친이 돌아가셨고, 학업(學業)을 제대로 하지 못한 것에 대해 한스럽게 생각하였다. 이로부터 경서의 내용을 깊이 탐구하여 대의(大義)를 살피면서 어렵고 의심나는 곳이 있으면 하나의 작은 책자에 하나하나 기록하여 일신재(日新齋) 정의림(鄭義林, 1845~1910)과 송사(松沙) 기우만(奇宇萬, 1846~1916) 선생의 문하에게 나아가 바른 가르침을 받았다. 홍우용의 자(字)와 호(號)는 정의림과 기우만이 명한 것이다. 그러나 정의림의 문인록에는 수록되어 있지 않고, 기우만의 문인록에만 실려 있다.

23세(1894)에 모친의 명에 따라 경시(京試)에 나아가 장릉참봉(長陵參奉)으로 제수되었으나, '당시 동학의 무리가 크게 일어나 호남이 극히 심하다'라고 하니, 벼슬할 때가 아니라고 생각하여 사퇴하고 고향으로 돌아와 집안을 보호하고 바로잡았다. 그 뒤 포천(抱川)으로 가서 면암(勉菴) 최익현(崔益鉉, 1833~1906) 선생을 뵙고 학문을 토론하고 질의하자 선생이 많은 가르침을 주었다. 46세(1917)에 어머니가 돌아가셨는데 정성과 공경을 지극히 하여 유감없이 하였다. 만년에는 금오산(金鰲山) 아래에 우산정사(牛山精舍)[22]를 짓고 은거하여 학문을 닦으려고 하였는데, 가르침을 받고자 모이는 자들이 그곳에 수용할 수 없을 정도에 이르렀다. 58세(1929)에 역락정(亦樂亭)을 지어 시문으로 후학을 가르치며 향촌의 대소사(大小事)를 도왔다. 1941년 3월 29일 향년 70세로 명을 마감하였다.

22 우산정사는 지식인 홍우용의 교육 장소이자 교유 공간으로 현재 전남 화순군 능주면 우봉리에 있다.

## 2. 문집 구성과 내용

『우산유고(牛山遺稿)』는 2권 2책 석인본으로 1968년 아들 홍승달(洪承達)이 유고를 수집하여 화순군(和順郡) 능주향교(綾州鄕校)에서 간행한 홍우용(洪祐鏞)의 시문집이다. 문집 형태는 4주쌍변(四周雙邊) 반곽(半郭) 20.5×14.8cm, 유계(有界), 10행 22자 주상행(註雙行), 상하향2엽화문어미(上下向二葉花紋魚尾) 27.2×18.7cm이다. 권두에는 연봉거사(硯峰居士) 홍종소(洪鍾韶)가 1943년에 쓴 서문, 권말에는 족손(族孫) 홍규식(洪圭植)과 김윤정(金潤貞)이 1968년에 쓴 발문이 실려 있다. 이 문집은 한국학중앙연구원, 전남대학교, 계명대학교, 전북대학교에 소장되어 있다.

권1에는 시(詩) 451수로 오언절운(五言絶韻) 12수, 오언사운(五言四韻) 10수, 칠언절운(七言絶韻) 130수, 칠언사운(七言四韻) 237수, 만(挽) 52수, 추록(追錄) 10수가 수록되어 있다. 시의 내용은 주로 자연 경치를 배경으로 읊은 것, 원운(原韻)에 차운한 것, 만시(挽詩) 등도 있다. 저자는 백파정(白波亭), 용암사(聳巖寺), 도통사(道統祠), 열락정(悅樂亭), 낙오정(樂五亭), 침수정(枕漱亭), 송석정(松石亭), 금강산(金剛山), 서석산(瑞石山), 월출산(月出山), 삼각산(三角山), 천태산(天台山), 서림정사(西林精舍), 경탁헌(警鐸軒), 창암정(蒼岩亭), 영락정(永樂亭), 현학정(玄鶴亭), 사이당(四而堂), 정관재(靜觀齋), 일관정(日觀亭), 송하재(松下齋), 용호재(龍湖齋), 와송정(臥松亭), 화수헌(花樹軒), 만취헌(晩翠軒), 호석정(湖石亭), 송산정사(松山精舍), 담락정(湛樂亭), 용강정사(龍崗精舍), 악양루(岳陽樓), 관가정(觀稼亭), 송국정(松菊亭), 죽림재(竹林齋), 오강정(梧岡亭), 환산정(環山亭), 야은정(野隱亭), 물망재(勿忘齋), 독취정(獨醉亭), 현덕정(賢德亭), 양심당(養心堂), 임대정(臨對亭), 일송정(一松亭), 영풍정(永豐亭), 일성재(日省齋), 장암정(場巖亭), 양정재(養靜齋), 학산재(學山齋), 소계정(小溪亭), 월은당(月隱堂), 쌍벽정(雙碧亭), 만오당(晩悟堂) 등의 정자를 비롯한 산사에 대한 시를 남겼다.

권2에는 일신재 정의림, 송사 기우만, 면암 최익현 선생에게 올리는 편지를 비롯한 33편, 잡저(雜著) 「일지(日誌)」 1편, 정부인김씨(貞夫人金氏)의 가장(家狀)과 묘표(墓表) 각각 1편, 정의림, 기우만, 최익현 등을 포함한 9편의 제문(祭文), 기(記) 「우산정사기(牛山精舍記)」를 비롯한 8편, 서(序) 「명유록서(名儒錄序)」 1편, 발(跋) 「족보발(族譜跋)」을 포함한 2편, 잠(箴) 「우산서실잠(牛山書室箴)」을 비롯한 2편, 명(銘) 「오곡침명(五穀枕銘)」을 포함한 2편, 찬(贊) 「자찬(自贊)」 1편, 축문(祝文) 「개기제축문(開基祭祝文)」 1편이 수록되어 있다.

「일지(日誌)」는 자신이 그날그날 깨달은 내용을 기록한 것으로 "사람이 바르지 않은 것은 욕심이 있는 것이고 욕심이 없다면 바른 것이다." 라고 하였고, "사람이 즐겁지 않은 것은 항상 부족한 마음이 있기 때문이니 만족함을 알면 즐거울 것이다."라고 하였다. 「우산정사기(牛山精舍記)」에서는 정사의 자리와 기능을 말하면서, 면암 최익현이 이 정자에 대해 맹자의 우산야기(牛山夜氣)로 기문을 써주었기 때문에 이것을 들어 이름하였다고 밝혔다. 「열락정(悅樂亭)」에서는 "한 벗이 『논어』 첫 구절의 '열락(悅樂)'의 의미를 통해 이름만 있고 실상이 없이 단지 무늬만을 화려하게 한다면 이름만 좋아하는 부끄러움이 있는 것 아니냐?"고 따지자 "나의 정자 '열락'은 성정(性情)에서 나온 것이고, 『논어』의 '열락'은 도학(道學)에서 나온 것이다. 그러나 성정과 도학의 천심과 원근의 차이가 있을지라도 열락은 하나이다."라고 하였다.

부록에는 민홍기(閔弘基)의 「우산홍공행장(牛山洪公行狀)」, 1943년 9월 홍종소(洪鍾韶)가 쓴 「우산홍공묘지명(牛山洪公墓誌銘)」, 1943년 5월 문기호(文基皜)가 쓴 「우산홍공묘갈명(牛山洪公墓碣銘)」, 정의림(鄭義林)이 저자 홍우용의 이름에 관해 쓴 「자설(字說)」이 수록되어 있다. 그리고 홍승원(洪承源)의 「우산정사상량문(牛山精舍上梁文)」, 기우만(奇宇萬)과 고광선(高光善)의 「우산장서실기(牛山藏書室記)」, 문창규(文昌奎)의 「우헌소

기(牛軒小記)」, 김병수(金秉洙)의 「우산정사찬(牛山精舍贊)」, 이정근(李鼎根)의 「우산장서실소기(牛山藏書室小記)」, 박준기(朴準基)의 「우산정사기(牛山精舍記)」, 홍종소(洪鍾韶)의 「고암기(顧菴記)」, 박준동(朴俊東)·민영주(閔泳柱)·임호응(林鎬應)·조필승(曺弼承)·홍제식(洪濟植)의 「열락정기(悅樂亭記)」가 실려 있다. 홍우용은 「우산정사원운(牛山精舍原韻)」 시를 다음과 같이 남겼다.

> 몇 칸의 초가집을 우잠(牛岑)에 지으니
> 최고는 남향인데 또 그늘도 지네
> 달빛 그윽한 정자에 가득하니 야기(夜氣)가 생기고
> 비가 아름다운 나무에 내리자 춘심(春心)이 드러나네
> 한가할 때에는 친구를 맞이하여 감정을 두텁게 나누고
> 날마다 아이 가르치며 계업(戒業)이 깊네
> 입문하는 다소의 손님들에게 말을 전하니
> 도낏자루는 찾아들지 못하도록 하라.

이 시를 차운한 사람은 문달환(文達煥), 홍우헌(洪祐憲), 이정근(李鼎根), 류규영(柳圭永), 박천흠(朴天欽), 홍승원(洪承源), 박규진(朴奎鎭), 이병승(李炳承), 임호응(林鎬應), 문병택(文炳澤), 송연집(宋淵楫), 문수호(文守鎬), 조인수(趙獜洙), 송연주(宋淵周), 홍승환(洪承煥), 문택환(文宅煥), 양회락(梁會洛), 강규수(姜奎秀), 홍우현(洪祐賢), 박노옥(朴魯玉), 배효진(裵孝鎭), 최병연(崔秉衍), 문락기(文洛記), 이병일(李秉一), 정확섭(丁矱燮), 이계환(李啓煥), 김돈규(金敦奎), 기용호(奇龍鎬), 장병선(張炳善), 김명중(金明中), 장민규(張玟奎), 최봉서(崔奉瑞), 홍승기(洪承祈), 박준화(朴準華), 문재익(文載益), 정순방(鄭淳邦), 홍승달(洪承達), 민영인(閔泳仁), 서정채(徐廷彩) 39명이다. 또한, 홍우용은 「열락정원운(悅樂亭原韻)」 시를 다음과 같이 남겼다.

현학정(玄鶴亭)의 북쪽, 침수정(枕漱亭)의 동쪽에
열락정이 높이 솟아 열락을 같이하네
지초(芝草)와 난초(蘭草)를 많이 심어 향기가 오래가고
옥석(玉石)을 오래도록 갈아 성공을 기대하네
실처럼 비가 내려 온 산의 기운이 축축하고
산들산들 바람이 불어 강물소리 문까지 이르네
날이 반복하여 일년이 되고 일년이 반복하여 세대 되니
우리 집안의 열락 오래도록 무궁하리

이 시를 차운한 사람은 박준동(朴俊東), 윤성하(尹聲夏), 류인식(柳仁植), 조병수(曺秉洙), 신주성(愼周晟), 류도승(柳道昇), 문장선(文章善), 박천흠(朴天欽), 조익연(趙益衍) 이수형(李壽馨) 이병승(李炳乘), 박병해(朴炳海), 홍제식(洪濟植), 문충렬(文忠烈), 염치수(廉致洙), 류규영(柳圭永), 임호응(林鎬應), 류도익(柳道益), 박병수(朴炳壽), 오동섭(吳東燮), 구익모(具益謨), 조기중(曺基重), 문재익(文載益), 민영주(閔泳柱), 기용호(奇龍鎬), 홍승기(洪承祈) 홍승달(洪承達) 27명이다.

그리고 문병택(文炳澤)의 「제우산홍공(祭牛山洪公)」, 이승복(李承福)의 「뇌사(誄辭)」, 홍우호(洪祐鎬)와 홍승달(洪承達)의 「제문(祭文)」이 수록되어 있다. 만사(挽詞)를 쓴 사람은 홍승원(洪承源), 문기호(文基皜), 홍승주(洪承柱), 문재익(文載益), 홍승봉(洪承鳳), 홍우감(洪祐鑑), 오동섭(吳東燮), 김영수(金永守), 문충렬(文忠烈), 조필승(曺弼承), 백호인(白虎寅), 홍승택(洪承澤), 임호응(林鎬應) 등이 있다.

## 3. 문집 목차

### 牛山遺稿序(洪鍾韶)

卷一

詩

上日新先生晬宴韵(二首)

七言四韵: 次湖齋壁上韵 次靜軒原韵 次静観齋原韵次菊圃回甲韵 逢盧仲錫暢懷 次裵月溪孝誾原韵 春日偶成 秋夜偶成 牛 丙子除夕不条會関 次市隱原韵 藏頭吟 春事 四月楊江一鄉多士雅會 次松澗原韵 次日観亭原韵 次松下齋韵 次龍湖齋韵 春日偶成 次高俁妻旌閭韵 顧菴雅會 讀三國誌感武侯忠義 謁關王廟感吟 早秋 百日紅 季秋感曺文汝見訪 次臥松亭原韵 次止菴原韵 偶吟 回頭詩 晩春到寶城石㲋書室 次申氏花樹軒原韵 次晩翠軒原韵 逢方丈山人 除夕(四首) 秋夜即成 對賓暢叙(二首) 與友共吟 冬夜偶成(三首) 湖齋雜詠(二首) 次湖石亭原韵 湖齋逢故人(二首) 滯雨湖齋(三首) 送梁在萬歸本第 湖齋夜話(三首) 國哀大祥望哭感吟 夜訪湖齋路中口呼 對友暢叙(三首) 打鳥 次新菴原韵 次德軒彰孝韵 次閔筠軒回婚韵(二首) 次筠軒原韵 偶吟(二十五首) 次文載益晬宴韵(二首) 次李石田(炳壽)松山精舍原韻 枕漱亭雅會 枕漱亭韵 次柏谷韵(二首) 自挽 和裵道玄晬宴韵 次湛樂亭原韵 次龍崗精舍原韵 次鰲山精舍原韵 依軒偶吟 閒居述懷(二首) 嘆長兒不移 次龍山回甲韵 秋夜述懷 次岳陽樓重修韵 小春偶吟 宿止菴柳圭容 述懷 留漢陽城中吟 叙懷(二首) 次石泉韵 次朴羅州晬宴韵 白雪 観市 甲戌除夜村會書室過歲 次雙芭晬宴韵 次觀稼亭韵 牛山精舍原韵 漁村(二首) 雙溪晩照 次梁農圃晬宴韵 次松菊亭晬宴韵 枕漱亭夜話 安東先墓開封後感 次朴魯珍旌其文父褒孝韵 次竹林齋原韵 次靜菴先生手植杏樹韵 悅樂亭韵 次梧岡亭原韵 次環山亭韵 次松菊亭韵 次湖南誌刊所懷古吟(五首) 次李蓮下晬宴韵 辛未除夜 次靜菴先生本院重修韵(二首) 次李奭鎮夫人回甲韵 次朴樵山回甲韵 征婦詞 次芸菴壽讌韵 次龍軒晬宴韵 次松隱原韵 次野隱亭原韵 次勿忩齋原韵 立春 書懷(三首) 次鄉杜堂移建韵 次獨醉亭原韵 白桐花 楊柳 白蝶 寶釵 明鏡 抽葉 酒 緑陰 讀書 鷄 魚 嫁秧 待雨 烟 感武侯影堂(二首) 內藏山秋景 燈火 別古侍齋諸生 次桐溪原韵 次竹軒原韵 次野隱堂原

韻 春日偶吟 次覽德亭韻 次養心堂韻 感安孝子居廬 喜盧仲錫見訪 餞春 藏頭吟 次雲窩原韻 次蓮史原韻 次靜齋原韻 次臨對亭原韻 次行義宴韻 次醒齋原韻 次一松亭韻 次永豐亭韻 次日省齋韵 次場岩亭韵 次養靜齋韵 次學山齋韵 枕漱亭花樹會 別宗人祐憲 喜柳愚岡趙三愚見訪 別愚岡三愚 齋後偶吟 述懷 具清溪追配壇享感吟 次小溪亭原韵 喜金教官見訪 次鄭孝子表彰韵 次閔敬九回甲韵 觀鳥 秋夜述懷 春日偶成 次朱川祠韵 過長興越虹峙 次默菴韵 顧菴原韵 尹仁夫慶宴席上醉呼 和晩喜韵 次湛樂亭韵 次和陽韵 次曹萬燁親庭回婚韵 湖齋夜話 次月隱堂原韵 春日偶成 次崔石樵回甲韵 次雙碧亭韵 次晩悟堂原韵 次鄭南狂韵 餞春 病枕喜洪叅判來訪 與齋兒吟

輓: 挽文南皐 挽梁叅議(二首) 挽朴斯文伯潤 挽石塢梁丈 挽梁子容 挽族宗友三 挽弦窩高先生 挽姜俊永 挽三希安丈 挽希菴梁丈 挽梁道默 挽朴韋堂 挽族宗祐賢 挽舍姪承渙 挽宣監役 挽勉菴崔先生 挽 挽 挽高農隱 挽曹寬浩 挽朴羅州 挽金友松秉厚 挽朴畏堂奎鎭 挽宋進士完勉 挽遯齋文丈 挽金竹泉 挽姊兄林周應 挽姊兄崔煥泌 挽外舅 挽宋仁秀 挽張致相 挽文正休 挽閔錡軒(二首) 挽朴孝東 挽尹相義(四首) 挽尹叅奉滋益 挽訥窩尹丈 挽奇石堂俊燮 挽李蓮史鼎根 換主事典謨 挽安進士灝一 挽高友又叟 挽從妹宋敬粲 挽朴後潭俊東 挽曹玉山基重(二首) 挽蔣漢茂 追錄 秋夜與客共飮 次寒後亭韵 罷接日送李埈鎬歸光山本第(三首) 七佛庵陪勉菴崔先生與河東鄭士明路聯句 次和諸賢詩 夢聖賦

卷二

書: 上日新齋鄭先生 上日新齋鄭先生 上松沙奇先生 上松沙奇先生 上勉菴崔先生 上艾山鄭丈 上溪南崔丈 上三山權丈 上遯齋文丈 上遯齋文丈 上遯齋文丈 代鄕甫送光州青衿案刊所 與晩悔書 與宋進士 與閔允彬 上文陽從兄 答鄭淳昱 答鄭海潤 與梁進士(鳳來) 與梁進士 與

李成賢 與朴謙齋 與朴子彦 與野叟曺基周 與朴謙齋 與林芳隱 答李博士 與文平珍 與閔修軒 戊寅仲秋壇享日送僉座 與姪子潤 答文在麟在鳳 與李教官

雜著: 日誌

行狀: 貞夫人金氏家狀

墓表: 貞夫人金氏墓表

祭文: 祭日新齋鄭先生 祭松沙奇先生 祭勉菴崔先生 又 祭遯齋文丈 祭嘉善文公 祭杏史梁丈 追祭仲父鳳南公 祭伯兄愚齋公

記: 牛山精舍記 顧菴記 四而堂記 竹湖齋記 湛樂亭記 悅樂亭記 湖石亭記 晩悔堂記

序: 名儒錄序

跋: 族譜跋 青邱號譜跋

箴: 牛山書室箴 雉尾箒箴

銘: 五穀枕銘 青黎杖銘

賛: 自賛

祝文: 開基祭祝文

附錄: 牛山洪公行狀(閔弘基) 牛山洪公墓誌銘(洪鍾韶) 牛山洪公墓碣銘(文基皜) 字說(鄭義林) 牛山精舍上樑文(洪承源) 牛山藏書室記(奇宇萬) 牛山藏書室記(高光善) 牛軒小記(文昌奎) 牛山精舍賛(金秉洙) 牛山藏書室小記(李鼎根) 牛山精舍記(朴準基) 顧菴記(洪鍾韶) 悅樂亭記(朴俊東) 悅樂亭記(閔泳柱) 悅樂亭記(林鎬應) 悅樂亭記(曺弼承) 悅樂亭記(洪濟植)

次牛山原韵: 次韵(三十九)

次悅樂亭韵: 次韵(二十七)

祭文: 祭牛山洪公(文炳澤) 誄詞(李承福) 祭文(舍弟祐鎬) 祭文(洪承達) 輓詞(十五)

# 『원재유고(遠齋遺稿)』

## 1. 저자 소개

박철현(朴喆炫, 1831~1888)의 자는 원식(元式)이고 호는 원재(遠齋)이며 본관은 진원(珍原)이다. 위남(葦南) 박희중(朴熙中, 1364~1446)이 집안의 현조(顯祖)이고 박환(朴煥)의 시대부터 흥양(興陽: 고흥)에 세거하게 되었다. 아버지인 만회(晩悔) 박예빈(朴禮彬)은 원래 박찬성(朴燦珹)의 종자(從子)였다가 후사로 입양되었고, 어머니는 고흥유씨(高興柳氏)로서 유영(柳泳)의 따님이다. 박철현은 1831년 12월 23일에 태어났다. 박철현은 기정진의 문하에서 수학하기도 했지만, 동시에 고산(鼓山) 임헌회(任憲晦, 1811~1876)의 문인이기도 했다. 『원재유고』 권1에 실린 편지[書]의 배치 순서를 보면 기정진에게 보내는 편지를 임헌회에게 보내는 편지 앞에 실어 두어서, 사승의 선후 관계를 짐작할 수 있다. 병호(屛湖) 신제모(申濟模)·애일재(愛日齋) 김치희(金致熙)와 함께 강규(講規)를 세우고 모임을 만들어 강학했고, 만년에는 원재(遠齋)라는 작은 재실을 만들고서 찾아오는 이들을 마다하지 않고 가르쳤다. 그러나 향년 58세로 1888년 4월 18일 세상을 떠나고 말았다. 부인은 여산송씨(礪山宋氏)로서 송현호(宋現浩)의 따님이다. 부인과의 사이에서 4남 3녀를 두었는데 큰아들이 인헌(忍軒) 박중백(朴重栢)이고, 차례로 박중송(朴重松)·박중면(朴重勉)·박중봉(朴重鳳)이다.

박중백(朴重柏, 1851~1909)의 자는 백여(伯汝)이고 호는 인헌(忍軒)이다. 할아버지 박예빈은 홍직필에게 수학했고, 아버지 박철현은 기정진과 임헌회에게 수학했다. 박중백은 1851년 8월 15일 고흥 호산리(虎山里) 집에서 태어났다. 어려서부터 글짓기에 소질을 보였고 아버지인 박철현과 함께 기정진 및 임헌회에게 수학했던 김치희에게 학문을 익혔고, 안철환(安轍煥), 신희모(申曦模), 신제모(申濟模), 정의림(鄭義林), 정시림(鄭時林)의 문하에도 드나들었고 결국 송병선(宋秉璿)에게 집지했다. 아버지의 병환에 7년 동안을 한결같이 봉양했고, 세상을 떠난 뒤에 삼년상을 지성으로 마쳤기에 주변에서 효행으로 추천했고 수령이었던 정인석(鄭寅奭)은 "한 집안에서 두 사람의 효행이 사람들을 감탄하도록 만든다."라고 했다. 선대의 학업을 이어서 집안의 아들과 조카, 손자들을 조용한 방에 모아 경전을 강론하기도 했다. 향년 59세로 1909년 2월 7일 자택에서 세상을 떠났다. 부인은 광산김씨(光山金氏)로서 김치희의 따님이다. 슬하에는 1남 박기진(朴麒鎭)을 두었다. 그의 「행장」은 동생인 박중면이 지은 것이다.

## 2. 문집 구성과 내용

『원재유고(遠齋遺稿)』는 1책으로 된 석인본으로 1957년 아들인 박중백(朴重柏)의 『인헌유고(忍軒遺稿)』가 부록으로 덧붙여져서, 실제로는 아버지와 아들의 문집을 합본한 박철현(朴喆炫)의 시문집이다. 그래서 두 책의 목차도 따로 붙어있는데, 박철현의 손자인 박승진(朴承鎭)과 박영진(朴瑛鎭)에 의해 1972년에 간행된 것으로 추정된다. 문집 형태는 4주쌍변(四周雙邊) 반곽(半郭) 22.2×15.5cm, 12행 28자, 상하향1엽화문어미(上下向一葉花紋魚尾) 27.8×19.1cm이다. 권두에는 신기선(申箕善)이 1954년에 쓴 서문, 송형주(宋衡柱)가 1956년에 쓴 서문, 권순명(權純命)이 1957년에 쓴 서문이 실려 있으며, 권말에는 발문이 없다. 부록으로 덧붙여진 『인헌유고』의 권두에는 신석휴(申錫休)가 1972년에 쓴 서문, 권말에는 박경진(朴璟鎭)이 쓴 발문이 있다. 이 문집은 국립중앙도서관,

연세대학교, 전남대학교에 소장되어 있다.

『원재유고』는 권의 구별이 없이 시(詩), 서(書), 잡저(雜著), 서(序), 기(記), 명(銘), 혼서(婚書), 제문(祭文), 가장(家狀)의 순서로 배치되어 있고, 마지막으로 부록이 실려 있다. 시는 「가을 저녁 경치를 마주해서[秋夜卽景]」를 포함한 27편이다. 편지는 「노사선생에게 올림[上蘆沙奇先生]」을 비롯한 32편인데, 그 가운데 '올림[上]'이라고 높임말을 쓴 사람은 각각 기정진·임헌회·신희모(申曦模)·신제모(申濟模)이다. 기정진에게 보내는 편지는 모두 3편이고, 그 가운데 세 번째 편지의 『논어』, 『맹자』에서 성정(性情)과 『대학』 등 학술적 주제를 문답하고 있다. 자신의 질문은 첫 칸부터 쓰고 기정진의 대답은 한 칸을 내려써서 구별했다. 임헌회에게 보내는 편지는 5통인데 다섯 번째 편지가 『중용』과 「태극도」를 문답하는 내용이고 기정진에게 보내는 문답 편지와 마찬가지 방식으로 표기했다. 잡저는 「외람되이 위남(葦南)·죽천(竹川) 두 선조의 각각 8폭 초서첩을 보고서 느낌이 있어 적다[猥臨葦南竹川兩先祖親筆草書各八帖有感而識]」를 비롯한 9편이다. 「『대학』 경1장과 성의장 및 근재선생(近齋先生)의 초설(草說)을 써서 승려인 덕봉(德鳳)에게 응답하다[書大學經一章誠意章及近齋先生艸說應德鳳僧]」는 금산사에서 만난 승려 덕봉의 요청으로 글씨를 써 주면서 지은 글이다. 성인과 어리석은 이의 현부를 논하는 「성범현우론(聖凡賢愚論)」, 심설을 논한 「심변설(心辨說)」, 이기를 논한 「이기(理氣)」 등은 성리학적 주제를 논한 것이고, 「중백의 관례일에 써주다[重栢冠禮日書示]」, 「중백의 혼례를 행할 때 써주다[重栢昏行時書示]」, 「중백의 이름과 자에 대한 설명[重栢名字說]은 모두 아들인 박중백에게 주는 글이다. 마지막으로 「차기(箚記)」는 이정과 주희에서 진덕수에 이르는 유학자들의 말을 단편적으로 기록한 것이다.

서문은 「겸산거사시집 서문(兼山居士詩集序)」과 「함양으로 돌아가는 허봉서를 전송하는 서문[送許鳳瑞歸咸陽序]」 두 편이고, 기문도 「남휘재기(覽輝齋記)」와 「화은기(華隱記)」 두 편이다. 명문과 혼서는 각각 1편인데 「문방사우명(文房四友銘)」과 아들인 박중백의 혼서이다. 제문은 자형의 묘지를 옮기면서 지은 「자형 송공 천장 제문[祭姊兄宋公遷葬文]」을 비롯한 8편이고 친족 형을 애도하는 「족형애사(族兄哀辭)」 한 편을 제문에 포함시켰다. 가장은 3편인데 각각 집안의 선조인 박정영(朴挺榮)과 아버지, 그리고 어머니 고흥유씨(高興柳氏)의 것이다.

부록에는 모두 8편의 글이 실려 있는데, 김치희가 지은 「원재기(遠齋記)」, 박인환(朴寅煥)·정인석(鄭寅奭)이 쓴 「애사(哀辭)」, 송주형(宋柱衡)이 지은 「제문(祭文)」, 신득구(申得求)가 지은 「행장(行狀)」, 정의림(鄭義林)이 지은 「묘지명(墓誌銘)」, 기우만(奇宇萬)이 지은 「묘갈명(墓碣銘)」이다.

『인헌유고』의 권두에는 신석휴의 서문이 실려 있다. 『원재유고』와 마찬가지로 따로 권을 표시하지 않고 시(詩), 서(書), 잡저(雜著), 서(序), 기(記), 발(跋), 제문(祭文), 애사(哀辭), 가장(家狀), 전(傳)의 순서로 배치되어 있고, 마지막으로 부록이 실려 있다. 시는 「독서(讀書)」를 비롯한 103편이 실려 있다. 편지는 아버지인 박철현에게 보내는 「부주에게 올림[上父主前]」을 포함한 19편인데 그 가운데 기정진의 손자인 기우만에게 보내는 편지가 4편으로 제일 많다. 잡저에는 아들인 박기진의 관례일에 써준 글인 「관례하는 날 아들에게 써주다[家兒加冠日書示]와 「기진의 이름과 자에 대한 설명[麒鎭名字說]」 두 편이 실려 있다. 서문은 아버지의 생일을 기념하는 「아버지의 생일에 축수하는 서문[家君生辰壽序]」과 「목계안 서문[睦契案序]」 및 「제전계 서문[祭田契序]」 3편이 실려 있다. 기문은 「인헌기(忍軒記)」 한 편이 실려 있고, 발문은 「세상을 떠난 동생 박중여가 베낀 지리서의 뒤에 쓴 발문[題亾弟仲汝所寫地理書後]」과 「이효자전의 뒤에 쓴 발문[題李孝子傳後]」 두 편이다. 제문은 세상을 떠난 부인 김씨를 애도하는 2편과 동생인 박중여를 애도하는 1편이 실려 있다. 애사에는 「족형 만취공 애사[族兄晚翠公哀辭]」를 포함한 4편이 실려 있다. 아버지의 가장인 「선고 원재부군 가장(先考遠齋府君家狀)」과 어머니의 전기인 「유인여산송씨전(孺人礪山宋氏傳)」이 각각 1편씩 실려 있다.

부록에는 신득구(申得求)·박인환(朴寅煥)·정시림(鄭時林)이 각각 지은 「인헌기(忍軒記)」가 3편, 이종엽(李鐘燁)·신세모(申世模)·송형호(宋衡浩)·박남현(朴南鉉)·신석휴(申錫休)가 지은 「애사(哀辭)」가 5편, 신규환(申圭桓)·박세진(朴世鎭)의 「제문」이 2편이 실려 있다. 마지막으로 그의 전기자료로서 박중면(朴重勉)이 지은 「행장(行狀)」, 유영선(柳永善)이 지은 「묘표(墓表)」, 송기면(宋基冕)이 지은 「묘갈명(墓碣銘)」이 실려 있다.

### 3. 문집 목차

**序(宋衡柱 權純命 申箕善)**

記: 覽輝齋記 華隱記

銘: 文房四友銘

昏書 重栢昏書

祭文: 祭姊兄宋公遷葬文 祭從兄潛廬公文(二) 祭屛湖申公文 祭從祖叔父菊圃公文 祭從姪婦孺人柳氏文 祭上舍柳公文 祭愛日齋金公文 族兄哀辭

家狀: 泗川公家狀 先考晩悔府君家狀 先妣孺人柳氏家狀

附錄: 遠齋記(金致熙) 哀辭(朴寅煥 鄭寅奭) 祭文(宋柱衡) 行狀(申得求) 墓誌銘(鄭義林) 墓碣銘(奇宇萬)

## 忍軒遺稿

### 序(申錫休)

詩: 讀書 自警 送女弟 戒酒 看烏 春日 田家 採桑 卽景 謹次丁月峰韻 丙申三月余厭時擾入八影山西佛庵足申陽園詩 登萬景庵敬次道園金閣韻 輓族兄晩翠 精舍 彈琴 鳳山霽月 卽景 飛鴈 老松 除夜 庭梧 寶鑑 寒夜 駿馬 川上 觀麥 木綿田 孤松 感興 勸學 長川 菊花 雪夜 鶴鳴齋謹足立齋宋閣韻 隱居 對雪 雙峰寺禮飮後口占一絶 讀書 鷄鳴 和諸生 過金忠莊公釣臺敬次扁楣韻 秋橘 新月 虎山齋酬唱 族姪聖初來訪 贈舍弟 春日與諸生遊金山寺 冬柏 贈諸生 竹筍 覽輝齋與諸生占一絶 兎毛筆 冬夜讀書 麥熟 喜雨 對鏡 贈醫 戒南草 白鷺 蓮花 雲養鶴 愛狗 萬景庵再步金閣韻 冬雨 偶吟 再步金閣板上韻 丁丑春離家庭寓樂安有感 隱居言志 生辰述懷示諸弟 贈別丁友道弘 馬輪書室贈別諸友 賞春 友人會話 和三山具詞伯 夏日書興 謹次宋老人回甲韻 申陽園解配而歸以詩賚行 撥悶 送長城歸客 謹次族叔默軒韻 幽興 謝

戚宋子敬見訪 與雲峯鄭友聖三 與藍浦趙詞伯舜命 忍軒自警 與全州鄭友元弼 送文詞伯歸冠山 次興學堂原韻 雨後 送客 望野 觀漁 除夜 上元 登九龍齋感懷 九龍齋口號與別 輓柳公 哭放族兄仲一 挽養心軒申公士允 哭四從兄仲瑞 挽柳公正賢 哭外從兄宋南雲

書: 上父主前 上淵齋宋先生 上外兄宋南雲 與申陽園 答申陽園 與申陽園 與奇松沙(四篇) 答奇省齋 答李酉川 與鄭日新 與申農山 與舍弟仲汝 與仲汝 與舍弟敬汝 與季弟大汝 與家兒

雜著: 家兒加冠日書示 麒鎭名字說

序: 家君生辰壽序 睦契案序 祭田契序

記: 忍軒記

跋: 題亾弟仲汝所寫地理書後 題李孝子傳後

祭文: 祭亾室孺人金氏文(二篇) 祭亾弟仲汝文

哀辭: 族兄晩翠公哀辭 族兄松齋公哀辭 四從兄仲一哀辭 宋叅奉正五哀辭

家狀: 先考遠齋府君家狀

傳: 孺人礪山宋氏傳

附錄: 忍軒記(申得求 朴寅煥 鄭時林) 哀辭(李鐘燁 申世模 宋衡浩 朴南鉉 申錫休) 祭文(申圭桓 朴世鎭) 行狀(朴重勉) 墓表(柳永善) 墓碣銘(宋基冕)

跋(朴璟鎭)

# 『월산유고(月山遺稿)』

## 1. 저자 소개

조성주(趙性宙, 1841~1919)의 자는 계호(季豪)이고 호는 남주(南洲)·월산(月山)이며 본관은 함안(咸安)이다. 함안조씨(咸安趙氏)의 시조는 고려시대 원윤대장군(元尹大將軍)을 지낸 조정(趙鼎)이다. 할아버지는 조욱(趙澳)이고, 아버지는 동몽교관(童蒙教官)에 증직된 조광식(趙匡植)이며, 어머니는 김해김씨(金海金氏) 김석신(金錫信)의 따님이다.

그는 1841년 7월 7일 경상남도 하동군 회산리(檜山里)에서 4남 1녀 가운데 막내아들로 태어났다. 4형제는 각각 월고(月皐) 조성가(趙性家)·횡구(横溝) 조성택(趙性宅)·조성우(趙性宇)·조성주이다. 아버지는 근검으로 가산을 일으켜 자식 교육에 힘을 기울였다.

조성주는 12세 때부터 둘째 형인 조성택에게서 학문을 익히기 시작했다. 처음에는 과거를 목적으로 한동안 공부에 전념했지만, 결국 회시에 합격하지는 못했다. 1872년 아버지의 명에 의해 장서의 기정진에게 집지해서 직전 문인이 되었다. 이미 큰형인 월고 조성가가 1851년부터 기정진에게 학업을 익히고 있었기에 이를 뒤따른 것이었다. 이때부터 그는 호남을 오가면서 성리학설을 익혔다. 「행장」은 조성주가 배운 기정진 성리학설의 특징을 "태극이 동정의 오묘함을 함축하고, 사람과 사물에는 편(偏)과 전(全)의 구분이 있으며, 형(形)·기(氣)·질(質)이 두 가지 일이 아니고, 명덕(名德)과 마음[心]이 하나의 물건이다."라는 주장으로 요약했다.

1879년 12월 기정진이 세상을 떠났고 조성주는 조성가와 함께 1880년 2월 아버지의 상중임에도 영광(靈光) 황산(凰山)에서 치러진 기정진의 장례에 참석했다.[23] 1892년 이후 그는 황산에 비를 세우는 문제, 기정진의 문집을 편찬하는 문제 등을 논의하러 기정진의 손자인 기우만 등을 방문했는데, 이런 기회가 생길 때마다 호남의 여러 지역을 둘러보고, 노사학파의 동문과 교분을 나누고 학문을 토론하거나 시를 주고받았고, 혹은 한 달여에 걸쳐 경서를 공부하다가 돌아가고는 했다. 1897년에는 함안(咸安)으로 가서 파보(派譜)를 수정했다.

1901년 7월에는 기정진의 문집이 이미 두 차례 간행되었지만, 더욱 완전한 판본을 만들기 위해 다시 간행해야 한다는 의론을 모아 단성(丹城) 신안재(新安齋)에 간역소가 설치되었고, 조성주는 정재규 등과 함께 이 일을 감독해서 이듬해 봄에 『노사집』 중간을 완료했다. 1902년 최익현이 영남지역을 여행했고, 조성주는 산청(山淸)의 환아정(換鵝亭)에 가서 최익현을 만나 신안재를 거쳐 횡주(橫州)에 들어 최치원의 영정을 참배하는 데 동행했다. 또한, 최익현이 쌍계사(雙溪寺)와 칠불사(七佛寺), 화엄사(華嚴寺)와 천은사(泉隱寺) 등 지리산 일대의 명승지를 열흘 남짓 유람하는 것을 동행해서 시를 주고받고 학문을 강론했다.

이후로 조성주는 세상을 등지고 월주(月洲) 하조헌(河祖憲, 1843~1923)·니곡(尼谷) 하응로(河應魯, 1848~1916) 등과 때때로 산과 바다 등을 유람하며 시를 지어 속내를 토로하는 조용한 삶을 살았다. 그는 1919년 5월 28일 향년 79세로 세상을 떠났다. 부인은 진양하씨(晉陽河氏)로 하일운(河一運)의 따님이다. 2남 2녀를 두었는데 첫째는 조찬규(趙纘

---

23 조성주의 「행장」에는 기정진의 장례를 치른 시점을 '신사년 봄[辛巳春]' 즉 1881년 봄이라고 기록하고 있는데, '신사'는 '경진(庚辰)'의 오류이다. 기정진의 장례는 경진년(1880) 2월 계해(癸亥, 25일)에 치렀기 때문이다. 趙性宙, 『月山遺稿』 권5, 「行狀」, 3전면 참조.

奎)이고 둘째는 조진규(趙縉奎)이다.

## 2. 문집 구성과 내용

『월산유고(月山遺稿)』는 목활자본 5권 3책으로 조찬규(趙纘奎)와 조진규(趙縉奎)에 의해 1940년 하동(河東) 월산재(月山齋)에서 간행된 조성주(趙性宙)의 시문집이다. 문집 형태는 4주쌍변(四周雙邊) 반곽(半郭) 19.5×15.1cm, 유계(有界), 10행 20자, 상하향2엽화문어미(上下向二葉花紋魚尾) 29.9×20.0cm이다. 권두에는 따로 서문이 없고, 권말에 조진규가 1939년에 쓴 발문만이 실려 있다. 목차는 각 책의 앞부분에 따로 실려 있다. 이 문집은 전남대학교, 경상국립대학교, 연세대학교에 소장되어 있다.

권1이 제1책에, 권2가 제2책에 해당하고 권3~5가 제3책에 해당한다.

권1~2는 시(詩)로서 모두 357제이다. 권1에 「한북기행(漢北紀行)」을 비롯한 183제가, 권2에 「하장(河丈)의 만시[河丈挽]」를 비롯한 174제가 실려 있다.

권3은 서(書)로서 「노사선생에게 올림[上蘆沙先生]」 2통을 포함한 141통의 편지가 실려 있다. 이 2통의 편지는 각각 1874년 1월과 1878년 11월에 보낸 것인데, '올림[上]'이라는 표현은 이들 편지에서만 발견되고, 다른 이에게서는 찾아볼 수 없다. 분량 면에서 가장 많은 편지는 기우만에게 보내는 12통인데 첫 편지가 1873년의 것이고 마지막 편지는 1916년의 것이다. 그 뒤를 이건모(李建模)에게 보내는 11통, 민치완(閔致完)과 한택동(韓擇東)에게 보내는 9통, 백남두(白南斗)에게 보내는 7통 등이 잇고 있다.

권4는 제문(祭文)이라는 제목으로 제문·행록략(行錄略)·묘갈명 세 종류의 글을 싣고 있다. 제문은 둘째 형인 조성택을 추모하는 「제중형횡구공문(祭仲兄橫溝公文)」을 비롯한 11편이다. 행록략은 조맹식(趙孟植)의 행적을 다룬 「지일공 행록략(智逸公行錄略)」 1편이고, 묘갈명은 이건모를 다룬 「죽포 이군 묘갈명(竹圃李君墓碣銘)」 1편이다.

권5는 부록으로 조성우의 전기 자료가 4편 실려 있다. 각각 조찬규의 「가장」, 하겸진(河謙鎭)의 「행장」, 이교우(李教宇)의 「묘지명」, 권재규(權載奎)의 「묘갈명」이다.

### 3. 문집 목차

卷一

詩: 漢北紀行 到米舫月 登洗劒亭 宿金仙庵 過地藏庵 抵僧伽寺 宿文殊庵 入大南門 暫憩輔國寺 到重興寺 贈錦松僧 登白雲臺 復下龍巖寺 登山映樓 歷鎭國寺 翌夜大雨 越四日晴 發祥雲寺 宿津寬寺 入闉 南爲韻 多率寺二首 上北庵 出多率洞口 過松亭店 宿大峴齋 渡露梁 宿梧谷齋 過南海縣 抵龍門寺二首 上白蓮庵 出龍門洞口 上錦山二首 菩提庵 虹門 坐仙臺 甘露泉 音聲窟 望海 觀日出 龍窟 漁火 宿城峴澗松齋 望華芳寺 過忠烈祠 稅船 道中 亂曰 次風月軒墓碑韻 次河令甲宴韻 次河宣傳壽親韻 陪伯先生守歲二首 元日 立春 立春後三首 贈退隱二首 贈任致九 慕寒齋守歲二首 華山亭立春 次華山亭韻 華山亭八詠 德川霽月 陶邱清風 雷首晚霞 月牙返照 金鼇片海 臥龍歸雲 七汀漁火 台峀樵歌 華山亭二十咏 五一齋 叱石堂 三直庵 立似軒 先天室 西寮 東樓 通一門 玉井 藕船塘 雲臺 此山臺 百和塢 九仞臺 玄牝門 烏石源 憐雨瀑 躋雲逕 綠筠園 晚松岡 白雲洞諸咏 白雲洞尋眞臺 心淵 噴雪潭 振鷺瀑 流觴匯 霹靂川 龍湫 白練渡 盤陀石 龍門 百花溪 銀河灘 河儀卿挽六首 取水亭 涵月亭 靈嶽寺二首 彌勒庵 奉日庵 元日 權聖穆挽七首 同智齋金勳遊 水谷道中 踰龍獺峙 大觀臺 玉泉寺 洗兵館 龍華寺 忠烈祠 牀足 三千浦 渡大防津 贈金松隱 嶝臺洞 錦山 望海 華芳寺 趙竹下挽五首 家禮巖 白巖 眞珠庵 佛日瀑 國師庵 雙溪寺 青鶴樓 洗耳巖 七佛庵 玉鋪臺 同奇植齋遊邊山 來蘇

寺 月明庵 落照臺 釆石江 實相寺 直沼瀑 万金巖 鳥嶺 格浦 約植齋 觀法聖浦 月溪途中 抵法聖浦 回隱仙庵 望蚕樓 到鷹巖下 同奇松沙 賞白羊 淸流洞二首 次三石亭韻 華章庵立春 守歲 元朝 翌日 三日 人日 穀日 伯先生與金莘湖 鴨綠道中 訪鳳停趙竹圃 踰望峙 抵桐裏寺 四首 桐裏寺諸詠 鳳棲庵 明寂庵 聖祈庵 淩波閣 次竹圃甲韻 次趙菊塢甲韻 別穀城諸友 伯先生有貞元什 七律 七絶 五絶 五律

卷二

詩: 河丈挽 登頭流山 天王峯 老人星 修譜咸安 伴鷗亭 合江亭 歧江同泛 與鶴素夜話三首 譜未竣役復留二首 鶴素餞于月村 留月村齋戱呈鶴素 鶴素旋留余乃登程 渡瀌滄江 李日峯遠訪七首 族人來訪 次竹林齋韻 中山元朝 姜篁沙挽二首 三從姪挽五首 鄭雙洲挽四首 次權致貞文杏韻 逢李雨田相酬 又吟 花開別韓老谷 國師庵 三神道中 七佛庵 雙溪寺 佛日瀑 鄭國瑞挽 盧進士挽二首 同玉洲稽樵遊江左 翫月村鶴南齋 馬浦館 金海鷰子樓 東萊港 釜山永嘉臺 溫泉 梵魚寺 機張客館滯雨 梁山與崔石年酬 雙碧樓用板上韻 通度寺次板上韻 萬歲樓次板上韻 蔚山旭谷訪鶴素 島山懷古 觀兵隊鍊習 與鶴素宿直浦 佛國寺次板上韻 宿慶州崔參奉家 雞林懷古 玉笛用前韻 人磬復用前韻 永川朝陽閣 謁臨皐圃隱影幀 紫湖亭次板上韻 途中 立巖 方壺亭次板上韻 贈靑松諸族 和族人孝汝 宿慈川鄭進士家 向銀海寺 百興庵次門樓韻 中巖天台室 踰八公山 桐華寺次板上韻 浮屠庵 大邱府 陜川碧寒亭 次李氏花樹韻 河丈挽 次蒙溪韻 次東塢亭韻 甲日次伯先生韻 次內修齋韻 逢權校理 次李晩悔回婚韻 李淡巖歷訪 曺復菴挽 鄭坪隱挽 中山端午 宗姪婦甲韻三首 柳司果挽 三絶韻贈沈景晦 張承旨歷訪 李雲塢挽 朴祥鳳見訪 河令挽二首 鶴素挽 鄭益賢挽 許翊震挽 河梨谷挽二首 入中山二首 雨後出前溪 尋眞亭下大松 同流石向碧溪庵 劒巖 臥瀑 同流石吟卅一首 河丈挽 河未惺挽三首 河監役挽二首 朴山

隱挽 鄭韋庵挽四首 夏寒亭用原韻 玉溪精舍次韻 玉山影堂釋菜 崔松窩挽二首 鄭司果挽 河海朝挽 梁文可挽六首 鄭乃受挽 鄭義謙挽 斗芳影堂重修韻 落水庵河侍郎祠 次李仲淑龜湖韻 鄭極老挽 寒齋同河尼谷 與尼谷日課 復用首韻一律 人日拈辛字韻 效首尾吟六首 與月洲尼谷攜酒 姜玉村挽二首 韓柏圃挽三首 河都事挽六首 李都事挽 李都正挽四首 鄭艾山挽 鄭泰允挽 與趙一山對酌 趙鳳皐回甲次韻 河通瑞挽 贈別鄭知睡 和盧渭皐 同尼谷觀晞陽 宿不夜村 滯風河東邑 渡蟾津 宿飛村黃氏書塾 踰熊峙 宿平沓李松皐庄 登白雲山 過玉龍寺舊墟題洞眞大師荒碑 登望德峯 宿月浦金天叔家 還家 涵亭和鄭海变 鄭君燮挽 盧渭皐挽四首 次趙明見回甲韻 和盧小松 閔樵史挽七首 李龜湖挽 酬沈校理 元日 酬淡巖 李竹圃挽 李晩悟歷訪 河都事敍別 下元夜用江字 酬李晩存李晦山 贈趙小山 鄭玉樵挽二首 宗人聖培左顧 尼谷挽二首 次月洲迎春韻 寒齋與月洲相酬 河松潭挽 鄭聖浩挽

卷三

書: 上蘆沙先生(二) 與金莘湖 與李槐陰 與奇龍岡 與趙楓灘 與河東寮(二) 與李雲塢(二) 與權醉蓮(二) 與趙監察 與崔伯溫(二) 與金聖養 與白士行(二) 與韓元五(二) 與韓元七 與白星七(七) 與鄭聖實(四) 與鄭應贇(四) 與河子千(四) 答姜學变(三) 與鄭厚允(二) 與奇會一(十二) 與李禮伯(五) 與奇聖初 答閔君賢(二) 與閔周賢(九) 答韓文五(九) 與河興汝(二) 答李直卿(十一) 與河學夫(五) 與盧舜午 與鄭雲弼 答鄭聖瑞 與李弼瑞 與西山亭僉座 與咸安宗中 答權君七 (四) 與權舜卿(四) 與奇立夫 與鄭東國(三) 答李子和 答河望汝 與鄭應善(三) 與盧孔起 與韓希甯(四) 與李忠擧(五) 答李美中 與奇元用 答鄭元卿(二) 答權養彦 答河子導 答李般春

卷四

祭文: 祭仲兄橫溝公文 祭韓元五文 祭白士行文 祭伯兄月皐先生文 祭韓文五文 祭韓希甯文 祭李直卿文 祭伯兄先生緬禮文 祭奇會一文 祭鄭應賢文 祭河學夫文 智逸公行錄略 竹圃李君墓碣銘

卷五

附錄: 家狀(趙纘奎) 行狀(河鎌鎭) 墓誌銘(李敎宇) 墓碣銘(權載奎) 跋(趙縉奎)

# 『유촌유고(有村遺稿)』

## 1. 저자 소개

정휴명(鄭休明, 1850~1925)의 자는 취송(翠松)이고 호는 유촌(有村)이며 본관은 진주(晉州)이다. 전라남도 함평군(咸平君) 월악리(月岳里)에서 1850년 7월 2일 소두(小蠹) 정하원(鄭河源, 1827~1902)의 아들로 태어났다. 어머니는 행주기씨(幸州奇氏) 기철진(奇徹鎭, 1802~1833)의 딸이다. 강재(剛齋) 송치규(宋穉圭, 1759~1838)에게 학문을 닦은 계당(溪堂) 정회찬(鄭悔燦, 1759~1831)은 그의 증조이다. 아버지는 노사(蘆沙) 기정진(奇正鎭, 1798~1879)의 문인이다.

어려서 아버지로부터 엄격한 교육을 받아 지조(志操)가 굳세고 박실(樸實)하여 명리(名利)를 탐하지 않고 덕(德)을 기르는 데 힘썼다. 아버지의 이러한 가르침은 자연 기정진의 학문을 접하고 나중에 그 문하에 들어가서 학문을 익히는 계기가 되었다. 기정진 사후에는 화서(華西) 이항로(李恒老, 1792~1868)의 문인이었던 면암(勉菴) 최익현(崔益鉉, 1833~1906)에게도 나아가 학문을 익혔다.

두 문하에서 학문을 익힌 정휴명은 당시 송사(松沙) 기우만(奇宇萬, 1846~1916), 지은(智隱) 최전구(崔銓九, 1850~1938) 등 여러 명사와 두루 교류하면서 시사를 논하고, 또 강호를 유람하면서 그 흉금을 시로 읊기도 하였다. 특히 통문(通文)을 통해 향촌 사회의 교화를 진작시켰으며, 그가 대필한 격문(檄文)은 나라의 흥망을 백성에게 알려 나라를 바로잡고자 하는 내용이었다. 1905년 봄과 가을에 나라와 집안사람들의 노동을 소상하게 기록하기도 하였다. 1906년 병오년에 스승 최익현이 고령의 나이로 전라북도 태인에서 의병을 일으켰는데, 정휴명은 격문을 늦게 접하고 순창에서 스승을 만난 뒤 책략과 의병 모집에 깊이 관여하였다. 하지만 스승은 진충보국(盡忠報國)의 뜻을 이루지 못하고 적지 일본 대마도 옥사에서 순국하여 국내로 돌아오자, 그는 스승의 모든 치제(致祭)에 진력하였다. 부친의 문집 『소두집(小蠹集)』 편찬에 힘써 1910년에 간행하였다.

1918년 고종이 승하했다는 소식을 접하고 폐양자(蔽陽子: 패랭이)를 쓰고 국상에 참여하여 곡하기도 하였다. 그 이후로 종신토록 패랭이를 벗지 않고 지내다가 1925년 11월 2일 세상을 떠나니 향년 76세였다. 향리에서는 그의 증조, 아버지와 함께 삼세의 문장으로 칭송하였다.

## 2. 문집 구성과 내용

『유촌유고(有村遺稿)』는 4권 2책의 석인본으로 『계당집(溪堂集)』과 『소두집(小蠹集)』 합본이 부록으로 수록된 정휴명(鄭休明)의 시문집이다. 전남 장성군 한국고문연구회 편집과 고창군 진주정씨육손문중(晉州鄭氏六孫門中) 발행으로 1998년 대전 학민문화사에서 인쇄되었다. 형태사항은 374쪽 27cm이다. 권두에는 변시연(邊時淵)이 1997년에 쓴 서문, 권말에 박연재(朴年在)가 1997년에 쓴 발문이 있다. 1998년 정휴명의 증손 정효진(鄭孝鎭)이 세 책을 합본하여 발행할 때, 박연재는 또 발문을 지었다. 이 문집은 국립중앙도서관, 연세대학교, 고려대학교, 전남대학교에 소장되어 있다.

권1은 시(詩) 35제 53수, 서(書) 42편이 수록되어 있다. 시는 고창 지역의 아름다운 환경을 주제로 지은 내용이 있는가 하면, 다른 지역을 방문하여 지은 시도 있다. 특히 족제(族弟) 정휴탁(鄭休鐸, 1872~1914)이 장수 현감으로 재직할 당시 장수를 지나며 시를 짓기도 하고, 조병

세(趙秉世, 1827~1905), 송병선(宋秉璿, 1836~1905), 홍만식(洪萬植, 1842~1905), 민영환(閔泳渙, 1861~1905) 등과 합작으로 지은 시도 있다. 시에는 만시(輓詩)와 수연시(晬宴詩)가 포함되어 있기도 하다. 그의 시들은 온화하고 후중(後重)하며 비유가 많은 것이 특색이다. 다음으로 서간문은 노사학파와 화서학파의 문인들과 교류한 바, 경수(耕叟) 기양연(奇亮衍, 1831~1911), 송사(松沙) 기우만(奇宇萬, 1846~1916), 일신재(日新齋) 정의림(鄭義林, 1845~1910), 지은(智隱) 최전구(崔銓九, 1850~1938), 후석(後石) 오준선(吳駿善, 1851~1931) 등과 시사와 선현을 논하고 유교적 절의 정신을 통해 쇠잔해가는 나라를 붙잡고자 하였다. 중국의 등주인(登州人) 주병집(周秉執)과 세상 변화 및 집사애인(執事愛人)의 마음가짐을 논하기도 하였다.

권2는 잡저 9편, 서(序) 9편이 수록되어 있다. 잡저는 「통고(通告)」와 「격문(檄文)」을 비롯하여 천장(薦狀)도 있으며, 1905년 을사년 봄과 가을에 나라와 집안을 위해 활약하고서 그 노고로움을 잊고 모른다는 글 「망로록(忘勞錄)」과 「속망로록(續忘勞錄)」이 있다. 서문으로는 기우만의 회갑을 기리는 시집에 대한 서문, 의병장 최전구를 전송하는 서문, 1906년부터 무력 항일전선에 뛰어들었던 오용근(吳用根)이 영광에 은거하여 문인을 양성하다가 그들에게 식리(殖利)와 여학(與學)을 아우를 것을 교육한 「문생계서(門生契序)」기록의 서문이 있다.

권3은 기(記) 19편, 발(跋) 6편, 상량문 2편, 고축(告祝) 1편이 수록되어 있다. 기문은 고창과 인근 지역의 누정에 대한 기록이 대부분이다. 그 가운데 「관란정기(觀瀾亭記)」는 여울물을 보면 그 근원이 있음을 알 수 있다는 뜻으로 『맹자』 「진심상(盡心上)」에 "물을 구경하는 데에 방도가 있으니, 반드시 그 급한 여울물을 보아야 한다. [觀水有術 必觀其瀾]"라고 한 데서 연유하여 지은 것이다. 기문에는 사당(祠堂)이나 재실(齋室)에 대한 기문도 포함하고 있다. 발문은 강학에 대한 것, 족제의 서첩에 대한 것, 정사(精舍)나 가장(家狀)에 대한 것들도 있다. 제문은 스승 최익현과 동문 기우만을 비롯하여 의병장 성재(省齋) 기삼연(奇參衍, 1851~1908) 등 여러 동료를 애도한 것이다.

권4는 묘갈명 2편, 행장 6편이 수록되어 있고 마지막으로 부록이 있다. 묘갈명은 향리에서 활약한 만은(晩隱) 나정익(羅貞翼, 1740~1804)과 송은(松隱) 노국신(魯國信, 1775~1823)에 관한 것이고, 행장은 재종증조 정여규(鄭驪奎)를 비롯한 다섯 사람에 관한 것이다.

부록에는 김기행의 회갑운, 기우만의 서찰, 문인 심의익(沈宜益)과 정방규(鄭枋珪, 1883~1947)가 지은 행장이 있으며 변시연의 묘표(墓表)가 있고 끝으로 정휴명의 유묵이 있다. 누정에 대한 기문이 많이 수록되어 고창과 인근 지역의 누정을 살펴볼 수 있는 사료라 할 수 있다.

## 3. 문집 목차

### 有村遺稿序(邊時淵)

卷一

詩: 聖山問答(乙巳正月 ○二絶小序) 感題(丁酉冬) 雪花(甲戌冬) 和柳士彦(甲申四月五日) 和崔柳菴濟仁 玉潭呼韻和崔雲齋 過長水(時宰族弟休鐸)和鄭進源韻(丈巖後孫) 宿連山濂貞里金進士敏秀家進士示一軸詩卽沃川李參判漢翼作也卽次之(六絶: 總論 閔泳渙 趙秉世 洪萬植 宋淵齋 敍懷) 宿務安上新基奉和主人金源三寶隱亭韻 過台峰裵氏永慕齋奉和壁上韻 宿月山任氏三遷齋臨別贈主人(孟華) 滯雨宿基洞奉贈主人吳正言(光洙) 和諸生(二首) 答安升彦 過金堤紫鶴洞次李三五長枕軒(幷小序) 過桂陽齋答草川族叔 和高敞草川諸益開接 過龍藏書齋留題 荏子島朴君德一甫求和 松山族叔(陽源)壽宴韻 東湖書齋和庚魯彦 謹呈營將族叔晬宴(二首) 送別崔兄銓九(七絶) 與諸生夜

吟(二首) 次李小湖甲韻(咸平鶩川) 金氏橋洞齋室暢和(二首) 挽族叔國元(三絶) 挽姜參奉(允源) 挽族叔子喜(一首一絶) 宿武夷山下紫陽洞奉答李君泳信(二絶) 和楚岡求詩 武夷祠秋享(玉果青丹) 青龍睟宴韻(三) 追挽朴兄(魯逑〇三絶) 李氏永新堂會吟

書: 答奇沃溝(亮衍) 與奇松沙(宇萬〇四) 與奇松沙 與奇松沙 與李判書(根澔) 與鄭季方(義林) 與吳德行(駿善) 與鄭進士 與奇進士 答奇進士 與奇立夫(宰) 與金學卿(志學) 與奇元用(洛度) 謝博山書 與青龍書 答金商一 答金商一 與月谷書 與儒洞書 與金贊謙 與金在善 與吳允明 與金命圭 與崔致黙 答下長沙 與儒洞 與洪德吾 與金箕昔 與崔兄(銓九) 與龍潭大藩里 答金在聲 月谷服座下(庚申) 與金永吾 與金永吾 與金永吾 與金仁模 與周秉執(中國登州人) 答李友鍾述 答沈久甫 與奇瑞玉 答月谷書 月坪棣座下 答鄭元植 與朴主事 與朴主事 拜狀上 方丑侍座 答族叔(壬子至月十二日)

卷二

雜著: 通告 檄文(代) 朗月山通文 宋氏孝行薦狀 全氏孝薦狀 金承旨薦狀 書贈羅君有英(智島) 忘勞錄(乙巳春) 續忘勞錄(乙巳秋)

序: 松沙奇先生六十一壽序 門案新序 送崔參奉(銓九)序 送洪德吾序(甲戌冬) 南陽洪氏派譜序(代) 鄭氏派譜序(代) 送金君根鎬序(乙未仲春) 門生契序 榴軒崔兄壽序

卷三

記: 玉潭記(庚子冬) 九窩記(辛卯冬) 勿染亭記(乙丑春) 漢南記(壬辰) 翠白堂記(乙巳八月十五日) 興學齋記(癸巳八月二十日) 船齋續記(癸卯秋) 壽松記(癸巳二月寒食) 聽禽亭記 東幕齋室重建記 萬柳亭記 勿老齋記 觀瀾亭記(在海際) 梧竹齋記(南平) 積翠亭記 鄭氏道東齋記 龍塢齋記(代) 沙軒金先生祠堂記(丁巳暮春旣望) 永慕齋重修

記(代○戊午三月一日)

跋: 書三九講會序後(己丑春) 戲題族弟書帖後 有人請書題其書尾 題孺人金氏實蹟後 題五柳精舍記後 題金氏家狀後(壬戌三月望)

上梁文: 東幕齋室重建上梁文 金川齋室上梁文(代)

告祝: 亡子婦神主追成告由

祭文: 祭勉菴先生文 祭內舅朴公文 祭松沙文 祭松沙文(代) 祭松沙文 祭奇省齋(參衍)文 祭船齋處士申公文 祭松谷文

第四

墓碣銘: 晩隱羅公(貞翼)墓碣銘 松隱魯公(國信)墓碣銘

行狀: 再從曾祖處士公(驪奎)行狀 孝谷鄭公(培燦)行狀(庚申九月九日) 學生鄭公(鍾基)行狀(壬戌望日) 學生鄭公(休鎰)行狀 洛隱庾公(喜雨)行狀(乙巳十月) 月巖李公(文旭)行狀(丙辰端陽翌日)

付祿: 回甲韻(金箕行) 書札(奇宇萬 奇宇萬 奇宇萬 金志學) 行狀(沈宜益) 又(鄭枋珪) 墓表(邊時淵) 遺墨

跋(朴年在)

# 『율계집(栗溪集)』

## 1. 저자 소개

정기(鄭琦, 1879~1950)[24]의 초명은 재혁(在赫)이고 자는 경회(景晦)이며 호는 율계(栗溪)이고 본관은 서산(瑞山)이다. 1879년(고종 16) 11월 6일 경상남도 합천(陜川) 율곡면(栗谷面) 율진리(栗津理, 현 제내리)에서 태어났다. 율계는 지명을 근거로 한 것이다. 비조(鼻祖)는 중국 절강성(浙江省) 사람 정응충(鄭應冲)이다. 그는 송(宋)나라에서 판장작감사(判將作監事)를 지냈다. 몇 대를 지나 신보(臣保)는 형부원외랑(刑部員外郞)을 지냈는데, 송나라가 망하자 고려(高麗)로 망명하여 서산(瑞山)에 대대로 살게 되었다. 그 아들 정인경(鄭仁慶)은 고려 고종과 충렬왕을 모셨다. 충렬왕대에 몽골 병사를 궤멸시킨 공을 세워 도첨의판전리(都僉議判典理)에 올랐고, 서산군(瑞山君)에 봉해졌다. 그의 시호(諡號)는 양렬공(襄烈公)이며, 이후 자손이 본관을 서산으로 하여 서산정씨(瑞山鄭氏)가 되었다. 몇 대 지나 성검(成儉)은 현감으로 합천에 이거했다. 아버지 정환우(鄭煥禹)와 어머니 남평문씨(南平文氏) 사이에서 3남 3녀 중 3남으로 태어났다. 정기의 아내는 추계추씨(秋溪秋氏) 진엽(進燁)의 따님이다. 슬

24 문수현, 「정기(鄭琦)의 시 세계」, 『배달말』 57(배달말학회, 2015), 문수현, 「정기의 삶과 전 문학」, 『고전과 해석』 10(고전문학한문학연구학회, 2011); 정병련, 「율계 정기의 학술적 특성」, 『한국철학의 심층 분석(Ⅲ)』(전남대학교출판부, 1998); 정병련, 「율계 정기의 철학사상」, 『한국철학의 심층 분석(Ⅲ)』(전남대학교출판부, 1998) 참조.

하에 2남 2녀를 두었는데 두 아들은 하종(河鐘)과 원종(源鐘)이고, 두 딸은 광산김씨(光山金氏) 김영대(金永大)와 진주강씨(晉州姜氏) 강무흠(姜武欽)과 혼인하였다.

1894년(16세) 갑오경장 이후 과거제도가 폐지되고, 잇따른 흉년에 정기는 학업에 전념할 수 없었다. 1896년(18세) 아버지 정환우가 59세를 일기로 세상을 떠나자 절차에 따라 삼년상을 치렀다. 1899년(21세) 인근 합천군 쌍백면 육리 묵동[기양]에 사는 정재규(鄭載圭, 1843~1911)가 계상[물계]에서 강학한다는 말을 듣고 나아가 그의 문인이 되었다. 정재규의 가르침에 따라 『대학』을 중심으로 여러 경전을 섭렵했다. 그는 명호 권운환(明湖 權雲煥), 송산(松山) 권재규(權載奎), 서강(西岡) 유원중(柳遠重), 입암(立巖) 남정우(南廷瑀), 과재(果齋) 이교우(李敎宇) 등과 함께 스승을 모시고 가르침을 받았다.

1905년(27세) 을사늑약이 체결되면서 국력이 기울어지기 시작하였다. 면우(勉宇) 곽종석(郭鍾錫)이 궐 앞에서 통곡한다는 전언에 정기는 스승 정재규를 모시고 노성[논산]의 궐리사(闕里祠)로 가서 면암(勉庵) 최익현(崔益鉉)을 만났다. 최익현은 정재규에게 연재(淵齋) 송병선(宋秉璿)과 함께 서울로 가서 궐 앞에서 항의하고 있던 곽종석과 합류하라고 권했지만, 행동에 옮기려는 정기를 정재규가 만류하여 실행에 옮기지 못했다. 1911년(33세) 정재규가 세상을 떠나고, 유문(遺文) 간행을 총괄했다. 1914년(36세) 합천 무곡리로 이거하여 무산정사(武山精舍)를 짓고 주변 학자들과 교유하며 후학 양성에 힘썼다.

1921년(43세)부터 만주 일대를 세 차례 드나들며 항일운동을 도모하려 했으나 뜻을 이루지 못하고 귀국하여 동쪽으로는 금강산, 남쪽으로는 지리산 등을 주유하며 울분을 달랬다. 1927년(49세) 10월, 정기는 그의 제자와 문인과 함께 구례군 토지면 오미리 덕천으로 이주했다. 이듬해 오원재(五爰齋)와 덕천정(德川亭)을 짓고 강학당으로 삼아 후학을 양성했다. 호남의 여러 학자가 찾아와 배우기를 청했으며, 석전(石田) 황원(黃瑗)과 유당(酉堂) 윤종균(尹鍾均), 백촌(白村) 이병호(李炳浩) 등과 교유했다.

1930년(52세) 여름, 권재규(權載奎), 이교우(李敎宇)와 함께 전남 장성에서 기우만의 『송사집(松沙集)』을 해가 넘도록 교열(校閱)하여 마쳤다. 정기는 숙병이 있어 몇 년을 병석에 누워 있다가, 1950년(72세) 10월 3일 덕천정에서 숨을 거두었다.

정기의 대표적인 제자로 삼당(三堂)으로 불리는 효당(曉堂) 김문옥(金文鈺), 고당(顧堂) 김규태(金奎泰), 하당(荷堂) 정하종(鄭河鍾)과 삼암(三庵)으로 불리는 경암(絅庵) 오주석(吳柱錫), 홍암(弘庵) 김규상(金圭祥), 구암(久庵) 김재봉(金在峰) 등이 있다.

## 2. 문집 구성과 내용

『율계집(栗溪集)』은 22권 11책(외 「목록」 1책) 석인본으로 1953년 문인인 김문옥(金文玉)과 김규태(金圭泰) 등이 간행한 정기(鄭琦)의 시문집이다. 문집 형태는 4주쌍변(四周雙邊) 반곽(半郭) 22.3×15.6cm, 계선(界線), 12행 28자 주쌍행(註雙行), 상내향백어미(上內向白魚尾) 29.2×19.2cm이다. 서문과 발문이 없다. 이 문집은 전남대학교, 국립중앙도서관, 고려대학교, 용인대학교, 전주대학교에 소장되어 있다.

권1~2에는 시(詩) 445수, 권3~8에는 서(書) 343편, 권9~12에는 잡저(雜著) 42편, 권13에는 서(序) 71편, 권14에는 기(記) 64편, 권15에는 발(跋) 26편, 잠(箴) 3편, 명(銘) 17편, 찬(贊) 3편, 제사(題辭) 6편, 자사(字辭) 4편, 애사(哀辭) 8편, 상량문(上樑文) 9편 등 총 76편, 권16에는 축문(祝文) 6편과 제문(祭文) 43편 등 총 49편, 권17에는 비(碑) 19편과 묘지명(墓誌銘) 35편 등 54편, 권18~20에는 묘갈명(墓碣銘) 123편, 권21에는 묘표(墓表) 54편, 권22에는 행장(行狀) 16편과 전(傳) 9편 등 총 25편

이 실려 있다. 22권 11책에 모두 1,346편의 글이 수록되어 있다.

권1~2에 실린 시(詩) 445수는 주로 기행시(紀行詩), 이별시(離別詩), 교유시(交遊詩), 자연시(自然詩), 영물시(詠物詩), 영사시(詠史詩) 등이다. 명승지를 유람하며 지은 기행시가 149편으로 가장 많고, 지인의 죽음을 추모하는 애도시가 107편, 교유시 64편, 이별시 32편, 감사·축하시 30편, 자연의 풍광을 읊은 시 20편, 사물을 읊은 영물시 18편, 도학시 3편, 역사를 노래한 영사시 등이 있다. 기행시로는 지리산 일원을 여행하며 쓴 시 58수, 중국 기행시 43수로 다수를 차지한다. 기행시로 화순 12수, 보성 8수, 금강산 7수, 부산·경북 6수가 실려 있다. 그 외 부안 변산, 통영, 합천, 영암, 고흥, 순천 등의 순이다. 「심양강 위에서 삼학사를 생각하며(瀋陽江上憶三學士)」 2수를 비롯하여, 「압록강을 건너며(渡鴨綠江)」, 「봉천기행(蓬泉紀行)」 등이 수록되어 있다. 애도시로는 「남응진(상로)에 대한 만시(挽南應珍(相魯)」 등을 포함하여 면우 곽종석, 현산 이현지 등에 대한 만시(挽詩)가 있다. 교유시로는 「을해년 단양절에 장차 복천에 있는 김성옥의 집에 가려고 하는데 오경립(주석), 김원선(규상), 장여현이 따라와서(乙亥端陽節將向金聖玉福川寓庄吳敬立(柱錫)金元善(奎祥)張汝賢從之)」 2수, 「절산 영사재에서 김성옥과 잔을 나누며(節山永思齋酬金聖玉)」 등이 있다. 아름다운 강산과 누정(樓亭), 매화나 연꽃 등을 노래한 자연시도 있다.

권3~8에는 서(書) 343편 중 스승 정재규에게 올린 편지가 5통이 있는데, 그 중 『대학』과 『통서』에 대해 질의·응답한 「대학발문(大學發問)」과 「통서차의(通書箚疑)」가 포함되어 있다. 그 외에도 최익현, 정의림, 기우만, 곽종석에게 올린 편지도 있다. 「답중산강의(答中山講義)」는 조장섭(趙章燮)·정찬석(鄭贊錫)·김문옥 등이 여러 학문적인 문제를 논의한 것이다. 이 외에도 『가례(家禮)』·『주역』·『대학』·『논어』·『맹자』·『소학』 등에 대해 질의·응답한 문인들의 문목이 있다.

권9~12에는 잡저(雜著) 42편 중 「계상수록(溪上隨錄)」은 1899년 10월부터 1911년 4월까지 스승 정재규와의 문답을 기록한 것이다. 「누하쇄언(樓下瑣言)」에는 주자를 비롯하여 이황(李滉)·이이(李珥)·송시열(宋時烈)·이진상(李震相)·전우(田愚) 등의 견해를 분변한 글이 실려 있다. 또 학문과 경제, 화이지분(華夷之分), 사습지폐(士習之弊) 등을 두루 설명하고 있다. 「명기문답여동지정지문답합변(明氣問答與動之靜之問答合辨)」은 전우의 「명기문답(明氣問答)」과 「동지정지문답(動之靜之問答)」을 비판한 논설이다. 「외필후변변(猥筆後辨辨)」, 「변간재시제생설(辨艮齋示諸生說)」, 「변전간재관정백헌집외필변변(辨田艮齋觀鄭栢軒集猥筆辨辨)」 등은 전우의 저작인 「외필변(猥筆辨)」과 「외필후변(猥筆後辨)」을 비판한 논설이다. 정기는 전우의 기(氣)를 주로 하고 리(理)를 어둡게 하는 것은 성인의 학문과 다른 것이라고 비판하고, 기정진(奇正鎭)의 주리설(主理說)이 성인의 정통적 학문을 이은 것이라고 주장한다. 리는 유위(有爲)의 근본이 된다는 것이다. 「산방수록(山房隨錄)」은 성리설과 태극설을 중심으로 전우의 논의를 비판한 글이다.

권13에는 서(序) 71편 중 「사례의서(四禮儀序)」에서 가례(家禮)와 고경(古經)에 중점을 두어 상례의 사례를 모두 정리하고, 자신의 견해를 덧붙여 작성했다. 기호학파의 가례와 유사성을 갖는다. 『계고통편(稽古通編)』은 하상(夏商) 이래 송명(宋明)까지, 신라(新羅) 때부터 조선에 이르기까지 인륜 도덕을 밝히고, 귀감이 될 만한 사례들을 모아 편집한 글이다.

권14에는 「덕천기(德川記)」, 「오원재기(五爰齋記)」를 비롯한 기문 64편이 실려 있다. 권15에는 발(跋) 효령대군연보발(孝寧大君年譜跋)를 포함한 26편, 잠(箴) 자경잠(自警箴)을 비롯한 3편, 명(銘) 임재명(臨齋銘)을 포함한 17편, 찬(贊) 삼선생갑회도찬(三先生甲會圖贊)을 비롯한 3편, 제사(題辭) 제병십도제사(祭屛十圖題辭)를 포함한 6편, 자사(字辭) 김원여자사(金元汝字辭)를 비롯한 4편, 애사(哀辭) 기인백애사(奇仁伯哀辭)를 포함한 8편, 상량문(上樑文) 감모재상량문(感慕齋上梁文)를 비롯한 9편이 수록되어 있다. 권16에는 축문(祝文) 주부자영정봉안래실고유문(朱夫子影幀奉安來室告由文)을 포함한 6편, 제문(祭文) 제선사노백헌선생문(祭先師老柏軒先生文)을 비롯한 43편이 실려 있다. 권17에는 비(碑) 19편과 묘지명(墓誌銘) 35편이 수록되어 있다.

권18~20에는 「익위사좌시직유공묘갈명(翊衛司左侍直柳公墓碣銘)」을 비롯한 묘갈명(墓碣銘) 123편이 실려 있다. 권22에는 행장(行狀) 16편과 전(傳) 9편 등 총 25편이 실려 있다. 전(傳)은 주로 충신, 효자(효부), 열녀(열부) 등 3부문의 작품들이 수록되어 있다. 「남포허공전(南圃許公傳)」, 「남씨이효자전(南氏二孝子傳)」, 「홍열사전(洪烈士傳)」, 「유인강씨전(孺人姜氏傳)」, 「정씨이효자전(鄭氏二孝子傳)」, 「김유인전(金孺人傳)」, 「임효열부전(林孝烈婦傳)」, 「양수사전(梁秀士傳)」, 「김효부전(金孝婦傳)」 등이다. 「율계선생행장(栗溪先生行狀)」은 김문옥이, 「선고율계처사부군행록(先考栗溪處士府君行錄)」은 정기의 아들 정하종(鄭河鍾)이 썼다.

### 3. 문집 목차

卷一

詩: 雪中梅問答二首(丁未) 挽李監察(元吉)二首 挽南應珍(相魯) 次金士文(周鉉)贈詩又足枝字兼簡林上故人 統營北將臺觀海 鑿梁橋 挽崔强齋來(東煥) 老柏書新成 柏堂秋夕同權丈明湖(雲煥)綏石(晚熙) 松山(載圭)及南立巖(廷瑀)唱酬 送李惟常(佽)歸湖西 奉別隱求黃兄(澈源)兼呈李德受(承福)鄭元實(現釆)兩君 挽南黎許公(愈) 挽月皐趙公(性家) 挽春灘李公(泰鉉)二首 偶題 武山精舍十二詠 精舍 何求屋 俱努宇 留行寮 懷露軒 吟歸堂 平川洞 泰巖山 金盤城 挹淸臺 舒嘯臺 鳴玉澗 寄黃景涵二首 靜夜 寄德里沈孔玉(鎭禧)征憶 挽石愚權公(載

斗) 喜盧孟善(浩容)送鳩 夢與權松山李致善(敎宇)論心字二首 聽寒樓 酬文錦潭鄭鶴山(在祿) 挽秋文五(敎耘) 挽敬勝齋柳公(鐘源) 挽剛齋李公(承熙) 雨後觀瀑 李惟常洪聖舞(淳佾)惠然來訪因與之登山寫懷 責秋鶯 喜酬吳和益(錫杓)金士文(銖) 九日登國師峯 庭菊盛開 修巖亭次贈沈孟雷(鍾煥) 奉和鄭穉貞(元永) 挽安校理(孝濟) 挽洪晩悟(在守) 挽鄭守齋(鳳基) 梅花開盡有懷 種菊 方塘魚 晏起偶題 枕屛十疊貼付退陶先生所纂聖學十圖因各賦五言一絶題其下 太極圖 西銘圖 小學圖 大學圖 白鹿洞規圖 心統性情圖 仁說圖 心學圖 敬齋箴圖 夙興夜寐箴圖 四月十四日啓嶺東行與沈孔玉共和(丙辰) 宿鶴洞之竹東樓 松京懷古 善竹橋 金剛山 毗盧峯 六友亭與周玉峯(基鎰)沈愚山(庠基)共吟 走筆效玉川體謝止岡子送桃 送止岡子搬于靈川之鶴洞 次文君敬之(在璣)壽親韻 贈金汝衷(秉洙)二首 挽權承旨(哲熙)二首 挽沈愚山(庠基) 渡漢江 平壤 渡鴨綠江 鳳凰城 奉天道中 丁香屯喜贈鄭思叔(邦繹) 長春驛望哈爾濱有懷 吉林省二絶 口贈吳和宣(政杓) 挽泰下周丈(東會)二首 挽俛宇郭公(鍾錫)二首 挽宋毅齋(鎬完) 和贈周敬一(永直)二首 次海山亭韻呈寢郎鄭丈(演祈) 挽閔承旨(致鴻)三首 挽李淸溪(熙瓊)二首 挽朴貞山(熙珵) 偶吟二絶 次龍陽亭韻 挽崔健齋(正愚)二首 山行 不知菴夜坐 挽文南沙瑩 挽沈孔玉 壬戌八月旣望登終南山 黃州月波樓 登平壤牧丹峯 謁箕子陵 乙密臺 永明寺 浮碧樓 大同江 練光亭 箕子井 渡鴨綠江 安東縣 自安東至奉天七百里之間或原野平曠或石壁峻拔往往有可遊可覽處而余三入于此每因忽未及下車窮搜恨也玆隨車中所覧以賦之 瀋陽江上憶三學士二首 與李憲在(寅夔)周魯瞻(正錫)鄭思叔觀覽淸帝行宮登鳳凰樓(王宮門樓)二首 北陵二首 遼野道中 白塔 關帝廟 奉天張督將與吳佩孚決戰盛修戰備役民治道 整安堡觀日入 泣我國流民 奉天車站泣別鄭思叔三首 遼陽歸路偶吟 癸亥九月登不知菴舊墟黃花盛開口號二絶 挽權石蕉(斗熙) 次韻題玉洞精舍 過龍巖院墟桂山(宋在洛)西岡(柳遠重)恒齋(宋鎬坤)敦齋

(柳相大)松山諸公各賦一絶請余和之 龍門亭 黃瀑 涵碧樓立巖(南廷瑀)松山請次崔勉菴翁韻 浩然亭 題中國地圖二首 觀浙江圖有感二首 蓬泉紀行 海雲臺觀海 乙丑三月東遊嶺左渡洛東江周成三(時玉亨)洛(禹錫)各賦詩余賦一律和之 道東書院謹次金慕齋先生板上韻 謁陶山書院 玉山溪亭次晦齋先生原韻二首 東京懷古 挽李友松 挽文謙山(鏞) 悼河洙源(進海)六首 悼沈子珍 次龍門亭韻 華東歷代歌 挽金監役(琪淵) 九月與聖玉(金文鈺)景魯(金奎泰)相酬清汝(秋淵蓉)進酒 挽信菴李公(準九) 次雪松韻寄卞允中(晶基) 悼朴聖範(昌純) 次寄逝江鄭俊卿(良) 挽趙監役(鏞韶) 挽晦堂張公(錫英)三首 丁卯七月一日夜夢與友人議求禮卜居事溪上先生時在牖內聞之色喜曰求禮山水好田野闊可居也何更遲疑覺而賦二絶 鄭直泉(燾基)自饗堂秋享歸命其子齋脯送之拜受有感 挽李小南(相斗) 挽郭大淵(奫) 周君成三(時玉)以其本生大人六十一獻壽韻求和二首 丁卯除夕述懷 贈別清汝兼寄和宣三首 挽尹參奉(淳學) 次尹氏追慕齋韻 贈別梁而見

卷二

詩: 德隱川九曲次武夷棹歌韻 德川雜詠十八絶 德川亭 居然堂 闇修室 嘉貞門 五爰齋 詠歸壇 觀瀾臺 鼓樓巖 濯纓潭 盤陀石 釜沼 馬騴川 玉山 谷口亭 大野 兄弟峯 蟾津江 五鳳山 又賦八景 沙灘風帆 川塢脩篁 鷄足山晴嵐 金鰲山朝霞 王甑峯夕照 天王嶺暮雨 月明山明月 白雲山白雲 龍湖亭次板上韻 朝起用農巖集中詠曉景韻 八月十九日與金瑞中(琫運)柳公寯(麟桓)周景宅(基仁)鄭聖文(敏圭)諸友宿鰲山寺(戊辰) 翌日宿修道菴 鍾石臺口號二絶 宋華石(祖憲)來訪與丹霞(李南儀)止堂遊德隱川之第二曲 己巳仲秋同金丈瑞川(琪鍾)周君景宅發向故山經由雙磎寺宿干青巖鶴洞崔仲悅(濟學)山庄 過高隱洞有感 矗石樓次板上韻 偶吟三首 德川亭楹聯 冬霖連月不開噭噭四至 朴君來善(令模)恐爲群咻所尼請一言書此以贈 二月二日與諸友登王甑峯

遇雨(庚午) 十三日夕大風雨捲屋 滯雨宿清溪菴草幕 題燕谷洞門 庚午四月望日決策向天王峯與之偕者周景宅李晦而(弘榮)鄭聖文裴文五(彩奎)崔季源(錫洙)金聖玉金景魯也鄭鍵和順明自慶州適到亦偕焉 宿石洞崔季源山庄 雙磎寺 佛日瀑 宿青巖崔仲悅家 石門 宿細石坪草幕 登天王峯 又賦長句二則發其餘意 晦而賦五言古詩以示之輒次其韻 將下山細雨霏霏 宿義神村店 過孤雲洗耳巖 七佛菴 宿神興店 雨中行出山次一蠹先生韻 下生鍾元以其親堂六一晬辰謀余所以頌禱者僅構一律以塞其請 光陽望德山二絶 挽周玉峯(基鎰) 追和金景儒(珍鉉)見贈 漢江口號二絶 挽宋桂山(在洛) 次贈奇孔吉(老善) 白羊寺雙溪樓次板上韻 邊山來蘇寺 采石江 與趙石汀金濯新權松山奇仁伯(春度)李致善奇見五(淑度)梁伯慶(時模)遊三人山 庚午夏余與松山果齋校松沙集于長城高山院仲秋將歸遊扶安之邊山西岡翁(柳遠重)及梧岡(權鳳鉉)素齋(鄭贊圭)諸公亦偕焉還至格浦以別鄕園之思於是尤切賦五言排律一篇呈諸公覧 濯新金丈(漢穆)賦古詩一篇以識別謹次其韻以謝之 次竹林齋韻 宋沙集刊所諸公各賦一律言志輒次其韻 挽後石吳公(駿善) 挽尹誠齋(禹學) 挽宋恒齋(鎬坤) 次沈景晦(相福)花溪幽居韻次李聖中(膺鉉)壽宴韻 挽趙石汀(寅錫) 一愚鄭丈(贊錫)乘月枉訪仍賦其事以示之謹次其韻以呈 贈別朴來善二絶 規崔季源 曠懷吟示聖玉景魯 挽李東塢(斗煥) 挽鄭直泉(燾基) 中山齋會吟 新安精舍講會後與穡山(閔用赫)松山果齋諸名勝占韻賦一絶 贈朴悅可(魯澤)二絶 挽閔正言(致亮) 挽趙潛溪(章燮) 挽林警堂(顯周)二首 挽梁後松(相賀)三首 挽吳子正(南洙) 盆荷三載一朶花始開 挽沈茶泉(基煥) 次晩翠亭讀 次南石齋額 奉和周子鳴(鳳會)留贈五首 寶積菴次柳子德(瑩業)見贈韻 寶積菴春夜漫賦一律示從遊諸君 朴來善趙明元(東昱)二君訪我於華嚴山房喜賦短律 張生汝賢(永吉)以其大人翁六一晬辰索詩於余 挽高弦窩(光善) 挽崔參奉(元澤) 次呈金主事(澤均) 乙亥端陽節將向金聖玉福川寓庄吳敬立(柱錫)金元善(奎祥)張 汝賢從之二首 宿山

巖寺 過松廣寺 節山金氏永思齋諸生有詩余步其韻俾題于楣 福川道中與金明元(銓)李顯模(敎昌)口號 憩夢聖菴 赤壁舟中用金農巖先生韻 望美亭次丁赤松原韻 勿染亭次板上韻 圭峯菴拈峯字 瑞石山歌 地藏菴叙別 次安晦峯(圭容)竹谷精舍韻 有懷示誠一(吳用根) 挽李桂山(相昊) 送李明汝(炯哲)歸曦陽 挽柳敦齋(相大)三首 乙亥十一月入處文壽洞如菴 二鳥吟示元善勉承(李相武)四首 如菴冬夜見老人星 送金聖玉歸福川 挽梁東溪(會洛) 山行 閒中漫詠三首 明元偕登般若臨別口號以贈 丙子四月發故山行李君勉承偕之 同松山渡赤壁橋 世仁洞拜先師墓二首 碧寒亭 德山有感 哭外兄(柳地根) 峽中觀俗 謝季源季訪山居 呈安晦峯西山草廬講座 悼奇見五三首 贈安士誠(秉析)二首 崔君致鳳課歲來訪每辦酒殽甚費以供賓朋一日之歡爲賦一律以謝之 諸生歲暮將婦前一望有餘而徑皆散去惟敬立勉承二君則否 挽權應韶(鳳鉉) 立夏前二日被趙省齋(樂模)書招往會于鰲山寺趙蕖軒(冕材)及敬立明元舜盆(申孝植)乃見(金龍培)雲擧(金鴻圭)亨五(余同奎)偕焉 挽鄭參奉(萬在) 悼吳和允(英杓) 贈鄭子重(鎭植) 六家同來相土結聚未幾年次第散去悵缺之甚口號一絕 四月廿八日送諸君往修文壽山房適霖雨連日大霧漫山思之憫切賦一律以寫懷 月夜聞子規聲有感 送申舜益歸高興 李果齋致善與同志諸公會文于山陰之淡寂寺遙投二絶詩于文壽山房以寄意謹次其韻以謝之 鄭素齋著卿用果齋韻惠之遂步和二首 悼金文玉(澤模)二首 挽李元善(敎灝)二首 八月廿五日與芝村(權鳳洙)藍山(王在沼)春汀(柳永模)寒溪(金基洙)及愼南重(炳獻)申孝植宿泉隱寺 挽趙主事(鏞震)三首 挽趙省菴(遇植) 贈別金春章(正彩)二首 己卯三月小晦與尹子仁(在麟)發冠山行金生俊基從之 宿魏氏長川齋 天冠山 別白璿一(亨璣)及冠山諸友 宿尹子仁水東世庄 眉山埠泛海 萬德山二首 月出山 送別梁而見(會龍 )憩上見性居僧進茶 鳩林海岸別諸友 舟行至木浦 儒達山 別趙敬華(東溫)車中望月出山 昌平舘別梁元淑裵彩洪(淇玉)二首 梁仁京(敬承)冒突遠訪爲賦二絶以謝之 八月

下旬與丹丘諸友作錦山之遊至開陽道中口占 三千浦 泛海渡昌善 南敬眞(勝愚)沈正玉(鎭宅)二君登錦山一宿出至三十里江頭埠方討乘船聞余過知足島還復追踵至錦山下聽溪店相遇仍 與之上山 登錦山 以雪擁山腰洞口春回楚尾吳頭分韻得腰字 別丹丘諸友 露梁謁忠烈祠二首 渡露梁別敬眞正玉二君 宿船月里裵彩洪世庄 與裵彩洪訪裵文五(彩奎)梅谷僑居 宿梁元淑草坊新亭 學圃堂有感 憩雙峯寺 乘月至竹谷精舍主人不在 宿德山精舍安晦峯追到 水月里別廉洛現(秉燮) 節山永思齋酬金聖玉 行到曲川逢安敬傳(思淳)被挽宿牛峯木美菴安聖巨(圭嵩)追到 冰月亭 高興道中口號贈梁裵二友 到新松里申孝植家 訪申鳳南國範(錫休)青龍里新庄二首 宿楞伽寺 登八影山 景魯自金剛歸錄示其記行受而閱之庶可謂一部史矣念余昔年行過黯黯如夢中事遂拈次其毗盧峯韻以勗之 挽趙雙石(淇善) 悼族姪聲見(琯鍾)二首 奉和權萬齋子正(載春)二首 挽金嶺松(在洪)二首 奉和梁道允(彦默)三首 次韻寄題沙隱亭 別申性玉(方雨) 挽權芝村景韶(鳳洙) 題趙士清(欽植)山居 敬題永慕齋 雨中無聊倣水調歌頭 文壽洞道中 悼柳子强(健永) 挽洪和益(溫) 柳君忠烈以其王大人聾菴扁請銘謹賦一律以塞其意 次遯菴韻寄金明七(炯睦) 宿華嚴寺 次晩山亭韻寄鄭和彦(潭基) 金君遇正以其大人六一晬辰請余一言 五月三日發頭流行 雙磎寺 宿佛日菴 七佛菴 挽申國範 挽尹酉堂(鍾均) 題趙省齋聖則書幌 與諸友會宿盤川鄭舜擧(海宷)家二首 以明朝有意抱琴來分韻得有字 奉賀梁而見六一生朝 吳生熙錫渡海有月以書來未開緘汪然欲涕別賦二十字以寄 孔欽惠然遠顧感倒之極自形于言 挽金梅西(克永)二首 贈別崔汝重(芳鉉)二首 挽梁行源(孝默) 挽姜善汝(老善) 三神洞訪崔景武(炯淳)不遇 送別忠五敬立 題雲樹亭 送金舜夫(容九)往寓商山 悼成道中 次三松齋實記原韻寄崔景武(並小序) 十月五日與忠五彦淑敬白(鄭雲燮)宿盤川鄭舜擧家 噫嘻辭送尹子仁歸金陵 挽李白村(炳浩)二首 李君起鉉以愚名軒要余一言 和吳君和善寄詩 挽梁弦齋(在德)二首 悼南允肅(熙)二首 紅

雲洞懷徐孤青故事用鷓鴣天詞 西窟菴 燕谷龜泳潭二首 鄭君子善以其大人翁六一生朝置酒速賓余爲賦水調歌頭詞 張友文弘(承鉉)種栗千樹援以自號曰栗山作詩見志和者相繼 可誦也其從子淳植請余足之 五月二十四日與李生相麟踰泉隱寺後九曲嶺口占 午憩上禪庵 深源龍沼 思默峙訪鄭士玉(昌柱)不遇 踵鄭炯律到張南錫家淳植亦接隣仍留宿聊以相勉 峽中覽物 二張君餞至鄭嶺頭叙別 梁友而見餞至蘆峙崔致道(淇宇)家翌日叙別 觀龍湖洞天 淸遠塘荷花盛開二首 盧君奇玉(泰鉉)惠余以洞庭春一壺俾資消炎感其至意爲賦巫山一段雲詞以謝之 挽朴國希(魯豊) 仙湖歸路逢居然亭主人徐在洙登亭觀瀑次原韻 次呈黃石田(瑗)見贈韻 挽黃石田二首 挽張致準(基南) 挽李國賢 挽王樂民(在沼)三首 次金東珍回甲韻 悼沈相玉(鎭確) 朴君俊東以其大人翁六一生朝置酒速賓爲賦一律奉賀 沙上吳翁(權淳)爲余賦一律以壽之感歎之極謹步其韻還以頌翁 挽趙士淑(炳寬) 挽朴瑞仲(載元) 題金鳳輝(在儀)棲遲堂 挽吳子春(東洙)三首 挽任宇卿(泰柱)二首 挽沈應章(鶴煥)二首 挽鄭文擧(祥圭) 寒食懷先壠 偶吟二首 六月二日宿柳忠五山房拈賦一律 挽吳公(琪淳) 挽河晦峯(謙鎭) 挽許晦彦(燮)二首 惺溪鮮贈趙性寬 贈別金景先(容局) 挽周景宅(基仁) 悼尹子仁(在麟)二首 贈別李甥聖淑(稷鉉)二首 挽鄭道源(鉉洙) 送盧奇玉寓湖西之鎭岑 戊子元朝 驚蟄日與崔景武山行口占 賀呈和汝(鄭漢春)壽辰二首 倣巫山一段雲詞呈吳敬文(斗善) 奉呈金士賢(基洙)二首 悼柳公懋(瑾秀) 挽洪敬集(鈺) 追次許文贊(涇)六一壽辰韻 挽趙國弼(晃材) 裵君相華(鎭祚)以其萱幃六一生朝置酒速賓余病未與賀爲賦一律以替山醪一酌 賀呈忠五壽席 贈別李顯模 李生相麟書至自昌城感而賦懷兼簡鄭基潤二首 寄題申性玉(方雨)松汀幽居(并序) 追悼李君孔彦(麟鎬)四首 謝裵敎官釆洪來訪 挽趙省齋聖則 挽梁俊賢(成默) 挽李玄山玄之(玄圭)二百 挽白璿一(亨璣) 挽金允明(漢珏) 呈裵文五壽席

卷三

書: 上老柏軒鄭先生(別紙一劄疑一大學發問對目一) 上崔勉菴先生(益鉉) 上鄭日新(義林) 上奇松沙(宇萬) 上郭俛宇(鍾錫○二) 上鄭農山(冕圭) 上權明湖(雲煥○二) 答張晦堂(錫英) 學李是菴(直鉉) 答李信菴(準九) 答閔承旨(致殷) 與閔檣山(用爀) 答南素窩(廷燮) 答夏靈峯(震武) 答柳西岡(遠重○答二與三) 答崔強齋(東煥) 與文謙山(鏞) 答李愚山(鉉五) 答宋毅齋(鎬完) 與宋恒齋(鎬坤) 與曺迂堂(在學) 答安司果(昌濟) 與梁東溪(會洛) 答金濯新(漢穆) 與金瑞川(琪鍾○與一答一) 答柳敦齋(相大) 答沈直窩(斗煥○三) 答權承旨(哲熙) 答鄭叅奉(演祈○二) 答南立巖(廷瑀○四) 答中山講義 答鄭一愚(贊錫)

卷四

書: 答權松山(載圭○答三與四) 答南夷川(昌熙○二) 答外兄崔善若(性濬) 與周晦山(尙洪) 答文新溪(秉純) 答梁後松(相賀) 答丑叅奉(淳學) 與金監役(琪淵) 與姜善汝(老善) 答李文一(昌雨) 答柳孟茂(柏年) 答金尙三(鼎運) 答黃季方(瑗) 答陳種彦(柄燾) 答權應詔(鳳鉉) 答安敬三(圭容) 答李美中(光秀) 與沈孔玉(鎭禧○與一答一) 答吳子春(東秀) 答權景詔(鳳洙) 答黃景涵(澈源○五) 答沈孟雷(鍾煥) 答趙聖則(樂模○二) 與趙景昭(廷恂) 答南應珍(相魯) 答魏雲汝(啓龍) 答權益三(宜鉉) 答張致準(基南) 答梁俊賢(成默) 答白乃淑(永熺) 答沈應章(鶴煥) 答鄭元卿(鉉春) 答申國範(錫休) 答黃君五(漢奎) 答鄭稱貞(元永) 答金瑞中(琫運) 答權禹聲(炳夏) 答鄭泳汝(淳榮) 答權子正(載春) 答金允範(箕錫) 答安星玉(鍾南) 答王樂民(在洛) 答金文玉(澤模) 答趙稱弘(興九)與鄭伯勤(彰彝○與一答二) 答鄭俊卿(良) 答崔汝重(芳鉉) 答權翰擧(鴻洙) 答廉洛現(秉燮) 答吳誠一(用根)

卷五

書: 答李致善(敎宇○六) 答梁而見(會龍○二) 答金翼夫(曅○三) 答梁元淑(會甲○四) 答鄭聖徇(泰圭) 答鄭晦夫(邦燁○二) 答鄭思叔(邦繹○二) 答任宇卿(泰柱) 答文養五(存浩) 與程仲讓(毓謙) 答李敬集(鉉翼) 答奇見五(叔度) 答許亨佑(相) 答李敬仲(宏奎) 答申貞叔(元敎) 答安仲述(鍾基) 與周子鳴(鳳會) 答梁行源(孝默) 答柳公懋(敏秀) 答金允明(永淳) 與楊子昂(道康) 答金允清(鍾昊) 答李正汝(鉦) 答李乃善(承佑) 答李英傳(敎川) 答趙士淑(炳寬) 答趙士清(敏植○二) 答朴汝亨(永睦) 答裵俊和(正模) 答裴彩洪(淇玉) 答周景宅(基仁) 答李晦而(弘榮) 答金明七(炯睦○二) 答李安甫(熹洙) 答郭德用(基永○三) 答沈亨七(鎭斗) 答南汝晦(相燁) 答宗姪子明(宜鍾) 答吳和益(錫杓) 答李仁吉(棟欽) 答吳敬文(斗善) 答吳道淑(致會) 答柳忠五(泳) 答金聖律(洪錫) 答張彥淑(基松) 答裵文五(彩奎) 答宋德哉(在曄) 答朴濟勝(海佑) 答安進明(德洙) 與鄭尚善(在鎔) 答林應善(鍾植)

卷六

書: 答金士文(銖○答二與一) 答金孔淑(永大) 答朴仲豪(興圭○二) 答南敬眞(勝愚○二) 答鄭仁彥(奇洙) 答金聖瑞(相圭) 答周成三(時王○二) 答梁道允(彥默○二) 答朴尚玉(啓鉉) 答池奉吉(亨源) 答許漢卿(鴻模) 答李應坤(洙吉) 答李德夫(敎明) 答金慶弼(相九) 答田子尚(甲秀) 答金在正 答李孔彥(麟鎬) 答安聖巨(圭嵩) 答鄭元實(現采) 春秋胡傳左傳箚疑 答裵順明(圭晳) 答朴允敬(宰榮) 與奇公吉(老善) 答鄭文叔(秀民)大學問目 答白中玉(膺善)問目 答尹子仁(在麟) 答朴在天(淑鉉○二) 答李明善(震錫) 答李孟奎(泯) 答鄭容夫(泓采) 答鄭玄甫(漢丞) 答申性玉(方雨) 答金春章(正彩○二) 答金景先(容局) 答朴德吾(道東) 與黃性伯(采五) 答奇希文(世稷○二) 答金而晦(棍) 答李文甫(杜甲) 答崔德善(允煥) 答金致萬(永一) 答申子敬(并休) 答李

相悅(泳奎) 答李德汝(在潤) 答金起漢 答華山壇諸儒 答文聖元(在鳳) 答馬相德 答鄭孔與(秉晳) 答吳伊伯(稷相) 答吳天卿(根浩) 答鄭景魯(宗燮) 答羅士敬(燾敬)申乃宣 答劉子敬(貞熙)

卷七

書: 答沈正玉(鎭宅)大學問目 答沈正玉論語問目 答沈正玉箚疑 答沈正玉孟子問目 答沈正玉中庸問目 答沈正玉金孔欽(永鐸)中庸箚疑 與沈正玉(與一答二) 答金孔欽 答文敬之(在璣)喪禮問目(答一) 答李甥聖淑(在玹○二) 答吳和宣(政杓)小學問目 答吳和宣(四) 答夏貞立(成吉○二) 答許誠禹(基洪) 答李繼先(康述) 答沈德梧(相鳳)

卷八

書: 答金聖玉(丈鈺○十一) 答金景魯(奎泰○三) 答文正夫(在杓) 答金景春(泰榮) 答李善五(奎煥) 答安士誠(秉析○二) 答沈南擧(翰求) 答朴孝先(恒模) 答朴仁吉(佶柱)問目 答崔大亨(基胤) 答宋道永家禮問目 答秋淸汝(淵蓉○三) 答柳聲振(遠瑢)大學問目 答吳敬立(柱錫)禮疑箚目 答鄭乃綏(鉉福) 答朴允肅(敬來) 答南義善 答金舜夫(容九) 答朴來善(令模○二) 答朴悅可(魯澤) 答趙明元(東昱○三) 答權友鉉 答李明汝(炯晳) 答金聲振(亨在) 答池亨玉 答柳景輔(根弼) 答金元善(奎祥)小學問目 答金元善大學問目 答金元善論語問目 答金元善別紙 答金元善孟子問目 答金元善周易問目 答金元善問目 答金汝栽(永培) 答鄭昌圭 答李勉承(相武)別紙 答金晦卿(在華) 答金晦卿別紙 答許厚卿(永哉) 答申舜益(孝植) 答梁柱現 答金子成(會龜) 答羅聖浩(濬) 答余亨五 答李學來 答尹在楠 答柳子誠(根壽) 答張汝一(永億) 答裵士强 答鄭基潤 答洪鍾浩 答許壯煥 答朴天錫 答朴春燮 答崔致鳳(允來) 答或人 答金性佑(錫中) 答裵錦澤

卷九

雜著: 溪上隨錄 樓下瑣言

卷十

雜著: 明氣問答與動之靜之問答合辨 格物解辨 格物物格兩格字解夏靈峯孟子桃應章講授辨 兄弟同昭穆共一位辨 辨明美堂集論荀彧事讀梅泉集百里奚及四皓論 讀俛宇集答姜佐明書 讀韓昌黎雜說 學規十條示從遊諸君 答客說示諸同志 題朴壺山集 能所說寄梁元淑 惺窩說止堂說 省齋說 拓窩說 直軒說 沈潛說贈柳東彦(興夏) 鄭聲叔字說 李文甫字說 李相悅字說 吳敬立字說 書贈愼懼堂李惟常(侙) 書贈柳忠五 書贈奇希文兼示諸生 書示吳和宣(政杓) 書示金元郁(奎澤) 書示周亨洛(禹錫)亨重(弘錫) 書贈朴晦夫(熙洙) 書贈張和仲(利錫) 書贈張汝賢(永吉) 示諸生 嶺東紀行

卷十一

雜著: 猥筆後辨辨 辨艮齋示諸生說 山房隨箚 辨田艮齋觀鄭柏軒集猥筆辨辨 觀田艮齋集

卷十二

雜著: 小學箚疑

卷十三

序: 近思錄葉本攷異序 四禮儀序 稽古通編序 文襄公實紀序 字音通攷序 常變祝輯序 龍灣遺稿序 石洞集序 率性齋崔公楊州箴序 聾默堂遺詩序 梅谷集序 月波集續刊序 約軒遺稿序 黃坡遺稿序 東溪遺稿序 酉堂詩稿序 豊壤趙公實記序 文化柳氏三世實記序 成晩翠遺稿序 聾齋實記序 五峯遺稿序 白齋遺稿序 桂山遺稿序 蓮坡遺稿重刊序 嶺

泉遺稿序 晩翠堂遺稿序 全州李氏世德錄序 金寧金氏世德錄序 瑞山鄭氏家乘序 濟州梁氏家乘序 大邱徐氏派譜序 咸陽朴氏家乘序 慶州金氏家乘序 竹山安氏家乘序 金海金氏家乘序 長興馬氏派譜序 慶州金氏派譜序 玉川趙氏派譜序 他不川詩契序 光義契序 義方契案序 同講契序 兩以契案序 白警別曲序 敬愼齋潰稿序 默窩遺稿序 小松遺稿序 養眞堂遺稿序 文江詩稿序 吳晴川詩稿序 晩石遺稿序 慶州崔氏世稿序 鄭寢郎六十一壽序 柳春汀六十一壽序 白村壽瑞帖序 李玉山美中壽序 李簣山壽瑞帖序 柳子德大夫人壽瑞詩卷序 吳道淑壽序 柳聲振字序 鄭子善字序 金元善字序 金晦卿字序 贈沈相玉正二君序 贈吳和宣序 贈金聖玉序 贈金景魯序 贈秋淸汝序 送朴來善歸曦陽序 贈金舜夫序 贈李勉承序

卷十四

記: 德川記 五爰齋記 聽寒樓記 油然齋記 忠愍祀講堂記 松玉齋記 也山齋記 長山齋記 玉山齋記 玉泉亭記 孝子金公旌閭記 金孝子兩世旌閭記 德山齋記 敬慕齋重修記 追遠齋記 曲溪堂記 講修齋記 黃岡齋重修記 華山壇記 念修齋記 追遠齋記 藍田洞影堂記 雙山齋記 遠慕齋記 追遠齋記 雙石窩後記 西山草廬記 臨淵齊記 竹林齋記 南石齋記 寒溪堂記 蘭溪堂記 聾巖亭記 龍巖齋記 鶴山祠續記 碧梧軒記 仙溪精舍記 鶴棲軒記 柏陰堂記 稼山齋記 某溪精舍記 珍陽田舍記 集賢齋記 朝陽精舍記 聽流亭記 月山齋記 三峯齋記 斗山齋記 春圃齋記 龍隱齋記 雲岡亭記 雲溪堂記 松皐亭記 無憂堂記 蓮香亭記 伏龍巖記 遊縣巖記 遊方丈山記 遊白羊山記 小隱屛記 正月菊記 南遊四山記 文壽洞改名記 柳子德家飮蓮葉酒記

卷十五

跋: 孝寧大君年譜跋 迂窩崔公 御賜畫屛跋 老柏軒先生年譜跋 書

浙江譜系後 謹題先師手草遺本後 草溪鄭氏家乘跋 書景淵亭遺稿後 書農巖集審敵篇後 題淸儒學案後 書松宇金公實錄後 書松溪朴公事狀後 書松沙先生年譜後 題趙松菴實紀 喪禮儀後識 柳菴實紀跋 跋石田集 書晩山李公遺稿後 書素窩遺稿後 養浩齋遺稿跋 書性師心弟辨後 題趙省齋壽瑞詩軸後 題李楓山賀壽可詩卷 書郭德用四書劄錄後 澗齋遺稿跋 書梁母曺孺人傳後 書金聖玉噎言後

箴: 自警箴 月湖書室箴 立志箴

銘: 臨齋銘 月林亭銘 晩翠亭銘 晩稼亭銘 慕巖亭銘 田隱堂銘 可窩銘 誠齋銘 壺石銘 八樂亭銘 蓮湖亭銘 艮菴銘 寶岡亭銘 南隱堂銘 一亭銘 兼山室銘 一靑書室銘

贊: 三先生甲會圖贊 杏史梁公贊 石原尹公像贊

題辭: 祭屛十圖題辭 晩翠堂辭 松石軒辭 竹下堂辭 東江釣臺辭 四而堂辭

字辭: 金元汝字辭 奇子善字辭 趙明元字辭 金乃見(龍培)字辭

哀辭: 奇仁伯哀辭 沈孟雷哀辭 鄭思叔哀辭 李周汝哀辭 柳東彦哀辭 李化約(晩雨)哀辭 朴允敬(宰榮)哀辭 吳和宣哀辭

上梁文: 感慕齋上梁文 追遠齋上梁文 覽德齋移建上梁文 端川亭上梁文 退山亭上梁文 大山亭上梁文 雲谷書舍上梁文 三陽精舍上梁文 平川精舍上梁文

卷十六

祝文: 朱夫子影幀奉安來室告由文 五鳳祠奉安朱夫子影幀告由文 奉安勉菴崔先生影幀告由文 萬壽祠晦軒安先生常享祝文 海望祠畢齋金先生常享祝文 七義壇常享祝文

祭文: 祭先師老柏軒先生文 再祭老柏軒先生文 祭勉菴崔先生文 祭日新鄭公文 祭松沙奇公文 祭農山鄭公文 再祭農山鄭公文 祭明湖權公文 祭海山鄭公文 祭周丈(興祚)文 祭老圃吳公(應千)文 祭是菴李

公文 祭權緩石文 祭鄭晩松(致圭)文 祭南素窩文 祭柳晦岡文 祭姊夫李監察文 祭伯姊李氏婦文 祭伯氏文 祭仲氏文 祭柳西岡文 祭李愚山文 祭金瑞川文 祭鄭一愚文 祭吳雙山文 祭沈直窩文 祭南立巖文 祭南夷川文 祭周魯瞻(正錫)文 祭沈孔玉文 祭黃景涵文 祭鄭穉貞文 祭鄭元卿文 祭許享佑文 祭金瑞中文 祭申貞叔文 祭金翼夫文 祭李致善文 祭鄭晦夫文 祭吳和益文 祭金士文文 祭奇公吉文 祭金元善文

卷十七

碑: 軍器寺主簿贈資憲大夫戶曹判書兼知義禁五衛都摠府都摠管謚忠毅晩翠柳公衣履藏碑 贈資憲大夫吏曹判書南坡鄭公遺墟碑 石圃鄭公遺虛碑 成均進士金公遺墟碑 洪州宋氏七孝碑 六世祖嘉善大夫同知中樞府事府君墓碑 海州吳氏歲一祭壇碑 普陽鄭氏祭壇碑 慶州金氏歲一祭壇碑 孝子慕菴金公廬墓遺墟碑 孝子 贈童蒙敎官崔公遺墟碑銘 監役崔公實蹟碑 南平文氏墓壇碑 孝烈婦淑人丁氏旌閭碑 張母任孺人紀行碑 孺人驪陽陳氏紀行碑 陽齋居士文君碑 台隱朱公宅里碑 孝婦金海金氏實蹟碑

墓誌銘: 司憲府持平圭南河公墓誌銘 昌陵參奉裵公墓誌銘 竹坡朴公墓誌銘 學生張公墓誌銘 晦尤堂金公墓誌銘 柏巖鄭公墓誌銘 溪狂陳公墓誌銘 晦悔金公墓誌銘 府使梁公墓誌銘 學生柳公孺人文氏墓誌銘 蓮坡金公墓誌銘 孺人高氏墓誌銘 芝隱鄭公墓誌銘 思默堂鄭公墓誌銘 玉精齋裵公墓誌銘 晩松鄭公墓誌銘 竹圃宋公墓誌銘 學生李公墓誌銘 斗南朴公墓誌銘 雙石趙公墓誌銘 瑞川金公墓誌銘 愚山李公墓誌銘 伯兄菊史公墓誌銘 孺人柳氏墓誌銘 弦齋梁公墓誌銘 直窩沈公墓誌銘 權芝村墓誌銘 吳癡齋墓誌銘 丹霞李公墓誌銘 申庸齋墓誌銘 重軒黃君墓誌銘 潛軒柳君墓誌銘 吳君和益壙誌銘 秀士鄭君墓誌銘 金舜夫壙銘

卷十八

墓碣銘: 翊衛司左侍直柳公墓碣銘 承文院正字 贈嘉善大夫戶曹參判柏軒金公墓碣銘 晦窩徐公墓碣銘 承議郎申公墓碣銘 訓鍊都正申公墓碣銘 行軍器寺僉正 贈嘉善大夫戶曹參判黃公墓碣銘 行海南縣令贈水使申公墓碣銘 贈通訓大夫司僕寺正栗亭李公墓碣銘 尤谷處士朴公墓碣銘 折衝將軍龍驤衛副護軍行晋州營將張公墓碣銘 鷺洲處士金公墓碣銘 樂友堂吳公墓碣銘 五世祖通德郎府君墓碣銘 溪菴柳公墓碣銘 贈戶曹佐郎三松齋崔公墓碣銘 通德郎李公墓碣銘 德齋梁公墓碣銘 贈戶曹參判柳公墓碣銘 孝子贈可憲府監察金公墓碣銘 贈刑曹參議林公墓碣銘 志齋朴公墓碣銘 贈工曹參議金公墓碣銘 遯齋柳公墓碣銘 贈通政大夫承政院左承旨劉公墓碣銘 贈崇祿大夫議政府參政鷩崇李公墓碣銘 明溪冰公墓碣銘 耕隱金公墓碣銘 南隱朴公墓碣銘 退隱金公墓碣銘 德菴李公墓碣銘 贈童蒙教官司僕寺正鄭公墓碣銘 參奉文公墓碣銘 參奉高公墓碣銘

卷十九

墓碣銘: 秉忠舊義靖國功臣行嘉善大夫刑曹參判 贈資憲大夫兵曹判書謚貞毅黃公墓碣銘 贈通政大夫金公墓碣銘 慵睡齋康公墓碣銘 鷗汀朴公墓碣銘 嘉善大夫同知中樞府事許公墓碣銘 永慕齋吳公墓碣銘 孺人星山全氏墓碣銘 拙菴李公墓碣銘 逸圃兪公墓碣銘 孝友堂朴公墓碣銘 仰晦堂朱公墓碣銘 梧山金公墓碣銘 二樂軒崔公墓碣銘 農隱奇公墓碣銘 嘉善金公墓碣銘 農隱李公墓碣銘 醉翁吳公墓碣銘 曲溪處士申公墓碣銘 二山柳公墓碣銘 竹圃鄭公墓碣銘 樵隱鄭公墓碣銘 柘軒崔公墓碣銘 學生周公墓碣銘 學生申公墓碣銘 穡圃李公墓碣銘 菊圃李公墓碣銘 處士林公墓碣銘 孺人金氏墓碣銘 老稼軒金公墓碣銘 東梧愼公墓碣銘 愛日堂朴公墓碣銘 屛山柳公墓碣銘 遯菴裵公墓碣銘 新齋李公墓碣銘 蒙菴郭公墓碣銘 春塘處士柳公墓碣銘 晴沙李公墓碣

銘 寢郎申公墓碣銘 孺人李氏墓碣銘 學生文公墓碣銘 晦窩朴公墓碣銘 約軒處士趙公墓碣銘 野隱李公墓碣銘 松澗金公墓碣銘 學生趙公孺人柳氏墓碣銘 學生金公墓碣銘 石汀處士趙公墓碣銘 竹沙朴公墓碣銘 逑齋許公墓(碣)銘 稼隱李公墓碣銘 耻菴金公墓碣銘 農隱蘇公墓碣銘 五衛將張公墓碣銘 凰山宣公墓碣銘 農隱白公墓碣銘 松隱金公墓碣銘 學生光山金公墓碣銘

卷二十

墓碣銘: 通政大夫承政院同副承旨兼 經筵參贊官春秋舘修撰官陞嘉善大夫成均官直提學河石李公墓碣銘 同知中樞府事梁公墓碣銘 處士慶州崔公墓碣銘 主事金公墓碣銘 學生李公墓碣銘 夢翠李公墓碣銘 敦寧都正鄭公墓碣銘 康隱曺公墓碣銘 學生裵公孺人朴氏墓碣銘 也松朴公墓碣銘 處士金公墓碣銘 嘉善大夫同知中樞府事金公墓碣銘 學生朴公墓碣銘 義士後柏吳公墓碣銘 石原尹公墓碣銘 務安朴公墓碣銘 主事金海金公墓碣銘 學生豊壤趙公墓碣銘 玉圃許公墓碣銘 楓山李公墓碣銘 左海李公墓碣銘 樵菴李公墓碣銘 高靈申公墓碣銘 慕鄉齋裵公墓碣銘 金海金公墓碣銘 張農窩墓碣銘 惺窩周君墓碣銘 晩山鄭公墓碣銘 心圃文君墓碣銘 雲巖奇君墓碣銘 中樞院議官趙公淑夫人鄭氏墓碣銘 學生吳君墓碣銘

卷二十一

墓表: 印月菴處士任公墓表 先祖逸參奉 贈通訓大夫掌樂院正公墓表 通政大夫司諫院大司諫隱谷崔公墓表 處士宋公墓表 學生申公墓表 嘉善大夫同知中樞府事松溪金公墓表 成均進士行廣興主簿陞資憲大夫崔公墓表 贈通訓大夫司僕寺正劉公墓表 默山處士文公墓表 將仕郎顯陵參奉黃公墓表 贈童蒙教官崔公墓表 通政裵公墓表 處士金公墓表 學生柳公墓表 雲圃金公墓表 通德郎安孔墓表 思菴徐公墓表 野隱林

公墓表 大山齋金公墓表 嘉善大夫趙公墓表 處士金寧金公墓表 處士柳公墓表 文化柳公墓表 南隱吳公墓表 後石吳公墓表 孝子金公墓表 耕隱金公孺人朴氏墓表 愚谷鄭公墓表 貞夫人李氏墓表 柏菴姜公墓表 參奉林公墓表 磻溪鄭公墓表 孺人尹氏墓表 稼隱梁翁墓表 誠菴申公墓表 吳母周孺人墓表 學生河公墓表 東塢李公墓表 石田柳君墓表 松齋鄭君墓表 鄭晦夫墓表 鄭孺人墓表 金孺人墓表 惺齋鄭公墓表 晩喜金公墓表 司憲府監察張公墓表 竹岡朴公墓表 守隱丁公墓表 慕漢齋處士劉公墓表 聾巖徐公墓表 學生錦城羅公墓表 處士崔公墓表 學生慶州金公墓表 參奉李公墓表

卷二十二

行狀: 節齋金公行狀 先祖龜潭先生遺事狀 石洞先生李公行狀 通政大夫承政院右副承旨兼 經筵參贊官春秋舘修撰官歸樂窩柳公行狀 默軒鄭公行狀 竹下鄭公行狀 通訓大夫司諫院司諫趙公行狀 先考松菴府君行狀 管山處士安公行狀 老圃吳公行狀 學生金公行狀 監察李公行狀 雙山處士吳公行狀 柏下鄭公行狀 趙省齋行狀 秀士許君行狀

傳: 南圃許公傳 南氏二孝子傳 洪烈士傳 孺人姜氏傳 鄭氏二孝子傳 金孺人傳 林孝烈婦傳 梁秀士傳 金孝婦傳

# 『이당집(而堂集)』

## 1. 저자 소개

권재규(權載奎, 1870~1952)[25]의 자는 군오(君五)이고 호는 송산(松山)·이당(而堂)이며 본관은 안동(安東)이다. 시조는 권행(權幸), 고려 태조를 도운 공신으로 안동을 식읍으로 받았다. 21세손인 권규(權逵, 1496~1548)는 남명 조식, 퇴계 이황과 교유했다. 23세손인 권도(權濤, 1575~1644), 권준(權濬, 1578~1642)은 한강(寒岡) 정구(鄭逑)의 문인이다. 권도는 대사간(大司諫)을 지냈고, 권준은 이조·예조 등 중앙 관료를 역임했다. 그의 아들 우천(愚川) 권극유(權克有, 1608~1674)는 남명 선생을 모신 덕천서원 원장을 역임했다. 권극유로부터 경남 산청군 단성면 강루리에 정착하게 되었다. 권재규는 권극유의 10대손이다. 권극유의 자손들은 출사보다 향리에 은거하면서 학문에 주력했다. 권재규의 조부 권병천(權秉天)은 일생동안 우암(尤庵) 송시열(宋時烈)을 흠모했으며, 이후 우암의 학문을 가학으로 삼았다. 권재규는 강루리 교동에서 학행(學行)으로 이름난 서주(西洲) 권장환(權章煥, 1830~1890)의 아들로 태어났다. 어머니는 진양하씨(晉陽河氏)로 하경진(河慶縉)의 딸이다. 대대로 회암(晦庵)과 우암의 영정을 봉안해놓고 추모했다고 하니, 그의 집안은 주자학과 율곡학에 뿌리를 두었다고 할 수 있을 것이다.

---

25 김봉곤, 「송산 권재규의 노사학 계승과 영남지역에서의 활동」, 『남명학연구』 34집, 경상대학교 남명학연구소, 2012 참조.

5세(1874)부터 부친과 종숙(從叔) 명호(明湖) 권운환(權雲煥, 1853~1918)에게 가학을 시작하여 10대에는 계남(溪南) 최숙민(崔琡民)에게 나아가 수학했다. 최숙민은 강우 지역 노론 계열의 대표적 인물로 조성가(趙性家, 1824~1904), 정재규(鄭載圭, 1843~1911)와 함께 노사(蘆沙) 기정진(奇正鎭)의 대표적인 제자로 꼽힌다. 최숙민은 1880년대 단성의 산천재와 신안 일대를 중심으로 강학 활동을 활발히 펼쳤고, 자신의 가문은 물론이고 안동권씨(安東權氏) 권준 가문, 산청의 창녕조씨(昌寧曺氏) 조식 가문에서 그의 제자들이 다수 배출되었다.

19세(1889)에는 최숙민의 권유로 노백헌(老栢軒) 정재규(鄭載圭)를 찾아가 제자의 예를 갖추고 평생 스승으로 모셨다. 정재규는 1864년 기정진에게 뛰어난 성취를 인정받아, 호남의 김석구(金錫龜, 1835~1885), 정의림(鄭義林, 1845~1910)과 함께 '노문삼자(蘆門三子)'로 일컬어졌던 인물이다. 정재규는 1884년부터 합천 삼가 향교에서의 강론을 계기로 1890년대 삼가의 봉처재(鳳棲齋)와 물계정사(勿溪精舍), 그리고 단성의 신안정사(新安精舍) 등지에서 강학 활동을 전개하여 영남지역의 최대 문인을 배출했다.

일본이 명성황후를 시해하는 을미사변이 일어났을 때, 26세(1895)였던 권재규는 「유란(有蘭)」이라는 시를 지어 왕가를 애도했다. 30세(1899) 때에는 화서(華西) 이항로(李恒老)의 제자 면암(勉庵) 최익현(崔益鉉, 1833~1906)으로부터 천인성명(天人性命)의 심오함과 화이(華夷) 인수(人獸)의 구분을 가르침 받았다.

32세(1901) 때 기정진 문집 내의 「외필(猥筆)」과 「납량사의(納涼私議)」를 두고 연재 송병선과 간재 전우가 학설 논쟁을 제기했고, 이에 대응하기 위해 주자, 퇴계, 이이 등의 학설을 전면적으로 재검토했다. 권재규는 스승인 정재규의 논설을 작성하는 것을 도움으로써 기정진의 학설을 옹호하는 데 핵심적 역할을 했다. 그는 리주기복(理主氣僕)의 관점과 리일분수(理一分殊)를 관철하는 의견을 개진하여 정재규에게 모두 수용되었다.

33세(1902) 때 신안정사에서 노사 선생의 문집을 중간(重刊)했다. 노백헌 정재규, 월고 조성가, 농산 정면규, 일신재 정의림, 계남 최숙민, 송사 기우만 등 당시 노론 계열의 영호남 거유들이 신안정사에 모여 스승의 문집인 『노사집』 간행을 주도했으며, 이때 권재규도 참여했다.

36세(1905) 때 을사늑약으로 정재규와 최익현이 창의를 위해 논산 노성 궐리사에서 동지를 불러 모았는데, 권재규도 참여하려다 뜻이 좌절되었다. 41세(1910) 때 경술국치로 울분을 참지 못해 밤낮으로 침식을 폐하고 슬픔을 토로했다.

42세(1911) 때 스승 정재규가 세상을 떠나자 권재규는 여러 동문과 장례절차를 옛 법도에 맞게 행하고 유문(遺文)을 간행하여 반포했다. 46세(1915) 때 소천정(昭泉亭)을 지어 제자를 가르쳤는데 날로 제자들이 늘어나 여름에는 신안정사(新安精舍)로 옮겨 수업했다. 61세(1930) 때 장성 담대헌(澹對軒)에 머물면서 송사 기우만의 『송사문집(松沙文集)』을 교정했다. 65세(1934) 때 김극영(金克永, 1863~1941)과 함께 소사동유(蕭寺同遊)를 주도했다. 76세(1945)에 해방 소식을 듣고 기쁨을 시에 담았다. 81세(1950) 때 6·25로 문경으로 피난을 갔다. 83세(1952) 병중에도 몸을 가다듬고 위엄을 갖추어 강학에 임했다. 3월 20일 향년 83세로 세상을 떠났다.

## 2. 문집 구성과 내용

『이당집(而堂集)』은 46권 14책 목활자본으로 간행된 권재규(權載奎)의 시문집이다. 문집 형태는 4주쌍변(四周雙邊), 반곽(半郭) 20.5×16.5cm, 유계(有界), 10행 18자, 상하향2엽화문어미(上下向二葉花紋魚尾) 30.0×20.5cm 이다. 서문과 발문이 없어서 편자와 간행연도를 알 수 없다. 이 문집은 대구가톨릭대학교, 대구한의대학교, 동아대학교, 연세대학교, 중앙대학교, 전남대학교, 호남대학교에 소장되어 있다.

권두에는 목록(目錄)이 실려 있다. 권1~5에는 부(賦) 1편, 가(歌) 2편, 시(詩) 1,306수, 권6~22에는 서(書) 878편, 권23~24에는 잡저(雜著) 50편이 수록되어 있다. 권25~27에는 서(序) 82편, 권28~30에는 기(記) 118편, 권31에는 발(跋) 41편, 권32에는 잠(箴) 1편, 명(銘) 17편, 찬(贊) 3편, 사(辭) 6편, 상량문(上樑文) 7편, 축문(祝文) 11편, 명(銘) 6편이 실려 있다. 권31에는 발(跋) 41편, 권32에는 잠(箴) 1편, 명(銘) 17편, 찬(贊) 3편, 사(辭) 6편, 상량문(上樑文) 7편, 축문(祝文) 11편, 명(銘) 6편이 실려 있다. 권33~34에는 제문(祭文) 81편, 권35에는 묘지명(墓誌銘) 25편, 권36에는 묘지명 9편과 묘표(墓表) 26편, 권37에는 묘표 33편, 38권~43에는 묘갈명(墓碣銘) 149편, 권44~45에는 행장(行狀) 14편, 권46에는 행장 6편, 유사(遺事) 2편, 전(傳) 1편이 실려 있다.

권1에 실려 있는 「일초부(一草賦)」는 하나의 풀씨가 수많은 잎사귀와 열매를 맺는 것은 태극(太極) 때문임을 노래하고 있다. 또 권재규는 「속백사가(續百死歌)」를 통해 외세의 잔인무도한 침탈상황을 그리며, 화이(華夷)를 구분하고 도학을 지키겠다는 신념을 표명하고 있다.

시(詩)는 주로 나라가 망하는데 어쩌지 못하는 선비의 비통함과 울분을 담은 시들이 다수를 차지한다. 처음 나오는 「유란(有蘭)」은 난초와 대나무, 매화 등 절개를 상징하는 대상물에 의탁하여 일제의 침입과 외세에 대한 저항의 의지가 강하게 표현되어 있다. 이외에도 을사늑약에 대한 침통함과 울분을 담은 시 등이 있다.

서(書)에는 스승 정재규의 논의를 계승한 철학적 논의들이 다수 수록되어 있다. 권6에는 권재규의 리일분수(理一分殊)와 인물성(人物性) 편전에 관한 논의가 담겨 있다. 이는 스승 정재규의 논지를 그대로 계승한 것이다. 그는 부자간의 인(仁)과 군신 간의 의(義)가 대본에서 유출하여 도리를 이룬다는 점, 심(心)은 대(對)가 없다는 의견을 개진하고 있다. 이 견해는 정재규의 「외필변」에 반영되었다. 권9에 조성가의 문인이었던 한유와 「외필」을 두고 리일분수(理一分殊) 전개 양상에 대해 논쟁하는 글이 실려 있다. 한유는 분수(分殊)의 원인이 기(氣)라고 주장했지만, 권재규는 정재규의 관점을 계승하여 분수는 이미 리일(理一)에 갖추어져 있다고 한다. 권11에는 '심(心)은 통체(統體)이고, 성(性)은 조리(條理)'라는 주장이 담겨있다. 이 역시 주재하는 것은 심이나 조리가 되는 것은 성이라는 정재규의 견해를 따르고 있다.

권재규는 거의 천여 명에 달하는 문인을 배출했는데, 특히 「절목」을 정해 철저히 유학의 종지를 익히도록 했다. 구체적인 내용은 권24 「천정절목(泉亭節目)」에서 확인할 수 있다. 「천상문답(泉上問答)」은 문인들에게 '예의는 우리의 신수[神髓]이고, 강토는 우리의 혈육(血肉)'이라고 하여 무력으로 항거하는 대신 정신을 굳건히 하며 예속을 철저히 실천할 것을 강조하고 있다.

서(序)에는 「율곡전서문자석의서(栗谷全書文字釋疑序)」, 「묵산문집서(默山文集序)」, 「금산기행서(錦山紀行序)」, 「소사동유록서(蕭寺同遊錄序)」 「화계수서시첩서(花溪壽瑞詩帖序)」 등이 실려 있다. 기(記)에는 「경의당중건기(敬儀堂重建記)」, 「신안정사중건기(新安精舍重建記)」, 「운곡서사기(雲谷書舍記)」, 「운호정사중건기(雲湖精舍重建記)」, 「운암사강당기(雲巖祠講堂記)」 등이 있다.

권32에는 노사선생의 봉안문 「고산사봉안노사기선생문(高山祠奉安蘆沙奇先生文)」 등이, 권33에는 최익현의 충절을 위로하는 제문 「제면암최선생문(祭勉庵崔先生文)」 등이 수록되어 있다.

## 3. 문집 목차

卷一

賦: 一草賦

歌: 續百死歌 靈薇歌

詩: 有蘭二首 錦溪卜居四首 謹次家兄家居諸詠(壇杏) 謹次家兄家居諸詠(軒梅) 謹次家兄家居諸詠(垣竹) 謹次家兄家居諸詠(園橘) 謹次家兄家居諸詠(門柳) 讀五柳先生詩集二首 家有一母雞養雛而死雛生纔二日悲號日夕有感于中 丙申重陽日與隣友登直山次五柳先生九日韻 有便二首替簡趙遠儒 遊白雲洞以白雲洞三字分韻賦詩得白字 遊仙遊洞分韻賦詩得清字 聞剃緇禍急 聞清日講和 西山洞小溪八曲(我來臺) 西山洞小溪八曲(洗塵潭) 西山洞小溪八曲(流雲瀑) 西山洞小溪八曲(考槃澗) 西山洞小溪八曲(方舟潭) 西山洞小溪八曲(歑欷臺) 西山洞小溪八曲(鳴玉澗) 西山洞小溪八曲(豁然臺) 謹次梅軒見贈二首 釜谷雨中與崔淳若次東坡蟠龍守寺韻 豁然亭閔成夫沽酒呼韻 挽李有恆軒 西遊雜詠(與韓希甯韓君瑞族叔應見作抱川行至全州寒碧亭謹次白江李相國韻) 西遊雜詠(恩津石佛) 西遊雜詠(雞龍山龍湫謹次晦翁宜春韻) 西遊雜詠(雙樹亭) 西遊雜詠(漢城醉題) 西遊雜詠(拜白沙李相國墓) 西遊雜詠(拜李華西先生真影) 西遊雜詠(香祝壇) 西遊雜詠(思家) 西遊雜詠(自勉翁所發楓山途中) 西遊雜詠(金水亭) 西遊雜詠(蓮花巖次楊蓬萊韻) 西遊雜詠(長安寺) 西遊雜詠(萬瀑洞次石上韻) 西遊雜詠(摩訶衍謾題) 西遊雜詠(歇惺樓夜坐) 西遊雜詠(為雪所戲不得上毗盧峯作古詩一篇既以自慰且示諸益) 西遊雜詠(自內山踰外山) 西遊雜詠(登武嶺) 西遊雜詠(有感) 西遊雜詠(自榆岾寺發觀海行) 西遊雜詠(三日浦) 西遊雜詠(四僊亭) 西遊雜詠(希甯作東海十絕以示之輒和) 西遊雜詠(浴溫井) 西遊雜詠(萬物肖題石面) 西遊雜詠(上勉菴先生四絕) 西遊雜詠(赤壁別希甯) 記夢 新安月夜呈老柏先生 與趙子

雲南士珩鄭景晦田悅卿作雙溪行行至仁川 蟾江舟中次一蠹先生韻 岳陽亭次俞雷溪韻 宿雙溪寺 鍤巖 和河宋運 勉翁枉駕新安精舍拈韻共酬 蘆沙先生文集刊役垂成勉翁有詩奉讀感歎謹步以韻 碧松亭 籠山亭涵碧樓次勉翁韻 挽族祖母鄭氏 挽內兄河公 泉隱寺紀行 泉隱寺贈別郭允道 七義閣謹次板上韻 家兄生朝有感賦古詩一篇贈舍姪雲鉉 挽趙都事 奉讀李柏軒先生兩辨不勝感歎謹構三絕拜呈 挽后山許丈 族叔桐坡辱過袖示近作詩藁境真語響正得古作者體格借詠數日及其穪也聊次首詩二絕仰表區區 孫莊山繪真辱訪有韻輒次以留行三絕 謹次族父明湖翁謝桐坡寄酒詩呈湖翁 明湖諸長德來宿精舍有故歸家夜起馳想遂賦一篇仰呈 次李允七晩松韻 謹次蘆沙先生和金東里五絕韻奉簡遠儒南立巖士珩遠訪余適不家未得握叙悵恨不已輒次盧沙先生簡朴斯文五絕奉納幌下 挽朴松菴 湖翁示余遊山城追賦詩奉玩感歎輒次以呈 余居新安精舍從弟子德寄來四絕詩聊次以警 月夜與諸友相酬 新舍月夜與崔日助相話 柳君晦敷寄詩次韻以呈 謹次勉翁被囚日獄韻 挽曹應心族弟正淑寄詩次韻以贈 挽朴丈二絕 省窩河丈率學徒來會新社惠以古詩一篇即次以呈 五絕詩示同社諸生 朴乃奎以其先公兩絕詩求和(望湖臺) 朴乃奎以其先公兩絕詩求和(大觀臺) 兩絕詩奉贐李致先 錦山紀行(會多率寺) 錦山紀行(彌勒菴用晦菴祝融峯韻) 錦山紀行(渡露梁宿忠武公碑閣下) 錦山紀行(露浦遇陽來希甯自錦山還忽忽解手分江而宿翌日寄惠近體一首輒次) 錦山紀行(龍門寺) 錦山紀行(音聲窟) 錦山紀行(龍窟) 錦山紀行(撇動石) 錦山紀行(大將峯) 錦山紀行(坐仙臺) 錦山紀行(菩提菴) 錦山紀行(雙虹門) 錦山紀行(烽火臺) 錦山紀行(老人星) 老柏先生寄惠晩菊一絕謹次三首以呈 奉酬韓希甯見寄韻七絕詩奉瀆老柏函丈轉呈明湖農山兩公及同役諸朋友 挽宋淵齋先生二絕 挽權極瑞五絕 山社諸益來聚以朱子武夷精舍詩分韻得四字 希甯見過精舍 次壁山亭原韻 過花溪望紫玉亭不得入聊賦三絕 次柳子中壽母詩 挽南參奉景三 奉呈權兼山江樓寓拂 新安精舍雜詠(精舍) 新安

精舍雜詠(書社) 新安精舍雜詠(院墟) 新安精舍雜詠(皇筆嵒) 新安精舍雜詠(新安嵒) 新安精舍雜詠(咏歸臺) 新安精舍雜詠(豁然臺) 新安精舍雜詠(新安江) 新安精舍雜詠(赤壁) 新安精舍雜詠(嚴灘) 新安精舍雜詠(羽毛樓) 新安精舍雜詠(仙遊洞)

卷二

詩: 奉讀師門寄惠兩絕心焉戚戚不能已謹步仰呈又掇其餘意用前韻並穢崇鑑伏望一笑 聞勉翁渡海感賦 次鹿洞精舍原韻 挽崔松窩三首 挽崔而典 老柏書舍奉呈鄭君稺貞 李後溪來訪山社夜坐相酬 呈後溪山社秋夜用諸生韻寄致先幌下 餘懷未竟復用前韻 輔仲寄惠一律不可無謝 挽權竹坡三首 有淚五首 新年初夜偶有所感寄呈克齋晦峯雙几下聊以替簡 家兄六十一歲生朝 復用前韻示家姪兄弟 寄次五宜亭原韻 老柏先生挽五首 悼柳東彦 秋夜有懷賦得二絕奉呈家兄新居 聞家兄與約軒河丈逐日一往一來必以酒一巡作課程謹構一絕仰暴區區兼穢約軒丈渭鑑 贈從孫淳長 辛亥除日余拜家兄于紫梅窩所家兄出示小除夕一律奉讀感歎不已謹次仰呈 翌日元朝陪家兄同酬 自大浦冒雨訪閔橋山於明珠洞 晩松西岡諸公惠過新安精舍臨別以止宿寮山水為留行無勞具雞黍十三字分韻得行字 明湖翁與李晦山及諸朋友乘月至舒嘯臺相招即赴 新安社約崔淳若同會 秋夜作 權咸齋天佑過余新安精舍 權可山來訪 次紅蕉韻呈紅蕉主人克齋 同川后宿新安精舍 挽日新鄭丈二首 挽陳起巖 湖翁同晦山桂山惠過石東精舍拈韻相酬 鄭晦溪應善來訪與之同宿新安精舍 昔年移橘一根于庭端已近三十秋枝榦日榮殆將花而實也壬子冬無端枯死明年春夏白立無生意不欲見斬而去之矣又明年四月新芽蓊然而生異哉感賦得四絕 明湖族父六十一歲壽席 次權西潭生朝述懷韻 遠儒見過雨留數日子德有詩遠儒和之余再步其韻奉納遠儒行軒 奇植齋河克齋諸公來宿新安精舍 江上待石樵 七夕淳若諸友來訪 姜南湖洛中見過 謹次李晦山晬朝述懷韻 與內湖法勿諸友遊仙遊洞以

武夷櫂歌首尾兩絕分韻得有字 挽鄭月波 曾約致先消一月於新安精舍行音久寂瞻鬱之餘致先寄來一篇詩即次其韻要遄其行 新安精舍雨中同明湖翁閔華岡裵錦石諸公叙懷 應韶以酒送之而伴一絕詩諸文輒次其韻以報余亦偕之 謹次約軒令丈甲朝韻 次崔新溪生朝韻 挽閔松菴致先有約會新安以病不來寄來一首詩輒次其韻以復 約軒河丈之先祖松軒公嘗養得一樹梅焚香讀易而有小詠河丈今盆一梅因次其韻而名其室曰明香命奎賡之 晦山李丈石窩復齋二趙兄相聚涵月亭講討吟哦其樂融然各賦二絕詩辱寄珍重厚意不敢無謝 恆齋趙兄同座而獨金玉其音敢用前韻以問 新安山社川后南湖諸公見過 挽鄭監役 挽沈校理 挽慎栗坡二絕 挽李竹泉 竹醒晦山兩丈寄惠近體一首謹次以謝 謝朴鎮五見過 泉亭月夜奉酬鎮五老兄 子德賦喜雨麥寄來與江沙族叔共賦 謝金士文李文甫兩彦惠訪 川后西潭兩翁來訪 晦山見過 斗南李丈過泉亭盧可石權桐漁惠過泉亭謂將觀海 翌日與之宿新安精舍 奉酬許君士淑新溪來訪 次贈金應震 同西川趙丈宿新安精舍 謁道東影堂 挽鄭海山題歲寒臺 權敬山敬五姜文仲見過 權于石見訪明湖翁喜而拈韻 繪真又過 溪隱諸公來會山社余有故歸家未能聯枕一律呈懷 次晦山寄贈韻 斗南翁見過一宿將分用陽關韻 次敬山見贈三首 次千石回甲韻 挽吳汝弘宿淨趣菴 挽權咸齋 新反東華齋同諸族呼韻 挽權兼山 錦溪道中 奉謝鎮五惠菊 預石過此留一月將分與之叙懷于石東精舍 李鳴璇秋間寄惠一篇詩因循未報適夜寒不寐因追步其韻 江上小酌 贈權秀才曾龜 丁巳除夕述懷 西岡柳兄寄示艮齋詩歸求有性師虛受由心弟此理妙無餘直須窮到底一絕讀之不能無疑於心因次其韻得五絕 鄭君士剛見過與遊新安精舍 題偶愛亭 贈別金汝衷二絕 次權養彦壽親韻 同竹醒晦山復齋諸公遊新安社下宿挹清亭 遊仙遊洞 趙西川李芋山諸丈過新安精舍致先明集自仙遊洞過精舍 挽李南川 寄呈權和叔要惠菊苗 丹湖小洲堂夜飮 至上井出遊江上 挽權承旨 朴君仲豪以所居覺軒求詩聊寄二十字任宇卿梁元淑李伯修三君見過 小山趙丈自山社惠過泉亭 次淳若寄呈

小山韻納小山行軒 挽宋禹若 挽朴丈 挽朴晩悔 挽李泰永 悼余萬疆 五十歲元朝 挽朴輔卿 芭蕉詩別益三 淨趣菴相酬 來會壁山亭朴下溪致謙又至 新舍夏集以靑雲白石聊同趣霽月光風更別傳分韻得白字 新安精舍八景(新江明月) 新安精舍八景(赤壁淸風) 新安精舍八景(石岱樵笛) 新安精舍八景(嚴灘漁火) 新安精舍八景(白馬古堞) 新安精舍八景(新溪明沙) 新安精舍八景(玉峯朝霞) 新安精舍八景(臥龍歸雲) 謝新溪惠玄惠赤三首 與閔達見李孔彦暨從孫淳長作南原行行至巖川 龍遊潭 碑殿 廣寒樓 關王廟 拜松沙翁墓 光大道中 臥龍瀑 靈覺寺 出寺別閔華岡 藍嶺失路 四仙臺 月城草堂 噴雪潭 搜勝臺 挽姜南湖 挽許英七 次後潯亭韻 挽李斗南三首 讀益齋先生文集有感二首 次諸生韻 送梁君鼎實 挽趙月山三首 山齋與梁景賢諸友夜話 與鎭五夜話 河德義鄭汝長權安善諸人來課山社及其散歸為贐二絶 李惠山李月淵趙霞峯諸丈過新安精舍 挽李淸溪 栗谷寺與法勿諸友相酬 寄贈趙英振 寄贈趙禹用 挽鄭丈 挽河鳴可 挽李致仲 挽俛宇郭丈四首 石樵翁六十一歲之降日其子載弘置酒邀賓以慶之翁有生朝述懷詩衆賓用其韻以致頌禱之意余于翁匪直以同根之親實有歲寒相託之義其所以欲其長壽考而享康寧者詎後於人哉玆敢不揆手拙拚附衆頌之末惟翁幸賜覽而更進一盃 默谷學而齋同諸友拈韻 訪鄭景舜 奇君仁伯遠來再宿泉亭餞至牧溪之隴雲齋與晦山錦湖賦得一律奉納行軒 一日余與朴鎭五李致先過惠山李丈幽居李丈出靈蓍各授二莖曰此是夫子墓上所生而祀孫衍聖公令貽惠於硯山之道統祠云敬受歸來有時摩挲益不禁江漢之思因構得三絶奉納李丈淸座 挽李允七 李晦山李晩存柳溪隱諸公來會泉亭 悲落齒末女于歸後作 雪中訪閔文若於雙梅軒 送李士剛 寄張子平 次四明山翁寄惠韻 晦山李丈除夜有詩寄余敬次 鄭學櫓次晦山寄余詩以來輒次與江沙錦湖過文山齋于后從兄弟梅下養彦及李士用朴永叔皆會 雨留贈勉李相万榮春兄弟 是菴丈遠過新安精舍 同晦山遊挹淸亭 謝晦山回路又訪 泉上春夜呈李和中 李君周彦孔彦朴君膺哉從孫淳長為雙溪之

遊臨發軆二十字 河洙源鄭晦夫過余泉亭一宿即發奉軆二十字 新溪齋會飮 登巖惠山 惠山會遊圖 寄復齋脚下僉房 仙遊洞盛集 喜新溪見訪益三寄余四絕詩讀之不覺胷火復作即步其韻奉穢清几 與新溪共賦 與致先同居新安精舍 新安精舍與新溪諸友唱酬五首 贈朴君膺哉而祖趙君瑞重 文謙山士憲見過泉亭 與士憲同宿挹清亭 挽姜參奉 挽趙霞峯文君明五李君一卿留此數月歲暮言歸奉軆二絕 昭泉亭與和中守歲用台溪集中除夕韻 與朴鎮五河來卿沈景晦李致先南遊過汾陽府 宿玉泉寺 青蓮菴聯句 紫谷謁武侯祠 謁忠烈祠 壬戌七月既望與諸同志泛月赤壁 挽李惠山 奉和謹夫崔兄寄惠五絕韻 閔薰卿年妙而有志此學余甚嘉焉新年惠過泉亭留數日及其歸也敬次河西先生贈奇錦江詩以送

卷三

詩: 奉呈斗山李丈 雲谷書堂次原韻 趙愼五家園初見桂喜甚賦一絕呈主人 古今亭次原韻 登合江亭 挽趙西川 洛江泛舟用朱夫子韻 登鳳凰亭 渡鼎巖津 玉洞滯雨 春餞日會新安精舍李晦山李晩存鄭海叟鄭菊圃崔新溪及江樓諸族凡數十人 與李聖彦柳晦敷諸友宿新安精舍 古詩一則替簡趙中若 宿上陽齋 挽金景由 挽鄭教官三首 仁智齋主人呼韻宿浣溪書堂 挽族祖二首 避暑在山聞新溪病革欲與之相訣倉皇出洞口凶音已到矣愕然徑還不堪悲懷因賦詩四絕以相異日緋者之歌 河般益過余新安一絕以惠輒次奉呈 山社盛集致先適至喜用朱夫子新喻西境韻相酬 晦山契丈夏間寄惠以古詩一篇近體一首因循未報今因家姪行草得五言一律奉穢清鑑不用其韻亦古人事也幸冀笑領 宋直夫金仲衍諸益訪余新安精舍一宿因與過牧溪書堂 與直夫諸友訪沙村朴丈於望楸亭謹用朱子西閣韻呈朴丈 河叔亨惠過而歸述其時遊歷得五首詩以寄不能盡和謹步一律以呈 叔亨又用前韻以來不可無和 李晦夫甲日有韻輒次 士憲老友惠過遂拈明湖集中與宋桂山柳西岡江上飮酒韻共賦淳宗百日朝寫懷五絕 趙而慶遠過弊亭既而寄惠二十字次韻奉呈 贈愼

道出安庚洙二秀才 泉上瓶梅開盡且零鎭五有同賞之諾而不來一絕仰問 張乃益遠訪臨別一絕以惠輒次仰呈 挽鄭晩松 挽李梅皐三首 挽李原禮 酬文善鳴 鄭君聖圖 遠儒與其從叔慶七兄弟及吾姪應韶作金剛之行余送之于赤壁江上脫緇冠贈之以為逆旅中便宜之著遠儒纔到漢師以疾徑歸寄還緇冠件之以一絕余沉吟步二絕留竢異日逢場一粲 挽權梅塢 七月既望夜與十數同志過慶七要遊赤江沙上 送金佐健洛信從昆弟與羣彥消夏于新安山舍及其秋高散歸也使之賦詩以別因步其韻贈勉聖圖復來留將歸家石東昭泉兩舍同人賦詩以送凡十二員 挽李汝直 挽李友松四首 喜鄭可誠見過 迂堂曹元教西岡柳希輿見訪攜入新安精舍同宿 寄次勿里精舍原韻 酬趙受卿 竹坡小塘川后諸丈惠過山社 挽愼士笑二絕 次臨對亭原韻 避暑新安精舍遠近同志來會者四十餘人及散歸拈一律以贈 孟秋與同志十數人為天王之遊至中山之成氏學而齋以雨留五日主翁之孫泰源年方十三為賦五言一律以貽余余甚嘉之郎次以贈 過中山有感 登天王峯遇雨 泉亭月夜 乙丑八月有事長城之澹對軒與致先諸友作行過換鵝亭 自惠道中 拜梧岡祠 登澹對軒 拜筆巖書院凰山拜蘆沙先生墓 登杞菊亭 釜山港 登月影臺 挽李斗山三首 贈林炳浩二首 河州萬濮來讀弊亭一日告歸曰吾父六十二歲生朝在明倉卒不能謀一尊以助壽盃構附二十八字聊博小洲悲感中一粲 昭泉除夕回憶昨二年與石窩慶七錦湖鎭五恆齋子雲浩齋安守歲于新安山舍不禁黯黯沈吟得近體一首遍呈四兄几下以供新年一笑且煩頫和 有懷得五絕贈家姪應韶 挽鄭槐石四首 丙寅上元日與鎭五約會講于新安精舍鎭五適有微恙未能早來余亦講畢歸家鎭五追至泉亭偶相巧違謂我尚留新舍即上去知己還家又復下來余聞鎭五來此旋去新舍悵望如失進至嵫日巖鎭五軒然而來相握一笑鎭五為誦放翁詩二句曰此詩實獲我今日情境余續成二句以足之呈鎭五 可誠六十一歲壽席 挽朴文恆 學櫓今年為六十一之回甲也歲首作詩戒子弟以晬朝勿設壽筵蓋以不獨有劬勞之感世變罔極長壽不足為願也以其詩寄余奉讀三歎悲其志焉逮夫晬日病冗未能往

慰反其辭步其韻使兒子昌鉉持以獻于席下因勸壽觴 新舍贈別壁山諸生 挽河敬夫 挽文漢源 余五十七之生朝親戚朋友適會用石愚集中五十生朝次退溪集中韻賦詩以慰之謹次以謝 河玉峯道若惠然而過余叔姪因與登白馬山城沽酒賦詩 河周範見過 歲暮書堂作詩相勉 周善士珩諸公惠過仁堂用晦菴先生送黃子厚韻相酬 挽吳公 送家姪應韶族姪琢汝之江左 挽閔周甫三首 挽族叔江沙 挽崔尚汝 鄭素石德夫以近體一首見寄不可無謝 挽鄭參判 悼權可善 道若老兄惠以一笻二詩嘉品也雅音也笻則無物可報詩則和以巴俚一愧又一笑 金允範李敬仲遠來惠以近體一篇臨別為賦二絕奉贐 挽李聖彥 挽金西磵 一絕奉贐安君后卿鄭君祥文 挽鄭耕谷 而祖余嘗疑其留意於文章邇來能就經禮上窮研以其所得示余相訂余喜甚為寄二絕 余有一靉靆友人鎮五所遺者余衰而多風眼有熱淚靉靆晝宵不離身非見尊長延賓客時鮮有不遮眼往往直入袖中未必藏於匣也丁卯之夏避暑新安山堂一日余所止西序有塵輒取箒拂袖掃之靉靆脫袖而出墮在階上錚然有聲階去亭為半仞且築以石片謂將碎了下視之靉靆在石間小土上若人巧置然無毫髮被傷異矣哉因記昨年冬自泉亭歸家有客數人適至脫靉靆入袖中留與久話夕飯訖往泉亭明朝覔靉靆無有也去家視之乃墮在室中念昨暮賓主紛紜出入之際何不踏破無恙而在… 過韓愚山舊居有感得二絕奉示其弟道長 挽李聖三 應韶以大補劑貽余服之余報以修養方一條兩絕示意 尹氏龜陰齋主人呼韻 挽文士憲 挽朴致謙 雷龍亭謹次先生江亭偶吟韻 挽李是菴三首 閔生子華來讀弊亭勢不能久留告歸書此以勉 李君信五過余請一言賦此以塞 河道若李致先同時見過余叔姪與之遊惠山之蒼泱臺以山高水長分韻得高字 次朱先生別范伯崇韻送李汝直 戊辰夏余避暑于新安山舍溪隱柳丈攜其二孫惠然同聚柳丈年今七十有五矣精魄氣貌如壯歲人一日慨然曰不能聞道長年徒爾即取朱子大全課讀如小兒樣余為甚歎仰奉勸楣揭以炳燭軒因呈短絕以表區區云 龍湖亭贈勉李敬夫 禮州李斯文敬贍以夏靈峯腳下過余新安山舍一宿即發二十字以表區區 悼李子應四首 挽李

和中三首 挽李退湖 悼盧基烈 銀雪水賁金菊花戲次李青蓮嘲王歷陽詩 挽崔雲齋二首 悼韓道長 西岡書來勸以卜姓一絕示意 己巳元朝默念予今年為六十見識行為尚是童蒙一般而居然至此耶古之籧瑗氏何其歲歲長進六十而為化也感慨之餘以六十化為韻得三絕因寄諸同志要惠提警 挽河丈 挽權于石 挽李鵬擧 挽李英七 挽外兄鄭汝應 挽閔主事 挽吳贊叔 挽鄭應奎 挽裵錦石 挽權敬夫四首 挽趙升玄 小詩替簡鎭五 十月一日遊鳳凰臺以李青蓮鳳凰臺詩次聯分韻賦詩得半字 余以盆梅小詩寄似鎭五其弟子揚同和以來辭意俱到可堪諷誦三復之餘輒步以呈 挽宋桂山 挽朴沙村 挽宋直夫 金生信夫以前日新學生員笅造余請學焉曰不可以是形對聖賢書生即歸笄纚冠帶而來余嘉甚一絕以贈 己巳除日攜七歲孫淳宗上新安山舍邀鎭五同守歲 庚午元朝 挽曹彝卿五首 挽姜成五二首 挽李青皐 悼從姪婦鄭氏 海印寺追感壬寅故事用籠山亭韻 海印之白蓮菴過甲志感 伽倻絕頂諸友有詩不可無酬 庚午夏余留澹對軒校松沙遺文諸公有韻輒次 竹林齋原韻梁元淑要次 奉別梁俊贊 挽奇元用 白羊寺雙溪樓次板上韻 雲門菴 白巖月夜聞杜鵑聲抵曉不已有感得一絕呈同老諸友 邊山之來蘇寺次鄭公板上韻 月明菴 奇君公吉澹對軒贈余一絕詩與之到邊山之月明菴聊和以報 黃景涵同遊白羊山以家故未能進作邊山行而至四街店分手贐以杖頭錢行至來蘇寺買佣二瓶酒登月菴一醉 落照臺致先賦古詩一篇讀來有感即和 格浦滯雨 希輿于采石江得一石梅貽余置昭泉庭端伴以二絕詩輒次以呈 井邑讀尢菴先生受命遺墟碑 挽田斗泳 挽李梅湖二首 庚午除夕淚題 奉呈李亨魯行軒 挽金鎭五 全生善止子儒五舍專訪二絕以謝 次子揚寄惠韻 奇友見五甫貿得畜德錄一部寄來為感厚意二絕詩奉謝 賀武伯應七二老友共讀朱子書節要 文君子惺遠過階前老菊尚在對吟寫呈 益三來棲愚川精舍種菊庭畔至秋爛花摘寄一對伴以三絕旨意甚遠不可無和 挽安三秀 挽李而晦 挽鄭德卿 挽奇仁伯五首 挽崔光善二首 次應韶甲朝有感韻 汾西諸君子惠然見過翌日攜入新安精舍以朱子止宿寮詩分韻得共字 贈朴

純可 悼權子璿 中宵對月 挽吳後石四首 贈姜可絢 今年壬申五月三十日吾宗婦趙氏六十二歲之生朝也昨年甲日余在方丈山之蕭寺未能同慶今於酒席用月皐翁為其子婦鄭氏甲日韻以示家姪及從孫兄弟 姜生汝絢來學至秋告歸與諸生用韓昌黎贈同遊詩喚起窻全曙催歸日未西二句分韻賦詩以贈得喚字 玉洞友人鳴璇甫方赴高山書院獻者之招過余泉亭一絕奉贈 挽曹琴溪四首 挽河宗洛五絕 挽趙一山 挽李芋山 挽趙忠見 挽鄭竹醒 挽宋果齋 挽趙參奉三絕 挽金小塘 余欲賞菊往愚川精舍族姪璟鉉方有其家穡事與其弟台鉉能撥來勤讀余甚佳之追賦一絕以寄河生大卿來讀弊亭歲暮告歸為賦古詩二篇以贈 錦城林君南馨過余泉因留講書一月及歸賦此以贈

卷四

詩: 挽閔稽樵五首 挽李訥窩 挽許素窩 奉賾宋繼先行㦙三首 是菴集刊所有感 涵碧樓次退溪先生韻 喜陳君昌伯攜書復來 族弟載福雖不廢案業以至讀尚書而恆見有趑趄前却之意一日持大學而進前曰欲更讀四子察其意有若大覺悟奮然欲向前也余甚嘉之為誦古人詩萬事商量秪讀書之句而足成一絕以勉之 宿浣溪精舍 麗澤堂與諸友共賦 奉賾宋君汝玉二首 自警二絕 次姜敬三甲朝韻 哭從孫淳甲二首 聞而祖搬移梅谷悵然寄此 淳甲所受葩經留在我傍撫卷流涕為賦三絕 乃綏見訪一絕以贈 挽閔聖均 挽鄭槐庭 挽鄭啟先 挽姜致中 誄趙而慶十絕 贈黃性伯三首 甲戌中夏與梅西金舜孚錦湖朴鎮五幾軒金景謨諸友會淨趣菴用老杜韻 從姪中卿遠寓仁川一日來故山過余新安精舍以雨未發益三適會相與拈韻賦詩余輒步之以示中卿 挽金平仲 昔年從余講學者或以家務或以新潮稍稍皆去衹有新進若爾人獨權應中毅然不變暇輒來讀山社之會亦必攜糧相隨余甚奇之一絕以贈 悼金起漢二首 送河生大卿公晦 李君匀玉來留旬餘講學及其告歸賦此以送四首 挽權槐軒 仁谷書堂新成以甲戌年月日時入處謾賦近體一首以示諸同志 送田君汝順二首

挽梁景賢 挽權漢翼 次挹清亭原韻 送林承稷歸讀五鳳精舍書此以贈兼示其弟承禼 守歲仁谷書堂謹次農巖集除夕韻 尹明重前年見訪今又惠然臨別誦隱侯詩以相悲因步其韻與之相慰而相勉 河聖洛甲日以一絕詩寄似 乙亥生朝感題 挽柳善一二首 挽李亨魯 書堂軒下置一方塘種蓮其中花開甚盛欣賞之餘賦得十絕詩謾寄同遊諸君子求和 栗谷寺夏集二首 致先以病未赴栗寺之會為賦二絕詩寄來遂次以呈 壁山亭諸生以千巖競秀四字分韻賦詩以寄來老物無以盡步其韻秖押首尾二韻以報信古堂金李六生次會席所賦山字韻以來老昏未能各和秖賦一則合報 挽鄭景舜 秋夜有感 孔述過余仁谷書堂臨歸惠以五言四絕追步以寄 金愼夫過余書堂請賡其回甲韻余謂甲年已過八九年不必屑屑追步因賦一絕以塞 戚兄致益見過雨留一絕贈余聊步以呈 次慕遠齋原韻 挽河上舍過崇陽亭次原韻 丙子暮春會飲涵一臺謹用昔年老柏先生來遊時韻 與諸友宿灩川齋 族譜飮落之日適有山寺友人之約未能赴敢賦近體一篇奉呈僉執事 申子敬過余留數日告歸為賦一絕送之使諸生足之 三絕詩送尹進夫歸覲 深寂會將散以風霜搖落時獨秀君知否分韻賦詩得時字應韶病臥石東精舍余晨往診之路中賦此 偶題 挽金重溪 挽李章玉 挽權竹坡三絕 丙子除夕憶亡姪 文慶先塋新年展拜叔姪必同行今年獨往愴然賦此二首 過石東精舍見梅花初發彷徨不忍去為賦問答二絕 挽李聖道 亡姪亦蕭寺約中人而今余獨來感深存沒不欲齒於歌詩之末矣諸友咸以為不必然為賦二絕以示區區 挽曹丈應元 挽鄭周應三首 挽李汝直二首 挽李原善三首 郭乃成河大卿奉毅齋遺藁造余請校于其歸也賦贈古詩一篇 挽鄭議官二絕 挽柳尚直二絕 送金生錫元 挽李周汝三首己卯元朝二首 正淑新年手持一瓶梅以惠因拈晦翁梅花詩兩絕韻以謝淨趣菴與諸友共賦 與諸族遊愚川 吉浦崔翁千里過余又惠一絕謹次以呈 贈河仲涉金乃晦金元佐三君 挽崔泰孝 次呈朴君玉 挽李司果二首仁堂有雞輒為故人之具寂寞度夜一日買來夜聞其聲喜起即題 挽權嶺齋 挽權先達 挽孫莊山二首 五言近體謝許而煥惠過 題冷泉書堂 槐山

精舍有感次原韻 挽尹光汝四首 挽權又新二首 挽李英振四首 挽李景明 書堂有三盆梅小盆二置余側大盆一置諸生所居及冬至大盆梅盛開使諸生吟賞因賦四絶以勉諸生 寄正叔 挽奇見吾 挽鄭士強 平真冬至有吟臘末大雪又有吟並寄示求和 繡谷書堂呈主翁 奉贐康性緝二絶 挽尹明重 金君英叔以臨溪原韻求和 假生木二絶送同居諸生 示昌伯 書堂庭中以沙礫築為堂塗自成小方陂雨水集其中天然一湖愛玩不已名之曰雨湖賦得一篇 晨題 登東臺 紅桃花爛開致行謷百元謙適來相酬 挽安國重 悼族弟壽若 挽趙宗顏二絶 即事 贈別金春章 崔君衡仲甲日其子孫曁隣友有詩以頌其子洛龜抱來示余請賡之余平生不喜為壽璀詩獨於衡仲竊有所感於中者賦寄古詩一篇使衡仲一覽 挽鄭華潤 朴君聖章以晩初原韻求和 挽權景三 昭泉軒對蓮花書贈田聖述 晴岡寄惠一絶詩以松命意余亦取義於晴步韻以呈幸一笑 挽趙先達 李君士剛患大腫屢歲瀕危幸得蘇完今秋始過余喜感不已二絶書贈 挽河汝海 奉贈金君漢擧 寄次源山亭原韻 挽閔達見 挽閔洛卿 挽河采五二首 挽朴暉壽 與諸友為方丈之遊至入德門 宿敬義堂 稷門聽鶯 石山幕憶亡姪二首 上天王峯 憶西岡二絶 宿景愚堂 示趙瑞重 挽李致俊 挽鄭文湖 挽崔柏川二首 挽金其書 庚辰九月往診舜孚于信古堂將歸為諸友所挽留宿勿川精舍二十字呈舜孚 挽沈建七 挽金仲衍三絶 贈文炳海 孤鳥送李履卿金錫元 挽具校理二首 挽曹章見 誄金訥齋 靜觀二首 聞金君聖洛移寓晉府父子讀書心甚艷仰一日過余小詩以賀 鄭君允肅遠來訪余一詩以謝 挽吳聖奎二首 雪夜偶吟 贈履卿 從孫淳楨請余案上心經欲一玩喜而賦此並贈 山水亭與朋友宗族會講拈韻相酬 謝天若惠過 雪中偶記守齋故友訪老柏先師於勿溪山舍其夜大雪先師咏云蓋盡羣山無惡石著來深樹有生花守齋足之曰超然坐我光明界一點塵埃不許些今守齋之胤文玉來此適雪因次其韻以示文玉 挽李子中 古詩一篇寄賀養彦晬席 寄題向陽齋 挽崔永好二首 挽李子容二首 珍重過仁山花鳥亦所然 過石東精舍見冬碧花有感 梁文奎惠過仁谷書堂賦此以謝 挽閔成夫

卷五

詩: 江左紀行(謁太師廟) 江左紀行(謁陶山書院 江左紀行(道林堂金氏拈韻要賦) 江左紀行(東京懷古) 江左紀行(謁玉山書院) 江左紀行(龜岡書院謁李益齋先生真彩) 江左紀行(謁西岳書院) 江左紀行(海雲臺) 江左紀行(觀海亭謹次寒岡先生韻) 壬午正初薰卿訪余一宿寫此以勉 挽愼敬之七首 挽郭仰汝三首 贈鄭宗孝 瑞九元淑致行惠過雨留李君聖欽幽居室署以嘉湖有韻屬余賡之 挽李德章 次居然亭原韻 崔忠夫安聖可惠過一宿 挽朴文卿二首 崔益鎮過余仁谷山中示以遊夏錄一冊其後又寄來大堯廟四聖賢像一點屬以弁錄文余衰甚且病神爽凋盡無以創意長言衹得小詩奉謝 河大英有書拈韻以謝 李聚五惠余合竹扇玳瑁簪各一謹構小詩三絕以謝 挽金翼夫 挽閔希重二首 挽閔文若四首 正淑每有旨物非無使令而必手攜以來余感而賦此以謝 挽權仲厚 贈復根 余簡益三要以一來破寂益三以愛寂而要破寂為詩以諷輒次以呈 挽閔雲沙三絕 送隣居老友陳平真移寓白雲洞三絕 挽柳子善 晦敷示自述詩步其韻以自歎呈晦敷一覽 挽李晦雲華伯 錫元以舊形來訪愛而贈此 挽諸道源 挽李奇彥 贈勉乃晦子範二金君 挽權公 挽河周範 對蓮自慰三首 挽趙中若 梁重五遠過仁堂既歸賦得三絕以寄不可無酬 挽權象三 應中雖樵山耕野未嘗有脫冠露髻時余甚嘉之賦此以贈 悼崔汝邦 挽河國憲 李兄性謙自署以石樵幽居以其原韻屬余賡之 挽金士文五絕 月中對白鶴翎 余獨處山堂兒子來宿夜必誦讀余書而賦此以勉 謝金老友酒魚以訪 慕暄有子曰載元孝於親信於鄉里人咸稱之頃年余作江左遊慕暄欲同往而以其盤纏之難辦趑趄焉載元殫力周旋俾遂厥志慕暄暮年慨然發憤欲重理舊學而方讀小學書書甚垢弊不諧於老眼載元又辦力買得新完書江左還日雙手進前慕暄莞爾而樂也余與慕暄同隣和其事甚詳心竊佳之賦四韻古詩以賀慕暄且示世之為人子弟者 李君汝貞負米來仁谷堂讀書有詩示余輒次 又賦一絕以惠寄意甚遠不可無和 汝貞二子皆在遠勢不可一日不在家聞其夫人所以勸汝貞者感歎賦此以示汝貞 挽

柳善夫二首 次李汝若柏樵堂韻 誄李泰允 挽河汝約 挽陳平真 次安子居友仁堂韻 挽權天若四絕 昔余弱冠內外每秋稻初熟同梅軒從兄從弟子德家姪應韶出遊佳谷小溪捕鯈魚沽薄膠半日消暢今皆為古人矣獨過佳谷愴然賦此 挽文周尚 金君永鐵以其大人壽宴韻示余請和聊賦古詩一篇寄呈 省先人墓 寄答李孔承二絕 悼趙瑞重二絕 夜起謾吟十絕 挽朴聲振 金君誠賓柳毅菴門人也自安州之新安遠過新安精舍用南冥先生集中韻相酬 挽金直見 仁堂小會 挽盧在一 挽宋理洪 挽田元謙六首平彥惠過仁堂既歸又寄來古詩二篇咏歎之餘輒步以呈 挽權聖惟 寄次立禮齋原韻 挽閔鏡南 挽鄭景舜 挽李士益 權淳纘出自彼營來見余甚驚喜賦此以勉 奉次晦山李翁花溪草堂詩寄嗣子可興 挽具聖郁 挽河鳳朝 乃警病中賦得近體一首以贈意甚鄭重不可無報 挽梁清一 挽李士重挽安主事 挽李友三 挽族弟元五 與慕暄往遊仙遊洞文君明立聞而擕酒肴來待 挽朴聖章 敬建以近體一首七絕三首寄示余以五絕三首報謝 挽權乃警四絕 哭再從弟聖文二絕 聞乙酉七月八日之報志喜五絕 國復後憶梅西故人得二絕寄呈其胤而敬而晦君 崔新齋謹夫國復後除白笠用除字為韻作二絕寄來不能盡和一絕仰呈 挽金元淑三首 益三君年近七十尚無藏修一室余嘗憫之一日君以一絕詩寄來詩意蓋以為世間許多事自有命物者處分任之而已豈可以此而累吾靈臺讀之甚快活聊次其韻以寄且示其子舍孫房 汝貞二子圭三圭瓚出自鯨窟次第來見小詩以勉 挽趙善吉二首 悼鄭孔與 挽李舜舉 田聖章見過用朱子春日偶作韻相酬書贈文炳彧權可鉉權萬鉉三童子 挽許可淑四首 李甥炳勗甲日有感賦詩以寄 挽李善明 挽鄭聖孝 後山書堂留學童子金鍾源金炯振申泳洙朴喜鍾徐廷玟李甲石各賦一絕以寄未能逐步一絕合賡 挽李致日 和呈崔東山致崇行軒 挽李英汝二首 挽鄭聖求 奉酬河兄廣叔 挽閔武伯三首挽金學之 挽安聖可 仁谷堂與益三致先相酬 挽族叔仁 玉鉉大人甲宴一絕以賀 呈金誠賓行軒 挽田道亨二首 挽鄭文舉 汝貞喜其二子遠還有詩以示輒次同慶 次閔國元 挽閔士元 挽金景謨二首 挽鄭致一二首

謝梁君宗彦見過 挽鄭國明三首 昌伯累年後來見賦此以贈 李君章彦久阻見過又惠二絕詩老廢吟哦不能盡步一絕奉酬 李樵南和叔自海南五百里過余拈韻以謝 挽許德汝 寄呈許而煥 悼姪女鄭氏婦 乙亥生朝雨甚咫尺親塋不能哀省一絕寫懷今年亦然謾覓前稿一吟汝貞在旁見之次韻慰余余又步謝 悼河仲涉 挽鄭周善 挽趙孝謹 挽朴乃奎 挽成仁述挽沈應章 哭從姪祇汝二首 悼金致洪 挽從姪中卿四首 挽權和叔 閔君舜擧過余同宿庸學二部並章句熟誦余欽其炳燭之意甚篤小詩一絕奉勉李君孔肅以其回明村卜居韻示余余雖老廢擁鼻不可無和 挽田悅卿四首 萬鉉百里來讀弊堂歲除言歸一絕贈勉 河君道卿以風枕竹杖惠余奇巧可寶皆其手造而又有烙印詩顧雖老拙不可無謝 挽吳和宣 挽河謙夫梁君重彦以暮生說示余請一言書此以贈 戊子維夏河毅卿鄭直夫李卓汝河子圖河景義惠過仁堂卓汝為賦古詩一篇以贈余追次其韻寄呈 挽李文叔 挽權仁卿 挽李敬咸 贈鄭生泰守 挽郭敬夫 挽韓君瑞三首 挽沈應震 挽河聖權 贈姜生景安 挽鄭道源 挽河毅卿五首 挽趙景七五首挽閔參判二首 李勻玉過余話次聞心不可低看一語賦此以贈 沈文玉以其先世三綱錄韻示余求和 賀姜君士彦 朴君膺哉昨夏炎節攜書裹飯逐日往來相與講討至今追惟感歎不已為賦一絕以贈 謝金君自衡 金君漢擧李君汝貞適會仁堂數日相𧩓講余觀二君學術各有所偏漢擧尊德性些重汝貞道問學些重為賦一絕以相勉 八十元朝 挽族叔荷潭五首 致先為雅誦集解寄余一校長衰病久未能下手今秋乃與李汝貞對讀下上既子因賦二絕以呈 次崔文擧寄惠韻 挽權聖老 雅解余既校還為呈小詩二絕致先以身有重服不和使拂下生鄭寶鉉徐廷玟朴喜鍾代之三篇箇箇如珠百朋不足多老喉不能各和一篇合答 挽外妹權氏婦二首 次贈李甥仁卿 次贈崔君明執 挽李晦夫二首 送權允德遠寓達城 次權小霞亭谷幽居韻挽李致喬 挽柳孔懋 挽田子尚 挽鄭大卿 再從孫淳恊自晉府求得中國紅白芙蓉二根來植書堂庭畔嘉其意書此以贈 挽具禮卿 次花溪齋原韻朴君權中過余示其先人參奉公愛山堂原韻求和余雖老廢聲病不可孤勤

意 與汝貞及權載烈載炯吾孫淳永灑風淵上 李君允集惠過山堂一絶求言聊次以贈 挽權敬必 挽權聖可 姜秀才麟鉉負笈百里來讀弊堂而余適病臥未能教導麟鉉不以此辭去在堂伊吾而於余救護服勤一同兒子余感而賦此以贈 挽趙聖佑二絶 挽林道胤三絶 寄呈梅潭老兄 挽崔晦夫三首 挽崔謹夫二首 挽南汝晦 嘉麟鉉讀書甚勤一絶以贈 庚寅春余得病彌留五朔苦吟時家姪應圖移居晉府以七十老年課日往來至誠醫藥能使九耋病叔免危而起不能無中心感歎而因念渠於自己身上甚疎藥餌余每規之賦得二絶以贈 示兒子 嘉子婦 嘉永孫 今年七月為避兵難寓居文慶先齋權萬鉉亦從之初喜少靜及夫八月較它尤甚齋舍為火砲所攻幾至破倒同居五人倉皇卽出一無少傷奇事奇事為賦一絶贈萬鉉

卷六

書: 上老柏軒鄭先生(二篇) 家禮問目 上老柏軒鄭先生(二篇) 敬齋箴劄稟 西銘劄稟 上老柏軒鄭先生(三篇) 答老柏軒鄭先生發問 上老柏軒鄭先生(七篇) 凉疑辨疑問 猥辨辨疑問 上老柏軒鄭先生 近思錄講義疑問 上老柏軒鄭先生(二篇) 四禮或問疑問 上老柏軒鄭先生 別紙 上老柏軒鄭先生(九篇)

卷七

書: 上崔勉菴先生(五篇) 上趙月皐先生(二篇) 上崔溪南先生(三篇) 與鄭日新 答鄭日新 與奇松沙(二篇) 與柳龍溪(二篇) 答閔正言 與鄭農山 答鄭農山 老柏先生狀文夏商條 與鄭農山 答趙監役 答河省窩 與鄭竹醒 答盧樵隱 與內兄河丹坡 答趙參奉(三篇) 與朴沙村 與閔檣山(二篇) 答閔檣山 答河篁溪 答李晦山 與李晦山 答李退湖 答鄭承旨 答權竹坡 答柳溪隱

卷八

書: 與河約軒 答河克齋(二篇) 與崔雲齋 與權石樵 答安主事 答崔議官 答權嶺齋 與閔華岡 閔華岡 答鄭槐庭 答權梅下 答李庸齋(三篇) 與閔參判 與李漣川 答田丈 答孫繪真 答鄭應善(三篇) 答曹應元 答曹元教 與曹元教 答曹元教 答李致云 答趙景七 答李景憲 答柳希輿(四篇) 別紙

答柳希輿(三篇) 別紙 與柳希輿別紙 與金舜孚(三篇) 答河鍾洛(三篇) 答許而煥(二篇) 答李晦夫 答金敬夫(二篇)

卷九

書: 與鄭學櫓 答鄭學櫓 與鄭學櫓 答鄭學櫓 與李亨魯 答李亨魯 答文士憲 與金景文 答朴德應(二篇) 答鄭德壽(二篇) 答裵孟汝(三篇) 與崔日助 答河性一 答李致華 別紙 答閔武伯 答閔武伯別紙 與朴鎮五 與南章憲士珩 答南章憲士珩 答南章憲 答文周尚 答趙亨實 答閔敬構 答鄭可誠 答鄭德夫 答金基書 答趙遠儒 與趙遠儒(二篇) 答趙遠儒(二篇) 與趙遠儒 答李陽來 答李陽 四七疑問 答姜致仲 答權尚瞻 與崔尚汝 與宋直夫 答權敬五(二篇) 答尹光汝 答韓希甯 與韓希甯 答韓希甯別紙 答韓希甯 與韓希甯(三篇) 答韓希甯與韓希甯 答李英汝 答鄭德應 與趙子雲 答趙子雲 答李允七 答韓南振

卷十

書: 答柳善一(二篇) 答鄭景皐 答鄭華彦 答李英振 答金景謨 答河道若 答梁處中 答閔應七(二篇) 答金乃受 答李文哉 答許復元 答梁景賢 答梁景賢問目 答梁景賢(二篇) 答權周善 與鄭德卿 答鄭景舜(二篇) 答鄭文擧 與鄭周應 答李晦夫 與李晦夫 答權天若(二篇) 答成仁述 與李原善 答李原善 答曹景祚(二篇) 答朴暉燾 答尹明重 答田道由 答曹而世(二篇) 答宋應七 答曹伯據 別紙 答曹伯據 答崔謹夫(二篇)

答閔子直 答梁重五 答朴克七 答權敬夫 答柳孟茂 答姜文中 答閔文若 與李和中 答權季彥 答陳思叔 與卞兌見

卷十一

書: 答南士珩(二篇) 與南士珩別紙 答南士珩(五篇) 與南士珩 答河叔亨 與河叔亨 答河叔亨 與河叔亨(二篇) 答河叔亨 答南明重 與南明重 別紙 答南明重(三篇) 答姜成五 與河敬五 答閔洛卿 答李太暉 答李舜舉 答具聖郁(二篇) 答田道亨(二篇) 答李洛汝(二篇) 答裵聚五 答李聖謙 答金世明 答李聖初 與河聖洛 答河聖洛(四篇) 答河聖洛別紙 答河聖洛 與河聖洛 答河聖洛 與河聖天

卷十二

書: 答黃景涵(七篇) 答趙可允 答閔乃洪 答張魯若(二篇) 答金啓源 答沈應章 答許德寤 答趙兼夫 答申奇王 答權敬必權浩仲 答權浩仲(二篇) 答閔武章 答閔武長 答甘華守 答沈孔玉 答表明淑(二篇) 與李美中 答李美中(四篇)答鄭華潤 答盧士遠 答李子剛 答愼敬之(二篇) 答吳子春 金士賢(二篇) 與權克瑞答閔希叔 答林馨國 答河毅卿(二篇) 答趙中若 答李孔遇 答沈景晦 答柳周應 答姜乃烈 答河士見 答權衡五 答曹貫一

卷十三

書: 答鄭景晦(十二篇) 與鄭景晦 答金允範 答李和永 答朴乃奎(二篇) 答鄭聖健 答權琡興 答權宗瑞 答安士賢 答李德章 答廉洛現 答鄭著卿(二篇) 答尹鳳來 答李致晩 答鄭聖孝(二篇) 與李鳴璇 答李鳴璇(六篇) 與李道維(二篇) 答崔文舉 答權 答李汝約 答崔致崇(二篇) 答權朝卿 答鄭聖七(二篇) 答權益三(二篇) 別紙 答閔周甫 答李舜教 答權景孝(二篇)

卷十四

書: 答李致先(二篇) 與李致先 答李致先(三篇) 與李致先 答李致先(三篇) 與李致先 答李致先答李致先別紙(二篇) 答李致先(七篇) 答趙春卿 答柳晦敷 答鄭平彦(二篇) 答盧誠之 答崔敬恕 答梁文奎 答金武良(二篇) 答權重汝 答李性中 答鄭稺貞 與文善鳴 答權仁卿 答柳尚直 答金元淑(二篇) 答權而可 答權養彦(二篇) 答梁元淑(三篇) 別紙 答梁元淑 與梁元淑別紙 答許禹永(二篇) 答朴仲豪 答趙而慶 答金誠賓 答權贊中 答趙聖佑 答梁而見 答河宋運 答金致行 答鄭允甫 答金 答李明集 與李道長

卷十五

書: 答權子正 答權子正別紙 答權子正(三篇) 答金周京 答宋亨度(三篇) 別紙 答權德三 與李致一 答權潤逸 答李周汝 與李周汝答權應善(二篇) 答韓國鳴(三篇) 答金伯彦 答李致五 答文養吾 答林道胤 答權聖韶 答韓致允 答黃振華 答權子庸(三篇) 答諸道源 答陳道汝 答金乃命 答權道約 答姜茂如 答李孔肅 答李章汝 答安 答趙佑三 答許鳳彧(二篇) 答金學之 答趙受卿 答柳公懋 與柳公懋 答柳公懋 答李執中 答曹台卿 答曹致欽 答閔希重 答鄭景淳(二篇) 答鄭直夫 與鄭直夫 答安泰源 答權贊卿 答曹文卿 答金碩允 答鄭聖徇 答夫伯深 答李敬仲 答許敬夫 答許敬夫別紙 答權先卿

卷十六

書: 答鄭晦夫(三篇) 答鄭晦夫別紙 答黃聲遠(五篇) 答裵彩洪 答李士益 答權士強答李世卿 答曹來見 答吳仲遠 答許養源 答李昌煥 答權子常 答田子尚(二篇) 與金汝強 答鄭士剛 答鄭安卿 答文時夫(二篇) 答河道卿 答李甥日助問目 與盧在一 答全洪居 答周成三 答奇見五 答丁君瑞 答鄭殷範 答李泰旭 答朴明玉 答池奉吉 答金聖瑞 答余

萬疆 別紙 答朴子洪 答韓子直 答朴聲振 答李普賢 答李璣珍 與柳孝元 答沈南擧 答金士文 與金士文 答李章汝 別紙 與李卓汝 答姜士衡 答許敬教(二篇) 答鄭而玉 答金彦卿 答朴膺哉 答李德夫

卷十七

書: 答李孔彦(四篇) 答鄭文玉 與鄭文玉 答柳聖欽 答李致源 答朴德吾 答孫善汝 答田元謙(二篇) 答裵而真 答李英振 答河子圖 答南景真(二篇) 答河明見 答朴可洪 答李大遠 答金子憲 答李昌實(二篇) 答李士強(五篇) 答李允集 與奇公吉 答沈正玉 與沈正玉 答孫明叔 答姜普亨 答黃浩源 答鄭元實 答姜士彦 答沈甥 答張子平(三篇) 答河相雲 答李中彦 答金性中 答吳和宣(二篇) 答黃采五(二篇) 答權敬謹(三篇) 答尹庠大 答劉 答李希遠 答金而敬而晦 與金而敬而晦 答朴治邦 答林光七 答朴君七

卷十八

書: 李均玉(三篇) 答李文甫 答許文叔 答沈德梧(二篇) 答李子應(二篇) 答金舜衡(四篇) 答李亨煥 答李敬夫(三篇) 答朴贊玉 答甥姪李仁卿 答河大英答文聚五 答梁鼎實 答黃性蘭 答李周憲 答卞正汝答田君敬 答郭乃成(二篇) 答朴性言 答金榮重 答李守一 答鄭孔範 答李伯善 答朴而剛 答金而晦(三篇) 別紙 答權雷卿(二篇) 答趙榮振 答李德汝 答柳子遠(四篇) 答權聖希(二篇) 答李孔承 答安士誠 答文聖元 答金春章 答奇汝文 答奇希文 答梁伯慶 答安汝聲

卷十九

書: 答李汝貞 答李汝貞論語問目 答朴聖源 答權孔述 答權孔述權文見 答權孔述(三篇) 答權文見(五篇) 答權文見別紙 答鄭升卿 答崔明執 答田廷益 答曹汝玉(二篇) 答柳順道 答李可興 答金明夫(二篇)

與權益瞻 答李汝直 答鄭魯碩 答金聖玉(二篇) 答河岐彦 答趙瑞重 與趙瑞重 答趙瑞重(二篇) 答尹德夫 答文學明 答金景魯 答李允幹 答閔淳明陳泰亨崔允魯 答崔汝邦(二篇) 別紙 答李翊元 答金正宣 答閔昇彦 答田仁伯 答文敬執 答曹孟仁仲明 答李復修 答朴而祖(四篇) 答鄭聖圖(三篇) 答李孔晦 答柳性燁

卷二十

書: 答閔薰卿(四篇) 答河強汝 答權子威 答文明五問目 答孫瑞見 答權宗若 答李忠汝 答李和允 答權潤德 答南君直(三篇) 答黃子行 答金胄尚 答吳德允 答李普五 答權安善 答閔子華 答陳泰亨 答趙汝晦 答安周進 答鄭子聖 答朴文卿 答秋清汝 答金佐健 答姜舜文(五篇) 答閔舜章 答陳昌伯(三篇) 答鄭景明 答張定夫(二篇) 答權可善 答宋永玉 答李養善 答全子儒答金忠先(三篇) 答鄭 答李天汝

卷二十一

書: 答鄭孔與(三篇) 答權象卿 答池子潤 答金致洪 答金致洪中庸鬼神章問目 答張 答沈國現 答趙震汝 答金洛信 答邊時淵 答權輝遠 答池子明 答鄭昌淑 答李文善 答金衡國 答朴啓明 答安景三 答李如卿 答姜可絢 答李敬瞻 答尹進夫 答朴純可 答金擎汝 答金信夫 答鄭乃綏 答河大卿(三篇) 答許泰洋 答權台鉉 答權士仁(二篇) 答李周甫 答李元執 答梁台文 答朴道明 答河公晦 答河公晦大學問目 答河公晦 答李履卿 答河心賢 答宋 答河元普 答鄭孟孝 答崔鶴來 答金乃晦 答李太卿 答李太卿李兼汝 答田聖述(三篇) 答田聖述論語問目 答李秀英 答康鳳秀 答尹子仁 答金元佐 答田士順 答沈汝洪 答金錫元(三篇) 答鄭汝信 答鄭 答金文道三兄弟 答文伯源 答金鍾源 答栗里精舍諸生

卷二十二

書: 上家兄(五篇) 上族叔明湖先生(三篇) 答族叔應見(二篇) 答從子應韶 與從子應韶 答從姪中卿 與從子應圖 寄子昌鉉(四篇) 與玉山齋儒會 與各邑僉宗氏 與李息山僉孫 答澹對軒僉氏 答昌寧鄉校僉氏 答高山書院僉氏 答晉州鄉校僉氏 答華山壇僉氏

卷二十三

雜著: 讀近思錄首篇 二程粹言疑錄 仁堂雜錄 讀好學論講錄 蕭寺講錄

卷二十四

雜著: 泉上問答 求近說贈黃君聲遠 鄭元直字說 贈同學諸君 示從孫淳長 李致雕字說 慰索錄 書贈金明夫 李如卿字說 自重說贈柳子遠稼論送趙英振 書贈趙瑞重 鄭子和字說 贈金童子三兄弟 贈宋君誠恭贈趙晩翠元逸 贈姜大潢 書贈河生公晦 三得說送趙瑞重兄弟 三要贈金錫元 仁谷秋雨中對決明花書贈同居諸生 贈趙明重 示堂中諸生 又示諸生 又示諸生 書贈權益瞻 贈田生聖述士順兄弟 李汝圭字說 書贈李明善 贈陳昌伯 贈河萬濮 贈宋達鎬云鎬 贈李履卿 贈尹進夫 贈林承稷承禼兄弟 心身輕重論 名辨 自責 書座右 題畫像二則 題兒子所居壁 煙戒 記聞 瑣錄 泉亭節目

卷二十五

序: 宋子大全復板同志錄序 栗谷全書文字釋疑序 默山文集序 佐郎張公實紀序 三斗齋遺集序 三淵文集序 西洲遺稿序 安岳李氏族譜序西原兩世遺稿序 丹陽張氏世德編序 郭氏三綱錄序 四無齋詩集序 丹城鄉校儒契案序 梨村實記序 木川張氏族譜序 鳳谷逸稿序 克齋遺稿序 恆齋文集序 靈光金氏派譜序 橫溝遺稿序 石田文集序 草溪鄭氏家

乘序 四禮儀序 信菴文集序 素窩文集序 晩山遺稿序 玉圃遺稿序 楚醒遺稿序 雲田遺稿序 慕巖遺稿序 鍾山紀行序 明窩遺稿序 巴山世蹟序 守齋文集序 士農窩文集序 橹山翁六十三歲壽序

卷二十六

序: 錦山紀行序 新溪文集序 愚山遺稿序 松窩遺稿序 冶城宋氏派譜序 晦谷遺稿序 雲樵遺稿序 蕭寺同遊錄序 文山遺稿序 醉石遺稿序 外妹權氏婦六十一歲壽序 題圃窆金公遺蹟 晦岡文集序 晦谷遺稿序 李子剛壽親詩帖序 梧山遺稿序 河氏烈行錄序 二以契序 河炫碩王大人壽詩序 送文敬執文學明二君序 送蔡石芝翁序 花溪壽瑞詩帖序 送鄭思叔之西間序 送車蘭坡序 送朴君仁吉序 送金君聖惟序 曹湘鉉字序

卷二十七

序: 秋溪實紀序 愼菴遺稿序 含忍齋遺稿序 寶山世稿序 豐山遺稿序 密陽朴氏派譜序 近思錄口訣首識 復齋集序 鄭忠莊公年譜序 重軒遺集序 石泉遺稿序 直菴集序 愚石集序 心潭遺稿序 麗澤錄首識 勿川實紀序 杏塢遺稿序 老愚實紀序 梅隱遺稿序

卷二十八

記: 敬儀堂重建記 新安精舍重建記 老柏書舍記 梧岡祠記 雲谷書堂記 乃見齋記 鐵山精舍記 清澗亭記 章烈祠重建記 院北齋重修記 新安書堂重建記 同文堂重建記 瀟川齋移建記 玉峯齋記 四印亭重建記 養正齋重建記 葦溪精舍記 琴石亭記₩ 枕肱堂李公旌閭重修記 挹江亭記 涵月亭重修記 臨淵齋重建記 道谷齋記 昌山齋記 炭山齋記 敬止堂記 烏石齋記 大山亭記 修道齋移建記 道谷精舍重建記 快哉亭重建記 武夷精舍重建記 二老巖記 壁山亭洞門三大巖記 樂天齋裵公

旌閭記 采薇齋記 蒼巖齋記 帆谷齋記 槐山精舍記 湖上齋記 栗里精舍記 樂山齋記 訥窩記

卷二十九

記: 雲谷書舍記 省窩記 雲湖精舍重建記 晩松亭記 景湖齋記 歸厚齋記 山海齋記 永慕堂記 觀瀾軒記 兢齋記 永言齋記 聽琴亭記 龍岡精舍記 東川書室記 柏下堂記 五爰齋記 永思齋記 玉洞精舍記 尋源書室記 隱齋重建記 汝山齋記 一湖亭記 噉如軒記 敬慕齋記 西山洞小溪八曲記 竹軒精舍重建記 六有軒記 尚友齋記 雲巖齋記 新溪書室記 追慕齋記 拙軒記 栗溪記

卷三十

記: 雲巖祠講堂記 直齋記 栗汀記 文山記 追慕齋記 聽鴻軒記 潛齋記 茗泉亭記 畏軒記 雲塘精舍記 道章齋記 後山書堂記 晩悟臺記 士仁齋記 岳陽書堂記 岡極堂記 壁山齋記 素齋記 可谷精舍記 永思齋記 懷露亭記 潛齋記 鳳岡齋記 晩翠亭記 月林亭記 心潭精舍移建記 來亭記 夷南精舍記 道山齋記 樵隱亭記 追慕齋記 烏山齋記 晦山亭記 鶴溪亭記 誠久祠記 永慕齋記 美川齋重建記 永言齋記 德山亭記 美岡齋記 四旌閭移建記 竹林齋記

卷三十一

跋: 書朱子語類節略後 一齋實紀後敘 林軒實紀跋 書滄洲先生河公年譜後 莎村文集跋 安東權氏派譜跋 峴上世稿跋 書箕山別集後 竹村先生文集重刊跋 書安東權氏家乘後 敬慕齋遺稿跋 幽窩遺稿跋 石愚文集跋 書楸岡李公譜畧後 書先君手墨後 書栗谷鄭約正解後 書景淵亭遺稿後 小湖遺稿跋 書某里紀行後 書晦峯古柏屛後 書金剛錄後 書李孝子行錄後 山石遺稿跋 望賢齋文集跋 書東華諸咏後 書鄭景晦答

客說後 書李致先辨某人辨後 書李子應壽祖詩帖後 書余萬疆四書疑義答問錄後 書晩悔李公回巹宴詩軸後 書金寧金氏世系實蹟後 題沈柳菴自警詩後 書丙申除夕詩帖後 題齋居講錄後 題柏湖答問錄後 書春坡子行狀後 信古堂遺輯後敍 書具翁遺事狀後 書柳喁東善夫墓銘後 書權孺人烈行錄後 題七字帖後

卷三十二

箴: 主敬箴

銘: 自警銘 漁隱精舍銘 凝香室銘 主一軒銘 念修齋銘 晩翠亭銘 惺菴銘 源泉亭銘 學靜堂銘 靜寮銘 銀簪銘 書板銘 書籤銘 鄭元卿寢屛銘 從姪光鉉屛銘 木公杖銘 泰井銘

贊: 裵氏三孝子贊 朴烈婦趙氏贊 金烈婦梁氏贊

辭: 閔希重字辭 權錫九字辭 金明夫字辭 後溪李翁哀辭 南君允肅哀辭 李君孔彦哀辭

上梁文: 昭泉亭上梁文 上陽齋上梁文 栗泉亭上梁文 挹清亭上梁文 海山亭上梁文 日新齋上梁文 梅陽齋上梁文

祝文: 聖廟重修時位牌移安告由文 新安精舍重建時告土地文 高山祠奉安蘆沙奇先生文 常享文 雲巖祠奉安勉菴崔先生文 老柏書舍釋菜時告由文 常享文 白山祠奉安尹坡陵君文 常享文 門下評理卞公奉安文 常享文

銘: 告先師廟文 告族父明湖先生廟文 雲谷精舍朱子釋菜常享文 是菴李公影堂常享文 校洞洞社歲祭祝文 倭退後告聖廟文

卷三十三

祭文: 祭始祖太師公墓文 祭退溪李先生墓文 祭老柏軒先生文 再祭文 三祭文 祭勉菴崔先生文(二篇) 祭趙月皐先生文 祭崔溪南先生文 再祭文 祭族父明湖先生文 祭仲母鄭氏文 祭季母梁氏文 祭先兄文 再

祭文 祭外舅鄭公文 祭奇松沙文 祭鄭農山文 祭內兄河丹坡文 祭河約軒文 祭鄭承旨文 祭河氏峯文 祭河省窩文 祭趙箕南文 祭李漣川文 祭閔華岡文 祭權公文 祭權三山文 祭嫂孺人曹氏文 祭李是菴文 祭柳溪隱文 祭閔檣山文 祭李梅皐文 祭族叔兼窩文 祭李晦山文 祭權石樵文 祭從兄百軒文 祭再從兄文 祭從兄梅軒文 祭河克齋文 祭權綏石文 祭南章憲文

卷三十四

祭文: 祭韓希甯文 祭鄭應善文 祭李舜功文 祭柳子中文 祭閔聲遠文 祭朴玉汝文 祭李允七文 祭趙遠儒文 祭鄭可誠文 祭河道若文 祭鄭學櫓文 祭鄭景舜文 祭李元善文 祭亡室鄭氏文 祭鄭周應文 祭從弟子德文 祭從子應韶文 祭黃景涵文 祭李道維文 祭鄭元卿文 祭姪婦趙氏文 祭族弟壽若文 祭權可善文 祭從孫淳甲文 祭金舜孚文 祭柳西岡文 祭曹元敎文 祭河聖洛文 祭鄭晦夫文 祭趙子雲文 祭朴鎭五文 祭南明重文 祭河叔亨文 祭南士珩文 祭崔日助文 祭從姪祇汝文 祭從孫淳長文 祭權時中文 祭李致先文

卷三十五

墓誌銘: 老柏軒鄭先生墓誌銘 禮曹佐郎贈吏曹參判龍灣金公墓誌銘 三樂堂沈公墓誌銘 默軒崔公墓誌銘 退湖李公墓誌銘 東山軒盧公墓誌銘 克齋河公墓誌銘 進士林公墓誌銘 晩窩柳公墓誌 參奉沈公墓誌銘 機西李公墓誌銘 雲水堂先生河公墓誌銘 石汀趙君墓誌銘 成均進士贈戶曹參議聽溪黃公墓誌銘 尋源尹君墓誌銘 參奉南君墓誌銘 石田柳君墓誌銘 直齋鄭君墓誌銘 韋村田公墓誌銘 雲溪金君墓誌銘 心菴梁君墓誌銘 孺人李氏墓誌銘 湖陰李君墓誌銘 田君元謙墓誌銘 幼孫淳宗壙誌

卷三十六

墓誌銘: 孝子李公遺墟碑 奉事贈監正李公遺墟碑 鏡隱裵公通渠頌惠碑 善山金氏三世墓壇碑 烈婦沈氏碑 贈童蒙教官沈公遺墟碑 金孝子表蹟碑 孺人坡平尹氏孝蹟碑 孝子余君事蹟碑

墓表: 杏軒先生李公墓表 從先祖學生公墓表 守心齋鄭公墓表 江舍權公墓表 本生曾祖處士府君墓表 同中樞白公墓表 密陽朴氏墓表 慕濂白公墓表 宣教郎李公墓表 學生河公烈婦梁氏合墓表 主簿贈參議毅齋金公墓表 晩悔齋柳公墓表 永墓齋李公墓表 竹軒崔公墓表 學生田公墓表嚴窩安公墓表 敬菴李公墓表 慕溪田公墓表 松軒鄭公墓表 一懼軒李公墓表 察訪田公墓表 石齋余公墓表 橘隱金公墓表 贈嘉善余公墓表 通德郎李公墓表 龍湖李公墓表

卷三十七

墓表: 雲皐盧公墓表 德巖李公墓表 同中樞鄭公墓表 學生金公墓表 竹圃柳公墓表 竹下田公墓表 學生柳公孺人文氏墓表 晦石李君墓表 斗菴鄭君墓表 主事李君墓表 吳君和益墓表 從仕郎吳公墓表 學生閔公墓表 西菴李君墓表 竹寓李公墓表 學生曹公墓表 槐軒吳公墓表 菊皐崔君墓表 將士郎金公墓表 山翁金公墓表 心齋姜公墓表 禮賓寺參奉河公墓表 坐聽田公墓表 睡軒李公墓表 孺人二柳氏上下墓表 學生河君墓表 學生余君墓表 孫莊山墓表 孝友堂安公墓表 持平梁公墓表 參奉金公墓表 學生李君墓表 農隱金公墓表

卷三十八

墓碣銘: 贈訓鍊院正林公墓碣銘 遯齋鄭公墓碣銘 縣監贈兵曹參判李公墓碣銘 源齋鄭公墓碣銘 莊峯康公墓碣銘 修撰尹公墓碣銘 竹谷鄭公墓碣銘 嚴灘李公墓碣銘 夫人朴氏墓碣銘 松軒河公墓碣銘 孝子林公墓碣銘 永慕齋李公墓碣銘 東湖金公墓碣銘 一啞齋權公墓碣銘

養真軒李公墓碣銘 心齋李公墓碣銘 西溪權公墓碣銘 刊曹正郎權公墓碣銘 慕軒裵公墓碣銘 處士權公墓碣銘 道湖盧公墓碣銘 櫟軒河公墓碣銘 敬齋李公墓碣銘 通政大夫行咸安郡守鄭公墓碣銘 耕窩李公孺人姜氏合墓碣銘 處士鳳巖權公墓碣銘

卷三十九

墓碣銘: 農山先生鄭公墓碣銘 通政大夫秘書丞安公墓碣銘 晩悟陳公墓碣銘 處士河公墓碣銘 學生田公墓碣銘 省窩河公墓碣銘 荷竹權公墓碣銘 同知權公墓碣銘 栗坡愼公墓碣銘 晩悟朴公墓碣銘 楸山余公墓碣銘 晩松鄭公墓碣銘 篁溪河公墓碣銘 月山趙公墓碣銘 武兼宣傳權公墓碣銘 監役鄭公墓碣銘 竹逸鄭公墓碣銘 判官池公墓碣銘 竹逸黃公墓碣銘 姜公墓碣銘 孺人安氏墓碣銘 守拙齋朴公墓碣銘 淑人柳氏墓碣銘

卷四十

墓碣銘: 檣山處士閔公墓碣銘 聾默田公墓碣銘 錦石裵公墓碣銘 監察李公墓碣銘 屛巖李公墓碣銘 孝子李公墓碣銘 溪隱柳公墓碣銘 嫂孺人曹氏墓碣銘M 學生權公墓碣銘 孺人鄭氏墓碣銘 痴齋李公墓碣銘 友野安公墓碣銘 士笑愼公墓碣銘 梅下權公墓碣銘 孺人權氏墓碣銘 成齋趙公墓碣銘 溪菴曹公墓碣銘 竹坡李公墓碣銘 處士鄭公墓碣銘 鶴皐柳公墓碣銘 孺人權氏墓碣銘 古傖鄭公墓碣銘 庸齋申君墓碣銘

卷四十一

墓碣銘: 錦厓權公墓碣銘 東溪梁公墓碣銘 峴樵朴公墓碣銘 翠隱朴公墓碣銘 雙山吳公墓碣銘 學生權公墓碣銘 石田文公墓碣銘 孺人姜氏墓碣銘 聾軒曹公墓碣銘 竹川李公墓碣銘 老圃吳公碣銘 通政姜公墓碣銘 夷南處士朴公墓碣銘 進士李公墓碣銘 惺齋李公墓碣銘 蓮湖

金公墓碣銘 石巖黃公墓碣銘 雙川朴公墓碣銘 貞山朴君墓碣銘 松齋姜君墓碣銘 松溪田君墓碣銘 弦齋曹君墓碣銘 東塢李君墓碣銘 參奉李君墓碣銘

卷四十二

墓碣銘: 西岡處士柳公墓碣銘 碧西曹公墓碣銘 箕南趙公墓碣銘 緩石權公墓碣銘 艮岀朴君墓碣銘 侍御鄭君墓碣銘 重軒黃君墓碣銘 毅齋李君墓碣銘 直齋鄭君墓碣銘 錦湖朴君墓碣銘 從弟子德墓碣銘 家姪應韶墓碣銘 栗巖鄭公墓碣銘 竹西鄭公墓碣銘 槐軒權公墓碣銘 處士迂堂曹公墓碣銘 雪樵趙公墓碣銘 一愚堂李公墓碣銘

卷四十三

墓碣銘: 復齋趙君墓碣銘 栗隱鄭君墓碣銘 松齋李公墓碣銘 學生鄭公墓碣銘 敦齋柳公墓碣銘 西巖朴君墓碣銘 管山處士安公墓碣銘 學生許公孺人權氏合墓碣銘 竹軒權公墓碣銘 樂愚堂李公墓碣銘 東洲權君墓碣銘 李君卿珍墓碣銘 崔生懿秉孺人鄭氏雙墓碣銘 東川李君墓碣銘 眠山閔君墓碣銘 晦山李君墓碣銘 龜溪余君墓碣銘 心齋文君墓碣銘 蘭石姜公墓碣銘 瓶菴李公墓碣銘 竹泉鄭公墓碣銘 桂南金君墓碣銘 學生柳公墓碣銘 學生金君墓碣銘 松庄金公墓碣銘荷溪宋公墓碣銘 浦石閔君墓碣銘 惕菴鄭君墓碣銘 孺人金氏墓碣銘 玉峯河君墓碣銘 篤守菴柳公墓碣銘 鶴山具君墓碣銘 監察曹君墓碣銘 晦山韓君墓碣銘 濯新齋金君墓碣銘

卷四十四

行狀: 大提學葵塢柳公行狀 趙月皐先生行狀 外大父處士河府君行狀 壁山李公行狀 明窩河公行狀

卷四十五

行狀: 族父明湖先生行狀 竹隱權公行狀 司憲府執義稽樵閔公行狀 李氏姑行錄 先兄石愚府君家狀 梅皐李公行狀 雪齋李公行狀 石樵權公行狀 尼山南公行狀

卷四十六

行狀: 弦文館校理具公行狀 林坡趙公行狀 農雲閔公行狀 從兄百軒公行錄 素窩南君行狀 從兄梅軒公行錄

遺事: 祖考幽窩府君遺事畧 先妣事畧

傳: 梁杏史傳

# 『이천집(夷川集)』

## 1. 저자 소개

남창희(南昌熙, 1870~1945)[26]의 자는 명중(明重)·명부(明夫)이고 호는 이천(夷川)이며 본관은 의령(宜寧)이다. 마을 앞 시내의 옛 이름이 소무이(小武夷)였다. 그래서 호를 이천(夷川)이라 지었다. 세종대에 직제학을 지낸 남간(南簡)을 파조(派祖)로 한다. 남간은 개국공신으로서 태종 때 영의정을 지낸 남재(南在)의 손자이다. 이천의 선조들이 영남에 터를 잡게 된 것은 남간의 현손인 진(振)이 생육신의 한 사람인 재종숙 남효온(南孝溫)에게 글을 배웠는데 갑자사화 이후 남쪽으로 내려왔다고 한다. 이후 주(宙)가 임진왜란 이후 대대로 경남 의령 판곡리(板谷里)에 거주하게 되었다. 이천의 아버지 니산(尼山) 남정찬(南廷瓚)은 1882년 생원시에 합격하고, 1892년 의금부도사를 지냈다. 어머니는 현풍곽씨(玄風郭氏) 죽재(竹齋) 곽간(郭趕)의 후손인 성수(聖洙)의 따님이다.

1884년 15세 무렵 경상남도 합천 삼가현 물계리의 초계정씨(草溪鄭氏) 정옥윤(鄭玉潤)의 후손인 현필(鉉弼)의 딸과 혼인했다. 이곳에 우거하며 처족인 노백헌(老柏軒) 정재규(鄭載圭)의 제자가 되었다. 이천은 숙부 소와(素窩) 남정섭(南廷燮), 입암(立巖) 남정우(南廷瑀)와 함께 정재규의 문

---

26 김봉곤, 「이천 남창희의 생애와 학문」, 『남명학연구』 33, 경상대학교 남명학연구소, 2012; 최석기 외, 『19세기 경상우도 학자들(下)』, 파주, 도서출판 보고사, 2016 참고.

하에서 '남씨 삼숙질(南氏 三叔姪)'이라 칭송되었다. 농산(農山) 정면규(鄭冕奎)에게는 경사자집(經史子集)을 배웠으며, 이웃 고을의 허유(許愈)·최숙민(崔琡民)·기우만(奇宇萬) 등 에게도 가르침을 받았다.

1905년 36세에 아우 태희(台熙)와 함께 현 충청남도 청양군 목면 장구동(藏龜洞)으로 면암(勉庵) 최익현(崔益鉉)을 배알하고 사제의 예를 올렸다. 1906년 최익현이 의병을 일으켰다가 실패하고 대마도(對馬島)에 구금되자 편지를 보내 안부를 물었다. 최익현이 죽어서 돌아오자 아우와 함께 현풍(玄風) 관사에서 맞이하여 곡을 하고 장구동의 본댁으로 운구하였다. 1907년 아우 남태희가 유명을 달리하자, 집안일을 장남 상엽(相燁)에게 맡겼다. 1911년 42세에 정재규가 타계하자 노백서사(老栢書舍)에서 동문과 스승의 유집을 편찬, 간행하였다. 1916년에 또 정면규가 세상을 떠나자 애산의 상례 때와 같이하였다.

1921년 52세에 현 충청남도 논산시 가야곡면 병암리(屛巖里)에 이주하여 거처하다, 1929년 진주(晉州)로 이거하고, 1933년 섭천면으로 옮겨 가서 근처에 '둔천당(遯川堂)'을 지어 머물다, 말년에 다시 고향으로 돌아왔다. 1945년 3월 7일 유연정(悠然亭)에서 향년 76세로 별세하였다. 4월 21일 의령군 유곡면 중장(中場) 북창산(北倉山)의 자좌(子坐) 언덕에 장사지냈다가 1947년 발니산(跋尼山) 서쪽 유좌(酉坐) 언덕으로 이장하였다.

부인은 초계정씨(草溪鄭氏)로 정서정(鄭西亭) 정옥윤(鄭玉潤)의 후손인 정현필(鄭鉉弼)의 딸이다. 4남 3녀를 두었다. 아들은 남상엽(南相燁)·남상룡(南相龍)·남상일(南相一)·남상설(南相卨)이고, 사위는 정민규(鄭敏圭)·하봉식(河鳳植)·권삼현(權三鉉)이다.

## 2. 문집 구성과 내용

『이천집(夷川集)』은 19권 10책 목활자본으로 간행된 남창희(南昌熙)의 시문집이다. 문집 형태는 4주쌍변(四周雙邊) 반곽(半郭) 20.0×15.6cm. 유계(有界), 10행 20자 주쌍행(註雙行), 상하향2엽화문어미(上下向二葉花紋魚尾) 29.7×20.0cm이다. 서문과 발문이 없어서 편자와 간행연도를 알 수 없다. 이 문집은 국립중앙도서관, 전남대학교, 연세대학교, 상명대학교 서울캠퍼스에 소장되어 있다.

『이천집』 권1에는 시(詩) 312수, 권2~12에는 서(書) 469통, 권13~16에는 잡저(雜著) 25편, 권17에는 서(序) 5편, 기(記) 8편, 발(跋) 9편, 명(銘) 5편, 권18에는 축문(祝文) 10편, 제문(祭文) 45편, 권19에는 묘표(墓表) 9편, 묘갈명(墓碣銘) 9편, 묘지명(墓誌銘) 2편, 행장(行狀) 8편이 실려 있다. 남창희의 행장은 이회(而晦) 김황(金榥)이 지었다(『重齋集後集』 권32, 狀錄, 「夷川先生南公行狀」 참조).

시 312수 중에는 「계묘춘동사숙소와(정섭)유래항제작(癸卯春同舍叔素窩(廷燮)遊萊港諸作)」 10수, 「을사모춘여가제경삼(태희)작서행지알면암최선생노중상수(乙巳暮春與家弟敬三(台熙)作西行贄謁勉庵崔先生路中相酬)」 16수, 「우애정잡영(偶愛亭雜詠)」 8수 등이 포함되어 있다.

서 469통 중 권2에는 노백헌(老柏軒) 정재규(鄭載圭)에게 올린 편지 「상노백헌정선생(上老柏軒鄭先生)」 3통, 정재규의 학문을 충실히 계승한 농산(農山) 정면규(鄭冕圭)에게 올린 편지 「상농산정선생(上農山鄭先生)」 9통, 송사(松沙) 기우만(奇宇萬)에게 올린 편지 「상기송사선생(上奇松沙先生)」 3통이 포함되어 있다. 권3에는 덕중(德中) 송재락(宋在洛)과 주고받은 편지 「답송덕중(答宋德中)」「여송덕중(與宋德中)」 등 10통, 권10에는 면우(俛宇) 곽종석(郭鍾錫)의 문인으로 알려진 김황(金榥)과 주고받은 편지 「답김이회(答金而晦)」「여김이회(與金而晦)」 등 28통이 실려 있다. 김황은 심즉리설(心卽理說)을 기반으로 이황(李滉)-김우옹-이진상(李震相)-

곽종석으로 이어지는 학통을 잇고 있다.

잡저 25편 중 권13에 「대학초의(大學抄疑)」와 「중용초의(中庸抄疑)」, 권14에 「인심도심설(人心道心說)」, 「인물성동이설(人物性同異說)」, 「도불가리설(道不可離說)」, 권15에 「기해예설기의(己亥禮說記疑)」, 「독한남당예설(讀韓南塘禮說)」, 「전간재집의변(田艮齋集疑辨)」 등이 실려 있다. 권17에 실린 8편의 기문[記] 중에는 「해산정기(海山亭記)」, 「퇴헌기(退軒記)」 등이, 발문[跋] 중에는 「노백헌선생연보발(老栢軒先生年譜跋)」, 「박간암유집발(朴艮巖遺集跋)」 등이 포함되어 있다.

묘표에는 「농산정선생묘표(農山鄭先生墓表)」, 「노포오공묘표(老圃吳公墓表)」 등이, 묘갈명에는 「회강유공묘갈명(晦岡柳公墓碣銘)」, 「우산이군묘갈명(愚山李君墓碣銘)」 등이, 묘지명에는 「영모재김공묘지명(永慕齋金公墓誌銘)」 등이, 행장에는 「동호곽공행장(東湖郭公行狀)」, 「각와조공행장(覺窩曺公行狀)」, 「춘고조공행장(春皐曺公行狀)」 등이 실려 있다.

### 3. 문집 목차

卷一

詩: 敬次敬慕齋韻 敬次六代祖聾窩公草堂韻 陽泉斜日訪溪南崔丈琡民 橫川流鶯 曉發橫川 戲贈桂山宋德中 在洛 蟾江口呼二首 曉發開峙 登岳陽亭 宿蕭寺 思家 七佛菴觀參禪戲題 過國師菴 癸卯春同舍叔素窩 廷燮 遊萊港諸作十首 午發泊津二絶 過合江亭 辭曉舟 下湍 望海 關中 見弟書感賦一絶 思家 浴溫泉 宿丹火店 武夷月夜同諸公分韻得前字 偶愛亭小集 乙巳暮春與家弟敬三 台熙 作西行贊謁勉菴崔先生路中相酬十六首 昌山野行 京城二首 登南山 注乙谷拜先祖忠景公墓 尾洞奉別直閣宗丈 奎熙 公州旅舍夜吟 長龜洞奉侍勉菴先生數日賦一律呈上 附 先生答韻 錦江江頭 新都東小龍湫 達城道中商山峴餞春二首 新塘拜外先祖竹齋郭先生墓兼拜定菴 忘憂兩先生墓

仰津看湖水 東玉野喜看汝山玉峯 次韻上勉菴先生 宿從容堂次板上韻 勉菴先生挽章三首 小武夷精舍十首 挽南黎許先生 愈 四首 晴亭晚集將別諸友登鼓樓巖 挽吃窩李進士丈 根玉 二首 次寄李君和若 晚雨同權緩石重彦 晚熙 裵元七 正斗 諸公會集 紫巖亭 挽安監役丈 益濟 次韻權緩石 次韻南直閣見寄 龜洞三夜連夢亡弟敬三覺而作此 挽權明黎 振熙 挽姑夫李公 埰洙 挽成丈友山 瑀永 同諸公敍懷 春晴登紫巖亭 三月溪行 重陽憶故園 南性洛成其先祖太巢公遺集有詩責和 挽姑夫李公 有性 挽金進士丈 載永 二首 與素窩立巖 廷瑀 二叔及李子剛泰植 權景 孝 參鉉 田元淑 溶圭 共賦溪亭二首 同明湖權丈 雲煥 西潭權丈 載轍 拙叟徐丈 在 璣 柳西岡 遠重 李兢齋 基相 崔梧坡 炳祜 觴 詠偶愛亭 偶愛亭感吟 同南養叔 浩良 上悠然亭二首 先師艾山鄭先生挽 挽嚮山李丈 晚燾 二首 挽三旅李丈 行魯 挽安周汝 奭濟 挽石愚權丈 載斗 挽海山鄭丈 煥民 三首 李玉湖 承會 訪我悠然亭次先師勉菴先生 壁上詩寄情因步韻敍別 謹次權丈 鏞煥 山泉亭韻 秋夜同宋克中 義 挽趙翠澗 禹澤 二首 除夕 梅西亭奉同主人金舜孚 克永 柳田齋同諸益呼韻 重尋崔丈舜一 永振 不遇留題其所居壁上 新年金君而敬 楗 而晦 梶 來訪酬此 金而晦金定孝 烈洵 金元旭 奎昞 來訪共賦 挽芝岡安公 鼎漢 挽李君範 源永 三首 挽盧英玉 溱性 三首 挽李丈義魯 三首 權君雷卿 載默 李君聖若 時雨 田君汝吉 喆 秀 從家叔立巖來讀敬慕亭而余病不能 同遊及其臨歲而分悵然賦此以贈 乙卯人日李兄啓道 正鎬 次拙韻見寄隨卽 和呈 次安丈啓余 鉍 愚軒韻 舍弟士範 箕熙 養病蕭寺聞其任已忌醫 作此示警 挽剛齋李丈 承熙 二首 次呈姜明彦 秉熙 見贈韻三首 姜春汝 兌秀 次余所答姜明彦詩還以見贈感而步謝二首 挽先師農山鄭先生 挽修撰安公 孝濟 挽李丹坡 謹次弘窩李丈 斗勳 六十一生朝韻 挽安明見 敎珉 次韻寄題誠久齋 偶愛亭雜詠八首 敬止臺 望拜臺 鼓樓巖 思君崖 止止潭 惺惺灘 進筆麓 積冊巖 挽弘窩李丈三首 次題李丈 絢基 晚松亭 同明湖權丈乘月訪修巖亭

族弟雲吉 彩熙 奉尊堂巹慶歌詩志喜次賀 挽金進士 兌榮 二首 次姜周弼 麟桓 壽親詩韻二首 幷小序 挽表叔權祕丞 哲熙 送河壻聖韶 鳳植 讀書武山舍 挽田見卿 周燦 挽李萬謙 承模 二首 金善觀 義濟 來示其先桑村先生實紀求次先 生殉義詩及黃尨村誄挽韻二首 挽崔梧坡二首 挽趙西川丈 貞奎 三首 挽許應直 香 三首 挽金義興丈 奎衡 挽安丈石心 鐵 敬慕亭同李原禮 鉉五 偶愛亭小集 挽郭俛宇先生 鍾 二首 挽宋羽若 鎬完 二首 次呈宗兄蕉西台丈 謹次許素窩丈 巑 見寄韻 挽權寶卿 載錫 挽鄭觀察 泰鉉 挽李承旨 鼎來 挽金典醫 敦熙 二首 挽姊夫辛道卿 泳直 竹醒鄭丈 誾敎 與金仁甫 宅洙 鄭基弘 民鉉 諸公來訪偶愛亭次亭韻見贈卽此奉和 悼李和若 挽張承旨 錫藎 詠德川姜公天桃 幷引 挽田寓耕 相武 次姜氏兩世三孝旌閭韻 次金君而敬而晦壽其大人梅西公六十一 生朝韻 冬牕見梅梢懸雨 挽李斗山 準九 次韻寄文士憲 鏞 寄呈蓮塘主人權子三 載達 春日登亭裁翦蓊鬱少通眼界姪奉以濂溪 不除庭草規戒作一絶以示意 挽尹孔瑞 炳喆 二首 甲子除夜 妻鄭氏回甲 挽鄭稺極 挽南文見 炳祐 挽周雲翼 謹次盤谷亭韻 挽文士憲 挽尹應三 貞夏 三首 挽張晦堂 錫英 挽韓參領 鎭行 挽李亨老 奭魯 三首 挽姜春汝 挽崔雲齋 永祚 挽姜丈 濬永 挽盧丈 啓洪 次薛君 仁錫 妻許氏殉烈褒頌韻 挽鄭洛應 挽主事李丈 容泰 示兒曹 留別薛明極 柄斗 誠姪相奉 挽成桂窩丈 一濬 挽宋直夫 鎬坤 挽田承玉 挽誠齋尹丈 禹學 挽李毅卿 仁永 挽金洛初 熙泩 挽尹舜亨 炳學 又謹次聾窩先祖草堂韻 初度日家叔立巖有詩謹次舒情二首 挽李景春 寅杓挽緦叔 廷述 挽權先卿 載甲 二首 除日柳晦敷 海燁 與同寓諸公拈韻以示 矗石樓 寓中送友 祈晴 挽奇仁伯二首 挽柳戚丈二首 挽安司果仲陽 昌濟 挽李敬可 光世 挽河義文 載圖 次崔丈 宇淳 西扉韻 挽權丈 中熙 挽李聖天 道載 次呈河采五 鳳壽 耳聾二首 遯川堂二首 幷小引 鼎巖樓 挽李德一 鍾澤 挽鄭丈山鳳瑞 在千 挽沈孟雷 鍾煥 挽尹士彦 在鉉 挽李議官敬中 鉉瑢 挽李惟一 中厚 同寓諸公出遊江上賦七

月旣望次韻寄呈 挽曺惺齋 有贊 母主生朝有懷 挽崔希孟 永學 次權子三新寓滄洲韻 挽李昊翊 擎魯 挽李重可 澈厚 挽尹弦齋直哉 炳謨 挽梁瑞中 守默齋 送柳君晦敷歸故山 挽鄭參奉 汶鉉 挽柳善一 相大 挽李惟中 邦桓 挽尹義瑞 炳龍 挽許致謙 錫 挽蕉西宗丈 挽朴應賢 應烈 挽奇公吉 老善 昏愚 挽安淵坡 邦老 金尙三 鼎運 爲詩識夢要余和之 憶宋憲直 表弟李君星範 相七 作孤居詩示余作此送之 寄哭沈建七斗煥 挽李英振 泰翔 挽田允章 平鎭 哭表弟郭君明擧 煇 久病 挽金仲衍 在植 挽趙汝仁 鏞汶 挽尹禹顯 燦孝 挽具校理 然鎬 挽李貞允 正浩 挽具而緝 然夏 藏弊扇 挽舅氏李公 壽春 挽安希允 成濟 寄哭田瑞中 次成道賢 榮淳 棲巖齋韻 徐君文郁 基洪 以素履爲齋次本韻寄贈 挽河聖洛 祐植 挽趙子雲 縉奎 聞安泰若 熙濟 瘐死滿洲二首 作四誰詩示兒相龍相一 哭成聖民 樂安 贈族弟子道 轍熙 挽鄭司果 在鎬 哭李士益 鉉佑 挽宋晦叔 元求

卷二

書: 上老栢軒鄭先生 三 上農山鄭先生 九 上奇松沙先生 宇萬○二別紙一 上內舅 郭世根 上內舅 郭厚根 與金都事 奎華答一 與南判書廷哲 與尹判書 用求○二 與金義興 奎衡 與成方伯 岐運 與南判書 奎熙答六 與金玄風 華埴 與安守坡 孝濟 與李是菴 直鉉○二 答成桂窩一濬 答許素窩 巑 與鄭竹醒 誾敎 答權明湖 雲煥與一 與田寓耕 相武 與許丈 欽 與李主事 容泰 答尹丈 忠夏 答李丈 圭夏 答盧丈 啓洪 答權丈 中熙 答宋丈 秉璻 與崔丈 永振 與郭丈 聖⊠

卷三

書: 答崔雲齋 永祚與二 與閔參判 丙承 答朴主事 在九○二 與鄭鳳瑞 在千 答宋德中 在洛○六○別紙二○與二 與權致煦 暻熙答一 與權重彦 晩熙○二答一 答李德明 泰元 答河國憲 廷植 答鄭泗見 汶鉉

與李廣初 中業 與曺元敎 在學○二答一 與許衡中 穳 答文士憲 鏞 答李達三 敏容 答郭內兄 㺳○二 答郭季郁 淳燦 答崔炯汝 煥模○四別紙三 與李叔玄 圭晙

卷四

書: 答柳希輿 遠重○七 與金舜乎 克永○四答一 答崔希孟 永學 與鄭贊益 在奎 答柳子重 稺均○二 答金周行 驥東 答金晩可 胤墥 與鄭參奉 友民 答河致周 啓鎬○二 與權表叔 哲熙 與南進士 台熙 與鄭汝見 在鎬○二 與宋直夫 鎬坤○二答一 與尹義瑞 炳龍答二 答李文淑道郁 與李惟一 中厚 答鄭可誠 演祈○三 答金聲見 東壽 與金相七 至廈答一 答李□□ 能燿 答尹舜亨 炳擧 答趙子雲 縉奎 答金尙三 鼎運與一

卷五

書: 答沈建七 斗煥○四 與具而楫 然夏 與李仲立 觀厚○二別紙二○答一 與李元禮 鉉五 與李平叔 有準答一 與李景春 寅杓○二 答李啓道 正鎬 答南養之 浩直○三 答田斗泳 珪鎭○四 答黃性中 洙玟 答柳善一 相大○二別紙二 與安仲亮 昌濟 與安復初 植源 與宋聖述 祖憲 答南衡五 廈鎭 與鄭德卿 俊錫○二答二 與李羽用 晃鍾 與李敬中鉉瑢 與辛道卿 泳直○三 與尹應三 貞夏 答趙宗顔 愚植

卷六

書: 與權君五 載奎○七別紙一答六 與河叔亨 謙鎭 答內舅 李壽春答權子德 載采○三與一 與李致誠 容和 答權應韶 鳳鉉 答徐文見 桂煥 答愼子三 答表明淑 正埈 答姜克明 台秀○三別紙一 答姜敬三 震馨 答墨正晦 熙 答姜□□ 炳翰 答朴贊敬 重馨

卷七

書: 答李子剛 泰植○四與三 與河聖洛 祐植○一答二 與金承旨 寗漢○二答一 與李進士 祚永 答尹禹顯 燦孝○二與一 答河絅然 章煥 答南養叔 浩良○二 答陳孝彦 夏鉉 答李維中 邦桓 答李星範 相七 與李仲久 明厚 答李泰中 雲模 答河士見 海龍 與李君範 舜浩 答沈孔玉 鎭禧 答沈孟雷 鍾煥 答趙汝仁 鏞汶 與鄭穉貞 元永○三 答權朝卿 載漢○二 答鄭著卿 贊圭 與鄭元卿 鉉春○二 答鄭平彦 衡圭○二 與權景孝 參鉉 答鄭應賢 璣鉉 答李汝剛 愚贊○二 答南可仁 炳熙 答尹忠若 尚夏與一 答成道賢 榮淳 與河禹圭 載玄 與奇元用 洛度

卷八

書: 答鄭景晦 琦○四與三 答尹敬禹 炳夏與一 答柳晦敷 海燁 答宋晦叔 元求○三 答李致先 敎宇○二 與許可淑 喆 答金翼夫 烋 答田禹現 溶珪 答李重實 基秀○二別紙一 答朴雲瑞 在龍 答尹善卿 應均 答郭晦夫 熙 答韓國明 右東 與金克夫 仁埴答一 答姜周弼 麟桓○三 答權子三 載達○五 與權實卿 載贇答一 答李和若 晩雨○四別紙一 答薛明極 柄斗○二 答南道敬 文熙

卷九

書: 答鄭晦夫 邦燁○二 答河守源 進海 答鄭思叔 邦繹 答曺士英 秉斗 答柳東彦 興夏○二 與許友直 馥 答鄭壻聖文 敏圭答三 答金士文 銖與一 答田載實 英秀 答周成三 時玉 與李毅卿 仁永 與崔善長 元植 答朴允敬 宰榮○二 答李士毅 弘基○二 答成道中 晉燮 答田子相 甲秀○三 答金孔欽 永鐸○二別紙一 與南善維 伯熙 答南敬眞 勝愚○二別紙一 與河子道 禹善 答曺道明 永模 答鄭文玉 珉鎔○四 與鄭大卿 鉉晊 與李光汝 星勳 答柳聖欽 遠洙 答沈正玉 鎭宅 答金而敬 楗○二 答全慶震 鍾俔 答南道三 基彦 答徐達三 道鎭 答李震九 斗鉉

○二 與高□□ 濟性 答南□□ 廷夔 答朴明五 熙聖 答下□□ 仁燮

卷十

書: 答金而晦 棍○十七與七別紙四 答權雷卿 載默 答河大英 海雄 與河聖夫 麟植

卷十一

書: 答權孔述 平鉉○二別紙一 答河英夫 鎔植 答南仁善 廷浩○二 答吳和善 政杓○二 答河强汝 海挺○二 與金元郁 奎馨 與安學明 炅德 答金聖玉 文鈺○二 與權甥大卿 泰鉉 答鄭聖道 河鍾 答河壻聖韶 鳳植○一與一 答權甥 永鉉 答鄭孔與 秉哲 答河孔晦 光植○二 答盧大汝 基烈 答陳昌百 在完○二 答秋清汝 淵蓉 答外孫鄭鉉福 答鄭昌淑 弼植○一別紙一 答權士仁 友鉉○四別紙三 與郭□□ 元鎔 答田汝鳳 岐秀 答徐雲集 龍洙 答尹士經 鎭權 答金亨幹 貞汶 與安德富 炳潤 答外從孫金昌後 二○別紙一

卷十二

書: 答家叔立巖 六○與一 與族叔子相 廷九 答族從道一 廷達○三別一問一 答族弟德裕 載熙 與家弟敬三 台熙 答家弟士範 箕熙 答宗孫直卿 敬祐 答族姪而一 相旭 答兒相滉 寄兒相龍 二 答兒相一 二 寄從子相璿 寄從子相奉 四○別紙一問一 寄從子相哲

卷十三

雜著: 大學抄疑 經一章 傳首章至十章 中庸抄疑 第一章至三十三章

卷十四

雜著: 人心道心說 人物性同異說 道不可離說 致中和章句戒懼說

剛柔善惡中說 無將迎無內外說 讀寒水齋答蔡君範知覺說 論南溪答問小學題辭一段 李寒洲陰陽動靜有漸次說辨 辨寒洲發出不同底是性主宰常定底是心 之說 許后山劄疑蘆沙說記疑 郭俛宇答問大學書記疑論立巖叔條辨俛門諸公大學講說 論金而晦對挽宇小學發問

卷十五

雜著: 看詳朱子周時祫圖本 讀小記爲君母後章 己亥禮說記疑 讀韓南塘禮說 條辨田艮齋儀禮經傳註疏辨釋 田艮齋集疑辨 李大山集疑義

卷十六

雜著: 批奉姪太極圖解近思錄疑目兼論立巖叔 答說 又論立巖續辨

卷十七

序: 靜叟遺稿序 奉先契序 權朝卿六十一壽序 河强汝字序 送次姪相奉歸故山序 記 海山亭記 退軒記 始祖密直公墳山修補事實記 楸齋重修事實記 學稼亭移建記 聾窩草堂重建記 默軒記 何極齋事實記 跋老栢軒先生年譜跋 書雲水堂先生河公實記後 書雪牕先生河公實記後朴艮巖遺集跋 守齋集跋 孺人權氏殉烈錄跋 題李子剛金剛錄後 定谷面誌跋 題忌祭笏記後 銘 歸全銘 素齋銘 稼山堂銘 怡切堂銘 爲安復初作 戒長孫鍾祐

卷十八

祝文: 輔德沼祈雨文 水月亭田公遺墟立碑告由文 判書鄭公 蘊 祭壇暨碑告由文 代本孫作 始祖密直公墳墓封石改碣告由文 傍先祖秋江先生學稼亭釋菜告由文 學稼亭釋菜常享文 寓晉府時告廟文 涉川築室告廟文 傳家告廟文 祠堂新築開基告辭 祭文 祭勉菴崔先生文 祭老栢軒鄭先生文 再祭鄭先生文 祭農山鄭先生文 祭三從兄 銓熙 文 祭家

叔素窩文 祭內舅龜潭郭公 厚根 文 祭亡弟斗煕文 祭海山鄭公文 祭生員辛公 奎燮 文 祭權公 鏞煥 文 祭小峯李公 根萬 文 祭柳子中文 祭松沙先生奇公文 祭權子德文 祭金致九 鎭勛 文 祭明湖權公文 祭二妹權氏婦文 祭守坡安公文 祭繼外姑晉陽河氏文 祭權重彦文 祭四從叔 廷勳 文 祭權平仲文 祭李原禮文 祭河致周文 祭內舅郭公 世根 文 祭季妹盧氏婦文 祭妹壻盧大汝文 祭李是菴文 祭內兄郭公晦周文 祭田斗泳文 祭宋德中文 祭曹元敎文 祭鄭晦夫文 祭柳希輿文 祭舅氏退軒李公文 祭金舜孚文 祭姊氏辛孺人文 祭尹義瑞文 祭亡女鄭氏婦文 祭河壻聖韶文 祭亡兒相卨文 祭內兄郭公 㸅 文 祭鄭德卿文 祭李德哉文

卷十九

墓表: 農山鄭先生墓表 參奉姜公墓表 老圃吳公墓表 孺人安氏墓表 始祖密直府君墓庭紀事 先祖牧使公墓表 曾祖妣孺人河氏墓表 祖妣孺人李氏墓表 家弟參奉君墓表

墓碣銘: 晦岡柳公墓碣銘 進士愼公墓碣銘 愚山李君墓碣銘 土窩李公墓碣銘 石窩李公墓碣銘 農窩李公墓碣銘 學生河公墓碣銘 學生曺君墓碣銘 孺人陳氏墓碣銘

墓誌銘: 永慕齋金公墓誌銘 緩石權公墓誌銘

行狀: 東湖郭公行狀 覺窩曺公行狀 春皐曺公行狀 盤谷盧公行狀 錦海許公行狀 曾祖考默軒公事狀 先考尼山府君事狀 先妣端人郭氏事狀

# 『인산재문집(仁山齋文集)』

## 1. 저자 소개

배현기(裵玄基, 1881~1954)의 초명은 치묵(致默)이고 자는 사원(士遠)이며 호는 인산재(仁山齋)이고 본관은 달성(達城)이다. 시조(始祖)는 고려 중엽에 벼슬을 지내고 공(功)을 세워 달성군(達城君)에 봉해진 배운룡(裵雲龍)[27]이며, 후손들이 이것을 연유로 달성을 본관으로 삼았다. 현조(顯祖)로는 호부상서(戶部尙書) 배정지(裵廷芝), 보문직제학(寶文直提學) 배문우(裵文祐), 정주목사(定州牧使) 배상경((裵尙絅) 등이 있다. 증조는 배이발(裵以潑)이고, 조부는 배윤채(裵潤綵)이다. 아버지 의당(義堂) 배상룡(裵相龍)은 효행으로 이름난 사람이며, 어머니는 풍산홍씨(豐山洪氏) 홍익모(洪益謨)의 딸로 정숙하고 유순하였다.

배현기는 고종 신사년(1881) 2월 27일에 능주(綾州) 대곡리(大谷里)에서 둘째 아들로 태어났다. 신체가 준수하고 재주와 성품이 남달랐으며, 의지와 기개가 구차하지 않아 사람들이 원대한 그릇에 비유하였다. 글방에 나가서는 스승의 감독을 기다리지 않고 한결같이 과정을 정해놓고 따랐으며, 관례를 치를 나이에 이르러서는 문사가 매우 뛰어났다. 가난한 삶 속에서도 부모에게 효도하는 것을 지극히 하였으며, 형제간에 우애를 지키고, 종당에서 화목하여 향리와 원근의 사람들은 그를 정

27 배운룡은 고려의 개국공신 배현경(裵玄慶)의 현손이며, 삼중대광(三重大匡)으로 가락군(駕洛君)에 봉(封)해진 사혁(斯革)의 셋째 아들이다.

성껏 대접하였다.

20세에 어머니가 돌아가셨는데 정성을 다하여 유감이 없었다. 이때 아버지의 명으로 일신재(日新齋) 정의림(鄭義林, 1845~1910) 선생의 문하에서 수학하였다. 배현기는 오로지 위기지학(爲己之學)[28]을 힘쓰고 성명(性命)을 탐구하여 스승의 가르침을 따르고 스승의 도를 전하는 것을 자기의 임무로 삼기를 기약하였다. 집안의 노암(魯菴) 배석면(裵錫冕, 1885~1978)[29]과 함께 수학하였는데, 스승은 항상 두 사람에게 뜻을 두었다. 또한 송사(松沙) 기우만(奇宇萬, 1846~1916)과 월파(月坡) 정시림(鄭時林 1839~1912)의 문하에도 출입하여 성리학을 더욱 정밀하게 연구하였다. 중년에 대곡리 종가에서 대동보(大同譜)를 닦았는데, 모든 일을 처음부터 끝까지 스스로 주관하니 종족에서 이론(異論)이 없이 일을 끝냈으며, 마을에 선조의 삼현사(三賢祠)를 건립하여 봄가을로 제향하였다. 그리고 그는 대곡에 인산재(仁山齋)라는 정사를 신축하고 의리를 강학하여 100여 명이 넘는 후학을 양성하였다. 스승 사후에는 삼산단(三山壇)을 설립하여 노사 기정진 선생을 봉안하고, 일신재 선생을 함께 배양하여 석전제를 지냈다. 이에 사우들과 향음례(鄕飮禮)와 강의(講義)를 하였다. 1954년 74세로 생을 마쳤으며, 사후에는 삼산사(三山祠)와 칠송사(七松祠)에 배향되었다.

---

28 정의림은 학문하는 진결(眞訣)을 노사 기정진 선생 문하에게 배웠는데 그것은 '학막선어위기위인지분(學莫先於爲己爲人之分)' 8자에 불과하다고 하였다. 정의림은 이 진결(眞訣)로서 아래 제자들에게 전수하였다.

29 배석면의 자는 순문(純文)이고 호는 노암(魯庵)이며 본관은 달성(達城)이다. 그는 화순 능주의 유학자이며, 재야의 지식인으로 일신재(一新齋) 정의림(鄭義林)의 문인이다. 1955년에 세워진 강학소 수산정사(壽山精舍)를 지어 후학을 양성하였다. 1967년에 『일신재선생연원록(日新齋先生淵源錄)』 3권 2책을 편찬하였다.

## 2. 문집 구성과 내용

『인산재문집(仁山齋文集)』은 6권 3책 석판본으로 1959년 능주에서 간행된 배현기(裵玄基)의 시문집이다. 문집 형태는 4주쌍변(四周雙邊) 반곽(半郭) 20.1×13.7cm, 유계(有界), 10행 22자, 하향2엽화문어미(下向二葉花紋魚尾) 27.3×17.6cm이다. 권두에는 족질(族姪) 배석면(裵錫冕)이 1959년에 쓴 서문이 수록되어 있고, 권말에 발문이 실려 있지 않아 간행 과정을 살피기 어렵다. 이 문집은 한국중앙연구원, 전남대학교, 전북대학교, 계명대학교, 고려대학교에 소장되어 있다.

권1에는 시(詩) 「배일신재선생우영귀정(拜日新齋先生于詠歸亭)」을 비롯한 130수가 수록되어 있다. 시는 차운한 것이 대부분이고, 감회시(感懷詩), 만시(挽詩), 수연시(壽宴詩), 송별시(送別詩) 등이 있다. 차운시에 서(序)를 쓴 것은 「차초산원운(次樵山原韻)」, 「차삼괴당운(次三愧堂韻)」, 「제매계유거(題梅溪幽居)」, 「차운곡정사운(次雲谷精舍韻)」, 「추화김민화수연운(追和金珉華晬讌韻)」, 「차학산원운(次鶴山原韻)」, 「차농암운(次農菴韻)」, 「차우헌원운(次愚軒原韻)」이 있다. 「차삼괴당운(次三愧堂韻)」은 부끄러움에 대해 손님과 문답한 내용을 바탕으로 서를 쓰고 차운하여 스스로 살피고 경계할 것을 강조하였고, 「계제생(戒諸生)」은 오늘 일을 내일로 미루지 말고, 세월의 빠름을 제생들에게 경계하도록 지은 것이다. 저자는 영락정(永樂亭), 오봉재(五峰齋), 영춘정(永春亭), 부양정(扶陽亭), 우량정(于凉亭), 남강정(南江亭), 농아당(聾啞堂), 양한당(養閒堂), 낙오정(樂五亭), 숭유사(崇儒祠), 죽림재(竹林齋), 숭모당(崇慕堂), 서림정사(西林精舍), 일송당(一松堂), 지화당(志和堂), 만회당(晩悔堂), 포충사(褒忠祠), 운곡재(雲谷齋), 모현재(慕賢齋), 율곡재(栗谷齋), 봉명재(鳳鳴齋), 봉서재(鳳棲齋), 덕암사(德巖祠), 우은당(愚隱堂), 남석재(藍石齋), 백운당(白雲堂), 촌심당(寸心堂), 만취정(晩翠亭), 송국정(松菊亭), 운림당(雲林堂), 취면정(醉眠亭), 쌍벽정(雙碧亭), 만괴정(晩槐亭), 중신재(中愼齋), 영사재(永思齋) 등의 정자를 비롯한 사우에 대한 시를 남겼다.

권2～3에는 서(書) 「상일신재선생(上日新齋先生)」을 포함한 128통, 잡저(雜著) 「사문질의(師門質疑)」와 「의례문답(疑禮問答)」을 비롯한 14편이 수록되어 있다. 서(書)에는 정의림(鄭義林), 정시림(鄭時林), 기우만(奇宇萬) 선생에게 보내는 편지와 정면규(鄭冕奎), 정창림(鄭昌林), 양재해(梁在海), 박채동(朴采東), 박해봉(朴海鳳), 배규선(裵奎繕) 등의 어른에게 올리는 편지가 있으며, 족질(族姪) 배석면(裵錫冕)과 소통한 8통의 편지가 실려 있다. 편지 가운데 문목(問目)이 있는 것은 「답박준선(答朴準善)」, 「답홍규조(答洪圭祚)」, 「답박노학(答朴魯學)」, 답박계진(答朴季珍), 「답홍승관(答洪承官)」, 「답박노종(答朴魯宗)」, 「답박경삼(答朴景三)」, 「답박동춘(答朴東春)」, 「답김정호(答金正鎬)」, 「답형시억(答邢時億)」 10통인데, 저자의 경학과 성리학에 대한 견해를 확인할 수 있다. 「사문질의(師門質疑)」에는 형이상자위지도(形而上者謂之道)와 형이하자위지기(形而下者謂之器), 형기(形氣)와 기질(氣質), 감(感)과 동(動), 심통성정(心統性情), 이통기국(理通氣局)과 이전기편(理全氣偏), 통체태극(統體太極)과 각구태극(各具太極), 인의예지(仁義禮智)의 지(智)와 총명예지(聰明叡智)의 지(智), 이기(理氣)와 선악(善惡), 무극(無極)과 태극(太極), 본연지성(本然之性)과 기질지성(氣質之性), 태극(太極)과 음양(陰陽)과 오행(五行), 사단(四端)과 신(信), 주리(主理)와 주기(主氣) 등 많은 성리학적 개념과 관계를 문답하는 내용이 수록되어 있다. 「의례문답(疑禮問答)」에는 예관(禮冠), 이십이관(二十而冠)과 삼십이유실(三十而有室), 부견구고(婦見舅姑), 다양한 상황의 상례(喪禮)와 장례(葬禮), 여묘(廬墓) 등에 대해 문답하는 내용이 실려 있다. 「혹문(或問)」에는 율곡이 퇴계의 이론을 따르지 않은 이유, 일본(一本)과 만수(萬殊), 태극(太極)과 음양동정(陰陽動靜), 성명이기심지정의(性命理氣心志情意), 도(道)와 리(理), 이기선후(理氣先後)와 이기선악(理氣善惡) 등의 물음에 답한 내용을 수록하였다.

권4에는 서(序) 「달성배씨세적서(達城裵氏世蹟序)」를 비롯한 8편, 「계양유사기(桂陽遺舍記)」를 포함한 39편, 발(跋) 「매곡집발(梅谷集跋)」을 비롯한 4편, 명(銘) 「자경명(自警銘)」과 「장명(杖銘)」 2편, 사(辭) 「계이자사(誡二子辭)」 1편, 찬(贊) 「봉심선사진정유감이찬(奉審先師眞幀有感而贊)」을 비롯한 3편, 상량문(上樑文) 「숭모당상량문(崇慕堂上樑文)」을 포함한 3편, 숭모당개묘축문(崇慕堂開墓祝文)을 비롯한 6편이 수록되어 있다. 「일기소서(日記小序)」에서 "학문에 나아가는 요체는 치지(致知)와 거경(居敬)에 달려있고, 치지와 거경의 요체는 성찰(省察)에 달려있고, 성찰의 요체는 선을 보면 곧 쫓고 허물을 알면 반드시 고치는 것보다 좋은 것이 없다."라고 하여 학문을 하는 이유는 선을 따르고 허물을 고치는 것이 중요하다고 보았다. 「야은당기(野隱堂記)」에서 "선비가 세상에 처함에 두 가지 방법이 있다. 다스려지면 나아가고 어지러우면 물러난다. 나아가면 내가 배운 것을 실행하고 아울러 천하를 선하게 하며, 물러나면 내가 잡은 것을 지키고, 홀로 그 몸을 선하게 할 따름이다. 나아가면서 겸선(兼善)하려는 계책이 없다면 조정의 묘당 위에 거처할지라도 나아갔다고 말할 수 없고, 물러나면서 독선(獨善)하려는 자질이 없다면 사람의 동굴에 거처할지라도 처했다고 말할 수 없다."라고 하여 출처(出處)에 관한 입장을 설명하였다. 「회정기(晦亭記)」는 "자를 회(晦)로 이름한 것은 회암(晦庵) 주자(朱子)를 배우고자 한 것이다. 주자의 뒤에 태어나서 공자를 배우고자 하는 사람은 마땅히 주자를 먼저 배운 이후에 인(仁)의 문과 의(義)의 길이 평탄하고 넓어서 저절로 지름길의 의혹이 없을 것이다. 이 정자를 올라 표제를 보는 자가 이름을 보고 뜻을 생각한다면 회정(晦亭)이 회정(晦亭)이 된 이유를 알 수 있다."라고 하여 정자를 이름한 까닭에 관해 설명하였다.

권5에는 정의림(鄭義林), 정시림(鄭時林), 기우만(奇宇萬)의 제문(祭文)을 포함한 30편, 「신안주씨삼강정려비(新安朱氏三綱旌閭碑)」를 비롯한 3

편, 묘갈명(墓碣銘) 「십일세조고사섬사정성와공묘갈명(十一世祖考司贍寺正惺窩公墓碣銘)」을 포함한 8편, 묘지명(墓誌銘) 「선고부군묘지명(先考府君墓誌銘)」 1편, 묘표(墓表) 「통정대부배공묘표(通政大夫裵公墓表)」를 비롯한 2편, 행장 「사헌부지평월림배공행장(司憲府持平月林裵公行狀)」을 포함한 7편, 실적(實蹟) 「해은배공실적(海隱裵公實蹟)」을 비롯한 3편, 유사(遺事) 「홍문관부제학예조판서충절유공유사(弘文館副提學禮曹判書忠節兪公遺事)」를 포함한 7편, 전(傳) 조비유인양씨전(祖妣孺人梁氏傳)과 선비유인홍씨전(先妣孺人洪氏傳) 2편이 수록되어 있다.

권6 부록에는 정시림(鄭時林)의 인산재기(仁山齋記)와 서실기(書室記), 홍종소(洪鍾韶)의 인산재기(仁山齋記), 정헌규(鄭憲圭)와 배석면(裵錫冕)의 삼호회안기(三乎會案記)가 실려 있다. 제문(祭文)은 배석면(裵錫冕), 오동섭(吳東燮), 배남식(裵南植), 서정채(徐廷彩), 배종구(裵鍾球), 형시억(邢時億), 배순근(裵淳瑾), 형시백(邢時伯), 박병용(朴炳容), 이진백(李鎭白) 9명이 썼다. 만사(輓辭)는 배석면(裵錫冕), 조석홍(曺錫鴻), 최남표(崔南杓), 안홍섭(安弘燮), 배병련(裵炳鍊), 배석원(裵錫原), 문태식(文泰植), 최병표(崔秉杓), 박노옥(朴魯玉), 박병용(朴炳容), 양재덕(梁在德), 박준태(朴準台), 박노종(朴魯宗), 형시억(邢時億), 이진백(李鎭白), 형시백(邢時伯), 박형근(朴炯根)과 담락계(湛樂契)에서 쓴 26편이 있다. 마지막에 정헌규(鄭憲圭)가 쓴 행장(行狀)이 수록되어 있다.

### 3. 문집 목차

### 仁山齋文集序(裵錫冕)

卷一

詩: 拜日新齋先生于詠歸亭 幽居雜詠二首 同族姪純文(錫冕)踰靈光陽唐峙逢雨 次寶城吳氏永樂亭韻 訪金汝晦宿五峰齋有感 追和三愧

堂族叔(元烈)濯纓詩 題全義李氏永春亭 戊子重九日扶陽亭會話 訪梁永斗(會石)于凉亭 幽居 輓曺叅事(百淳) 輓金炳玹二首 訪墨店誤入青巖山城舊墟二首 次南江亭韻 次族兄聾啞堂原韻 和朴亨俊 次養閒堂韻 隱菴韻 次竹隱韻 次樂五亭韻 次樵山原韻(并序) 輓長興鄭士遵(道欽) 安良善(璣煥)六一晬辰 尹基燮晬讌歌 辛巳二月二十七日面甲留在崇儒祠感懷二首 宿南昌店早發感懷 途中逢郭羅二友口呼二首 次竹林齋韻 崇慕堂剏建事同族姪錫武至龜山族人家滯雨 儒道彰明會 宿平巖族人南植家 題牛峰族姪(錫柱)晬朝詩軸 幽居謾吟 書懷 戒讀書諸生 客中餞春以大谷祠經理事與族姪純文往長田共族兄演默族姪(鍾震鍾南)敍話 次西林精舍原韻 次一松堂韻 追和志和堂韻 儒會席上與多士共吟 追和文仲直(濟憲)晬辰韻 次三愧堂韻(並序) 訪文子惺(炯)于車洞 四月一日 宿月谷梁汝天家 次晩悔堂梧桐韻 徐南川(達洙)見訪 送別梁平甫(會準) 花樹契 春晦 題吳孝子芝菴 賀鳳鶴洞高氏家獻壽 春日小酌 傷時偶題 野亭即事 題梅溪幽居(並小序) 瞻拜集成祠 三月晦日 無題 戒諸生 楊柳 春日偶題 雲谷齋別金濟奎永哲洪運宗植南植五友生 仁山草廬 晩春即事 堪歎吟 兩賢閣修契日唱和 追次褒忠祠禮享韻 謹次茂州程子廟講堂慕賢齋重修韻 因崔柳菴韻追和題晩悔堂金公遺集後 次陳孝子韻 次雲谷精舍韻(並小序) 曺文汝見訪 過栗谷齋主人請和題軸 鳳鳴齋韻 陪耻塢三隱兩朴公登 山遊 登飛鳳山 登鳳棲齋與友夜話 追和金珉華(鴻植)晬讌韻(並小序) 和朴允采 與會國日(錫鴻)朴政源(魯淵)聖均(魯杓)述懷 次樵山(具毅純)韻 朱石雲(大甲)見訪 和鄭瑄鎬送別韻 次南溪韻 追次德巖祠韻 麥秋 追步愚隱堂韻 藍石齋苦熱 次白雲堂韻 次寸心堂韻 題晩翠亭 松菊亭韻 雲林堂海陽社韻 次鶴山原韻(並小序) 洪東圭來訪于旅居因與諸友共吟 題醉眠亭 次桂田韻 過赤壁訪丁德均(泰重)張禹範(基洪) 次崇儒祠講堂板上韻 題駕橋里洞案後 送別淸溪金明行憶梅晦二友 訪莞島青山里梁德巖 次農菴韻(並小序) 謝金習亭送酒 追和金仁淑晬筵韻 登廣寒樓 次雙碧

亭韻 次李處中晚槐亭韻 朴海鵬南江韻 追金士明回甲韻 同庚友金晦雲回甲韻 吳東燮晬延韻 次文處中愼齋原韻 扶陽亭韻 次樵隱原韻 閱金鶴菴遺稿 次九思里永思齋韻 次華菴韻 次松澗韻 次鶴山韻 次遲松韻 次愚軒原韻(並序) 謹次永慕齋韻 次金氏𢾅建齋閣韻(並序) 覲親還鄉日鄭愚軒贈詩慰我不可無謝 遊赤壁

卷二

書: 上日新齋鄭先生(三) 附答(二) 附書贈 上月波鄭先生(時林○二) 附答 上松沙奇先生(宇萬○二) 附答 上農山鄭丈(冕圭) 附答 上九溪鄭丈(昌林) 上華隱梁丈(在海) 上耻塢朴丈(釆東) 上三隱朴丈(海鳳) 上溪逸宗丈(奎繕) 上錦圃宗丈(煥慶) 上痴軒宗丈(瑜基) 上晦山宗丈(馨權) 上聾啞堂族兄(廷默) 慰問三愧堂族叔(元烈) 答宗人鎭河與草洞宗會所 與羅州宗人墓祭僉座 與洪希菴 與鄭處中(淳昱) 與梁敬一(時默) 與朴亨千(章鈐) 答曺大益(世鉉) 答梁仲賢(會龍) 與朴政源(魯淵) 答鄭明佐(文鉉) 與黃景涵(澈源) 與政士玉(淳珍) 與文仲直(濟喦○二) 與崔仲敬(煥庸) 與曺國一(錫鴻) 答鄭德化(鳳鉉) 與安良立(弘燮) 與朴準明(載東) 與任宇卿(泰柱) 與朴樂卿(顔相) 與鄭萬甫(憲圭) 與族姪純文(錫冕○八) 與李德受(承福) 答梁永斗(會石) 與尹景祿(滋玟○二) 與靈光宗人南植 答晦岡宗人(釆圭) 答務安三老洞宗人(昌日) 與宗人洛範 與尹景道(滋永) 與孫元方(琪祚) 答曺國鉉 答朴準善問目 答洪圭祚問目 答鄭顯勉 答朴魯學問目 答李基允 與尹子述 答朴季珍問目 答具教完 答洪承官問目 答朴鍾南 答梁在德 與兪明濬 答金英華 答梁會德 與程東實 答族人泰星 答閔孟植 答族人南基 答金基忠 答孫汝文

卷三

書: 答朴魯宗問目 答朴景三(準台)問目 答朴東春(炳容)問目 答梁

東柱 與邢時伯 答金三鉉 答洪重植 與金洛天 答金洛鉉 答金漢模 答閔芳植 答金益模 答梁斗承 與鄭海龍 答李鎭伯 答金正鎬問目 與金洛任 答柳寅洪 答朴魯乙 答梁河承 答朴炷洙 答金昌鎬 答洪承鎬 答邢時億問目 答孫亨鎭 答朴元圭 答曺秉皓 答朴東圭 答洪南植 與梁在海 答金榮祿 與族孫騋洙 答曺秉龍(和成) 答張倞辰 答徐在宇 與宋良秀 答文甥濟甲 答姪女婿金鐘植 答三從叔(相珍) 答三從姪錫矩 答族孫瑾洙 答三從姪錫星 答三從姪錫準 與姪兒錫玟 與姪兒錫吉 寄家兒錫祉 寄次兒錫初 寄次從孫興洙

雜著: 師門質疑 疑禮問答 或問 記夢說 立志說贈梁會英 變化氣質說贈金秀才 合强分弱說示子姪及諸孫 示讀書諸生 揭壁上示諸君 留在宙湖適値周甲日感懷詞 餞春詞 贈洪承寬 贈送申士賢 養德說贈閔釆植

卷四

序: 達城裵氏世蹟序 達城裵氏晦隱公派譜序 達城裵氏家乘序 愚溪遺稿序 達城裵氏門契序 淵源契序 駕馬洞誌序 子長遊贈朴萬淑序 四常會案序 送別鬱陵島宗人益煥序 日記小序 四禮精要序 義敦契序 友于契序

記: 桂陽遺舍記 鳳下記 晩翠亭記 野隱堂記 南溪記 永慕齋記 月林亭記 晦亭記 梅軒記 華菴記 松坡記 月溪亭記 蓮坡記 莊巖記 雙碧亭記 无咎堂記 松菊亭記 蓮汀記 湛樂亭記 桂田記 西湖記 醉眠亭記 後皐記 白雲堂記 愚溪記 鳳隱記 幽軒記 南川記 鳳棲齋記 鶴菴記 學菴記 蓮塘記 石泉記 顧山記 習亭記 屛巖記 扶陽亭記 醉月亭記 石泉小記

跋: 梅谷集跋 松菴實記跋 裵氏兩世遺稿跋 題晩晦金公遺稿後

銘: 自警銘 杖銘

辭: 誡二子辭

贊: 奉審先師眞幀有感而贊 眞像自贊 崇儒祠白晝琴瑟聲贊

上樑文: 崇慕堂上樑文 孝烈門移建上樑文 楊亭洞閣上樑文

祝文: 崇慕堂開基祝文 仁山精舍開基祝文 崇儒祠配享愚溪裵公奉安告由文 崇儒祠愚溪裵公禮成祝文 金谷壇奉安梅村金公祝文 金谷壇常享祝文

卷五

祭文: 祭日新齋鄭先生文 同志契中祭日新齋先生文 祭月波鄭先生文 祭松沙奇先生文 祭九溪鄭公文 祭三希堂安公文 祭遯齋文公文 祭耻塢朴公文 祭壽翁族兄(慶默)文 祭朴公伯淳文 祭梁上舍(會益)文 祭洪耻菴(承煥)文 祭文子惺文 祭朴謙齋(準基)文 祭三愧堂族叔(元烈)文 祭三隱朴公(海鳳)文 祭鄭三川(淳綱)文 祭沙村族兄(聖基)文 祭梁公(在瓊)文 祭三悔文公(在浩)文 祭鄭處中(淳昱)文 祭又梅梁公(會奎)文 祭鄭壽敬文 祭高聲余(玎柱)文 祭梁永斗(會石)文 祭外從兄鄭明佐(文鉉)文 祭朴楓菴(潤圭)文 祭孫寢郎(聲鏞)文 祭梁在貞文 祭黃景涵文

碑: 新安朱氏三綱旌閭碑 成均舘生員雲菴裵公墓壇碑 郭成采妻興德張氏孝烈碑

墓碣銘: 十一世祖考司贍寺正惺窩公墓碣銘(並序) 修義副尉戶曹佐郎裵公墓碣銘(並序) 贈通訓大夫司僕寺正裵公墓碣銘(並序) 學生洪公墓碣銘(並序) 贈通政大夫刑曹叅議裵公墓褐銘(並序) 贈童蒙教官野隱梁公墓碣銘(並序) 愚谷金公墓碣銘(並序)松坡金公墓褐銘(並序)

墓誌銘: 先考府君墓誌銘(並序)

墓表: 通政大夫裵公墓表 高祖考府君梧泉公墓表

行狀: 司憲府持平月林裵公行狀 守約齋裵公行狀 晩醒裵公行狀 晩悔金公行狀 華菴朴公行狀 學生朴公瑢鎭妻孺人裵氏行狀 孝子金公行狀

實蹟: 海隱裵公實蹟 曾祖考隱巖隱圃府君兄弟曾祖妣孺人文氏三孝實蹟

遺事: 弘文館副提學禮曹判書忠節俞公遺事 隱窩裵公遺事 慕亭裵公遺事 寶城吳氏三世孝烈遺事 嘉善大夫敦寧府都正竹窩具公遺事 松雪堂鄭公遺事 南坡柳公遺事

傳: 祖妣孺人梁氏傳 先妣孺人洪氏傳

卷六

附錄: 仁山齋記(鄭時林) 書室銘(鄭時林) 仁山齋記(洪鍾韶) 三乎會案記(鄭憲奎) 三乎會案記(裵錫冕) 祭文(九) 輓辭(二十六) 行狀(鄭憲圭)

# 『일봉유고(日峰遺稿)』

## 1. 저자 소개

이교문(李教文, 1846~1914)의 자는 예백(禮伯)이고 호는 일봉(日峰)이며 본관은 성주(星州)이다. 할아버지는 이기대(李箕大)이고 아버지는 소송(小松) 이지용(李志容), 어머니는 장택고씨(長澤高氏)로서 고경진(高景鎭)의 따님이다. 헌종 12년(1846) 4월 21일 전남 보성군 문덕면(文德面) 용암리(龍岩里) 집에서 4남 2녀 가운데 큰아들로 태어났다.

이미 어렸을 적에 이교문의 할아버지는 이지용에게 "이 애는 가르칠 만하다. 조금 자라면 노사(蘆沙)에게 가서 배우게 해야겠다. 나는 늙어서 그 모습을 보지 못하겠지만, 너는 명심해라."라고 당부했다고 전해진다. 18세에 기정진의 문인이 되었고, 26세에 성균관에서 당대의 지식인들과 교유했는데, 김성근(金聲根)·민치량(閔致亮)·이건창(李建昌) 등이 었다. 1896년 고종제(姑從弟)인 서재필(徐載弼)이 미국에서 돌아와 독립협회를 조직하고 독립신문을 발행하자, 이교문 또한 평회원으로 참여했으나, 2년 뒤인 1898년 서재필이 다시 미국으로 망명하여 실망을 느끼고 고향으로 되돌아왔다. 그러는 동안 그는 할아버지인 이기대의 문집 『가은실기(可隱實記)』를 1896년 간행했고, 1898년에는 아버지 이지용의 문집 『소송유고(小松遺稿)』를 간행했다.

1905년 을사늑약(乙巳勒約)이 체결되고, 최익현이 궐리사강회(闕里祠講會)를 주재했을 때, 이교문은 정재규(鄭載圭)·조용소(趙鏞昭) 등과 함께 참여했으나, 결국 거사가 무위에 그치게 되자 고향으로 돌아와 망일산(望日山) 초막동(草幕洞)에 은거했다. 이듬해인 1906년 최익현은 항일창의격문(抗日倡義檄文)을 배포하고 태인(泰仁)에서 거의했으며, 전남 지역에서는 이백래(李白來)·양회일(梁會一)·백경인(白景寅) 등이 화순 쌍봉사(雙鳳寺)에 호남의병창의소(湖南義兵倡義所)를 설치했고, 1907년 이교문은 여기에 합류했다. 도대장(都大將)은 이백래가 대장(大將)은 양회일이 추대되었고, 이교문은 군율사감장(軍律司監將)을 맡아서 의병 활동에 투신했다.

1909년 도대장 이백래가 순국하자 이교문은 향리로 돌아왔지만, 계속해서 보성 지역의 의병장이었던 안규홍(安圭洪)을 도와서 군수물자를 조달하는 등 의병 활동을 지속해 나갔다. 그러나 이해 9월 25일 안규홍이 왜경에게 체포되었고, 이교문의 지원 사실이 드러나 여러 차례 고문을 받고 몸을 움직이기조차 불가능한 상태가 되었다. 그리고 끝내 그 여파로 향년 69세로 1914년 1월 23일 세상을 떠났다. 그의 부인은 영일정씨(迎日鄭氏)로서 정문(鄭汶)의 따님이다. 4남 3녀를 두었다.

## 2. 문집 구성과 내용

『일봉유고(日峰遺稿)』는 8권 4책 석판본으로 1947년 손자인 이용순(李龍淳)이 간행한 이교문(李教文)의 시문집이다. 문집 형태는 4주쌍변(四周雙邊) 반곽(半郭) 23.8×16.8cm, 유계(有界), 10행 22자 주쌍행(注雙行), 상하향1엽화문어미(上下向一葉花紋魚尾) 30.1×19.5cm이다. 권두에는 오준선(吳駿善)이 1918년에 쓴 서문에 이어서 4장 분량의 유묵(遺墨)이 있고, 권말에는 손자인 이용순(李龍淳)이 1947년에 쓴 발문이 있다. 이 문집은 국립중앙도서관, 전남대학교, 고려대학교, 연세대학교, 원광대학교에 소장되어 있다.

권1~4까지는 시(詩)인데 모두 347편이다. 권1에는 장성 하사리에 머물던 기정진을 방문해서 김석구(金錫龜)·우내범(禹乃範)·기장일(奇章一)

등과 강학을 하면서 지었던 시인 「하사리 강당에서 김·우·기장일 등 벗들과 7율을 짓다[下沙講堂與金禹奇章一諸益共拈七律]」를 비롯한 78편이 실려 있다. 권2에는 1895년 2월 다시 자기를 찾아온 세 사람을 맞이해서 가진 모임을 기념하는 시인 「갑오년 중춘 이랑·박랑·성동의 조카 고군을 다시 맞이해서 모음을 가지다[甲午仲春再邀李郎兼朴郎星洞高甥俱爲佳會]」를 비롯한 103편이 실려 있다.

권3에는 「정유년 정월 병으로 천상재(川上齋)에 누워 있다가 송사(松沙) 기형(奇兄)이 「무이구곡가」를 본떠서 지은 「삼산재운(三山齋韻)」을 보고서 그 운자를 사용해서 답답한 심정을 펼치다[丁酉正月病臥川上見奇兄松沙三山齋韻倣武夷九曲用其韻以敍幽鬱]」를 비롯한 81편이 실려 있다. 이 시는 1897년 1월 질병으로 천상재에 누워있던 이교문에게 기우만이 주희의 「무이구곡가」를 본떠서 지은 「삼산재운」을 보내주었고, 이교문은 이 시를 차운해서 자신의 심정을 읊은 것이다. 권4에는 1900년에 지은 「사평(沙坪) 외진 곳에 머물면서[沙坪幽居二絶]」라는 제목의 2수를 비롯한 85편이 실려 있다.

권5와 권6은 소(疏)·서(書)·잡저로 이루어져 있는데, 상소문은 1편, 잡저는 3편에 불과하고 나머지는 모두 77통의 편지이다. 35통이 권5에 실려 있고 나머지 42통이 권6에 실려 있다. 상소문은 부사과(副司果) 최재철(崔在澈)을 대신해서 쓴 「갑오년 5월 21일 상소문[甲午五月二十一日疏]」이다. 내용은 1895년 갑오농민혁명의 여파로 소요가 휩쓸고 지나간 호남 지역의 어수선한 상황을 보고하면서 시국의 안정책을 건의하는 것이다.

권5의 편지 35통 제일 앞에는 1876년에 기정진과 임헌회에게 문안을 묻는 편지가 각 1통씩 실려 있고, 이 두 편지에서만 '올림[上]'이라고 표현했다. 분량면에서는 최익현·기우만에게 보내는 편지가 각 6통으로 제일 많고, 그 다음으로 정재규·민치량·이건창에게 보내는 편지가 각

4통을 차지하고 있다.

권6에 실린 편지 가운데는 승지 조한복(趙漢復)에게 보내는 편지가 14통으로 제일 많고, 조한국(趙漢國)·최영조(崔永祚)·이용만(李用萬)·윤병호(尹秉浩)에게 보내는 편지가 각 2통이며, 나머지 사람들에게 보낸 것은 모두 각 1통이다.

6권의 말미에 실린 잡저는 3편인데 「금양산수지[錦陽山水誌]는 충남 논산 소룡리(巢龍里) 서쪽에 있는 금양리(錦陽里)의 산수를 기록한 것인데, 저자에 의하면 이 지명은 금강(錦江)의 남쪽이자, 구룡산(九龍山)의 남쪽[陽]이라는 뜻을 합친 것이라고 한다. 「우생행(禹生行)」은 1895년 6월에 쓴 것으로 자신이 머물렀던 우생(禹生)이란 인물의 집을 떠나면서 우생에게 당부하는 글이다. 가난 속에서도 도를 지향하는 삶을 사는 우생을 격려하고 있다. 「노하설(蘆下說)」은 시인인 박재학(朴在學)이 자신의 당호(堂號)를 '노하당(蘆下堂)'이라고 한 것의 의의를 풀이하는 글이다.

권7은 서(序)·기(記)·제발(題跋)·상량문·제문으로 이루어졌다. 서문은 고향으로 돌아가는 집안 어른을 전송하는 「고향으로 돌아가는 몽취(夢翠) 족장(族丈)과 헤어지면서 올린 서문[奉別夢翠族丈歸故山序]」을 비롯한 6편이다. 기문은 「금양정사기(錦陽精舍記)」를 비롯한 9편인데, 저자에 따르면 금양정사는 '경진년(1880) 금강의 남쪽 은진(恩津)의 화석(花石)으로 이사를 했고, 다음해인 신사년(1881)에 소룡리 서쪽 구룡산 아래 신축'했다고 한다. 제발은 1895년 3월 석암(石庵)이란 별호를 쓰는 최씨(崔氏) 성을 가진 사람이 거문고 악보의 뒤에 쓴 「석암의 금보 뒤에 쓰다[題石庵琴譜後]」를 비롯한 4편이다. 상량문은 할아버지가 처음 건립한 집안의 천상재를 중건하면서 지은 「천상재 중건 상량문(川上齋重建上樑文)」 1편이고, 제문은 기정진과 임헌회 및 최익현을 추모하는 글을 포함한 모두 7편이다.

권8은 가장과 유사가 각 1편씩 실려 있는데 모두 아버지인 소송(小松) 이지용(李志容)에 대한 것이다.

권9는 부록으로 이교문의 전기 자료가 실려 있다. 각각 기우만(奇宇萬)이 지은 「행장」과 강영식(姜永直)이 지은 「묘표」이다.

## 3. 문집 목차

**序(吳駿善)**

**遺墨(四帳)**

卷一

詩: 下沙講堂與金禹奇章一諸益共拈七律 湖上書屋與奇友晋錫攻苦憶章一兄(二) 遊石屛山庄 有客求遊仙亭韻 除夕與沈元春叙懷 過龍城逢河東鄭詞伯共酬 輓奇斯文章一 丁卯秋入芝谷溪堂與鄭綠室共酬 過楊州石室上安東金氏名墓 宿道詵菴酬蘗華上人(三) 上北漢山城與海士金承旨倩得翠雲亭詩會 林園與海士小酌(三) 觀壁上唐畫圖(二) 會海士漢洞詩杜(三) 送鄭青史歸故庄 倭人橫行鍾路有感 春坊諸公李說書尹承旨金承旨徐洗馬金輔德以詩求和因次其韻 題海士詩軸(二) 復遊翠雲亭(四) 石泉齋謾吟(三) 遊君子亭 桃隱族兄生日要我共飯并賦一律 寺洞詩杜與諸益唱和(三) 星州宗人以安峯影堂重修事持通章來到 洛社留別丁道有歸珍原 遇月谷梁友共酬 蘆沙先生輓(二) 錦陽新舍雜詠 晴夜見月 和季弟敬友思兄韻 與夢翠族叔錦樵外弟同賦(三) 農樂 芝谷鄭友自懷德來訪(二) 芝谷鄭友與瀛士俱到 逢天安歸客 歲辛巳夢翠族叔同研及歸以二十律惜別 壬午六月十九日慈庭花甲也移宅湖西宗族親戚俱在南土未得團聚家君行次故庄三弟陪行又未同斑舞只有膝下三子一婿二甥而已慶席稱觴一腔雙情強賦一律以記顚末 壬午秋與徐友汝陶登鷄龍山宿東鶴寺 岬寺夜話 題兒輩詩軸 次金完伯宣

化堂板上韻 見楣題無愧卽我心賡呈而字 錦陽歸路入完營逢雪酬酒 謹次百愚從叔回甲韻 乙酉七月二十一日家親回甲也稱壽獻酌 丁亥晩夏逢裴此山共酬(五) 丁亥除夕留北松峴客舘 戊子上元大雪 對耳明酒有感 題朴竹尊權密陽詩軸 答和趙彝堂元三(二) 七月十七日卽亡妻初忌是夜在松峴客舘孤月正明獨也不寐偶占一絕 次海士金判書詩軸 寄宋上舍 過石陽與金匏鏳相酬 次二松亭韻 登山淸換鷲亭 與吳進士申南沙共酬 上安義搜勝臺次退溪先生石刻韻 樂水亭 花開洞尹都事同拈四律 典洞客舘送別崔正言 與李注書金叅奉崔同居一舘 寒食日作(二) 北杜送別蓮坡吳向山淸(三) 夜蓮坡載酒來別 一雨連七日旣旱而雨旣雨而霖 雨夜無寐 竹原寺門樓見諸人板上韻有感而次之 癸巳九月出鎭西關渡臨津江憶宣廟壬辰事花石亭己邱墟佇立感悵 踏松京吹笛橋 善竹橋奉審圃隱先生成仁碑 滿月臺 待李應周不來 與趙注書上太虛亭共酬(三) 次太虛亭韻 崔斯文獻其大人六十壽因尹友話及興懷遙知是日善禱足見孝思靡不用極敢此奉副

卷二

詩: 甲午仲春再邀李郎兼朴郎星洞高甥俱爲佳會(三) 南海李少年昆季退溪後裔志於學訪書齋偶到(二) 過錦山古戰場憶重峯霽峯兩先生殉節事(二) 安新恩座上次金石貞詩軸 憩三淸洞松石下 次贈碧樵宗人贈和族姪文晦 次碧樵甲戌科韻 淸洞林園口號 次黃竹瀨韻 次廉上舍韻 移御日拈 次安友季玉遊南山韻 四月觀燈 艾峴小憩 有人誦詩上韻八音中韻廿八宿下韻易卦 求放心詩 月夜獨坐 留別鶴南崔學士 讀書西京日遇生日賦五言四律志其事 生日夢陪家君 又夢應教飮酒一卓 端陽憶杜工部見西蜀櫻桃感懷因賦五絶呈崔學士鶴南兄 聞完營捷報破東徒 更呈鶴南 自警(二) 誦周子通書有得(二) 雨夜述懷 崔司諫封章後賦一絶 又賦一絶 述懷 臨行自歎(三) 綸音下政府會議百官 別鶴南甲午除夕(三) 立春日遣懷(二) 慨世 上元望月(二) 元夕述懷用前韻

得陽字 啜茶(二) 次校理奇公柏石軒韻 又次農巢韻 乙未暮春李郎昆季來會卽亂後初事也 閏五月本倅與多士設太平宴於制勝樓因賦詩記事故次之 次和平會韻 七月白踵逢鄭月波共拈(二) 松石李兄寄燒春一壺 乙未九月嶠右紀行過龍城 雲峯碑殿 百丈菴逢閔兄君賢 暫憇實相寺 入倉村唁奇友孝述 宿山陰縣(二) 到丹城水月臺訪應章不遇暮投照寒齋路逢陽來共話 牧溪隴雲齋譜所與諸族共樂 歷入葛田喜逢溪南崔兄 與應章族聯袂抵三嘉墨洞訪艾山鄭兄 共周應族向星州宿陜川南亭店 曉發途中 踰支離嶺抵高靈邑 十月初七抵黑水釜洞展省文烈公墓所自柞川諸族作伴向陵谷歷宿竹谷監役善養族家 初十日隴西公墓祀 過飛鳳山下物閒洞憶梅雲先生遺事 踰代知峙望見落東江 十三日樓岩墓祀痛哭兩世配位失傳 十四日砧谷時享 過大明洞有感 到星山舘登百花軒懷古 見遺墟碑有感 安山影堂奉審後作(二) 自星州邑得山訟冒雨踰窟峴 入伽倻山路逢鏡秀僧 宿長嶝店 曉起踰伽在嶺用前韻 盥洗紅流洞(二) 入海印寺周覽藏經閣登九光樓次崔孤雲聾山亭韻(三) 三嘉鳳捿齋與鄭艾山鄭農山李遯溪李共酬 再宿葛田 宿照寒齋書贈厚山族(二) 晦山族以幽居三絶求和故次之(三) 書贈乃允族 沙月永慕齋與南川族月淵族容齋族叙話 新安書塾與陽來周應及權友舜卿夜話 渡河東蟾津江 過昇平府喚仙亭 雪裏吟 川上齋重建原韻 扶安棠北里訪故人崔學士彷徨池上景與意會仍成一絶 楚山政堂夜話從容使君忽哭同已曉起促行 過泰仁披香亭 抵深岩宋友方痛見悶 丙申四月與同志三四人遊白羊寺登藥師菴題德松上人詩軸 雙溪樓見圃隱詩牧隱記感而作 清流菴披玩金海士詩軸因次之 雲門菴少憇 慨世 次寒守菴韻 崔雲齋遠訪諸益追隨共打夜話 次大谷趙六十壽席韻 鄭艾山厚允兄遠訪詩以記懷(三) 丙申除夕

卷三

詩: 丁酉正月病卧川上見奇兄松沙三山齋韻倣武夷九曲用其韻以叙

幽鬱 立春大雪述懷(十) 病枕聞扶安石橋申友委訪與兒輩拈韻次以慰之 綾城梁尹兩新郎雅集 丁酉三月湖西紀行到恩津禹基與林有醒韓夢原共賦(六) 過蘇堤尤翁古宅喫蓴菜追感 丁酉三月過龍巢數日雅集(七) 次梅花詩 登公州獨樂亭 清州路上口呼(二) 丁酉暮春遊華陽洞(十一) 大邱新塘徐京厚字大若號晩華同賞路上口呼 與雲松鄭都事夜拈 登時山金氏松亭因次原韻 崔孤雲流觴臺 過龍山訪德菴高士不遇紫翠交映琴書整架怳然有隱君子風味適爲雨障仍獨宿朝看壁上有詩自警故因步和以備異日山中故事云(二) 藉呈湖西詞伯徐河石南錦農崔菊圃座下疇曩觴詠之餘實有難忘者存書難各幅詩或同情敢此露拙以博一粲 登松廣寺次李芝峯板上韻 題普照菴 題旺岱趙氏齋室 石壁有詩步其韻畫泉石之勝(二) 評兒輩詩軸次其韻(四) 次桂田申相國題倭扇韻 撥悶(二) 月波鄭友與諸益建新樠扁曰講習堂門外有禮石古人行禮於此故得佳名要余和詩敢忘荒蕪而續貂云 步左松宗人軸詩因爲贈別(三) 永思齋韻 戊戌五月訪晉州中山監役趙丈直教氏爲雨所障與其弟季豪甫拈韻十首以暢幽鬱 次鄭流石尋眞亭重建韻 贈別趙月山季豪兄 書贈鄭流石雲弼甫 次兒輩詩軸韻(二) 興陽宋老清風李童冒雨并到 偶題 題任友詩軸(二) 苦雨 蟬 無題 己亥暮春遊嶠南登雙溪寺青鶴樓此崔孤雲曾遊處因賦五絕 踰佛日嶺 上文昌臺 宿碧溪菴舊墟 登天王峯 己亥暮春遊嶠南於山見方丈於人拜月皐文丈寵賜瓊章敢次其韻以寓景仰 嵋山齋花樹會 梅洞叙話 勿溪書堂唱酬(二) 過雷龍亭適值講會鄭友周允與宋柳同出餞 獨上矗石樓 義巖 次涵月亭韻 江亭夜話 己亥三月卽安友汝涵花甲也汝涵深於文故當日善禱者綺作溢軸要余續貂旣後於時又被陳葉所占故將蕪辭以付其尾 題一忍齋 與安友相酬 己亥九月周覽月出山登永保崔烟村存養樓次金三淵板上韻 次廣岩玄氏此君軒韻 登鳩林會社亭 渡木浦津歎開港 過午湖逢風雨 遊采石(二) 宿草堂洞書室 月明菴次李御史韻 暫憩來蘇寺 龍巢與徐韶齋崔菊圃拈韻 到禹基與宋沙峯共酬 鳳山酬韓 庚子春與姨從韓瑞章南遊紀行登八影山萬景庵 西佛庵

松廣寺天子庵 仙巖寺 順天鶯子樓 喚仙亭 宿晞陽上白雲庵 登望德山 宿龜龍齋 入河東竹峙主人鄭以岳陽亭韻請和 用前韻贈別鄭李 晋陽月橫路中與趙月山季豪口呼 惺溪曺友仲昭贈詩故賡送 到中山崔友元則亦酬詩故和之(二) 敬友襄日路上增懷

卷四

詩: 沙坪幽居二絶 鄭友委訪共賦七律 寄題菊史堂 錦溪滯雪 登義塚慨然有千古不平之氣入從容堂周覽楣題仍次權石洲板上韻 又次鄭松江板上韻 登遊仙亭 贈鄭友士英 次翠柏堂詩會軸 禹陽小集 次君玉居詩軸 鎭安馬耳山 任實龍湫 錦溪有人傳韻語因以寫懷 次金回婚韻 泗川贈月淵族敬維臨別韻 入統營拜謁忠武公書院 登挽河亭 訪人不遇與奇友松沙同上天王峯追隨年少二十員各賦古詩故次之 又賦長律 河東岳陽亭次俞潘溪原韻 再宿雙溪寺 七佛庵玉寶臺(二) 柳二山共拈七絶 辛丑臘月以蘆沙集刊板事踰嶺南與月山趙友季豪入方丈欲爲守歲於中山路上口呼(二) 除夕三人鼎坐 新安書社設蘆沙集繡板之役與艾山鄭兄厚允待松沙奇友會一過期不到仍賦五言四律 上元日與鄭艾山鄭日新風呼新安江頭 梊所與諸益賦詩 與閔正言周賢聯笻到山陰登換鵝亭曾遊處也崔送酒一卓以助詩懷賦七絶(二) 讀崔勉菴疏有感 藥川鄭友元常平叔從兄弟來訪 次賦菊 次月山趙兄六十壽席韻 次龍淵堂韻爲看南極老人星宿八影山西佛庵 江洞草堂(二) 五鳳山龍湫 次育英齋韻 蘆下朴翁素抱魁奇幸荷一年同研遽然歲暮將理歸不可無贈別 壬寅臘月二十九日率眷入草幕洞 除夕 山居十詠(十) 任兄六十壽席要余來叅適憂采薪未副鄭重故敢賦荒蕪替賛祝岡之萬一云 藥川鄭友平叔歷叩(二) 孫兒輩會講因登山足爲一日消受各賦四律次之 新簷鷰巢見而有感 偶吟 次裵君乃玉五絶 雪裏菊 憫世 錦溪書屋贈尹漢坡 用前韻寄徐少年 江西洞鄭菊史拈韻要余賡和 除夕獨卧山屋有感 遊仙亭與尹漢坡團話 上沃川西大山時屬三月晦日兼賦餞春 乙己春錦峽雜詠(二)

輓崔溪南 乙巳中伏日孫兒爲詩會批評其軸仍有次 乙巳除夕 次大還亭韻 和廉蘆月寄詩 次永慕閣韻 丙午回甲日悲感而作 崔勉菴倡義檄文來到兒各賦詩故仍淡之 次柳二山六十壽席韻 江東李監察花甲奉慈稱慶仍有韻故次之 崔梅巢昔遊漢師以詩交者戞過於此留詩發明故次之(二) 外弟李君子瑞與我同庚計月數吾爲兄嗟乎世之同庚者多同志者少庚同志同者或有之親戚同者絶無也兼此三焉惟我二人而已今當庚日往叅其席叙天倫之樂侈作朋之眀而近一魔障忽添唇腫濵危僅甦末由巾櫛柰此何不獲已拈一韻以贖踈迂而管城子頭秃初不解人意且神思榛塞徒增感愴云 追後聞其原韻又次 見閔忠正竹葉圖感而作 讀尤菴書愴然有感(三) 聞勉菴捐生嗚咽哽塞和淚賦詩(二) 蔡氏龍淵精舍韻 藥川鄭友平叔遠訪 菊井 藥壠 曉起述懷 丁未除夕 戊申除夕前夜慨歎 晦山從叔回甲韻奉次 暮春兒輩花煎詩仍次(二)

卷五

疏: 甲午五月二十一日疏

書: 上蘆沙先生 上任皷山 與奇校理 答月皐趙監役 答崔勉庵 與崔勉庵(五) 與鄭薬史 與奇松沙(六) 與鄭艾山(四) 與閔正言(二) 答閔正言 答趙月山 與趙月山 答趙尚書 與趙尚書(三) 與寗齋李承旨 與李承旨 答李承旨 與李承旨 與宋

卷六

書: 答趙承旨(六) 與趙承旨(八) 與趙嶺伯(二) 答崔井邑 與崔井邑 與李進士(二) 答尹伊彦 與尹伊彦 與崔雲齋(二) 答吳球山 與吳注書 與徐都事 答金光伯 與尹亨三 答柳 與柳侯 答柳候 與裴此山 與徐五衛將 答丁侯 與李 與尹漢坡 與刋所僉座 與戚姪李美中 答廉景安 答沈亨仲 與沈亨仲 答徐郎 寄鎰鈺両兒 寄鏋兒

雜著: 錦陽山水誌 禹生行 蘆下說

卷七

序: 奉別夢翠族丈歸故山序 贈別崔學士小序 贈別蘆月廉君小序 星州李氏家乘序 贈別子敬小序

送裴乃玉歸故山序

記: 錦陽精舍記 壽松堂記 晩悟堂記 夢騷記 東溪書堂記 三笑堂記 老柏軒記 日峯精舍記 心潭記

題跋: 題石庵琴譜後 先稿跋 先王考贈通訓大夫司憲府持平府君實紀跋 先稿再刊跋

上樑文: 川上齋重建上樑文

祭文: 祭蘆沙先生文 祭潭庵任公文 亡弟再朞祭文 祭從叔進士公文 再祭文 祭監役趙公文 祭勉庵崔公文

卷八

家狀

遺事

卷九

附錄: 行狀(奇宇萬) 墓表(姜永直)

跋(李龍淳)

# 『일재유고(逸齋遺稿)』

## 1. 저자 소개

정홍채(鄭泓采, 1901~1982)의 자는 용부(容夫)이고 호는 일재(逸齋)이며 본관은 하동(河東)이다. 시조 정도정(鄭道正)은 삼국시대 말에 향병(鄕兵)을 훈련시켜 난에 공을 세웠으니, 이분이 성조(姓祖)가 되었다. 고려조에 이르러 문충공(文忠公) 정지연(鄭芝衍)은 관직이 찬성판선(贊成判選)에 이르렀다. 정희주(鄭希周)는 처음 이조(李朝)에 장령(掌令)이 되어 사마(司馬)를 역임하고, 교수(敎授)로 제수되었으나 나아가지는 않았다. 여러 대를 내려와 정운룡(鄭雲龍)은 태자(太子)의 스승으로 제수되었는데, 선조(宣祖)가 그의 바른 학문[正學]을 가상히 여겼기 때문이다. 임진란에 고창 수령으로서 온 힘을 다해 지켰고, 남원(南原)으로 옮기려 하다가 관사[官]에서 병으로 돌아가셨다. 광해(光海)가 사부의 구은(舊恩)으로서 좌승지(左承旨) 겸 경연참찬관(經筵參贊官)을 증직(贈職)하고, 관원을 보내 제사를 올리게 하였으니, 사람들은 그를 하곡선생(霞谷先生)이라 부르고, 월계사(月溪祠)에 배향했다. 고조는 정의열(鄭義烈)이고, 증조는 정재옥(鄭在玉)으로 위엄과 덕망이 있고 효행이 세상에 드러나, 수직(壽職)으로 통정대부를 증직했다. 조부는 난파(蘭坡) 정요현(鄭堯鉉)으로 학행을 갖추었고, 외조부는 동오(東塢) 조의곤(曺毅坤)으로 노사(蘆沙) 기정진(奇正鎭)의 문인이다.

일재의 아버지는 노수(蘆叟) 정순영(鄭淳榮)이고, 어머니는 창녕조씨(昌寧曺氏)로서 무우당(無憂堂) 조석휴(曺錫休)의 따님이다. 일재는 장성(長成) 광암리에서 태어나 조부 난파공에게 글을 배웠다. 후에 부친을 따라 어머니의 고향 모양(牟陽, 고창의 이명)의 석정(石汀)에 이거하여, 외삼촌인 흠재(欽齋) 조덕승(曺悳承)[30]의 문하에서 수학했다. 흠재는 노사 기정진과 송사(松沙) 기우만(奇宇萬)에 연원을 두었다. 15세가 안 되어서 경사자집(經史子集)을 모두 섭렵했다. 장성하자 국내 석학들을 두루 찾아가 견식을 넓혔다.

그러나 세상이 날로 어지러워지자, 구차하게 분수 밖의 영달을 구하지 않고 위기(爲己)의 학문과 실무(實務)의 학문에 마음을 두어, 위로는 복희씨의 역(易)에 이르렀고, 아래로는 송유(宋儒)와 우리나라 제현(諸賢)에 이르렀다. 노사 선생의 「납량사의(納凉私議)」와 「외필(猥筆)」 등의 글은 외우고 또 외우고, 익히고 또 익히며 말하기를 "정주(程朱)의 감추어진 열쇠[秘鍵]가 여기에 있어서 후학을 계도해주고 있다."라 하였다.

일재는 후진 양성을 자신의 임무로 삼았고, 그의 문하에서 독행의 선비들이 많이 배출되었다. 1982년 82세 노환으로 세상을 떠났으며, 고창의 북쪽 니당산(尼堂山) 동쪽 기슭에 안장되었다. 아내는 고흥 유제남(柳濟南)의 따님이고, 영밀공(英密公) 유청신(柳淸臣)의 후예이다. 슬하에 1남 2녀를 두었다.

## 2. 문집 구성과 내용

『일재유고(逸齋遺稿)』는 3권 3책 신연활자본으로 1984년에 간행된 정홍채(鄭泓采)의 시문집이다. 문집 형태는 4주쌍변(四周雙邊) 반곽(半郭)

30 조덕승(曺悳承, 1873~1960)의 자는 백거(伯據), 호는 흠재(欽齋), 본관은 창녕(昌寧)이다. 아버지는 조석휴(曺錫休), 어머니는 탐진송씨(耽津宋氏) 송기순(宋基舜)의 따님이다. 어려서 노사(蘆沙) 기정진(奇正鎭)의 문인이었던 조부 동오(東塢) 조의곤(曺毅坤)으로부터 학문을 시작했고, 21세 때는 조부의 유명에 따라 기우만(奇宇萬)의 문하에서 수학하였다. 저서로 『흠재문고(欽齋文稿)』가 있다.

22.0×14.0cm, 유계(有界), 반엽(半葉) 12행 29자, 상하향2엽화문어미(上下向二葉花紋魚尾) 27.5×18.0cm이다. 권두에는 서문이 없고, 권말에는 김영표(金永杓)가 1981년에 쓴 발문, 유용상(柳龍翔)이 1982년에 쓴 발문이 수록되어 있다. 이 문집은 국립중앙도서관, 아주대학교, 충남대학교에 소장되어 있다.

권1에는 시(詩), 서(書), 강의강설(經義講說), 잡저(雜著)가, 권2에는 잡저, 서(序), 기(記), 묘갈명(墓碣銘)이 수록되어 있으며, 권3에는 묘갈명(墓碣銘), 묘표(墓表), 행장(行狀), 비(碑), 전(傳), 제문(祭文), 발(跋)이 있다. 부록(附錄)으로 일재의 행장과 묘도비명(墓道碑銘)이 실려 있다.

권1에는 「근차회옹문공재거감흥이십수운(謹次晦翁文公齋居感興二十首韻)」을 비롯한 시(詩) 137제, 서(書)로는 외삼촌인 흠재 조덕승에게 답한 「답상흠구선생서(答上欽舅先生書)」가 가장 먼저 수록되어 있으며, 벗인 성암(省菴) 채규태(蔡奎泰)에게 답한 「답성암채우(答省菴蔡友)」 2통을 포함하여 총 114편의 편지가 실려 있다. 강의강설(經義講說) 1편은 경전의 요지를 깊이 음미한 글로 「중용서언심성(中庸序言心性)」·「중화(中和)」·「자로문강(子路問强)」 등 31편이 있고, 권1~2에 나뉘어 실린 잡저에는 『주자대전(朱子大全)』, 소씨의 『역해변(易解辨)』, 『율곡전서(栗谷全書)』, 소옹의 『황극경세서(皇極經世書)』, 노주(老洲) 오희상(吳熙常)의 「성위심주(性爲心主)」, 간재(艮齋) 전우(田愚)의 「성사심제설(性師心弟說)」, 「이기심성」, 『이정유서(二程遺書)』의 논의에 관해 조항마다 일재의 견해를 붙인 글들이 총 55편 실려 있다.

권2에는 잡저와 「밀양박씨가승보서(密陽朴氏家乘譜序)」·「오암유고서(梧巖遺稿序)」 등 23편의 서(序)와 「사산재중건기(泗山齋重建記)」·「모효재중건기(慕孝齋重建記)」·「삼산정기(三山亭記)」 등 58편의 기문, 그리고 「율수재선생박공묘갈명(聿修齋先生朴公墓碣銘)」·「가선대부동중추유촌김공묘갈명(嘉善大夫同中樞柳村金公墓碣銘)」을 비롯한 21편의 묘갈명(墓碣銘)

이 수록되어 있다.

권3에는 「의사송은최공묘갈명(義士松隱崔公墓碣銘)」을 비롯한 묘갈명 25편, 「한림학사강공묘표(翰林學士姜公墓表)」·「성재김공묘표(誠齋金公墓表)」를 비롯한 묘표 42편, 「도봉선생공공행장(道峯先生孔公行狀)」을 비롯한 행장 7편, 「월계서원유적비(月溪書院遺蹟碑)」·「강암신공호학장비(剛菴申公好學莊碑)」를 포함한 비문 25편, 「열부박씨전(烈婦朴氏傳)」을 비롯한 전기 3편, 「제술암송형문(祭述菴宋兄文)을 비롯한 제문 10편, 「송암속집발(松巖續集跋)」 등 2편의 발문이 실려 있다.

부록(附錄)으로 일재의 행장과 묘도비명(墓道碑銘), 일재유고발이 2편 실려 있다. 행장은 1981년에 김영표(金永杓)가, 묘도비명(墓道碑銘)은 1982년에 류용상(柳龍翔)이 작성하였다.

### 3. 문집 목차

挽孔雲石 寄題不日臺 挽下農窩 挽忍菴金公文 挽道軒姜兄 挽榜雲曺兄 田家秋興次課徒韻 田家冬興次課徒韻 挽月族叔 曺翁鶴承甲晬次韻 挽石雲柳公 挽月樵史家曺景安三絕 挽松川居士鄭三絕 挽星岡曺兄 次鶴亭原韻 次灘雲亭原韻 寄金友在彐 挽壺山下君 謹次文忠祠落成韻 訪宗友湖亭 追挽姜兄 祖孫同浴 挽普亭金兄(三首) 挽莊軒奇兄 追挽覺軒朴公 與城南洪兄分韻(二首) 雨中訪城南洪君 巳酉臘雪訪石泉朴君 石泉庄逢城南洪君 澹對軒感懷次李寧齋韻 赤壁七絕 勿染亭次韻 與石泉遊瑞石戱瑞石戱用蘇東坡八峽韻 元曉寺 又與石泉避暑至澄心寺次欽翁舅氏韻 泉庄盍簪 次錦原亭韻 謹次晦翁文公齋居感興二十首韻 謹和晦翁朱文公水調歌韻 奇金二益見訪 謹次晦翁文公黃雀鮓詩 次星農甲晬韻 丁未冬至次課徒韻 聞鴈 謹次牛山安文康公遺墟碑儒會韻 寄題淸溪精舍 畫家以梅蘭菊竹為四君字其言有理為賦四絕 過豊沛 次幼時鷄卵韻 九曲肝腸次武夷九曲韻 示姜童 寄題金孺人孝節事實錄後 挽方南居士曺公 挽强齋處士曺公靈輀 挽星谷居士柳公靈輀 茅亭齋柱聯

書: 答上欽舅先生書 與張友甫書 答安晦峯先生建碑所儒林僉座下 答士山祠秋享儒會 與月峯族秀佑數字 答金友書 答松潭李友書 答又遯金友 與崔春岡 答省菴蔡友(四篇) 答又遯金君書 與蓬山安兄 與道溪金友數字 答高益敬天 答宋斯文 答又遯金友書 與克軒李兄 與又遯金君 答梅石崔友書(二篇) 答省菴蔡友書 答金寧淮 答石泉朴友書 答淸溪精舍詩會 與淵下張友 與崔友省菴 與姜友菊史 與雪汀李忠章公文集中刊所 答武陽書院儒會 與樂軒宗人 答鄭友東樵 與金菊儂 與南崗金友 答樂軒宗人 與金又遯君良淑 與秀佑 答金君又遯 答安氏僉斯文送隱峯續集 與後石族從書 答李斯文送其松潭講學錄書 又答 答菊史姜友送武陽書院誌書 答奉秀才老鍾 與高秀才光來 答金兄澹齋鳳文 答蔡兄 答金兄 答奉秀才 答樂軒宗友慰問別紙 答姜兄克齋 答李秀才 答奉秀才 答金兄 與道兄 與月潭金兄 答金伯虛堂 答蔡松亭 與鄭德

中氏 與奇莊軒 答雙峯宗人 答梁正齋丈 與朴兄 答宗友樂軒 答宗人雙峯 答韓斯文書 答蔡兄 答金兄 答普亭金兄 答石泉朴兄 答蓬山安兄 答澹齋金友 與普亭兄書 與族弟書 答姨從漢明 答石溪金兄 寄興兒 與李友存杓 與金兄普亭 與任斯文蘭秀 答金君又邂(二篇) 答金兄春園 常山吟社僉尊座下 答金兄石溪 與蔡兄省菴 答黃斯文 與湖亭宗友 答湖亭宗友 答文忠祠 答蔡兄省菴 答金兄春園 答李童 駐越韓國軍鳩部隊內從弟覆覽 與金兄月潭 答宋兄逑菴 答宋 答安兄蓬山 與田友 答洪兄城南 答宋兄逑菴 與朴斯文(二篇) 答蔡兄 答蔡省菴 與安兄峯山 答李秀才 答宋逑菴 與宋兄 答金春園兄 與筆岩書院春享儒會書 答朴武卿

經義講說

雜著: 朱子大全 蘇氏易解辨 一栗谷全書 邵子皇極經世書 記理氣說附管見 老洲性為心主艮齋性師心弟說

卷二

雜著: 二程遺書 性為心主與性師說 看郭俛宇及柳玄谷心性說不同附愚見 性為心宰說 心腦合為神明說 理氣心性 理氣說擬上孔夫子書 東西洋風習美惡說 鄭圃隱趙靜菴兩先生說 子婦李氏說 載之曺從求病墨說 古山祠禮成祝文 枕銘 送尹教授南哲說 光舘逢李叔恒說 書林祠松沙先生奉安祝文 道峯先生從享祝文 松沙先生常享祝文 無號說 鶴後說 逸下自說 介川精舍重建飲落日告由文 介川精舍修契告由文 介川精舍修契請帖 吳韜菴先生奉安告由文 常享祝 記夢示李童峻寧 甲晬上廣巖阡 洞亭樑文 掌令公壇享禮成祝文 介川精舍重建飲落通文 戲毛生說 後松堂銘 皐天堂銘 君皇后望哭 上榛歲寒碑銘 恒窩銘 蘭谷說 書介川精舍誌編輯後 書強齋處士寢屏銘畢用其韻賛 書道峯筆帖後 書霞谷先祖壬辰疏文東里公小識後 道說

序: 壺仁伯季實記再刋序 密陽朴氏家乘譜序 慕孝齋門案序 陽齋事

實錄序 梧巖遺稿序 曲阜孔氏派譜序 草溪卞氏族譜序 醒齋遺稿序 同好案序 白下邊友六十一歲初度宴追序 河東鄭氏遯溪公派門會案序 河東鄭氏直長公派門案序 慕孝齋門案序 河東鄭氏慕孝齋派花樹會序 省菴遺稿序 送朴生序 河東鄭氏宗會案序 河東鄭氏門契序 晋州鄭氏世家續序 恬齋私稿序 晩山遺稿序 密陽朴氏司直公派譜序 海石謾集序 三娅甥館契序

記: 泗山齋重建記 慕孝齋重建記 三山亭記 介川精舍重建記 蓮坡記 安齋記 后醒記 魯氏追慕齋記 愚堂記 雲樵記 萬谷祠重記 心齋高公旌閭記 永慕齋記 壺山記 方山記 石山記 自耕齋記晩山亭記 永思齋修理記 梧軒堂重建記 赤壁日記 學生鄭公墓碑陰記 學生鄭公壇碑陰記 菊塢亭鄭公墓碑陰記 六世祖文巖處士公墓碑陰記 通德郎贈工曹參議鄭公墓碑陰記 學生金公墓碑陰記 海雲記 梧坡書藏室記 通德郎明陵叅奉金公墓碑陰記 通德郎鄭公墓碑陰記 學生鄭公壇碑陰記 學生黃公墓碑陰記 從叔父墓碑陰記 贈秘書院丞鄭公墓碑陰記 學生卞公墓碑陰記 蘆菴郭翁身後碑陰記 密陽朴氏三忠閣記 茅山祠講堂記 復齋續記 鼎山祠明德齋記 高隱記 密城朴氏追慕齋記 東谷記茅亭齋記 永慕齋記 鼎山祠重建記 平齋記 愚軒記 華東書院講堂記 鶴南記 東谷記 重軒記 豊沛山水記 追遠齋記 恭人柳氏旌閭重修記 致精齋記 鳳陽齋記 台江記

墓碣銘: 聿修齋先生朴公墓碣銘 嘉善大夫同中樞柳村金公墓碣銘 將仕郎中樞院議官曺公墓碣銘 承仕郎平壤敎官曺公墓碣銘 後松處士蔡公墓碣銘 極齋公墓碣銘 鶴南鄭公墓碣銘 林皐堂康公墓碣銘 同知敦寧府事魯公墓碣銘 戶曹叅議愚齋張公墓碣銘 學生趙公孝行碑銘 竹軒趙公繼孝碑銘 伴竹齋柳公遺墟碑銘 壺隱先生朴公墓碣銘 暾巖曺公墓碣銘 茅山壇碑銘 德泉處士金公墓碣銘 鶴亭朴公墓碣銘 軍資監判官九曲齋鄭公招魂藏碑銘 欽齋舅師墓碣銘 靑松堂柳公墓碣銘 松庵全公墓碣銘

卷三

墓碣銘: 義士松隱崔公墓碣銘 竹軒處士全公墓碣銘 青栢金君墓碣銘 司憲府持平嘲軒鄭公墓碣銘

東雲許公墓碣銘 通政大夫逸巖金公墓碣銘 禮谷朴公孝行碑銘 晩軒處士金公墓碣銘 進勇校尉部將李公墓碣銘 叅奉韓公墓碣銘 楚南居士高公墓碣銘 石友劉公墓碣銘 狼川縣監劉公墓碣銘 忍菴居士金公墓碣銘 道軒金公墓碣銘 晩翠居士奉公墓碣銘 松河居士鄭公墓碣銘 從仕郎贈通政大夫金公墓碣銘 鳳谷處士姜公墓碣銘 海石鄭公墓碣銘 晩翠居士崔公墓碣銘 樵隱居士愼公墓碣銘 南溪羅公墓碣銘 贈叅書官鄭公墓碣銘 竹圃鄭公墓碣銘 海州觀察府主事眞菴鄭公墓碣銘

墓表: 翰林學士姜公墓表 誠齋金公墓表 雲山郡守鄭公墓表 竹亭鄭公墓表 嘉善大夫同中樞府事鄭公墓碣銘 龍潭朴公墓表 耕隱黃公墓表 幸州奇公墓表 孺人全氏墓表 松溪朴公墓表 泗東齋孔公墓表 海史安公墓表 學生金公墓表 屛巖朴公墓表 學生趙公墓表 畏軒金公墓表 孝子韓公墓表 松皐鄭公墓表 春圃林公墓表 蘭圃府君墓表 雲石孔公墓表 栗圃徐公墓表 無號齋卞公墓表 松堂朴公墓表 茅隱鄭公墓表 東隱高公墓表 農菴徐公墓表 學生曺公墓表 三恨鄭公墓表 學生鄭公墓表 農隱金公墓表 鶴隱鄭公墓表 鄭生墓表 學生鄭公墓表 學生晋陽姜公墓表 道軒姜公墓表 淸巖姜公墓表 警齋鄭公墓表 月圃鄭公墓表 養心堂處士公墓表 溪堂鄭公墓表 學生鄭公墓表

行狀: 道峯先生孔公行狀 處士鄭公行狀 心松朴公行狀 晩悔堂金公行狀 湖松處士金公行狀 星谷居士柳公行狀 台江羅公行狀 先考蘆叟府君家狀

碑: 月溪書院遺蹟碑 剛菴申公好學莊碑 祖妣孺人金氏實記 錦初居士金公孝行碑 鎭安耆契碑 東倉里貯事實碑 屛巖朴公遺蹟碑 河東鄭氏三綱碑 司饔院直長孔公壇碑 孝烈婦青松沈氏碑 成均博士默窩先生李公講學碑 明農碑 晩翠居士奉公追慕碑 松菴林公里碑 雲谷精舍遺

蹟碑 吳浦上在均慈善碑 隱齋朴公本里有功碑 眞菴鄭公里碑 孺人愼氏節行碑 顯陵叅奉竹溪奉公孝行碑 孺人李氏碑 強齋處士曺公隱德碑 惺菴處士羅公隱德碑 愚軒處士林公景仰碑 淸溪姜先生南下碑銘 南岡文公遺蹟碑

傳: 烈婦朴氏傳 孺人朴氏傳 節婦吳恭人傳

祭文: 祭逑菴宋兄文 寄哭石泉朴友 祭莊軒奇友文 祭無號齋卞友文 祭售伯巽岡居士文 祭亡弟季文文 祭吳氏女墓文 祭蓮坡奇公文 祭族兄草峰文 誄愚軒處士林公文 誄春岡居士柳兄文

跋: 松巖續集跋 霞谷先祖遺集重刊跋

附錄: 逸齋先生鄭公行狀(金永杓) 逸齋鄭先生墓道碑銘(柳龍翔) 逸齋遺稿跋(金永杓) 跋(柳龍翔)

# 『입암집(立巖集)』

## 1. 저자 소개

남정우(南廷瑀, 1869~1947)의 자는 사형(士珩)이고 호는 입암(立巖)이며 본관은 의령(宜寧)이다. 아버지는 남구원(南龜元)이고, 어머니는 청주 한씨(淸州韓氏) 천손(千遜)의 따님이다. 1869년 의령군 유곡면(儒谷面) 판곡리(板谷里)에서 5형제 중 넷째로 태어났다.

입암 남정우는 둘째 형이었던 소와(素窩) 남정섭(南廷燮)과 우애가 깊었다. 1886년에 소와가 삼가(三嘉)의 묵동(墨洞)으로 거처를 옮겨 농산(農山) 정면규(鄭冕奎)에게 수학하자, 남정우도 중형을 따라 정면규에게 6년간 수학했다. 이후 24세(1892)에 입암은 조카 이천(夷川) 남창희(南昌熙)와 함께 노백헌(老栢軒) 정재규(鄭載圭)의 문하생이 되어 본격적인 가르침을 받았다. 타고난 자질이 중후하고 생각이 독실했던 입암을 두고 노백헌은 "결단코 끝까지 성취한 사람을 보지 못했으나, 유독 사형에게만은 깊이 바라노니, 힘쓰고 힘쓸지어다."(『老栢軒集』 권17, 書 「答南士珩壬辰」)라고 당부하여 각별한 애정과 기대를 보였다.

입암 형제는 면우(俛宇) 곽종석(郭鍾錫)과 후산(后山) 허유(許愈) 등 한주학맥의 인물들과도 폭넓게 교유했다. 1889년 면우는 21세의 입암에게 자 '사형(士珩)'을 붙여주었다. 또 30세(1898)의 입암은 한주팔문으로 불릴 정도로 학문이 뛰어난 홍와(弘窩) 이두훈(李斗勳)에게 글을 올려 가르침을 청하기도 했다. 1918년 홍와가 타계하자 그의 묘지명을 짓기도 하였다. 중형 소와는 홍와의 매제이다.

33세(1901)의 입암은 노백헌을 따라 신안정사에서 『노사집(蘆沙集)』 간행에 참여함으로써 송사 기우만, 송산 권재규, 명호 권운환 등과도 교분을 맺었다. 34세(1902)에는 신안정사에서 쌍계사 칠불암까지 4~5일간 면암(勉菴) 최익현(崔益鉉)을 배종(陪從)했다. 37세(1905) 을사늑약이 체결되자 스승 정재규와 면암 최익현이 노성(魯城) 궐리사(闕里祠)에서 의병운동을 논의할 때 입암도 참여했다. 1910년 국권이 침탈되자 만주로 망명하려는 뜻을 품었으나 노모를 봉양하고자 국내에 남았다. 1911년 스승 정재규가 세상을 뜨자 동문과 상을 치렀고, 이후 스승의 문집 간행을 포함한 추모 사업에 주도적인 역할을 담당했다.

74세(1942)에는 만주에서 독립운동을 했던 수파(守坡) 안효제(安孝濟) 문집 간행에 참여하다 그 사실이 발각되어 권재묵(權載默) 등 두 명이 죽고 수십 명이 투옥되었음에도 문집 간행을 멈추지 않았다. 1947년 고향에서 향년 79세의 나이로 세상을 떠났다. 장지는 유곡면 동쪽의 옥녀산(玉女山) 기슭이며, 슬하에 2남 1녀를 두었다.

## 2. 문집 구성과 내용

『입암집(立巖集)』은 원집 21권 11책, 속집 7권 4책, 부록 2권 1책으로 총 30권 16책이다. 원집은 1955년에 목활자본으로, 속집과 부록은 1966년 석판본으로 간행된 남정우(南廷瑀)의 시문집이다. 문집 형태는 4주쌍변(四周雙邊) 반곽(半郭) 18.5×14.7cm, 유계(有界), 10행 20자, 상2엽화문어미(上二葉花紋魚尾) 29.3×19.2cm이다. 원집의 권두에는 서문이 없고, 권말에는 조카 남적희(南迪熙)가 1955년에 쓴 발문이 수록되어 있다. 속집과 부록의 권두에는 서문이 없고, 권말에는 손자 남상발(南相發)이 1996년에 쓴 발문이 있다. 「입압속집후서」는 권창현(權昌鉉)의 『심재문집(心齋文集)』 권4에 수록되어 있다. 이 문집은 국립중앙도서관, 고려대학교, 성균관대학교 존경각에 소장되어 있다.

원집 권1~3은 시(詩), 권4~13은 서(書), 권14는 잡저(雜著), 권15는 서(序)와 기(記), 권16은 발(跋)·잠(箴)·명(銘)·찬(贊)·사(辭)·상량문(上樑文)·축문(祝文)이며, 권17~19는 제문(祭文)·묘갈명(墓碣銘)·묘비명(墓碑銘) 등의 묘도문이다. 권20~21은 행장(行狀) 및 유사(遺事)·전(傳)이 수록되어 있다. 속집 권1은 시, 권2~권6은 서(書), 권7은 잡저·서(序)·기·발·잠·사·제문·묘갈명·행장이 실려 있다.

권1~4에는 자신을 경계하는 「자경(自警)」을 비롯한 500여 제의 시가 실려 있다. 「경차백형유연정운(敬次伯兄悠然亭韻)」 「소무이구곡근차주부자무구권가십수운[옥녀봉](小武夷九曲謹次朱夫子武九權歌十首韻[玉女峯]」 등의 차운시, 「신안정사여제우창수(新安精舍與諸友唱酬)」, 「독소대창수(獨嘯臺唱酬)」 등의 수창시, 「만최송와(挽崔松窩)」, 「만월고조공(挽月皐趙公)」 등의 만시가 상당수를 차지한다.

권4~13은 서(書) 339편의 편지가 실려 있다. 스승 정재규에게 보낸 편지 「상노백헌정선생(上老柏軒鄭先生)」 등 7통이 가장 먼저 수록되어 있다. 농산 정면규에게 올린 「상농산정선생(上農山鄭先生)」 등 3통, 송사(松沙) 기우만(奇宇萬)에게 올린 「상기송사(上奇松沙)」 등 2통, 면암 최익현에게 올린 「상최면암(上崔勉菴)」, 계남(溪南) 최숙민(崔琡民)에게 올린 「상최계남(上崔溪南)」, 면우(俛宇) 곽종석(郭鍾錫)에게 올린 「상곽면우(上郭俛宇)」가 실려 있다. 또 송산 권재규에게 보낸 「여권군오(與權君五)」 등 13통, 율계 정기에게 보낸 「답정경회(答鄭景晦)」 등 13통, 사인(士仁) 권우현(權友鉉)에게 보낸 「답권사인(答權士仁)」 등 18통, 중양(仲陽) 안창제(安昌濟)에게 보낸 「답안중양(答安仲陽)」 등 7통 등이 실려 있다. 총 226명에게 보낸 편지를 통해 입암의 활발한 교유관계를 확인할 수 있다. 특히 홍와(弘窩) 이두훈(李斗勳)에게 보낸 「여이홍와(與李弘窩)」 등 5통, 중재(重齋) 김황(金榥)에게 보낸 「여김이회(與金而晦)」 등 12통을 통해 한주학맥의 인물들과도 교유하고 있음을 알 수 있다.

권14는 잡저(雜著) 16편이 실려 있다. 의령 자굴산 유람을 기록한 「도굴산유록(闍崛山遊錄)」이 가장 먼저 수록된 글이다. 면우 곽종석 문하 제자들이 『대학(大學)』을 강한 내용을 분석하여 조목마다 입암의 견해를 밝힌 「면문대학강의절변(俛門大學講義節辨)」이 있고, 입암의 문인들이 『중용(中庸)』에 관해 토론한 것을 논평한 「비재거제생중용강의(批齋居諸生中庸講義)」가 있다. 그 외에도 예(禮)에 관한 글인 「가례증해차의(家禮增解箚疑)」 「복제설고증(服制說攷證)」 등이 있으며, 자설(字說)로 「이여직자설(李汝直字說)」 「노대여자설(盧大汝字說)」 「권사인자설(權士仁字說)」 「김원좌자설(金元佐字說)」 등이 수록되어 있다.

권15는 서(序) 11편, 기(記) 23편이 실려 있다. 「대학강의서(大學講義序)」·「의재문집서(毅齋文集序)」 등의 서문 외에도 「암서계안서(巖棲契案序)」·「이이계서(二以契序)」 등 계(契)의 서문이 다수를 차지하며, 「운곡강당기(雲谷講堂記)」·「경수재기(敬修齋記)」 등 건축물에 대한 기문이 대부분이다.

권16은 발(跋) 21편, 잠(箴) 1편, 명(銘) 6편, 찬(贊) 3편, 사(辭) 9편, 상량문(上樑文) 5편, 축문(祝文) 4편이다. 발문으로는 「서계와유고후(書桂窩遺稿後)」·「과재유고발(果齋遺稿跋)」이, 초상화에 대한 찬으로, 「권송산화상찬(權松山畫像贊)」·「김매서유상찬(金梅西遺像贊)」 등이 있다. 또 「권공겸자사(權孔兼字辭)」·「권군일자사(權君一字辭)」·「권도삼자사(權道三字辭)」 등의 자사(字辭)와 「유동언애사(柳東彦哀辭)」·「정회부애사(鄭晦夫哀辭)」 등 애사(哀辭)가 실려 있다. 「도곡재상량문(道谷齋上梁文)」 「성유재상량문(誠有齋上梁文)」 등의 상량문과 「운곡정사봉안주부자영정고유문(雲谷精舍奉安朱夫子影幀告由文)」 「수월당전공문집고성문(水月堂田公文集告成文)」 등의 축문이 수록되어 있다.

권17은 제문(祭文) 45편으로 스승 노백헌 선생의 「제노백헌선생문(祭老柏軒先生文)」 두 편이 맨 먼저 수록되어 있으며, 정면규·최익현·이두훈 등의 제문이 있다.

권18은 비(碑) 6편, 묘지명(墓誌銘) 11편, 묘표(墓表) 8편이 실려 있다. 비문으로는 「안악이씨묘단비(安岳李氏墓壇碑)」·「김효자포행비(金孝子褒行碑)」 등이, 묘지명으로는 「홍와이공묘지명(弘窩李公墓誌銘)」 등이, 묘표로는 「노백헌정선생묘표(老柏軒鄭先生墓表)」·「명호선생권공묘표(明湖先生權公墓表)」 등이 있다.

권19에는 「처사권공묘갈명(處士權公墓碣銘)」·「부호군남공묘갈명(副護軍南公墓碣銘)」 등 33편의 묘갈명(墓碣銘)이 수록되어 있다. 권20~21에는 「농산정선생행장(農山鄭先生行狀)」·「중형소와선생가장(仲兄素窩先生家狀)」을 비롯한 11편의 행장(行狀), 「둔재정공유사(遯齋鄭公遺事)」 등의 유사(遺事) 11편, 「열부남씨전(烈婦南氏傳)」 전 1편이 실려 있다.

속집(續集)의 권1은 원집에 수록되지 않은 시 256제가 실려 있다. 「자경(自警)」이 맨 처음 수록되어 있으며, 「탄학부진(嘆學不進)」·「임우탄(霖雨歎)」 등의 시가 있다. 권2~6에는 원집에 수록되지 않은 서(書) 174편이 실려 있는데, 스승 정재규에게 올린 편지 5통을 비롯하여 정면규·최익현 등에게 보낸 편지 등이 실려 있다. 권7에는 원집에 실리지 못한 잡저 9편, 서(序) 1편, 기 6편, 발 10편, 잠 1편, 사 2편, 제문 5편, 묘갈명 1편, 행장 2편 등이 있고, 부록은 입암에 대한 만장(挽章)과 제문(祭文), 그리고 사장(事狀)·묘지명(墓誌銘)·묘갈명(墓碣銘) 등이 수록되어 있다.

### 3. 문집 목차

卷一

詩: 自警 敬次伯兄悠然亭韻 海遊篇 鷲子樓 鳴旨島 石愚權丈生朝醉吟 陶丘臺 洗心亭 山天齋 新安精舍與諸友唱酬 宿汀湖李星範家 勿溪亭陪崔勉菴先生共賦 次龜潭郭丈六十壽詩韻 蟾江舟中次一蠹先

生韻 鍤巖 七佛洞口 花開路中聯句 吉更嶺聯句 小武夷九曲謹次朱夫子武九櫂歌十首韻(無題) 小武夷九曲謹次朱夫子武九櫂歌十首韻(黑巖沼) 小武夷九曲謹次朱夫子武九櫂歌十首韻(玉女峯) 小武夷九曲謹次朱夫子武九櫂歌十首韻(跋尼山) 小武夷九曲謹次朱夫子武九櫂歌十首韻(石堡沼) 小武夷九曲謹次朱夫子武九櫂歌十首韻(寶德山) 小武夷九曲謹次朱夫子武九櫂歌十首韻(全萬沼) 小武夷九曲謹次朱夫子武九櫂歌十首韻(屏岩沼) 小武夷九曲謹次朱夫子武九櫂歌十首韻(馬頭沼) 小武夷九曲謹次朱夫子武九櫂歌十首韻(島內坪) 次李弘窩鳳東新庄卜築韻 又次鳳東二十四咏(九砮橫月) 又次鳳東二十四咏(萬黛行雲) 又次鳳東二十四咏(南樓曉角) 又次鳳東二十四咏(東臺夕烽) 又次鳳東二十四咏(錦上紅旭) 又次鳳東二十四咏(玉下青林) 又次鳳東二十四咏(連陵落照) 又次鳳東二十四咏(會川漲流) 又次鳳東二十四咏(琴谷牧笛) 又次鳳東二十四咏(繡郊農歌) 又次鳳東二十四咏(御井洌水) 又次鳳東二十四咏(聖壇和風) 又次鳳東二十四咏(巢鶴瑞靄) 又次鳳東二十四咏(飛鳳晴嵐) 又次鳳東二十四咏(大道馳馬) 又次鳳東二十四咏(遠市歸人) 又次鳳東二十四咏(獅巖霜葉) 又次鳳東二十四咏(蛙岑雪松) 又次鳳東二十四咏(五亭漁火) 又次鳳東二十四咏(一陽績燈) 又次鳳東二十四咏(曲頭石塔) 又次鳳東二十四咏(大筏沙場) 又次鳳東二十四咏(釵嶝軟草) 又次鳳東二十四咏(鏡峰奇花) 挽權子强 奉讀綏石權重彥西遊諸作拈其首篇烟字韻作古詩一篇以呈 謹次素窩仲兄獨嘯臺韻 挽護軍安公(二首) 挽再從叔謹小齋(三首) 挽伽南姜公(二首) 挽克窩族兄(二首) 挽姑夫李公(二首) 次瑟陽郭夫壽韻 奉呈河梅谷 呈安仲陽 山齋客至分韻得事字 挽姜砮山 挽崔松窩(三首) 李壽山子剛新構書塾扁以杏陽有詩求和 挽李希覺堂(三首) 挽晩求李公(二首) 老柏師門六十生朝敬次先生是歲元朝韻 又次先生胤子元卿獻壽韻 贈李性純 挽后山許公 挽李丈(二首) 甲辰重九晢勿溪與諸益賦菊 挽月皐趙公(三首) 田君說卿於某壽親之日為歌古今各體以志喜請

余和之僅步其古詩一篇 明石洞與新蕃諸友約會 翌日為諸友固挽上竹村草堂 乙巳孟夏陪老柏先生登闍窟上峯 呼兒抽韻直拈其所知字 松山權君五與其從弟習齋子德見訪同上鼓樓巖 挽李聖重 挽權疇叔(二首) 獨嘯臺唱酬 東華齋贈別宋桂山德中 偶愛亭用分手易前期分韻得易字 挽郭龜潭丈 迂堂曺元教往候勉菴先生於馬島幽所 寄呈南叙五(二首) 挽李碩窩 挽趙丈雲見 奉和柳晦岡子中獻壽韻 滯雨杏陽亭與壽山唱酬 翌日夜天晴月朗 偶愛亭雅集 鼓樓岩聯句 小武夷聯句 次鄭景晦壽母生朝韻 挽權明黎 挽南應珍(二首) 挽勉菴崔公(二首) 挽李丈(二首) 奉贈南養叔南應珷(二首) 聞梅谷河丈來住東山齋久擬一晉叙鬱怕暑未能姑以一律先之 六言一絕贈鄭司果汝賢 挽吃窩李公(四首) 挽三從姪聽灘(二首) 次沈景晦壽親韻 挽李琴史(四首) 贈別鄭君思叔(二首) 送松隱安仲陽去國之遼東 老柏軒先生挽 老柏書舍校先生遺文訖拈韻 贈李君化若 挽崔敬晦 挽鄭日新 挽李遯溪 酬黃君聲遠 挽進士金公(二首) 金君而晦臨別求詩 挽三從兄善若(二首) 壽田子尚王六十生朝 挽陳起巖 洪性浩感其先祖知止軒先生四箴有詩俾余和之 挽鄭海山(三首) 追挽鄭雲躍 聞有田氏九十一歲翁往拜之長眘皓髮酬答不錯少頃酒至味極清冽 與田松溪斗泳訪修道寺 四月十日會武夷契於東華齋 與晚山拈韻叙別 族孫而一來訪 往在甲辰春得一株杏於同里友人李德載植先亭下今已十年而枝葉甚繁清陰滿庭因吟(三首) 次權景孝壽親韻 謝三從弟子相送夏纓 權君孔述訪我於小武夷溪上相携數日或吟咏或講誦足以慰涔寂之懷及其歸也不可無一言以贈 苦熱叫鬱適得李化若詩書讀之不覺胷襟爽然 晚松鄭丈六十生朝其胤夏卿作詩志喜追次其韻 悠然亭同南養叔唱酬 次鄭穉貞壽親韻 次族弟道一壽親韻 乙卯正月金君而敬而晦來訪携登偶愛亭 二月二日同綏石叙懷 挽權丈(二首) 次金仁可先旌韻 悼吳和益 丙辰新元與李化約聖若共賦 挽盧英玉 謹次弘窩翁甲日書懷韻 與金翼夫赴老柏書舍會路中拈韻 滯雨溪與鄭素泉唱酬 滯雨達村與李上舍春卿共吟 四月旬日會武夷稧於東華齋 次姜

周弼壽親韻 贈姜明彦(二首) 偶愛亭同諸友唱酬 同趙允汝遊武夷溪 挽剛齋李公 訪李原禮 挽鄭章允 追悼李晉淑(二首) 挽洪性浩 農山先生挽(二首) 與新蕃諸公登貞山齋 贈族姪汝甫 敬慕亭講會後拈韻 挽李小峯 贈徐文郁(二首) 挽安明現(二首) 省杜谷阡 挽守坡安修撰(三首) 挽權石愚(二首) 挽族從周瑞 次老杜韻呈沈永源 挽表兄權承旨(三首) 挽權丈 挽李弘寓 李君士毅於其大人公六十生朝廣速一鄕長少會者殆數百人壽畢示以飾喜詩及其從叔壽山次帖步韻以賀(二首) 次李丈聽川亭韻 悼李聖若 追悼田載實 次韻族姪雲吉雙親回巹志喜詩 挽朴玉汝 挽宋毅齋羽若(二首) 挽趙景善 挽三從叔(二首) 海山亭次鄭寢郎可誠志感韻

卷二

詩: 台巖齋幽居 挽俛宇郭公(二首) 台巖齋同安枕泉 與成君象一外孫鄭九容消景台岩齋 田斗泳來訪雨中看書 挽權緩石重修 挽安處宗示首 挽安丈石心 挽沈致善(二首) 挽田晉元(二首) 蓬萊亭盛集 挽趙西川(三首) 挽李泰益(三首) 台巖齋霽景 庚申七月金君而晦見訪及歸留古詩一篇大抵皆傷時憂道之意而欲與之勉勉同歸于正也追次其韻以寄 次許羽用勿里書堂原韻 族君汝明冠子日有感挽安愚軒 悼田汝吉 次田元淑復陽亭韻 挽權賓卿(二首) 挽四從兄 偶吟(二首) 奉和德川姜公遺事諸咏 次朴允敬壽親韻 辛酉七月養叔宗人見訪同上敬慕亭 次養叔花溪幽居韻 壬戌仲春桂山來訪族兄愼菴致九同座 挽李丈成若 挽河致周 挽權西潭 挽田丈 挽李承旨(二首) 挽安菊史(二首) 挽安丈大汝(二首) 悼柳季雷 送南衡仲之遼西 挽權平仲(三首) 挽辛道卿 挽族兄致九(二首) 挽田春庵(二首) 黃聖中自盤谷搬移世干一日訪我於竹下小屋誦其移居詩求和 偕松溪渡盤谷前川松兄失足墮橋詩以解之 旣解之繼之以勉 諸生讀書之暇掘山趾得泉清洌可飮以筧引流竹쌘中抵庭端一景也其餘流汨汨過園圃將割圃數頃鑿池種蓮以備山居幽賞為詠小詩

(三首) 次盧正則閤夫人鄭氏旌閭韻 初夏東華之會又新丈贈以詩卒卒未和因袖而歸岩齋秋日始乃思及遂步其韻以呈 權戚君雷卿於其慈幃淑夫人壽席詩以志喜次韻奉賀 次烈婦南氏殉烈追感韻 挽沈孔玉 挽鄭晩松(二首) 追挽崔舜一 次李孔訓壽席韻 次族君雲慶壽親韻 次道谷齋韻寄權先卿 次姜氏三孝旌閭韻 金君鳴夫遠訪可感詩以奉勗(二首) 挽田寓耕 挽李斗山 次姜乃允六十生朝韻 族君敬眞壽母有詩時壬戌十一月也次韻奉韻 奉和梅西翁六十生朝其允子而敬而晦志感賦詩 挽權石樵道敏(二首) 諸君吟瀑布示之戲和 先仲兄素窩集告成感吟 次柳重晦六十生朝韻 次鄭應見壽親韻 次盤谷亭韻 甲子除夕述懷(二首) 謹次洛峰亭原韻 挽盧丈 次薛仁錫姜許氏殉烈追感韻 感吟示李倓(三首) 奉勗李君達材 挽李德載 悼三從弟子相(二首) 挽李主事(二首) 族曾孫賢卿直卿壽其雙親回甲有詩用其韻以賀之 謹次龍湖祠韻寄陳孝源 冬日折梅枝插甁水中置諸案上旬餘見花 己巳示朝感吟 元月八日夜月色正好從孫相哲適來誦其從兄新元感吟輒用其韻 挽李孔訓 次姜贊善大人公三巖韻 挽成桂窩 挽李汝材

挽宋恆齋直夫(三首) 挽李敬春 金君亨幹望中適來諸友喜而唱酬輒次其韻 挽周致珍 挽姜仁用 田君汝鳳帶秋而至與諸公拈韻叙懷 與齋居諸君登玉女峯 鄭公直來訪拈韻(二首) 示諸友 宗姪夷川六十一歲壽席喜賦(二首) 挽權癡齋 歲暮山中贈別成台彦姜友行二君 挽尹舜衡(三首) 次挹江亭韻 次四友亭韻 悼權先卿 權致華六一晬辰其胤友鉉君預著喜懼說以示為賦二絕奉賀 次鄭文擧晬韻 挽田應三(二首) 謹次壁山亭韻 次李明善玉洞精舍韻 次權慶瑞雙石韻 挽權致華(二首) 姜景三壽席醉賀 挽李卓序 挽柳臨齋(四首) 聞遼東寓安仲陽與其妻子親屬及其壻鄭思叔七人俱遇害於奉天亂兵驚歎賦此(二首) 挽尹丈 兄孫相奉為勢所迫見寓晋府有感吟詩讀之其情戚然次韻以慰(三首) 挽奇仁伯 挽鄭德卿 挽周勉五(三首) 挽鄭泰見 挽鄭可誠 挽李監理 奉贈趙君順集(二首) 謝李周汝贈靈壽杖(二首) 哭安節士雲翼 挽河義文(二

首) 同梅西自法勿至龜坪龜陰齋與諸公唱酬 癸酉立春日謹次退陶立春題門牕二絶韻 次龍山亭原韻 宋晦叔喪明後有抱孫之慶知舊相愛者咸作詩為奉慰之資遂步其韻 挽宋兒爰(二首) 挽李致受 挽金小塘(二首) 挽郭明見(二首) 謝崔鎬彦臨別見贈 權景孝冠子有詩余忝在賓位不可無知 明石亭拈韻共酬 次崔氏小宛亭韻 挽黃景涵 次黃學汝詠歸臺韻 挽李德一 挽權雲卿(二首) 挽沈孟雷(二首) 挽姜公 挽鄭丈山鳳瑞 挽李芋山泰規(二首) 挽鄭聖擧(二首) 松山權兄以其仁谷書堂新成詩示之遂次韻 家弟予若回甲日感吟 讀安義士傳 挽南汝善(二首) 挽盧伯勳(二首) 挽曺惺齋忠可 挽許敬載 挽李仲實 挽鄭景璣 挽曺丈應遠(二首) 挽李上舍春卿(二首) 挽安丈瑞七(二首) 挽李丈(二首) 挽李性肖 挽李惟中(三首) 挽柳善一(二首) 挽柳重晦(二首) 挽李周善 和金尚三記夢詩 挽尹希瑞 悼李叔見 族君可仁治小圃栽花草數百本玩賞以自適友人李壽山子剛題其楣曰春塢詩以咏嘆遂次其韻 次德陽亭韻 次田君子尚壽親用朱子壽母詩韻 次徐相殷壽母韻 次成氏與孝堂韻 仁谷書堂用退陶集中韻相酬 浣溪書堂與寧齋權致若拈韻 悼李汝寬 挽李道唯(二首) 悼鄭思叔(二首) 登涵育齋 次沈敬晦回甲韻 挽許夢弼(二首) 挽姜乃允 徐君雲集以詩請和余有憂戚口絶聲韻久矣但其求益之意非尋常吟詠比不可終默

卷三

詩: 汝山齋成謾吟 齋成日得大石龜於庭之左後從子迪熙又得小石馬於亂磧中置庭之右皆不偶也感吟一絶 挽姜女用(二首) 安村秋夜同李百初金胤敬金克夫唱酬 挽權竹坡(二首) 挽趙石吾 賀族弟孟玉六十壽席 挽李丈德明(三首) 挽安庸汝(三首) 岐陽歸路訪東華齋朝卿孝贊卿諸友適在翌日雨未發 訪金仁可山庄 權君孔述於其大夫人壽席用朱夫子壽母詩韻歌以獻觴見寄求和 修巖亭與沈建七應章諸公用板上韻次樂友堂重建韻贈吳和宣 李平叔見訪云遊八公伽倻而來 松山仁谷書

堂築塘種蓮見十朶花賦十絶示余和之 挽姜公翼 挽李泰仲(三首) 挽李原善(二首) 趙汝仁六十壽席為寄近體一頁 挽宋瑞仲 挽李舜成 挽薛錦巖(二首) 戊寅正元李甥星範袖一軸三詩而來乃李正贊陳孝源暨李君鍾和除夕吟也星範又傳二兄之言促余步和 挽李德彥(二首) 挽李愚川 悼奇孔吉 挽安淵坡(二首) 酬星範僑居感懷作 挽李聾窩德見 崔直夫裵漢永權浩仲諸兄來訪因偕訪李子剛臨川亭 權朝卿甲日次韻 挽成孟華(二首) 挽權司果(三首) 次李泰進西叟軒至日會韻 訪可林李氏采薇亭 后山書堂行菜禮後諸公感吟韻 次許致可學稼臺韻 挽沈建七(二首) 鄭生性守吾友思叔子也自遼東還故國拜先墓省諸親歸路訪我於汝山見其沉重端慤又守得舊樣冠髮宛然是亾友典型一悵一喜為賦短律以贈之 洛峰亭與安惺菴復初金小隱應夫共賦 挽權又新 己卯元朝 挽李英振 同西岡松山諸友自柏舍往雲谷 挽田允章(三首) 次念修齋韻 次沙月亭原韻 次金聖瑞大人過齋扁韻 次盧善良六一生朝韻 挽崔直夫 挽河正明 挽李士允 權景孝遊金剛復路謁陶山書院而歸為賦一詩仰呈以見嘆羡之意 己卯六月二十四日家屋火 八月一日重建 奉賀孫應天大人八十壽辰 次懷葛堂韻 次族君可仁六一生朝韻 金君而晦以詩贈從孫相奉玩味久之遂次其韻寄呈 挽南致休(二首) 次申氏永思齋韻 悼南乃中 滄江亭與具而楫諸公唱酬 雲塘精舍奉贈主翁許而煥 次南聖洛華山草廬韻 竹陰堂契會日與權氏諸友感吟(二首) 雨留東華齋 挽李禹汝(三首) 挽具校理(二首) 挽金應夫(二首) 挽金仲衍 挽李性哉 挽田汝仁(二首) 悼李士毅 挽崔士淑(三首) 李明善次汝山齋韻見贈不可無謝田說卿以六一生朝詩求和別賦古體一篇寄之 挽尹友見(五首) 次丁氏清宜亭韻 權君命遠六一生朝余赴醉酬賓之酌因次其感吟韻君乃吾友覺齋之季方也 辛巳六月有雪霜之變 權君雷卿新構可谷精舍要諸公納涼於其中子剛朝卿景孝及余而敬眞孔述文見亦與焉拈韻唱酬 食瓜聯句 喜雨適來以須臾慰滿三農足分韻賦詩得須字 同子剛朝卿景孝訪一源亭曾與李君士益有約故也 遊鳳凰樓夜宿禪房田君善元為辦濟勝之

具 挽李汝剛(二首) 曺君仲元六十生朝次其子永友獻壽韻 挽鄭德秀(二首) 挽李達三(二首) 次盧禮重居敬軒韻 挽梅西金舜孚 挽陳孝源(二首) 挽李貞允 挽李箕五(二首) 挽具而楫(三首) 挽君舜明(二首) 挽安義允(二首) 次鄭氏追遠齋韻 次徐文郁素履齋韻 挽李星範(三首) 挽李文一 悼成士謙(二首) 挽族弟孟玉(二首) 挽河聖洛 病中和都聖武 悼金士文 挽尹善卿(二首) 挽李致見 挽再從姪聖若 挽宋晦叔(二首) 悼陳泰淑 權子三以詩見寄不可無和 挽曺迂堂元教 挽黃學汝 挽朴鎭五(二首) 悼田元謙 挽鄭文擧(二首) 挽南見五(四首) 挽辛大允(二首) 挽田元淑(三首) 哭許甥允寬(三首) 挽許明可(二首) 次李孔承見贈韻 晩翠金誠賓關西高士也周遊湖嶺歷路見訪為賦小詩以贐三首 挽李重久 悼吳和宣 挽李舜河 聽琴亭贈金舜衡

卷四

書: 上老柏軒鄭先生 上老柏軒先生(三篇) 上老柏軒先生四禮或問劄疑 上老柏軒先生(二篇) 上農山鄭先生 上農山先生(二篇) 上崔勉菴 上許后山 上崔溪南 別紙 上郭俛宇 上奇松沙(二篇) 與李是菴 與權明湖 答權明湖 與李弘窩(二篇) 答李弘窩 與李弘窩(二篇) 與趙丈答盧丈 與宋德中 答宋德中 別紙 與權重彥 答柳希輿(二篇) 與柳希輿與曺元教 答文士憲 與金舜孚(二篇) 與宋羽若直夫 答李惟一(二篇)答柳子中 與李敬春 答沈建七(二篇) 答具而楫 答李達三 答周致珍 答郭啓旭 答安仲陽 與安仲陽 答安仲陽(二篇) 別紙 答安仲陽(三篇) 答高山書院僉氏

卷五

書: 答權君五 與權君五 別紙 與權君五 答權君五 與權君五(二篇)答權君五(二篇) 與權君五 答權君五(二篇) 與權君五 答權君五 答安明現 與鄭子休 與李文叔 答鄭可誠 與李白初 與尹希瑞 答南致休 與

洪性活 答姜文用疑問 與南應珍 答南應珍 答李源禮 答李重立(二篇) 答李重載 答安復初 答李汝材 答趙景善 與李士允 答金相七 與田斗泳 答田斗泳 與田斗泳(二篇) 與許致可 與李舜成 與金胤敬 答徐性逸 與辛道卿 與姜乃允 答雨養叔 答盧正則 與鄭翊之 答田道亨 與權子德 答權子德 與崔淳若 答李正贊 與李舜敎 答田汝仁 答姜景三

卷六

書: 答李重可 別紙 答李重可 與曺仲謹 答尹友見 答李子剛(二篇) 答鄭道彦 與權應詔 與柳重晦 與李泰進 與權贊文 答陳孝源 答鄭公直 答鄭聖七 答權浩仲(二篇) 答徐文見 與鄭穉貞 答沈孔玉 與許甥允寬 答權朝卿(三篇) 與權朝卿 答沈應章 答李仲實(二篇) 答李仲實李惟中 答李惟中 答李明善(三篇) 答鄭疇卿 答盧禮重 與尹忠若 答李伯陽 答田德和 答權景孝(五篇) 答鄭平彦 與鄭蓍卿 答鄭蓍卿 答鄭元卿 答趙汝仁 與趙汝仁 答趙汝仁禮疑問目 答文善鳴 答宋可極 答成道見(三篇) 答權子玉 答洪泰範 答南舜卿 答鄭景璣 答田雨現 與鄭殷範

卷七

書: 答鄭景晦(四篇) 重答鄭景晦 答鄭景晦(八篇) 與李致先 答李致先(二篇) 與宋晦叔 答黃景涵

答金翼夫 別紙 與金翼夫 答金翼夫(四篇) 答南和允雲慶道敬汝明時彦(二篇) 答南道敬(二篇) 答吳仲遠 答李化若(二篇) 答權子三 答權贊卿 與鄭思叔 答鄭思叔 答金仁可 答李仁則 答姜周弼(二篇) 答李文一 答朴明五 答裵明五朴大仲李德明 答裵泳健 與李性純 答李性純

卷八

書: 答鄭晦夫 別紙 答鄭晦夫(三篇) 別紙 答鄭晦夫(二篇) 與鄭晦夫 答鄭晦夫 與柳東彦 答柳東彦 答柳公懋 答李舜謙 別紙 與鄭婿而

敬 答田處明 答黃聲遠 答田舜衡 答安泰京 答朴允敬(二篇) 答盧仁八 答田載實 答李達善 別紙 答李近七 答金士文 答郭振遠 答李士毅(二篇) 答周成三

答成準三 答成道中 答成道中問目 答成道中 答田子尚(四篇) 答田子尚喪禮問目 答田子尚(三篇) 答田子尚問目 答田子尚 與權正叔 答金而百 答李德夫 答徐達三

卷九

書: 答南敬眞(四篇) 別紙 答南敬眞(二篇) 答李書卿 與李光汝(二篇) 答金而敬(二篇) 答李大遠 與李士振 與李致成 答金孔欽 答柳聖欽 答沈正玉 答李昌煥 答李士益 別紙 答李士益(二篇) 答金舜衡 答鄭而仲 答金而晦(六篇) 別紙 答金而晦(二篇) 別紙 答金而晦(二篇) 別紙 與金而晦 答金而晦(二篇)

卷十

書: 答權雷卿(三篇) 答李昌實(二篇) 答李汝貞 答金中五 答李孔承 答盧允執 答金禹彥壇享儀節疑問 答李聖若 答吳和宣 答權孔述(四篇) 別紙 答權孔述 別紙 答權文見 答金聖玉(二篇) 答鄭聖圖(三篇) 答鄭聖與 答鄭升卿 答都聖武 答田汝鳳(二篇) 答李性剛 與權大卿 答金景魯 答河正明 答李勉承

卷十一

書: 答權士仁(二篇) 答權士仁論語問目 答權士仁(二篇) 與權士仁 答權士仁論語問目 答權士仁 別紙 答權士仁 別紙 答權士仁 答權士仁家禮增解劄疑 答權士仁 別紙 原始反終之說可得聞其詳乎 答權士仁 答權士仁徐雲集大學講說 答權士仁論語問目 答權士仁 別紙 答權士仁

卷十二

書: 答李中立 答田士興問目 答李善五 答權孔晦 答秋淸汝 答崔鎬彥 答陳昌伯 答李明甫 答鄭昌淑 別紙 答鄭昌淑(二篇) 答徐以中 別紙 答徐以中 答姜達卿(二篇) 答金亨幹 答金亨幹小學問目 答徐雲集別紙 答徐雲集問目 答徐雲集大學問目 答徐雲集(二篇) 答權憲卿 答成學菊 答尹士經孟子問目 答尹士經問目 答尹士經(二篇) 答尹士經中庸問目 與李子靜 答河公晦 答徐元弼 答田聖述(二篇) 答金相華論語問目 答金相華 答權仁卿 答田士順 別紙 答金元佐 答鄭石卿

卷十三

書: 上素窩仲兄 上素窩仲兄辨蘆沙集中未發氣質說 答宗姪明重(四篇) 與宗姪明重 答宗姪明重 與宗姪明重 答家姪士範 答家姪士範疑問 答四從弟道一中庸問目 寄子驌熙 答驌熙疑禮問目 答驌熙朱書節要劄疑 寄從子迪熙 答從孫相奉 答從孫相奉喪禮問目 答從孫相奉近思錄問目 答從孫相哲論語問目 答從曾孫升祐疑問 寄孫兒相殷

卷十四

雜著: 闍崛山遊錄 俛門大學講義節辨 釋夷姪大山集辨義 家禮增解劄疑 服制說攷證 李汝直字說 盧大汝字說 權士仁字說 金元佐字說 示子逵熙 書示李倓傛兄弟 書贈權士仁 書贈李昌煥 謙謙說贈族姪子道 自警示同志 批齋居諸生中庸講義

卷十五

序: 大學講義序 巖棲契案序 二以契序 聾默堂遺稿序 權朝卿六十一壽序 淸州韓氏派譜序 毅齋文集序 事一契案序 竹陰堂契帖序 樂春軒遺稿序 晩悟遺稿序

記: 雲谷講堂記 復陽書室記 敬修齋記 惺菴記 誠慕齋記 紫山亭記

愚隱書莊記 睡軒記 心守軒記 溪亭重建記 大陽齋記 三秀亭記 昭泉軒記 永慕齋記 景松齋記 栢巖齋記 松溪精舍記 永慕堂記 雲水堂記 雲陽齋記 鳳陽齋記 松岡齋記 汝山齋小識

卷十六

跋: 書家藏枕屛後 書族弟洛範手書語錄解後 知知錄跋 書烈婦孺人權氏行蹟後 盤谷遺稿跋 書家姪敬三行狀後 書桂窩遺稿後 謹書鳳齋會話錄後 書聾叟李公西宮詩後 書竹巖詩稿後 書勿山遺稿後 書玉川李公遺事後 書嵋東遺稿後 書棄菴安公靈臺寶鑑後 涵育齋聯芳集跋 果齋遺稿跋 書農叟南公行錄後 農菴趙君遺稿後叙 書節婦姜氏事蹟後 書羅氏三世李行錄後 書李君晦而族君敬眞南宋史諸咏後

箴: 座右箴

銘: 桃竹杖銘 緇布冠銘 李子剛屛銘 鏡銘 素履齋銘 晦山草堂銘

賛: 權松山畫像賛 金梅西遺像賛 裵氏三孝子賛

辭: 金玉辭贈李德夫 權孔兼字辭 權君一字辭 權道三字辭 田秉彦字辭 田亨來字辭 柳東彦哀辭

鄭晦夫哀辭 姪女盧氏婦哀辭

上樑文: 道谷齋上梁文 洛涯亭重修上梁文 誠有齋上梁文 松山齋上梁文 士仁齋上梁文

祝文: 雲谷精舍奉安朱夫子影幀告由文 水月堂田公文集告成文 白巖沼祈雨文 黑巖沼祈雨文

卷十七

祭文: 祭老柏軒先生文 再祭文 祭農山先生文 祭李重載文 祭崔溪南文 祭再從叔謹小齋文 祭崔勉菴文 祭表兄李玄巖文 祭三從姪聽灘文 祭仲姪敬三文 祭奇松沙文 祭四從姪汝弼文 祭權子德文 祭柳子中文 祭李弘窩文 再祭文 祭守坡安修撰文 祭權明湖文 祭表兄權承旨文

祭崔梧坡文 祭權重彥文 祭李原禮文 祭四從兄文 祭辛道經文 祭李化若文 祭田斗泳文 祭宋德中文 祭李汝材文 祭安仲陽文 又祭文 祭癡齋權公文 祭李惟一文 祭李重可文 祭鄭元卿文 祭權應韶文 祭成道中文 祭金舜孚文 祭柳希輿文 祭李是菴文 祭趙汝仁文 祭李士益文 祭金翼夫文 祭安復初文 祭叔嫂安氏文 祭亾子驌熙文

卷十八

碑: 安岳李氏墓壇碑 贈兵曹參議行龍驤衛左部將竹軒李公神壇碑陰記 安岳李氏四世壇享碑陰記 田孺人鄭氏表孝碑 朴婦姜氏殉烈碑 金孝子褒行碑

墓誌銘: 弘窩李公墓誌銘 晩翠先生盧公墓誌銘 芝潭田公墓誌銘 屏巖李公墓誌銘 貞夫人朴氏墓誌銘 三從叔學生公墓誌銘 學生田公墓誌銘 學生成公墓誌銘 七代祖考學生公墓誌 六代祖妣淑夫人南平文氏墓誌 曾祖考學生公墓誌

墓表: 老柏軒鄭先生墓表 明湖先生權公墓表 學生安公墓表 學生田公墓表(二篇) 學生崔君墓表 金君舜瑞墓表 廣嶝阡表

卷十九

墓碣銘: 處士權公墓碣銘 副護軍南公墓碣銘 學生陳公墓碣銘 孝子贈童蒙教官田公墓碣銘 遯溪李公墓碣銘 田君元允墓碣銘 學生鄭公墓碣銘 孺人權氏墓碣銘 李孝子墓碣銘 副護軍成公墓碣銘

默窩成公墓碣銘 學生鄭公墓碣銘 文齋成公墓碣銘 孺人姜氏墓碣銘 李烈婦表氏墓碣銘 四友堂鄭公墓碣銘 竹下田公墓碣銘 三從兄通政公墓碣銘 谷隱吳公墓碣銘 主事曺公墓碣銘 寒石李公墓碣銘 隱愚趙公墓碣銘 學生鄭公墓碣銘 柳君東彥墓碣銘 晩悟洪君墓碣銘 月堂崔公墓碣銘 秉節校尉行龍驤衛副司果李公墓碣銘 通訓大夫行三嘉縣監李公墓碣銘 慶科武及第南公墓碣銘 崔君道長墓碣銘 四從弟參奉墓碣

銘 淵坡安公墓碣銘 族兄學生公墓碣銘

卷二十

行狀: 農山鄭先生行狀 仲兄素窩先生家狀 愚山李君行狀 松溪田君行狀 省窩李君行狀 晦岡柳公行狀 晦山李君行狀

卷二十一

行狀: 緩石權公行狀 習齋權君行狀 石溪徐公行狀 先考蘆洲府君狀行續錄

遺事: 遯齋鄭公遺事 芝隱姜公遺事 學生安公遺事 梅軒鄭公遺事 學生盧公遺事 學生田君遺事 從高祖折衝將軍僉知中樞府事公遺事 三從叔夷岑公遺事 四從兄學生公遺事 四從兄克窩公遺事 叔兄學生公遺事

傳: 烈婦南氏傳

跋(南迪熙)

**立巖續集目錄**

卷一

詩: 自警 嘆學不進 霖雨歎 送別趙君汝仁 汝仁之行奉贈一律覺得未盡更賦古詩以示意 讀晉陽鄭氏遯齋慕隱兩世事狀感吟 山寺聽雨 會話 夜吟 與家姪明重發蓮島飲鹿之行素窩仲兄以詩戒之謹次 滯雨林溪待鄭雲躍 過九萬坪 家姪明重思家有詩次韻以慰懷 宋毅齋羽若恒齋直夫兩兄見訪偕往合江道中拈韻 泊津 世千前川直夫先渡余又繼渡落一足於橋下因吟一絶呈直夫 泛舟合江亭下 伴鷗亭用晦庵先生宜春詩韻 同李丈李勉窩李弘窩作觀海行晩發鷲城 萬年橋 三浪漕倉 鵲院樓 崇

善殿 絶影島 温井 梵魚寺 梁山勿禁坪勉窩弘窩兩丈以詩相戲遂步其韻 自海上歸偶吟一首呈權君五權子德兩兄 宿友山寺 新安精舍以武夷雜詠琴書四十年幾作山中客一日茅棟成居然我泉石分韻賦詩得十字精舍又賦用靖節集中韻 用栗谷先生聯句韻 次明湖權丈贈詩 金湖道中白雲洞謹次南冥先生韻 濯足 白雲洞中流 舒嘯亭鄭亨櫓所築 龍湫 次權新窩朝卿壽親韻 大源庵聯句用圃隱先生滿月臺韻 勉庵崔先生南下至新安精舍講會後拈韻 蘆沙先生文集刋役旣訖同是庵李丈及權松山趙恒齋子雲鄭景晦諸兄作雙溪之遊自新安精舍踰黃峙吟二絶 過橫川影堂 橫川路中失子雲 至勝街店逢子雲 踰公月峙 宿冠洞呈鄭禮卿 岳陽亭前卽事 花開市拜別松沙 雙磎石門觀孤雲筆跡 宿雙磎寺 靑鶴樓國師庵 佛日瀑 七佛庵以杏○壇邊漁父桃花源裏人家分韻得邊字 和澗醒 橫川道中聯句 田臺道中聯句 乙未正元吾家三叔姪上書于老柏先生先生以詩報之敬次以呈三首 和李西岡惟一見贈 鳳栖齋七月旣望謹次退陶先生濯纓潭泛月韻 挽權三山二首 追挽金舜在二首 安松窩仲陽送其子修新年人事以詩謝之二首 權覺齊景孝云自華陽歸蓋有事於皇廟也寄此寫懷 敬慕亭同壽山寫紫東文集淨本 懷李壽山子剛 挽表兄李玄巖 夷溪碧灘盛集 奉酬成文卿臨別見贈韻 上老柏軒先生 寄鄭景晦鄭道源鄭穉貞二首 夢見郭俛宇 新月 夏日山堂同諸君偶吟 權雷卿權孔述來留山堂諸君為之設會於偶愛亭拈韻共賦 謹次弘窩翁甲日書懷韻 奉賀李性純大夫人六十一歲壽席 登伽倻上峯 悼三從姪敬 贈李君聖若 登偶愛亭 又用退溪集中韻 族弟道一陳君泰淑曾留盛什足備吟哦及其還完也不可無一言玆步深字為兩絶以寄 次姜明彦見贈三首 諸君歲暮將歸拈韻敍懷 山泉齋會集 梅西齋與主人金克永唱酬 次成道見栖巖齋韻 朴君允敬於其大夫人甲朝賦古詩一篇以不能營辦玫傷哉之憾次其韵以寓勸勉之意 次晩松亭韻 六友亭唱酬 過唐洞憶紫東翁舊居宋晦叔大夫人六十生朝獻壽有詩次其韻 挽田見卿 讀易 學術 挽李晩謙二首 次棣堂李達三六十生朝韻 諸君會偶愛亭唱酬間有進格喜豔可

旣因次其商字韻以示 同李原禮登三笏亭 次紫巖亭修契韻 次贈權乃錫 次蘭皐亭韻呈養叔 雲谷拜朱夫子影幀 挽鄭致允二首 偶感 卜居 同綏石宿偶愛亭 次烈婦趙氏殉烈韻 悼李應律二首 和田子尚 挽成丈二首 滯雨未上齋有懷諸君 次姜景三薄歷堂韻 梅下酬松溪 台巖齋會話 巖齋春日安枕泉黃聖中來訪 丁巳仲春安兄明現李君任卿來訪于武夷溪上 挽趙丈雲見挽田丈 記夢 次姜氏三綱錄韻 臘月十六日朝雪 次呈朴爽瑞壽席 挽金正齋鎭五 拜桐溪鄭先生墓寄李友重載 奉贈薛明極 九日酌酒泛菊 李君致先惠贈五絶只以一律謝之 挽薛士亨 次尚友亭韻 鄭蓮汀金聖游田元淑見訪拈韻唱酬素齋鄭著卿於湖南之采石江多得奇石贈余二枚一象禽一象蚌奉置花壇之上甚有佳趣為賦三絶以謝 禽石 蚌石 崔君鎬彦有書又有詩旣答其書掇其餘意以次其韻 諸君遊新塘有詩次之 次姜周弼紫巖亭三十詠(紫巖亭) 次姜周弼紫巖亭三十詠(春花紫) 次姜周弼紫巖亭三十詠(夏苔紫) 次姜周弼紫巖亭三十詠(秋楓紫) 次姜周弼紫巖亭三十詠(冬石紫) 次姜周弼紫巖亭三十詠(朝霞紫) 次姜周弼紫巖亭三十詠(夕照紫) 次姜周弼紫巖亭三十詠(夜月紫) 次姜周弼紫巖亭三十詠(望楸齋) 次姜周弼紫巖亭三十詠(藏舟峽) 次姜周弼紫巖亭三十詠(載酒巷) 次姜周弼紫巖亭三十詠(馬背巖) 次姜周弼紫巖亭三十詠(漁郎遷) 次姜周弼紫巖亭三十詠(牂牁石) 次姜周弼紫巖亭三十詠(止宿寮) 次姜周弼紫巖亭三十詠(玉女峯) 次姜周弼紫巖亭三十詠(洗頭盆) 次姜周弼紫巖亭三十詠(洗足臺) 次姜周弼紫巖亭三十詠(書齋洞) 次姜周弼紫巖亭三十詠(寒栖舘) 次姜周弼紫巖亭三十詠(小武夷) 次姜周弼紫巖亭三十詠(鉢尼山) 次姜周弼紫巖亭三十詠(揖仙臺) 次姜周弼紫巖亭三十詠(借眠窓) 次姜周弼紫巖亭三十詠(脊山半月) 次姜周弼紫巖亭三十詠(藤臺返照) 次姜周弼紫巖亭三十詠(大坪桑麻) 次姜周弼紫巖亭三十詠(懸崖石瀑) 次姜周弼紫巖亭三十詠(長川漁火) 次姜周弼紫巖亭三十詠(遠村績燈) 挽全允稷 登矗石樓 文山道中與權松山唱酬 遇雨不發共吟一絶 鄭生石卿加冠後來見詩

以勉之 挽權丈 東山齋滯雨盧仁道拈韻唱酬 姜周弼來誦其一絶詩蓋嘆近日剃薙之變而自誓其志也聞之不覺聳然增氣遂次其韻 以詩賀晦石鄭兄六十一歲壽席二首 登鳳凰臺用李白韻 與南青農舜卿用退溪集中韻 贈別尹士經二首 次權松山白羊寺感吟韻 登偶愛亭見秋蘭初抽 次家姪明重遯川堂韻 挽黃聖中二首 次從甥李星範回甲韻 次崔君鎬彦藏書屋韻 歲初以新桂家居今始上齋 哭三從叔應贊二首 挽權贊文二首 訪權士仁共遊龍湫 挽李琪玉三首 謹次圃叟金公隱居韻 次族弟廷容褒孝韻 次成道中壽親韻 次韻贈安武善 次慕遠齋原韻 次龜淵齋韻 次景湖齋韻寄李致五 訪李德彦不遇適有黃鳥亂啼綠陰中 江林亭別席贈百初胤敬 挽權敬見 次紫南亭韻寄田雨現 丙子十一月四日聞雷 次文山亭原韻 登六友亭酬沈正玉 盆蓮二首 挽李周汝三首 盧允執見訪用退溪集中韻 敬慕亭酬田元淑 贈別李舜河 挽田德見二首 聞壽山覺齋兩兄會友山寺讀新編東史以消暑誠今日盛舉也適有憂虞未赴為賦一律以供異日一笑 士谷書室松山以詩贈主翁朴暉燾遂次其韻 同松山諸友宿新安精舍用尤庵先生漫吟韻 贈許兄宇一永叔鳳郁二首 次權孔述獻壽韻 挽權丈 寄題張生太柱中和堂 次三秀亭韻 田元淑以其壽席餘需惠饋而兼致小簡請和其感吟韻 李浩中兄弟以其大人六一生朝將稱觴獻壽馳書見請又示其志喜韻老病未赴只次其韻以賀之 同鄭友孔直舍弟子若遊黃溪觀瀑沛居近士友來接者十許人呼韻以賦 過孔子巖 權仁卿為其大人壽辰請言奉酬 挽鄭允宅二首 次一源亭韻 悼成道中三首 次李君大人回巹韻 次申周馹農隱韻 齋成之日將築壇蒔花栖巖成道見送以一根梅植之於壇首培養數年開花滿枝玉雪可豔因念故人惠我之意不可無謝寄之二首 奉謝盧允執見寄 哭趙汝仁 李君近七過訪謂遊某里而歸疊說這間風景以一絶謝之 次信庵李公墓竪碣韻 七月旣望世千立山諸君與鄙里少輩約遊設會於敬慕亭唱酬有詩輒次 次可谷精舍八詠(東嶺霽月) 次可谷精舍八詠(南臺清風) 次可谷精舍八詠(西村炊烟) 次可谷精舍八詠(北阡鳴澗) 次可谷精舍八詠(霽石晴嵐) 次可谷精舍八

詠(佛巖歸雲) 次可谷精舍八詠(古嶂牧笛) 次可谷精舍八詠(新坪農歌) 次韻賀族君信三回甲 次居敬軒韻繼吟一則竊附晩交之義 挽田瑞仲 挽李善弘二首 次臨川亭韻 悼李舜卿二首 挽李舜謙 悼徐君相殷 挽沈主事 有異聞同社諸友將辭歸賦此以示

卷二

書: 上老柏鄭先生 上老柏軒先生 上老柏軒先生問目 上老柏軒先生別紙 上老柏軒先生 上農山鄭先生 上農山先生 上崔勉庵 上許后山 上奇松沙(二篇) 上崔溪南 與權明湖(三篇) 答盧丈 與李弘寓(三篇) 答宋德中 與宋德中 與權重彦 與柳希輿(二篇) 答柳希輿 別紙 與李惟一 與柳子中 與李敬春 答郭啓旭 與安仲陽 別紙 答安仲陽 與權君五 答權君五 與權君五 答權君五別紙 與權君五別紙 與權君五 答權君五 與權君五 答權君五 與權君五(三篇) 答權君五 與權君五 答權君五(二篇) 與宋直夫 答安明現 與鄭子休 答李文叔 與李原禮 答李重立(二篇) 與安復初 與沈建七 答田汝仁 與金相七

卷三

書: 與田斗泳(四篇) 答田斗泳 答權子德 與李汝材 答尹友見 與李子剛 答鄭公直 與權朝卿 答權朝卿 答徐文見 答李仲實 答盧禮重 答權景孝別紙 與權景孝 與鄭著卿 答鄭著卿 與鄭元卿(二篇) 與趙汝仁(三篇) 與南可仁 答成道見 與鄭景晦 答鄭景晦疑問 答鄭景晦(二篇) 與鄭景晦 答李致先 與李致先 答金翼夫問目 答金翼夫 答金翼夫別紙 答南和允 答李化若 答李化若退溪集問目 答李化若 與權贊卿 答金仁可 與姜周弼 答李性純 答鄭晦夫(二篇) 與鄭晦夫 答鄭晦夫別紙 答鄭晦夫 別紙 答柳公懋 答李舜謙 別紙 與盧仁八 答李達善 別紙 答李近七 與金士文 答李士毅問目

卷四

書: 答金而晦 答金而晦別紙 答南敬眞 答田子尙(九篇) 答李先汝 與李光汝 答柳聖欽 答李舜元答李書卿 與李致成 答權雷卿(二篇) 與權雷卿 答權贊元 答羅伯原 答吳和善 答李貞九纘九 答權孔述 答鄭聖與 答李聖綱 與李順八 與黃學汝 答洪泰範 答裵泳健 與金聖瑞 與鄭敬文 答鄭昌淑(三篇) 答徐雲集 答徐雲集問目 答徐雲集(二篇) 答尹士經 答尹士經問目 答尹士經 答田聖述 答金相華 答金相華論語問目 答金相華 答田士順論語問目 答金元佐

卷五

書: 答權士仁(二篇) 答權士仁朱書問目 答權士仁退溪先生與黃錦溪書問目 答權士仁別紙 答權士仁 答權士仁大學問目 答權士仁徐雲集大學講說 答權士仁 答權士仁論語問目 答權士仁 答權士仁家禮增解劄疑 答權士仁四禮便覽劄疑 答權士仁 答權士仁太極圖說問目 答權士仁太極圖說再問 與權士仁(二篇)

卷六

書: 答再從叔謹小齋 上素窩仲兄(二篇) 答家姪明重別紙 與三從弟子相 答三從姪舜亨 與族姪學魯 答四從弟道一中庸問目 與四從姪德裕 答子驌熙疑禮問目 答子驌熙朱書節要劄疑 答子驌熙讀寒岡集答問編劄疑 寄子驌熙 答子驌熙疑問 寄從子迪熙 答從孫相奉喪禮問目 答從孫相奉近思錄問目 答從孫相哲論語問目 答孫相發大學問目 與悠然亭諸生

卷七

雜著: 子逵熙名字說 晩悟說 書贈李孔彦 田子尙字說 遊觀說贈兄孫相奉 固窮說贈族君道敬 書贈族孫玉卿 住汕說 耕學說贈三從姪

泰見

序: 霞岡徐翁六一壽序

記: 浦上齋移建記 日壽軒記 松圃記 誠有齋記 大陽齋記 岳陽田舍記

跋: 書宋氏彰孝錄後 書鄭景晦金剛錄後 書某里紀行錄 書朴孝子兄弟行蹟後 題烈婦李氏事蹟後 書權君五續百死歌後 書孝子吳公遺事後 書默窩文齋兩世逸稿後 書尹夫人烈竹錄後 書鄭揚浩妻成氏孝行里狀後

箴: 自強箴

辭: 李君子和哀辭 安君聖文哀辭

祭文: 祭伯兄尼山公文 祭柳公文 再祭李原禮文 三祭安仲陽文 再祭金舜孚文

墓碣銘: 田君道亨墓碣銘

行狀: 聾默堂田公行狀 竹圃田公行狀

跋(南相發)

# 『정재집(正齋集)』

## 1. 저자 소개

양회갑(梁會甲, 1884~1961)의 초명은 회을(會乙)이고 자는 원숙(元淑)이며 호는 정재(正齋)이고 본관은 제주(濟州)이다. 시조는 탐라 개국설화에 등장하는 삼신인(三神人)의 한 사람인 양을나(梁乙那)이며, 중시조는 신라에서 한림학사(翰林學士)를 지낸 양순(梁洵)이다. 조선 중종 때 정암(靜庵) 조광조(趙光祖, 1482~1519)와 도학의 정신을 이었던 학포(學圃) 양팽손(梁彭孫, 1480~1545)의 후손이다. 고조는 양주진(梁柱震)이고, 증조는 침계(枕溪) 양상용(梁相龍, 1833~1900)이며, 조부는 소암(嘯巖) 양호묵(梁虎默, 1839~1895)이다. 아버지 현재(弦齋) 양재덕(梁在德, 1865~1943)과 어머니 죽산안씨(竹山安氏) 사이에 전라남도 화순군(和順郡) 이양면(梨陽面) 초방리(草坊里)에서 태어났다.

양회갑(梁會甲)은 어려서부터 재주와 지혜가 총명하고 영특하여 일찍 문리를 터득하였다. 6세(1889)에 할아버지 양호묵(梁虎默)에게 글을 배우면서 천자문을 읽었다. 20세(1903)에 향시(鄕試)에 급제하고 제시(製試)에서 장원하였다. 22세(1905)에 연재(淵齋) 송병선(宋秉璿, 1836~1905)에게 나아가 수학하려고 했으나 그가 세상을 떠나자 일신재(日新齋) 정의림(鄭義林, 1845~1910)과 월파(月波) 정시림(鄭時林, 1839~1912) 등에게 학문을 배웠다. 그리고 송사(松沙) 기우만(奇宇萬, 1846~1916)에게 집지(執贄)하여 『근사록(近思錄)』, 「태극도설(太極圖說)」, 「서명(西銘)」 등을 질문하고 학문하는 진수를 들었으며, 천인성명(天人性命)의 근원과 사단칠정(四端七情)의 여러 가지 설을 탐색하여 간파하였다. 을사늑약(乙巳勒約)이 체결된 상황을 겪은 이후에는 벼슬길에 나아가는 것을 단념하고 학문에만 전념하였다. 노사(蘆沙) 기정진(奇正鎭)의 성리설이 간재(艮齋) 전우(田愚, 1841~1922) 등에 의해 비판을 당하자, 「변외필후변(辨猥筆後辨)」을 지어서 노사를 비롯한 노사 문인들의 학설을 옹호하였다.

47세(1930)에 기우만의 문집인 『송사집(松沙集)』과 선조 양팽손의 문집인 『학포집(學圃集)』 간행을 주관하였다. 뒤에 연보(年譜)와 행장(行狀)을 찬(撰)하여 『송사선생문집부록(松沙先生文集附錄)』을 만들기도 하였다. 51세(1934)에 기우만을 기리기 위해 영당(影堂)을 세웠는데, 당시 일제의 가혹한 핍박으로 저지당하다가 해방 이후에 영당을 고강사(高岡祠)라고 이름하여 노사 기정진과 송사 기우만을 향사하고 후학에게 강학하였다.

양회갑은 후학들에게 이단이 횡행하는 오늘날 동심협력(同心協力)하여 의리(義理)를 천명하고 강상부식(綱常扶植)하여 양맥(陽脈)을 계승하는 것이 급선무임을 설파하고 격치(格致)와 성경(誠敬) 공부에 힘쓰게 하였다. 1941년 『학포집』의 중간에 참여하였다. 1961년 7월 17일 78세의 나이로 생을 마감하였다. 사후에 고강사에 배향되었다.

## 2. 문집 구성과 내용

『정재집(正齋集)』은 16권 7책 신연활자본으로 1965년 아들 양찬승(梁燦承)과 제자들이 편집·간행한 양회갑(梁會甲)의 시문집이다. 문집 형태는 4주쌍변(四周雙邊) 반곽(半郭) 22.0×14.1cm, 유계(有界), 11행 28자 주쌍행(註雙行), 하향2엽화문어미(下向二葉花紋魚尾) 28.2×18.5cm이다. 권두에는 여창현(呂昌鉉)이 1962년에 쓴 서문, 권말에는 고당 김규태(金奎泰)가 1965년에 쓴 발문이 실려 있다. 이 문집은 국립중앙도서관, 계명대학교, 고려대학교, 전남대학교, 전북대학교, 충남대학교에 소장되어 있다.

권1~2에는 시(詩) 「죽림정사우음이절(竹林精舍偶吟二絶)」을 비롯한 총 552제의 다양한 내용이 수록되어 있다. 일상에 대한 감응시(感應詩), 송별시(送別詩), 수연시(壽宴詩), 정자시(亭子詩), 차운시(次韻詩), 증시(贈詩) 등이 있으며, 특히 추모하는 만시(挽詩)가 가장 많다. 그리고 연작시가 있는데, 「근차송후암계산구곡운(謹次宋後菴雞山九曲韻)」 9수, 을축춘여동접인과음각화일혈기명(乙丑春與同接人課吟各和一頁記名) 8수, 「옥윤박태지청작시위병본차송호팔경이증(玉潤朴泰址請作詩爲屛本次松湖八景以贈)」 8수, 「영주씨세적십절(瀛州氏世蹟十絶)」 10절, 「경차삼산구곡가(敬次三山九曲歌) 9수, 「죽수전도(竹樹全圖)」 9수, 「도림팔경(道林八景)」 8수, 「죽림잡영이십육절(竹林雜詠二十六絶)」 26절 등이 수록되어 있다.

권3~5에는 서(書) 「상송사기선생(上松沙奇先生)」 8편을 비롯한 254편이 수록되어 있다. 편지를 주고받은 인물은 기우만(奇宇萬), 오준선(吳駿善), 고광선(高光善), 이직현(李稷鉉), 민종렬(閔種烈), 송철헌(宋哲憲), 양재경(梁在慶), 나도규(羅燾圭), 양회한(梁會翰) 등 당대의 지식인을 포함한 친인척 및 후학들과 교유한 편지가 다수 실려 있는데, 저자가 많은 인적 관계망을 구축하고 있다는 사실을 알 수 있다. 특히 「상송사선생근사록문목(上松沙先生近思錄問目)」은 스승 기우만(奇宇萬)에게 『근사록』의 내용 가운데 난해한 곳을 조목조목 질문한 것이다.

권6에는 잡저(雜著) 「사상록(沙上錄)」, 「사상잡록(沙上雜錄)」, 「사상서신(沙上書紳)」, 「변외필후변(辨猥筆後辨)」, 「소학제사강의(小學題辭講義)」, 「대학차록(大學箚錄)」 등이 실려 있는데, 저자의 학문적 사유를 잘 드러내고 있다. 「변외필후변(辨猥筆後辨)」은 노사 기정진의 「외필(猥筆)」에 대한 전우 간재의 비판을 재비판한 것이다. 양회갑은 기정진-정의림/정시림 -양회갑으로 이어지는 노사학파의 재전문인이다. 정의림은 「변전우소저노사선생납량사의기의(辨田愚所箸蘆沙先生納凉私議記疑)」와 「변전우소저노사선생외필변(辨田愚所著蘆沙先生猥筆辨)」으로 간재의 이론을 반비판하고, 정시림은 「외필상질설(猥筆相質說)」을 지어 자신의 견해를 드러내었다. 양회갑은 이러한 스승의 영향 아래 전우 간재의 「외필후변(猥筆後辨)」의 내용을 발췌해서 조목별로 인용한 다음 자신의 견해를 더하였다. 그리고 마지막 부분에는 후서(後序)에 해당하는 짧은 글과 전우의 '성사심제(性師心弟)'에 대해 논한 글이 덧붙여져 있다.

권7에는 서(序) 「성학원류서(聖學源流序)」와 「풍천록서(風泉錄序)」을 비롯한 73편이 수록되어 있다. 권8에는 기(記) 69편이 실려 있는데, 「동복문묘중수기(同福文廟重修記)」 「학포당중건속기(學圃堂重建續記)」를 포함한 10편의 중수기·중건기가 있으며, 「염수재기(念修齋記)」와 「추원당기(追遠堂記)」, 「후산정사기(後山精舍記)」, 「화산단기(華山壇記)」, 「고강사기(高岡祠記)」, 「화곡기(華谷記)」, 「고반대기(考槃臺記)」, 「서석산기(瑞石山記)」 등이 수록되어 있다. 권9에는 발(跋) 「순종황제서연설계풍천록발(純宗皇帝書筵說繫風泉錄跋)」, 「서정암조문정선생우암송문정선생적려수명이비문모본후(書靜菴趙文正先生尤菴宋文正先生謫廬受命二碑文模本後)」, 「희암유고발(希菴遺稿跋)」, 「중헌문집발(重軒文集跋)」 등을 포함한 24편이 실려 있다.

권10에는 잠(箴) 「옥루잠(屋漏箴)」 1편, 명(銘) 「필명(筆銘)」을 비롯한 12편, 찬(贊) 「진량찬(陳良贊)」을 포함한 13편, 사(辭) 「양계렬자사(梁啓烈字辭)」를 비롯한 5편, 상량문(上樑文) 「능주향교동무중건상량문(綾州鄕校東廡重建上樑文)」을 포함한 13편, 축문(祝文) 「기우제축문(祈雨祭祝文)」을 비롯한 24편이 수록되어 있다. 권11에는 제문(祭文) 「제송사선생문(祭松沙先生文)」과 「제후석오공문(祭後石吳公文)」을 포함한 23편, 비(碑) 「고려병부시랑능성구공제단비(高麗兵部侍郎綾城具公祭壇碑)」를 비롯한 21편, 묘지명(墓誌銘) 「호남의사행사양공묘지명(湖南義士杏史梁公墓誌銘)」을 포함한 5편이 실려 있다.

권12에는 묘갈명(墓碣銘) 「장임랑증형조참판형공묘갈명(將任郎贈刑曹叅判邢公墓碣銘)」을 비롯한 61편이 수록되어 있고, 권13에는 묘표(墓表) 「해산김공묘표(海山金公墓表)」를 포함한 50편이 실려 있다.

권14~15에는 행장(行狀) 「증승정원좌승지겸경연참찬관수월헌부군행록(贈承政院左承旨兼經筵叅贊官睡月軒府君行錄)」을 비롯한 39편, 유사(遺事) 「석천유공유사(石川柳公遺事)」 1편, 전(傳) 「염장군이세사충전(廉將軍二世四忠傳)」을 포함한 5편이 수록되어 있다. 권16 부록에는 양찬승(梁燦承)이 지은 가장(家狀), 노기장(老奇章)이 쓴 행장(行狀), 홍석희(洪錫憙)가 지은 묘갈명(墓碣銘)이 실려 있다.

### 3. 문집 목차

**正齋集序(呂昌鉉)**

卷一

詩: 竹林精舍偶吟二絕 景福宮得五言一絕 光化門 光文社得先世大科榜目 奉審深谷書院 登四隱亭 上荷堂趙判書 訪陰崖後孫于芝谷臨發口呼 訪宋止齋于石南里止齋丈勉修學問以述其返為詩 訪金沖菴嗣孫家見同春先生己卯錄有梁學圃傳抄入摭錄感而成吟 詩川齋與廉果菴在慎李英傳教川呼酒成吟 過赤壁逢雨 上松沙奇先生一絕請校勘先集 訪梁青溪林白湖亭址于鶊江上流感吟 乙卯二月往沙村門下課吟二絕 和奇公吉用前韻見贈二絕 思鄉 感興三首 登勿染亭敬次閔丹巖板上韻 三淵金先生以窈窕美人稱勿染山水之勝用前韻有吟 到沙村 同社諸君請作頭流行以詩謝之 登德巒遠望 大洞風浴 留一月還覲讀書諸君送餞至無盡亭口呼為例 從叔晚翠翁晬辰韻 送別盧性沃權信叔歸沃川與許博士理敬同吟 家庭送衣有感 丹城友人黄聲遠臨行請詩 寄黄景涵

二絶 亨範與魯恭叔來設詩筵 心齋翁駕臨拈學圃集天字韻與父叔唱酬謹以續貂 歎世吟 觀物吟 贈別洪聖武 送金泰善 還永慕齋 陪文訥菴翁夜吟 贈別金瑩叔 無盡亭叙別(五首) 和崔美卿 與呂文強宋輔卿同來鵲川宿輔卿家 曹乃聲來訪 敬次永慕齋板上韻二首 八月一日與東溪賦詩還歸 東溪翁訪父叔留吟 往牛峯問安孝子居廬退而有吟 乙卯冬至奉審蘆沙先生祠板 冬至二絶 送奇允九歸洛川二首 拈出近思錄中格言押地字韻與忠汝 風詩一篇贈奇公吉 上先生三絶 次呈灘窆望丈 步呈芝南鄉鄭丈 贈別金泰善二絶 和贈朴準敏 梁友卿以詩見贈請和 和崔秀才判甲見贈韻 文友子惺言志以送畫葫報瓜 丙辰正月二日陪從叔晩翠翁省曾祖妣墓滯雨書院洞敬次從叔韻 與天興伯仲及安文哉讀書雙峰寺聞鐘聲有感 邀東溪翁消夏于竹林精舍末伏日有小酌送次父叔韻上東溪翁行轊 拜牛山安先生墓 聞皇廟祀典有禁(二首) 遇梁容三入寒後亭吟 登安思齋堂永思亭 與亨範文印青溪集同伊彥諸宗共吟 遊業沙村門下風浴大洞詠歸 奇植齋見余所著鄭桐溪大明曆詩跋以作文體製謹構一絶請益 曹君仲洛求詩強吟 慕先生二首 逢鄭元于先生葬所(四首) 詩川堂陪岳丈與曹海史安晦峯李樂川夜吟 與樂川陪岳丈續吟 丁巳春往沙村編遺文感傷成吟 先生嗣子元用奉真像陪與同行 送奇明居至雙峰還叅雲圃齋詩會 送李性夫之漢北搆三絶備行中一笑(三首) 掩耳齋上高弘窩 湧珍精舍上吳後名 上奇春潭 哭石陰朴公二首 宿李鳴魯家 訪宋校理子舍與君賢夜吟 君賢韻海內存知己天涯若比隣為十絶見贈畫葫以謝(十首) 謹次雙石亭韻 追賀安晦峯大人翁回巹宴韻(二絶) 奇公吉柳忠汝李道謙來訪與任宇卿再從弟亨範同吟 與宇卿公吉伴行至詩川翁丈與英傳呼韻叙懷 訪李小峯 訪趙滄菴登漾碧亭 奉審道東廟 鳳棲齋留會 拜先師墓贈公吉忠汝一絶 追挽邊山水軒(二首) 忠汝道謙同踰雁峙口呼 與二友同宿金泗川家過南原邑東門外別忠汝 至龍潭里李進士家 踰水分嶺呼酒戲吟 過長溪市得近體一首 訪奇良一觀琴坪有吟 和諸生絶句 諸生告明日還歸 奉審淵齋先生影堂與止齋丈講

論三首 謹次宋後菴雞山九曲韻(四明潭) 謹次宋後菴雞山九曲韻(七里灘) 謹次宋後菴雞山九曲韻(朝鮮沼) 謹次宋後菴雞山九曲韻(卧龍潭) 謹次宋後菴雞山九曲韻(隱龜巖) 謹次宋後菴雞山九曲韻(滿禮塢) 謹次宋後菴雞山九曲韻(白雪瀨) 謹次宋後菴雞山九曲韻(吾道洲) 謹次宋後菴雞山九曲韻(詠歸臺) 訪武山精舍與鄭景晦晤言同來勿溪宿鄭聖徇家 呈李是菴 訪李致先 訪權明湖宿上陽齋同湖丈往權石樵赤壁亭遊新安社 謹用前韻上明湖翁為別 [附]明湖韻 和呈松山 登鳳凰臺 登鳳凰臺赤壁 寄鄭聖徇庚友叙海山亭負遊 小詩寄黃聲遠 訪趙復齋遠有于涵月亭 奉審圃隱先生影堂 追慕善竹橋 虛過雷龍亭為恨 渡蟾津江宿佳山梁會侯家 許直齋許白齋見訪留詩追訪玄亭而謝一絕 次採菊契韻戊午至日心齋翁周甲宴自叙古詩十四韻謹次以歌詠 謹次寒後亭原韻 寒後亭八景韻 竹林齋讓任宇卿別擇幽居少友十數人同處課吟三首 朴南冶張世璉自繼華島紆路見訪 到沙村柳忠汝拈先師集書字韻 忠汝獨居場室詩以美之 李英傳朴士文來訪 安文哉安公獻鄭德五諸君挾書來留示以五絕(五首) 冬至翌日與友會吟 贈東西齋諸生韻 贈任性泰二絕 安文哉安公獻梁佑承與諸君聞秋告歸以詩送別(二首) 謹構短詩謝師集謄草諸公(二十三首) 待安文哉 送羅錦東 與李妙 錦綗室書懷 滯雨詩川李英傅鄭景賢來集拈先集聯 安孝子會淳省行路通面人為之結盧杠川趁會感吟 次亨範遷父祖墓悲吟韻 三九契請會歎南谷淳潭果諸友不來與亨範直叟哉其吟 山樓書懷二首 與安公獻抽葉 自寬二首 坊里父老設香同契春秋暢懷謹次其韻 後溪戚叔魯翁壽席韻 山居漫吟二首 寄安文哉 有懷二首贈意中玉人梁啟烈 挽白湖隱 謹次梁柳溪翁壽辰原韻 安公獻洪東潤年年挾書次課吟 與朴南冶 訪公獻 勉諸生 和公獻待東潤三首 東潤省還唱酬 宋重玉訪至竹林書室信宿而發 遇溪飲禮二首 贈別安公獻 贈別洪東潤 贈別魯平執 上元夜從叔晚翠翁命一韻慰懷敬次呈上 永慕齋雅集 與安公獻梁會慶梁弼承梁佑承共酬 題示三宗君(二首) 身心吟 崔善德請紹賢書院儒書名贈詩一首 賀申栢隱迓壽

鄭燦容自東溪脚下而來詩筵嗚謝 鄭燦容留而請課又以贈詩 題道尊契會軸(二首) 謹次清陰亭 洪君東潤面書款曲謹寫四絕詩以答勤意(四首) 梁炫承梁弼承來訪 與李梅石同吟 次文子惺韻 過鳳山精舍 乙丑春與同接人課吟各和一頁記名(八首) 見權松山書志感 道尊契講會敬次松沙先生三山齋偶吟二絕(二首) 道尊契會軸(二首) 冬夜吟 和呈心齋翁青年行二首 動靜吟 泉川族叔送子會慶績後來訪 醉月亭 筠下堂與朴子彥朴元方夜話 悼李基鳳 冬夜二首 憶眾芳齋故事 梁斯遠與諸友來集謹以一詩貢愚 贈鄭燦容 贈黃采淵 贈南紀鎬 贈魯有相 贈黃起采 梁連承魯有相歲暮留業戲使贈余一絕詩詩有微意口呼和贈 贈金永萬 陪從叔晩翠翁守歲 從叔用前韻詠盆梅命和 李英傳甲日詠親韻奉慰六絕 安聖居來訪臨別奉贐五絕 雨中送林壻二首 朴松亭睟辰韻二首 泉川族叔壽朝三絕 文泰鎮壽席 挽吳子春三首 悼族弟亨悅三首 挽鄭晦夫 挽李京洛 挽李英傳二首 鳳城吳敬立揭二親壽辰韻為屏本壽世賀貢三絕 題李性夫晬讌軸三絕 梁宗鎬石樵精舍 奇長衍平齋韻令房宇成宇大連書請次 和尹堯重菊軒韻 李鳴魯松溪韻 挽白瓚一 挽尹士垣 挽高聲余 李星老祥夜哀詞二首 挽李善長 挽任子允 挽李敏仲四首 族兄晩溪挽 族叔衡七挽 挽文禹範 挽李玉山 挽宋小坡 裴彩洪挽 許髲叟南圭追挽 挽閔士元 悼閔性宰 哭金郎三首 外曾王考竹圃妻公墓改莎赴省吟 家藏百軸 示兒子燦承以待知見之長而察之 送兒之光州 慕淵齋先生用朱子西林韻十一首 往青巴日記刊所贈吳雙根一絕 同崔君鵬休登石串亭 遲速吟 玉潤朴泰址請作詩為屏本次松湖八景以贈(程川漁火) 玉潤朴泰址請作詩為屏本次松湖八景以贈(公臺牧笛) 玉潤朴泰址請作詩為屏本次松湖八景以贈(牛市暮烟) 玉潤朴泰址請作詩為屏本次松湖八景以贈(鷹峰霽月) 玉潤朴泰址請作詩為屏本次松湖八景以贈(龍山黃花) 玉潤朴泰址請作詩為屏本次松湖八景以贈(石虎丹楓) 玉潤朴泰址請作詩為屏本次松湖八景以贈(嘉坪秋歌) 玉潤朴泰址請作詩為屏本次松湖八景以贈(機岩釣叟) 登望美亭次板上韻 復用前韻贍朴

松亭 送兒之朴郎家 商瞿 竇禹均 邵康節 續吟戒兒子輩 帶方金德維求義蹟來訪 挽梁悔山 挽梁柏川 挽梁敬德 春園亭 朴炳容後山精舍挽曹欽齋伯據五首 和贈海隱韻 柳溪齋重吉見訪 與溪齋讀聖學源流上安晦峯 挽李士極三首 挽奇瑞峯 文亨三一春再顧贈二絕 讀吾軒集啞齋柳公卧松韻敬次 松石十二韻 安晦峯挽四首 挽金鰲南 挽柳壺忠五三絕 挽族兄蓮坡 族兄云巨挽三首 文栗山挽 平川精舍 悼金聖玉三首 挽安成玉 寄贈宋聲五 沈南石挽二首 竹樹書院復設二首 安文哉六十一壽席二首 奇舜舒來訪 閔秀才範植雪裏來訪 閔範植與魏啟道再訪金聖玉將還福川舊居書此贈紵縞為贐 訪許大有許彥長留宿將行聞砲發徑歸 與李義仲李秉學訪五峯山龍湫次秉學前韻 見安晦峯寫雪舟李樂川許曉峰刻名戲吟 次芝隱原韻 次朴雲菴韻

卷二

詩: 梁聖臣金仁卿鄭燦九鄭炯采梁允承與諸友同來請課 謹次李致先先翁壁山亭原韻 梁弼承來訪 允承留一旬病歸不淑使堂中一日廢讀為挽二首 送別梁聖臣 送行鄭燦容 贈行內弟安鍾基 寫贈金仁卿 文子惺見訪將別拈韻 和贈吳秀才韻(九首) 竹林齋韻 乙丑重修後續吟二首高岡祠成敬次晦軒先生夫子廟韻 復用前韻四首 足古詩詠日吟 瞻謁聖像次竹谷講會吟 謁朱夫子真像身咯韻呈一松亭主人 宇宙吟 和朱用祠韻贈龍潭金大鉉 敬次鄭桐溪先生大明曆詩 綾陽懷古七首 述懷 兩賢閣原韻敬次 敬次永慕齋原韻 三芝齋韻 學圃堂重建韻 登知止堂宋先生觀水亭送次學圃先祖板上韻 家庭六十一壽席分韻為此春酒以介眉壽八字又拈籌疇儔四字詠歌以祝無彊之壽(十首) 庚辰元朝上壽家庭用年字韻 省拜先妣墓用春字韻 家庭生朝志喜用前韻 宋念齋泰會適訪留宿畫松石梅竹鶴上方書壽色蒼然四字題二首詩謂助侑觴之資旣次其詩又作五以獻壽七首 壬午除夕家庭壽言 高山祠禮成 與鄭柏下權松山趙恒齋李果齋鄭晦夫賦別于澹對軒 瀛州氏世蹟十絕(神人建都) 瀛州

氏世蹟十絕(星槎朝天) 瀛州氏世蹟十絕(經筵論思) 瀛州氏世蹟十絕(瀛閣登仙) 瀛州氏世蹟十絕(槐院唱榜) 瀛州氏世蹟十絕(曲江聞喜) 瀛州氏世蹟十絕(肅謝奉命) 瀛州氏世蹟十絕(學問從師) 瀛州氏世蹟十絕(遺逸登對) 瀛州氏世蹟十絕(倡義勤王) 敬次三山九曲歌(九首) 敬次三山嘉卉十絕 竹樹全圖(一曲砥石江) 竹樹全圖(二曲海望山) 竹樹全圖(三曲兩連江) 竹樹全圖(四曲映碧亭) 竹樹全圖(五曲忠臣江) 竹樹全圖(六曲松石亭) 竹樹全圖(七曲錦可窟) 竹樹全圖(八曲龜尾墅) 竹樹全圖(九曲言飛山) 道林八景(桂峰霽月) 道林八景(華山落照) 道林八景(高飛白雲) 道林八景(月山彤霞) 道林八景(雙寺暮鍾) 道林八景(烽嶺驟雨) 道林八景(石江漁笛) 道林八景(草野農歌) 竹林雜詠二十六絕(高飛山) 竹林雜詠二十六絕(艾峴) 竹林雜詠二十六絕(筆峰) 竹林雜詠二十六絕(披鶴峯) 竹林雜詠二十六絕(紫芝峯) 竹林雜詠二十六絕(月山) 竹林雜詠二十六絕(松落峯) 竹林雜詠二十六絕(秋峙) 竹林雜詠二十六絕(的峴) 竹林雜詠二十六絕(釜嶝) 竹林雜詠二十六絕(造塔) 竹林雜詠二十六絕(眾芳齋) 竹林雜詠二十六絕(鶯岸) 竹林雜詠二十六絕(蓮池水) 竹林雜詠二十六絕(梅花川) 竹林雜詠二十六絕(牧洞) 竹林雜詠二十六絕(青龍岸) 竹林雜詠二十六絕(九僧洞) 竹林雜詠二十六絕(日月嶺) 竹林雜詠二十六絕(寺洞) 竹林雜詠二十六絕(書堂洞) 竹林雜詠二十六絕(新基) 竹林雜詠二十六絕(乘涼臺) 竹林雜詠二十六絕(卧牛嶝) 竹林雜詠二十六絕(鴻谷) 竹林雜詠二十六絕(竹林齋) 金剛山十二月景寫呈奇耕雲丈屏本畫題之請(十二首) 和各屏畫題八絕 題家藏墨竹屏十絕 漁樵耕牧琴酒嘯詠山居八絕 敬次白玉峯次松川公寄楊通判之作 遇溪講會敬次竹川朴先生與南宜峯長篇韻 謹次安五峰公遇溪韻 登隱峰先生釣臺謹次諸公韻 氷月亭與安聖居安景典宿木美庵 沙厓閔叅判臨對亭肯孫允彬重建請和原韻二首 寄和忠孝堂蘭菊契韻 謹次湧珍精舍十景韻 風泉臺感吟 魏春軒望百宴 寄和鰲山精舍韻 鰲山八景 丁盤谷霽巖松隱三世起義韻追次

赤壁舟中與鄭栗溪和農巖先生韻 望美亭次丁赤松韻 次勿染亭韻 登瑞石山宿圭峰菴二首 瑞石 地藏庵 謹次鄭月波講習齋韻 一松亭 竹谷精舍 德山精舍 丁丑上元次朱子時字韻 謹次堂村千仞亭韻 萬樹亭 與同鄉長少及山陽諸友踰內原嶺 遇溪講會用前韻寫懷 宿竹川里早發 氷月亭講會 宿木美庵 遊李氏千仞亭 端陽日登月山 登萬樹亭和諸生韻 廉果菴客尹聖有所以午作求和 和黃景涵用前韻寄示韻 小詩呈洪西隱 與西隱同宿 宿蓮洞魯後溪戚丈山堂 和西隱重別 和書生韻三首 月講所設道尊契 讀書諸君幽第告歸 贈讀書諸君二首 示梁聖臣 示鄭燦容 示金相濬 示金仁卿 挽高弦窩文丈 安浮海挽六首 挽權應韶五絕 寫寄鄭栗溪三首 悼奇公吉十絕 挽朴南一二首 遊觀水亭 金東江席上送李英傳聖居之金剛山口呼以贈 戊寅端陽日家庭送衣書識喜 柳永燦室內奇氏居京邸遺衣一襲感吟 金東江壽席二首 曹伯據先世三吾堂韻 曹伯據耕雲莊 柳公七望楸軒 金士珍先行四會亭 謹次鄭芝隱堂韻 挽鄭訥卿四首 待友 朴琫和敬窩韻 鳳頭族叔挽 挽遯齋文丈四絕 挽魏春軒 謹次杏林堂韻 吳子春壽席 挽金伯應 次李啟善南莎亭韻 己卯四月一日鄭栗溪來留芙亭招與梁蓮坡裴彩洪同發天冠行長澤途中口呼 訪魏氏長川齋歎雲汝洛範達晤 魏子栗前導登天冠山與小輩數十人同遊 宿康津水東里尹在麟家渡眉山津 萬景樓口呼 留對月里與趙溫諸友上月出山 過見性菴 歷道岬寺 宿鳩林放舟西湖崔炫追至舟中叙別 西湖舟中吟 陪儒達山俯瞰木浦港 鳴陽路別鄭栗溪 和魏洛範寄贈韻 寄贈魏梧軒韻 學圃堂憶東溪翁 訪安晦峰不遇 留德由精舍與樂川叙懷晦峰乘月來集 訪金聖玉 過氷月亭 興陽途中 訪申孝植 訪申國範同來宿高興舘 訪金止堂伴行楞伽寺 宿楞加寺 登八影山 過驛路送別申成玉 筏橋驛前送栗溪還山 贈別裴彩洪 訪佳山族叔 奉審李忠武公新城浦影堂二首 登山城 訪裴彩洪彩洪送裴彩圭邀栗溪栗溪與李南儀申孝植來會至麗水港 姑蘇臺奉審忠武公大捷碑 將軍島 次裴彩洪章臺送別韻二首 復用前韻贈栗溪二首 贈梁壬承 次裴氏美岡齋板上韻 自德川發行 雙溪

寺 宿佛日庵 洗耳巖 宿七佛庵 端午日般若峰三首 還浴德隱川 敬次一蠹先生孤舟詩 謹步陜用玉山八詠呈吳君(八首) 次南原尹叅奉日涉亭韻 日涉亭八景 尹叅奉挽 陜川李若如與二友訪至託柏樵堂韻 贈鄭道源 朴謙山挽 挽文茅巖 挽洪耻齋三首 梁龍崗挽五首 挽孔道峯 挽李三山 過華鶴山拜文龜巖墓 和申文煥膽謁高岡祠韻 富春祠禮成後有感 杏史族兄緬挽六首 柳溪族兄挽六首 湖雲處士林公挽二首 習齋羅公挽 竹塢李公挽 佳山族叔追挽 挽權松山四首 金承旨東江挽 哭鄭栗溪五首 挽魏梧軒 挽安仲述二首 癸酉四月奇見五來託先生行狀 金允範與見五同訪叙懷 贈二友為別 和諸君午課吟五首 挽任老石(二首) 與蓮坡翁同宿解連年疏開憂二首 寄安公獻二首 孫令熙來訪 謹次朴聽溪見贈韻 朴子彥挽 文子惺挽三首 挽李肅卿 慎菴令嗣相淇慕親作歲寒亭請次原韻 雙碧亭朴戚君炳海壽席 梁月溪壽讌 讀書諸君春誦夏絃聞秋而歸各贈一詩以勉之(三首) 鄭淳凡丁在根鄭吉柱用冬工而歸二首以贈 兒子請讀小學 訪柳重吉溪齋其子鍾烈能詩為吟二首 溪齋相別翌日有書有詩復來晤言 謹次鳳陽齋韻 挽文允明 挽羅惺菴 登南岡精舍寫贈朴成韶行憶 謹步鄭德庵韻 和梁會喆懼而歌(二首) 購古畫四幅為寢屏王維畫夏秋冬皆有題首幅春景無題以一絕充四時景 謹次孔孤山謫所韻效實紀相役 浴三川水敬次尤翁先生濯髮韻 敬次淵齋先生東字韻 和安聖居韻二首 次奇蓮坡陋室韻 耕雲亭二首 挽梁亨信 謹追次啞齋柳公卧松堂原韻贈嗣孫鎮湜 安憤菴挽六首 妓山紅數罪賣國賊不許寢自死 挽朴環鎮三絕 挽申文煥 挽張禹範二絕 挽李正遠 求禮李泳奎齋閣韻 閔氏湛樂亭重建次韻 湖隱白明九見訪翌日同訪文泰鎮登映碧亭次原韻 登高氏景慕齋 梁樵山壽韻 甲午仲秋與金永萬吟 贈金宇晟 謹次族兄西伏布善碑韻 贈安建五二絕 贈再從弟會淳一絕 次金洪錫南隱幽居一絕 次敬菴韻 芝隱精舍與鄭漢丞酬唱 次徐昶燮永慕齋韻 示安載敬 示鄭燦斗

卷三

書: 上松沙奇先生 上松沙先生(六篇) 上松沙先生近思錄問目 上趙判書 上吳後石(二篇) 上奇植齋 上李是菴 上高弦窩(三篇) 上梁可塢上閔条判(三篇) 上金校理 上鄭注書 上梁進士(二篇) 上宋止齋 上奇春潭(三篇) 答閔丈 上安晩晦 上梁希菴 上梁德巖 上柳条奉 上梁柳溪上李心齋(四篇) 上梁東溪(四篇) 上奇寒齋 上梁又梅(四篇) 答李三山與梁允範 答鄭三三 答文栗山 與權松山(二篇) 答權松山 與權松山(二篇) 別紙 答李六峯 與趙復齋 答安杜齋(二篇) 答廉果菴 與金元哉 答文士彬 與安晦峯(四篇) 與李玉山 答曹欽齋別紙 與曹欽齋 答曹欽齋與曹欽齋 答曹欽齋(二篇) 與梁晦山 答魏梧軒 答劉魯烈 與宋進士 答宋進士 與奇仁伯 答趙雲卿 與沈景晦 與安慶伯 與宋後菴(三篇) 與金東江(三篇) 與金光彥 答金光彥 與洪条尉 答洪条尉(二篇) 答梁仲涵(二篇) 答李星老 與柳和一 與鄭元卿

卷四

書: 與鄭景晦(六篇) 答鄭景晦(二篇) 與鄭景晦(七篇) 與吳子春(二篇) 答吳子春 與奇元用(二篇) 答奇元用 答安成玉 答魯仲吉 答朴斐卿 答黃景涵(二篇) 與黃景涵(二篇) 與李致先 答李致先(三篇) 與李致先 答李致先 別紙 與李致先 與梁元常(二篇) 答梁而見(二篇) 答崔永文 與奇見吾(二篇) 答奇見吾(二篇) 答洪大卿 與鄭道源 答奇子邦答朴士文 與朴士文 與李英傳 答李英傳 與許南圭 與朴南一 別紙 與任宇卿(三篇) 答朴子彥 答文子惺(二篇) 與文子惺 答文子惺 答金敬儒 與許晦彥 與鄭士玉 答金元叔 答安良善 與梁杏林 與鄭景賢 答吳誠一(二篇) 答魏洛範 答李鶴宰 答梁道允 與高光瓚 與崔進士 與奇伯春 與安士剛 答李光述 與李肅卿 答張禹範 答梁敬孚 答柳忠五(二篇)與柳忠五(二篇) 與梁敬德 答梁敬德 與趙興卿 與文泰鎭(二篇)與白亨璣 答文允明 與尹士垣 與梁學彬 與白明九(五篇) 答白明九 與金宇

晟 答裵彩洪(二篇) 與金敬諧(二篇) 答金敬諧 答李德壽 與李德壽 與李京洛 與權顧卿(二篇) 答鄭晦夫 與鄭晦夫 與金敬宇 與李敬仲 與朴仲豪 與李性夫(二篇) 答李義仲(二篇) 與梁永斗 答郭德用(二篇) 答郭德用問目 與安聖居(二篇) 與安景典 與宋佐顯 答安景舜 與閔泳來 答李鳴魯 答裵純文 答再從弟亨範(二篇)

卷五

書: 與金叅奉 答金叅奉 與金叅奉 答奇公吉 與奇公吉 答奇公吉 與金舜東(二篇) 與宋聲五 答宋聲五(四篇) 與宋聲五 答李子謙 答具士文 答吳天卿 與金聖玉 別紙 與金聖玉 答金聖玉 答金景魯 與金景魯 與鄭聖圖 答吳和益(二篇) 答吳敬立 與梁天興 答安文哉 與安文哉 答安文哉 樂山安公護喪所 答梁炳賢 與梁炳賢 答梁炳賢 與李基允 與安公獻(二篇) 答梁弼承 與梁弼承 答梁弼承 答鄭燦容 答梁啟烈(二篇) 與梁啟烈 答梁啟烈 答魏汝翊 答曹公三 答諸漢基 答金相濬 答李仲植(二篇) 答李美叔 答柳文用 答崔文煥 答宋輔卿 答黃性伯(二篇) 答李道明(二篇) 答李鍾弼 答梁浩璿(二篇) 答尹在楠(二篇) 答柳忠汝 與奇老章 答趙敬華 答徐燦基 答金聲振 答梁圭承 與金正會 與李□爀 與梁和承 答具教完 答金而仲 答許誠禹 與梁在述 答白東善 答金致明 答朴德五 與蔡奎泰 與閔建中 與李見卿 與宗孫東旭 與朴奎炫 與安聲洪(四篇) 答安聲洪 與梁晶河 答梁晶河 與李相悅吳敬立 與鄭泓釆 答洪汝玉 與梁在卿 與白鍾琪 與金平夫(三篇) 答邊敬平 答人問 別紙 與朴奉化 與吳景煥 答梁根寧 與安成汝(四篇) 答金洪烈 與朴聖韶 與徐廷彩 省菴文几右回界

卷六

雜著: 沙上錄 先集再刊首末 沙上雜錄 沙上書紳 病中記思(二篇) 辨猥筆後辨 小學題辭講義 大學劄錄 新阡錄 竹林精舍學規 東海逸民

說送安後峯 書贈金仁卿 書贈梁連承 贈宋輔卿 贈鄭德五 五教說贈朴峯來 書示梁達承 孝學說寄梁斗承 塞翁說 二子名字說 蔡奎泰希道字說 昏書(二篇)

卷七

序: 聖學源流序 風泉錄序 學圃堂保存契序 茅峯遺蹟序 月谷家稿序 昌寧曹氏派譜序 梁氏家乘序 圃雲遺稿序 石塢遺稿序 寶城吳氏派譜序 蘭坡遺稿序 心齋遺稿序 三老宴序 雙碧稿序 錦崖遺稿序 後溪壽軸序 杏史梁公殉義碑同志錄序 雙清軒遺稿序 金寧金氏世德錄序 花樹養老契序 慕賢壇追契序 楸巖集序 梁氏判書公派譜序 時習亭遺稿序 華溪壽帖序 鄭栗溪壽序 送蓮坡翁之關東序 講義錄序 龍岡曹公回譏序 商隱士友詩文編錄序 覺南說送朴仲豪序 送三聖山人李仁化序 姨弟文德明周甲宴序 老妻六十一生朝序 厚本契序 菊齋遺稿序 密陽朴氏門案序 送李基允序 贈洪東潤序 送弼承序 贈佑承序 水原白氏三世三綱錄序 湖西歸贈族姪炫承序 誠慎說贈許誠禹序 晉州邢氏派譜序 金海金氏家乘序 澹山實紀序 寶城吳氏三世孝烈實記序 洗心堂遺稿序 芳隱遺稿序 二止契序 密城朴氏世紀序 鰲峯詩集序 墨坊浦望祀錄序 小峯遺稿序 華隱先生遺集序 時軒遺稿序 柏谷詩稿序 直齋遺稿序 白菴詩稿序 光山盧氏派譜序 金海金氏派譜序 惺軒詩稿序 自修軒實記序 綾州校誌序 富春亭重建題詠軸序 松潭實紀序 錦松梁翁壽序 大峰實記序 慶州金氏派譜序 九老契序 四松遺集序 莘圃遺稿序

卷八

記: 同福文廟重修記 寶城鄉校重修記 慕賢堂重建記 念修齋記 學圃堂重建續記 追遠堂記 松石亭重修事實記 北涯亭重建記 楊江書院復享追記 淨泉齋記 贈兵曹判書金公夫人金氏旌閭記 修雲記 後山精舍記 華山壇記 高岡祠記 龍山祠記 龍田壇記 履露齋記 遺安堂記 鳴

鶴亭記 白梨齋記 考槃堂記 華谷記 敬軒記 述窩記 蓮坡記 碧山精舍記 退學堂記 雙碧亭記 竹林齋重修記 璞山齋記 廣州李氏六世居室重建事實記 武山祠記 愚齋記 良谷精舍記 新菴後記 竹史堂記 筆峯書巢小記 鵝山堂記 農窩記 魯齋記 松宇記 鳳山影堂記 雲坡記 柏隱記 琴谷記 湛樂亭重建記 考槃臺記 寓松記 蓮谷記 松潭記 後塘記 菊圃記 瑞石山記 天冠萬德山記 月出山記 儒達山記 八影山記 鍾鼓山記 頭流山記 遊漢城記 楓菴記 惇修齋記 台下記 潭隱記 松湖堂記 嘯月亭壬重建記 槐下堂記 南齋記

卷九

跋: 純宗皇帝書筵說繫風泉錄跋 書沙峯實紀後 書靜菴趙文正先生尤菴宋文正先生謫廬受命二碑文模本後 農隱遺稿跋 松溪實記跋 瑞竹詩集跋 祖考嘯巖遺稿跋 淸隱遺稿跋 書瑞竹壽帖後 希菴遺稿跋 先考弦齋遺稿跋 杏史實記跋 先府君七十六歲生辰壽幅跋 書曹欽齋壽軸後 書湧珍精舍十景韻後 重軒集跋 樂川集跋 白齋遺稿跋 書梁孺人烈行狀軸後 寶城吳氏世稿跋 續風泉錄跋 淸溪集跋 菊陰處士實記跋 書晉州邢氏三孝事蹟後

卷十

箴: 屋漏箴

銘: 筆銘 扇銘 書案銘 枕銘 盤銘 几銘 牖銘 壁銘(三篇) 杖銘 活水塘銘 寒泉銘 念修齋銘

贊: 陳良贊 董子贊 明末諸義士贊 晦軒先生畫像贊 圃隱先生畫像贊 淸白吏河陽太守兼管節制使邢公贊 淵齋宋先生畫像贊 勉菴崔先生畫像贊 松沙奇先生畫像贊 後石吳先生畫像贊 從叔晩翠公畫像贊 不日臺贊 朴公東溪贊

辭: 梁啟烈字辭 安公獻字辭 李子和字辭 奇公栗字辭 李潤九哀辭

上樑文: 綾州鄕校東廡重建上樑文 睡月軒公墓閣上樑文 竹樹書院重建上樑文 惠康公祠杰上樑文 北涯亭重建上樑文 族先祖通德郎公墓閣上樑文 鳳巢上樑文 贈大司馬崔武肅公墓齋上樑文 良溪祠重建上樑文 石樵精舍上樑文 忠賢祠重建上樑文 三槐亭上樑文 鳳陽齋上樑文

祝文: 祈雨祭祝文 竹樹書院土地祭祝文 禮成告由祝文 文靖公深隱李先生竹林書院丁享祝文 東山祠禮成祝文 常享祝文 學圃先祖祠板移安告由文 奉安祝文 北涯亭重建開基祝文 禮山祠祀土地祝文 高岡祠開基祝文 奉幀祝文 釋英祝文 蘆沙先生高岡祠設享告由文 松沙先生影簇移安告由文 常享祝文 龍山壇開基祝文 禮成告由文 常享祝文 龍山祠新建告由文 告宅神文 祖妣墓立碑祝文 先考大祥祝文 晩霞亭金公珍山壇享祝文 忠賢祠禮成告由祝文

卷十一

祭文: 祭松沙先生文(四篇) 祭植齋奇公文 祭後石吳公文 祭從叔晃翠公文 祭心齋李公文(二篇) 祭希菴梁公文 祭柳溪梁公文 祭東溪梁公文 祭又梅梁公文 祭從母孺人安氏文 祭權松山文 祭奇惺石文 祭宋後菴文 祭金東江文 祭黃景涵文 祭鄭景晦文(二篇) 祭奇元用文 祭許恂明文 祭奇見吾文 祭閔性宰文 祭梁啟烈文(二篇) 祭李致先文 祭安晦峯文

碑: 高麗兵部侍郎綾城具公祭壇碑 嘉善大夫行同知中樞府共事梁公遺墟碑 慶州李氏三綱碑 金海金氏兩世遺蹟碑 誠孝齋牟公事蹟碑 山翁金公孝行碑 烈婦慶州李氏實蹟碑 孝烈婦仁川李氏遺蹟碑 玉峰孫公世庄敬慕義蹟碑 晉州姜氏三綱碑 直長金公殉忠碑 義城金公孝行碑 仁同張公孝行碑 修雲金公義恤頌德碑 竹菴朴公孝行碑 孺人靈光丁氏行蹟碑 朗州崔公孝行碑 孺人竹山安氏實行碑 孝子心軒金公碑 雙梧堂金公遺蹟碑 孝婦州韓氏行蹟碑

墓誌銘: 湖南義士杏史梁公墓誌銘 愼默齋金公墓誌銘 後月鄭公墓

誌銘 太古洪君壙銘 生員金公墓誌銘

卷十二

墓碣銘: 將任郎贈刑曹叅判邢公墓碣銘 茅汀邢公墓碣銘 通政大夫行司憲府持平掌隷院判決事鄭公墓碣銘 通政大夫訓鍊院判官金公墓碣銘 濟用監僉正金公墓碣銘 判官宋公墓碣銘 通政大夫承政院左承旨金公墓碣銘 忠武衛副司直金公墓碣銘 果毅梭尉申公墓碣銘 日省齋金公墓碣銘 望圓李公墓碣銘 訓鍊院主簿李公墓碣銘 華隱申公墓碣銘 酒隱金公墓碣銘 石塢李公墓碣銘 百忍亭鄭公墓碣銘 通訓大夫行弘文館校理梁公墓碣銘 省齋邊公墓碣銘 臺隱鄭公墓碣銘 竹潭申公墓碣銘 學生李公孺人梁氏墓碣銘 知足堂金公墓碣銘 嘉善大夫行周知兼五衛將孫公墓碣銘 農軒金公墓碣銘 蓮齋蔡公墓碣銘 晩湖金公墓碣銘 南雲宋公墓碣銘 雲菴李公墓碣銘 槐亭梁公墓碣銘 希菴梁公墓碣銘 湖隱朴公墓碣銘 強菴廉公墓碣銘 嘉善大夫宋公墓碣銘 竹菴李公墓碣銘 小泉宋公墓碣銘 華隱先生梁公墓碣銘 東溪朴公墓碣銘 蓮塘宋公墓碣銘 孺人任氏墓碣銘 樵山白公進碣銘 杏林梁公墓碣銘 敏齋朴公墓碣銘 學生金公墓碣銘 雲谷鄭公墓碣銘 春坡安公墓碣銘 雙碧亭朴君墓碣銘 潛溪白公墓碣銘 蓮汀宋公墓碣銘 野隱宋公墓碣銘 林泉宋公孺人柳氏墓碣銘 湖石金公墓碣銘 三平朴公墓碣銘 芝厓閔公墓碣銘 田隱梁公墓碣銘 孺人金氏墓碣銘 松菴尹公墓碣銘 松澗具公墓碣銘 嘉善大夫金公墓碣銘 月下朴公墓碣銘 柏泉宋公墓碣銘 華菴朴公墓碣銘

卷十三

墓表: 海山金公墓表 學生金公墓表 通德郎梁公墓表 贈戶曹叅判邊公墓表 贈通訓金公墓表 尊姑阡表 學生宋公墓表 贈嘉義金公墓表 孝軒梁公墓表 鳳溪梁公墓表 農隱尹公墓表 學生梁公墓表 芝隱鄭公墓表 學生金公墓表 梅菴徐公墓表 學生金公孺人宋氏墓表 南江曹公墓

表 後徐公墓表 孺人任氏墓表 后齋宋公墓表 述窩梁公墓表 鳳坡劉公墓表 默軒鄭公墓表 四留堂李公墓表 竹山安公墓表 通訓大夫司憲府監察梁公喭表 湛齋宋公墓表 學生宋公墓表 雲齋宋公墓表 默齋鄭公墓表 教官申公墓表 鶴雲朴公墓表 商隱崔公墓表 台菴金君墓表 叅奉宋公墓表 學生宋君墓表 扶愛堂梁君墓表 蓮坡李公墓表 學生梁公墓表 農隱梁公墓表 嘉善大夫僉和中樞府事南公墓表 農軒邢公墓表 芝山金公墓表 松園徐公墓表 通政大夫虎隱南公墓表 述齋邢公墓表 管山安公墓表 學生宋公墓表 珍谷朴公墓表 贈左承旨吳公墓表

卷十四

行狀: 贈承政院左承旨兼經筵叅賛官睡月軒府君行錄 通政大夫行禮曹叅議直提學後圃府君遺事狀 成均進士菊圃梁公行狀 芳村梁公行狀 守菴梁公行狀 學生梁公行狀 尊姑行狀 通政大夫行通川郡守兼江陵鎮管兵馬僉節制使奇公行狀 遯菴鄭公行狀 學生朴公行狀 小溪白公行狀 靜窩宋公行狀 小梅李公行狀 春岡李公行狀 希齋金公行狀 後松處士蔡公行狀 小山梁公行狀 默軒鄭公行狀 圃雲梁公行狀 石塢梁公行狀 族先祖四松公行狀 心菴梁公行狀

卷十五

行狀: 松沙先生事狀 從叔晩翠公行狀 雙清軒李公行狀 心齋李公行狀 東溪梁公行狀 先府君家狀 先妣家狀 睡菴金公行狀 遯菴金公行狀 學生朴公行狀 尼山下公行狀 菊塢梁君行狀 臺隱金公行狀 山海亭郭公行狀 孝婦金氏行錄 德巖李公行狀 新菴朴公行狀

遺事: 石川柳公遺事

傳: 廉將軍二世四忠傳 梁雲圃傳 斗茂浦林女孝烈傳 無有子傳 李秉燦傳

卷十六

附錄: 家狀(梁燦承) 行狀(老奇章) 墓碣銘(洪錫憙)

正齋集跋(金奎泰)

# 『죽오집(竹塢集)』

## 1. 저자 소개

이상백(李常白, 1857~1924)의 자는 광견(光見)이고 호는 죽오(竹塢)이며 본관은 전주(全州)이다. 시조는 신라에서 벼슬하여 사공(司空)이 되었던 이한(李翰)이며, 조선을 건국한 태조 이성계(李成桂)는 이한의 22세손이다. 월성군(月城君) 이명인(李明仁)이 담양(潭陽)으로 내려왔고, 아들 부사맹(副司猛) 이효상(李孝常)이 담양으로부터 영광(靈光)으로 이사하였다. 충의위(忠義衛) 이상후(李相垕)와 종부제(從父弟) 이상회(李相會)가 다시 영광으로부터 능주로 옮겨와 은둔하였다. 고조는 이재달(李栽達)이고, 증조는 이이덕(李以德)이며, 조부는 이윤택(李潤宅)이다. 아버지 이문계(李文繼)와 어머니 화순최씨(和順崔氏) 최봉권(崔鳳權)의 딸 사이에 1857(철종 8)년 10월 28일 부춘(富春) 방간리(坊澗里)에서 태어났다.

이상백은 타고난 자질이 매우 영특하고 풍모가 준수하였다. 7~8세부터 행하고 그침, 말하고 침묵함이 법도에 맞아 주위의 칭찬이 자자했다. 학문에 뜻을 둔 것은 어머니의 '사촌 형의 학업을 따르라.'는 말씀 때문이다. 이때부터 사촌 형 간재(澗齋) 이기백(李琪白)을 따라 공부하였으며, 학업에 입문하면서 재주가 뛰어났지만 오로지 학문에만 뜻을 둘 수 없는 것을 한스럽게 여겼다. 약관(弱冠)의 나이에 밀양박씨(密陽朴氏) 박상진(朴相鎭)의 딸과 결혼하였다. 22세(1878)에 어머니가 돌아가셨고, 25세(1881)에 부인이 죽자 의령남씨(宜寧南氏) 남주학(南周鶴)의 딸과 결혼하였다. 27세(1883)에 아버지가 돌아가시고, 30세(1886)에 또 부인이 죽었다. 세 번째 부인으로 경주이씨(慶州李氏) 이언영(李彦榮)의 딸을 맞이하였다. 박씨(朴氏)와 남씨(南氏)에게는 자식이 없고, 이씨(李氏)가 2남 2녀를 낳았다.

38세(1894)에 동학의 기세가 치열해지자 마을 사람들이 현혹되지 않도록 깨우쳐주었는데, 그들에 물들거나 토벌당하는 사람이 없었다. 39세(1895)에 본방(本坊) 약정(約正)의 임무를 맡았는데 평소의 뜻이 아니었다. 이에 향약을 설립하고 남전(藍田)의 규약에 따라 행한 것은 사문(斯文)의 뜻을 일으키기 위함이었다. 47세(1903)에 종형 간재 이기백이 세상을 떠나자 매우 고통스러웠으며, 문헌이 부족할까 두려워 모든 임무를 접고 학문에만 전념하면서 일신재(日新齋) 정의림(鄭義林, 1845~1910)을 따라 영귀정(詠歸亭)[31]에서 수학하였다. 어떤 사람들이 거짓으로 꾸며 일신재 선생에 대해 송사(訟事)를 일으키자 이치에 근거하여 항변하고 강직하게 의지를 굽히지 않았다. 결국 천수(天水) 송괘(訟卦) 구오(九五)의 "소송함에 크게 길하다. [訟元吉]"라는 점사(占辭)를 얻었다. 51세(1907)에 일신재 선생을 서숙(書塾)에서 친히 맞이하자, 「죽오기(竹塢記)」를 써 주었는데 "처사 간재(澗齋) 어른은 주인 원방(元方)이다. 나와 더불어 막역한 교분이 있는데, 세한(歲寒)에 서로 지키자는 약조를 표현한 것이 실질적으로 적지 않다. 어르신이 머물러 있지 않으니 이 약조가 또 계절의 어려움에 달려 있다고 장담하겠는가?"라고 하였다. 54세(1910)에 일신재 선생을 글방에서 맞이했는데, 나라가 멸망하자 세상을 버리고 걱정하다가 10월 10일에 임종하시니, 장례와 문집 간행을 책임을 다해 마쳤다. 이에 일신재 선생의 문하에서 수학하던 사람들이 대부분 이상백에게 나아가 수학하였으며, 모두 스승 일신재 선생을 대

31 영귀정(詠歸亭)은 일신재 정의림, 송사 기우만, 향리의 유생들이 봄가을로 강회(講會)를 하던 곳이다.

하듯이 하였다. 어른들이 서계(書契)의 돈과 곡식을 주자 사양하면서 "속수(束修)의 예는 옛날부터 또한 있는 것인데, 스승이라고 할 만한 도가 없으니 받을 수 없다."라고 하여 겸손한 태도를 보였다.

기미년(己未年)에 나라가 망한 방상(方喪)의 고통으로 삼년상뿐만 아니라 대백(戴白)을 벗지 않았다. 이상백은 학문하는 방법에 대해 "『예기』「악기」에 '사람이 배우지 않으면 도를 알 수 없다.'라는 말을 인용하여 도를 아는 것은 독서에 달려있고, 독서는 구방심(求放心)보다 나은 것이 없다. 근검(勤儉)은 사람의 복(福)이고 나태함은 사람의 화(禍)이다."라고 하여 자신의 잃어버린 마음을 되찾도록 강조하였다. 1924년 봄에 나이 68세로 생을 마감하였다. 묘는 화순군 능주면 당산촌 청룡동에 있다.

## 2. 문집 구성과 내용

『죽오집(竹塢集)』은 3권 1책 석인본으로 1972년 일신당(日新堂)에서 간행된 이상백(李常白)의 시문집이다. 문집 형태는 4주쌍변(四周雙邊) 반곽(半郭) 18.8×14.7cm, 유계(有界), 11행 26자, 하향2엽화문어미(下向二葉花紋魚尾) 27.0×18.8cm이다. 권두에는 권창현(權昌鉉)이 1970년에 쓴 서문, 권말에는 김정환(金正煥)이 1971년에 쓴 발문, 아들 이회신(李會信)이 1972년에 쓴 발문이 수록되어 있다. 목차는 각 권의 맨 앞에 기재되어 있다. 이 문집은 국립중앙도서관, 고려대학교, 전남대학교, 경상국립대학교에 소장되어 있다.

권1에는 시(詩) 「봉수일신재정선생견증(奉酬日新齋鄭先生見贈)」을 비롯한 35수가 수록되어 있고, 서(書) 「상일신정선생(上日新鄭先生)」을 포함한 48명에게 보낸 74통이 실려 있다. 「봉수일신재정선생견증(奉酬日新齋鄭先生見贈)」은 스승 일신재 정의림이 보내온 시에 수답한 것으로 만나서 가르침을 받은 것에 대한 감회를 읊고 있다. 시에는 주로 여러 정자를 돌아다니면서 모의정(慕義亭), 장연사(長淵祠), 죽오재(竹塢齋), 청금당(廳琴堂), 낙오정(樂五亭), 담락정(湛樂亭), 삼현단(三賢壇), 송간재(松澗齋), 모의당(慕義堂), 만회당(晩悔堂), 부춘정사(富春精舍), 덕곡재(德谷齋), 춘우정(春雨亭), 쌍벽정(雙碧亭), 영락정(永樂亭), 서운정(瑞雲亭) 등에 시를 남겼다. 모의정(慕義亭)은 병인양요 때 김인기(金仁基)와 동지 200여 명이 창의할 것을 맹세한 곳을 기념하기 위해 세운 정자이다. 서(書)에는 스승 일신재 정의림에게 올리는 편지 7통으로 제일 많고, 정의림 또한 3통의 편지를 보내왔다. 편지 제목 밑에는 대부분 받는 사람 이름과 보낸 연도가 기록되어 있어서 편지의 내용과 당시 시기와의 연관성을 파악할 수 있다는 장점이 있다. 정의림의 손자인 정만보(鄭萬甫)에게 보내는 편지가 6통인데 "학문이란 성실함이 중요하다. 그럭저럭 세월만 보낸다면 조금도 이룰 수 있는 것이 없을 것이다."라고 하여 공부하는데 성실함이 중요하다고 역설하였다.

권2는 잡저(雜著) 「양직설(養直說)」을 비롯한 3편, 서(序) 「취태계안서(取態契案序)」를 포함한 8편, 기(記) 「죽헌기(竹軒記)」를 비롯한 6편, 발(跋) 「서열부윤씨효자정공실적후(書烈婦尹氏孝子鄭公實蹟後)」를 포함한 4편, 제문(祭文) 「제일신재선생문(祭日新齋先生文)」을 비롯한 11편, 행장(行狀) 「선고서남부군가장(先考瑞南府君家狀)」을 포함한 3편, 유사(遺事) 「송간구공유사(松澗具公遺事)」를 비롯한 2편이 수록되어 있다. 「양직설(養直說)」에서는 "사람은 배우지 않을 수 없고, 배우는 것은 뜻을 세우는 것보다 좋은 것이 없고, 진실로 뜻을 세우고자 한다면 직(直)을 기르지 않을 수 없다. 직(直)은 뜻을 세우는 근본이다."라고 하였고, 또 "직(直)은 또한 때에 따라서 이 뜻이 변하니 살피지 않을 수 없다. 『주역』 몽괘(蒙卦) 「단전(彖傳)」에 '몽매할 때는 바름을 길러야 한다.'라고 하였고, 『서경』에 '아들을 낳으면 처음부터 시작을 잘해야 한다.'라고 하고, 『예기』에 '어린아이에게는 항상 속이지 않는 것을 보여주어야 한다.'라고 하니 모두 직(直)을 기른다는 것을 말한다."라고 하여 '직(直)'이라는 한 글자를 항상 마음속에 간직해야 함을 강조하였다.

「시장아홍신(示長兒弘信)」에서는 "수신(修身)의 도는 마음을 다스리는 것보다 좋은 것이 없으며, 마음이란 일신을 주재한다. 수신 두 글자는 다른 데 있는 것이 아니라 집안에서 구해야 하니, 내가 해야 할 일을 다 할 따름이다. 가(家)는 천하 국가의 준칙이다. 그 집안을 바르게 하고자 하면 먼저 그 마음을 바르게 하고, 그 마음을 바르게 하면 그것을 미루어 이루어진 일들이 모두 바르게 될 것이다. 바른 마음을 지키고 또 반드시 독서로써 밝힌다면 자연히 그 공효(功效)가 드러날 것이다."라고 하여 아들에게 마음을 바르게 할 것과 독서의 중요성을 강조하였다. 「인지계소서(仁智契小序)」에서는 "소이연(所以然)이 이치를 알고 소당연(所當然)의 일을 행하는 것이 인지(仁智)이다. 미루어 넓혀보면 사단(四端)이 갖추어져 있다. 감응하여 마침내 통하면 칠정(七情)이 여기에서 발한다. 발하여 중절한다는 것은 정(情)이 성(性)에 나온 것이며, 성(性) 가운데 인지(仁智)가 있기 때문이다."라고 하여 인지계(仁智契)의 의미를 풀이하였다. 「여택계안서(麗澤契案序)」에서 "『주역』 태괘(兌卦) 「대상전(大象傳)」에 '여택(麗澤)'이라고 하였다. 무엇을 여택(麗澤)이라고 말하는가? 두 연못이 달라붙어서 서로 스며들고 서로 의지하여 도움이 되니 사람이 학문할 때 이와 같아야 한다. 군사는 그 상(象)을 보고 그 사(辭)를 완미하여 붕우와 강습하는 뜻을 밝혔다."라고 하여 여택계(麗澤契)를 설립한 이유를 말하였다. 「종사계안서(從師契案序)」에는 "스승과 아버지는 하나이다. 그러므로 제자가 스승을 섬기는 것은 아들이 아버지를 섬기는 것과 같다."라고 하면서 스승의 설을 믿고 경외(敬畏)해야 함을 강조하였다.

권3 부록(附錄)에는 아들 이홍신(李弘信)이 쓴 가장(家狀), 김윤형(金潤亨)이 지은 행장(行狀), 김황(金榥)의 묘표명(墓表銘), 정의림(鄭義林)의 죽오기(竹塢記), 김황(金榥)의 유상찬(遺像贊), 권창현(權昌鉉)의 찬(贊), 제문(祭文) 8편, 만(挽) 8편이 수록되어 있다.

### 3. 문집 목차

### 竹塢集序(權昌鉉)

卷一

詩: 奉酬日新齋鄭先生見贈 陪日新齋先生會遊澗村 追憶伯兄澗齋謹次淸溪具公追享韻 宜寧南氏八忠追感韻 次慶州金氏慕義亭韻 次南平文氏長淵祠韻 竹塢齋小酌 次聽琹堂韻 次樂五亭韻 次湛樂亭韻 次芝菴吳孝子韻 安隱峯先生遊天台山後三回壬辰有時禁多不叅安三希請次韻 次李竹軒韻 豐山洪氏三賢壇享韻 次具松澗齋韻 次曺百淳慕義堂韻 奉呈洪愚齋韻 天台遊賞錄續遊韻 次李晩悔堂韻 挽金友松仁淑 富春精舍講會 次閔錡軒晬辰韻 次閔泳仁大人大夫人回巹韻 南平德谷齋喜逢崔善汝 藥軒逢諸友 遊山翌日與安三希共賦 乙巳春遊書齋與諸生吟 次朴聖淑晬宴韻 次高應三回甲韻 次朴新菴韻 傷時 遊禮城山 山城契會 春雨亭 潭陽族人潤泰鉉球遠來叙情 天台山會遊 餞春觀燈 白桐花 取熊契會呼韻相酬 次朴炳海雙碧亭韻 次東博梁希齋韻次吳畯庠永樂亭韻 次李孝子建植褒行韻 瑞雲亭

書: 上日新鄭先生(二篇) 答日新先生 上日新齋先生 答日新齋先生上日新齋先生(二篇) 上伯兄澗齋 答朴雙筍齋 上尹訥窩 上洪愚齋 與鄭敬邦 與文德卿(二篇) 與李玉見(四篇) 與梁順集 答族姪安執 與金誠中 答崔益化 答李乃權(二篇) 答金漢叔 答安亨七 答朴仁玉 答族叔德夫 與族叔德夫 答外弟鄭善敬 與外弟鄭善敬 答文順必 答文彬 與詠歸亭刋所 答河東鄭氏慕仰契中 與文敬於 答鄭處中 答安慶伯 答曺中直 答金士吉(三篇) 答黃景涵(三篇) 與黃景涵(二篇) 答鄭士玉 答

李美中 答族弟用玄 答文聖述 答文子惺 答鄭萬甫 與鄭萬甫(二篇) 答鄭萬甫(二篇) 與鄭萬甫 答李子謙 答梁子善(二篇) 與沈權淳 答金叔見 答閔子涵 答宋士文 答鄭元實 答族姪讚信 與金汝衷 答林敬行 答崔大鎭 與梁會教 答外孫濟善

卷二

雜著: 養直說 示長兒弘信 韓潤之字說

序: 取能契序 仁智契小序 晉陽鄭氏家乘譜序 全州李氏宗契案序 麗澤契案序 朴炳海表行碑出義名員錄序 從師契案序 婚喪契案序

記: 竹軒記 石軒記 新菴記 斗南記 永慕齋記 石軒記

跋: 書烈婦尹氏孝子鄭公實蹟後 書孝子李建植事狀後 書芝菴吳公行錄後 書咸平魯氏孝行軸後

祭文: 祭日新齋先生文 祭伯兄澗齋公文 祭訥窩尹公文 祭愚齋洪公文 祭尹聖瑞文 祭李寬汝文 祭梁順集文 祭金誠中文 祭高君悳三文 祭外弟鄭善敬文 祭文君士彬文

行狀: 先考瑞南府君家狀 族叔台下公行狀 守靜齋崔公行狀

遺事: 松澗具公遺事 考烈婦金氏遺事

卷三

附錄: 家狀(李弘信) 行狀(金潤亨) 墓表銘(金棍) 竹塢記(鄭義林) 遺像贊(金棍) 贊(權昌鉉) 祭文(金潤亨) 再祭(金潤亨) 祭文(曺弼承 熊社諸生 文基皜 裵錫冕 本里諸生 黃采五) 挽(李鼎夏 金潤亨 朴敬東 柳相喆 李承福 鄭現采 金正煥 李讚信)

跋(金正煥 李會信)

# 『죽파유고(竹坡遺稿)』

## 1. 저자 소개

심계순(沈啓淳, 1852~1926)의 자는 계현(繼賢)이고 자호는 죽파(竹坡)이며 본관은 풍산(豊山)이다. 풍산심씨(豊山沈氏)의 시조는 고려 시대 태자첨사(太子詹事)를 지낸 심만승(沈萬升)이다. 조선 중기에 농와(聾窩) 심언통(沈彦通)이 김천도찰방(金泉道察訪)을 지냈으나, 기묘사화로 인해 관직을 버리고 낙향하면서 전북 남원의 뇌천리(磊川里)에 세거하기 시작했다. 할아버지는 나헌(懶軒) 심탄(沈坦)이고 아버지는 동와(桐窩) 심진항(沈鎭恒, 1831~1895)이다. 어머니는 연일정씨(延日鄭氏)로서 정철의 후손인 정록(鄭淥)의 딸이다.

심계순은 1852년 11월 20일 남원 뇌천리에서 태어났다. 어려서부터 책 읽기를 좋아했고, 장성해서는 기정진의 문인이 되었다. 처음 만났을 때 기정진은 그에게 자신이 쓰고 있던 정자의 기문을 읽게 하자, 막힘이 없이 읽어 내려가 기정진의 격려를 받았다. 심계순은 아버지가 세상을 떠나면서 '바깥에 있어서 내가 꼭 손에 넣을 수도 없는 것을 추구하기보다는 차라리 나의 명[吾命]을 편안하게 여기면서 나의 내면에 있기 때문에 추구할 수 있는 것을 추구하라'라고 한 가르침을 이어받아, 위기지학과 천인 심성의 도리를 익히는 데 힘썼다. 주변의 사람들과 교유하면서도 구차하게 의견을 일치시키려 하지 않았고, 함께 천리의 공정함과 성현의 정론(定論)으로 귀결시키려고 했을 뿐이었다. 그는 평생동안 별다른 행적이 없었다. 『문집』에 의하면 갑술년(1874)에는 무안에서

별시를 치르고, 기해년(1899)에는 옥과에서 동당시에 응시했다는 것을 알 수 있지만, 관원으로서의 행적은 따로 없다. 또한 김학진(金鶴鎭)의 추천을 받기는 했지만, 벼슬에도 임용되지 못했으며 겨우 만년에 후릉참봉(厚陵參奉)이라는 미관말직을 얻었을 뿐이었다. 그저 응봉(應峯) 아래에 정사를 하나 짓고 유안소(遺安所)라고 이름을 붙이고 자연을 벗 삼아 지냈다. '유안(遺安)'이라는 표현은 후한 시대의 은사였던 방덕공(龐德公)이 "세상 사람들은 모두 위태로움을 (자손에게) 물려주는데, 나는 홀로 평안함을 물려주려고 한다. [世人皆遺之以危 今獨遺之以安]"라고 말한 일화에서 따온 것인데, 심계순 자신은 「유안소자서(遺安所自序)」를 통해 그 취지를 이렇게 설명했다.

> "나는 못난 사람이라, 조상의 뜻을 지킬 수도 없고, 농사와 독서에서도 성취한 것이 하나 없다. 또한, 자손을 교화해서 조상의 덕을 따르고 행실을 고치도록 하지도 못했다. 흰머리만 창창한 채로 외진 초막에서 비탄에 잠겼으니, 후회해도 어쩔 수 없다. 이 때문에 이런 제목을 붙여 잠시라도 어지러운 시대에 성명을 구차하게 보전하려는 뜻과 어설프고 잘못된 죄를 스스로 꾸짖으려는 뜻을 담아 보려 할 뿐이다."

그는 이처럼 은둔한 채로 시서자견(時書自遣)의 삶을 살다 향년 75세로 1926년 6월 8일 세상을 떠났다. 경주김씨(慶州金氏) 김지희(金志熙)의 따님과의 사이에서 2남 1녀를 두었고, 이씨(李氏)에게서는 자녀가 없었으며, 우씨(禹氏)에게서 1남 1녀를 두었다.

## 2. 문집 구성과 내용

『죽파유고(竹坡遺稿)』는 5권 1책 목판본으로 1944년에 간행된 심계순(沈啓淳)의 시문집이다. 문집 형태는 사주쌍변(四周雙邊) 반곽(半郭) 22.2×15.9cm, 유계(有界), 10행22자, 상하향백어미(上下向白魚尾) 28.4×20.2cm이다. 권두에는 안소(安塑)가 1944년에 쓴 서문, 권말에는 김종윤(金種胤)이 1933년에 쓴 발문이 실려 있다. 본문(本文)에 주묵교정자(朱墨校正字)가 있다. 이 문집은 전남대학교, 단국대학교, 연세대학교, 퇴계기념도서관에 소장되어 있다.

권1은 부(賦)와 시(詩)이다. 부는 「운초부(耘草賦)」와 「하운부(夏雲賦)」 2편이다. 시는 「『중용(中庸)』을 읽고[讀中庸]」를 비롯한 63편인데, 몇 가지로 종류가 나뉜다. 먼저 「최익현이 상소문을 올렸다는 소식을 듣고 읊은 시 한 수[聞崔勉菴(益鉉)抗疏吟一絶]」와 「의롭게 순절한 여러 사람을 애도함[哀殉義諸公]」 등 조선의 망국기 위정척사를 주장했던 인물과, 일제의 식민지화가 진행되는 과정에서 순절했던 유학자들을 기리는 시가 있다. 그 다음 「『중용』을 읽고」처럼 경서를 읽고 느낀 것을 읊은 것들이 있으며, 「기송사(우만)의 만시[挽奇松沙(宇萬)]」 처럼 세상을 떠난 교유 인물을 애도하는 시들이 있다. 또한, 다른 사람의 시를 차운(次韻)한 것이 다수 있고, 나머지는 시절과 풍경, 그리고 다른 주변 인물들과 교류하는 과정에서 주고받은 것들이 대부분이다. 시의 마지막에 실린 것은 자신이 지은 유안소를 읊은 시인 「유안소점운(遺安所拈韻)」인데, 제목으로 미루어보아 점운법(拈韻法)을 사용해서 지은 것으로 추정된다.

권2는 서(書)이다. 하원순(河元淳)에게 보내는 편지가 2편, 양석모(楊錫謨)에게 보내는 편지가 3편, 그리고 손자인 노원복(盧源福)에게 보내는 편지가 2편으로 모두 8편이 실려 있다.

권3은 잡저(雜著)로서 모두 9편이 실려 있다. 「경의문대(經義問對)」는 사서(四書) 본문의 구절들을 인용해서 질문하고 답하는 형식으로 이루어져 있다. 「기린각의 그림 아래 있는 소무(蘇武)의 서문을 논함[蘇武序在麟閣圖下論]」은 갑술년(甲戌, 1874) 무안(務安)에서 치러진 별시(別時)에서 1등을 할 때 제출한 글로서, 공적과 절의의 평가를 논하고 있다. 「무왕이 미자를 세우지 않은 것을 논함[武王不立微子論]」은 기해년(己亥, 1899) 옥과(玉果) 동당시(東堂試)에 제출한 답안이고, 「맹자가 역(易)을 말하지 않은 것을 논함[孟子不言易論]」은 장성 하사리에서 기정진에게 수학하던 시절 주어진 일과(日課)로 제출한 글이다. 이와 유사하게 인물과 고사를 논한 글이 「공명이 동정(東征)을 간언하지 않았음을 논함[孔明不諫東征論]」을 비롯한 4편이 더 실려 있고, 마지막 글은 안병용(安秉鎔)의 자인 사능(士能)의 의미를 논한 「안사능 자설(安士能字說)」이다.

권4는 서(序)·기(記)·상량문·잡문(雜文)이다. 서문은 「풍산심씨 파보서문[豐山沈氏派譜序]」을 비롯한 6편인데, 여기에는 자신이 짓고 머물렀던 유안소에 붙인 「유안소 자서(遺安所自序)」가 포함된다. 기문은 일가사람들과 함께 재사(齋舍)를 세우고, 경사와 재사서 등을 구입해서 벽에 서가를 세워 보관하고서 이를 기념하는 글인 「재사의 장서벽 기문(齋舍藏書壁記)」을 비롯한 3편이다. 상량문은 영모재(永慕齋)와 추원재(追遠齋)를 위해 지은 2편이 실려 있고, 잡문은 모두 하사리에서 수학할 때 일과(日課)로 주어진 「맹자가 제나라의 경을 사양함[孟子辭齊卿]」을 비롯한 3편이다.

권5는 제문·묘갈명·유사 및 부록으로 이루어져 있다. 제문은 모두 3편으로 세상을 떠난 부인 김씨를 위해 지은 제문이 2편, 그리고 김교성(金敎成)을 위한 제문이 1편이다. 묘갈명은 1편으로 비서감승(秘書監丞)에 증직된 심병원(沈炳遠)의 묘갈명이다. 유사는 1편으로 아버지인 심진항의 기록을 다룬 「선고 동와부군 유사(先考桐窩府君遺事)」이다. 부록은 심계순의 「행장」과 「묘갈명」으로 각각 안소(安塑), 정인보(鄭寅普)가 썼다.

## 3. 문집 목차

卷一

賦: 耘草賦 夏雲賦

詩: 讀中庸 讀大學 讀詩傳 讀書傳 新元 春雪 冬寒 上元望月 廳杜鵑 聞崔勉菴(益鉉)抗疏吟一絶 自責 輓婦翁悔窩金公 服藥後作 楊戚(致沃)嘲我詩昧聲格因戲題 癸未十月同囂齋族丈過安陰尋眞洞登鄭氏登溯亭次板上韻 北上洞四十里許有搜勝臺最奇云而路左未覽故吟二絶 戲呈晴峯兼寄菊史 贈別河秀才 挽雲坡洪丈(宜燮) 哀殉義諸公 挽定山同宗(永伸) 挽嶺村金參奉(成烈) 挽房醒齋(容圭) 挽奇松沙(宇萬) 和晴峯 謝李進士(瓚客)佩酒相過 壬子至月二十日寔吾回甲生朝追惟旣往罪戾山積謹拈三年字一絶以自訟 贈孫兒輩 次許巖卿(業)講會韻以謝厚意 遺安所時景 謹次先祖聾窩公焚黃韻 謹次屛潭公楊根致仕時韻(附原韻) 梅花戲題 謹次東嶠金丈(煥榮)枉臨拈韻 次韓友君行拈韻 和堂中諸益 因公州姜冕周與堂中諸研連日詩會戲和 與金成大(濟德)金乃文諸友次崔勉菴韻 和金成大 癸未十月日同囂齋族丈過安陰尋眞洞登鄭氏 登溯亭次板上元韻 己亥三月日與尹氏諸友作智異山達宮之行次山中前韻 春居呼峙齋室次板上元韻 登龜巖亭呼韻 四十九歲作 效邵堯夫首尾吟 耘草 西溪盤石 奉次金丈雲圃(教成)原韻 奉次李拙軒(鍾鳳)東山草堂韻 許三元堂疏出前後諸公作詩以美之胤子容斗氏過余屢懇和感其孝思忘拙謹次 次房贊武(容圭)惺惺齋韻 次楊心洲(性潤)天山齋韻 次金秋水(濟德)鍾巖精舍韻 次上東六愚亭韻 次伊洞尹公薇西回婚韻 金義悅夫人回甲日拈韻請詩 次楊戚(致敬)回甲韻 次崔性善回甲韻 挽東嶠金上舍(鑠) 挽金謹齋 挽金泗川(正燁) 挽楊

心洲 遺安所拈韻(構數間草幕放阡邊名之曰遺安所)

卷二

書: 與河致敬(元淳) 答河致敬 答楊性潤(錫謨)(附楊性潤書) 答楊性潤 與楊性潤 與盧孫源福 與盧孫源福

卷三

雜著: 經義問對 蘇武序在麟閣圖下論 武王不立微子論 孟子不言易論(以下少日課作) 孔明不諫東征論 秦始皇論 范蠡載西施論 誤中副車論 安士能字說

卷四

序: 豐山沈氏派譜序 童蒙易解序 文房四友序 晩圃韻序 贈盧致遠序 遺安所自序

記: 齋舍藏書壁記 西溪盤石記 天山齋記

上樑文: 永慕齋上樑文 追遠齋上樑文

雜文: 孟子辭齊卿(以下少日課作) 檄楚之弑義帝者 超田橫文

卷五

祭文: 祭亡室金氏文 祭亡室金氏文祥文 祭雲圃金公(敎成)文

墓碣銘: 贈祕書監丞沈公墓碣銘(並序)

遺事: 先考桐窩府君遺事

附錄: 行狀(安塑) 墓碣銘(並書 鄭寅普)

# 『중헌문집(重軒文集)』

## 1. 저자 소개

황철원(黃澈源, 1878~1932)의 자는 경함(景涵)이고 호는 은구재(隱求齋)·중헌(重軒)이며 본관은 장수(長水)이다. 시조는 통일신라 말기 시중(侍中)을 역임했던 황경(黃瓊)이다. 황경 이후 세계(世系)가 실전되어 고려 시대 황석부(黃石富)를 1세조로 하며, 조선 시대 24년 간 정승을 지내면서 많은 치적(治績)을 남겼던 방촌(尨村) 황희(黃喜, 1363~1452)의 후손이다. 증조는 실암(實菴) 황경중(黃慶中)이고, 조부는 묵재(默齋) 황순곤(黃舜坤)이며, 아버지는 초하재(樵下齋) 황찬진(黃瓚鎭)이다. 어머니는 광산김씨(光山金氏) 김지은(金志恩)의 딸이다.

황철원은 1878년 8월 28일 전라남도 화순군 능주 운곡리에서 태어났다. 10세(1887)에 증조부 황경중(黃慶中)에게 글자를 배우기 시작하였다. 11세(1888)에 인근 마을 장로(長老)에게 가서 본받을 만한 책을 익힌 후 성인(成人)의 법도가 있었으며, 말과 행동이 조금도 소홀함이 없었다. 20세(1897) 봄에 노사(蘆沙) 기정진(奇正鎭, 1798~1876)의 제자로 가천(佳川)에서 강학하던 일신재(日新齋) 정의림(鄭義林, 1845~1910)의 문하에 들어가 본격적으로 유학하며 수학하였다. 가천과 운곡의 거리는 30리 정도 되는데, 오가면서 『맹자(孟子)』와 『논어(論語)』를 암송하였다. 그리고 자기 집과 멀지 않은 곳에 거주하고 있던 동학 동계(東溪) 양회락(梁會洛, 1862~1937)과 자주 만나면서 경전의 뜻을 궁구하였다. 그런데 정의림이 황철원에게 보낸 서한 내용을 보면, 노사학으로 이어지는 성리학이 큰 비중을 차지하고 있다. 정의림의 『일신재집(日新齋集)』 권8을 살펴보면 황철원에게 보낸 편지가 18편이나 되며, 황철원 또한 스승이 서거하기 전까지 10편의 서한을 보냈는데 성리학에 대한 질의가 많다. 이를 보면 그의 관심은 당시 논쟁이 되던 성리학에서 벗어나지 않으면서 노사학을 계승하려는 의식이 강하였음을 알 수 있다.

23세(1900)에 경남 합천(陜川)에서 강학하던 노백헌(老柏軒) 정재규(鄭載圭, 1843~1911)에게 심성론에 관한 서한을 받았는데[32] 아마도 이때 문하에 들어가 수학했던 것 같다. 정의림과 정재규는 대곡(大谷) 김석구(金錫龜, 1835~1885)와 함께 노사 기정진의 3대 제자이다. 25세(1902)에 전남 구례(求禮) 천은사(泉隱寺)에서 스승 정재규와 송사(松沙) 기우만(奇宇萬, 1846~1916)을 비롯하여 면암(勉菴) 최익현(崔益鉉, 1833~1907) ·계남(溪南) 최숙민(崔琡民, 1837~1905)·남주(南洲) 조성주(趙性宙, 1841~1918) 등 노사학파 선배 문인들을 모시고 강회(講會)를 열었는데, 이것은 당시 그의 학문적 열망과 질의를 통해 노사학을 계승하는 계기가 되었다. 이 무렵 5월 정재규·기우만·최숙민·조성주 등과 경남 산청의 신안정사(新安精舍)에 모여 4월에 간행되었던 『노사집(蘆沙集)』에 대한 논의를 하였다.

1902년 『노사집』이 목판본으로 제작될 때, 영남지역의 노론에 속하는 권봉희(權鳳熙)와 최동민(崔東敏)의 무리 등은 『노사집』 훼판(毁板)을 요구했다. 그래서 권봉희는 「외필약변(猥筆略辨)」을 써서 율곡 이이의 전통 이론을 옹호하고 기정진의 이론은 육상산과 왕양명과 같은 이단으로 빠진 것이라고 비판하였다. 이때 스승 정의림은 바로 「통고영남열읍장보문(通告嶺南列邑章甫文)」, 「절작변무문(節酌辨誣文)」, 「서시제동지(書示諸同志)」를 지어서 문인들에게 스승 이론의 정당성을 주장하면서 사문들의 학문적 동요를 막고자 했다. 그런데 이때 전우는 기정진의

32 『老柏軒文集附錄』 卷2 「三十七年庚子(先生五十八歲)」 「答門人黃澈源書論心性」

「납량사의(納凉私議)」와 「외필(猥筆)」을 반박하기 위해 1902년에 「납량사의의목(納凉私議疑目)」과 「외필변(猥筆辨)」을 지어 비판했다. 그러자 정재규는 「납량사의기의변(納凉私議記疑辨)」, 「납량사의기의추록변(納凉私議記疑追錄辨)」, 「외필변변(猥筆辨辨)」, 「추록(追錄)」 등을 지어 변론하였고, 정의림은 60세 때(1904)에 「변전우소저노사선생납량사의기의(辨田愚所箸蘆沙先生納凉私議記疑)」와 「변전우소저노사선생외필변(辨田愚所著蘆沙先生猥筆辨)」을 써서 반론하였다. 이처럼 정재규와 정의림이 힘써 변론하여 노사의 설을 밝혔는데, 황철원도 스승 정재규의 권유로 「외필변변(猥筆辨辨)」, 「납량사의기의변(納凉私議記疑辨)」, 「납량사의기의추록변(納凉私議記疑追錄辨)」을 지어 간재(艮齋) 전우(田愚)의 성리설(性理說)을 논박하였다.

33세(1910)에 경술국치로 나라가 망하자 "나라가 이 지경에 이르렀으니 다시 회복할 수 없을 것 같다. 오직 유학을 강명(講明)하여 후일을 도모하는 것이 옳다."라고 하고 설주(雪舟) 송운회(宋運會, 1874~1965)와 규암(圭庵) 고익주(高翊柱, 1883~1941) 등과 교유하면서 문인 김정채(金正彩, 1899~1964)를 비롯한 후학들에게 학문에 전념할 것을 강조하였다. 또한, 간재의 설인 「성사심제설(性師心弟說)」에 대해 「변성사심제설시동연제공(辨性師心弟說示同研諸公)」이라는 글을 지어서 반박하였다. 54세(1931)에는 장성(長城) 고산서원(高山書院)에서 송사 기우만의 문집을 교정하였고, 1932년 6월 20일 55세의 나이로 광주에서 세상을 떠났다.

## 2. 문집 구성과 내용

『중헌문집(重軒文集)』은 10권 4책 석인본으로 1948년 아들 황기채(黃起采)와 조카 황오채(黃五采)를 비롯한 황철원의 문인들이 편집·간행한 황철원(黃澈源)의 시문집이다. 문집의 형태는 4주쌍변(四周雙邊) 반곽(半郭) 21.0×15.2cm, 유계(有界), 10행 26자, 상하향1엽화문어미(上下向一葉花

紋魚尾) 28.3×20.0cm이다. 권두에는 권재규(權載奎)가 1948년에 쓴 서문, 권말에는 양회갑(梁會甲), 김문옥(金文鈺), 황채오(黃寀五)가 1948년에 쓴 발문이 수록되어 있다. 이 문집은 전주대학교, 고려대학교, 경상국립대학교, 연세대학교에 소장되어 있다.

권1에는 시(詩) 「유천(維天)」을 비롯한 120수가 실려 있다. 시(詩)의 특징은 연작시(連作詩)가 많은데, 「근차노백헌정선생도산만영(謹次老柏軒鄭先生閣山謾詠)」 12절, 「근차노백선생산거잡영(謹次老柏先生山居雜詠) 10절, 「영귀정사잡영(詠歸精舍雜詠)」 16절, 「근차기송사선생삼산구곡시(謹次奇松沙先生三山九曲詩)」 10수, 「근차삼산낙부가훼십절(謹次三山樂府嘉卉十絶)」 10수, 「정율계무산정사(鄭栗溪武山精舍) 12영, 「운곡서사제영(雲谷書舍諸詠)」 18절, 산등공가(山燈筇歌) 10수 등이 있다. 이 외에도 침수정(枕漱亭), 백파정(白波亭) 등의 정자시(亭子詩)와 최익현(崔益鉉), 기우만(奇宇萬), 정의림(鄭義林), 정재규(鄭載圭) 등의 만시(挽詩)가 있다. 특히 저자의 집 근처에 「운곡서사(雲谷書舍)」를 짓고서 학문을 닦고 시를 지으면서 후학을 배출하였는데, 운곡서사 주변의 경치 18곳을 시로 남겼다. 그것은 「서사(書舍)」, 「오의실(五宜室)」, 「응구료(應求寮)」, 「첨공당(瞻恭堂)」, 「고앙우(高仰宇)」, 「면이헌(眄怡軒)」, 「고비산(高飛山)」, 「영징담(映澄潭)」, 「음농서(吟弄嶼)」, 「창랑도(滄浪棹)」, 「사옥간(射玉澗)」, 「수구랑(守舊浪)」, 「검덕동(儉德洞)」, 「달리곡(達理谷)」, 「도의봉(道義峰)」, 「자지봉(紫芝峰)」, 「십자천(十字川)」, 「용소(龍沼)」이다. 「산등공가(山燈筇歌)」 10수는 나라가 위기상황에 처함에, 노사 기정진 선생이 현실문제를 논의한 「병인소(丙寅疏)」를 올렸는데, 조정에서 받아들이지 않자 원망하면서 노사 선생을 흠모하는 시이다.

권2~6은 서(書) 「상일신재정선생(上日新齋鄭先生)」을 비롯한 정재규, 정시림, 기우만 등에게 보낸 290편이 수록되어 있다. 황철원의 편지에는 특히 문목(問目)이 많은데, 「답정원보논어중용문목(答鄭元寶論語中庸

問目)」, 「답정원보문목(答鄭元寶問目)」, 「답이희원문목(答李希遠問目)」, 「답이희원상례문목(答李希遠喪禮問目)」, 「답이희원주역문목(答李希遠周易問目)」, 「답이백선문목(答李伯善問目)」, 「답양덕흥문목(答梁德興問目)」, 「답양세흥문목(答梁世興問目)」, 「답진우현문목(答陳禹玄問目)」, 「답이내형문목(答李乃亨問目)」, 「답박윤경문목(答朴尹卿問目)」, 「답오선장논어문목(答吳善長論語問目)」, 「답김중삼중용문목(答金仲三中庸問目)」, 「답민충여문목(答閔忠汝問目)」, 「답이광수대학문목(答李光受大學問目)」, 「답종질성백발문대목(答從姪性伯發問對目)」, 「답종질성백문목(答從姪性伯問目)」, 「답김춘장중용발문대목(答金春章中庸發問對目)」, 「답김춘장발문수목(答金春章發問蒐目)」, 「답정은전문목(答鄭殷傳問目)」, 「답문명오문목(答文明五問目)」, 「답박성렬논어문목(答朴性烈論語問目)」, 「답박성렬문목(答朴性烈問目)」, 「답민명중문목(答閔明重問目)」, 「답송군현문목(答宋君賢問目)」, 「답김여애논어문목(答金汝哀論語問目)」, 「답김여애중용문목(答金汝哀中庸問目)」, 「답김위수문목(答金衛守問目)」, 「답이재삼중용문목(答李在三中庸問目)」 29편이 수록되어 있다. 이것은 대부분 사서(四書)를 중심으로 이루어진 것인데, 저자의 경학 사상을 이해하는데 주요한 자료가 될 것이다. 이 외의 편지에도 그의 성리학적 사유방식을 거론한 부분이 많은데, 특히 태극(太極)과 음양(陰陽), 무극(無極)과 태극(太極), 형이상자위지도(形而上者謂之道)와 형이하자위지기(形而下者謂之器), 불상리(不相離)와 불상잡(不相雜), 일음일양지위도(一陰一陽之謂道)와 이기(理氣), 이발(理發)과 기발(氣發) 등 다양한 성리학적 논의를 전개하였다.

권7에는 잡저(雜著) 「납량사의기의변(納涼私議記疑辨)」, 「납량사의기의추록변(納涼私議記疑追錄辨)」, 「외필변변(猥筆辨辨)」 3편이 수록되었는데, 이것은 간재(艮齋) 전우(田愚)가 리무위(理無爲)와 기유위(氣有爲)의 논지로 「외필변(猥筆辨)」과 「납량사의의목(納涼私議疑目)」을 지어 기정진(奇正鎭)의 주리적(主理的) 입장의 학설을 비판하자, 스승 정재규(鄭載圭)와 정의림(鄭義林)의 재비판의 뜻을 따라 전우의 비판을 다시 비판한 내용이다. 이것은 이기(理氣), 사단칠정(四端七情), 인물성동이(人物性同異), 허령(虛靈)과 지각(知覺), 심(心)과 명덕(明德)을 포함한 자신의 견해를 조목조목 피력한 것으로 저자의 성리학적 사유방식을 고찰하는데 중요한 자료이다. 황철원은 「외필변변」에서 지각의 문제에 대해 기(氣)와 심(心)과 성(性)의 관계를 "지각하는 것은 기(氣)이고, 지각하도록 하는 것은 심(心)이고 지각되는 것은 성(性)이다. 기(氣)는 심(心)이 타는 것이고, 심(心)은 리(理)의 주재가 항상 정해진 것이며, 성(性)은 리(理)의 발출이 같지 않은 것이다. 주재가 항상 정해진 것으로 그 발출이 같지 않은 것이 무슨 의심이 있는가? 그래서 주자는 혹 그 타는 것에 나아가 지각을 기라고 한 것이다."라고 하여 기는 지각하는 것이나 마음이 항상 타는 것이고, 마음은 기를 타고 리의 주재가 항상 정해져서 지각하도록 하는 것이라고 보았다.

권8에는 잡저(雜著) 「우기(偶記(一·二·三))」를 비롯하여 15편이 수록되어 있다. 「우기(偶記)」 3편은 이기심성(理氣心性)의 문제를 고찰한 것으로 허령불매(虛靈不昧)와 이기(理氣), 성정(性情)과 이기(理氣), 심(心)과 성(性)의 관계를 살핀 것이다. 그리고 「기의(記疑)」는 성이 마음을 주재한다고 하여 성사심제(性師心弟)라고 주장하는 논리에 대해 훈고학적으로 변론한 글이다. 이 밖에 「간천잡록(澗川雜錄)」은 이기(理氣)와 신(神), 명덕(明德)과 이기(理氣), 성(性)과 태극(太極), 성선(性善) 등에 대한 다양한 견해를 담고 있다. 서(書)의 「답혹인(答或人)」은 기정진과 전우의 학설을 비교하여 논변한 것이다. 또한, 「영호유록강의록(嶺湖遊錄講疑錄)」은 심성이기(心性理氣)의 전체적인 문제에 대해 문답식으로 토론한 내용이다. 「변성사심제설시동연제공(辨性師心弟說示同硏諸公)」은 전우가 주장한 성사심제설(性師心弟說)에 대해 비판한 것으로 노사학 계승과 성리설 논변을 폭넓게 이해할 수 있는 자료이다.

권9에는 서(序) 「진주정씨파보서(晉州鄭氏派譜序)」를 비롯한 4편, 기(記) 「방촌선생영정중모기(厖村先生影幀重模記)」를 포함한 17편인데 대부분 정자에 관한 것이다. 발(跋)에는 「백촌선생보기발(白村先生寶紀跋)」과 「서효자황공행적후(書孝子黃公行蹟後)」 2편, 명(銘) 「눌재명(訥齋銘)」 1편, 찬(贊) 「일신선생진상찬(日新先生眞像贊)」과 「달성배씨삼강찬(達城裵氏三綱贊)」 2편, 상량문(上樑文) 「창룡재상량문(蒼龍齋上樑文)」 1편, 축문(祝文) 「설곡서사개기축문(雪谷書舍開基祝文)」을 포함한 3편이 수록되어 있다. 정의림, 노백헌, 정시림, 기우만 등의 제문(祭文)을 비롯한 20편, 묘지명(墓誌銘) 「삼두재정공묘지명(三斗齋鄭公墓誌銘)」과 「지암오공묘지명(芝庵吳公墓誌銘)」 2편, 비(碑) 「달관정조공유허비(達觀亭曹公遺墟碑)」를 비롯한 5편, 묘갈명(墓碣銘) 「공조참판취정박공묘갈명(工曹叅判翠亭朴公墓碣銘)」과 「증호참염재유공묘갈명(贈戶叅念齋兪公墓碣銘)」 2편, 행장(行狀) 「일신재정선생행장(日新齋鄭先生行狀)」을 포함한 12편, 전(傳) 「운암김공전(雲庵金公傳)」 1편이 실려 있다.

권10 부록에는 황채오(黃采五)의 「삼종숙중헌선생행록(三從叔重軒先生行錄)」, 이교우(李敎宇)의 「중헌황군행장(重軒黃君行狀)」, 정기(鄭琦)의 「중헌황군묘지명(重軒黃君墓誌銘)」, 「중헌황군묘갈명(重軒黃君墓碣銘)」, 권재규(權載奎)의 「중헌문집발(重軒文集跋)」, 양회갑(梁會甲)의 「중헌황공문집발(重軒黃公文集跋)」, 황채오(黃采五)의 「중헌문집발(重軒文集跋)」이 수록되어 있다.

### 3. 문집 목차

**重軒文集序(權載奎)**

卷一

**詩: 維天 暴雨 五峰 謹次老柏軒鄭先生閫山謾詠(左懋第(二首)) 謹**

次老柏軒鄭先生閣山謾詠(黃端伯(二首)) 謹次老柏軒鄭先生閣山謾詠(劉宗周) 謹次老柏軒鄭先生閣山謾詠(三義士(三首)) 謹次老柏軒鄭先生閣山謾詠(徐汧) 謹次老柏軒鄭先生閣山謾詠(瞿德毅) 謹次老柏軒鄭先生閣山謾詠(王之仁) 謹次老柏軒鄭先生閣山謾詠(陳函輝) 謹次老柏軒鄭先生閣山謾詠(鄭為虹) 謹次老柏軒鄭先生閣山謾詠(瞿式耜) 謹次老柏軒鄭先生閣山謾詠(畫網巾) 謹次老柏軒鄭先生閣山謾詠(自述) 謹次老柏先生山居雜詠十絕(老柏書舍) 謹次老柏先生山居雜詠十絕(寓恭堂) 謹次老柏先生山居雜詠十絕(瞻過宇) 謹次老柏先生山居雜詠十絕(小德洞) 謹次老柏先生山居雜詠十絕(西麓) 謹次老柏先生山居雜詠十絕(東麓) 謹次老柏先生山居雜詠十絕(鶯峰朝雲) 謹次老柏先生山居雜詠十絕(芝峰明月) 謹次老柏先生山居雜詠十絕(蓮花峰) 謹次老柏先生山居雜詠十絕(鳫隨峰) 詠歸精舍雜詠十六絕(精舍) 詠歸精舍雜詠十六絕(慕聖堂) 詠歸精舍雜詠十六絕(保德洞) 詠歸精舍雜詠十六絕(月明川) 詠歸精舍雜詠十六絕(屏巖) 詠歸精舍雜詠十六絕(丹山) 詠歸精舍雜詠十六絕(筆峰) 詠歸精舍雜詠十六絕(柏山寒雪) 詠歸精舍雜詠十六絕(楊江清風) 詠歸精舍雜詠十六絕(禮聖朝雲) 詠歸精舍雜詠十六絕(東錦峰) 詠歸精舍雜詠十六絕(朝天嶝) 詠歸精舍雜詠十六絕(小井) 詠歸精舍雜詠十六絕(菊塢) 詠歸精舍雜詠十六絕(竹堦) 詠歸精舍雜詠十六絕(梅花) 謹次奇松沙先生三山九曲詩(十首) 謹次三山樂府嘉卉十絕(十首) 次鄭栗溪武山精舍十二詠(精舍) 次鄭栗溪武山精舍十二詠(何求屋) 次鄭栗溪武山精舍十二詠(俱努宇) 次鄭栗溪武山精舍十二詠(留竹寮) 次鄭栗溪武山精舍十二詠(懷露軒) 次鄭栗溪武山精舍十二詠(詠歸臺) 次鄭栗溪武山精舍十二詠(平川洞) 次鄭栗溪武山精舍十二詠(泰巖山) 次鄭栗溪武山精舍十二詠(金盤城) 次鄭栗溪武山精舍十二詠(挹清臺) 次鄭栗溪武山精舍十二詠(舒嘯臺) 次鄭栗溪武山精舍十二詠(鳴玉澗) 雲谷書舍諸詠(書舍) 雲谷書舍諸詠(五宜室) 雲谷書舍諸詠(應求寮) 雲谷書舍諸

詠(膽恭堂) 雲谷書舍諸詠(高仰宇) 雲谷書舍諸詠(昞怡軒) 雲谷書舍諸詠(高飛山) 雲谷書舍諸詠(映澄潭) 雲谷書舍諸詠(吟弄嶼) 雲谷書舍諸詠(滄浪棹) 雲谷書舍諸詠(射玉澗) 雲谷書舍諸詠(守舊浪) 雲谷書舍諸詠(儉德澗) 雲谷書舍諸詠(達理谷) 雲谷書舍諸詠(道義峰) 雲谷書舍諸詠(紫芝峰) 雲谷書舍諸詠(十字川) 雲谷書舍諸詠(龍沼) 登聳巖寺古墟次三淵金先生韻 禮聖山懷古 次枕漱亭原韻 謹次白波亭韻 挽崔勉庵先生 上松沙先生 挽日新先生 挽老柏軒先生 挽竹隱安丈 挽安瑞軒二絕并小序 山燈筑歌十首 崔叅奉與其從弟進士登綾州之天日臺有韻輒次 挽權石愚 謹次朴靜齋原韻 挽梁華溪三絕 挽文鷹峰 呈竹塢李丈 有感 自警 存心 哭外舅梁公 謹次三從兄荷溪翁回甲韻 路上偶感 挽梁竹窩 送山中故人二首 悼權子德以崑玉海珠設為問答二絕 悼朴樂卿 登隱寂庵次先師韻 陰江舟中 見山雉鷹入室感賦 感秋 偶成 庭畔松 和梁元叔 贈鄭孔瑞 春暮偶成 酬朱正允 悼朴景行(二首) 謝二金君贈橘

卷二

書: 上日新齋鄭先生(五篇) 上老柏軒鄭先生(五篇) 別紙 上奇松沙先生(三篇) 上閔土庵 上鄭月波 上郭俛宇 上鄭農山(四篇) 別紙 上權明湖 別紙 上宋湖隱(二篇) 上安三希 上文遯齋 上吳俊石 上柳西罔 上朴鳳村 上梁晩翠軒 上李竹塢 答李竹塢(四篇) 上吳省軒 答梁東漢 上梁東漢 答梁東漢 上梁東漢 答梁石軒

卷三

書: 上崔雲齋 與南士珩 與宋校理 與尹灘西 答文敬放 與李後庵 與高松賢 與洪華三 與文斗一 與安瑞興 答閔觀之 與洪士拯 與奇仁伯 與安敬三 與安慶伯 與朴子善 與金宗汝 與申國範 與安景禹 與尹仁夫 與曹仲直 答金允明 與閔子直 與白子善 與吳子春 與鄭元卿(二篇)

答梁仲涵 與權應韶 答鄭士玉 與鄭士玉 與梁士旭 答閔士元 與任宇卿 答文子惺(二篇) 答梁而見 答權範晦 答沈景晦 答梁子善 答張禹範 答高聲余 答吳世慶 答丁鳳泰 與李景元 與黃命新 與朱正允 與文士一 與金子賢

卷四

書: 與權君五(二篇) 答權君五 與權君五(二篇) 答權君五 與權君五別紙 與權君五 答權君五 與權君五(二篇) 別紙 與權君五 別紙 與鄭景晦 答鄭景晦 與鄭景晦 與鄭景晦別紙 答鄭景晦 別紙 與鄭景晦別紙 答鄭景晦 答鄭景晦別紙 答鄭景晦(三篇) 答鄭景晦別紙 答鄭景晦 與鄭景晦 答鄭景晦 與鄭景晦 答鄭景晦 答李致先 與李致先 答李致先(二篇) 別紙 答李致先(四篇) 答李致先別紙(二篇) 與梁元淑 答梁元淑(二篇) 與梁元淑(二篇) 答文泰振 與李瑞裕 答閔子仰 與鄭萬甫 答金士文 與族從新汝 與裵純文 答裵純文(二篇) 與閔在錫 答李德受(二篇) 答文尚善 答高允甫

卷五

書: 答鄭元實(二篇) 答鄭元實論語中庸問目 答鄭元實問目 答李希遠問目(二篇) 答李希遠喪禮問目 答李希遠周易問目 答李希遠 答黃雲可(二篇) 答閔泰亨 答金萬有 答梁泰雲 寄弟士敬公直容三 答權允實 答沈斗瑞 答朴景行 答梁士信 答洪良彥 與朴性文 與李伯善 答李伯善 答李伯善問目 答梁德興問目 答梁世興問目 答陳禹玄問目 答李乃亨問目 與朴尹卿 答朴尹卿問目 與崔彥明 答金公直 答李孔彥 答朴乃晦 答弟公直別紙 答吳公執 別紙 與吳善長吳公執吳明路 答吳善長論語問目 答金仲三中庸問目 答曹賢一 與孫子誠 答閔忠汝問目 答高龍淑 答魏元伯 答閔建中 答金克中別紙(二篇) 答金克中 答李光受大學問目

卷六

書: 答從姪性伯 答從姪性伯發問對目 答從姪性伯別紙 答從姪性伯 答從姪性伯問目 與從姪性伯別紙 答從姪性伯 答金春章 答金春章中庸發問對目 答金春章發問蒐目 答鄭殷傳問目 答安紋材 答鄭聖圖 答李公晦 答文明五問目 與蔡成九 答孫允變 答金性玉 答梁士行 答姜良彥 與李伯彥 與閔正晦 答朴性烈別紙 與朴性烈 答朴性烈論語問目 答朴性烈問目 答閔明重 答閔明重問目 答宋君賢 答宋君賢問目 答金汝哀 答金汝哀論語問目 答金汝哀中庸問目 答尹尚夏 答吳在政別紙 答崔允署 答金衛守問目 答鄭源一 答李在三中庸問目 答黃敬如 答吳和宣 答金正烈 答朴旻秀別紙 答梁啟烈 與申仁圭答劉老濬

卷七

雜著: 納涼私議記疑辨 納涼私議記疑追錄辨 猥筆辨辨

卷八

雜著: 偶記一 偶記二 偶記三 記疑 澗川雜錄 答或人 人能弘道辨 辨性師心弟說示同硏諸公 重軒小識 嶺湖遊錄請疑辨 警省錄 矯警錄 食菰說示閔明重 寄贈高龍叔 靄雲杜奉告僉友

卷九

序: 晉州鄭氏派譜序 進厚契案序 斗村遺稿序 富春山社贈別同硏諸公序

記: 厖村先生影幀重模記 五皷亭重建事實記 烈婦金氏旌閭重建記 思君亭記 龍庵馬公 八贒亭記 李李子証旌昭閭記 滄崖堂移建記 東溪亭重修記 三坡堂記 玉蓮亭後記 枕溪亭記 勿忘齋記 雙碧亭記 理門齋記 南圃記 芝亭記

跋: 白村先生實紀跋 書孝子黃公行蹟後

銘: 訥齋銘

贊: 日新先生真像贊 達城裴氏三綱贊

上樑文: 蒼龍齋上樑文

祝文: 雪谷書舍開基祝文 海望壇開基祝文 海望壇釋菜祝文

祭文: 祭日新齋鄭先生文 又祭日新齋鄭先生文 祭老柏軒鄭先生文 又祭老柏軒先生文 祭月波先生鄭公文 祭奇松沙先生文 祭農山先生鄭公文 祭明湖先生權公文 祭中湖隱文 祭安三希堂文 祭悔山族丈文 祭梁杏史文 祭李蘭溪文 祭吳省軒文 祭金瑞軒文 祭梁希瑞文 祭任默窩文 祭趙澹窩文 祭鄭公文 祭金雙文

墓誌銘: 三斗齋鄭公墓誌銘 芝庵吳公墓誌銘

碑: 達觀亭曹公遺墟碑 弘文舘和製教竹靈光郡守退窩金公遺墟碑 杞溪俞氏三綱碑 善山金氏二孝碑 芝亭逸人朴炳柱碑

墓碣銘: 工曹叅判翠亭朴公墓碣銘 贈戶叅念齋俞公墓碣銘

行狀: 日新齋鄭先生行狀 贈議政府贊政淸溪具公行狀 茅亭黃公行狀 贈戶曹叅議閔公行狀 司憲府持早雲巖鄭公行狀 鳳軒梁公行狀 默菴閔公行狀 祖考默齋府君行錄 蘭溪李公行狀 瑞軒金公行狀 孺人黃氏行狀 高君春卿行狀

傳: 雲庵金公傳

卷十

附錄: 三從叔重軒先生行錄(黃采五) 重軒黃君行狀(李教宇) 重軒黃君墓誌銘(鄭琦) 重軒黃君墓碣銘(權載奎)

重軒文集跋(梁會甲) 重軒黃公文集跋(金文鈺) 軒文集跋(黃采五)

# 『총계집(叢桂集)』

## 1. 저자 소개

조영만(趙泳萬, 1847~?)의 자는 화일(和一)이고 호는 소산(小山)이며 본관은 옥천(沃川)이다. 아버지는 조창희(趙昌喜)이고, 전남 곡성에서 태어났다. 『곡성향토지리지』에서는 다음과 같이 말하고 있을 뿐이다.

> "자(字)가 화일(和一)이고 호(號)는 소산(小山), 본관은 옥천(玉川)으로 충원공(忠元公) 원길(元吉)의 후손이며 창희(昌喜)의 아들이고 노사(蘆沙)의 문인이다. 부지런히 학문을 닦고 실천함이 절실하며 기송사(奇松沙: 奇宇萬)와 정애산(鄭艾山: 鄭載圭)을 종유하였다. 문집이 있다."

『총계집』 권2에 실린 편지에 따르면 그가 선생(先生)이라는 호칭을 사용하는 사람은 기정진, 송병선(宋秉璿), 최익현(崔益鉉) 그리고 조성가(趙性家) 네 사람이다. 이에 근거하면 그는 기정진의 문인이면서 동시에 송병선 및 최익현과도 교유했고, 기정진의 사후에는 조성가를 따라서 학문을 익힌 것으로 추정된다. 그러나 초야에 은거한 삶을 살았기에 더 이상의 구체적인 행적은 알려져 있지 않다.

## 2. 문집 구성과 내용

『총계집(叢桂集)』은 6권 2책 석판본으로 1966년 증손자인 조태훈(趙泰勳)에 의해 간행된 조영만(趙泳萬)의 시문집이다. 문집 형태는 4주쌍변(四周雙邊) 반곽(半郭) 21.8×15.0cm, 유계(有界), 12행 24자, 화구(花口), 상하향2엽화문어미(上下向2葉花紋魚尾) 28.2×19.6cm이다. 권두에는 족질인 조민식(趙敏植)이 쓴 서문, 권말에는 조태훈(趙泰勳)이 쓴 발문이 있다. 이 문집은 국립중앙도서관, 전남대학교, 연세대학교에 소장되어 있다.

권1은 시(詩)로서 「『동고록』에 실린 약포당의 시를 읽고 삼가 차운하다[奉讀藥圃堂同苦錄詩敬次]」를 비롯한 193편의 시가 실려 있다.

권2는 편지[書]로서 모두 87편이 실려 있다. 제일 먼저 기정진에게 보내는 5편을 실음으로써 노사학파의 문인이라는 점을 드러내고 있고, 그 다음에 송병선에게 9편, 최익현에게 6편, 그리고 조성가에게 보내는 4편이 실려 있다. 이 편지들은 모두 '올림[上]'이라고 하거나 '선생(先生)'이라는 호칭을 붙임으로써 그의 학술적 지향이 어떠했는지를 짐작할 수 있다. 나머지 63편의 편지는 교유하는 이들과 주고받은 것인데 노사학파의 인물로는 정재규(鄭載圭)·정면규(鄭冕圭)·최숙민(崔淑民)·정의림(鄭義林)·조성주(趙成宙)·기우만 등의 이름이 발견된다.

권3은 서(序)로서 「조씨 집안 종계(宗契)의 서문[趙氏宗契序]」을 비롯해서 모두 24편이 실려 있다. 권4는 기(記)로서 7대조 할머니의 효열(孝烈)로 인해 내려진 정려에 관한 기록인 「칠대조고비 효열정려 실기(七代祖考妣孝烈旌閭實記)」를 비롯한 12편이 실려 있다.

권5는 행장과 전(傳)으로 구성되었다. 행장(行狀)은 「십세조고진사연담공의가장초(十世祖考進士蓮潭公家狀抄)」를 비롯한 15편이 실려 있다. 전(傳)은 공치봉(孔齒鳳)의 전기인 「오은 공공(치봉)의 전기[梧隱孔公(致鳳)傳]」 1편이 수록되어 있다.

권6은 발(跋)·잠(箴)·사(辭)·상량문(上樑文)·축문(祝文)·제문(祭文)으로 이루어져 있다. 발은 주희(朱熹)의 글씨가 담긴 서첩(書帖)에 붙인 「주부자가 쓴 '壽' 자 서첩의 뒤에 쓰다[跋朱夫子所書壽字帖後]를 비롯한 2편이 실려 있고, 잠은 「거경잠(居敬箴)」 1편이 실려 있다. 사(辭)는 다른 사람의 자(字)를 위해 써준 「군습의 자를 위한 사[君習字辭]」를 비롯한 4편이 실려 있고, 상량문에는 「지선재 상량문(止善齋上樑文)」과 「신묵재명(愼默齋銘)」이 각각 1편씩 실려 있다. 축문에는 할아버지의 신도비를 세우면서 쓴 축문을 비롯한 17편이 실려 있고, 제문은 기정진을 추모하는 제문 2편을 비롯한 모두 20편이 실려 있다.

### 3. 문집 목차

**序(趙敏植)**

卷一

詩: 奉讀藥圃堂同苦錄詩敬次 上蘆沙奇先生 讀河西集有感 過竟夕亭敬次鄭松江(澈)韻 敬次退溪李先生(滉)與河西門人卞成溫韻 敬次栗谷李先生(珥)鄭林塘(惟吉)趙月溪(希文)題公韻 敬次高霽峯敬命韻 題筆巖書院次權石州(韠)韻 筆巖書院次趙重峯(憲)韻 次金淸陰(尙憲)韻 題河西集敍述篇後 題御畫墨竹圖 輓蘆沙奇先生 上立齋宋相國(近洙) 輓趙相國(寅永) 輓寧齋李參判(建昌) 輓洪在鶴 輓金重菴平默 輓柳省齋(重教) 輓自樂寬 立春 人日 上元日 生朝有感 省掃凰山先師墓 三息又鳳有疾孔危家人請祈神憫憐口號 安進士(重燮)見訪 自警示退愚 李退愚自帝洞還滯雪信宿 舞鶴族兄德裕洪馨相村崔福兼致鈺偕訪 元日見舊衣制有感 贈生徒 觀瀾齋煎花宴喜錦坡從同醉(三首) 族從錦坡見訪于東山拈枯字落 幽居有懷 夜坐 送朴道貫一鏞往叅釋奠祭 病枕示書童 秋夜憶奇松沙 秋月 次林文五(炳會)壽甲韻 秋興 嶺錦湖三筆商一夜俱至戲贈 朴妹婿敬道(士鉉)見訪 勉小學童子 泳雁效征婦詞 贈漢陽朴日賢(三首) 崔默軒衡中(炳斗)見訪 傷時 聞剃髮令口號 臘月晦日 留別金石亭(虎叔號)金謙齋(國賓號) 明倫堂選士讀書 題冠

巖里興學堂 馬明贊實夌見訪 昇平歸路參三岐諸友詩稧會 偕吳蕖潭柳後松訪三山主人 次松沙韻 寄柳竹醉 申都正潤祚輓 族叔紫谷公以叢桂精舍詩贈和用同韻奉賀 淳昌司馬齋板上韻 申菊圃國鄉(台秀)見訪時上元月夜 吳蘭坡元甫求和叙懷 老松 崔梧下鳳儀(成九)金鰲山君擇(成爀)見訪 安海史壽甲生朝 陳上舍致順健秀見訪 尹薇西允務秉弘壽甲生朝 過荒山大捷碑墮淚漫吟 次族叔敬源松坡齋韻 追題朴山人自實南隱精舍 追悼閔芝岡君賢 追悼閔醉石啓賢 上陽齊答明湖雲岡崔淳若(濟斆)江沙權聖稱(女煥居水月里) 輓沙上奇公晩衍 辛丑冬至日致蔵亀洞上勉菴崔先生 贈雲齊崔大雅錫胤(永祚) 亀洞至日用康節根屈韻答嶺 湖諸君子 輓経山鄭相國(元容) 上心菴趙相國(斗淳) 上金相國(炳學) 上金判書(炳冀 上奇進士(鳳鎭) 上奇校理(陽衍) 輓金莘湖(祿休) 輓鄭石門(浹) 上梁校理(相器) 輓李槐陰(奎永) 輓李進士(最善) 輓梁草史(相衡) 輓鄭進士(聖源) 志學 除日寄朴正言(周鉉) 戊子七月啥松沙先妣大祥入漟落對憲有感 聞鄰家婦歎買粮不至 答李退愚(二首) 世父禪祭日追慕詩 人日 次姜允明永壽甲韻 戒諸生 二月晦日聽諸生講課 和桃村姜友泉營回訪 次諸生葉韻 白逑示諸生 次諸生葉韻聽蟬懷松沙 秋思 白髮歎 柳竹醉清汝(炳珪)見訪 輓族從叔文卿氏(昌灌) 丙申聞盧應奎擧義於嶺奇松沙傳檄於湖奮義口號 輓理山金丈乃謙氏(益煥) 立春日見松沙書聞朝家議贈 先師爵謚口號相寄 止善齋追輓許睡鶴汝珍(鍱) 宿銀否亭從姪永龍家 輓柳護軍興瑞氏(新模) 六十歲元日感懐 生朝有感 奉和楊蓮坡序所示 芳艸 杜鷄花 杏花 淳昌司馬齋三三日講會 野菴朴翁壽甲詩(并序) 輓東山金公君執(圭縉) 輓金光彦(淇) 追步新湖齋壁上韻 尚州黄琴泉孟達(在三)黄石南伯卿(漢奎)以基世譜事自南原過訪 輓族叔昌錫氏 賀陳後栢允謙(秉轍)壽毋甲朝韻次陳允謙求和 追賀吳蕖潭道範壽甲生朝宴 老梅 老柳 老松 老梧老竹 憶安錦陽(東燮) 奉和警菴族兄壽甲詩(并序) 與崔梧下期會鳳捿齋崔一石亨伯先至安海史聖深梁晦明一 源(相洙)共拈名字落 訪一石

翁於草里旅次拈韻 郡邸旅燈贈同來士友 與吳蘘潭柳靑坡(炳吉)同宿郡邸 又次蘘潭中字絶 先師諱日有感 硯田無惡歲 東菴書室待李南坡敬武(潤儀)不至 次柳妹婿(章熙) 輓李文(道民) 聞淵齋宋祭酒上疏請斥洋夷敎主堂 梁栢坡仲弘(瀅默)見訪 輓吳德弼(致宇) 自警 人日書懷示友人 聖廟釋奠日次安文成公神字韻示同志 宿柳妹婿(章默)書室 吳蘘潭見訪 物慾說贈書生 道統說示同志 次安海史柯字絶 爐 琴 舟 鴈 鷄 雪梅 冬雨 漁父 述古 戒兒曹讀 白警示人 九容 九思 訪捿鳳金德之(在濯) 寄朴正言乃壽(周鉉) 輓外舅金公 追步永守亭詩蒔稧韻心 甲午東乱時避福于龍亭老人金子善家過南原府有懷 輓鄭義士(時海) 聞勉菴先生監禁於對馬島奮義口號 泳善愚植自司令部得放還鄉 輓勉菴崔先生 傷時 輓李通政(南宰) 輓尹公(奎鉉) 族弟而慶(泳善)自定山過旅次憑報崔雲齋錫胤口傳安信 送而慶故溶川 輓松沙道兄(二十二首) 丁巳正元日追悼松沙兼呈榴軒

卷二

書: 上蘆沙奇先生 又 又 又 又 上淵齋宋先生(秉璿) 又 又 又 又 又 又 又 又 上勉菴崔先生(益鉉) 又 又 又 又 上月皐趙先生(性家) 答月皐趙先生 又 又 與鄭艾山厚允(載圭) 與艾山鄭道兄(厚允) 答艾山鄭道兄 與崔溪南元則(淑民) 與溪南崔文兄 與南洲趙文兄季豪(性宙) 與日新鄭文兄季方(義林) 與農山鄭周允(冕圭) 與奇上舍(宇萬) 與奇上舍(會一) 與奇參奉會一 與松沙道兄 又 答松沙道兄 與松沙道兄 又 又 又 又 上族叔紫谷居士(昌駿) 與族弟洛中(龍燮)成汝(章燮) 與族弟成汝(章燮韋堂) 與族弟成汝兼示宗稧所諸從 與族弟成汝 寄長子忠植 送三子文植讀書三山 與三子文植 與次子敬植文植 與次子敬植 與從弟泳祐字剛一 與從弟泳祐 答三從姪君習(永學) 答君習 又 又 與君習 又 與族孫忠吾(光夏) 與族叔敬文 長子婦李氏婚禮定書 次子婦朴氏婚禮定書 季子婦盧氏婚禮定書 答孫婿柳天老根壽 新安刊所僉執事

與金大谷文兄景範(錫龜)與崔雲齋錫胤(永祚) 與崔錫胤 鄕校釋奠祭所 與李子和 與盧敬丞東壽 答楊聖允 答安子精(在璛) 答金觀察(世基) 與沈明府宅鎭 與安明汝泰鎭 答趙注書(炳一) 與朴聖存 與許士益恂明炫士献(煥) 與金平執 與柳聖淑 又 又 答柳聖洪(俊永)

卷三

序: 趙氏宗契序 族大允菊塢公壽甲宴序 族弟錦坡(龍燮)巹甲宴序 三從姪聖丞(仁植)壽甲宴序 呈松沙奇上舍(宇萬)序 崔榴軒春和過憲壽甲詩序 鄭竹漢尼源(淵學)壽甲詩小序 族從孫聖魯(學洙號心書齋)壽甲詩次韻小序 洪梅史斗一(鍾圭)壽甲詩序 八詩仙修稧序 送三從姪永學族弟章燮赴懷德序 爲師契序 立揚契序 族從叔文卿氏(昌灌)回甲宴序 新舊歲送迎序 送族弟德重(泳黙)赴遠溪序 贈刑曹參議行訓鍊主簿崔公倡節錄重刊序 送鄭周京(鎬)歸晉陽序 春溪亭序 道長齋納凉同研錄序 志學日記序 族叔紫谷先生壽甲詩序 同志說興李蒼石(圭承)序 尹薇西婿甲宴序 白巖青湖錦石三翁壽甲生朝宴序

卷四

記: 七代祖考妣孝烈旌閭實記 晩樂亭記 道長齋重建記 叢桂精舍記 朴寢郎子祥(楨基)金剛齋記 後栢堂記 三乎齋記 晩翠堂記 文山齋記 華岡齋記 李居晩悟齋記 東隱齋記

卷五

行狀: 十世祖考進士蓮潭公家狀(抄) 九世祖考雲江處士府君行狀(抄) 三從兄龜隱公遺事 先考江圃府君家狀 世父宣畧將軍行龍驤衛副司果府君家狀 松坡趙公行狀 竹齋隱士密城朴公行狀 文泰烈妻林夫人烈行錄 嘉善大夫戶曹參判南坡禹公行狀 晩樂齋蘇公行狀 將仕郎淑陵參奉蘇公行狀 通政大夫敦寧朴都正洪君行狀 贈嘉善大夫戶曹參判李

公行狀 贈嘉善大夫吏曹參判李公行狀 贈嘉善大夫戶曹參判李公行狀

傳: 梧隱孔公(致鳳)傳

卷六

跋: 跋朱夫子所書壽字帖後 玉川趙氏丁酉譜跋

箴: 居敬箴

辭: 君習子辞 敬允字辞 子範字辞 吳菓潭壽甲詩跋

上樑文: 止善齋上樑文 愼默齋銘

祝文: 先祖考大匡輔國光祿大夫門下侍中玉川府院君忠献公府君神道碑營建事告墓祝文 七世祖考妣孝烈閭重修慰安祝文 家廟埋安告辞 曾祖妣曺氏衣龍魂籍焚埋告辞 李忠肅公(尚吉)影堂春秋享祝文 社稷壇祈雨祭祝文 三仁洞祈雨祝文 馬輪臺龍湫祈雨祝文 社稷壇祈雨祝文 動樂山祈雨祝文 三仁洞祈雨祝文 馬輪臺龍湫祈雨祝文 雨祭社稷壇祝文 再祭動樂山祝文 祭堂山祝文 鶉子江祈雨祝文 城隍堂祈雨祝文

祭文: 祭蘆沙奇先生文 祭蘆沙奇先生文 祭世父司果府君文 祭沙上居士奇公文 祭外舅金公文 祭月皐趙先生(性家)文 祭季父學生府君文 祭忍齋安公(秉衡)文 祭竹溪趙公(彦植)文 祭老栢居士鄭厚允(載圭)文 英吳德弼(致宇)文 祭族叔紫谷先生(昌駿)文 祭李丈鳳見(致相改尚凡)文 祭柳文德允氏(在默)文 祭三從姪居習(永學)文 祭三從姪聖丞(仁植)文 哭從茅(泳稷)文 祭宋心石(秉珣)文祭松沙道兄文 再祭文

跋(趙泰勳)

# 『추봉집(秋峰集)』

## 1. 저자 소개

남승우(南勝愚, 1892~1964)의 자는 경진(敬眞)이고 호는 추봉(秋峰)이며 본관은 의령(宜寧)이다. 성(姓)의 시조는 신라 영의공(英毅公) 남민(南敏)이고, 본관의 시조는 고려 의령군 남군보(南君甫)이며, 선조는 조선왕조 영의정 충경공(忠景公) 남재(南在)이다. 추계선생(秋溪先生)이라 불리는 남진(南振)은 연산군의 사화[1504, 갑자사화]를 피하여 경남 합천 삼가(三嘉) 두심동(杜尋洞)에 은둔했고, 금계서원(錦溪書院)에 배향되었다. 고조는 남이일(南以一), 증조는 남한모(南漢模), 조는 남영희(南永熙)이다. 대대로 벼슬에 나가지 않고 유학을 계승했다.

추봉 남승우는 1892년 5월 23일 경남 합천군 쌍백면 안산리에서 아버지 묵와(嘿窩) 남상봉(南相鳳)과 초계(草溪) 정삼규(鄭三圭) 딸 사이에서 태어났다. 추봉은 노사(蘆沙) 기정진(奇正鎭, 1798~1879)의 제자 시암(是庵) 이직현(李直鉉, 1850~1928)의 문하에서 공부하던 중 14세(1905)에 선생의 손녀사위가 되었다. 시암선생을 모시고 사서오경을 강독하고, 일제에 항거하며 문묘(文廟)를 수호했으며, 여러 동문과 교유하고 토론하며 학문을 심화시켰다.

23세(1914)에 스승 시암 선생을 모시고 일제에 항거하여 문묘(文廟)를 수호하니, 학사에 수용하기 어려울 만큼 문인들이 사방에서 모여들었다. 25세(1916)에 농산(農山) 정면규(鄭冕奎, 1850~1916)가 너무 조급하다고 하며 『주역』 대신 『중용』과 『대학』 읽기를 권유하자, '의리를 부양하고 억제하며', '사물 각자를 포괄하는' 공부라는 의견을 밝히고 다시 가르침을 청한다. 27세(1918)에 부친이 돌아가셨다. 28세(1919) 기미년 만세운동으로 사찰이 심해져 강학을 진행할 수 없었다. 이후 상복을 벗고 합천군 대양면 장자리에 은거했다. 이때 율계(栗溪) 정기(鄭琦, 1878~1950)와 함께 이 지역의 유학을 진작시켰다.

33세(1924)에 면우(勉宇) 곽종석(郭鍾錫)의 문인인 옥봉(玉峯) 주기일(周基鎰, 1862~1930)과 한주(寒州) 이진상(李震相, 1818~1886)의 문하 후산(后山) 허유(許愈, 1833~1904)의 문인인 직와(直窩) 심두환(沈斗煥, 1867~1938)이 추봉을 방문했다. 34세(1925)에 율계와 '리기(理氣)와 심(心)'에 관해 토론하며, 리기론의 관점을 정리했다. 35세(1926)에 순종 황제의 장례식에 망국의 황제를 위하여 상복을 착용해서는 안 된다는 일부 유학자의 주장에 대해 비판적 견해를 밝혔다. 36세(1927)에 율계가 제자 효당(曉堂) 김문옥(金文鈺), 고당(顧堂) 김규태(金奎泰) 등을 데리고 전남 구례군 토지면 오미리로 떠났다. 37세(1928)에 시암 선생이 별세했다. 43세(1934)에 합천 대양면 장자곡에서 무곡리로 이거했다. 46세(1937)에 직와 심두환과 『중용』을 토론하며 리의 주재성을 재차 확인했고, 49세(1940)에 이천(夷川) 남창희(南昌熙, 1870~1945)와 『중용장구』를 토론했다.

59세(1950)에 「유림에게 통고하는 격문」을 올려, 성균관에서 순절하는 것이 선비의 직책임을 밝히고, 위패 폐출을 반대했다. 또 계를 결성해서 제사를 봉행할 것을 강조하여 유학의 영속을 역설했다. 66세(1957)에 사돈 추연(秋淵) 권용현(權龍鉉)과 심성에 관한 논쟁을 벌였다. 70세(1961)에 대원 이영현과 심(心)과 이기(理氣)에 대한 견해를 재확인했다. 73세(1964) 2월 25일 암서서실(巖棲書室)에서 세상을 떠났다.

## 2. 문집 구성과 내용

『추봉집(秋峰集)』은 10권 5책 석판본으로 1915년에 간행된 남승우(南勝愚)의 시문집이다. 표제는 『추봉집』으로, 판심제는 『추봉문집』으로 되어 있다. 문집 형태는 4주쌍변(四周雙邊) 반곽(半郭) 21.5×14.5cm, 유계(有界), 11행 22자 주쌍행(註雙行), 내향2엽화문어미(內向二葉花紋魚尾) 28.7×19.3cm이다. 권두에는 서문이 없고, 권말에는 남훈(南薰)의 발문이 수록되어 있다. 별도로 『추봉속집』 2권 1책이 있다. 추봉문집 국역편찬위원회는 2021년 경인문화사에서 국역으로 출간하였다. 이 문집은 국립중앙도서관, 고려대학교에 소장되어 있다.

권1에 수록된 추봉문집목록(秋峰文集目錄)과 실제 권별로 실려 있는 편들의 목차가 다르다. 아래의 목차는 실제 권별로 실려 있는 문집 목차에 따라 정리한 것이다.

권1~2에는 시(詩) 246수, 권3에는 서(書) 65편, 권4에는 잡저(雜著) 14편, 권5에는 서(序) 44편, 권6에는 기(記) 39편, 권7에는 발(跋) 22편, 명문(銘文) 17편, 잠언(箴言) 4편, 찬(贊) 2편, 사(辭) 9편, 권8에는 상량문(上樑文) 23편, 축문(祝文) 11편, 제문(祭文) 45편, 권9에는 행장(行狀) 13편, 유사(遺事) 1편, 전(傳) 3편, 비(碑) 4편, 묘지명(墓誌銘) 10편, 묘표(墓表) 23편, 권10에는 묘갈명(墓碣銘) 41편이 실려 있다.

권1에는 『대학(大學)』 성의(誠意) 문장을 읽고 난 후 쓴 「독대학성의장(讀大學誠意章)」이 수록되어 있으며, 송사(松沙) 기우만(奇宇萬)을 애도하며 쓴 「만기송사장(挽奇松沙丈(宇萬)」, 스승 시암 선생을 모시고 초계서당에서 수업하며 남송사를 열독하고 '영웅루'라는 제목으로 지은 시부 「배시옹공업우초계횡당열남송사제이영웅루여이춘전회이공부(陪是翁攻業于草溪黌堂閱南宋史題以英雄淚與李春田晦而共賦)」 30편이 실려 있다. 권2에는 간와(艮窩) 최장한(崔鏘翰)의 장남 최상식(崔尙植)을 애도하는 「만최묵헌(挽崔默軒)」외 다수의 애도시가 수록되어 있다.

권3에는 스승 시암 선생에게 올린 「상시암이선생(上是庵李先生)」 6편, 농산 정면규에게 올린 「상정농산선생(上鄭農山先生)」, 서강 유원중에게 올린 「상유서강장(上柳西岡丈)」, 입암 남정우에게 보낸 「여남입암족장(與南立巖族丈)」 3편, 송산 권재규에게 보낸 「여권송산(與權松山)」 2편, 율계 정기에게 보낸 「여우율계(與鄭栗溪)」 2편 등의 편지가 실려 있다.

권4 잡저에는 나라 안 유림에게 통고하는 격문 「통국중유림문(通國中儒林文)」, 마음에 관한 「심설(心說)」, 『중용장구』 첫 구절을 읽고 쓴 「독중용수절장구(讀中庸首節章句)」 등이 있다.

권5의 서문에는 「세보서(世譜序)」, 「연일정씨세보서(延日鄭氏世譜序)」, 「추계추씨족보서(秋溪秋氏族譜序)」, 「광산김씨세보서(光山金氏世譜序)」, 「의령남씨세보서(宜寧南氏世譜序)」 등이 있다.

권6에 실린 기문에는 금계재(錦溪齋)를 수리한 기록문인 「금계재수리사실기(錦溪齋修理事實記)」가 있다. 그 외에도 「함산재기(咸山齋記)」, 「율계정기(栗溪亭記)」 등이 있다.

권7에는 「선조추계선생실기발(先組秋溪先生實紀跋)」, 「회산문공문집발(晦山文公文集跋)」, 「산재유고발(山齋遺稿跋)」 등 22편의 발문, 「등명(燈銘)」, 「경명(鏡銘)」 등 세간의 사물 다섯 가지 명문을 지어 스스로 반성하는 자료로 삼는 5편의 명문과 「남계재명(南溪齋銘)」, 「망극당명(罔極堂銘)」, 「사령당명(四靈堂銘)」의 명문들이 있다. 「임은실잠(林隱室箴)」, 「물헌잠(勿軒箴)」 등 4편의 잠언, 「삼검찬(三劍贊)」 등 2편의 찬문, 「정사중(근택)뢰사(鄭士仲(根澤)誄辭)」, 「송덕언애사(宋德彦哀辭)」 등 9편의 사가 실려 있다.

권8에는 「일중정상량문(日中亭上樑文)」, 「자산정상량문(紫山亭上樑文)」 등 23편의 상량문, 시암 선생의 문집 완성을 보고하는 축문 「시암이선생문집고성문(是庵李先生文集告成文)」을 비롯한 11편의 축문, 「제시암이선생문(祭是庵李先生文)」, 「제정농산선생문(祭鄭農山先生文)」 등의 제문

45편이 있다.

권9에는 「시암이선생행장(是庵李先生行狀)」, 「눌재이공행장(訥齋李公行狀)」 등 13편의 행장, 유사, 전, 비, 묘지명, 묘표가 있으며, 권10에는 「선교랑내주교수주공묘갈명(宣教郎萊州教授周公墓碣銘)」, 「소초주공묘갈명(小草周公墓碣銘)」 등 41편의 묘갈명이 실려 있다.

『추봉속집』 권1에는 묘포 1편, 시 1편이, 권2에는 부록으로 행장, 묘갈명, 발 등이 실려 있다.

### 3. 문집 목차

卷一

詩: 讀大學誠意章六禽詩(五言六絶) 金烏山下誦龜亭先祖贈吉冶隱詩謹次韻 和贈李大遠(永鉉) 挽沈丈公玉(鎭禧) 周玉峯(基鎰)沈直窩(斗煥)丈來問新寓情事 日中亭酬諸友 九日登姑蘇山大遠亦到 借菊本於武山精舍以二絶詩典之 籠山亭次板上韻 海印寺 漢陽感懷(八絶) 挽張晦堂丈(錫英) 挽文謙山丈(鏞) 呈李小灘丈(源夏) 挽奇松沙丈(宇萬) 讀易鄭農山先生有書謂太早事勸讀庸學敢此言志更請裁教 壽母生朝 送鄭栗溪丈入(琦)之湖南 雪夜次東坡聚星堂雪詩奉呈是翁函席陪是翁攻業于草溪黌堂閱南宋史題以英雄淚與李春田晦而共賦(凡三十篇) 訪鄭栗溪不遇 追哭吳和益(錫杓) 挽鄭農山翁(冕圭) 甲川亭講會與諸章甫共吟 訪立巖族丈(廷瑀) 客中七夕雨 挽吳老圃(應十二絶) 挽羅竹宇丈(永成) 權秋淵文見見訪 挽鄭丈穉貞(宇永) 挽李小南丈(相斗) 辥松石明極(炳斗)用秋江集中韻見寄走步 贈金聖玉(文鈺) 山居雜詠用退陶韻 挽宋靖山(鎬坤) 挽宋桂山(在洛) 挽周玉峯 丁卯三月十四日 山房書事(三首) 表兄栗溪翁(都奉均)示墾田詩一篇次其韻以呈 農巖賦梅用疎影橫斜水清淺爲韻玆足暗香浮動月黃昏以發 餘意祝禍起和宣以詩示意和用其韻兼簡正玉 社門傷時偶賦一律寄呈權萬

齋(載春)一軒(戴丸) 次周氏端川亭韻 村居秋事(十六絕) 挽李丈(奎錫) 挽石載明(贊坤) 甲川亭講會後陪諸丈德共吟 挽金希仲(東鉉) 挽金亨夫(哲洙) 次韻題崔敬恕(武烈)仰彌堂 又次八景詩 挽外舅李萊軒公 任軒秋淵嘲余詩癖用前韻以老杜保之 二君各走詩以來諷刺益切又解之 挽柳敦齋丈(相大) 挽金舜衡(鍾植) 崔源齋丈(國煥)以傳鉢索和步贈南德夫(秉祐) 追挽李紫厓(炳奎) 挽沈直窩 田舜衡(璣鎭)見訪拈秋江集韻 觀海亭用寒岡先生韻 春塢族丈(炳熙)拓小園於家後蒔各種花卉甚備因賦近體一篇 示意分韻奉和 四怪 鄭素齋(瓚圭)結山陰諸伴將向楓嶽路次會于陳道汝(時曄)寓庄鄭蒼樹(衡圭)趙拓庵(瀚圭)亦至因舟遊鎭海灣

卷二

詩: 鄭栗溪李果齋(教宇)諸公指錦山遊約會于晉州過期不至余與沈君正玉發向泗川宿龍見店 三千浦 過茂林 登錦山上峯 錦山歸路逢諸公更登菩提 以雪擁山腰洞口春回楚尾吳頭分韻得回字 露梁謁忠烈祠 露梁渡口別栗溪丈 海上雜絕 小學堂同李大遠權孔述(平鉉)文見李久之(悳均)濟卿(普林)宋德彦(道永)各講小學一章仍次板上韻 籠山亭次舊韻 伽倻絕頂 渡鴨綠江口呼 瀋陽吊三學士 有懷沈正玉寄二絕 遼河途中 訪金漢卿(錫珪)同遊高麗城 高麗門憶金興武王故事 謁箕子陵有感而作 后山書堂與諸公賦懷 新安精舍講席拈韻 從南立巖李壽山(泰植)二丈避暑于可谷精舍 喜雨以須臾慰滿三農足斂却神功寂若無分韻得滿字 追挽池奉吉(亨源)大人公 挽周兢庵(時淵) 何極齋滯雨奉呈夷川族丈 壬午旱賦用申紫霞苦熱行 所作爲旱所迫讀之覺意困頓謾復爲之 月華堂和盧景山(秀亨) 鋪淵歌挽都丈(宰均) 挽南允肅(鏽熙) 歸田孫應天(容秀)誦其隱求山房之作率爾和贈 讀書聞乙酉七月八日之報喜賦古詩一則 繼得短韻二絕 與權文見訪李濟卿于金海遊一旬仍遊賞長有洞水石拈韻未就歸來有餘戀追賦以寄 復用前韻屬諸君 是行也李

大遠有約未偕可無餘恨 題詩未寄又書事 安怡齋(永鐸)許曙山(湜)見顧留韻曙山歸卽賦示厚意又可謝而經歲稽然可悚 秋淵禮筵歸後以四詩見贈厚意不容無和 陪伯兄守歲用農巖集除夕韻敍懷 登天王峰 同遊者七人用看盡頭流千萬疊分韻得看字 玉寶高 崔文昌侯 七王子 韓錄事 一蠹先生 秋江先生 金濯纓 南冥先生 奇高峯 細石坪 題巨林洞水石 白雲洞滯雨用唐人韻 錦溪先齋喜逕文吾岡(存浩)將別以惜別二字分韻 率女日權晩松丈垂示三絶詩辭暢而義摯可令人感誦依韻奉和 權甥建汝(淳杓)來讀小學日受數板讀甚勤其意可佳謾得二絶兼示次兒種挽崔默軒(尙植) 挽李柏樵(枝永) 閔耕庵丈人(晶植)用太白紫極宮詩韻見寄屬意極鄭重有非區 區所敢承當者謹此奉謝 詠花亭花木八詠次韻寄李準千(英兆) 挽南汝晦(相晃) 挽柳吾山(柏季) 挽鄭素齋 拓庵趙受卿飛泉田舜衡任軒李大遠見訪 巖亭偶題 挽李春田晦而 挽權一軒子庸 唾壺歌 挽金聖可(永浩) 池君奉吉母喪過哀失兩明後得新醫診治獲效有還明志感之作輒次天字疊韻以呈 鄭昌淑(弼植)有書及述懷二詩見寄次韻謝之 挽安怡齋 六十歲之除夕與秋清汝(淵蓉)拈韻 生朝志感挽權萬齋 挽南議官(相海) 挽周亨洛(禹錫) 挽宋德明(在鳳) 挽宋德在(在曄) 九曲嶺下別池如堂奉吉 甲午仲秋與南汝明(哲祐)時彦(鍾祐)作江左行過一直安谷宗人家 英陽道項洞謁始祖英毅公壇所宿追遠齋雨中與諸宗賦事汝南講堂(院址) 寧海丑山島謁始祖遺墟碑 謁陶山書院 東京懷古 挽金武烈(胄煥) 挽宋勤齋(憲仁) 酬秋岡李孝宣(相祖)聖玉景魯自湖南見過共諸友設酌于端川亭 柳君士振(在玉)以幽居 詩示意依韻和之 偕薛松石訪池奉吉 宜寧正洞聽琴亭徐正夫(宇炳)夜坐挽權弦庵子常(載性) 小除池如堂用前韻見示吟肩自聳爲此效嚬 挽鄭蒼樹 挽文五岡 重陽前日偕權秋淵向桂洞遇雨信宿池如堂家 挽趙受卿挽南柳川汝賢(相龍) 挽金鶴溪乃命(東錫) 羅伯彦(鍾厚)以孝謹稱多士有詩賛之效嚬 秋清汝自大邱譜所寄書至又有一首詩調清雅意懇然次其韻謝之 郭仲厚(珍坤)寄來閒居謾詠一篇次韻以呈 辛丑除夕抱孫

喜吟 浩然亭次板上韻 涵碧樓次板上韻 次韻寄題孫明夫(永錫)玩溪亭 黃溪瀑布 次龍坡韻 挽羅錦齋綬汝(政均) 挽姜子仲(奉周) 挽柳雲卿(海龍)

卷三

書: 上是庵李先生(六) 上鄭農山先生 上張晦堂丈(錫英) 上柳西岡丈(遠重) 答周玉峯丈(基鎰) 與柳敦齋丈(相大) 與沈直窩(斗煥) 與崔默軒 與南立巖族丈(廷瑀 三)與權松山(載奎 二) 與南夷川族丈 與河晦峯(謙鎭) 與沈蕉山(鶴煥) 與鄆栗溪(二) 與權萬齋 答鄭晦夫(邦燁) 答薛明極 答權子庸 與田舜衡 答南士範 答權子常 與南極辰 答孫應天 答池奉吉(二) 與金漢擧(炯瓘) 答尹德煥(炳馨) 答南德有(載熙) 答李大遠(二) 與柳聖欽(遠洙) 答權孔述(平鉉 二) 答朴絅孟(元圭) 與權文見(四) 答金聖玉金景魯(二) 與李濟卿(普林) 與都允範(成洛) 與金鳴孚(鶴洙) 答金汝亨(鍾浩) 與李中立(憲桂) 答鄭昌淑 答秋清汝 答李勉孚(罃兌) 答金源得 答吳智泳 與柳長季 與權婿建汝 答寧海諸宗 與金舜衡 與權輝遠遂(玉鉉) 答崔源行(孝永)

卷四

雜著: 通國中儒林文 心說形而後有氣質性辨疑 讀中庸首節章句 積累說贈柳生(海陽) 高子羔不徑不竇論 程嬰杵臼論 一今日不換二明日說示諸生 不可使知解 禮說劄疑 讀易隨記 讀書隨錄 錦山紀行 頭流山遊紀

卷五

序: 世譜序 延日鄭氏世譜序 秋溪秋氏族譜序 光山金氏世譜序 宜寧南氏世譜序 晉州蘇氏派譜序 陜川李氏派譜序 羅州林氏派譜序 仁同張氏家乘序 石潭淵源錄序 錦川公派續宗案序 尼山集序 玉峯集序

直窩集序 愚川集序 弦庵集序 彌堂集序 山水聯芳稿序 春塢遺稿序 直泉遺稿序 晦山遺稿序 雙石遺稿序 過齋遺稿序 松下世稿序 竹宇遺稿序 羅氏世孝錄序 竹圃實紀序 寓竹遺稿序 金寧金氏三綱錄序 李聖淑先大人壽詩集序 李母南孺人七十二歲壽序 遠觀亭唱酬錄序 慶源書堂儒契案序 永慕齋歸厚契序 講善契序 輔仁契序 樂善契序 四禮易知錄序 任軒李君大遠六十一歲壽序 吾堂沈正玉壽序 淵庵權雷卿六一壽序 華隱權孔述六一壽序 秋岡李孝宣六一壽序 秋淵權文見六一壽序

卷六

記: 錦溪齋修理事實記 咸山齋記 栗溪亭記 移復浦上亭記 荷齋記 悟堂記 星坡記 錦齋記 望師齋記 玉峯精舍記 鄭烈婦李氏旌閭重修記 孝烈婦徐氏褒行碑閣記 德山庄記 谷隱亭記 龍陽齋記 章山齋記 湖南亭記 海叟亭記 九南亭記 玩溪亭記 栗山齋記 蓮峯亭記 彌岡齋記 愚默堂記 正岡堂記 松軒記 三乎亭記 柏樵記 龍坡亭記 東黎記 巽庵記 錦山精舍記 謹齋記 梅溪書室記 如堂記 后峯記 湖隱記 溪堂記 默巖記

卷七

跋: 先組秋溪先生實紀跋 晦山文公文集跋 山齋遺稿跋 鳳谷遺集跋 書先世分襟錄後 武陵世稿跋 敬齋遺稿跋 訥叟文集跋 三芝集跋 蒙溪遺稿跋 書池母權孺人行後 毅窩遺稿跋 書無號朴公實錄後 書老樵李公事行後 晩悟遺稿跋 愚泉詩稿跋 德樵遺稿跋 書昏書備例後 書周成三東遊雜詠後 書羅氏世譜後 題柳元卿相煥行錄後 書李孝女傳後

銘: 燈銘 鏡銘 劍銘 爐銘 杖銘 南溪齋銘 罔極堂銘 四靈堂銘 學稼臺銘 日新齋銘 紫南亭銘 友古室銘 正澹軒銘 常止軒銘 後川書室銘 愚齋銘 慕軒銘

箴: 林隱室箴 勿軒箴 題小影自警 亨栖室箴

贊: 三劍贊 姜氏三綱六贊

辭: 鄭士仲(根澤)誄辭 李炳庸懋重字辭 李孺人哀辭 宋德彦哀辭 卞子獻(廷圭)衰辭 鄭秉禧德汝字辭 沈在汝(載璿)哀辭 端人李氏誄辭 李炳祜文夫字辭

卷八

上樑文: 日中亭上樑文 紫山亭上樑文 斗南亭上樑文 鳳溪亭上樑文 鳳陽齋上樑文 温山齋上梁文 鶴雲亭上樑文 茂陽齋上樑文 香湖亭上樑文 吾堂幽居上樑文 泗陽齋上樑文 永慕齋上樑文 三城齋上樑文 慶源書堂上樑文 勿溪亭重建上樑文 嘉遯齋上樑文 弄月亭上樑文 梧山書堂上樑文 景德祠上樑文 重建桂陽齋上樑文 仁山齋上樑文 移復三樂亭上樑文 春露齋欐頌

祝文: 是庵李先生文集告成文 武陵影閣奉安是庵先生影幀告由文 告先祖考浩隱公墓文慶源祠奉安瓢巖公江陽君載寧君三賢位牌告由文 同上常享祝文 巖栖亭開基祝文 成均進士杏壇朴公墓道竪碣告由文 先祖考復齋府君竪碣告由文 莊陵絶臣漢城尹秋公釋菜告由文 同上常享祝文 告先外祖行郡守晉陽河公墓文

祭文: 祭是庵李先生文 再祭文 三祭文 祭鄭農山先生文 祭李小灘公文 祭尹誠齋(禹學)文 祭周玉峯文 祭姜沙雲(宰洪)文 祭周賢伯(永南)文 祭柳西岡文 祭南立巖文 祭鄭晦夫文 祭再從姪大一(基亨)文 祭崔敬恕文 祭南夷川文 祭表兄都栗溪文 祭外舅李萊軒公文 祭沈守岡(鍾煥)文 祭南孔立(信祐)文 祭金士文(銖)文 祭吳和宣文 祭內舅鄭蘇齋公文 祭再從兄(貞祐)文 祭周公(性錫)文 祭沈直窩文 祭周景宅文 先兄甲日祭文 祭先兄文 祭南春塢(炳熙)文 祭崔默軒文 祭李果齋(敎宇)文 祭全鳴重(鏞韶)文 祭權松山文 祭鄭栗溪文 祭權晩松(載直)文 祭再從兄(釆祐)文 祭李晦而(弘榮)文 祭姪女金氏婦文 祭崔龜見(尙洛)文 祭李孝宣文 祭薛明極文 祭金君善(道鎭)文 祭李善五(奎煥)文 祭族姪(基準)文 祭亡兒種文

卷九

行狀: 是庵李先生行狀 訥齋李公行狀 菖窩曺公行狀 悍窩周公行狀 紹巖姜公行狀 泰周公行狀 農叟南公行狀 陽芸南公行狀 蕉山沈公行狀 退翁先生李公行狀 梅峯吳君行狀

艮庵金公行狀 三山金公行狀

遺事: 老溪宋公遺事

傳: 李士益(鉉佑)傳 吳老圃傳 文節婦李氏傳

碑: 孝子贈判决事兵曹參議孫公祭壇碑銘 高麗司諫院獻納文公墓壇碑陰記 貞烈婦李氏碑 南坡白公念典碑

墓誌: 周賢伯墓誌銘 思愼堂李公墓誌銘 玉峯周公墓誌銘 外姑孺人盧氏墓誌銘 農圃池公墓誌銘 過齋金公墓誌銘 祖妣孺人金氏墓誌 生員孫公墓誌 農齋孫公墓誌銘 亾兒種壙誌

墓表: 端川周公墓表 揚武功臣行訓鍊判官贈軍資監正池公墓表 三溪金公墓表 學生金公墓表 晉陽姜公墓表 學生柳公墓表 學生沈公墓表 權母金孺人墓表 淸溪羅公墓表 學生柳公墓表 奉事鄭公墓表 尙州周公墓表 學生河公墓表 河秀士墓表 監察池公墓表 東庵林公墓表 學生金公墓表 叔先祖忠儀衛公墓表 邁軒金公墓表 姜子仲墓表 鄭君周見墓表 柏村孫公墓表 聽虛堂孫公墓表

卷十

墓碣銘: 宣教郞萊州教授周公墓碣銘 小草周公墓碣銘 外祖父學生鄭公外祖母孺人金氏墓碣銘 曉峯朴公墓碣銘 通政鄭公墓碣銘 進士李公墓碣銘 慕庵金公墓碣銘 學生姜公墓碣銘 杏村李公墓褐銘 善山金公墓褐銘 引儀池公墓褐銘 聽川孫公墓褐銘 桂山金公墓褐銘 樂水崔公墓褐銘 學生姜公墓碣銘 沙雲姜公墓碣銘 姜聖玉墓碣銘 西磵鄭公墓碣銘 柏山池公墓碣銘 通政大夫戶曹參議權公墓碣銘 蔚山金君墓碣銘 孺人全州全氏墓碣銘 通訓大夫綾州牧使石溪姜公墓碣銘 牛川金公

墓碣銘 學生李公墓碣銘 海居都公墓碣銘 蒙泉崔公墓碣銘 學生李公墓碣銘 晩悟朴公墓碣銘 蘆巖安公墓碣銘 孝烈婦金孺人墓碣銘 贈通政大夫丞政院右副承旨李公墓碣銘 春灘李公墓碣銘 秋灘李公墓碣銘 慕齋朴公墓碣銘 蓮坡鄭公墓碣銘 行副司果 贈掌樂院正金公墓碣銘 學生李公墓碣銘 聾啞齋金公墓碣銘 賢山洪公墓碣銘 琴舘南公墓碣銘

**秋峰續集目錄**

卷一

墓表: 沙村柳公墓表

詩: 次吳樵岡(鍾普)幽居原韻

卷二

附錄: 壽詩序

壽詩: 生朝志感 次韻 題南秋峰詩卷 四禮易知錄序 秋峰記 稼山齋記 稼山亭記 巖捿亭記 巖捿亭銘 居然亭銘 次巖捿亭原韻 稼山亭上梁文 挽 祭文 行狀(江陽 李永鉉) 墓碣銘(花山 權龍鉉) 跋(南薰)

# 『추탄유고(秋灘遺稿)』

## 1. 저자 소개

이정현(李廷鉉, 1845~1894)의 자는 숙서(叔瑞)이고 호는 추탄(秋灘)이며 본관은 강양(江陽: 합천)이다. 합천이씨(陜川李氏)는 경주이씨(慶州李氏)에서 나누어진 성씨로서 시조가 되는 이는 신라말에 상서령(尙書令)을 지낸 이개(李開)였는데, 그는 고려에 종사하지 않으려고 합천으로 거주지를 옮겼고 이로 인해 합천을 본관으로 사용하게 되었다.

이정현의 6대조는 이지영(李之英, 1680~1756)이고, 이동교(李東喬, 1712~1767)는 5대조로서 이재(李縡, 1680~1746)와 윤봉구(尹鳳九, 1683~1767)의 문인이었다. 이정현의 가계는 원래 이동교를 이어서 이호(李浩) – 이달근(李達根) – 이방희(李邦熙)를 거쳐 아버지인 요와(樂窩) 이규문(李奎文, 1806~1866)에 이른다.

이규문은 어유효(魚有孝)의 따님인 함종어씨(咸從魚氏)와 1녀를 낳았고, 안석능(安碩能)의 따님인 강진안씨(康津安氏)와 4남 1녀를 낳았는데, 이정현은 강진안씨(康津安氏)가 낳은 4남 가운데 셋째였다. 첫째는 이태현이고 둘째는 이우현(李禹鉉, 1841~1911)이며, 막내는 시암 이직현((李直鉉, 1850~1928)이다. 그러나 이정현은 출계해서 종숙(從叔) 이규인(李奎仁)의 후사가 되었기 때문에 그의 가계는 이달근 – 이민희(李民熙) – 이규인 – 이정현으로 이어졌다.

이정현의 집안은 이지영이 무릉리로 이주해서 세거하게 되었고, 이정현은 헌종 을사년(1845) 4월 12일 무릉리의 집에서 태어났다. 어려서부터 경술(經術)에 뜻을 두어 사서(四書)를 숙독했고, 특히 『중용』과 『대학』 및 『심경』과 『근사록』에 힘을 쏟았다. 이기심성에 관한 폭넓은 독서를 통해 자신만의 심론(心論)을 확립해서 "마음은 리와 기를 합하고, 성과 정을 통괄하는 것이므로 리라고 해도 되고, 기라고 해도 된다. 심과 성을 짝지어 거론한다면 율옹이 성은 리이고, 마음은 기라고 한 말이 도와 기를 분명하게 나누고 있다."라고 했다. 이진상(李震相)에게도 편지를 보내 그의 심즉리설(心卽理說)을 변론하기도 했다. 기정진이 호남에서 강학한다는 소식을 듣고 형인 이태현과 함께 편지와 「기의(記疑)」를 적어 동생인 이직현에게 주어 기정진에게 질정을 구했다. 기정진은 "영남에서 독서하는 종자(種子)가 사라지지 않았다."라고 하면서 그를 격려했다. 이정현은 기정진의 가르침을 받은 뒤로 더욱 노력을 기울여 도(道)와 기(器), 주(主)와 복(僕), 화(華)와 이(夷), 인(人)과 수(獸)의 구별에 더욱 엄격했고, 늘 주자의 글을 읽으면 마음이 상쾌해진다고 했다. 뇌룡정(雷龍亭)에서 남명(南冥)의 문집을 중간하려는 모임이 있었을 때 우암(尤庵)과 미수(眉叟) 두 사람이 지은 비문을 부록에 싣자는 의견이 있었지만, 이정현은 "부록이란 (문집의 저자인) 선생을 높이려는 뜻에서 마련한 지면이다. 그 문장이 제대로 지어졌는지의 여부를 따져서 실어야지, 어떻게 문장이 제대로인지의 여부를 따지지도 않고 함께 실을 수 있겠는가?"라고 반대했다. 결국, 주관하는 이들이 의견의 일치를 보지 못해서 간행하는 일은 흐지부지되고 말았고 사람들은 이정현의 선견지명에 탄복했다.

이정현은 형인 이태현과 함께 후학들을 가르쳤는데, 1887년 매형인 이휘징(李徽徵)의 초빙을 받고 삼가(三嘉)의 운곡(雲谷)에서 강학하던 도중, 어머니의 병환 소식을 듣고 급하게 집으로 돌아왔으나 이미 어머니는 세상을 떠난 뒤였다. 그리고 그 자신도 향년 50세로 1894년 3월 26일 세상을 떠나고 말았다. 부인은 창녕조씨(昌寧曺氏)로서 조희규(曺禧奎)의 딸로, 사이에 3남 1녀를 두었다.

## 2. 문집 구성과 내용

『추탄유고(秋灘遺稿)』는 석판본 3권 1책으로 1964년 손자 이종상(李宗相)이 편집 간행된 이정현(李廷鉉)의 시문집이다. 문집 형태는 4주쌍변(四周雙邊) 반곽(半郭) 20.7×15.0cm, 유계(有界), 10행 20자, 상하향2엽화문어미(上下向二葉花紋魚尾) 28.5×19.6cm이다. 권두에는 권용현(權龍鉉)이 1964년에 쓴 서문, 권말에는 손자인 이종상(李宗相)이 1964년에 쓴 발문이 실려 있다. 이 문집은 전남대학교, 영남대학교, 연세대학교에 소장되어 있다.

권1은 시이다. 「우연히 읊조린 2수[偶吟二絕]」를 포함해서 모두 32편인데 그 가운데 「노사 기선생 만시 3수[蘆沙奇先生挽三絕]」를 비롯한 만시(挽詩)가 8편이다.

권2는 서(書)와 잡저이다. 편지는 모두 10통인데 그 가운데 첫 편은 이직현의 손에 들려 보낸 「노사선생에게 올리는 문목[上蘆沙先生問目]」이다. 내용은 「태극도설」의 내용과 오행, 심과 성, 형질과 기질 등 성리학적 주제에 관한 질문들이다. 이진상과 정재규에게 보내는 편지가 각 1통이 실려 있고, 「조기련에게 답하는 문목[答曹基鏈問目]」도 1통이 실려 있는데, 사서 및 『상서』와 『시경』을 문답하는 내용이다. 뇌룡정 유회소(儒會所)에 보내는 편지 또한 2통이 실려 있다.

잡저는 2편으로 향교의 강학 모임에서 경서의 뜻을 질문하는 내용으로 이루어진 「향교 강석에서 경의를 질문하다[黌堂講席發問經義]」 및 소와 말을 의인화해서 역사적 사실을 논평하는 내용인 「우마쟁공론(牛馬爭功論)」이 있다.

권3은 부록으로 만장·제문·행장·묘갈명으로 이루어졌다. 만장은 박찬배(朴燦培)·조징영(曹澂英)·문상질(文尙質)·이수기(李銖基)·노수복(盧秀

馥)·문창석(文昌錫)·노수각(盧秀玨) 7인이 쓴 것이다. 제문은 큰형과 둘째형 그리고 막내인 이직현을 비롯한 이원화(李源和)·이원하(李源夏)·김갑현(金甲鉉)·이종성(李鍾聲)·김사현(金社鉉)·하대곤(河大崑)·변룡래(卞龍來) 등 10인이 쓴 것이다. 그의 「행장」은 삼종제(三從弟)인 이영현(李永鉉)이, 「묘갈명」은 남승우(南勝愚)가 썼다.

## 3. 문집 목차

### 序(權龍鉉)

卷一

詩: 偶吟二絶 遊黃溪瀑 遊龍門洞 浩然亭次板上韻 又拈暉字 宿碧寒亭 午抵朴氏書堂 上谷精舍與諸友唱酬 上谷精舍敘別 白雲亭次原韻 慕寒亭次原韻 登龍山齋 遊搜勝臺 贈愼承旨二絶 春日與雲谷諸友遊山 雲谷齋與文士安共吟 雲谷齋與宋蘭谷承彦抽尤翁詩中寄趙寸樹谷韻共和 同族弟成淑繼道士範留山塘邨與韓文克諸兄弟共和 又拈高字 次洪竹圃士彦月恆齋韻 聞雷龍亭重修後諸公飮落唱和謹步以呈 訪鄭洛中于楊林書屋 次羅晩窩孝行韻 次羅晩窩夫人姜氏烈行韻 蘆沙奇先生挽三絶 挽李竹圃致民四絶 挽李敬達夫妻七絶 挽李雲圃聖達九絶 挽李□□七絶 挽李□□三絶 挽李□□二絶 挽金應喆三絶

卷二

書: 上蘆沙先生問目 與李寒洲 答鄭厚允 答全贊玉 答文士安 答愼承旨 與季弟弼瑞 答曹基鏈問目 與雷龍亭儒會所 答雷龍亭儒會所

雜著: 黌堂講席發問經義 牛馬爭功論

卷三

附錄: 輓章(朴燦培 曹澂英 文尙質 李銖基 盧秀馥 文昌錫 盧秀珏) 祭文(伯兄 仲兄 李直鉉 李源和 李源夏 金甲鉉 李鍾聲 金社鉉 河大崑 卞龍來) 行狀(李永鉉) 墓碣銘(南勝愚)

跋(李宗相)

# 『춘탄문집(春灘文集)』

## 1. 저자 소개

이태현(李泰鉉, 1838~1904)의 자는 원서(元瑞)이고 호는 춘탄(春灘)이며 본관은 강양(江陽: 합천)이다. 합천이씨(陜川李氏)는 경주이씨(慶州李氏)에서 나누어진 성씨로서 시조가 되는 이는 신라말에 상서령(尙書令)을 지낸 이개(李開)였는데, 그는 고려에 종사하지 않으려고 합천으로 거주지를 옮겼고 이로 인해 합천을 본관으로 사용하게 되었다고 한다.[33] 이태현의 6대조는 이지영(李之英, 1680~1756)[34]이고, 이동교(李東喬, 1712~1767)는 5대조로서 이재(李縡, 1680~1746)와 윤봉구(尹鳳九, 1683~1767)의 문인이었다.[35] 이태현의 가계는 이동교를 이어서 이호(李浩) – 이달근(李達根) – 이방희(李邦熙)를 거쳐 아버지인 요와(樂窩) 이규문(李奎文, 1806~1866)에 이른다.

이규문은 어유효(魚有孝)의 따님인 함종어씨(咸從魚氏)와 1녀를 낳았고, 안석능(安碩能)의 따님인 강진안씨(康津安氏)와 4남 1녀를 낳았는데,

---

33 "其系始出慶州, 有尙書令開, 當羅季, 罔僕於麗, 避徙江陽, 而仍貫焉." 宋秉璿, 『淵齋集』 권40(표점영인 한국문집총간 vol.330), 「進士 贈參議李公(東喬)墓表」, 273쪽.

34 자는 군실(君實), 호는 원곡(源谷)이다. 그의 「묘갈명」은 기우만이 지었다. 기우만, 『송사집』 권29(표점영인 한국문집총간 vol.346), 「源谷李公墓碣銘」, 84~85쪽 참조.

35 "公嘗遊於李陶菴·尹屛溪兩先生門, 得蒙奬許, 斯可以不朽." 宋秉璿, 『淵齋集』 권40(표점영인 한국문집총간 vol.330), 「進士贈參議李公墓表」, 273쪽.

이태현은 강진안씨(康津安氏)가 낳은 4남 가운데 첫째였다. 둘째는 이우현(李禹鉉, 1841~1911)이고[36], 셋째는 이정현(李廷鉉, 1845~1894)인데, 그는 출계해서 종숙(從叔) 이규인(李奎仁)의 후사가 되었다.[37] 막내는 시암 이직현((李直鉉, 1850~1928)이다.

이태현의 집안은 이지영이 무릉리로 이주해서 세거하게 되었고 그는 헌종 4년(1838) 10월 12일 경상도 초계군(草溪郡) 양동면(良洞面) 상대촌(上臺村: 경상남도 합천군 초계면(草溪面) 무릉(武陵))에서 태어나, 1904년 세상을 떠났다. 그는 6세 때에 아버지에게 학문을 익히기 시작해서 7세에는 5대조인 이동교(李東喬)가 강학하던 곳에 고조인 이호(李浩)가 건설한 추모정(追慕亭)에서 독서하기 시작했다. 18세에는 공부하는 정사(精舍)의 벽에 경계하는 글을 붙여 두고 날마다 스스로를 다잡았고, 20세에 진주강씨(晉州姜氏) 강석범(姜錫範)의 따님과 혼인했다. 이 해에 그는 양주신(梁柱臣)·조성가(趙性家)와 함께 진주의 덕암(德巖)에서 함께 모여 한 동안 함께 학업을 닦다 돌아왔다.

22세 되던 해 12월부터 그는 자신이 그동안 공부한 내용을 크고 작은 단행본으로 묶기 시작했다. 그는 한 달 사이 『대역취류(大易聚類)』 1권을 비롯한 5종의 책을 저술했다. 계속해서 이듬해에는 『대학집의(大學輯義)』 1권·『논어설난(論語說難)』 2권을 저술했는데, 전자는 망실되었다. 7월에는 『대경기류(戴經記類)』 2권을 11월에는 『맹자설난(孟子說難)』 2권을 저술했다. 그 사이 이 해 4월 그는 부인 강씨와 사별했고, 10월에 상주주씨(尙州周氏) 주서충(周瑞忠)의 따님과 재혼했다. 26세에는 가까운 사이였던 전두성(全斗成)과 정토서실(井吐書室)에서 몇 개월 동안 학문을 닦고 집으로 돌아왔고, 27세에는 당시 22세였던 정재규(鄭載圭)와 봉

36 『시암집』 권16, 「仲兄退愚公墓誌銘」, 30전~31후면 참조.

37 『시암집』 권15, 「祭叔兄秋灘公文」, 7전~10전면·권20, 「先妣贈貞夫人康津安氏行錄」, 15전면 참조.

서재(鳳栖齋)에 함께 학문을 익히기로 약속했고, 이 해 겨울에는 밀양에서 김봉휘(金鳳輝)와 함께 모임을 하는 등 주변 인물들과 활발한 강학 활동을 이어갔다. 29세에 아버지의 상을 당했고, 32세에는 막내 동생 이직현의 장인인 노덕규(盧德奎)의 상을 당해서 조문하고 곡했다.

39세가 되던 1876년 4월 막내인 이직현이 장성으로 기정진을 찾아가 집지의 예를 행했고, 이태현과 이우현은 편지로 대신했다. 43세인 1879년 1월 기정진의 부음을 듣고 형제들을 이끌고 신위를 만들어 곡했고, 2월에는 두 동생을 보내 기정진의 장례에 참석하도록 했으며, 자신은 제문과 만시를 지어 보냈다. 45세에는 날마다 자신을 되돌아보는 「좌우명(座右銘)」을 지었다. 50세에는 어머니의 상을 당했다.

65세인 1902년 4월 신안정사(新安精舍)에서 『노사집』의 중간을 기념해서 기우만을 비롯한 노사학파의 인물들이 방문했고, 많은 사람이 모여 향음주례(鄕飮酒禮)를 행했을 때 이택현 또한 참여했다. 그 해 6월에는 최익현이 『노사집』의 중간을 축하하기 위해 신안정사를 방문했고, 이 기회를 빌려 경남 지역을 유람했는데 이택현은 삼가의 물계정에서 최익현과 만나고 시를 주고받았다. 그리고 2년 뒤인 1904년 11월 30일 67세를 일기로 세상을 떠났다.

## 2. 문집 구성과 내용

『춘탄문집(春灘文集)』은 4권 2책 석인본으로 1962년 손자 이세영(李世榮)이 편집·간행한 이태현(李泰鉉)의 시문집이다. 문집 형태는 4주쌍변(四周雙邊) 반곽(半郭) 20.9×15.8cm, 유계(有界), 10행 20자, 상하향2엽화문어미(上下向二葉花紋魚尾) 28.9×20.0cm이다. 권두에는 권용현(權龍鉉)이 1962년에 쓴 서문, 권말에는 족손 이태영(李泰榮)와 이세영(李世榮)이 1962년에 쓴 발문이 실려 있다. 이 문집은 전남대학교, 영남대학교, 연세대학교에 소장되어 있다.

권1은 시(詩) 「매사냥을 보고서[觀鷹獵]」를 비롯한 210편이 실려 있다. 여기에는 기정진과 노덕규를 추모하는 「노사선생만(蘆沙先生挽)과 「만노상사 고금당(挽盧上舍古今堂)」을 포함한 64편의 만시(挽詩)가 포함되고, 마지막에는 아홉 살 딸아이의 죽음을 애도하는 「도구세여아(悼九歲女兒)」가 실려 있다.

권2는 서(書)·잡저(雜著)·서(序)·기(記)로 이루어졌다. 편지는 모두 4통인데, 기정진에게 보내는 「상노사선생(上蘆沙先生)」, 관찰사 조시영(曺始永)에게 보내는 「여조관찰(與曹觀察)」, 선물을 보내준 이재준(李載駿)에게 사례하는 「사이사군증절선서(謝李使君贈節扇書)」 그리고 손자의 혼서인 「손아혼서(孫兒婚書)」이다. 잡저는 모두 10편인데, 자신을 점검하는 「좌우명(座右銘)」과 정사 벽에 게시해 둔 잠언인 「정사게벽(精舍揭壁)」이 있고, 관찰사 조시영의 비명, 이재(李縡)가 5대조인 이동교를 위해 써준 글에 붙인 찬(贊), 하동(河東) 악양정(岳陽亭)과 진주의 낙육재(樂育齋)의 건립을 청하는 장(狀)이 있으며, 성리학적 내용을 다룬 「태극설(太極說)」, 생각나는 내용을 단편적으로 기록한 「수록(隨錄)」, 안동에서 보낸 통문에 답하는 글 및 지대진(池大鎭)의 행적을 기록한 「서지군기홍사(書池君基洪事)」 등이 있다. 서문은 「만농서(晩農序)」를 포함한 6편이고, 기문은 「강양재중수기(江陽齋重修記)」를 비롯한 8편이 실려 있다.

권3은 상량문(上樑文)·축문(祝文)·제문(祭文)·행장(行狀)이다. 상량문은 2편으로 강양재를 중수할 때와 평천재(平泉齋)를 지을 때의 것이다. 축문은 충효각(忠孝閣)에 봉판(奉板)할 때의 「고유문(告由文)」이다. 제문은 기정진을 추모하는 「노사선생 제문[祭蘆沙先生文]」을 포함한 9편이다. 행장은 중시조이자 강양군에 봉해진 이개(李開)의 사적을 기록한 「중조효자 강양군 부군 서술(中祖孝子江陽君府君敍述)」을 포함한 15편인데 모두 집안 선조들의 「서술(敍述)」과 「행장」으로 마지막에는 아버지의 행장인 「선고 증가선대부 이조참판 겸동지의금부사 부군 행장(先考贈嘉善

大夫吏曹參判兼同知義禁府事府君行狀)」과 어머니의 행장인 「선비 증정부인 강진안씨 행장(先妣贈貞夫人康津安氏行狀)」이 수록되어 있다.

권4는 부록으로 이태현의 전기 자료 4편이 실려 있다. 각각 이직현(李稷鉉)이 지은 「연보」와 「묘지명」, 정재규(鄭載圭)가 지은 「행장」, 남승우(南勝愚)가 지은 「묘갈명(墓碣銘)」이다.

### 3. 문집 목차

**序(權龍鉉)**

卷一

詩: 觀鷹獵 登山 立春 太極吟 上元耳明酒 偶吟 小學堂敬次寒暄堂先生韻 詠歸亭 搜勝臺敬次退溪先生韻 慶州玉山路上有感 次鄭氏冰鯉雪棗韻 黃溪瀑 奉和西墨族叔秋聲韻 鹿峰精舍敬次退溪先生韻 仲秋竹舘與李使君小酌 次李使君登樓望月韻 又次使君韻 同曹觀察權校理登矗石樓 次矗石樓板上韻 登聖殿庵(二) 過河東花開 過露梁有懷望南海世尊島 重過露梁 春夜 戒孫兒 大明花 魯山祠謁朱夫子真影次諸章甫韻 晉府樂育齋原韻 丹城漁隱洞覽德齋次韻 過宜寧沙洞書屋送洪士彥觀海 山塘客中(三) 登碧松亭 宿韓友文吉家 籠山亭敬次孤雲先生韻 紅流洞口呼(二) 海印寺 贈海印寺極樂庵僧 臨淵亭同鄭老柏軒厚允吟 勉朴基敦讀書 送李使君赴温陽 次李使君贈嵒鶴寺僧永守韻 贈校理權石梧(二) 勿溪亭與崔勉庵共酬 東華齋又與勉庵共酬 悠然亭又與勉庵共酬 次南氏景慕齋韻 正谷書屋與盧蘿圃一笑 中洞蓮亭與盧萬拙夜吟 玄風路上 金陵訪曹一偺謾吟 與曹海吏共吟 七月二十日金陵松亭下一器會 水原路上有感 迎恩門有懷 漢陽客中 呈韓尚書和慎承旨清明承命孫綏陵韻 與曹都事慎承旨謾吟(八) 長安旅舍與曹一偺謾吟(附曹一偺韻) 萬壽節觀燈 漢陽城中贈金畫師 漢陽城上口號

(二) 下第後漢江口號 自忠州行過丹陽 次愼承旨餞春韻 又與曹都事愼承旨謾吟(二) 同金應敎九樵金石貞謾吟 金陵訪曹一僑 同曹上舍謾吟 鳳溪端午日逢盧竹農 林亭詩會 夜吟 遊金陵直指寺(四) 出寺門口號 鳳溪書舍鄭雅兄弟來訪 初秋詩會 遊金陵三溪寺(二) 茶洞謾吟 同曹一僑謾吟 同曹一僑金九樵謾吟 重陽後小酌 次金石貞絶句 興陽夏日與曹敎官謾吟 遊興陽修道庵 以病寓修道庵贈影庵尙欣僧(二) 贈龍湖澄玉僧 贈仁化僧 晉民聞曹觀察棠軒且行男女塡街遮道故見之而作(四) 次勿溪孝子巖韻 何許洞訪鄭海山致範同向雲谷路吟 次權竹塢鵬山齋韻 菊秋望夜宿浩然亭次板上韻 景慕齋與洪士彦共酬 次上谷淸襟亭原韻 和宗人僉使達舜日山堂韻 送朴伊阜應弼 龍門拈朱夫子鵝湖韻滯雨西巖與鄭老柏軒一笑 李三旅李丹坡來訪 卞乃洪來訪 次金善翼桐靜庵韻 次盧芳旅允行二水亭韻 次二水亭落成韻 次安氏四友堂韻 次沈氏月溪亭韻 次洪氏景慕齋韻 次宋氏包山齋韻 包山齋同宋蘭谷承彦吟 次文氏豐湖亭韻 次金氏梅鶴亭韻 次朴氏碧寒亭韻 次金氏枕湖亭韻 次文氏德友亭韻 次河氏龍山齋韻 鹿鳴齋(二) 次金氏卷巖齋韻 次卞三沿亭韻 次沈居士仁老樂山亭韻 章田齋會吟 次柳子三愚堂韻(二) 次朴行源戒懼堂韻 觀善齋夜話 次雲谷梅竹軒韻 次宋峻若竹灘韻 次李使君早春畱鶴寺韻 戊戌十月十二日回甲(三) 仲弟回甲日 鳳溪客中次鄭老柏軒壽宴韻(三) 次朴主簿壽宴韻 次安致瑞壽宴韻 次盧萬拙壽宴韻 次安章玉壽宴韻 次金漁仙敬寬壽宴韻(二) 次文學圃乃永壽宴韻次文君玉汝壽親韻(二) 次盧龜圃柄運壽宴韻 次李遯溪壽宴韻 次宗人和汝壽宴韻 次曹周瑞壽宴韻 次曹允若壽源韻 次安翠軒道景壽宴韻次全應九壽宴韻 次全庸巖儀慶壽宴韻 次安邃庵仁若壽宴韻 次金泗樵壽宴韻 次盧蘿圃壽宴韻 蘆沙先生挽 挽愼承旨 和朴士旅宣翼 挽盧上舍古今堂 挽族兄德祚(三) 挽盧上舍敦汝 挽全聖擇 挽全愚泉道洪 挽李水使(四) 挽族祖悔窩(四首) 挽權竹塢 挽崔蘆洲魯源(四) 挽宗人德甫 挽柳道南齋敬汝 挽南松崖克中(四) 挽朴都正月圃致建 挽宋篁庵

善七(二) 挽權洛見(二) 挽全行兼 挽金武玉 挽尹上舍應瑞 挽權晩樂堂應天(二) 挽盧浦隱(四) 挽李校理 挽盧議官(二) 挽金子範 挽金松坡文日(二) 挽金清窩尙早 挽金孟希(二) 挽金竹坡善汝(四) 挽柳清潭南景(二) 挽安乃義(二) 挽安德老(四) 挽安晦岡孔見(二) 挽李希覺繒志(三) 挽安愚拙經七 挽周明進(五) 挽金竹圃明汝(四) 挽盧惠隣道謙 挽全□□大甲(三) 挽盧彌广見九 挽李尙華 挽宗人竹史廷瑞(四) 挽宗人文七(四) 挽李允元(三) 到西巖卽姜子成仲祥日追挽一絕 挽金南瑞(二) 挽朴益章(二) 挽盧南谷德暉(五) 挽曹周瑞 挽卞台亨(三) 挽宗人永輝(二) 挽全應元(三) 挽金菊圃顯遠 挽盧俊元(三) 挽都乃賢 挽宗人克倪(三) 挽曹允若(三) 挽盧德一(四) 挽朴善五 悼九歲女兒

卷二

書: 上蘆沙先生 與曹觀察 謝李使君贈節扇書 孫兒婚書

雜著: 座右銘 晉府曹觀察碑銘 太極說 陶庵李先生書贈五代祖考晦窩扁贊 河東岳陽亭請建狀 晉府樂育齋請營建狀 精舍揭壁 隨錄 答安東擧義通文 書池君基洪事

序: 晩農序 月浦序 竹灘序 甲契序 全州全氏族譜序 密陽朴氏派譜序

記: 江陽齋重修記 忠孝閣記 晉府宣化堂記 晉府樂育齋記 昆陽鄕校揭板記 丹陽齋記 鳳陽齋記

留鶴寺重修記

卷三

上梁文: 江陽齋重修上梁文 平泉齋上梁文

祝文: 忠孝閣奉板告由文/李泰鉉 [祝文]

祭文: 祭蘆沙先生文 祭族叔里隱公 祭李致晩文 祭金明汝文 祭族叔西墨公文 祭再從祖母安東權氏文 悼姜鳴律文 祭叔弟文 祭長女金

婦文

行狀: 中祖考子江陽君府君敍述 十六代祖考觀察使府敍述 十四代祖考忠順衛府君敍述 十二代祖考部將府君敍述 九代祖考葛坡處士府君敍述 八代祖考宣教郎義禁府都事府君敍述 七代祖考折衝將軍行龍驤衛副護軍府君行狀 六代祖考揚武原從功臣贈通大夫吏曹參議府君行狀 五代祖考成均進士贈通政大夫吏曹參議晦窩府君行狀 高祖考追慕亭府君行狀 曾祖考清風軒府君行狀 祖考贈童蒙教官朝奉大夫府君行狀 祖妣贈令人驪州李氏行狀 先考贈嘉善大夫吏曹參判兼同知義禁府事府君行狀 先妣贈貞夫人康津安氏行狀

卷四

附錄: 年譜(李直鉉) 行狀(鄭載圭) 墓誌銘(李直鉉) 墓碣銘(南勝愚) 跋(李泰榮 李世榮)

# 『호석유고(湖石遺稿)』

## 1. 저자 소개

김재헌(金在憲, 1869~1940)의 자는 자화(子和)이고 호는 호석(湖石)이며 본관은 광산(光山)이다. 고려 후기 전리판서(典理判書) 김광리(金光利)의 후손으로, 1869년 3월 4일 무장현(茂長縣) 대제면(大梯面) 석남리(石南里: 현 대산면 성남리)에서 죽강(竹岡) 김기풍(金箕豐, 1835~1907)의 아들로 태어났다. 어머니는 청도김씨(淸道金氏) 김이여(金以汝)의 딸이다. 아버지는 노사(蘆沙) 기정진(奇正鎭, 1798~1879)의 문인이다.

어려서 품성이 순수하고 재질이 비범하여 가학으로 글을 배웠다. 일거일동을 감히 제 마음대로 하지 않았고 부모의 명령을 받은 뒤에 행하며 어른 모실 적에는 행동거지가 어른과 같았다. 경전과 제자백가(諸子百家)의 서책을 한 번 보면 암기하고 외우니 어른들이 크게 쓰일 그릇으로 기대하였다.

1882년(고종 19) 13세 때 모친이 병으로 눕자 그 곁을 떠나지 않고 간호에 진력하였다. 세상을 떠나자 곡벽(哭擗)하니 부친이 계지(戒止)하므로 진정하였다. 훗날 계모 무송유씨(茂松庾氏)를 친어머니처럼 섬겼다. 누이동생과의 우애도 지극하여 계모 유씨도 항상 감동하여 자주 영형인물(寧馨人物)이라고 하였다. 일찍이 부모의 뜻을 받들어 과거 시험장에 자주 나아갔으나 당시 과거의 폐단으로 뜻을 이루지 못하자 천작(天爵)을 닦으면 인작(人爵)이 저절로 이르니 영리(榮利)에 급급하지 않겠다고 다짐하며 학문에 임하였다. 송사(松沙) 기우만(奇宇萬, 1846~1916)에게 나아가 경전의 뜻을 토론하고 『춘추』를 읽으면서 학문이 크게 발전하였다.

1896년 27세 때 호남지방에서 스승이 격문(檄文)을 각처에 보내 거의(擧義)하자 그는 분연히 일어나 의소(義所)로 달려가 스승을 도울 뿐만 아니라 방책을 세우기도 하였다. 당시 의병들은 나주로 가서 민심을 위무하고 참서관(參書官) 안종수(安宗洙, 1849~1896)의 10가지 죄를 들어 참해야 한다는 뜻을 밝혔다. 1906년 면암(勉菴) 최익현(崔益鉉, 1833~1906)이 태인 무성서원에서 강회(講會)로 민족혼을 일깨우며 의병을 일으켰다. 거의가 실패로 돌아가 최익현이 죽고 녹천(鹿川) 고광순(高光洵, 1848~1907)의 의병이 불리하다는 것을 듣고 통곡하였다. 그는 원통한 마음을 감추지 못하고 "산하를 뒤덮은 오랑캐의 흉흉한 기세에 창생을 누가 구제하랴? 선방궁(宣防宮)이 무너지니 봉토를 누가 보존하랴? 그만두자꾸나! 나의 뜻과 일, 그만두자꾸나!"라고 하였다.

1907년 김재헌은 각처에 격문을 보내어 다시 의거를 계획하다가, 갑자기 전염병에 걸려 병상에 눕게 되고, 부친상을 당하여 끝내 의거에 참여하지 못하였다. 3년 복을 벗은 1910년 이후로는 남이 알아주는 것을 전혀 구하지 않고 부친의 유지(遺志)로 영취정(永翠亭)을 수리하고 동학들과 서로 교류하며 유교 정신을 수호하는 데 전념하였다. 봄과 가을철 화조월석(花朝月夕)에 동지들과 시를 음영하다가, 1940년 6월 26일에 세상을 떠나니 향년 73세였다. 장성군 삼계면(三溪面) 고산(高山)에 안장되었다. 저서로 『호석유고(湖石遺稿)』가 있다.

## 2. 문집 구성과 내용

『호석유고(湖石遺稿)』는 3권 1책 필사본으로 1989년 영취정(永翠亭)에서 간행된 김재헌(金在憲)의 시문집이다. 문집 형태는 4주쌍변(四周雙邊) 반곽(半郭) 20.5×14.2cm, 11행 23자, 상2엽화문어미(上二葉花紋魚尾) 26.5×

18.7cm이다. 권두에는 송증헌(宋曾憲)이 1940년에 쓴 서문, 권말에는 위계도(魏啓道)가 1989년에 쓴 발문이 있다. 이 문집은 국립중앙도서관, 전북대학교에 소장되어 있다.

권1은 시 65제 82수가 수록되어 있다. 시는 자연, 그리고 고창을 비롯한 타지의 누정에 대해 읊은 시가 있다. 「합천군가남정팔경운(陜川郡伽南亭八景韻)」은 합천군 가남정(伽南亭) 그 주변의 빼어난 팔경을 읊은 것이다. 연재(淵齋) 송병선(宋秉璿, 1836~1905)의 순의(殉義), 고창에서 의병 활동을 하다가 삶을 마친 지은(智隱) 최전구(崔銓九, 1850~1938)와 애국지사 안중근(安重根, 1879~1910)을 애도하는 만시도 있다.

권2는 소(疏) 2편, 서(書) 18편, 잡저(雜著) 14편, 서(序) 2편, 기(記) 6편, 발(跋) 2편, 제문(祭文) 5편, 상량문(上梁文) 5편, 묘갈명(墓碣銘) 2편, 묘표(墓表) 1편, 행장(行狀) 2편, 행록(行錄) 1편이 수록되어 있다. 상소 두 편은 비분강개한 마음으로 당시 일제의 만행에 춘추대의로 종묘사직을 지켜야 한다는 내용이다. 서간문은 당시 문인들과 시사를 논하며 전통사상을 지키려는 내용이 많다. 잡저는 효행(孝行) 및 열행(烈行), 『호남지』 간행, 격문, 고유문 등이다. 「답병신거의격(答丙申擧義檄)」은 1896년 거의에 대한 격문이고, 「답경성유림건약소(答京城儒林建約所)」는 경성유림건약소의 역할을 답하는 것이다. 「독안장사중근전(讀安壯士重根傳)」은 1914년 중국 상해에서 발간한 안중근의 전기를 읽고 그가 이등박문(伊藤博文)을 저격한 것을 예찬한 것이다. 「책미국영사관서(責美國領事官書)」는 1909년 미국영사에게 춘추의 의리적 측면에서 신의를 지켜야 할 것을 책망한 것이다. 서문은 기강(紀綱)을 세우고 풍교(風敎)를 밝히기 위한 계를 만들어 후학을 양성하려는 것에 대한 「산앙계출의안서(山仰契出義案序)」가 있고, 화순오씨(和順吳氏) 족보에 관한 것도 있다. 기문은 고창과 인근 지역에 있는 누정에 관한 글이다. 발문은 문중 파보와 문집에 대한 것이 있는데 「서만성유고후(書晩醒遺稿後)」는 유일현(庾一

鉉, 1842~1919)의 문집에 대한 글이다. 제문은 의병 활동을 펼친 박도경(朴道敬, ?~1918)과 최전구를 애도한 것이 있고 기우제 제문 3편도 있다. 상량문은 부친의 유지로 세운 영취정(永醉亭), 그리고 집안의 여러 재실과 묘각에 대한 것이다. 묘갈명, 묘표, 행장 등은 집안 선조에 관한 글이고, 행록은 부친 김기풍의 삶과 행의를 기술한 것이다.

권3은 부록으로 서(書) 5편, 만(挽) 44수, 제문 9편, 가장(家狀) 1편, 행장 1편, 묘갈명 1편, 유묵(遺墨) 등이 수록되어 있다. 서간문은 기우만에게서 받은 것이고, 성덕규(成德圭) 외 43인의 만시와 9편의 제문은 김재헌 사후 애도한 것이다. 가장·행장·묘갈명은 김재헌 집안 조상의 행적과 그의 일대기를 기록한 것이다.

### 3. 문집 목차

**湖石遺稿序(宋曾憲)**

卷一

詩: 入金山寺 夏日對盤 陜川郡伽南亭八景韻(南山蒼壁 東海紅旭 龜汀老石 龍潭臥瀑 鉢峯霽月 松亭晩霞 雲溪曉煙 梅岑冬雪) 靖慕閣柱聯 和鎭安吳相喆 過京城感吟 送嶠南族人歸永東 人日感吟 挽庚一鉉 聞宋淵齋殉義 西郊感吟 自瑞石歸路中作 次醉石亭原韻 挽鄭官源步晩悔堂韻 題老圃書堂 挽庚敬求 望雲齋 香圃亭次板上韻 憶雲菴子香社會吟 松沙奇先生挽 萬谷祠壇享 豐巖亭 永翠亭 挽金相煥 次檀坡亭原韻 野隱亭 挽朴在烈 台湖亭 寄菊庵書幌 遯菴書院 晩稼亭 朴公石陰(魯述)挽 挽丁裕錫 首山亭 朴氏風泉臺 挽姜大直 挽康南坡(基泰) 題月潭亭 贈春谷亭主人 鄭氏八烈閣 古阜怡心亭與羅光鏞唱酬 挽崔智隱(銓九) 雪 挽吳丈(璣源) 靈光和李春瑞 與吳相喆吳克卿二友會話 宿夜歸齋與壽山吳秉壽(克卿)諸益敍懷 與金雅士圭星唱酬 雪

中松 賀趙南卨回甲 挽壯士安重根 建廟十週年追悼 野隱堂 誠慕齋(代作) 香山亭 稼湖亭 四憂亭 次錦雲齋韻 次晚翠亭韻 龍塢亭次韻(代作) 承裕齋 晚翠亭(代作) 池氏學文菴

卷二

疏: 第一擬疏 第二擬疏

書: 與崔參奉(永祚) 與族人英洙 與金艮堂(敏洙) 與金艮堂 與金艮堂 答金魯城(永燾) 答金魯城 答金肯鉉 與金相雄 答金相雄 與閔泳直 答閔泳直 與吳秉植 答金箕貞 與族弟在昴 與康止軒(熙鎭) 答光州景賢祠儒會所 再答

雜著: 薦順天朴氏孝烈行 薦庾氏夫人烈行 答鄭氏夫人烈行薦 答湖南誌刊所 答刊所 答丙申擧義檄 答京城儒林建約所 茂長鄉校重修時告諭文 先祖判書公縣令公兩世設壇時告諸宗 李參奉相龜紀蹟碑建立時 答金鍾海孝行薦 姊氏回昏書 讀安壯士重根傳 責美國領事官書(己酉)

序: 山仰契出義案序 和順吳氏族譜序(代作)

記: 省紹齋記 青鶴樓記 戒我堂記 香山亭記 陟岵亭記 隱松亭記

跋: 派譜跋 書醒晚遺稿後

祭文: 祭忠烈朴壯士道敬文 祭崔智隱文 祈雨祭文(三)

上梁文: 永醉亭上梁文 進英齋上梁文 訓導公墓閣上梁文 菊齋遺墟碑閣上梁文 敦睦齋遺墟碑閣上梁文

墓碣銘: 贈通訓大夫戶曹佐郎金公墓碣銘(幷序) 嘉善大夫戶曹參判金公墓碣銘(幷序)

墓表: 寧陵參奉金公墓表

行狀: 贈通訓大夫工曹佐郎金公行狀 嘉善大夫戶曹參判書金公行狀

行錄: 先考竹岡府君言行錄

卷三

附錄: 書(五〇奇宇萬) 挽(四十四) 祭文(鄭枋珪 德林祠多士 金在珪 德林祠多士金正黙外 金在珪 侍下生金在應外 鄭圭觀 道峯寺齋長權寧燮外 大山詩會儒生金在聲外 橋洞宗中金箕現外 金在駿) 家狀(金龍鉉) 行狀(朴魯烈) 墓碣銘(幷序〇梁會甲) 遺墨

跋(魏啓道)

# 『효당집(曉堂集)』

## 1. 저자 소개

김문옥(金文鈺, 1901~1960)[38]의 자는 성옥(聖玉)이고 호는 효당(曉堂)이며 본관은 광산(光山)이다. 선조는 본래 광주에 서거하였으며, 문숙공파(文肅公派) 14세 김주정(金周鼎)을 파조로 한다. 고조는 김양언(金良彦)이고, 증조는 김응권(金應權)이며, 조부는 김두혁(金斗赫)이다. 아버지 김기추(金琪錘)는 첫째 부인 고령박씨(高靈朴氏) 사이에 자식이 없자, 현풍곽씨(玄風郭氏)와 재취(再娶)하여 합천(陜川) 용주면(龍洲面) 이사리(伊泗里)로 이사하고 나서 김문옥을 1901년 9월 9일에 낳았다.

김문옥은 어려서부터 기품이 뛰어났으며 남다른 면모가 있었다. 5세(1905)에 아버지에게 한자를 배우기 시작하였으며, 8세(1908) 이후에 『소학(小學)』 및 『자치통감(資治通鑑)』 등 경사를 두루 읽었다. 14세(1914)에 합천보통학교를 다니다가 그만두고 무산정사(武山精舍)로 율계(栗溪) 정기(鄭琦, 1879~1950)[39]를 찾아가 경학과 성리학에 몰두하였다. 15세(1915)에 친형(19세) 김태옥(金泰鈺)이 갑자기 죽자 큰 충격으로

38 박금규, 「효당(曉堂) 김문옥(金文鈺)의 생애와 시(詩)」, 『한문교육연구』 11, 1997, 참조.

39 율계 정기는 노백헌(老栢軒) 정재규(鄭載圭, 1843~1911)의 제자이며, 정재규는 노사(蘆沙) 기정진(奇正鎭)의 제자이다. 효당-율계-노백헌-노사로 이어진 학맥을 확인할 수 있다. 그는 일제강점 후인 1914년 고향 합천에 무산정사(武山精舍)를 짓고 학문에 몰두하며 후학 양성에 힘썼다.

병을 앓았는데, 동학들이 고향으로 가서 몸조리할 것을 권유하였으나 더욱더 공부에 열중하였다. 스승 율계는 『대학(大學)』을 읽도록 권유하고 함께 토론하면서 강론하였는데, 이때 스승과 문답한 것이 「대학척의(大學摭義)」이다.

20세(1920)에 그의 천재성과 노력으로 성명지학(性命之學)을 섭렵했으며, 창계서당(滄溪書堂) 훈장인 희당(希堂) 김수(金銖, 1890~1943)[40] 선생에게 나아가 문장을 배웠다. 동학들이 모두 그 문장을 보고 서로 교유하길 원하였다. 23세(1923) 봄에 한성으로 올라가 당대의 덕망 있는 분들을 만나서 고금의 인물을 비평하고 치란성쇠(治亂盛衰)를 논하니 뜻있는 선비들이 찾아왔다. 25세(1925)에 중국 학자 영봉(靈峯) 하진무(夏震武, 1854~1930)에게 편지를 보내 학문 교류를 청하였다. 27세(1927) 10월에 스승 율계 선생을 따라 전라남도 구례군(求禮郡) 토지면(土旨面)으로 이사하여 경학과 학문에 열중하였으며, 28세(1928)에 스승의 지시에 따라 덕천정(德川亭)에서 율계의 문하생들을 교육하였다. 31세(1931)에 서울 흑석동(黑石洞)에서 살던 정인보(鄭寅普, 1893~1950)를 방문하여 홍명희(洪命熹)·안재홍(安在鴻)·변영만(卞榮晩)·임해려(林海旅) 등과 교유하였다. 33세(1933)에 어머니 현풍곽씨(玄風郭氏)가 별세하였고, 일제에 저항하는 인사들과 만나 일제 항거를 도모한다는 이유로 일본 경찰에 체포되어 임실구치소(任實拘置所)와 순창구치소(淳昌拘置所)에 6개월 동안 구금되었다.

34세(1934) 1월에 감옥에서 나와 5월에 광산김씨(光山金氏) 집성촌인

40 김수는 아버지 김한장(金漢章)과 어머니 진양정씨(晉陽鄭氏) 사이에 1890년에 태어났다. 13세 때 부친의 명으로 노백헌(老柏軒) 정재규(鄭載圭)에게 수년 동안 육경(六經)을 수학하였다. 노백헌은 당시 영남지역 노론계열의 대표 학자였다. 당시 노백헌의 문하에는 많은 문인이 있었는데, 글을 짓는데 뛰어났다. 노백헌의 제자인 명호(明湖) 권운환(權雲煥)은 김수의 자질을 보고 사위로 삼았다.

지금의 전남 화순군 사평면 절산리에 있는 제각(祭閣) 영사재(永思齋)에 자리를 잡자 많은 사람이 찾아와 수학하였다. 특히 그의 문인 윤정복(尹丁鍑), 나갑주(羅鉀柱), 위계도(魏啓道), 손평기(孫坪琦), 서기종(徐祺鍾) 등 200여 명의 제자를 양성하였다. 이후 만송(晩松) 민준식(閔駿植, 1898~1951)이 서재를 만들어 능주로 거처를 옮겼다. 48세(1948)에 화순군 이양면 오류리로 거처를 옮겼는데, 여순 사건으로 사회가 혼란하게 되자 제자들을 이끌고 김제 용지면 와룡리에 거처하면서 강학하였다.

50세(1950)에 6·25전쟁이 일어나자 문하생들과 강학을 그만두었는데, 스승 율계 선생이 돌아가셨다는 부고를 듣고서 200리를 달려가 상을 치르고 심상(心喪) 3년을 지냈다. 이러한 전쟁 속에도 사람들은 어려운 일이 생기면 김문옥을 찾아와 물었으며, 항상 의리(義利)로써 해결해주었다. 그리고 이후 시국이 더욱 어지러워지자 3년여에 걸쳐 전남 장흥의 동백정(冬栢亭)에서 유숙하면서 후학을 양성하였다. 다시 보성(寶城) 부용동(芙蓉洞)으로 거처를 옮기자 배우러 오는 사람이 많았으며, 이곳에서 스승 율계 선생의 유집(遺集) 교정을 마쳤다. 1960년 3월에 고향인 화순 절산리(節山里)로 돌아왔는데, 숙환(宿患)으로 그해 5월 15일에 60세의 나이로 생을 마감하였다.

## 2. 문집 구성과 내용

『효당집(曉堂集)』은 16권 8책 목판본으로 1961년 이후 후손과 문인들에 의해 간행된 김문옥(金文鈺)의 시문집이다. 표제는 『효당집』이고 판심제는 『효당문집』이며, 문집 형태는 4주쌍변(四周雙邊) 반곽(半郭) 22.7×16cm, 유계(有界), 10행 24자 주쌍행(註雙行), 상향1엽화문어미(上向一葉花紋魚尾) 30.0×20.6cm이다. 문집에 서(序)와 발(跋)과 부록이 없어서 간행 경위와 편찬 체계를 정확하게 알 수 없지만, 가장 친했던 친구 고당(顧堂) 김규태(金奎泰, 1906~1966)가 쓴 행장(行狀)[41]을 통해서 저자의 생애를 살펴볼 수 있다. 이 문집은 1986년에 재간되었으며, 동국대학교, 전남대학교, 연세대학교, 조선대학교, 동국대학교, 전주대학교에 소장되어 있다.

1권～2에는 시(詩), 3권에는 서(書), 권4～5에는 독(牘)이 수록되어 있다. 권6에는 잡저(雜著), 권7～8에는 서(序), 권9～10에는 기(記)가 실려 있다. 권11에는 발(跋), 명(銘), 예사(禮辭), 상량문(上樑文), 축문(祝文), 제문(祭文)이 수록되어 있다. 권12에는 비명(碑銘), 권13에는 묘갈명(墓碣銘), 권14～15에는 묘표(墓表), 권16에는 서사(書事), 행장(行狀), 전(傳)이 실려 있다.

권1에는 196제의 시가 있고, 권2에는 249제의 시가 수록되어 있다. 시(詩)의 내용은 제영(題詠) 및 각처의 승경(勝景)을 유람하면서 지은 작품이 많다. 「독두시(讀杜詩)」는 깊은 밤 불행하였던 두보(杜甫)의 생애를 떠올리며 그의 시를 읽다가 느낀 감회를 적은 것이다. 김문옥은 「기고당(寄顧堂)」 시를 비롯하여 50여 편의 시를 지어 김규태(金奎泰, 1862～1925)에게 보내었는데, 서로 그리워하는 내용이 많다. 「등유달산(登儒達山)」은 목포 유달산의 절경을 읊은 것이며, 「을유칠월칠일문일본항우연합국(乙酉七月七日聞日本降于聯合國)」은 일본이 연합국에 항복하였다는 소식을 듣고 기뻐하며 지은 장편시로 저자의 일제에 대한 저항의식을 잘 담아내었다. 「제호산벽상(題湖山壁上)」은 산에서 약초를 캐고 글을 읽으며 은둔의 삶을 살고자 한 내용이다.

권3에는 서(書) 「상율계정선생(上栗溪鄭先生)」을 비롯하여 50편이 수록되어 있다. 그 내용은 벗들과 주고받은 안부편지와 시사(時事)에 대해 언급하는 것이 대부분이다. 사상적으로 주목할 것은 학문적 내용을 문답한 것이 많은데, 곽기영과 4차례의 편지를 주고받으면서 『주역』 「계

---

41 金奎泰. 『顧堂集』 권16, 「行狀」, 「효당거사김공행장(曉堂居士金公行狀)」.

사전(繫辭傳)」 형이상자위지도(形而上者謂之道)와 형이하자위지기(形而下者謂之器)의 관계, 태극동정(太極動靜)의 문제, 이기(理氣)의 관계, 심성(心性) 등의 성리학적 개념에 대한 논의가 담겨있다. 「답곽우헌별지(答郭愚軒別紙)」에서는 심(心)과 성(性)의 관계를 주자가 오봉(五峰)의 심(心)과 성(性)의 상대설을 비평하면서 제시한 심성대립부당론(心性對立不當論)을 해설하고 심통성(心統性)이라는 말을 들어 어디까지나 마음속에 성이 포함되어 있음을 주장하였다. 권4에는 독(牘) 79편 있고, 권5에는 독(牘) 107편이 수록되어 있는데, 제자들과 주고받은 것이 대부분이다.

권6에는 잡저(雜著) 「대학척의(大學摭義)」를 비롯한 27편이 수록되어 있다. 「대학척의」는 『대학』 장구(章句) 또는 소주에 이르기까지 의문이 제기될 만한 곳을 문답형식을 통해 풀이한 것으로 저자의 철학적 관점을 엿볼 수 있다. 「지감(志感)」은 일본의 폭정에 대해 반드시 하늘이 벌을 내리고 우리나라가 다시 소생한다는 내용을 표현한 것이다. 「자송(自訟)은 자신에게 소송하는 반성문이다. 「강설기박봉화(强說寄朴琫和)」는 옛 성현들이 어려움과 위험함을 무릅쓰고 유가의 도(道)를 지킨 위대한 업적들 찬양하고 있다. 「이지설(二至說)」은 "지극한 즐거움은 글 읽는 것만 한 것이 없고, 지극히 중요한 것은 자식 가르치는 것만 한 것이 없다."라고 하여 항상 실천궁행(實踐躬行) 하도록 권면하는 글이다.

권7에는 서(序) 60편이 있고, 권8에는 서(序) 56편이 수록되어 있다. 서(序)는 글의 성격에 따라 구성하였는데, 실기에 대한 서, 문집에 대한 서, 순의(殉義)·충절(忠節)에 대한 서, 시고(詩稿)에 대한 서, 족보에 대한 서, 장수를 축하하는 서, 제자들의 호를 지어주는 서 등이 실려 있다. 권9에는 기(記) 52편이 있고, 권10에는 기(記) 45편이 수록되어 있다. 기문의 종류는 정자에 대한 기문, 건물을 중건한 것에 대한 기문, 사우에 대한 기문, 서실에 대한 기문 등이 대부분이다. 권11에는 발(跋) 「계고통편발(稽古通編跋)」을 비롯한 22편이 실려 있는데, 대부분 시문집에 대한 것이다. 명(銘) 「강의재명(剛毅齋銘)」을 포함한 11편이 수록되어 있는데, 대부분 호(號)를 지어준 내용이다. 그리고 애사(哀辭) 3편, 상량문(上樑文), 축문(祝文) 4편, 제문(祭文) 17편이 수록되어 있다. 권12에는 비명(碑銘) 「고려좌복사조양군림공신도명(高麗左僕射兆陽君林公神道銘)」을 비롯한 39편, 묘지명(墓誌銘) 「신모설유인묘비명(申母偰孺人墓碑銘)」을 포함한 8편이 실려 있다. 13권에는 묘갈명(墓碣銘) 「통정대부승문원우부승지홍문관전한서청헌김공묘갈명(通政大夫承文院右副承旨弘文館典翰西淸軒金公墓碣銘)」을 비롯한 38편이 수록되어 있다. 권14에는 묘표(墓表) 「매곡배공묘표(梅谷裵公墓表)」를 포함한 52편이 실려 있고, 권15에는 묘표(墓表) 「석운최공묘표(石雲崔公墓表)」를 비롯한 35편이 수록되어 있다. 권16에는 서사(書事) 「서김모노부인사(書金母盧夫人事)를 포함한 7편, 행장(行狀) 「율계선생행장(栗溪先生行狀)」 1편, 전(傳) 「현산이공가전(玄山李公家傳)」을 비롯한 6편이 실려 있다.

### 3. 문집 목차

松光寺待光山諸友不至 贈杳峯上人 松汀書來以詩代謝 壽聞江奇丈挽夷川南丈 挽金春齋 訪石堂時奇海石吳天卿適至 游亭邀余及顧堂酌于其堂與共限韻 松汀宅同顧堂作 月川齋 光陽文星齋訪宋石癡 昇平途中別顧堂 挽趙瑞重 挽趙龜村 和松汀寄贈韻 顧堂以詩六絶來次其韻却寄 和松汀歲暮見憶之作 遊愚伏鄭先生愚山別庄 瓶泉途中 玉梁洞 遊仙遊洞 華陽洞 挽黃石田 挽林敬齋 次韻呈金丈 與光山諸友會松光寺三絶 次寄柳南江二首 挽道湖吳丈 和贈慕園子 謝松汀寄詩兼惠海苔 曺強齋惠寄一律步其韻仰呈 題白岡詩卷 寄鄭獻默 挽晦峯河丈 次野隱亭韻 松汀書招我至則堂荷堂亦已在座相與課日賦詩 雨中拈東人集中韻 小村邀余及諸友酌于釜沼 暮還松汀宅復與顧堂拈韻 更賦五古 感時 田家 遊華巖寺 方丈山 更賦近體 附顧堂贈詩 挽尹子仁 小村庄同諸友作 楊文圭以書來中有二詩次其一却寄 夜坐和黃金課作二首 寄松汀 德川諸友送余至冷泉松汀時方營湖西之寓酌話別 挽周丈題拓菴新居 小汀書來示其近作詩三首次其一却寄 得悠堂書示其別南江詩筆勢翩翩感而有作 七月七日有感 寄呈慕園子 寄威堂 寄小汀 寄晩醒 寄悠堂 留別節洞諸宗 朴君來善千里余與同嘯咏于俗離泉石間臨別贈以一律 乙酉七月七日聞日本降于聯合國 望七山海 次臨對亭韻追賀康齋鄭丈回巹宴 追次朴丈回甲韻 次吳丈見寄韻 求禮中山齋同諸友夜話 小松庄夜話 寄悠堂兼簡慕園 題子重詩卷 和毅堂寄余余新居十二韻 感時 夜坐 別諸生 寄文山 寄晩松 寄南坡 寄一松 寄絅堂 己丑元朝記夢 挽樂川李丈 和拓菴奇詩 與魏毅齋汝翊向天冠途中口號宿葛嶺朴奉化庄 冬柏亭次板上韻 富春亭次板上韻 渡汭陽江 贈樞亭主人 上金白鍾琪庄夜話 題白潛溪竹林精舍 題荷亭壁 茶山齋同諸友作 柳川齋和諸宗人 長川齋次板上韻 望天冠山 和魏忍齋 次白氏永慕齋韻 月坪會友人 別毅齋 餘慶齋贈安義山 次竹坡堂韻 己丑夏客寓長興冬柏亭蓮坡三溪晩川逐日有詩余亦有和 喜晩圃顧堂來訪 偶吟 酬任省齋 白金寅金樂軒二丈見過 遣興 和諸生課作 冬至日月淵招諸生去

謝以一絶 玉泉以詩來兼饋酒忘拙和呈 南平歸來亭同尹洪任諸友限韻與諸友遊砥石江上 遊李氏江亭臺 梅花一篇呈慕園 和寄元六悟 雪舟翁有詩敍別步其韻以呈 南平玉振堂與鄭東樵同作 次崔氏龍湖亭 次魏汝翊九十一壽母韻 夜坐憶光山諸友 虎溪別三溪晩川諸友 別蓮坡 報恩三街里途中 宿金堤蓼橋村崔鶴軒攜酒來訪 己丑秋訪松汀於杞城寓廬松汀以事往河陽不遇歸賦三絶詩纔成松汀以近體來又成一絶并寄和南秋峯天王峯上見憶之作 次金南坡東溪精舍韻謝三溪毅齋來訪 次裕齋宋丈蓼橋精舍韻 寄長川齋諸友十二韻 挽趙桐谷 寄趙安國十四韻贈金昌培 贈別宋河瑛 歲暮自金堤罷歸賦示諸生 修契福川 麗水港海拜忠愍祠 贈石堂 魏敬培攜金生鍾根鍾寅來目中相見一倍欣然為賦二絶贈之 庚寅冬與諸生約會冠山之鳳陽齋及期諸生以途梗不來夜坐有思 雪 賀朴湖山六十一生朝 歲暮畱別湖山 別強齋 壽文梅軒 光山春夜同尹鶴汀帽巖敍話 澗里友送余至舞峙臨別口號 挽金公直 筏橋詩社諸人邀余共飲 梁畱軒宅晤宋石癡鄭青下金顧堂鄭丹村朴來善諸君限韻 宿石癡城西別庄 別諸友 登申氏五林亭 徐氏老休亭次板上韻 石齋書室同 月山晩眺 五月自梨陽挈家向海上 寓筏市 金陵途中別李元哉喜金欽栽來訪 宿古邑朴禹錫庄 和直軒朴丈韻 德岡庄陪宋雪舟朴直軒二丈小酌 龍華寺雅集 畱軒莊小酌 朴禹錫庄同石癡顧堂夜話 光山旅舍逢金小汀 六悟書來有詩伴至輒次其韻 和朴松南見寄韻 光山歸路望柳川故居 裕齋翁手寫方遜志詠鳳詩贈諸生感而次其韻

卷二

詩: 扶餘懷古 灝兒挈家寓報恩有年兵戈阻隔三載不面壬辰春往視之次孫已學步矣喜述五古二篇 自釜山船向麗水風日甚佳舟中有作 過玄山故宅 釜山省老姊姊以前一日撤歸南昌故居矣悵然賦此 寄雅山 浦上春望 晩松宅賦示龍得 次農隱堂韻 德岡招余及諸生設酌 端午日攜諸生遊山寺 和諸生課作 灝兒僦屋昇平攜二兒至賦詩志喜 暮春攜諸生

至古邑朴禹錫庄畱飮 病中得石癡顧堂相顧學圃德岡亦至 水調頭歌一闋奉賀慕園壽席 和寄秋岡 秋日郊行 重陽後七日與顧堂宿古邑松村庄鳳南庄同壺石柳丈及顧堂謙山作 德川祥後與文近庵敬之至晩圃庄夜話敬之吾同門舊友別已二十年矣 挽寒溪金公 和寄文近庵莊泉賞菊韻更寄近庵一絶 題九峯山牧牛庵 賀曺敦承大人回甲 德軒庄夜話 挽周亨洛牛汀陪小波雪舟二丈夜話 過曺小川遺庄 次石湖亭韻寄鄭元弘 和寄松汀 三川酬德軒湖隱諸公 賦別 挽權萬齋 昇州詩社和諸公 玄川訪鄭月山丹村 熊川訪丁魯齋 癸巳夏四月又自筏橋移古邑村 贈曺敦承滯雨昇平石癡秋岡俱有詩見贈追而奉和 柬小南安丈 蟾津江上別吾堂重陽後十日與晩圃顧堂荷小飮于松村庄 賀德岡六一生朝 和松汀述懷挽小波宋丈 柬慕園 題湖山壁上 贈別毅齋 竹川亭 甲午春往掃先母墳於漕溪之燈掛峯小村偕之途中口呼 與小村宿閒洞趙安國庄 送具明甫歸晉陽之德山 帽巖新寓楊林邀余及呂張諸友小酌 柬德軒 挽盧松汀新居雜詠(竹園) 新居雜詠(柿陰) 新居雜詠(竹下泉) 新居雜詠(冬柏樹) 挽玉山李丈 挽裴晦岡 與晩圃顧堂滯雨松村庄拈韻排悶 酬石癡臨對亭畱與慕園悠堂諸友共話 次韓氏龜湖亭韻 訪宋斗山不遇畱題其書室 寄松儂 寄謝普亭金兼簡曺金丁諸公 和元暢圭漢城述懷之作 送閔秀才龍得歸光山 月下訪普亭 過台村庄 別高敞諸友 聞卞蓟篁長逝作詩悼之 訪松儂夜作 寄斗山 次湖隱亭韻 挽權芝村 挽晩松權公二首乙未閏三月五日發嶺行途中口號 過全州 大田哭盧松汀靈几 暮入商州善山玉冠洞拜朴松堂先生墓 善山途中望金烏山 愛日堂次板上韻 謁陶山書院 東京懷古 玉山書院 玉山溪亭 碧寒亭感舊 過滄溪書室 武山同南秋峯周澹軒沈吾堂諸公作 別我泉贈李明夫 德山途中 訪具明甫酌于流觴石 遊道巖 和月汀李丈 與心齋權求堂權諸友訪蓑菴金峽中 過仁谷書堂 大山亭唱酬楊川途中與大川李春岡趙口呼 花溪艸堂次板上韻 心齋送至德山有詩見贈輒次其韻 和寄具明甫 寄題詠花亭 乙未秋與湖山晩圃松村顧堂松儂作瀛洲之遊路出咸平洗心亭 登儒達山 碧波

津感李忠武公故事 九月四日貰舟向瀛洲 三姓穴 五賢壇 重陽日和顧堂松儂頌余生朝 舟中望漢拏山 楸子島舟泊珎島 珍島舘和人 聞一松東髮戴巾作詩賀之 柬松儂 挽裴教官 景韓歲暮賦別有草堂自有寒梅樹莫待春風花謝枝之句感贈二絶兼示社中諸君 次斗隱堂韻 訪小村不遇畱題其壁上用五美庄韻 挽李元哉 次南隱堂韻 月川齋與魯齋小話 歲暮別諸生 丙申初夏發湖西行途中口呼 全州梧木臺晩眺 羣山港觀日入登扶餘泗沘樓 赴福川文友契會和契中諸友 贈金甥東稷 挽權弦菴 松村庄與穀齋顧堂松儂小飮 帽嵓庄又與顧堂夜話 斗山辱顧弊廬臨發命韻歸寄其作感而有和 壽晩圃 斗山又用前韻寄近體二首不容無和 金生琮炘自軍營有書相訊為寄二絶謝之 南海舟中作 入龍門寺 宿錦山菩提庵 露梁謁忠烈祠 登光陽望德山安朴二友設酒肴甚盛 具明甫聞我為錦山之遊先至露梁待之以我輩後期故虛竚而歸寄二絶示意用其韻和之 夜坐有感 松儂遠來結夏談餘無事仍與課吟 和諸生課作 送宣炳翰歸報恩 賀宣南軒七十壽席 雪舟丈扶藜來訪陪話于直軒庄 忍菴文丈命駕弊廬眷不忍別敢以小詩奉贐 穀雨日同高敞鳳城諸友赴華嚴寺 蓼橋哭裕齋宋丈 潺水驛別顧堂 挽柳青江 挽梧岡文丈 突山舟中 宿金鼇山靈龜菴 夜泊將軍渡望麗水市燈晃耀水底口呼一絶 贈別松儂 辛巳夏與嶠南諸友飮于矗石樓酒酣走筆 挽金允千 和寄金昌國金海寓所 泗南幽居辭次啞聾亭韻 送李生春熙入京 正月望後同晩圃松村顧堂宿葛嶺強齋庄遊仙巖寺 福川永思齋修文友契 與高敞諸友登雞鳴山望海有作 朴友鍾勳冒雨來拈東人集中韻 挽松村 挽鄭聖圖 挽西坡宋丈 次大峯亭韻 過南山祠舊墟 子重冒暑遠來臨別書此以贈 挽金南坡 平湖曺敦承庄和輔仁契諸公韻 偕鳳城諸友自龍頭至上沙李氏楸閣 次文氏三愧亭韻 挽柳壺石 登月出山 月南李元哉庄感舊有作 宿鳩林芝村庄 講修堂會話 題曺氏叢翠亭 題崔氏三樂齋 題朴氏間竹亭 自靈巖舟向木浦 次魏平良小桂堂韻 挽安憤菴 挽趙仲器 一青書室夜話 挽蘭石權丈二首 待松儂不至 喜松儂至 寄普亭 寄澹齋兼簡敬菴 謝丹石饋藥 和寄村永鳳 挽

晦峯安公 己亥仲秋會數郡諸友于筏橋之古邑向邊山及光府一宿獨毅齋以事徑歸 長城途中口呼 晩睡堂小酌 來蘇寺次板上韻 邊山七絶 畏堂李丈辱顧弊廬命韻有詩敢爾抃和 酬松儂 題貞齋尹丈詩卷 挽鄭竹下 戊戌秋八月同四郡諸友遊赤壁江上 賀冰窩壽席 光陽小溪庄同晩圃顧堂小話 挽蓮坡梁丈 曉坐口占 題春園書室 賀徐石蓮七十一生朝 南江丈歲暮賦懷人體以余先之慚愧則深不容無和步其韻寄呈 次春園亭韻 綠楊魏楊坡庄秋燈小話 題一松屛 壽曺桐雲 挽朴允肅 己丑肇夏侯松浦丁丈玉堂之新庄 題朴君允中茶室 題孫松巖翁壽軒 寄趙元喆 題友山詩卷 挽蘆隱 題晩松庄 宿文允瑞庄 與栗村黃唱酬 寄楊汀 玉山侯重窩魏丈 題玉泉詩卷 和金敬甫見贈二絶 和金可石見寄韻 壽鄭鵝山 題草洞書舍 歲暮臨別以五古一篇示黃金尹 赴輔仁契會金生請余一宿而未能故以詩贈之 挽止岡沈丈 和寄吾堂 次瑞耘堂韻 宿上沙李小源庄 傷春鸞 將移福川感庭前冬柏花有作 冠山魏毅齋庄修輔仁契余病未能赴作此寄之

卷三

書: 上栗溪鄭先生 上柳西岡 上沈直窩 上權松山(二篇) 與李果齋 答黃石田 上夏靈峯 答梁正齋 與李玄山 答金滄溪 答郭愚軒(三篇) 別紙 答郭愚軒 答奇月淵(二篇) 答宣南軒 答李東岡 答鄭景施(二篇) 與權正夫 答金而晦 與奇孔吉 答金遠泳 答全子修 與夏貞立 答夏貞立 答趙瑞重(二篇) 答權晦卿 答金景魯 答金貞一 答文聖元 答金中立(二篇) 與金中立 答吳敬立 答金子受 答李勉承 答崔汝直 答許子文(二篇) 答許厚卿 答趙明元 與崔正淑 答張汝一 答尹子重 答金性佑 答洪鍾浩 答金淅圭

卷四

牘: 與黃石田 與丁松浦 與梁蓮坡(二篇) 答梁蓮坡(二篇) 答梁正齋

(二篇) 答具蔗山 答金止堂 答李松隱 答宋子善 答邊正巖 答宋裕齋 與金滄溪 答金在演 答孫松巖 與文忍菴 與洪楓庵 與崔芝村(二篇) 答崔芝村 與李我泉 與裵順明 與李誠齋 與朴湖山 答柳南江 答宋斗山 答奇月淵 與閔伯賢 答閔伯賢 與閔伯賢(二篇) 與金亨文 答金亨文 答曺聖哉 答李禹卿 答金夏局 答金而晦 與李源慤 與金鍾九 答南秋峯 與朴濟勝(二篇) 答文敬之 與朴奉和 答盧奇玉 答吳和善(二篇) 答安英夫 答崔德善 與權晦卿 答丁相奭 答徐福仁 答曺公三 與鄭漢烈 與金允明 與申子敬 答魏受卿 答李相悅 答申子範 與朴仲豪 答周成三 與金致溶 與沈正玉(二篇) 與李稷鉉 與金寶玉(二篇) 答金鳴孚 與曺龍承金鳳文 答秋淸汝 答金永鐸 與李勉孚 答孫宗洙 與曺泳復 答申善長 答金春章 答文正和 與朴來善 與許子健 與朴尙宇

卷五

牘: 與魏汝翊(四篇) 答魏汝翊(二篇) 與魏汝翊 答金景先 答鄭喆煥(二篇) 與金致善(三篇) 答鄭源一 答安吉守 與閔善才 與金景魯(二篇) 與金景魯鄭聖圖 答金景魯 與金景魯(二篇) 答金景魯 與金景魯(二篇) 答權輝遠 與閔源夫答閔源夫 與鄭獻默 答秋用式 與鄭聖圖 答鄭聖圖 答權致勸 與吳敬立金元善 答金海成 答金中立 與金中立(二篇) 答金中立(三篇) 與李道貞(四篇) 與金子受 與柳聖欽 與金永樑 與李宜春 答鄭乃綏(二篇) 答李元哉 與金中會 答金中會(二篇) 答全贊一 答金子益 與金舜夫(三篇) 答金舜夫 與朴悅可(二篇) 與李聖道 答金珉洙 答金鴻圭 答金奎鳳 與金商弘 答李光直 與金汝栽 答具明甫(五篇)答金敬甫 與許厚卿(二篇) 答尹子重(五篇) 答李昌憲 答羅立夫 與羅立夫 與金永燮 答金晦卿 與朴子烈 答邊時淵 答李康炫 與黃周赫 答梁子玉 答朴文哉 答金亨宇 答金汝貞(二篇) 與魏敬培(二篇) 與魏敬培曺德卿 與曺德卿 答曺德卿 與梁子松 答宋河瑩 與魏子鸞 答鄭基潤 答朴昌彦 與尹奉林 答李仕尹 答李汝茂(二篇) 答閔景文 答

白寬中 答閔鏞植 答孫景韓(二篇) 答金汝述 與金重培 與文茂中曺致章 與金絅哉 與徐祺鍾 寄灝兒(三篇) 寄濬兒

卷六

雜著: 大學摭義 志感 自訟 蓮坡說 玄潭說顧堂說 荷堂說 蓑菴說 拓軒說 近庵說 絅堂說 學平說 罶軒說 敬堂說 荷齋說 從好齋說 湖隱說 剛庵說 養晦說 念初說贈金公玉 強說寄朴琫和 二至說贈金元汝 題村秀才寄贈書帖 示汝栽 書贈朴明夫 金汝栽字說 狗相乳

卷七

序: 露堂先生實記序 竹梧堂金公實記序 晩隱實記序 顯武實記序退隱堂實記序 南圃實記序 藍湖實記序 晩山實記序 菊圃實記序 新齋崔先生文集重刊序 五峯鄭公文集重刊序四松梁公遺集序 雲樵集序 心圃集序 守靜集序 壺石集序 浩齋集序 重刊蘭溪遺稿序 蘭石村公遺稿序 尤谷稿序 蒙溪遺稿序 田隱私稿序 玉山私稿序 錦湖遺稿序 斗南遺稿序 愼默齋遺稿序 鳳南遺稿序 雙山稿序 月溪稿序 後柏堂遺稿序 癡齋稿序 石蕉遺稿序 石田遺稿序 晩悟遺稿序 澹圃遺稿序 弘庵遺稿序 五一堂遺稿序 竹山安氏世稿序 心齋文後序 杏史梁公殉義錄序 忠節錄序 竹林祠誌序 重刊光山金氏世藏實硯實錄序 弄溪實錄序 權萬齋金剛錄序 重建富春亭述詠錄序 海石詩序 丹霞詩序 小波詩序 黃洲詩稿序 遯齋詩稿序 默菴崔公詩稿序 溪隱詩稿序 止愚詩稿序 晩雲崔公詩稿序 翠庵詩稿序 潘陽詩社序 玉山題詠序 東游記序 洪伯源居廬日記序

卷八

序: 家乘序 光山金氏家乘序 慶州金氏家乘後序 金海金氏家乘序 光山金氏家乘序 晉陽鄭氏家乘序 昌寧曺氏家譜序 濟州梁氏派譜序

南平文氏派譜序 金海金氏派譜序 瑞山鄭氏派譜序 金寧金氏族譜序 光山金氏派譜序 清州韓氏派譜序 長興魏氏派譜序 秋溪秋氏世譜序 順天朴氏派譜序 栗溪先生六十一壽序 李玄山丈人六十一壽序 誠泉翁六十一壽序 金永昌大人石軒翁六十一壽序 吳壺西六十一壽序 曺玉山六十一壽序 趙省齋丈人壽卷序 無有子壽詩卷序 湖隱壽詩卷序 權萬齋壽序 朴強齋琫和壽序 趙龜郚丈人六十一生朝繪眞帖序 朴母八十壽詩帖序 權一宇壽帖序 歸厚契序 相先契序 輔仁契序 興仁契序 釋尊契序 麗澤契序 富平坊鄉約契序 忠孝壇儒契案序 廣州李氏花樹契案序 蓼橋精舍講會帖序 具明甫字序 月潭號序 湖隱號序 慕園號序 三溪號序 愚軒號序 蘭坡號序 送奇月淵序 送曺愚溪序 贈崔道悅序 贈朴來善序 贈諸生序 贈金南一序 送尹子重羅立夫二生序 送李士均序

卷九

記: 苟齋記 忠武祠重建記 醉歌亭記 東溪草堂記 木美庵賞古梅記 觀躍齋重建記 龍巖齋藏書室記 竹林精舍記 他不川記 栗里田舍記 第一川舍記 仙湖釣臺記 養晦堂記 晩松亭記 巖棲亭記 鳳愚堂記 一青書室記 月林亭記 慕巖亭記 閔氏景慕齋記 龍山祠記 慕遠齋記 桐谷書室記 梅峯書堂記 聽流亭記 石老堂記 百花園記 持慕齋記 青鶴山庄記 平川精舍記 碧湖精舍記 東江釣臺記 月川齋記 涵碧樓記 觀水亭記 晩田室記 慕橘軒記 光山金氏四世壇碑記 博山齋記 敬慕齋記 臨對亭重建記 華谷舍記 道山齋記 晩山室記 柳川齋記 茶山齋記 鶴山齋記 詩川齋記 儂山幽庄記 講修齋記 雲皐亭記 黃氏兩世返櫬記 聚斯堂保存事實記

卷十

記: 雙節堂記 鳳岡齋記 吾堂記 方山齋記 芝山齋記 南岡精舍記 養竹堂記 老休亭記 松溪齋記 黃山祠記 鼓山齋記如在齋重建記 鳳岡齋

重建記 永修齋重建記 枕湖亭移建記 龍江精舍記 龜岡齋重建記 龜岡齋記 大峯亭記 春園亭記 斐山齋記 景慕齋記 香山書室記 鳳陽齋記 後巖亭記 一松堂記 蘆山齋記 克昌堂記 九老齋記 全氏永思齋記 百源亭記 柳林亭記 承慕齋記 朴氏世德祠記 桐江亭記 鄭氏五藭亭記 李氏逸齋記 龍坡亭記 聽溪堂重建記 金氏永慕齋記 李氏瞻掃齋記 陽坡亭記 九龍潭記 喜懼齋記 追遠齋記

卷十一

跋: 稽古通編跋 派譜跋 心經集解跋 四禮儀跋 三老唱酬錄跋 松庵遺稿重刋跋 心庵遺稿跋 東溪集跋 外先祖守拙齋朴公遺稿跋 日新齋任公遺稿跋 鶴山稿跋 重軒集跋 題宋裕齋叢言後 題南秋峯詩卷後 心齋遺稿跋 書栗山安丈燕巢銘後 芝村遺稿跋 題三城齋權公手鈔喪禮備要後 梅石軒遺稿跋 龍岡曺公回巹頌禱帖跋 書朴孝褒狀後

銘: 剛毅齋銘 威堂銘 拓庵銘 悠堂銘 韋軒銘 丹石銘 鳴皐銘 裕堂銘 筆銘 蒙泉銘 不愧屋漏銘

哀辭: 金秋岡誄辭 金舜夫哀辭 金相允哀辭

上梁文: 柳川書室上梁文 茶山草堂上梁文 永思齋重建上梁文

祝文: 栗溪先生文集刋成時告由文 黃山祠奉安秋露堂洗心堂二公告由文 黃山祠奉安秋露堂洗心堂二公常享祝文 龍山祠奉安鄭向北草心堂二公祝文

祭文: 祭栗溪先生文 再祭栗溪先生文 祭西岡柳公文 祭松山權公文 祭果齋李公文 祭玄山李公文 再祭玄山李公文 祭裕齋宋丈文 祭沈直窩文 祭李東岡文 祭金滄溪文 祭安愚村文 祭吳和宣文 祭閔善才文 祭朴雲擧 祭友人文 祭亾室朴氏文

卷十二

碑銘: 高麗左僕射兆陽君林公神道碑銘 縣監劉公衣履藏銘 宣武原

從功臣訓鍊院正朴公衣履藏銘 德庵魏公衣履藏銘 高麗正議大夫監門衛上將軍羅州羅公祭壇碑 高麗門下侍郎奉議大夫集賢殿大提學錦城君濟州梁公祭壇碑 光山金氏五世祭壇碑 高麗左獻納密陽孫公祭壇碑 止隅齋神公祭壇碑 江陵劉氏歲一祭壇碑 白凡金公義蹟碑 靜齋李公殉義碑銘 石圃趙公殉義碑銘 大韓仗義殉國五烈士碑 義士南岡申公紀績碑 義士月潭林公紀績碑 二十八義士紀績碑 全州鄉校衛聖案創立紀事碑 全州崔氏寒碧堂紀事碑 資憲大夫松窩崔公事蹟碑 芝泉朴公紀事碑 烈婦贈貞夫人慶州李氏紀行碑 孝子高公紀行碑 贈貞夫人金氏紀行碑 孝婦金氏紀行碑 默隱鄭公紀行碑 寢郎鄭公紀行碑 雪軒鄭公紀行碑 孺人慶州李氏紀行碑銘 孺人青州韓氏紀行碑 贈淑夫人全州李氏紀行碑 孺人完山崔氏紀行碑銘 石湖金公紀行碑 烈婦金海金氏紀行碑銘 高麗翰林學士麗川都護府使海州吳公遺墟碑銘 竹庵丁公宅里碑 慶州崔公遺庄碑 逸隱秋公宅里碑銘 狼項山十六姓世葬阡碑

墓誌銘: 申母偰孺人墓誌銘 裴母李孺人墓誌銘 復齋魏公墓誌銘 朴竹沙墓誌銘 述齋許公墓誌銘 裴母朴孺人墓誌銘 朴妻韓孺人墓誌銘 圭沙宋公墓誌銘

卷十三

墓碣銘: 通政大夫承文院右副承旨弘文舘典翰西清軒金公墓碣銘 進士清溪吳公墓碣銘 嘉善大夫行吏曹參判知弘文舘春秋舘事兼五衛都摠府副摠管雲江金公墓碣銘 中直大夫弘文舘典翰玉谷金公墓碣銘 蘭溪朴公墓碣銘 三憂堂吳公墓碣銘 愚隱崔公墓碣銘 訓鍊院副正行長湍府使朴公墓碣銘 通政大夫僉知中樞府事蓮堂金公墓碣銘 孝子松溪金公墓碣銘 感蓮齋金公墓碣銘 雅湖陳公墓碣銘 忍谷堂柳公墓碣銘 通政大夫承政院同副承旨知製教經筵參贊官兼春秋舘記注官蘭石朴公墓碣銘 困庵郭公墓碣銘 進士南止金公墓碣銘 梅史閔公墓碣銘 學生周公墓碣銘 斗南金公墓碣銘 農巢朴公墓碣銘 通政大夫行通川郡守兼江

陵鎭管兵馬僉節制使沙上耕窆奇公墓碣銘 湛樂軒金公墓碣銘 湖隱崔公墓碣銘 默庵姜公墓碣銘 素軒崔公墓碣銘 石峴李公墓碣銘 學生李公墓碣銘 田隱崔公墓碣銘 松川柳公墓碣銘 誠泉金公墓碣銘 農隱金公墓碣銘 農窩金公墓碣銘 蔗山具公墓碣銘 龍坡金公墓碣銘 松鶴齋朴公墓碣銘 楸廬公墓碣銘 山海亭郭公墓碣銘 金舜夫墓碣銘

卷十四

墓表: 梅谷裴公墓表 訓鍊院主簿公墓表 通政大夫司僕寺正金公墓表 府使鄭公墓表 明溪崔公墓表 老峯鄭公墓表 嘉善大夫同知中樞府事金公墓表 竹泉魏公墓表 芝庵朴公墓表 宣傳官李公墓表 雲田徐公墓表 誠齋鄭公墓表 禮賓寺正櫟舍金墓表 沙村徐公墓表 崇祿大夫龜岡蔡公墓表 退山秋公墓表 學生韓公墓表 三止堂吳公墓表 望椒齋金公墓表 泣竹孫公墓表 通政大夫僉知中樞府事金公墓表 仁山余公墓表 松亭趙公墓表 松巖余公墓表 望軒余公墓表 雲庵朴公墓表 梧亭朴公墓表 學生申公墓表 藥圃孫公墓表 香坡曺公墓表 曺母高孺人墓表 武科行宣傳官錦庵孫公墓表 四棣堂朴公墓表 學生韓公墓表 都正金公墓表 極齋金公墓表 趙孺人墓表 敦寧都正蓮浦金公墓表 金孺人墓表 學生權公墓表 栗齋全公墓表 丁愼齋墓表 學生趙公墓表 敬軒郭公墓表 愚溪余公墓表 菊史鄭公墓表 淑人鄭氏墓表 林母鄭孺人墓表 自修軒鄭公墓表 聽松魏公墓表 孝子姜公墓表 拓宇周公墓表

卷十五

墓表: 石雲崔公墓表 慕堂申公墓表 孺人昌寧曺氏墓表 菊圃宋公墓表 大谷李公墓表 農隱鄭公墓表 裵母柳孺人墓表 朴母崔孺人墓表 翠軒金公墓表 安母盧孺人墓表 竹軒金公墓表 世隱朴公墓表 林道峯墓表 石軒朴公墓表 石蕉申公墓表 玉軒金公墓表 孺人靈城丁氏墓表 學生金公墓表 鳳陽許公墓表 烈婦柳氏墓表 月汀金公墓表 姜翠庵墓表

樵山金公墓表 春齋金公墓表 孺人清州韓氏墓表 洪愼庵墓表 聾軒全公墓表 儂山金公墓表 在田金公墓表 沙隱金公墓表 學生尹公墓表 夫人星山李氏墓表 晩圃金公墓表 孺人全州崔氏墓表 石汀朴公墓表 孫子準墓表 心庵梁公墓表 鏡潭李公墓表 任母文孺人墓表 石泉金公墓表 梅峯吳君墓表 竹軒吳公墓表 松村朴君墓表 耕隱金公墓表 南江孫君墓表 晉州鄭君墓表

卷十六

書事: 書金母盧夫人事 書申妻金氏事 書孝婦宋氏事 書金孝子李孝婦事 書孝婦趙氏事 書孝婦鄭氏事 書尹母金氏事

行狀: 栗溪先生行狀

傳: 玄山李公家傳 滄溪金公家傳 金司果傳 安義將傳 檜山黃孺人傳 李氏兩世三孺人家傳 韓母沈孺人傳

# 『흠재문고(欽齋文藁)』

## 1. 저자 소개

조덕승(曺悳承, 1873~1960)의 자는 백거(伯擄)이고 호는 흠재(欽齋)이며 본관은 창녕(昌寧)이다. 청간공(淸澗公) 조서(曺庶)의 후손으로, 1873년 5월 9일 고창읍(高敞邑) 내정리(內鼎里)에서 조석휴(曺錫休, 1852~1922)의 아들로 태어났다. 모친은 탐진송씨(耽津宋氏) 안기순(安基舜)의 딸이다. 조부는 동오(東塢) 조의곤(曺毅坤, 1832~1893)으로 노사(蘆沙) 기정진(奇正鎭, 1798~1879)의 문인이다.

어려서 4세 때 조부에게 글을 배우며 『천자문』을 외웠고, 10세 때부터는 언행이 어른과 같았고, 18세 때 학문과 문장이 크게 성취하여 조부가 기뻐하였다. 21세 때 조부가 세상을 떠나자 부친과 함께 비통해하며 성경(誠敬)으로 집상하였다. 동문 학우와 함께 강학하며 강규(講規) 12조목을 정하고 실천하니 따르는 사람이 매우 많았다. 23세 때 조부의 유명(遺命)에 따라 족숙 오암(梧巖) 조석일(曺錫一, 1868~1916)과 함께 송사(松沙) 기우만(奇宇萬, 1846~1916)의 문하에서 수학하였다. 25세 때는 충청도 청양 가거리(嘉莒里)에서 강학하던 면암(勉菴) 최익현(崔益鉉, 1833~1906)을 찾아가 조부의 묘갈명(墓碣銘)을 청하였으며, 1899년 기정진의 『노사집(蘆沙集)』 발간에 참여하였으며 같은 해에 조부의 『동오유고(東塢遺稿)』를 편집하기도 하였다.

최익현과 기우만이 의병을 일으켜 일제에 대항하였을 때 참여하지 못하였다. 최익현의 순국과 기우만의 상을 당하자, 향리의 문인들과 채약이동이계(採藥二同二契)를 맺어 선생의 상장(喪葬) 및 유집 간행에 힘썼다. 1909년 동향인으로 천민 출신인 의사(義士) 박도경(朴道京, 1874~1910)이 의병으로 싸우다가 대구 감옥에서 순국하자 그의 영구가 검암리를 지날 때 명정(銘旌)에 직접 '대한의사박도경지구(大漢義士朴道京之柩)'라고 쓰기도 하였다. 1910년 경술국치 이후 탄식하며 죽을 자리가 없음을 슬퍼하였다. 1918년 고종이 죽자 상복을 입고 학도들과 함께 한양을 향해 곡하였다. 그 이후로는 세상에 뜻을 두지 않고 농사를 지으며 부모 봉양에 진력하였다. 1920년 정산강당(鼎山講堂), 1922년 삼오당(三吾堂)을 중수하였다. 특히 기정진이 배향된 장성의 고산서원(高山書院)에 조부를 추배할 때 가산을 기울여 제전(祭田)을 바쳤다.

조덕승은 기정진의 「납량사의(納凉私議)」, 「외필(猥筆)」, 「이통설(理通說)」, 「정자설(定字說)」 등을 평생 독실하게 믿고 그것에 의거하여 리(理)를 중시하였다. 노사학에 의거하여 「변명기설(辯明氣說)」을 지어 고산(鼓山) 임헌회(任憲晦, 1811~1876)와 간재(艮齋) 전우(田愚, 1841~1922)의 기(氣)를 중시하는 학설을 비판하면서 당시 학계에서 논쟁되었던 명덕(明德)을 주리(主理)와 주기(主氣)를 아우르는 겸이기설(兼理氣說)을 주장하였다. 「대학기의(大學記疑)」, 「논어기의(論語記疑)」, 「맹자기의(孟子記疑)」, 「중용기의(中庸記疑)」 등은 사서(四書)에서 이해하기 어려운 부분을 성리학적으로 풀이한 것이다.

특히 그는 대곡(大谷) 김석구(金錫九, 1835~1885)의 문집을 생질이자 문인인 정홍채(鄭泓采, 1901~1982)에게 보내면서 "우리 노사선생의 상소와 책문, 「납량사의」, 「외필」, 「정자설」, 그 치평(治平)의 방책 그리고 성리학은 진실로 동방에서 처음 나온 문자이므로 대곡이 '노사선생은 상지(上智)의 자질로 전하지 않은 실마리를 얻었고 천인(天人)의 오묘함을 통하였으며 성현의 깊은 뜻에 이르렀다'는 것"을 말하였다. 이를 보면 그가 얼마나 노사학을 독신하였는지를 짐작할 수 있다. 만년에 조부가 지은 동오정(東塢亭)에서 후학들에게 유학의 정신을 일깨우는 강학에 힘쓰다가 1960년 12월 21일 월산정(月山亭)에서 세상을 떠나니 향년 88세였다.

## 2. 문집 구성과 내용

『흠재문고(欽齋文藁)』는 9권 3책 석판본으로 1969년에 간행된 조덕승(曺悳承)의 시문집이다. 문집 형태는 4주쌍변(四周雙邊) 반곽(半郭) 19.6× 13.8cm, 11행 24자 주쌍행(註雙行)으로, 상하향(上下向) 이엽화문어미(二葉花紋魚尾)에 크기는 26.4×18.5cm이다. 권두에는 정홍채(鄭泓采)가 1970년에 쓴 서문, 권말에 김정회(金正會)와 홍석희(洪錫熹)가 1969년에 쓴 발문이 있다. 이 문집은 국립중앙도서관, 한국학중앙연구원, 경기대학교, 전주대학교, 조선대학교, 전북대학교에 소장되어 있다.

권1은 부(賦) 1편, 시 152제 247수가 수록되어 있다. 부는 성인의 도가 행해지지 않기에 걱정하는 마음을 수양론의 입장에서 기술한 것이다. 시는 자연 및 계절, 고창을 비롯한 인근 지역 학인들의 방문에 의한 감흥 및 교류, 일상생활에 대한 소재 등을 읊은 시, 누정 및 사찰을 여행하다가 지은 차운시 등이 있다. 이러한 시 가운데 고창에서 가까운 장성출신 도봉(道峰) 공학원(孔學源, 1869~1939)이 과거 공부를 그만두고 도학에 전념하면서 서림정사(書林精舍)에서 강학하고 있었는데 1938년 이곳을 찾아 담소를 나누며 지은 시가 있고, 또 영광출신 동학 육봉(六峰) 이종택(李鍾宅, 1885~1962)이 자연에 은거하여 강학하던 온천정사(溫泉精舍)를 방문하여 희롱하며 정사의 주변 경치를 10수로 읊은 시도 있다. 벗 또는 타지역의 학인이 세상을 떠나자 애도하는 만시도 있으니, 심재(心齋) 조긍섭(曺兢燮, 1873~1933)이 1933년에 세상을 떠나자 애도의 글을 지었는 바, 타지역 학인 가운데 가장 대표적 학인이라 할 수 있다.

권2와 권3은 서(書) 84편이 수록되어 있다. 당시 노사학파의 학인, 그리고 제자들과 시사 및 성리학, 경학, 심성수양, 학문 면려 등을 담론하였다. 노사학파로서 동문수학한 니산(尼山) 변종혁(卞鍾爀, 1873~1947), 숙재(肅齋) 정휴직(鄭休直, 1875~?), 종산(鍾山) 이동구(李東九, 1881~?), 정재(正齋) 양회갑(梁會甲, 1884~1961), 그리고 제자 정홍채와 김정회 등과 다양한 주제로 담론을 펼쳤다. 기정진의 학문을 사숙한 수산(壽山) 오병수(吳秉壽, 1883~1961)와는 성리학 및 역학 등을 담론하기도 하였다.

권4는 잡저 15편이 수록되어 있다. 잡저의 「변명기설(辨明氣說)」은 이기설(理氣說)을 개진한 것으로, 일원론적 주기론(主氣論)을 주장한 임헌회의 제자들을 공박하며 이기이원론(理氣二元論)을 고수하고 있다. 또한, 전우가 명덕(明德)의 명(明)은 마음의 기질지폐(氣質之蔽)를 밝히는 것이라고 주장한 것에 대해 명덕의 허령불매(虛靈不昧)가 그 자체로 밝은 중리(衆理)를 갖추었다고 논변하였다. 더욱이 기(氣)란 요수궁통(夭壽窮通)을 논한 것일 뿐이므로, 덕의 뜻도 이(理)로 말해야지 기로 말할 수 없다고 하였다. 「논어기의(論語記疑)」, 「중용기의(中庸記疑)」, 「대학기의(大學記疑)」, 「맹자기의(孟子記疑)」 등은 사서(四書)에 대한 경학적 해석이다. 「우암선생의문의대(尤庵先生疑問擬對)」는 송시열(宋時烈)의 『우암집』 중 '부동심(不動心)', '호연지기(浩然之氣)', 그리고 '양기(養氣)' 등에 대한 설에 의문을 제기하고 설명한 글이다. 「강규(講規)」는 의관쇄소(衣冠灑掃)와 동학예절(同學禮節)을 비롯한 13가지 학칙을 기록한 글이다.

권5는 서(序) 12편, 기(記) 25편, 발(跋) 6편이 수록되어 있다. 서문은 강회(講會) 규약에 대한 서문을 비롯하여 문집, 족보 및 파고, 누정에 대한 글이다. 「망암유집서(望菴遺集序)」는 망암(望菴) 변이중(邊以中, 1546~1611)의 문집에 대한 것인데 그의 행의를 언급하면서 임진왜란 때 화차(火車)를 만들어 행주대첩에 크게 기여한 점도 기록하고 있다. 기문은 향교 명륜당에서 학문을 일으킨 실기, 누정 및 서재, 당호, 정사, 중건기에 대한 글이고, 발문은 문집과 행록에 대해 기록한 것이다.

권6는 명(銘) 4편, 찬(贊) 1편, 사(辭) 5편, 상량문 1편, 축문 11편이 수록되어 있다. 명은 마음 수양, 상산김씨(商山金氏) 가보로 내려온 벼루에 대한 글, 아들 훈계를 위해 지은 것과 제자 김훈석(金勳錫, 1884~1954)의 병풍 글이다. 「어사필찬(御賜筆贊)」은 선조 임금이 하사한 어사필에 대한 글이고, 사는 문인들의 자(字)에 대한 글이며, 상량문은 월산(月山)에 새로 지은 침실 건물에 관한 내용이다.

권7은 제문 14편, 비(碑) 3편, 묘갈명 9편이 수록되어 있다. 제문은 주로 선배 학인 및 동학들에 관한 것이고, 비문과 묘갈명은 향촌에서 크게 활약한 인물들의 행의를 기록한 것이다.

권8은 묘지명 1편, 묘표 14편, 행장 3편, 전(傳) 5편이 수록되어 있다. 묘지명은 의병장으로 활약한 지은(智隱) 최전구(崔銓九, 1850~1938)에 관한 것이고, 묘표와 행장은 선조 및 향촌의 주요 인물의 삶과 행의를 기록한 것이다. 전은 향촌의 효자와 열부의 행적을 기록한 것이다.

권9 부록은 가장, 행장, 묘갈명 등이다. 이 글들은 조덕승의 삶과 행적을 전체적으로 기술한 것인데 가장은 아들 조병후(曺秉厚, 1921~?), 행장은 족숙 조석일(曺錫日, 1886~1969), 묘갈명은 문인 정홍채(鄭泓采)가 지었다.

## 3. 문집 목차

### 欽齋文藁序(鄭泓采)

卷一

賦: 憂心賦

詩: 鄭東皐(休哲)見訪 寶釰 偶題二絕 述懷 耘田有感 無意 芙蓉 臘雪 治圃 同方巖夜坐分韻得通字 讀大學 寄林定一歸故山 涓滴 偶題

獨坐 蘭 燈 蓮沼淸風 濫于川 古戰場行(丁酉赴京時) 北邙行 讀奇服齋文集有感 庚子九日玉洞見菊 題江景影泡臺 北歸偶題 高友濯巖子見訪 東皐見訪夜久未眠 寄玉坡 看山有感 有懷 與李瑩重冬夜續題(二首) 李友月皐見訪 瑩重再顧 柳商叔示雙壺亭次韻賡和屬意 呼邪歌題涵月亭(月皐趙公所築) 同金友伯應(在鍾)族姪仁夫(秉宜)登頭流山作二絕 辛丑歲暮諸益解去獨有槩汝在傍竟日相對無所與語乃使拈讀旣自警且呈同志蘄相和 酬李允明(鍾德)見訪歸途惠詩韻 獨吟 書懷(二首) 至後 回伯應春日雜詠(三首) 偶題 山中雜詩 同伯應夜詠 林友景雨(丙周)以其大人壽席韻求和 擬送東征壯士 詠怪石 冬至書懷 甲辰人日次何北山迷途韻 續感偶(二十四首) 八松京科圃隱像有感 歷滿月臺謹次栗谷先生韻 次李君德潤 梧川鄭丈(仁哲)勉我以詩其意深遠咏歎之餘要露衷慵聲病不須恤 過淸溪懷鶴亭居士(林正洙) 戲次溫泉精舍十詠(溫泉飮瓢 方塘觀魚 盤松聽琴 菊峯賞秋 砥柱臨流 莎蘿振衣 雙溪濯足 筆峯生花 盤石醉月 飛龍吐雲) 和道統祠諸彦聯唱 示烈讀書(壬戌) 恒齋金君(純默)遊金剛偈釋王寺見太祖手植松庚成枯死感而作詩歸而示余其意慟切讀之不覺悲淚沾臆自忘其巴俚而賡之(二首○乙丑) 呈徐明府(丙周)行幰(丙寅) 題筆巖書院 次咸豐李氏慕堂韻(丁卯) 讀納涼議續題(二首) 呈金希齋(峻黙)經幌(二首) 白巖寺雙溪樓移建次板上韻 挽崔雲齋(永祚) 敬次蓮溪亭韻(谷城) 挽成瑞日(夏東○戊辰) 李君冕雨曩以其大人回甲壽筵詩求和縱無求不容無贊其善禱況有諸巴里恐滓大音次且久之衷情攸發有不恤其他云 挽靑皐李丈(承鶴) 白巖寺靈泉窟(庚午) 藥師菴 雲門菴 過淸流洞 枕屛十詠(渭川垂釣 鴟夷泛舟 商山圍棋 桐江披裘 南陽躬耕 東籬採菊 華陽隱居 西塞簑笠 濂溪風月 武夷泉石) 謹次金丈(希澤)野隱堂韻(辛未) 次羅友惺菴子(相一)回甲韻 次成友(卿修)晩翠堂韻 奉和金恒齋滄浪臺韻 蘆川金丈(在聲)幽居有詩忘陋賡和 東岡五詠(古杏 雙檜 孤栢 澗梅 巖松) 挽後可吳丈(二首) 挽金梧溪(應黙○四首○壬申) 挽鰲叟邉丈(景淵○五

首) 呈宋上舍(泰會)壽筵 挽耕山居士(金相轍) 登永川朝陽閣次圃隱先生韻 至玉山溪亭次晦齋先生詩 挽閔正言稽樵先生(致亮〇五首) 與希齋子宿古內藏(癸酉) 八圓寂答石岡山人厭世詩 眞三山中訪永七不過 雲巖舟中 平沙途中 贈寶林山人 次寄友(貞度)梅史詞伯 挽惺石奇友(春度〇四首) 謹次李丈(承元)白隱堂韻 和竹下 挽曺深齋(兢燮) 謹次晩睡堂韻 挽柏軒姜友(泰永) 甲戌夏初同醒齋問春壽山諸勝登長沙山至長沙亭書懷(嘗聞先祖考未成童時徃候金氏姑母因讀書于此亭云) 次吳極卿夜歸齋韻 挽金問春齋(湝容〇乙亥) 次宋上舍寄送詩四絕 挽金恒齋(丙子) 挽鄭東溪(益三〇二首) 步韻答春岡詞宗(李秉久〇二首) 次崔小峯(圭華)晬宴韻 長安寺洞口(丁丑) 希齋題明鏡臺石面曰嗟此金剛石胡爲舊樣無頑無自爾力何以排金夫余且續題 歇惺樓次勉菴先生韻 至摩訶衍送希齋善夫上毗盧峰以詩寄意 追弔麻衣太子 海金剛舟中 叢石亭口呼 余以天王擬毗盧朴淵擬九龍而萬物相無宿觀可擬善夫獨行歷覽 挽奇雲巖(淑度) 次柳溪巖(重基)壽筵韻 哭沈晩村(宜恒) 奉和孔道峰(學源)書林精舍韻(戊寅) 挽李復齋(鍾澤〇四首) 次奇友(宇采)耕雲亭韻 次碧湖亭韻 寄題鰲谷草堂(劉鵬錫) 謹次三湖亭韻(乙卯) 畊雲莊 謹次竹林精舍原韻(梁會甲先親) 挽孔道峯(四首) 追次晦泉精舍韻 答卞尼山(鍾赫) 挽金嶺松(在洪〇四首) 挽羅惺菴(三首) 次吳誠一(用根)仙溪精舍韻(辛巳) 挽李六峯(鍾宅) 次相好亭韻(壬午) 與柳友公七(炳斗)族姪仁夫登瑞石山至證心寺宿點一絕詩(癸未) 翌日躋天皇峰又點一絕 至赤壁次農巖先生韻 題金處士(漢鳴)松石亭 與族叔(錫匀)金希齋丁南七(永斗)丁士中(大秀)登海佛菴至蓮實峰口呼(甲申) 挽姜承宣(大混〇乙酉〇三首) 挽奇芝峯(準度) 挽金小晦(昌吉〇丙戌〇三首) 贈邊敬中(時淵) 月潭李君(康烈)沓雪遠顧數日晤語臨別寄意(丁亥〇二首) 挽李水村(璘寧) 寄金希齋 挽蔡後松(晃黙)

卷二

書: 答鄭梧川(仁哲○甲辰) 答鄭梧川(乙巳) 與鄭梧川 答李聖甫(東九○甲辰) 答李聖甫 答李聖甫(丙午) 答鄭淑卿(休直) 答曺觀察(始永○辛亥) 答朴子善(熙元○甲辰) 上鄭艾山(庚戌) 答趙明府(甲植○己酉) 答徐子明(愚植○乙巳) 答徐子明 答李允明(鍾悳○癸酉) 與金德文(純黙○丁酉) 與金德文(己巳) 答曺一賢(元承○辛酉) 答曺一賢(癸亥) 答尹判書(用求○庚申) 與族孫褧汝(章煥○庚子) 與褧汝(辛丑) 答褧汝 答劉子善(載淵○戊戌) 答鄭元明(休哲○庚子) 答林定一(基萬○庚子) 答林定一 答奇子仁(山度○丁酉) 答尹炳厚 答曺景行(秉夏○癸亥) 答曺景行(庚午) 答曺景行(癸酉) 答金卿載(相轍○戊辰) 與金卿載(己巳) 答金偁德(峻黙○己巳) 答梁元淑(會甲○己巳) 與梁元淑(庚午) 答李亨重(鍾宅○己巳) 答李亨重(庚午) 答李亨重(戊寅) 答權君五(載奎○庚午) 答權君五(壬午) 與權君五 答權君五 答吳極卿(秉壽○辛未) 答吳極卿(辛未) 答吳極卿 答吳極卿(丁丑) 答丁鳳泰河泰(辛未) 與鄭甥泓釆 答鄭甥泓釆(癸酉) 答李進士(泰會○庚午) 答李進士(癸酉) 答高允擧(在鵬○壬申) 與李奎三(文永○癸酉) 答曺龍承(乙亥)

卷三

書: 答奇公吉(老善○丁丑) 答蔡元景(晃黙○戊寅) 答蔡元景(乙卯) 答卞晦叔(鍾赫○己卯) 答卞晦叔(庚辰) 答李肅卿(孔雨○己卯) 答邊春卿(東燁○庚辰) 答李鍾潾黃逑淵睦榮成(丙子) 與姜巨山(天秀○癸酉) 答金醒齋(秀益○甲戌) 與金壻在哲(乙亥) 與金壻在哲(丙子) 答奇平夫(宇釆) 答李允中(康元○丙子) 答李美中(康烈○己卯) 金晩悔(榮九○庚辰) 答曺致助(之煥○癸酉) 答曺基宣(甲戌) 與金參奉(民濟○辛巳) 答金中立(珵會○壬午) 答族弟龍承(癸未) 答丁士中(大秀○癸未) 答白又天(定基○癸未) 答曺威三(秉儀○癸未) 答李順

翼(起淵○戊子) 答朴景愚(東贊○戊子) 答韓泰勳(甲午) 寄厚兒 答蔡奎泰(甲午)

卷四

雜著: 論語記疑 中庸記疑 大學記疑 孟子記疑 問答 造基教丹朱辨 順卿字說 書贈李美中(康烈) 執中論 示瓚箕麒三秀 辨明氣說 講規 贈林秀才兄弟(甲子) 書贈卞徐二君(戊辰) 尤菴先生疑問擬對

卷五

序: 講會約序 送李聖甫歸鍾山序 望菴遺集序 曺氏文獻編序 景慕契序 海州金氏族譜序 淸溪世稿序 石蓮遺稿序 六峯遺集序 竹山安氏族譜序 枕流亭實紀序 江陵劉氏派譜序

記: 檀广記 明倫堂興學事實記 友石齋記 白痴軒記 温泉精舍記 農窩重建記 尼山齋記 聾山記 希齋記 恒齋記 耕山記 後齋記 三吾堂重建記 烈婦柳氏旌閭重修記 歲寒齋記 愚山記 强齋記 雲谷精舍記 南岡精舍記 金氏三綱旌閭記 盤谷記 風詠亭記 稷山趙氏忠孝旌閭重建記 愚軒記 鼎山講堂重建記

跋: 吳稻菴先生文集跋 題烈婦尹氏孝子鄭公遺蹟後 聽軒遺稿跋 題溪西柳公行錄後 題晚愚堂

卷六

銘: 寒泉石盤銘 商山金氏家藏寶硯銘 烈厚容三子簡桶銘 金勳錫德賢四勿屛銘

贊: 御賜筆贊

辭: 姜敬直(大永)字辭 李德潤(秉薰)字辭 曺光修(錫日)字辭 金敬振(珵會)字辭 金周潤(鳳文)字辭

上樑文: 月山新建寢室上樑文

祝文: 禱雨社稷祝文(代作) 禱雨半登山祝文 東塢亭重修土地祝文 高山書院配享時家廟祝文 高山書院配享時告諸位文 高山書院配位位牌改題時元位告由文 配位告由文 三吾堂重建土地祝文 錦谷阡建碑祝文 月山莊新建開基祝文 蘆沙先生祠板不祧改題時儒林致奠祝文

卷七

祭文: 祭魯暘谷(炯塾)文 祭勉菴先生文 祭鄭樂彦(時海)文 祭普山奇公(宇承)文 祭族大父温齋居士文(己酉) 祭鄭東皐(休哲)文(丙辰) 祭松沙先生文 祭族叔梧巖處士文(丁巳) 祭張承旨(泰秀)文(庚戌) 祭奇湖上(洛度)文(庚午) 祭金晦泉(在鍾)文(戊寅) 祭醒齋金公(秀益)文(己卯) 祭李愼菴(孔雨)文(庚辰) 祭權松山(載奎)文

碑: 贈通訓大夫司僕寺正月菴鄭公履藏碑 慕巖祠紀蹟碑 陽齋處士朴公遺墟碑

墓碣銘: 通政大夫鄭公墓碣銘(幷序) 嘉善大夫戶曹參判金公墓碣銘(幷序) 歧山李公墓碣銘(幷序) 宣畧將軍直洞萬戶朴公墓碣銘(幷序) 嘉善大夫同義禁府事金公墓碣銘(幷序) 成均博士李公墓碣銘(幷序) 嘉善大夫同知敦寧府事行吏曹參議李公墓碣銘(幷序) 通政大夫行通川郡守奇公墓碣銘(幷序) 溪隱處士金公墓碣銘(幷序)

卷八

墓誌銘: 懿陵參奉崔公墓碣銘

墓表: 晩悔齋金公墓表 通訓大夫行馬節制使鄭公墓表 碧流亭曺公墓表 恭人安東金氏墓表 愼齋徐公墓表 錦谷阡表 曾祖考府君墓表 栗圃徐公墓表 梧巖處士曺公墓表 尼山下處士墓表 十二代祖考參奉公墓表 晦泉金君墓表 竹潭姜公墓表 碧松君士曹公墓表

行狀: 壬辰義士曺公行狀 從仕郎曺公行狀 醒齋金公行狀

傳: 烈婦高氏傳 曺孝子傳 烈婦朴氏傳 興陽縣徐氏十四孝子傳 烈

婦吳氏傳

卷九

附錄: 家狀(曺秉厚) 行狀(曺錫日) 墓碣銘(鄭泓采)

跋: 欽齋文藁(金正會 洪錫熹)

# 『희암유고(希庵遺稿)』

## 1. 저자 소개

양재경(梁在慶, 1859~1918)의 자는 여정(汝正)이고 호는 희암(希庵)이며 본관은 제주(濟州)이다. 시조는 탐라 개국설화에 등장하는 삼신인(三神人)의 한 사람인 양을나(梁乙那)이며, 중시조는 신라에서 한림학사(翰林學士)를 지낸 양순(梁洵)이다. 조선 중종 때 정암(靜庵) 조광조(趙光祖, 1482~1519)와 함께 도학의 정신을 이었던 학포(學圃) 양팽손(梁彭孫, 1480~1545)의 13대손이다. 고조는 양윤박(梁潤泊)이고, 증조는 양재영(梁再永)이며, 조부는 양귀모(梁龜模)이다. 아버지는 송포(松圃) 양준묵(梁俊默)이며, 어머니는 하동정씨(河東鄭氏) 정승렬(鄭承烈)의 딸이다.

양재경은 1859년 12월 5일 능주 쌍봉리에서 태어났다. 11세(1869)에 『효경(孝經)』과 『격몽요결(擊蒙要訣)』을 읽었으며, 15세(1873)에 『대학(大學)』을 읽었다. 18세(1876)에 병자수호조약(丙子修好條約)이 체결되자 분통을 이기지 못해 음식을 끊었으며, 면암(勉庵) 최익현(崔益鉉, 1833~1906)이 반대하는 상소를 올렸다는 소식을 듣고 "우리나라에 인재가 없다는 조롱은 면하게 되었구나."라는 부(賦) 한 절을 지어 자신의 심정을 읊었다. 22세(1880)에 노사(蘆沙) 기정진(奇正鎭, 1798~1879) 선생을 만나려고 광주까지 갔으나 돌아가셨다는 소식을 듣고 그 비통한 심정을 시(詩)로 남겼다. 그리고 이때 『예기(禮記)』와 『춘추(春秋)』을 읽었으며, 아버지의 명을 따라 과거 공부를 했으나, '완물상지(玩物喪志)'를 깨닫고서 과거 공부를 포기하였다. 23세(1881)에 『심경(心經)』과 『근사록(近思

錄)』을 읽었다.

24세(1882)에 임오군란(壬午軍亂)이 일어났다는 소식을 듣고 관련 기사(記事) 한 편을 지었으며, 26세(1884)에 갑신정변(甲申政變)에 대한 소식을 듣고 또 기사를 서술하였다. 29세(1887)에 날마다 일신재(日新齋) 정의림(鄭義林, 1845~1910)과 경의(經義)를 끊임없이 토론하였다. 32세(1890) 3월에 송사(松沙) 기우만(奇宇萬, 1846~1916) 선생을 뵙고, 4월에 경기지역에 가서 중암(重庵) 김평묵(金平默, 1819~1891)과 면암(勉庵) 최익현(崔益鉉, 1833~1906) 등의 여러 선생을 뵈었다. 33세(1891)에 세상 사람들이 문사(文詞)를 숭상하고 근본(根本)을 버리는 것을 안타까워하면서 「독서명(讀書銘)」을 지어 경계하였다. 34세(1892)에 자신을 돌이켜 보고 경계하는 「자경명(自警銘)」을 지었다. 또 그해 2월에 『정암집(靜庵集)』 중간에 참여하기 위해 삼지재(三芝齋)로 갔으며, 6월에 아버지가 돌아가셨고, 7월에 송사 기우만에게 아버지 「송포묘갈명(松圃墓碣銘)」을 받았다.

36세(1894)에 동학운동이 일어나자 「갑오벽사문(甲午闢邪文)」을 저술하여 동지들에게 보였다. 37세(1895)에 어머니가 돌아가셨고, 을미사변(乙未事變) 때 송사(松沙) 기우만(奇宇萬)이 장성(長城)에서 창의하였는데, 자신은 상중(喪中)이라 큰아들 양회인(梁會寅)을 보내었다. 38세(1896) 3월에 면암 최익현에게 아버지의 묘표와 어머니의 묘지를 청했으며, 7월에 노백헌(老柏軒) 정재규(鄭載圭, 1843~1911)와 최익현의 아들 운재(雲齋) 최영조(崔永祚, 1859~1927)가 방문하여 여러 날 강론하였다. 39세(1897)에 연재(淵齋) 송병선(宋秉璿, 1836~1905) 선생에게 「학포선조신도비명(學圃先祖神道碑銘)」을 부탁하였다. 41세(1899)에 월파(月波) 정시림(鄭時林, 1839~1912)이 찾아와 『육화집(六化集)』 교정을 청했는데, 여러 달에 걸려 마쳤다. 44세(1902)에 연재 송병선과 심석(心石) 송병순(宋秉珣, 1839~1912)을 찾아뵙고 산청의 신안정사(新安精舍)에 이르러

『노사집(蘆沙集)』 간행에 참여하였다. 이해 6월에 최익현, 정재규(鄭載圭, 1843~1911), 최숙민(崔淑民, 1837~1905), 조승기(趙承基, 1836~1912) 등과 화엄사(華嚴寺)와 쌍계사(雙溪寺)를 유람하였다.

46세(1904)에 겨울에 「우기(偶記)」를 저술하여 『노사집』 간행을 정당화했다. 47세(1905)에 화순 쌍봉리 마을 뒤편에 한후정(寒後亭)을 세우고 여러 경전을 모아놓고 후학을 양성하였다. 을사늑약(乙巳勒約)이 이루어졌다는 소식을 듣고 「을사서고동지문(乙巳誓告同志文)」을 저술하여 동지들에게 보였다. 48세(1906)에 연재 송병선과 면암 최익현의 부고를 듣고 통곡하였다. 51세(1909) 겨울에 최익현에게서 받은 글을 바탕으로 서원동(書院洞)에 「정암조선생서원유지추모비(靜庵趙先生書院遺址追慕碑)」를 세웠고, 다음 해(1910) 학포당(學圃堂)에 「학포양선생학포당유지추모비(學圃梁先生學圃堂遺址追慕碑)」를 세웠으며, 죽수서원(竹樹書院)에 「정암조선생학포양선생죽수서원유지추모비(靜庵趙先生學圃梁先生竹樹書院遺址追慕碑)」를 세웠다. 53세(1911)에 「정심명(正心銘)」을 지었고, 54세(1912) 삼지재(三芝齋)에서 족보를 개수하고, 56세(1914)에 학습헌(學習軒)을 세우고 「좌우명(座右銘)」을 지었으며, 그해 겨울에 『학포집(學圃集)』을 영모재(永慕齋)에서 간행하고 이어서 「양씨보장(梁氏寶藏)」을 간행하였다. 1918년 11월 27일 60세의 나이로 송포당(松圃堂)에서 운명하였다.

## 2. 문집 구성과 내용

『희암유고(希庵遺稿)』는 13권 3책 석인본으로 1955년에 간행된 양재경(梁在慶)의 시문집이다. 문집 형태는 4주쌍변(四周雙邊) 반곽(半郭) 22.8×16.9cm, 유계(有界), 11행 28자 주쌍행(註雙行), 하향2엽화문어미(下向二葉花紋魚尾) 29.3×20.2cm이다. 권두에는 오준선(吳駿善)이 1926년에 쓴 서문, 권말에는 양회갑(梁會甲)이 1926년에 쓴 발문이 실려 있다. 이 문집은 국립중앙도서관, 계명대학교, 고려대학교, 전남대학교, 충남대학교에 소장되어 있다.

권1에는 부(賦) 「진길료부(秦吉了賦)」를 비롯한 7편과 시(詩) 「우성(偶成)」을 포함한 54제가 수록되어 있다. 「진길료부」는 당시 사람들이 부끄러움이 없음을 탄식한 것이다. 시는 차운시(次韻詩), 만시(挽詩), 축수시(祝壽詩), 영물시(詠物詩) 등 다양하게 수록되어 있다. 「한후정원운(寒後亭原韻)」은 『논어』의 "날씨가 추워진 연후에 송백이 늦게 시듦을 알 수 있다."라는 구절을 인용하여 읊은 것이다. 「한후정팔경원운(寒後亭八景原韻)」에는 「월산낙하(月山落霞)」, 「일봉반조(日峰返照)」, 「벽오명월(碧梧明月)」, 「총국한로(叢菊寒露)」, 「태계동백(苔階冬栢)」, 「석당추연(石塘秋蓮)」, 「십죽멱천(十竹覓泉)」, 「이송언개(二松偃盖)」가 있다. 「쌍봉십곡운(雙鳳十曲韻)」에는 「쌍봉사(雙峯寺)」, 「한풍정(寒風亭)」, 「금풍정(琴風汀)」, 「무이정(武夷亭)」, 「장자폭(長滋瀑)」, 「주정천(周程川)」, 「한후계(寒後溪)」, 「조양대(照陽臺)」, 「삭은애(削銀涯)」, 「제공정(齊拱汀)」, 「감애암(感哀巖)」, 「모애천(慕愛川)」이 있다. 「봉심제현원사부일절시이신경모지성(奉審諸賢院祠賦一絶詩以伸景慕之誠)」은 여러 현인의 서원과 사우를 살펴 우러러 공경하는 정성을 시로써 읊은 것이다. 「독율곡전서(讀栗谷全書)」와 「모천강당독우암선생수명유허비(茅川講堂讀尤庵先生受命遺墟碑)」는 우리나라에 주자학이 이어져 후인들이 공경하고 흠모함을 읊은 것이다. 「이기영(理氣詠)」은 이기의 관계를 불리부잡(不離不雜), 리주기복(理主氣僕), 리일분수(理一分殊)로 설명한 것이다.

권2에는 소(疏) 「의진시폐소(擬陳時弊疏)」와 「청소환최찬정의소(請召還崔贊政擬疏)」 2편이 수록되어 있다. 「의진시폐소」는 당시의 폐단을 10조목으로 진술하여 올린 상소문이다. 「청소환최찬정의소」는 나라와 백성을 위해 의병을 일으켰는데, 밀고로 체포된 면암 최익현을 소환하여 그의 충정에 상을 내리고 절개와 의리를 격려해야 한다는 내용의 상소문이다.

권3~5에는 서(書) 「상금상공(上金相公)」을 비롯한 138편이 수록되어 있다. 권3의 서(書) 51편은 김병덕(金炳德), 신응조(申應朝), 송근수(宋近洙), 정범조(鄭範朝), 조종필(趙鍾弼), 오달선(吳達善), 윤자덕(尹滋悳), 심순택(沈舜澤), 김철근(金哲根), 이달창(李達昌) 등에게 보낸 것으로 상대방의 안부, 시국의 내용 등을 언급하고 있다. 권4의 서(書) 77편은 송병선(宋秉璿), 김평묵(金平默), 최익현(崔益鉉), 양상형(梁相衡), 송병순(宋秉珣) 등의 당대 지식인들과 교유한 것으로 호남의 의병 활동을 점검할 수 있는 내용이 있다. 그리고 정시림(鄭時林), 정재규(鄭載圭), 기우만(奇宇萬), 정의림(鄭義林), 오준선(吳駿善), 고광선(高光善), 기재(奇宰) 등 노사학파 문인들과 안부 및 학문적 교류를 한 내용이 수록되어 있다. 권5에는 선대의 문집 중간과 신도비 중수에 관하여 종중에 보낸 「통유종중서(通諭宗中書)」 8편을 비롯한 10편이 수록되어 있다.

권6은 잡저(雜著) 「군자소인설(君子小人說)」을 포함한 15편이 실려 있다. 「군자소인설」에서는 "예로부터 군자는 적고 소인은 많은데, 천하 국가가 망하는 것은 여기에 말미암지 않음이 없다. 군자가 드문 이유는 군자를 소인으로 여겨 군자를 물리쳐서가 아니라, 소인을 군자로 여겨 소인을 믿기 때문이다."라고 하여 군자가 적고 소인이 많은 이유를 설명하였다. 「위학설(爲學說)」은 당시 학문의 폐해를 지적하고 위기(爲己)의 학을 강조한 것이다. 「독사서차의(讀四書箚疑)」는 『대학』, 『중용』, 『논어』, 『맹자』를 읽고 의심나는 핵심적인 내용을 수록한 것으로 저자의 경전 이해를 확인할 수 있다. 「가훈(家訓)」은 근례(謹禮), 효우(孝友), 근검(勤儉), 존선(尊先), 독서칙행(讀書飭行), 엄가정(嚴家庭) 6조목으로 되어 있다. 「재거기사(齋居記思)」에서는 세유(世儒)들이 심(心)과 성(性)을 두 가지로 구분하는 것에 대해, 심과 성은 하나이면서 둘이고 둘이면서 하나라는 관점에서 말하고 있다. 「만록(漫錄)」은 태극(太極)과 음양(陰

陽), 이(理)와 기(氣), 도(道)와 기(器), 율곡의 이통기국(理通氣局)에 대해 논의한 것이다. 「우기(偶記)」에서는 이 당시 영남의 노론 권봉희(權鳳熙)와 최동민(崔東敏)이 편벽된 견해로 노사 기정진 선생의 「외필(猥筆)」을 비방한다는 말을 듣고서 "율곡 선생이 기자이(機自爾)를 말한 것은 유행의 측면에서 설명한 것이고, 노사 기정진 선생이 이주기복(理主氣僕)을 말한 것은 본원의 측면에서 말한 것이다. 두 가지 설은 서로 필수적 관계이고 서로 방해가 되지 않는데 이것으로써 율곡을 공격하고 배척한다고 하면 어찌 무망(誣妄)함이 아니겠는가? 중암 김평묵이 말한 '율곡을 존중한 사람은 노사 선생만 한 사람이 없다'라는 것은 진실로 명언(名言)이다."라고 하였다. 「갑오벽사문(甲午闢邪文)」에서는 동학을 지극히 비루하고 미천한 것으로 보았는데, 여기에서 동학에 관한 저자의 입장을 확인할 수 있다. 「을사서고동지문(乙巳誓告同志文)」은 을사늑약의 체결에 관한 성토(聲討)하는 글로 조약의 부당성을 동지들에 알린 것이다.

권7에는 「국조기사(國朝記事)」로 임오기사(壬午記事) 1편, 갑신기사(甲申記事) 1편, 갑오기사(甲午記事) 2편, 을미기사(乙未記事) 1편, 경술기사(庚戌記事) 1편이 실려 있다. 이것은 모두 각 시기에 발생한 사건의 내용을 수록한 것이다.

권8에는 서(序) 「유묵서(遺墨序)」를 비롯한 8편, 기(記) 「정암선생서원유허립비기(靜庵先生書院遺墟立碑記)」를 포함한 20편, 발(跋) 「서연지도후(書蓮芝圖後)」를 비롯한 20편, 잠(箴) 「택교잠(擇交箴)」과 「작비잠(昨非箴)」 2편, 명(銘) 「학습헌좌우명(學習軒座右銘)」을 비롯한 5편, 찬(贊) 「연재송선생화상찬(淵齋宋先生畫像贊)」과 「면암최선생화상찬(勉庵崔先生畫像贊)」과 「송사기선생화상찬(松沙奇先生畫像贊)」를 포함한 9편, 사(辭) 「자계사(自戒辭)」와 「차귀거래사(次歸去來辭)」 2편, 상량문(上樑文) 「한후정상량문(寒後亭上樑文)」과 「학습헌상량문(學習軒上樑文)」 2편, 축문(祝文)

「고성전문(告聖殿文)」을 비롯한 8편, 제문(祭文) 「심곡서원제정암선생문(深谷書院祭靜庵先生文)」을 포함한 27편이 실려 있다.

권9~10에는 묘표(墓表) 「봉남최공묘표(鳳南崔公墓表)」 1편, 묘지(墓誌) 「학포선생부군묘지(學圃先生府君墓誌)」와 「선부군묘지(先府君墓誌)」 2편, 행장(行狀) 「건원릉참봉부군행장(健元陵參奉府君行狀)」 비롯한 18편, 유사(遺事) 「선조봉사부군유사(先祖奉事府君遺事)」를 포함한 3편, 전(傳) 「희암자전(希庵自傳)」 1편이 수록되어 있다. 「유쌍계사기(遊雙溪寺記)」는 을사년(乙巳年)에 쌍계사를 유람하는 과정을 기록한 것인데, 섬진강→화개동→악양정→쌍계사→칠불암→쌍계사→귀가하는 여정을 기록한 것이다.

권11~13 부록에는 1921년 2월 아들 양회철(梁會澈)의 가장(家狀), 후석(後石) 오준선(吳駿善)이 쓴 행장(行狀), 후암(後庵) 송증헌(宋曾憲)이 지은 묘표(墓表), 족질(族姪) 양회갑(梁會甲)이 쓴 묘비명(墓碑銘), 춘정(春艇) 안종학(安鍾鶴)의 만장(輓章)을 비롯한 30편, 민영두(閔泳斗)가 지은 「추모희암양선생고풍탁절유감이음삼수(追慕希庵梁先生高風卓節有感而吟三首)」, 문달환(文達煥)이 쓴 제문(祭文)을 포함한 20편, 「연보(年譜)」가 실려 있다.

## 3. 문집 목차

### 希庵遺稿序(吳駿善)

卷一

賦(附操歌詞): 秦吉了賦滄桑賦 次箕子操 讀猗蘭操感次 讀南風歌感次 讀紫芝歌感次 讀朱子嚴陵釣臺詞感次

詩: 偶成 寒後亭原韻(并小序) 學習軒偶吟 瀟灑園霽月堂次韻二首 訪聽松古宅拜鉢山成先生(大永) 家庭四甲韻 遊雙峰寺 奉別鄭老柏軒

(載圭) 三芝齋次韻 謹次筆巖書院淸節堂 韻 謹次两賢閣韻 謹次知止堂宋先生觀水亭韻(并小序) 謹次安思齊堂先生思齊堂韻(并小序) 寒後亭八景韻(月山落霞 日奉返照 碧梧明月 叢菊寒露 苔階冬柏 石秋蓮 十竹筧泉 二公偃盖) 雙峯十二曲韻(并序: 雙奉寺 寒風亭 琴風汀 武夷亭 長滋瀑 周程川 寒後溪 朝陽臺 削銀涯 齊拱汀 感哀巖 慕愛川) 奉審諸賢院祠賦一絶詩以伸景慕之誠(忠烈祠 灆溪書院 深谷書院 坡山書院 龍淵書院 顯節祠 忠烈祠鷲江書院 四忠祠) 彰烈祠改題磻溪公神牌有感而作 次闍山謾詠(左懋第 黃端伯 劉宗周 三義士 徐汧 瞿德毅 王之仁 陳函輝 鄭爲虹 瞿式耟 畵網巾先生) 拜沙溪先法墓 讀栗谷全書 茅川講堂讀尤庵先生受 命遺墟碑 讀眉巖柳先生經筵日記 謹題五鼓亭壁上(幷小序) 哭奇松沙靈筵 偶今 歎世 庚戌七月聞 國變 題望京臺 題拜鵑巖 輓重庵金先生(平默) 天台山續遊韻 矗石楼次韻 安芝峯(鍾鶴)見訪 華嚴寺次崔勉庵崔溪南(琡民) 鄭老柏軒奇松沙諸丈聯句 泉隱寺聯句 鄭楆庵(海成)回甲韻 謹次趙公(泰萬)詠歸亭韻 謹次尹同知晩悟亭韻 輓金樂善(徽中) 高元汝(光善)掩耳齋韻 安達甫(載敏)晬宴韻謹 次族兄晩翠翁(在鶴)晬宴韻 謹次永思亭韻 任士範(德鉉)回甲韻 社樹下鄕飮禮畢設講小永慕齋 竹林齋梁晩翠梁弦齋(在德)次韻 理氣詠 心性吟 室人回甲 三從兄(在五)壽席 尹學允(錫泓)回甲韻 過茂朱琴坪 寬栗庵韻 與晩翠族兄(在五在鎬)族弟淸一(在德)族姪(會瀜)虜中(會洛)同會寒後亭

卷二

疏: 擬陳時弊疏 請召還崔贊政(益鉉)擬疏

卷三

書: 上金相公(炳德○二) 上桂田申公(應朝) 上立齋宋公(近洙) 上石汀鄭公(範朝) 上荷堂趙公(鐘弼○四) 上吳判書(達善) 上尹輔國(滋

梟) 上沈相公(舜澤) 上金松梧(晳根) 與洪汶園(承憲) 上李寗齋(達昌與二答一) 與趙校理(章敬) 與吳參判(益泳) 與李耕齋(建昇與一答一) 與趙丞旨(命教) 與鄭觀察(泰鉉) 學李校理(種文) 答甲侯(泰鼎) 與朴侯(憲陽) 與金侯(升集) 李進士(範夏) 與崔進士(永卨與一答一) 與金校理(東洙) 與趙丞旨(鍾純) 答李侯(範學) 與成參奉(樂善) 與趙翰林(漢元) 答鄭丈(濩) 答安丈(容洙) 答鄭碧樓(雲五) 答梁壽南(周煥) 與成進士(樂仁) 與梁白庵(憲默〇二) 答安月山(澈煥) 答李桂山(繪善) 與李監役(東龜) 答梁都事(會源) 答朴君玉(薰陽) 與金參奉(胃煥) 與朴泰一(源升) 與梁參奉(德煥) 與黃都事(玲) 答李監察(昉會) 與梁芝江(漢默與一答一) 與尹老溪(錫東) 答尹學允(錫泓) 與朴復卿(來陽) 與李參奉(忠鎬) 與朴參奉(允柱) 學宋(延默) 答姜參奉(大直)

卷四

書: 上淵齋宋先生(秉璿〇四) 上鉢山成先生(大永〇二) 上重庵金先生(平默〇二) 上勉庵崔先生(益鉉〇二) 上柏下梁先生(相衡〇三) 上心石齋宋先生(秉珣〇二) 上梁學雲(相謙) 與鄭持齋(氵奭) 與金心巖(志洙) 與奇農巢(陽衍) 與鄭月波(時林) 與金持平(興洛) 與鄭老柏軒(載圭與二答二) 與奇松沙(宇萬〇四) 與鄭日新(義林與一答一) 與鄭農山(晃圭) 與吳後石(駿善) 與梁柳亭(玄默) 與高弦窩(光善) 與崔雲齋(永祚〇二) 與奇植齋(宰) 與梁寓軒(信默) 與文遯齋(達煥) 答梁華隱(在海) 與奇進士(東準) 答鄭注書(海斗) 答鄭九溪(昌林) 答尹訥窩(滋賢) 答梁石塢(奎煥) 答安稱章(成煥) 答梁晩翠(在鶴)梁清一(在德) 答權公立(命熙) 與宋進士(哲憲) 與林啓文(永圭) 與梁白坡(瀅默) 答梁山谷齋(鴻教) 與梁文淑(震圭) 與安雲景(鍾鶴) 與李鳳瑞(熙容) 答徐魯賢(升鍑) 答宋明仲(在善) 與梁致祚(在源) 與鄭鳳汝(東源) 與尹(鎬善) 與金和仲(箕淳) 與安(泳鎭)安(在澤) 與梁五兼(箕煥) 答閔彦卿(大鎬) 與李道允(秉應) 與洪孝根(大植) 與尹士奎(柱瓚) 與金幸

祉(益鎔) 與徐士洪(鐃) 與柳仁壽(炳泰) 與丁寧玉(珏壽) 與宣景雲(在路) 與鄭毅仲(致圭) 答閔敬構(肯鎬) 與宋元孝(曾憲) 與金仁仲(春善) 與洪士弘 答梁穉受(台敎) 容安景禹(圭錫) 答梁慶州(弘默) 答奇養一(世弘) 答鄭穉綏(俊源) 與梁用三(在益) 與鄭聖根 答李敎官(紀鎬) 答閔南老(泳斗) 與李性烈(澧來) 答廉和仲(日錫) 答尹而極(相濂) 與任宇卿(泰柱) 與梁元淑(會甲○二) 寄澈兒 寄柱鎬兩孫

卷五

通諭宗中書(八) 奉訣順天宗中書 奉訣士友書

卷六

雜著: 君子小人說 爲學說 讀四書箚疑 家訓(六條) 齋居記思 謾錄偶記 寬栗庵規約(十一條) 寬栗庵諭學者 遺訓 遺訓書 甲午闢邪文 乙巳誓告同志文 書示同志 國朖問答

卷七

國朝記事: 壬午記事 甲申記事 甲午記事(二) 乙未記事 庚戌記事

卷八

序: 遺墨序 梁氏家乘序 梁氏外世譜序 小永慕齋書契案序 師友簡牘序 惇尚契序 和樂契序 梁弘植(會珪)世錄序

記: 靜庵先生書院遺墟立碑記 學圃先祖神道碑雙竪事實記 學圃堂遺墟立碑記 龍岡祠遺墟立碑記 從先祖參奉公墓歲祀記 從先祖七松公墓歲祀記 金海金氏三忠旌閭事實記 遊鳳棲樓記 兩賢閣記 學圃堂重建擬記 三芝齋小記 遊暎碧亭記 永慕齋記 遊雙溪寺記 松石亭記 遊瑞石山記 寒後亭記 敬齋記 循齋記 寬栗庵記

跋: 書蓮芝圖後 梁氏族譜跋 書正德庚午司馬榜丙子文科榜後 書嘉

靖庚子司馬榜癸卯壬子文科榜後 梁氏誌狀錄跋 書梁氏寶藏後 書宗家立規門中完議後 書瀛州世稿後 書思齊錄後 髭峰遺稿跋 據梧齋先生文集跋 杏村遺稿跋 書鰲峰集後 六代翁文集跋 醒齋遺稿跋 晩義先生文集跋 經學志跋 書家庭回甲詩軸後 題新川閔公(怙植)師友書牘後 書二客月出山記後

箴: 擇交箴 昨非箴

銘: 學習軒座右銘 讀書銘 正心銘 望京臺銘 自銘

贊: 東漢五處士贊 諸葛武侯畫像贊 紹興三義士贊 畵網巾先生贊 淵齋宋先生畫像贊 勉庵崔先生畫像贊 松沙奇先生畫像贊 自贊 芝庵吳孝子(仁爀)廬墓贊

辭: 自戒辭 次歸去來辭

上樑文: 寒後亭上樑文 學習軒上樑文

祝文: 告聖殿文 告東西廡文 竹樹壇立碑告靜庵學圃兩先生文 學圃先祖墓告神道碑雙竪事由文 學圃先祖墓埋誌祝文 從先祖參奉公墓設享祝文 從先祖參奉公墓祀祝文 彰烈祠改題族先祖磻溪公位牌祝文

祭文: 深谷書院祭靜庵趙先生文 彰烈祠祭族先祖磻溪公祝文 氵潁溪影堂祭德村先生文 祭鉢山成先生文 祭淵齋宋先生文 祭勉庵崔先生文 祭校理梁公文(相器)文 祭泉源梁公(相輔)文 祭柏下梁先生(相衡)文 祭荷堂趙判書(鍾弼)文 祭寗齋李參判(建昌)文 祭心石齋宋先生(秉珣)文 祭心巖金公(志洙)文 祭長興府使朴公(憲陽)文 祭松沙奇先生(宇萬)文 祭養默齋梁公(益煥)文 祭月山安公(澈煥)文 祭訥窩尹公(滋鉉)文 祭月波鄭公(時林)文 祭日新鄭公(義林)文 祭三希安公(澤煥)文 祭晩齋梁公(璿默)文 祭安穉章(成煥)文 祭山谷齋梁公(鴻教)文 祭宋議官(宙勉)文 祭安子玉(鍾珉)文 祭李弟台正(在基)文

卷九

墓表: 鳳南崔公墓表

墓誌: 學圃先生府君墓誌 先府君墓誌

行狀: 健元陵參奉府君行狀 族先祖淸江居士事狀畧 族先祖府使公行狀 從先祖七松處士行狀 族先祖葛翁公行狀 髭峰府君行錄 從先祖杏村先生行錄 族先祖六代先生行狀 族先祖生員公行錄 從先祖學生公行狀 族高祖醒齋公行狀

卷十

行狀: 族曾祖晩義先生行狀 祖妣徐氏家狀 烈婦梁氏家狀 外祖考同樞鄭公行狀 鳳邱徐公行狀 孺人崔氏行狀 季弟台正行狀

遺事: 先祖奉事府君遺事 先祖學生府君遺事 性庵金公遺事

傳: 希庵自傳

卷十一

附錄: 家狀(梁會潡) 行狀(吳駿善) 墓表(宋曾憲) 墓碑銘(梁會甲)

卷十二

附錄: 輓章(三十) 追慕希庵梁先生高風卓節有感而吟三首(閔泳斗) 祭文(二十)

卷十三

附錄: 年譜

跋(梁會甲)

## 저자별 문집 찾아보기